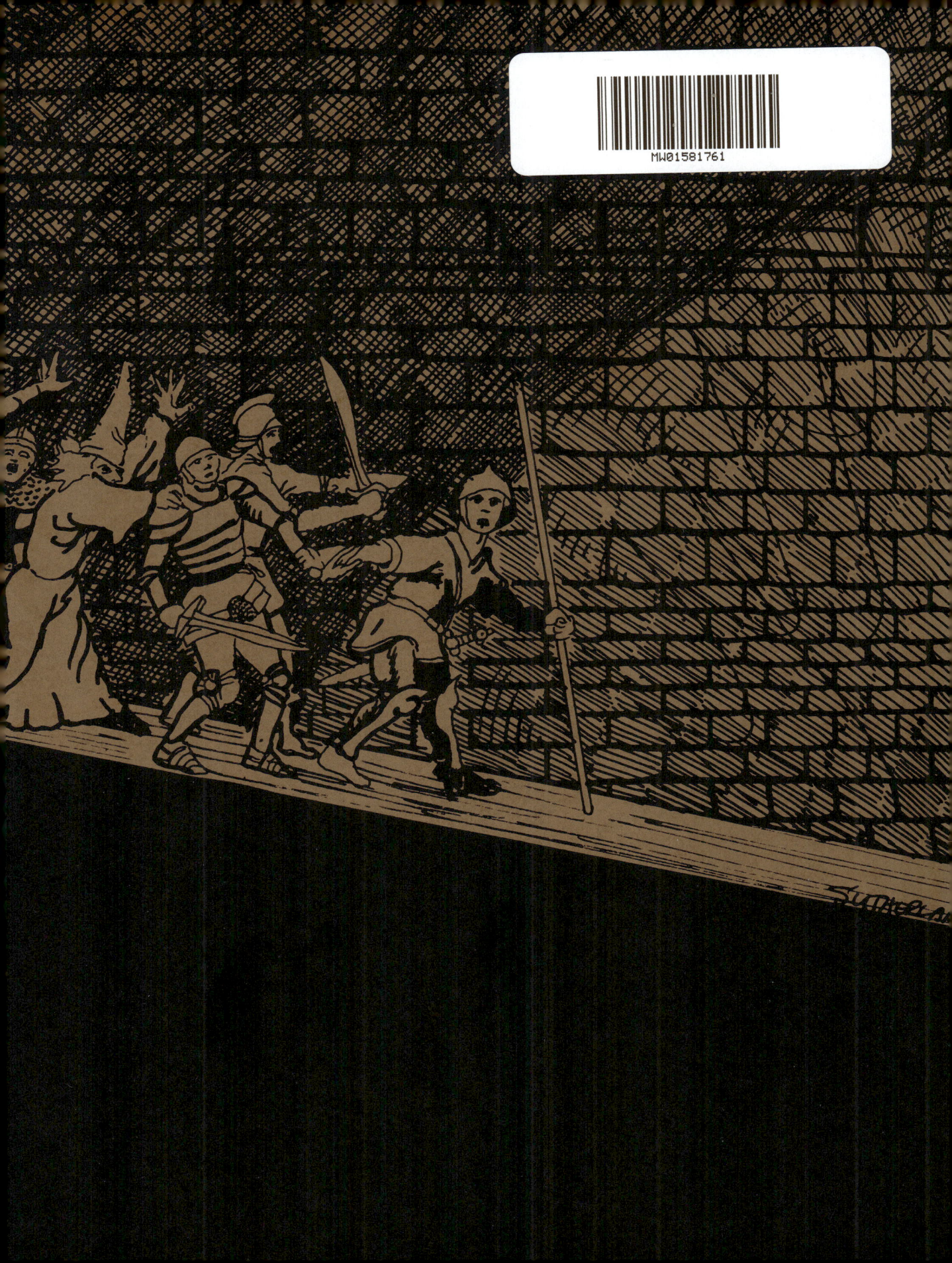

DUNGEONS & DRAGONS
MUNDOS Y REINOS

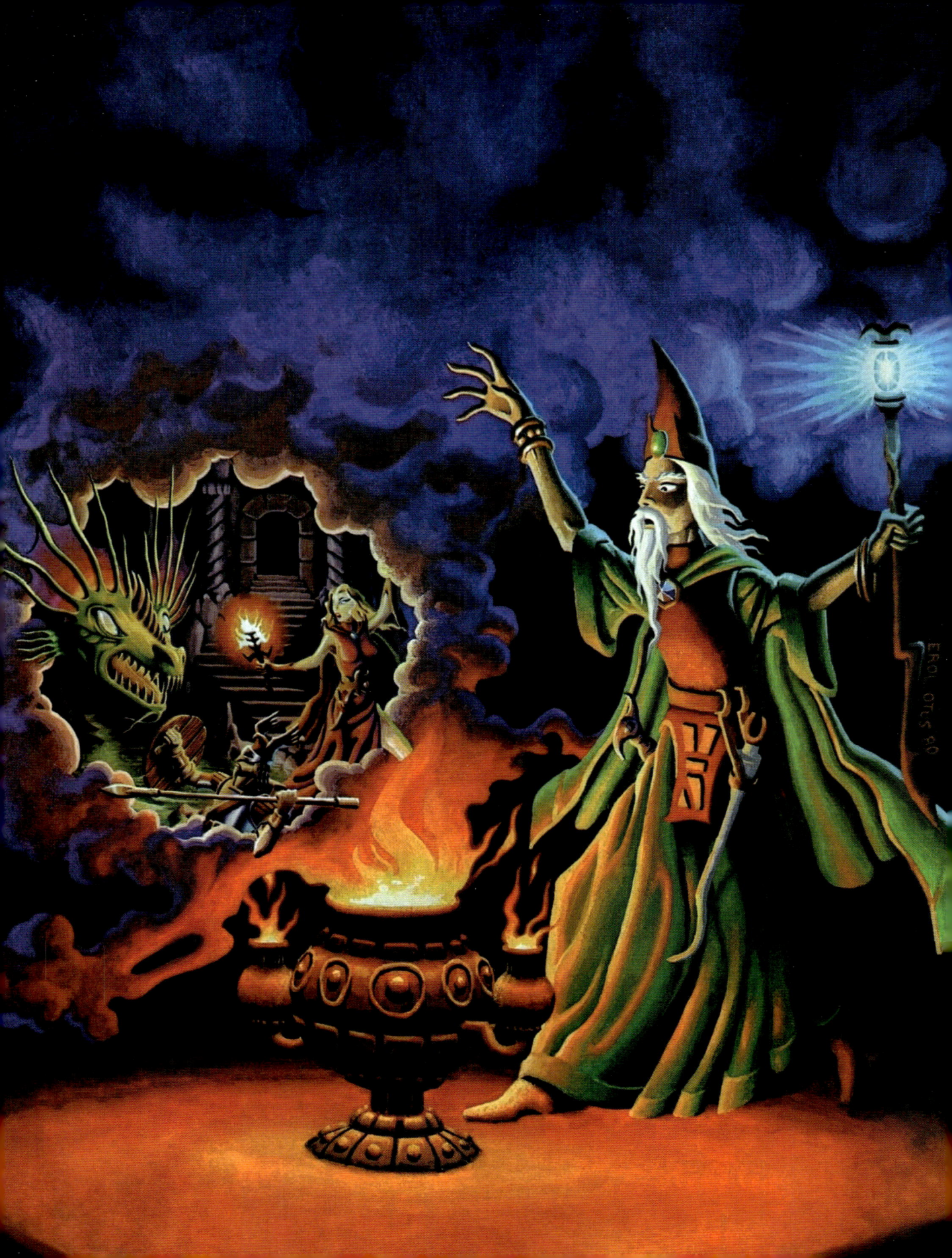

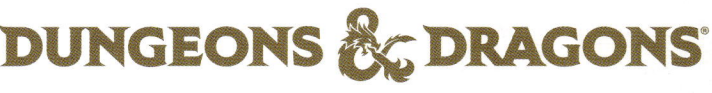

MUNDOS Y REINOS

AVENTURAS DESDE GREYHAWK HASTA FAERÛN Y MÁS ALLÁ

ADAM LEE
Con historias de Jasmine Bhullar, Geoffrey Golden,
Jody Houser, Eric Campbell y Jaleigh Johnson

Montena

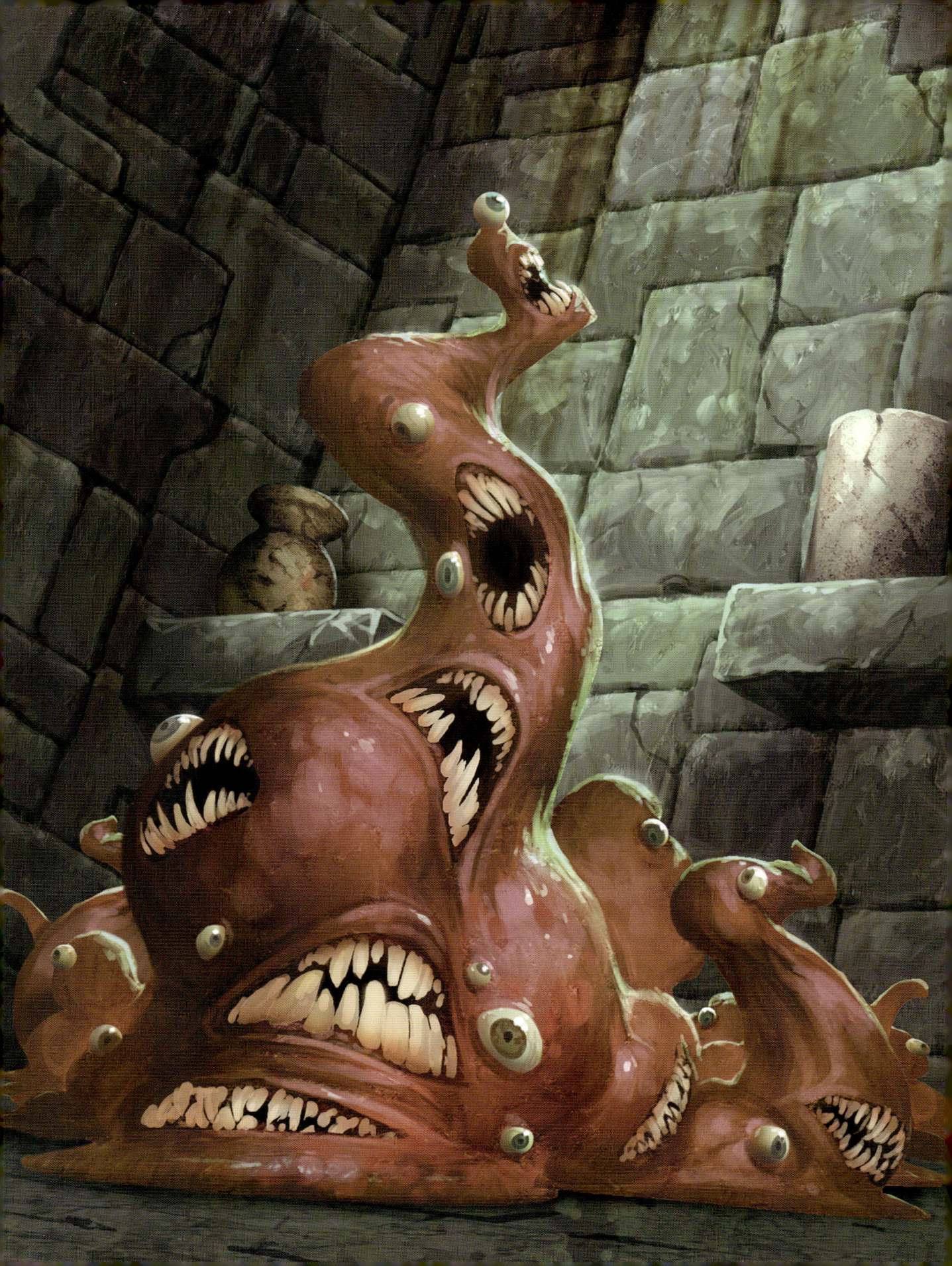

SUMARIO

INTRODUCCIÓN 7

PARTE I
EL PLANO MATERIAL 12

GREYHAWK 15

MYSTARA 47

DRAGONLANCE 71

FAERÛN 101

EBERRON 135

PARTE II
PLANOS INTERIORES Y PARALELOS 166

FEYWILD 179

PÁRAMO SOMBRÍO 207

PARTE III
MÁS ALLÁ DEL PLANO MATERIAL 234

NAVEGANTE ARCANO 237

NUEVE INFIERNOS 261

ABISMO 289

SIGIL 307

PLANOS EXTERIORES Y REINO LEJANO 339

EPÍLOGO 357

ACERCA DEL AUTOR 360

ACERCA DE LOS COLABORADORES 360

CRÉDITOS DE LAS ILUSTRACIONES 361

ÍNDICE 365

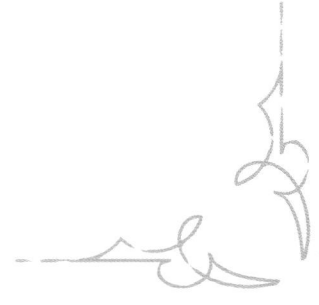

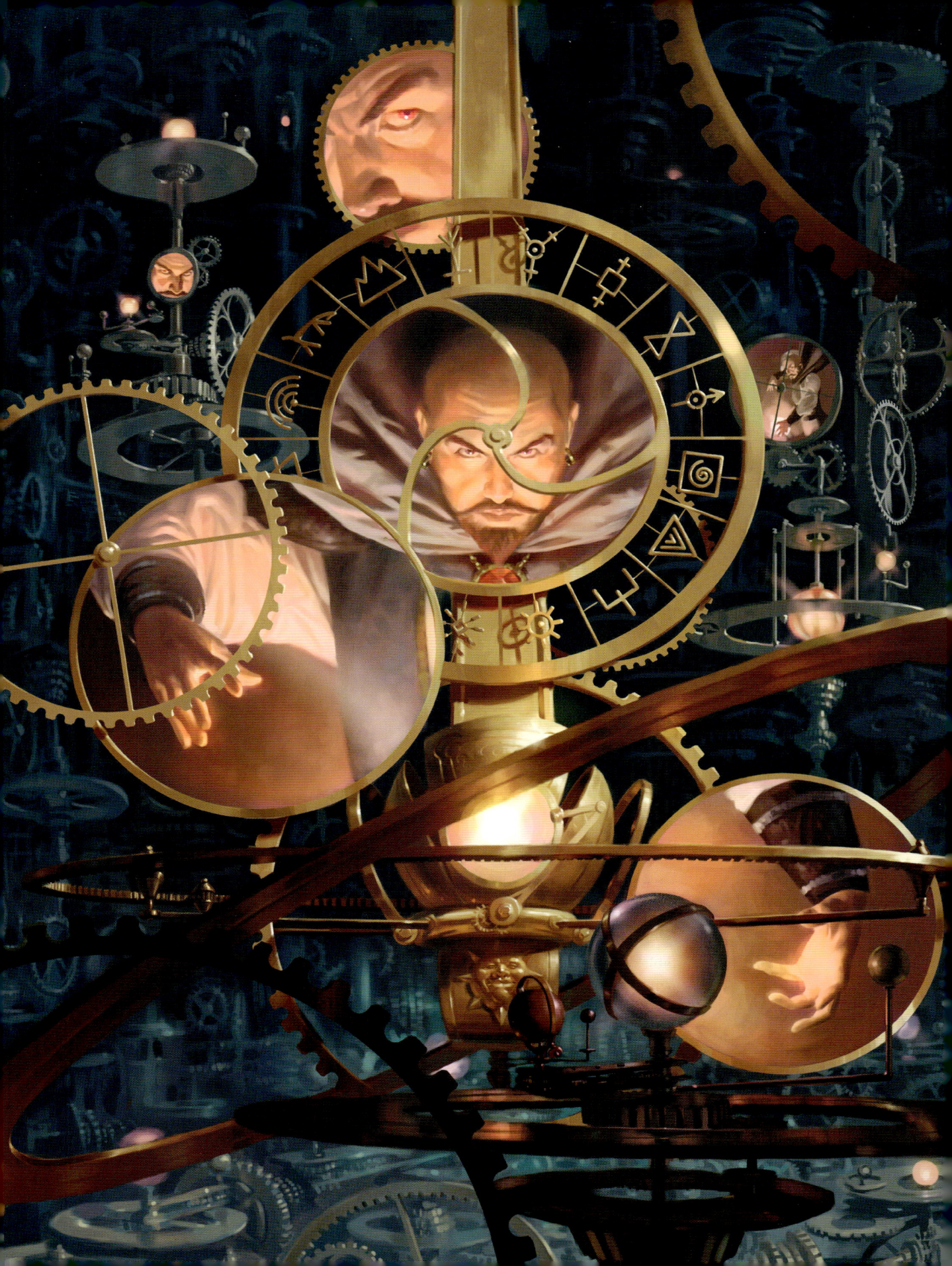

INTRODUCCIÓN

**oy Mordenkainen, Señor Mago de** Greyhawk, arquitecto de mil encantos y caminante de mundos. Tienes entre tus manos una colección de observaciones y reflexiones recogidas de mis extensos viajes por el multiverso.

Como erudito de lo arcano y mago de renombre, mi fascinación por la magia me impulsó a descubrir cómo funciona y si es posible conocer su propósito final. Aunque mi amor por la magia nunca ha decaído, mi camino ha expandido mi visión hasta abarcar el funcionamiento del mundo natural y la Gran Rueda Cósmica: me he dado cuenta de que, pese a la presencia de dioses y seres de inmenso poder en los que algunos pueden buscar salvación, no hay garantía de que el multiverso siga evolucionando y existiendo. Hay poderosas fuerzas en juego que creen que su vía personal —sea la Ley o el Caos— debe ser el de todos los seres. Esto, según he visto, es una auténtica locura y provocaría que la Gran Rueda del multiverso perdiera lo que yo llamo el Equilibrio y girara hacia la catástrofe.

El Equilibrio es algo que he llegado a comprender observando a las fuerzas de la Ley y del Caos luchar por la supremacía en cada mundo y en cada corazón y mente. Me he percatado de que estas polaridades son como las dos caras de una misma moneda, y si se permite que la Ley o el Caos crezcan y dominen sin control, conducirán inevitable e inexorablemente a su expresión más extrema: el estancamiento o la destrucción, cualquiera de los cuales significa la muerte para los seres vivos y sensibles.

Hubo una época en que pensé que mis poderes bastaban para luchar contra las fuerzas que empujaban al multiverso hacia la locura, y que estos poderes causantes de grandes desequilibrios quedaban relegados a algunos mundos clave y a un puñado de seres desencaminados. Pero ahora sé que estabilizar la Ley y el Caos —mantener el Equilibrio— es una misión que no puedo cumplir por mis

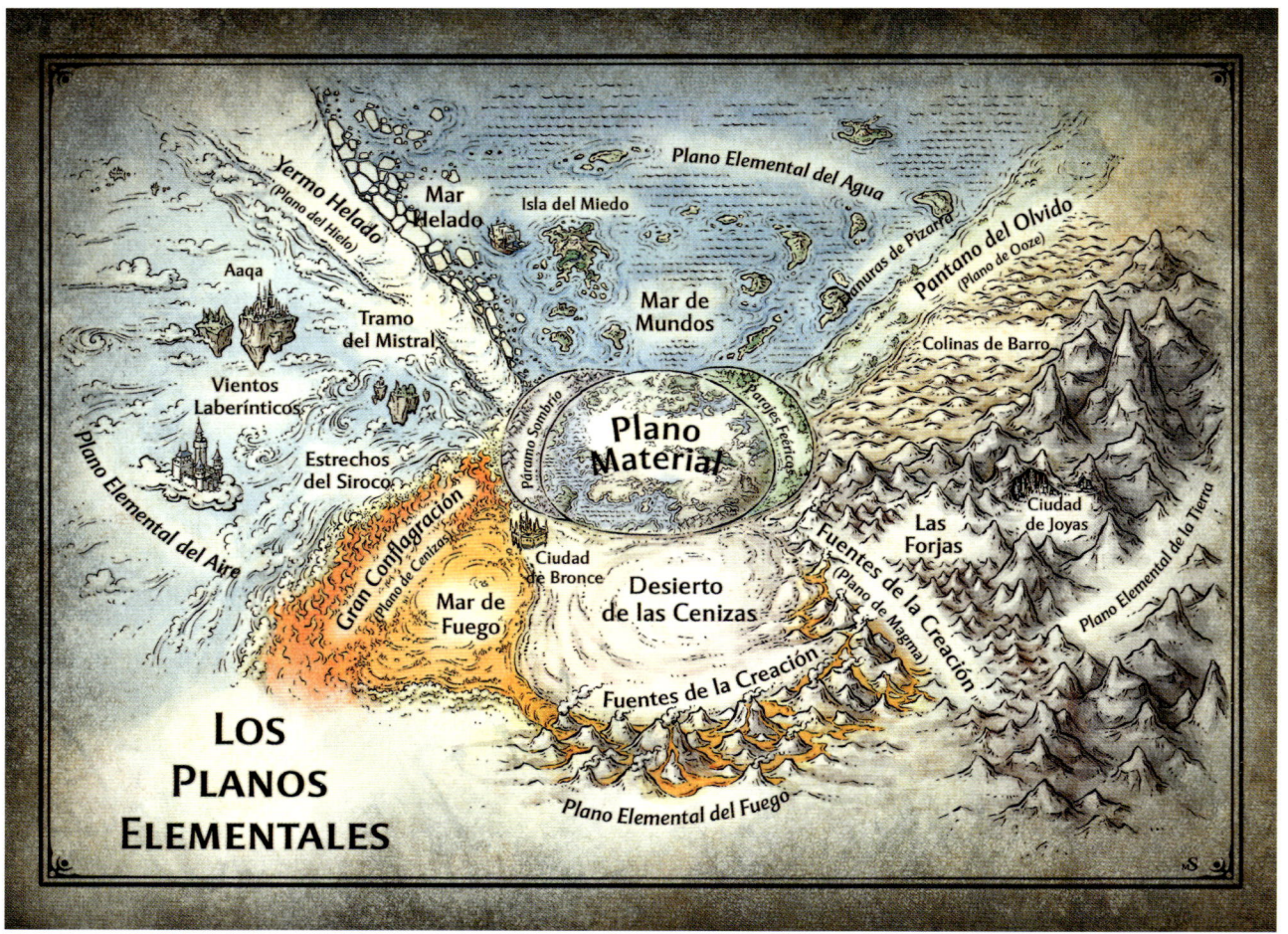

propios medios. Debo informar de ello a otros aventureros con la esperanza de que se animen a abandonar sus mezquinas búsquedas de botines, juergas y fama para unirse a mí en esta gran misión de proteger el multiverso, para algún día ir más allá de los límites de su propio mundo, aventurarse por el Espacio Salvaje y convertirse en guardianes contra todas las fuerzas que amenacen el Equilibrio. Como archimago, no tengo mayor tarea que apagar estos fuegos de condenación, y como garabateador de palabras, espero que este humilde tomo encienda el corazón de uno o dos héroes que sueñen con una vida que tenga un propósito más elevado: crear un mundo libre de tiranía.

LOS MISTERIOS DEL MULTIVERSO

Aunque he confundido a archidiablos, desterrado a señores liches, detenido a tiránicos reyes y rechazado graves órdenes de las altivas huestes del Monte Celestia, algunos aún me temen y me vilipendian, y muchos más piensan que estoy loco. Pese a la ira y la indignación, mantengo mi deber con el Equilibrio. Mi motivación procede de mi curiosidad, que busca por encima de todo los misterios del multiverso. Los dioses tienen un poder inmenso, pero siento que palidece en comparación con la magnificencia del multiverso. He observado directamente, con mi ojo arcano, la geometría orgánica del crecimiento de una flor, la espiral de la concha de un caracol, las formas de los modrons, cómo se forma el hielo en patrones cristalinos..., todo ello habla de alguna ecuación mágica imbricada en el tejido del multiverso. ¿Son estas las huellas dactilares del más grande de todos los dioses? ¿Las firmas de los arquitectos del multiverso? ¿Acaso son artefactos del azar y la casualidad o el artificio de alguna máquina infinita?

Sin interferencias de fuerzas como un señor demoníaco o un semidiós loco, este tejido del multiverso permanece en un equilibrio aparentemente perfecto de Ley y Caos, creando a su paso una obra maestra de vida que puede ser investigada, y tal vez incluso descifrada y leída como el más críptico libro de la mayor de todas las bibliotecas. Como archimago de renombre, soy el más devoto estudioso de este misterioso principio ordenador del multiverso.

VISUALIZAR LOS PLANOS

Muchos videntes y visionarios han intentado explicar cómo se organizan los planos de forma que nuestras mentes puedan comprenderlos. Algunos crearon exquisitos planetarios y otros dibujaron elaborados mapas, pero el modo en que los planos se entrecruzan y se organizan queda más allá de nuestra capacidad de visualización, al menos en nuestro estado actual de conciencia. Los mejores mapas proceden de los grandes místicos elfos, que hicieron todo lo posible por traducir la inescrutable inmensidad y complejidad a una representación bidimensional que la mayoría de las mentes sean capaces de captar, y a partir de estos mapas-fuente, druidas y magos han creado una representación factible, que se ha dado a conocer como la Gran Rueda.

Pero ¿cómo conocí el multiverso? ¿Qué me puso en la senda de descubrir el cosmos?

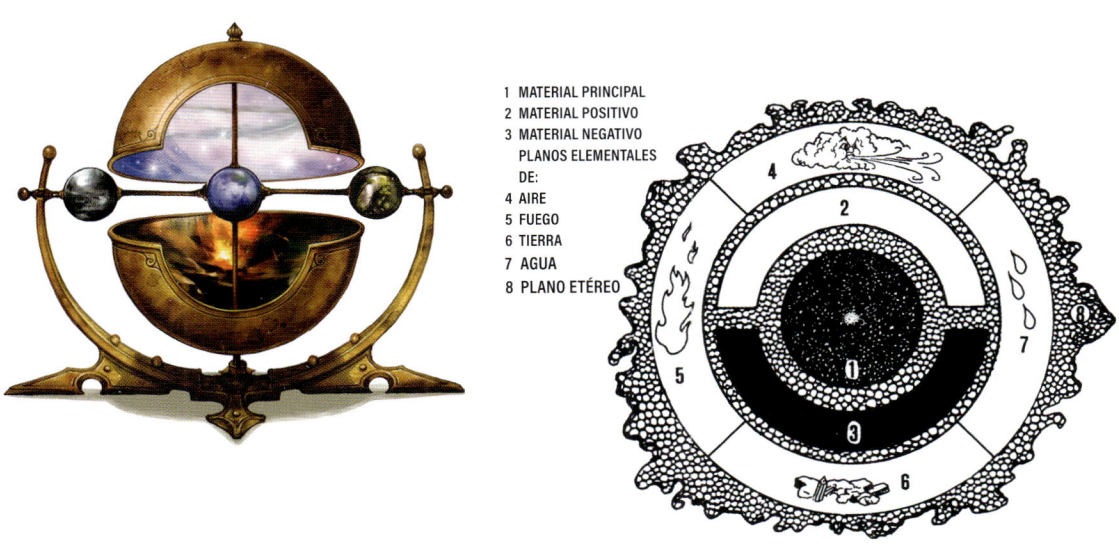

1 MATERIAL PRINCIPAL
2 MATERIAL POSITIVO
3 MATERIAL NEGATIVO
PLANOS ELEMENTALES DE:
4 AIRE
5 FUEGO
6 TIERRA
7 AGUA
8 PLANO ETÉREO

DEFENSA DE OERTH

Conocí los misterios de lo arcano en mi juventud. En mi mundo natal, Oerth, fui testigo de las diversas formas de la tiranía y de cómo todas conducían a la esclavitud de la mente y el cuerpo. De no haber sido así, podría haberme alineado, como tantos otros, con todo tipo de supuestas autoridades y salvadores que aseguraban, con su forma de hablar pomposa y dogmática, que había que seguirlos, a ellos y a sus ideales. El ascenso y la derrota de estos tiranos es un proceso tedioso y repetitivo, he de añadir, que ha venido sucediendo durante incontables milenios sin ningún cambio cualitativo.

Pero algún poder divino hizo surgir en mí una extraña chispa: facilidad para la magia, deseo de justicia y una mente aguda y perspicaz que me llevaron por el camino de la independencia y la aventura épica. Cuanto más recorría esta senda, más creía que podía traer la paz y el orden a mi problemático mundo natal. Busqué una solución aumentando mis poderes y reuniendo a otros magos y aventureros a mi lado. Juntos éramos conocidos como el Círculo de los Ocho. Con mis compañeros, intenté salvar a Oerth de todas las catástrofes que estaban a punto de devorarla, y mediante el estudio de la magia, creí que podíamos ganar.

EL DESPERTAR DEL MULTIVERSO

Con un propósito que me daba impulso, aumenté mi comprensión de la magia con tal fervor que traspasé los límites de realidades cada vez mayores con la esperanza de encontrar ese objeto, esa palabra de poder, que pudiera derrotar al mal y restaurar la armonía. Pero esta búsqueda de respuestas culminó al cruzar la frontera de Oerth para contemplar un cosmos interconectado de mundos que giraban unos en torno a otros en una danza sin fin, influidos por fuerzas superiores a los propios dioses: el multiverso.

Al mirar con asombro este inmenso caos de perfección me di cuenta también de que todos los mundos corrían peligro de corromperse. Las fuerzas de la Ley y el Caos estaban siendo manipuladas en todos los rincones del multiverso, ya fuera conduciendo a las crédulas y temerosas masas a un éxtasis mortal de autocracia, regida por la Ley, o dividiéndolas y provocándolas en interminables ciclos de agresión y guerra. Fue entonces cuando supe que mi trabajo de mago no se limitaría a Oerth, sino que serviría para todos los demás mundos. Tendría que lidiar con los fundamentos de la realidad, inspirar compañías de héroes e inventar nuevos hechizos para ayudar a todos los seres sensibles a convertirse en campeones del Equilibrio.

¿Son ciertas estas palabras o son los desvaríos de un loco? Averígualo. Solo espero que enciendan un fuego en tu corazón y que te unas a mí en esta búsqueda heroica para mantener el Equilibrio y derrotar al mal en todas sus formas.

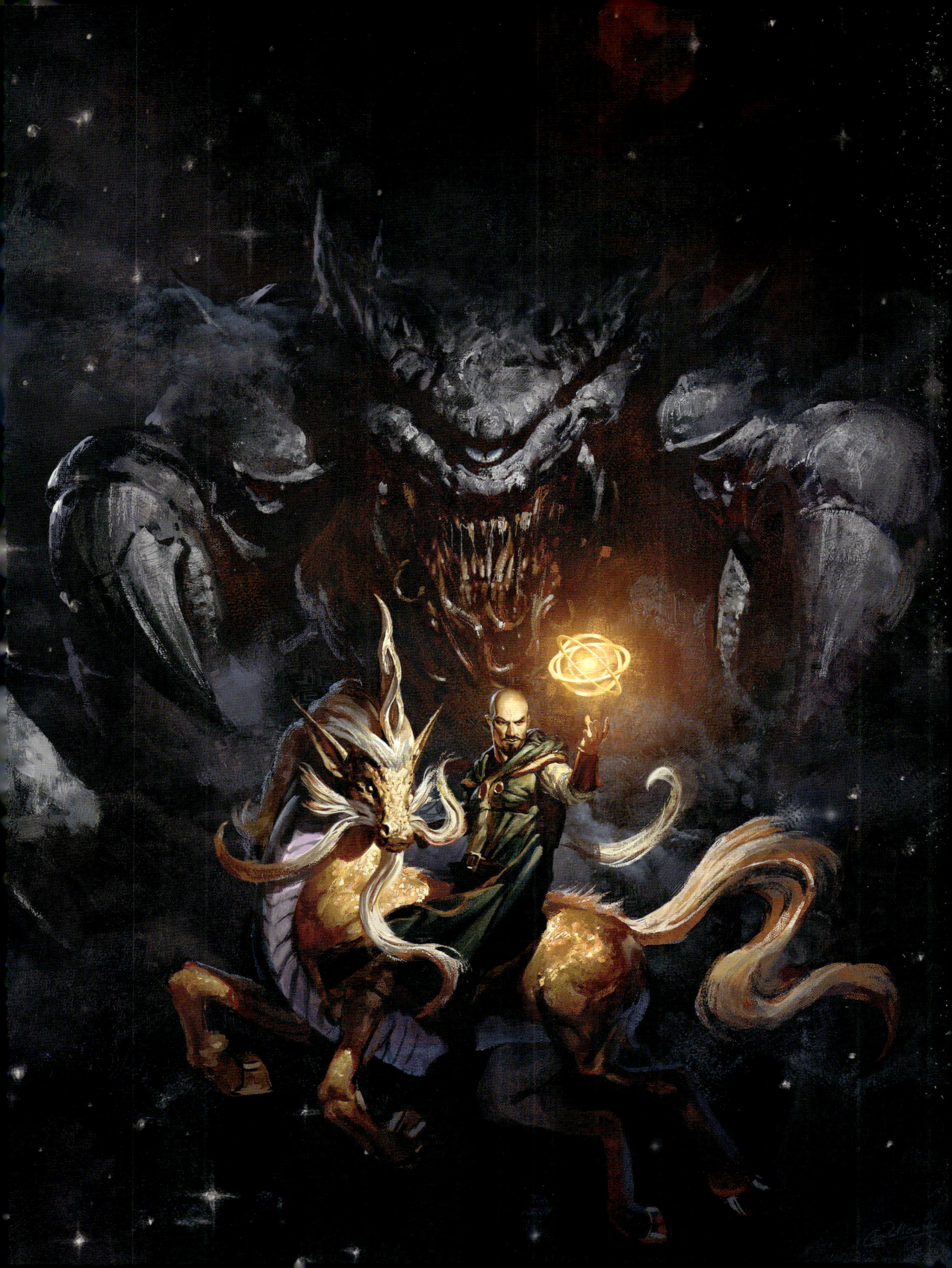

PARTE I

EL PLANO MATERIAL

El Plano Material es nuestro hogar. Es el reino de los mortales y la materia, la mente y la magia. Algunos dirían que también es el reino de lo mundano, pero para los que miran con atención, hay gloria en la cotidianidad de una vida pastoril; una inmensa majestuosidad en el vuelo de un águila. Aunque el Plano Material está impregnado de magia, es la chispa de la consciencia —lo que un clérigo de Pelor llamaría un alma— en la mirada de los seres mortales lo que hace especial esta parte del multiverso. He mirado a los ojos a ángeles, empíreos y solares, y no he visto la decencia, calidez y ternura que he visto en los ojos de un ser humano.

    Me he encontrado con muchos seres eternos que pueden comprender la mecánica más abstracta y complicada, pero carecen de ese entusiasmo y curiosidad por la vida que infunde el reino de los vivos. Tal vez ese sea el don del nacimiento y la muerte, esa luz del alma que ilumina nuestra exploración de lo desconocido por un río siempre cambiante que desemboca en un océano universal. De este modo, el Plano Material es como una mazmorra llena de tesoros —los misterios de la vida— y todos somos aventureros que debemos utilizar nuestro ingenio, nuestra fuerza y nuestra voluntad para superar las innumerables pruebas y desafíos que nos aguardan en la más grande de las aventuras.

    El eterno paisaje onírico del Plano Astral o la magia desconcertante del Feywild pueden parecer más extraordinarios e intensos en comparación, pero hay algo vital aquí, en el Plano Material, más conmovedor, que no existe en ningún otro lugar del multiverso. Es como si nosotros, los mortales, estuviéramos a la vanguardia de un experimento cósmico de gran trascendencia; como si nuestras acciones reverberasen en los planos, desviando ligeramente la mecánica de la Gran Rueda hacia un nuevo destino. Aunque todavía intento comprender esta inmensidad (y tal vez sea una tarea inútil), debo seguir hacia donde mi inteligencia y mi corazón dirigen mi conciencia. Todos los indicios apuntan a la posibilidad de que cada humano, elfo, enano y halfling desempeña su papel, por pequeño que parezca, en este mágico mecanismo de relojería cósmica. Y la verdad es esta: cada uno de nosotros es un engranaje de este mecanismo, y nuestras acciones pueden cambiar el tiempo y el ritmo del multiverso.

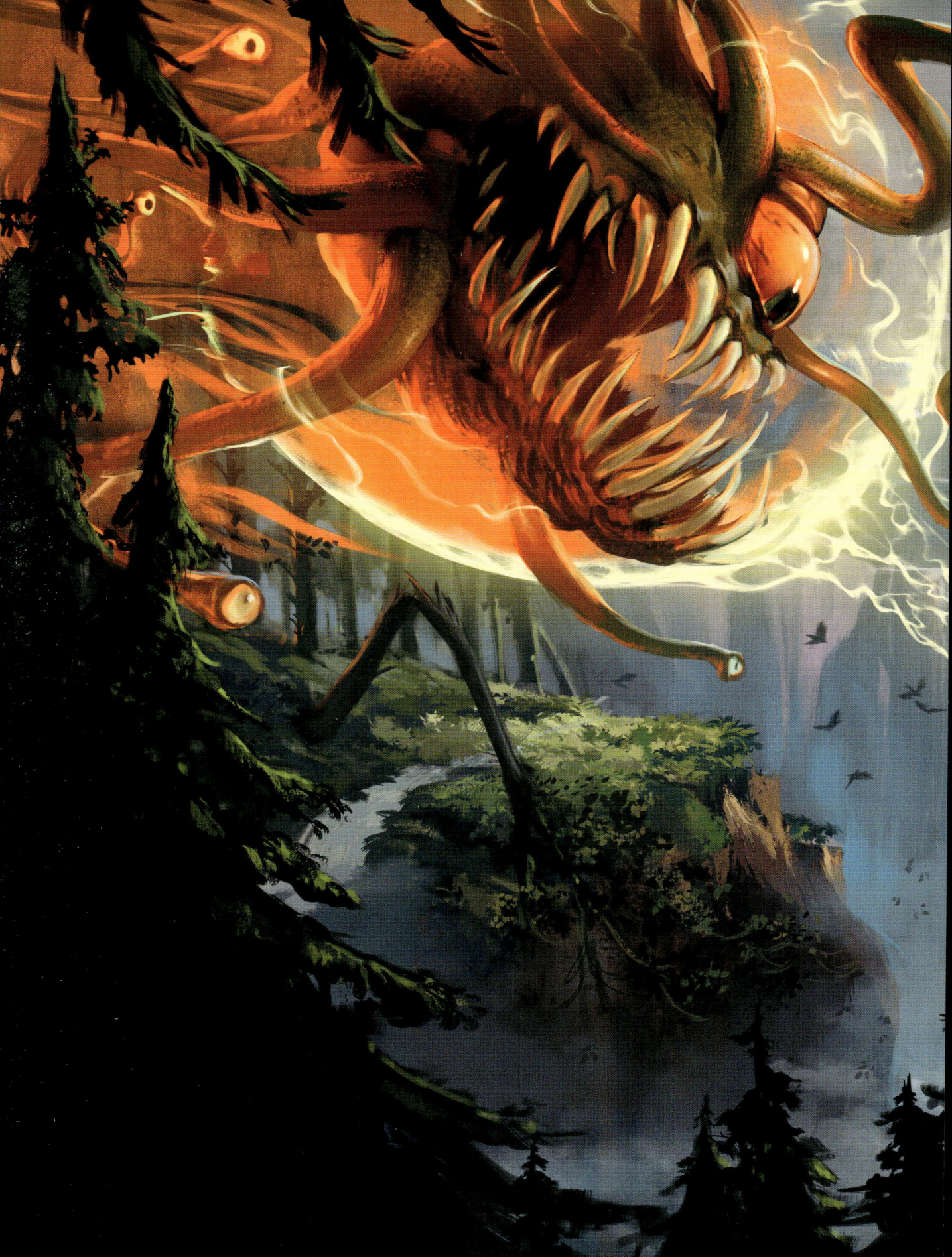

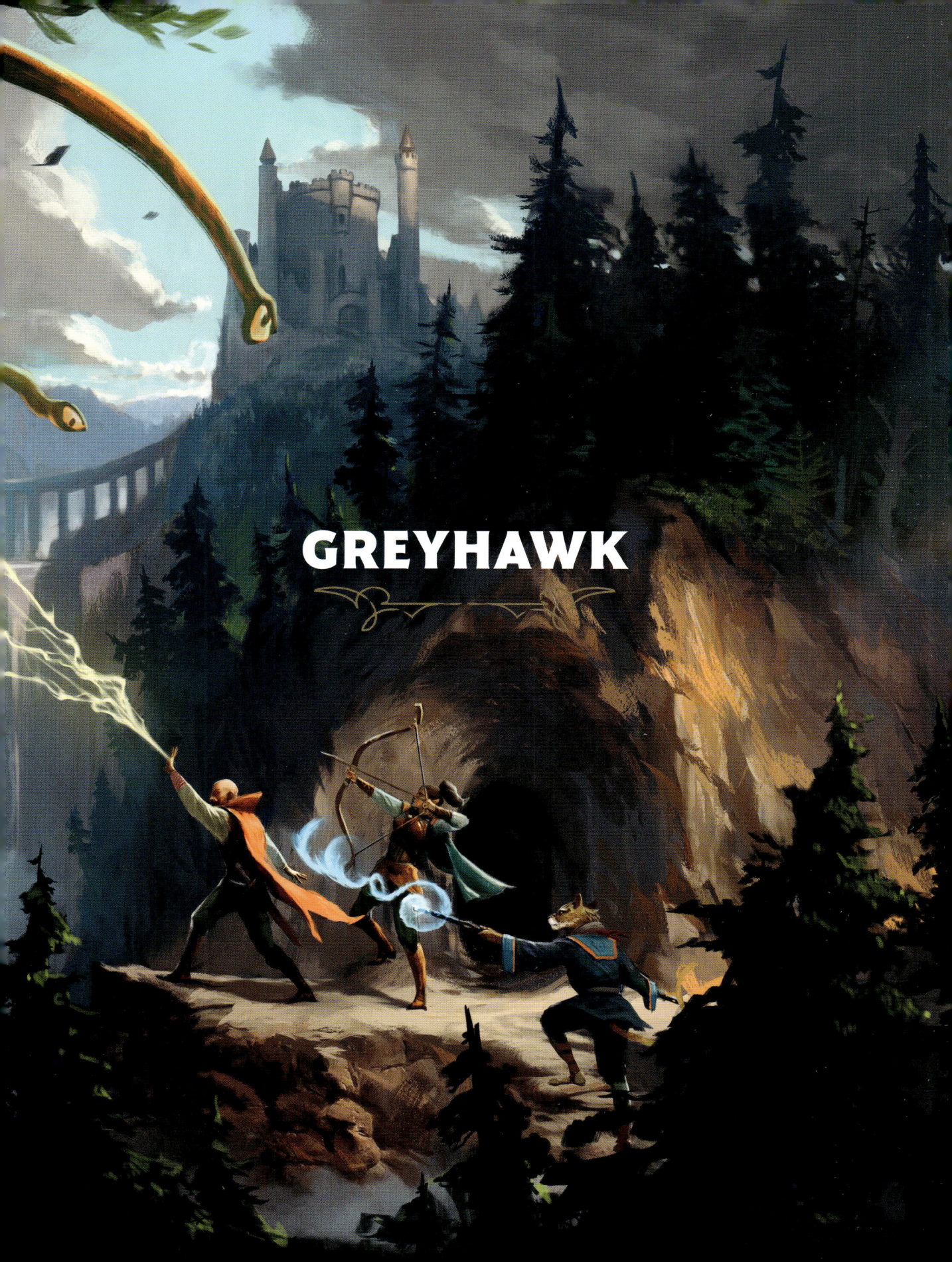

El mundo más cercano a mi corazón y a mi pensamiento es Oerth, o como muchos lo llaman ahora, Greyhawk.

Greyhawk es mi tierra natal y, aunque he pasado años vagando a lo largo y ancho de sus tierras, aún me atrae la aventura, el anhelo de desentrañar sus misterios. Greyhawk es crudo y real, con un toque terrenal; los castillos no son siempre lisos y acabados como en Faerûn, ni los caminos están siempre pavimentados con losas bien talladas, sino que están desgastadas en la tierra por las ruedas de los carros y las carretas. Aquí hay intemperie, tanto en los cielos como en la gente: un salvajismo que puedes sentir gestándose bajo la superficie o justo más allá del horizonte. La magia de Oerth está cortada por el mismo patrón y, como en casi todos los mundos, tiene su propio carácter, sus excentricidades y formas peculiares de fluir. Por ejemplo, en un mundo como Mystara —donde el fuego fluye fresco y fácil de las yemas de los dedos y conjurar cualquier cosa, desde un abejorro hasta un oso, parece el despliegue matemático de una flor— los hechizos son más suaves. Pero en Greyhawk el fuego puede surgir de golpe, resoplando y escupiendo como una horda de bestias, y conjurar puede asemejarse a abrir una puerta con bisagras oxidadas que chirría y se estremece al hacer surgir incluso la creación más pequeña. Pero para mí, todo esto es como estar en casa. Quizá por eso un mago que perfecciona la magia aquí puede hacer maravillas en cualquier otro mundo. Cuando creé mi primer espacio extradimensional, con un hechizo que se convertiría en la magnífica mansión de Mordenkainen, fue como si Greyhawk me exigiera que lo creara a mano a partir del tejido de la propia realidad, y mientras lo hacía, podía oír la voz forjada en hierro de mi tío en el fondo de mi cabeza diciendo: «Vas a tener que trabajar por lo que quieres, muchacho; a las montañas Yatil les importan un pimiento las esperanzas y los sueños ociosos».

SALVAJE Y DESCONOCIDO

Aunque la mayor parte de Greyhawk ha sido cartografiada, lo que hay más allá de las puertas de cualquier ciudad o pueblo es en gran parte desconocido para la mayoría de sus habitantes. En la popular posada del Dragón Verde de Greyhawk, mientras tomaba un vaso de oporto bisseliano, he visto a aventureros novatos estudiando detenidamente un mapa como si tuviera algún poder mágico para protegerlos. Que haya un mapa que muestre una zona no significa que se conozca, y la gran mayoría de Greyhawk es simplemente eso: un espacio en blanco de tierra salvaje inexplorada entre pequeñas avanzadillas de civilización marcadas en una hoja de pergamino. Así, en Greyhawk, más que en ningún otro mundo, viajar de una ciudad a otra es un asunto serio, y uno debe estar siempre preparado para problemas inesperados, incluso en el más breve de los viajes. Un mapa, especialmente uno antiguo, es poco fiable, en el mejor de los casos, y una engañosa trampa mortal, en el peor. En Oerth siempre actúan fuerzas nefastas: lo que en un mapa aparecía como un lugar de descanso puede cambiar con el tiempo y, a veces, de la noche a la mañana, puede convertirse en caldo de cultivo de todo tipo de peligros y maldades. Me atrevería a decir que el torpe bardo faerûniano, Volothamp Geddarm, sería ahora un montón de huesos blanqueados en la cima de alguna colina solitaria si diera uno de sus famosos paseos en estado de embriaguez por las tierras salvajes de Greyhawk.

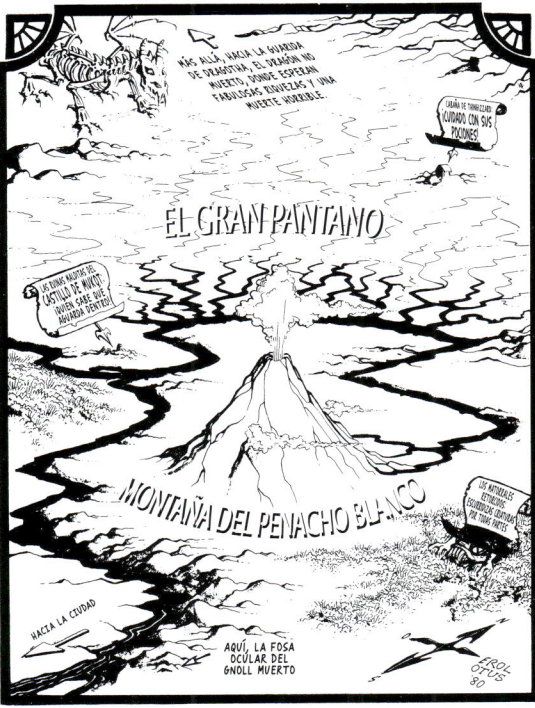 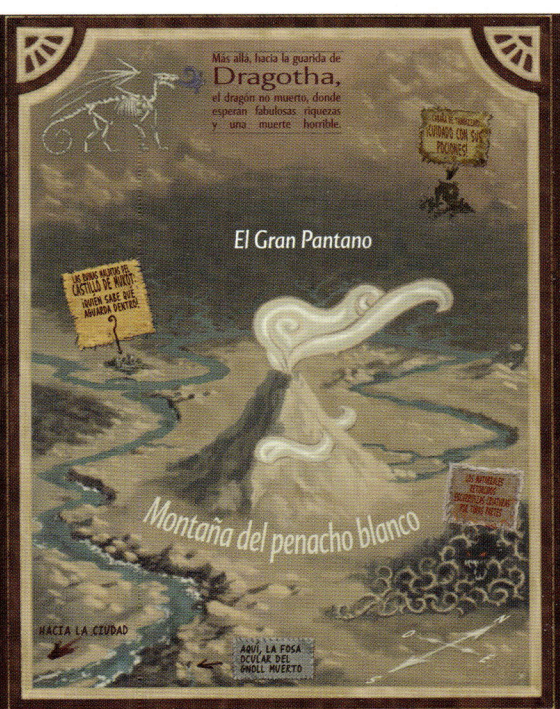

LA HISTORIA DE TSOJCANTH

¿Qué tipo de tesoro sería capaz de obligar a un grupo de buscadores de fortuna a arriesgarse a una muerte casi segura por conseguirlo? La mayoría de los taberneros conocen historias de baúles de oro perdidos en el mar o de legendarias minas enanas invadidas por monstruos; historias que hacen que los aventureros sigan acudiendo a beber cerveza y a escuchar otro relato de una fortuna que espera ser hallada. Sin embargo, para disfrutar del botín de una mazmorra, la promesa de riquezas siempre debe sopesarse con la probabilidad de sobrevivir.

Pero también hay tesoros capaces de hacer cambiar de opinión a las naciones. No son simples montones de oro y piedras preciosas, sino tesoros mágicos suficientemente poderosos como para cambiar las tornas de una guerra. Magia lo bastante poderosa como para atravesar los planos y arrasar ejércitos enteros con solo pronunciar una palabra arcana.

Esto es lo que había en las Cavernas Perdidas de Tsojcanth.

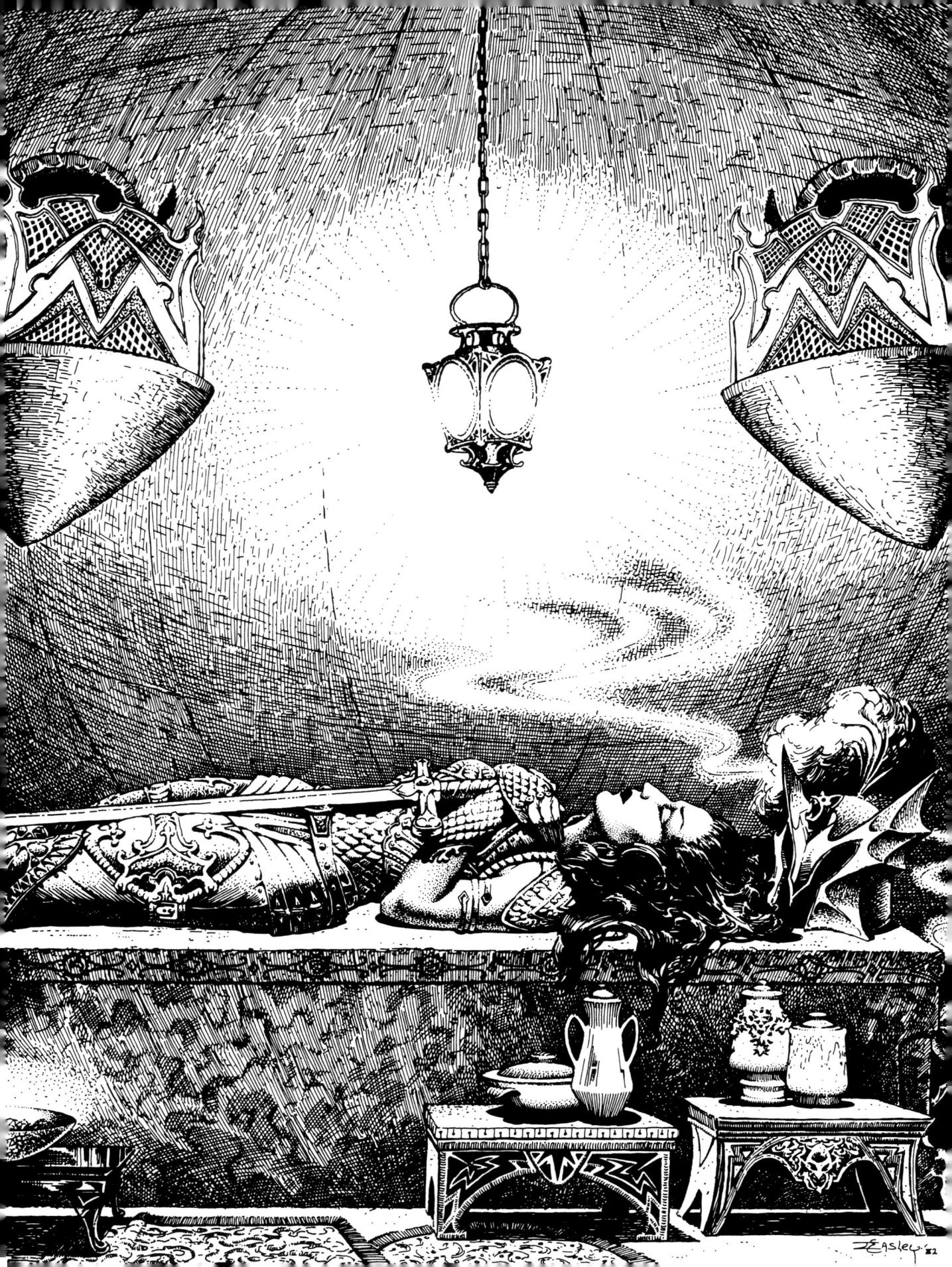

Me llegó el rumor de que una reina bruja, llamada Iggwilv, había estado asolando las Marcas de Perrinland. Al principio, no me preocupaba —muchas brujas, magos y malhechores similares han asolado Greyhawk con planes que al final han tenido pocas consecuencias—, pero luego me enteré de que Iggwilv había invocado a Graz'zt. Quienes conocemos el poder de tales seres no podemos ignorar la presencia de un señor de los demonios.

Ahora bien, los detalles sobre lo que ocurrió exactamente son confusos. Es casi seguro que tuvieron un tórrido romance; algunos dicen que terminó de forma dramática, con una terrible batalla en la que Iggwilv resultó herida de muerte, y otros dicen que Graz'zt fue derrotado y desapareció de vuelta al Abismo, como hacen los demonios cuando mueren en el Plano Material (esto siempre me ha fascinado de los demonios: pueden sobrevivir a la muerte permanente, pero no les hace ninguna gracia. En realidad, nunca están contentos).

Pasara lo que pasara, Iggwilv se llevó sus tesoros, a saber, dos objetos de inmenso poder: la Lámpara Maravillosa de Daoud y su propio grimorio, el *Demonomicón de Iggwilv*, un horrible texto repleto de poderosos hechizos y un tratado sobre las diabólicas criaturas de los Planos Inferiores, así como sus esbirros y su considerable tesoro de oro, gemas y otras riquezas. Juntos, desaparecieron en las profundidades de una guarida secreta en las montañas Yatil, un lugar de gran peligro.

Nadie sabe cómo el mundo llegó a conocer la existencia del tesoro de Iggwilv, pero esta, en su completa y miope sed de poder, trajo a Greyhawk no uno, sino dos objetos con el poder de desviar el camino del destino y cambiar el rumbo de una nación.

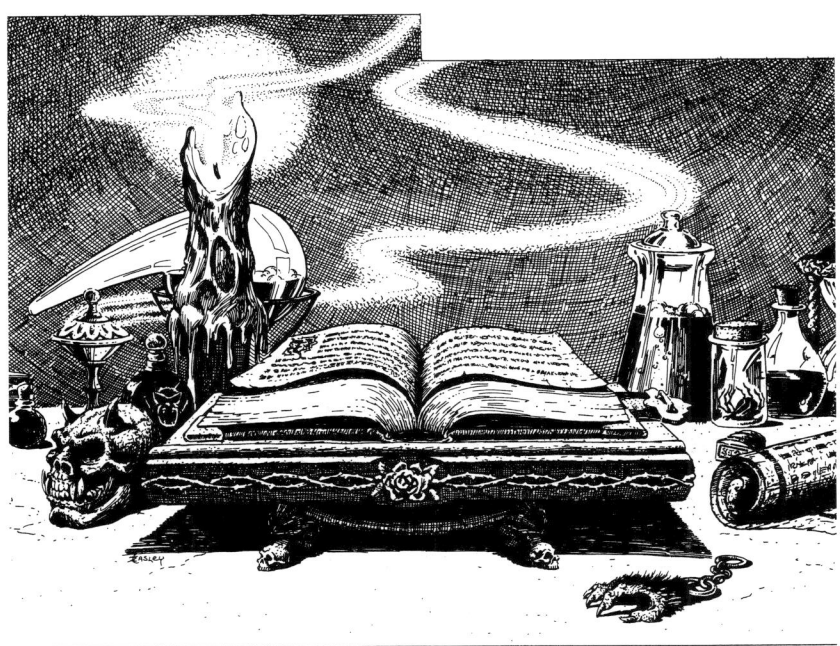

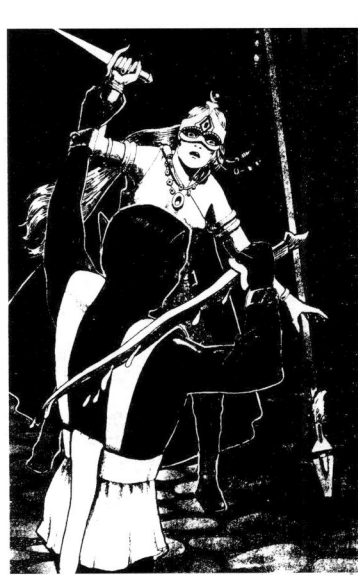

GREYHAWK

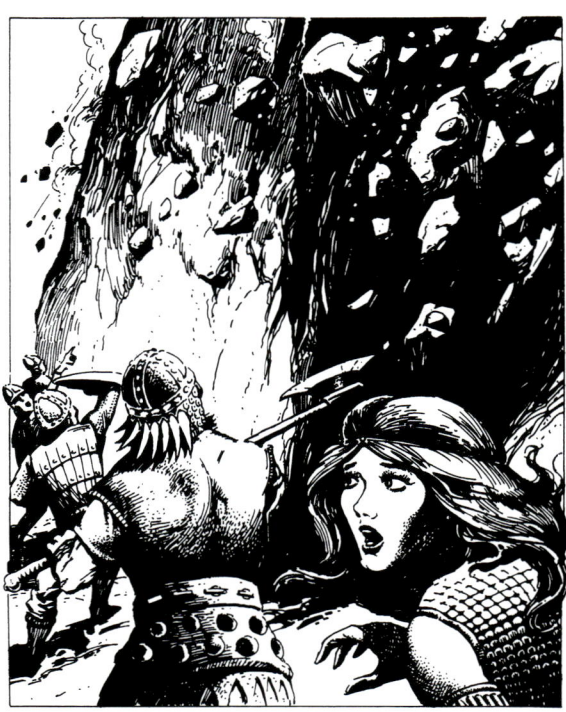 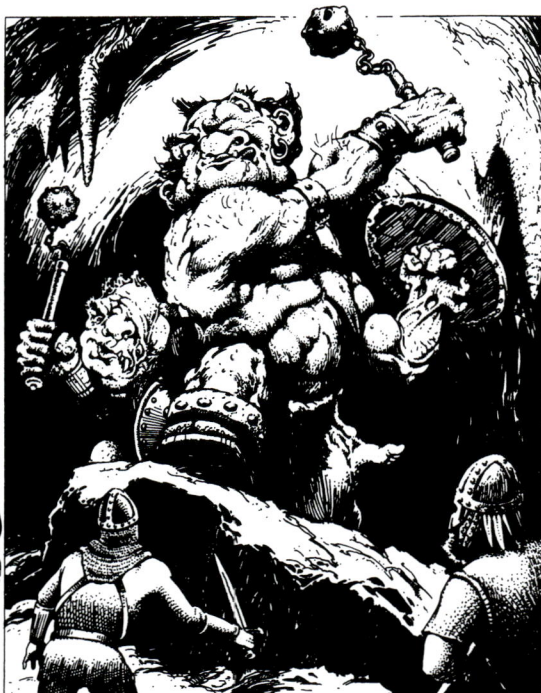

Y eso es lo que inició posiblemente la mayor búsqueda del tesoro en la historia de Greyhawk.

Se pueden lanzar potentes hechizos desde cada cara de la Lámpara Maravillosa de Daoud, pero lo que la impulsa son las piedras preciosas más raras y brillantes. En manos de un mago lo bastante rico como para satisfacer su insaciable sed, la lámpara sería una poderosa arma capaz de ganar guerras y cambiar el curso de la historia. Pocos de los que ansían su poder saben que si su combustible se agota y la luz de la lámpara se apaga, también lo hace el alma de quien la empuña. Un pequeño detalle que los maníacos suelen pasar por alto.

Aunque me duela admitirlo, el *Demonomicón* es la prueba, aunque una prueba terrible, de la consumada bruja que era Iggwilv. Se dice que incluye los nombres verdaderos de algunos demonios de alto nivel, una hazaña épica con todas las características del inmenso carisma y la astucia de Iggwilv. Junto con los hechizos que contiene, ofrece a aquellos lo bastante insensatos como para leerlo el poder de controlar y coaccionar a los seres del Caos, y sería desastroso en las manos equivocadas.

Que yo sepa, el tesoro de Iggwilv sigue oculto en las Cavernas Perdidas. La mayoría de los que entraron a buscarlo se perdieron. Algunos nunca lograron atravesar las montañas Yatil, famosas por sus avalanchas y desprendimientos de rocas, capaces de acabar con todo un grupo en un devastador torrente de tierra. Algunos fueron rechazados por partidas de guerra de hobgoblins o aplastados por juguetones gigantes de piedra que rompían sus juguetes de carne y hueso como enormes niños pequeños. Aun así, algunos llegaron a Tsojcanth y experimentaron el laberinto que Iggwilv había preparado para cualquiera que encontrara su guarida. Un grupo —Ethelrede, Flemin, Dunil, Weslocke y algunos más— regresó con salvajes relatos de encuentros con monstruos nunca vistos en Greyhawk, huidas por los pelos de un extraño ser de otro plano y una desconcertante serie de trampas, trucos y teletransportes, todo ello parte del ecléctico repertorio de locura y brujería de Iggwilv.

Fue una época emocionante y peligrosa en la historia de Greyhawk, otro momento en el que el Equilibrio podría haberse inclinado de muchas maneras. Si esos objetos de poder hubieran caído en las garras equivocadas, con toda seguridad habrían llevado a Greyhawk por una senda llena de cadáveres, y obligado al Círculo de los Ocho a unirse una vez más y luchar contra las fuerzas del mal.

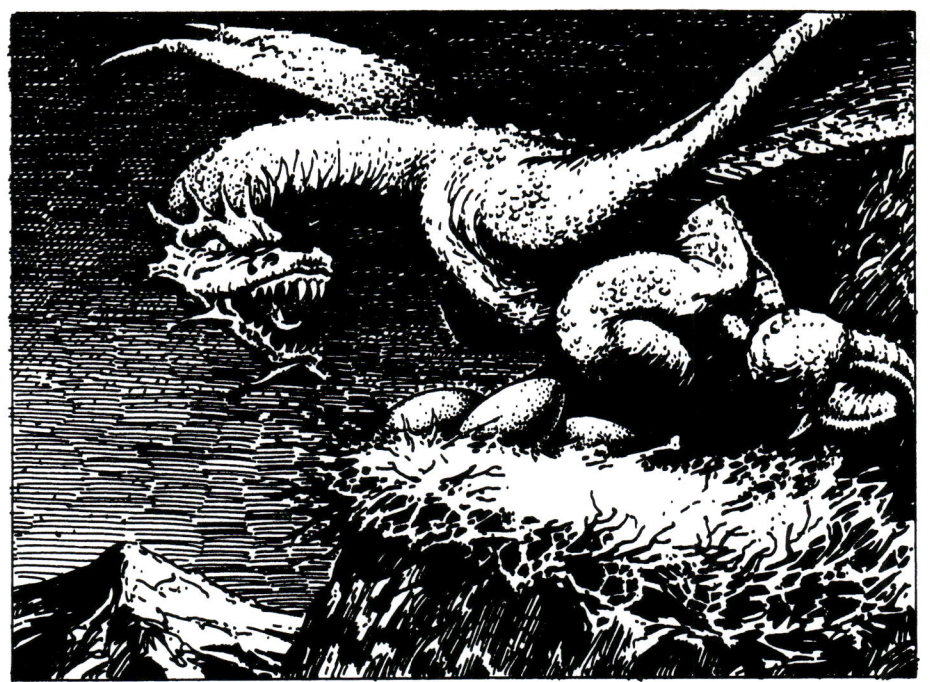

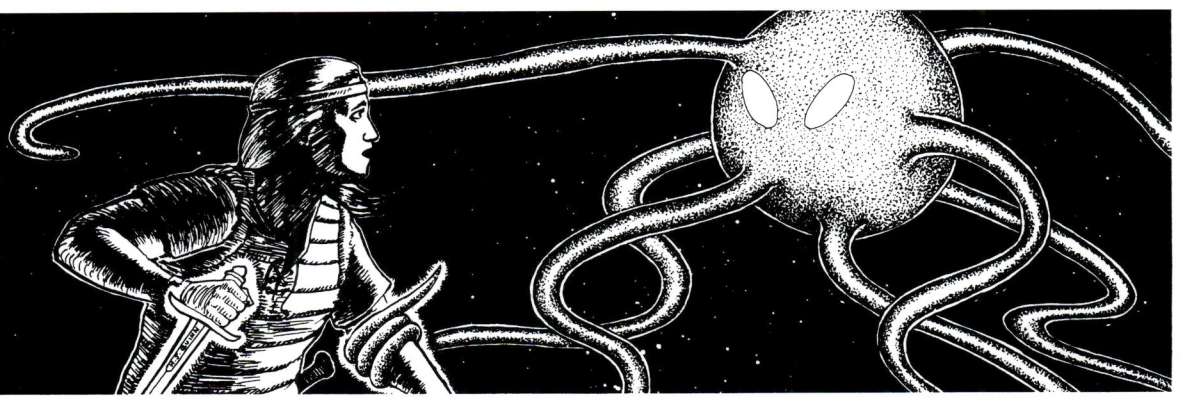

UN MUNDO PELIGROSO

Ciertamente, en todos los mundos del multiverso hay peligros, pero Greyhawk es especialmente peligroso porque alberga una gran concentración de malhechores capaces de cambiar irrevocablemente el mundo si de algún modo consiguen dominarlo. Además, aún se está recuperando de un cataclismo mágico que tuvo lugar en la antigüedad: un acontecimiento apocalíptico de tal poder que puso fin a lo que algunos consideraban una edad de oro y dio comienzo a la era moderna. Creo que este suceso provocó grietas en el Plano Material que permitieron que el mal antes mencionado se filtrara desde varias dimensiones, desencadenando una cascada de consecuencias que resuena hasta nuestros días.

LOS ENEMIGOS DE OERTH

Los enemigos de Greyhawk son muchos y variados. No sé por qué poseen tanta fuerza, salvo mi propia hipótesis sobre el uso miope y abiertamente insensato de la magia cataclísmica en la antigüedad: una magia lo bastante poderosa como para que los hilos del destino tejieran un nuevo patrón para el tapiz de Greyhawk. La ubicuidad de monstruos extraños y de otros mundos en este permite especular con que los antiguos hechizos también crearan espacios dimensionales que permitieran a babosas criaturas de ojos múltiples, del Reino Lejano, colarse por las grietas hasta nuestro plano.

THARIZDUN

En primer lugar, debo hablar de la amenaza de la entidad nihilista conocida como Tharizdun. Este mal mayor puede surgir en cualquier lugar del multiverso, corrompiendo los pensamientos y contaminando la tierra con su polución alienígena, pero por alguna razón inescrutable parece tener una obsesión especial con Greyhawk. Las mentes desequilibradas gravitan hacia el ulular enloquecedor de Tharizdun, y dedican templos y grutas a sus repugnantes prácticas. Incluso la mente de la reina demonio Zuggtmoy ha sido sometida a la voluntad de Tharizdun. Tal es su poder.

¿Es Tharizdun un solo ser? ¿Un colectivo? ¿Un objeto? ¿Un lugar? Muchos han especulado, pero todos los que se acercan demasiado en su intento de desvelar los secretos de esta entidad corren el grave riesgo de ser corrompidos o consumidos por su maldad.

No puedo señalar cuán peligroso es Tharizdun; mi Círculo de los Ocho se ha enfrentado a esta entidad y a sus secuaces con un coste terrible. Aunque he hecho cuanto estaba en mi mano por saber dónde atacará Tharizdun a continuación, no he conseguido atravesar la arcana oscuridad que lo rodea. Parece estar oculto por su naturaleza incognoscible, que en un momento existe y al siguiente desaparece, dejando solo la mancha de su sombra sobre la tierra. Solo la vigilancia de los héroes que conocen los signos de su corrupción e influencia pueden hacer sonar la alarma a tiempo y detener la propagación de la podredumbre de Tharizdun.

VECNA

Ahora debo hablar del intrigante e implacable liche conocido como Vecna, otra plaga que ha escapado de los confines de Greyhawk para convertirse en una amenaza multiplanar. La enorme cantidad de adjetivos que Vecna ha coleccionado dice mucho sobre su incalculable ego, pero baste decir que su apodo principal es el Susurrado, pues sus susurros pueden infundir la locura en aquellos cuyos corazones palpiten sedientos de poder. Este parece ser un patrón para la influencia del mal: si hay una semilla maligna dentro de nosotros, eclosionará y se dirigirá hacia un ser repugnante como Vecna, arrastrándonos cada vez más profundo, para retorcernos cada vez más a medida que nos alimentamos de los fulminantes rayos del mal.

Como la mayoría de los señores liches, Vecna acumula secretos. Como si tratara de encarnar este rasgo, mantiene su manuscrito más despreciable, el *Libro de la Oscuridad Vil*, a salvo dentro de su caja torácica, un gesto más bien simbólico: su inútil y marchito corazón sustituido por los contenidos más repulsivos de su mente.

Incluso en solitario, Vecna tiene potencial para hacer tanto daño que contenerlo a él y a sus maquinaciones me resulta una preocupación constante. Aunque dispone de todo el multiverso para corromper, Vecna asola Greyhawk una y otra vez, y estoy seguro de que parte de ello es sencillamente para irritarme, ya que tengo una importante rencilla personal con este liche en particular. Sin embargo, su principal objetivo es el mismo de todo ególatra obsesionado con el poder: convertirse en un dios. Si descubriera la fuente de la magia apocalíptica utilizada por los antiguos magos de Suel y Baklunish, o alguna otra fuente de poder, estaría en el buen camino para alcanzar el más grotesco de los objetivos, lo que me obligaría a dejar todo lo demás y reunir todas mis fuerzas para detener su peligrosa búsqueda.

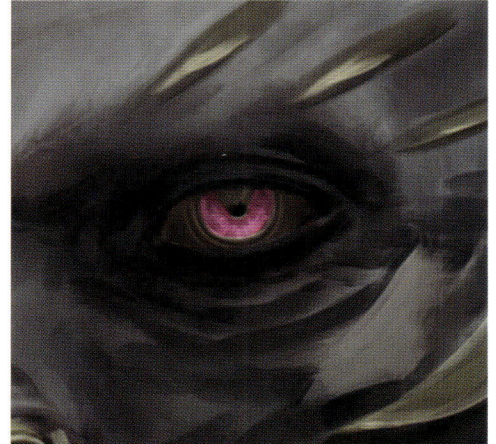

GREYHAWK

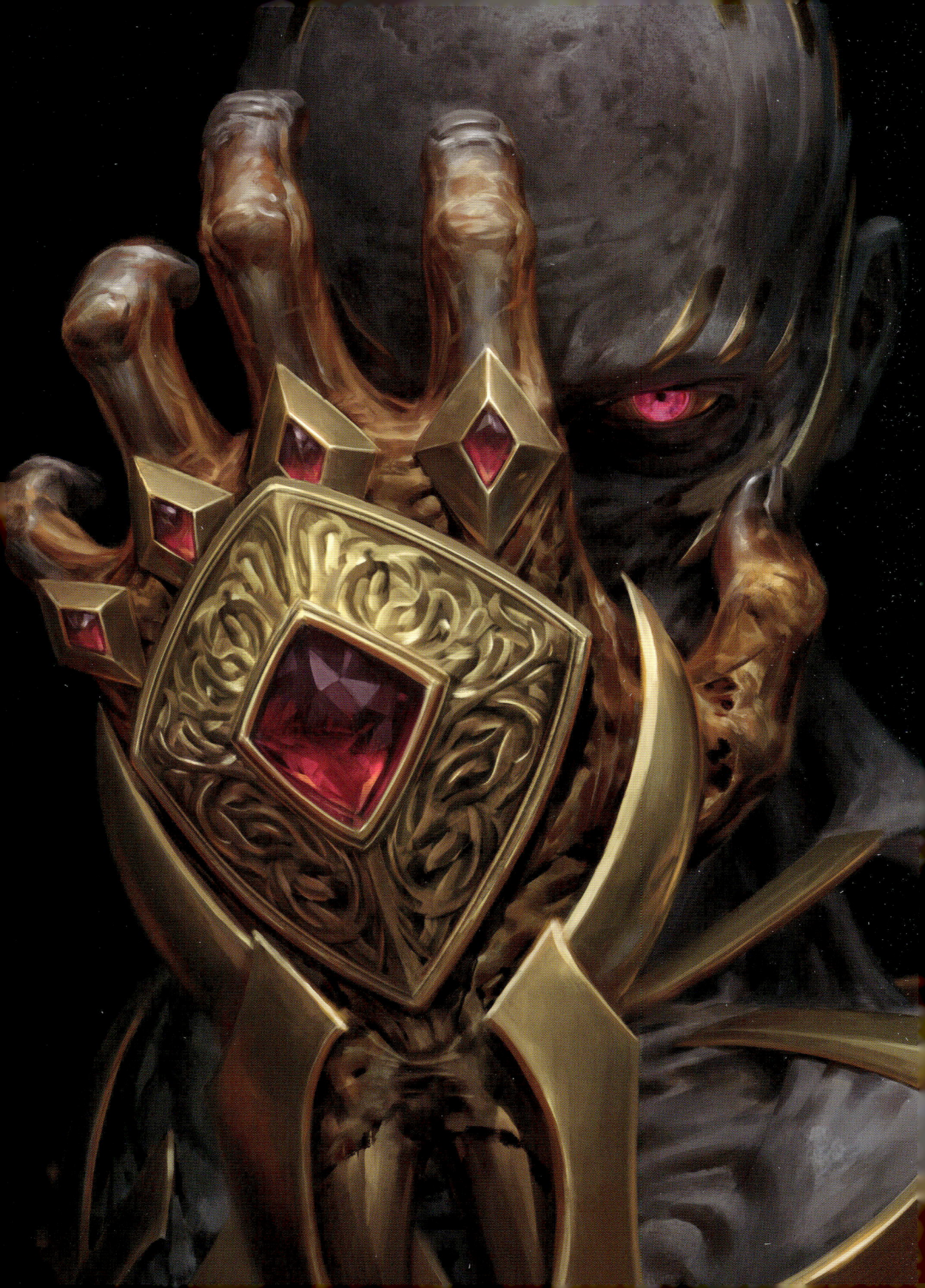

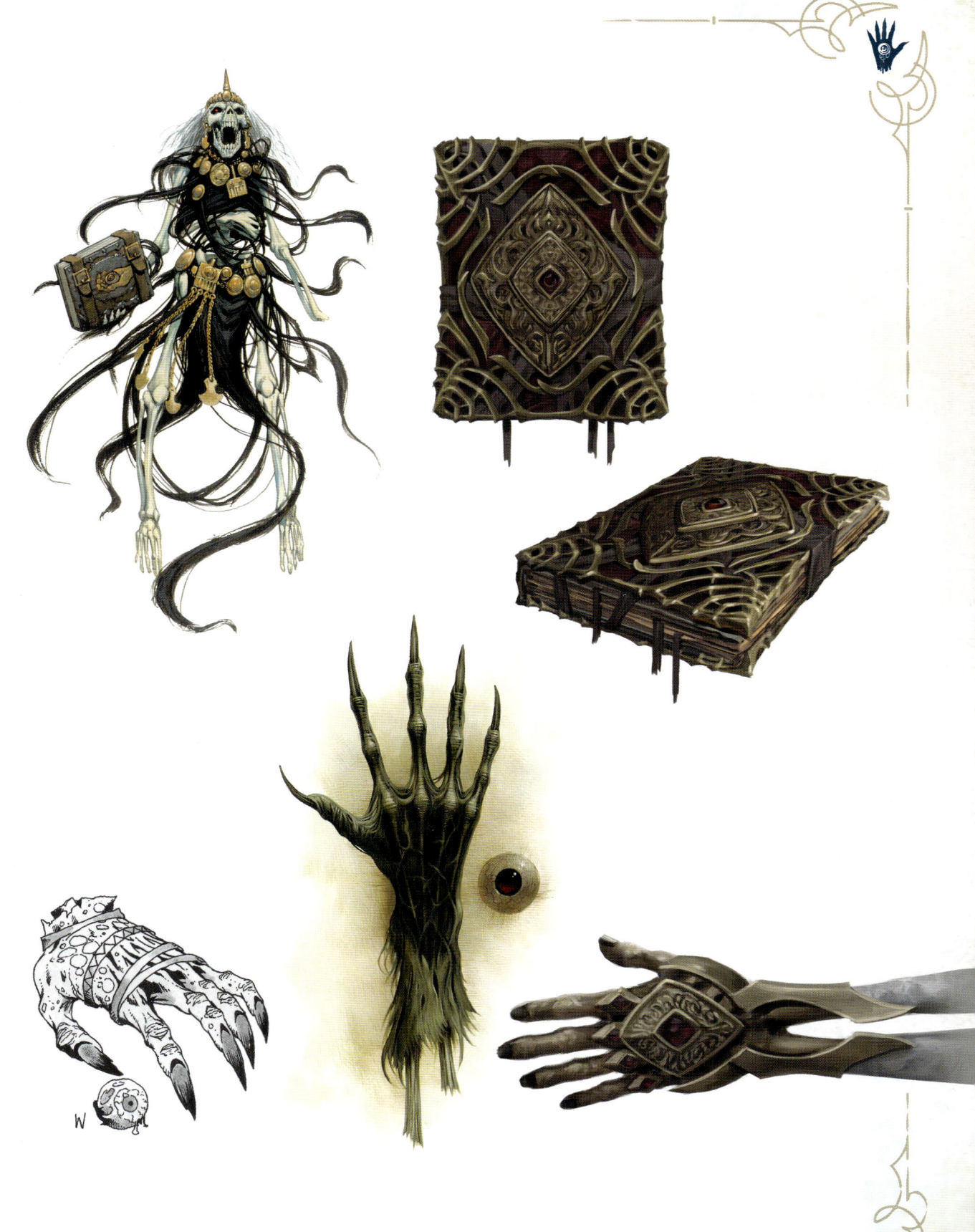

IUZ

A diferencia de las amenazas de Tharizdun y Vecna, hay una continua fuente del mal en Greyhawk que está ligada al planeta, y que solo busca dominar Oerth: el semidiós cambion Iuz. No se oculta en las sombras, sino que se muestra abiertamente, creciendo en poder a la vista de todos. Con el tiempo ha reunido un considerable ejército y un creciente contingente de crédulos acólitos.

El Imperio de Iuz se extiende ominosamente por el norte, y los pueblos subyugados por él sienten su férreo control en todos los territorios conquistados. La tierra queda marcada por los horrores de la guerra, con fortalezas y guarniciones que salpican el paisaje como recordatorios constantes del opresivo dominio del imperio. Las legiones de no muertos, criaturas monstruosas y fieles seguidores de Iuz imponen su voluntad, sembrando el miedo y el sufrimiento entre la población. La resistencia a su dominio provoca un castigo rápido y brutal, lo que convierte el Imperio de Iuz en un lugar de tensión y desesperación constantes.

LA HISTORIA DE TASHA

Pero ¿de dónde viene el cambion Iuz? En esta parte de mi relato, debo hablarte de su madre, Iggwilv, la Reina Bruja, o como se la conoce más comúnmente, Tasha.

Los orígenes de Tasha son desconocidos, pero la adoptó y crio la poderosa hechicera Baba Yaga, que sumergió a la joven Tasha en la brujería y las artes oscuras. Pero estoy seguro de que Baba Yaga, pese a su reputación de meterse en asuntos diabólicos, habría enseñado a Tasha las consecuencias de relacionarse con señores demoníacos. Pero ella era joven, atrevida e impulsiva, y se sentía tan atraída por el camino más rápido hacia el poder como una polilla por la llama, y el camino demoníaco era el que prometía el poder que buscaba. Asociarse con demonios casi siempre conduce a algún tipo de catástrofe, por muy razonable que parezca el demonio; la naturaleza del Caos es deformar y pervertir el principio ordenador del Equilibrio. Y era un precio que Tasha estaba dispuesta a pagar.

Tasha se vio envuelta en una enmarañada red de seducción mutua con el señor demonio Graz'zt y su tentador poder, y aunque pudo haber obtenido poderío y conocimiento de él, y haber huido de su cita relativamente ilesa, el resultado de su unión fue Iuz. Hasta el día de hoy, gente inocente sufre por el ansia de poder de Tasha debido al diabólico camino de destrucción de Iuz. Si algo he aprendido sobre el mantenimiento del Equilibrio es que cada acción, pequeña o grande, tiene consecuencias, y que, a través de ellas, todos ponemos nuestra propia medida de energía en las balanzas del multiverso.

¿Y Tasha? Bueno, tras una larga estancia en el Feywild, sin duda escondiéndose de Graz'zt y de muchos otros enemigos que quieren su cabeza o su alma, Tasha ha pasado página, o eso creo. Curiosamente, nos ha unido nuestra pasión compartida por la magia, y hemos mantenido numerosas discusiones que han durado hasta altas horas de la madrugada. En nuestras muchas charlas, he llegado a entenderla, tanto como se puede entender a cualquier persona, y ahora la llamo amiga…, bueno, tal vez «amiga» sea un término demasiado simple. Pese a haberse reinventado a sí misma, Tasha tiene mucho por lo que responder; sobre todo, haber dado vida a una amenaza global como Iuz. Creo que las primeras desventuras de Tasha sirven ahora de poderosa advertencia para cualquier mago o brujo que busque el camino fácil hacia el poder y se vea tentado a llegar a extremos demoníacos para conseguirlo.

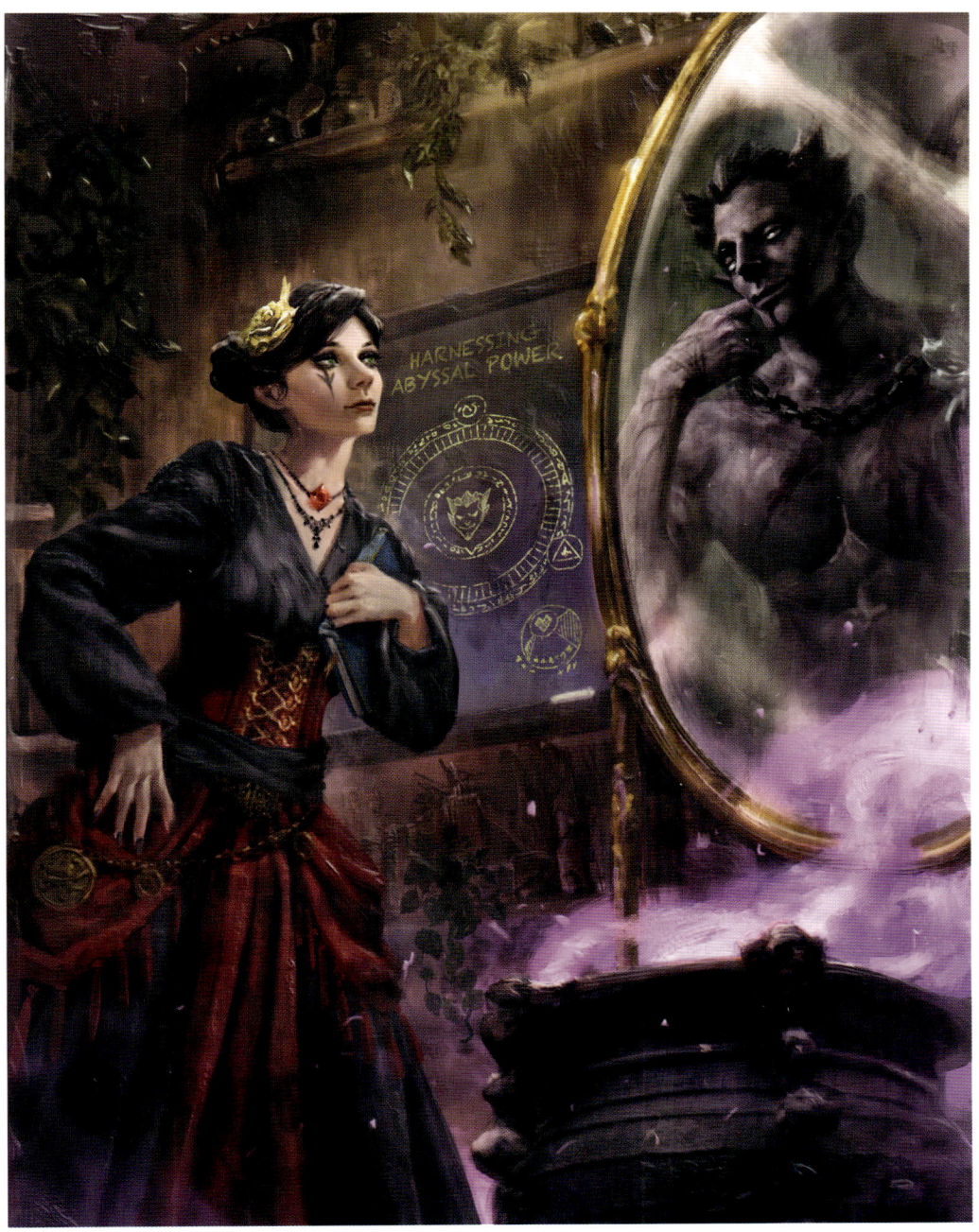

ACERERAK

¿Y qué hay de Acererak, te preguntarás? ¿Es una amenaza para el Equilibrio? No temas, querido lector, no he olvidado al bribón carcajeante más famoso de Greyhawk. Del mismo modo que un villano novato se entretiene arrancándole las patas a un desventurado insecto, Acererak parece ser feliz cuando atormenta a buscadores de fortuna en su Tumba de los Horrores. Por ello, Acererak es más un bufón homicida y embaucador que un perverso alterador del curso del mundo, como Tharizdun. Aunque cualquier liche con su poder y locura es potencialmente peligroso, basta con escuchar el relato de un solo superviviente de una incursión en la Tumba de los Horrores para saber que Acererak, además de estar como una cabra, está demasiado ocupado entreteniéndose con sus propios inventos depravados como para inclinar las balanzas del multiverso. Una mente concentrada y malévola como la de Vecna, o una energía que corrompe el mundo como la de Tharizdun, me mantienen despierto hasta altas horas de la noche, y no las maquinaciones mezquinas de un papanatas esquelético y desquiciado.

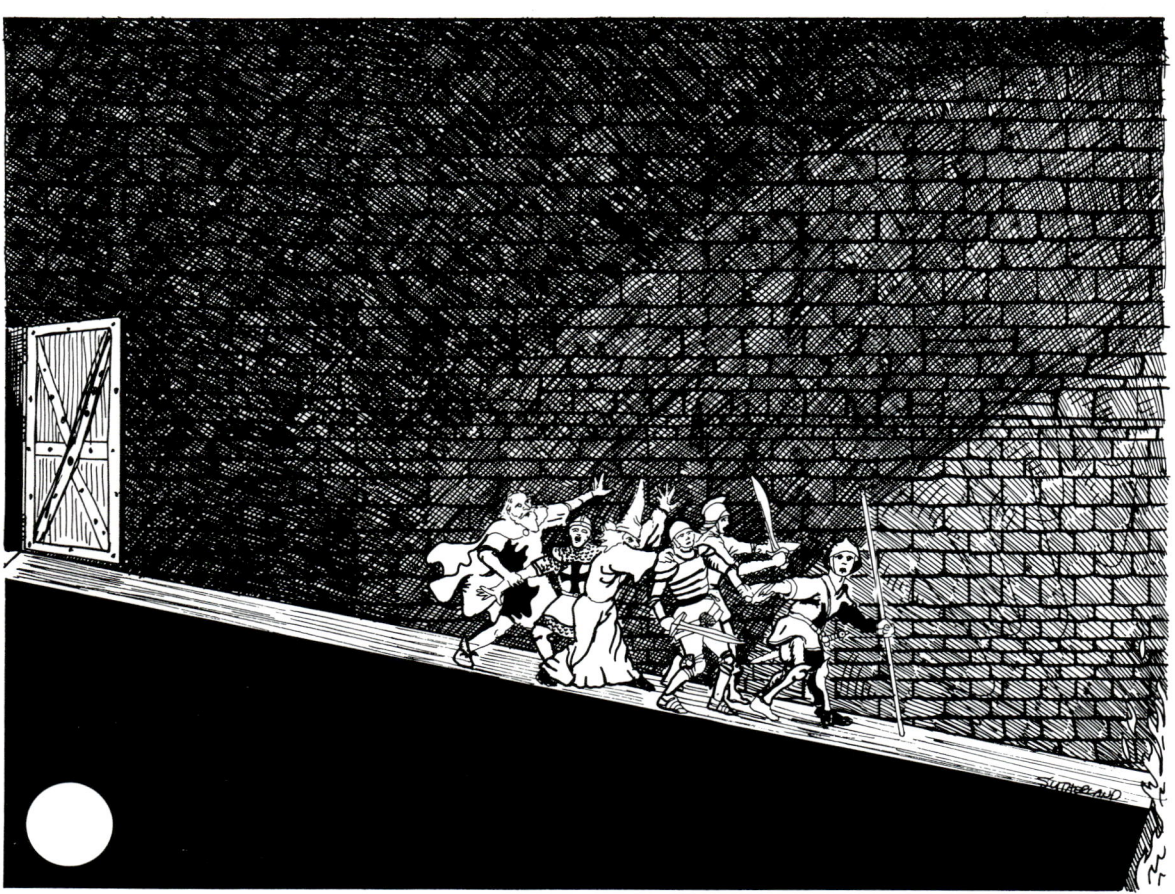

MUNDOS Y REINOS

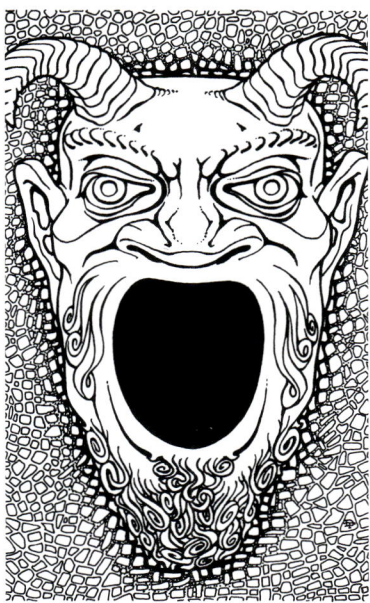
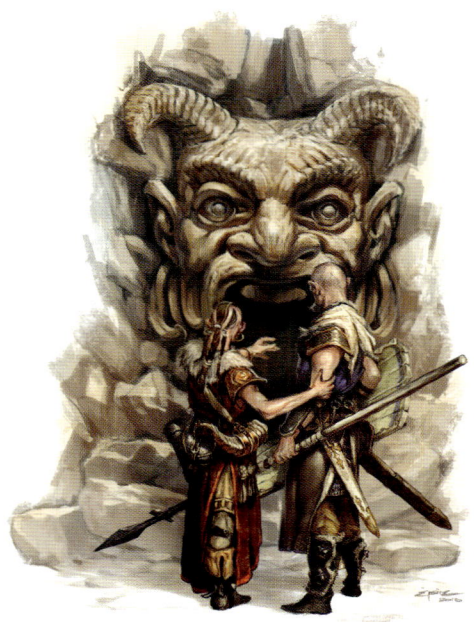

UNA HISTORIA DE LA TUMBA

No hay muchos tan insensatos para visitar lugares como los Planos Inferiores, donde los demonios disponen de la eternidad para idear peligrosos escenarios que probablemente causen el desmembramiento o la muerte de quienes se aventuren en ellos. Incluso en el Plano Material hay un lugar que se ha convertido en sinónimo de fatalidad: la legendaria Tumba de los Horrores. Uno pensaría que cualquier criatura con un cerebro capaz de comprender el dolor y la perdición huiría de un sitio así, y sin embargo, cada temporada, hay historias de cabezas huecas, ilusas pero optimistas, que han entrado, sus pensamientos anegados con visiones de oro y gloria, para no regresar nunca.

A primera vista, uno podría suponer que es la codicia o la desesperación lo que lleva a estos desventurados cazadores de fortuna a probar suerte, pero tras reflexionar sobre el asunto, creo que el impulso de entrar en la Tumba de los Horrores se debe únicamente al orgullo... y, bueno, de acuerdo, un poco de codicia.

Hay quien dice que Acererak construyó la tumba para atraer a ególatras como mi querido Robilard, o a sabelotodos dulces y amables como Tenser. Hay una cierta bravuconería, un pavoneo, ¿cómo decirlo...? Cierta arrogancia ligada a un poder inmenso, y creo que Acererak ha arrojado su mortal desafío a modo de trampa en el camino de esa arrogancia.

Me parece que la Tumba de los Horrores es un reto. Creo que Acererak dice, a todos los que han inspirado profundamente el perfume del orgullo y se creen semidioses al límite: «Yo soy más listo». Ocultar la tumba es solo la manera de Acererak de hacerse el tímido, de burlarse de los jugadores adecuados, pero ha permitido que se sepa lo que hay en la Tumba: el tesoro, los objetos de poder, el derecho a jactarse, el desafío de toda una vida.

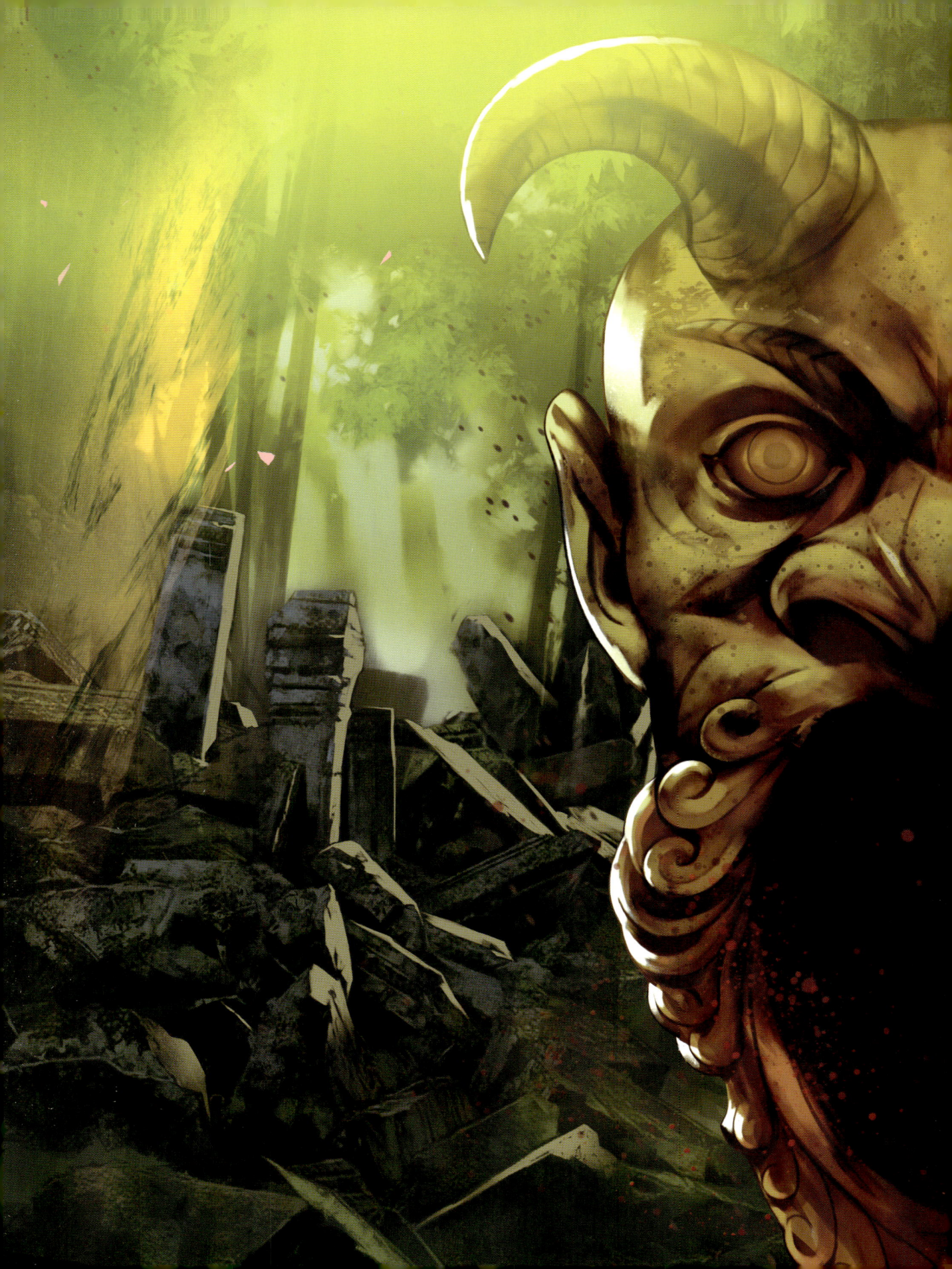

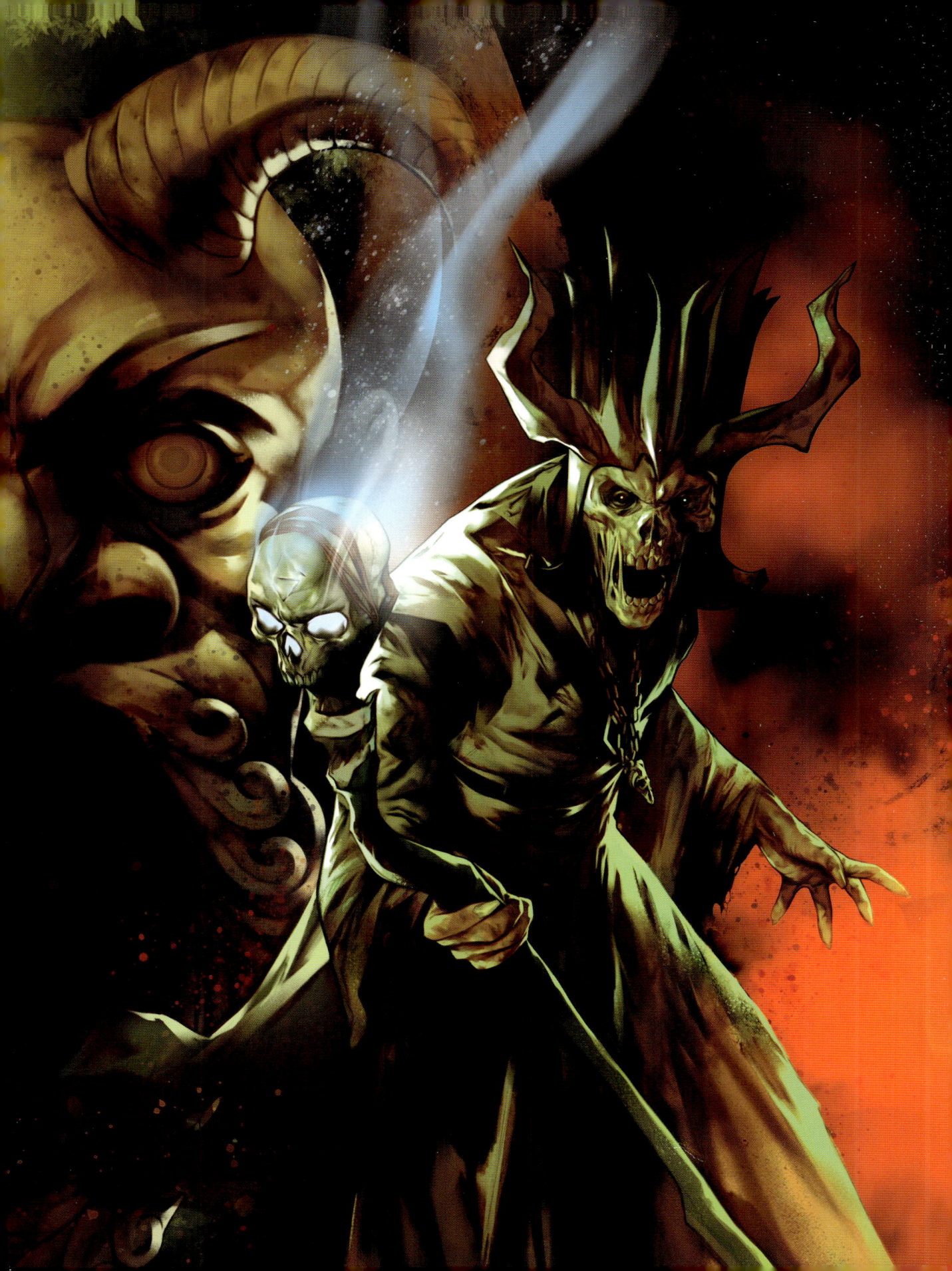

Acererak ha llenado la cueva de tesoros, eso es evidente. Y ha llenado su tumba de objetos mágicos que intrigarían a cualquier archimago digno de tal nombre. Pero el verdadero tesoro es burlar al liche y salir con vida. No creo que a Acererak le importe dos ululares de lechuza que alguien consiga un puñado de tesoros. Sus preguntas candentes son: ¿pueden ser más astutos que él? ¿Pueden sobrevivir? ¿Se derrumbarán bajo la presión? ¿Llorarán de frustración? Estas son las divisas con las que negocia el Señor de los liches. Muchísimos esqueletos de engreídos aventureros que creyeron que se llevarían el premio del liche decoran los pasillos de su tumba, y Acererak los deja allí a propósito. ¿Por qué? Porque es como un jardinero que vive para presenciar cómo crece, en la mirada de los arrogantes, la magnífica semilla de la duda.

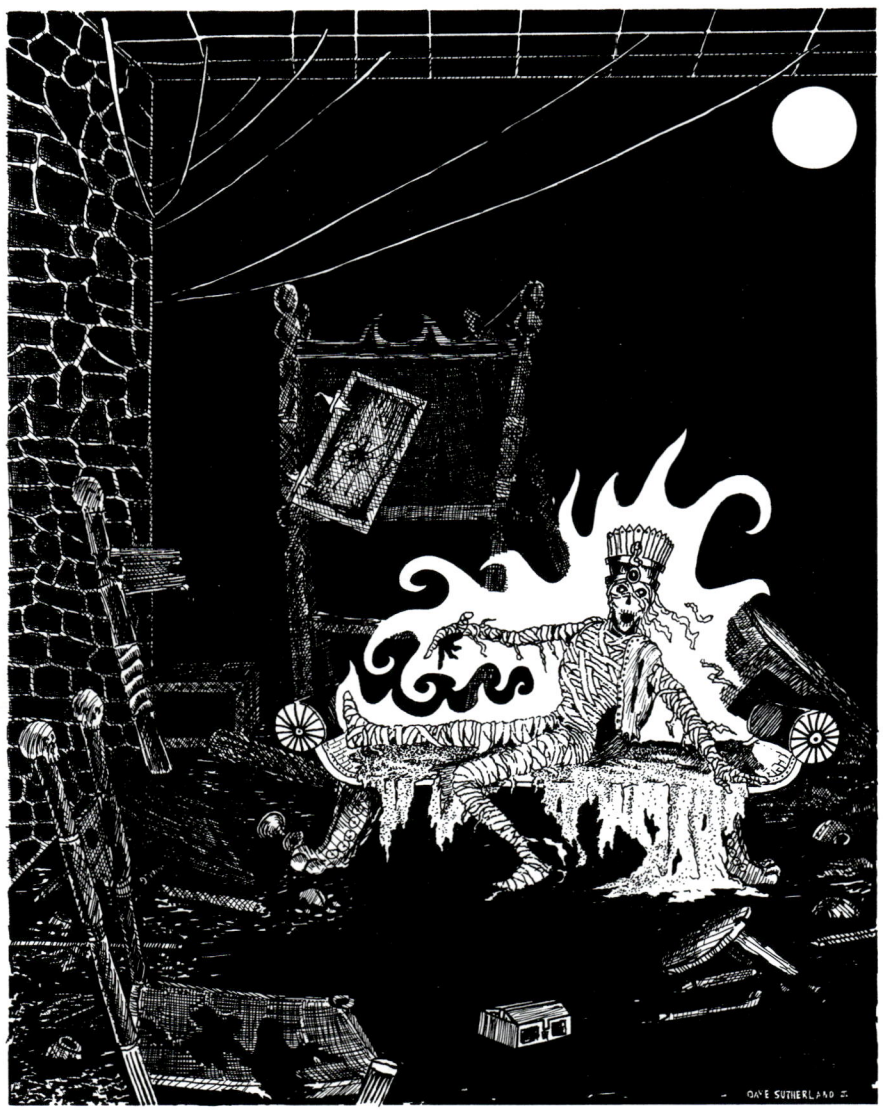

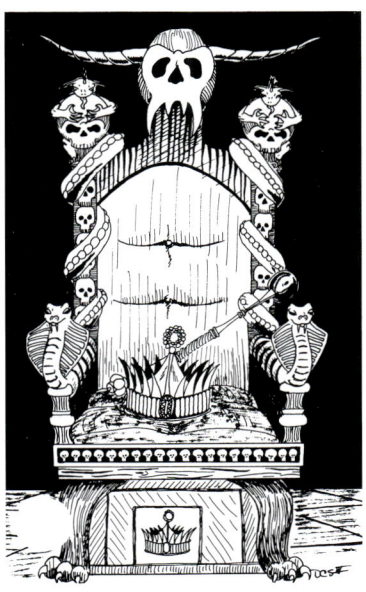
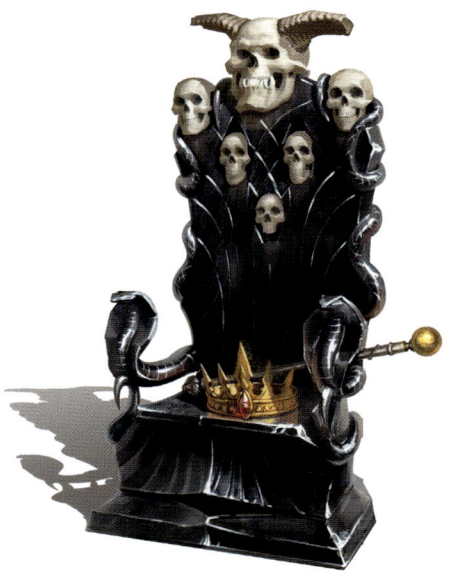

Yo no soy un jugador. No me arriesgo por placer, sino por un objetivo. Pero la Tumba de los Horrores siempre tentará a quienes aman los desafíos descarados, a quienes disfrutan con la emoción de demostrar a los escépticos que están equivocados; a quienes creen que, tal vez, sean excepcionales. En ese sentido, creo que Acererak sirve al Equilibrio como una fuerza de humildad, un límite al aparentemente ilimitado crecimiento del ego. La Tumba de los Horrores sirve de puerta, de muro cuidadosamente construido en torno a la mansión de prepotencia que algunos aventureros, de vez en cuando, se mueren por poner a prueba.

LOS CONFINES DE LA LEY

No todos los enemigos del Equilibrio poseen diabólicas alas o escamas de dragón. Algunos son bienintencionados y se definirían a sí mismos como buenos, pero a menudo subyace en ellos una semilla de miedo que los empuja hacia la Ley absoluta, y que les permite justificar medios malvados si los fines parecen buenos. El miedo puede corromper las mejores intenciones y los corazones más nobles, y la imposición de la Ley absoluta es un señuelo constante para quienes se hallan en sus garras. Si se le concediera el poder total, ¿revocaría el santo San Cuthbert incluso la libertad de elección del pueblo de Greyhawk, solo para lograr una utopía incuestionable como el Monte Celestia? La ley puede ser orden, pero no es inherentemente bondad. El caos puede ser desorden, pero no siempre es maldad. El Equilibrio no es algo sencillo; tiene matices, y la tentación de imponerle un control total es el primer paso en falso en una pendiente muy resbaladiza.

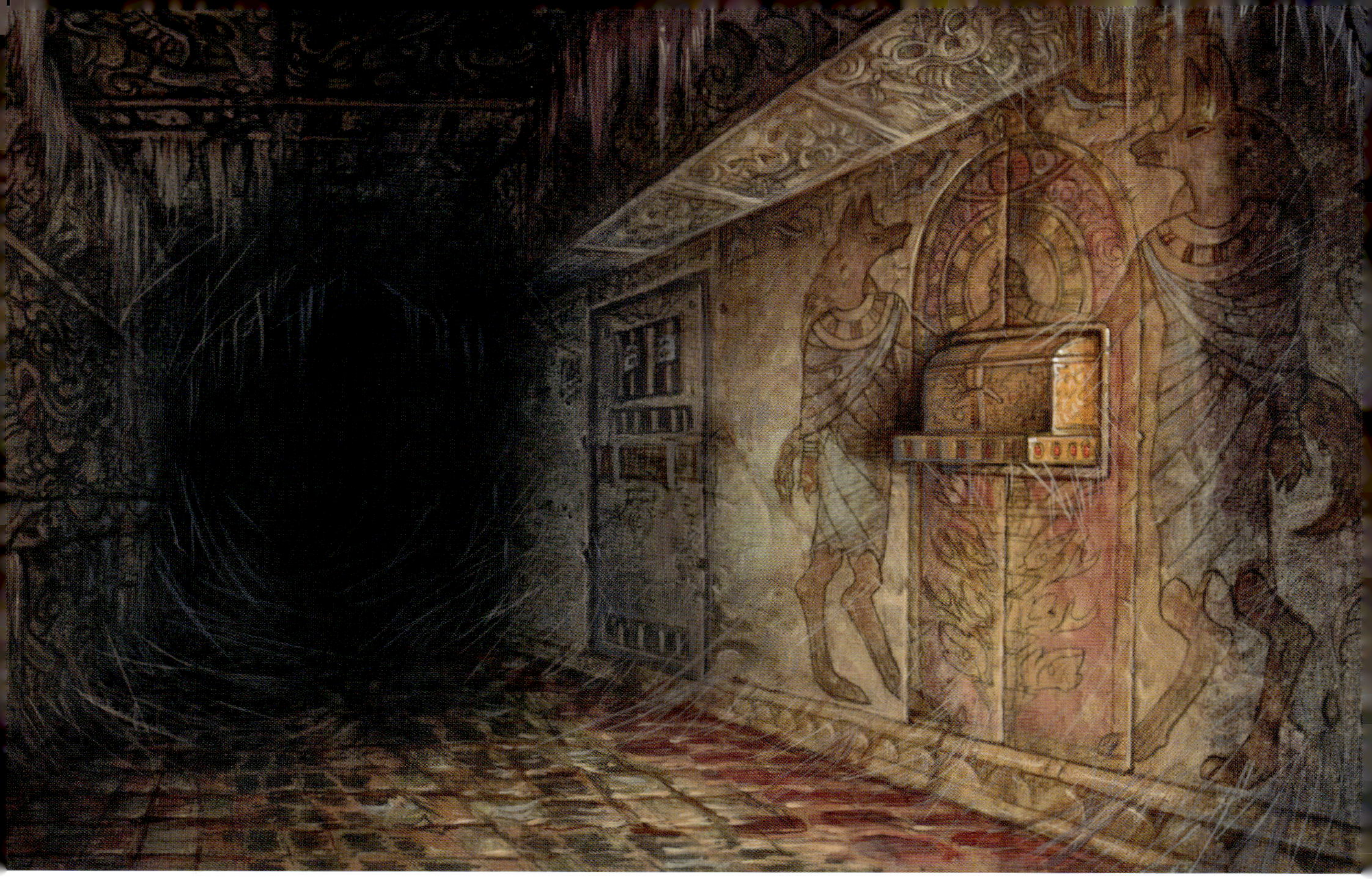

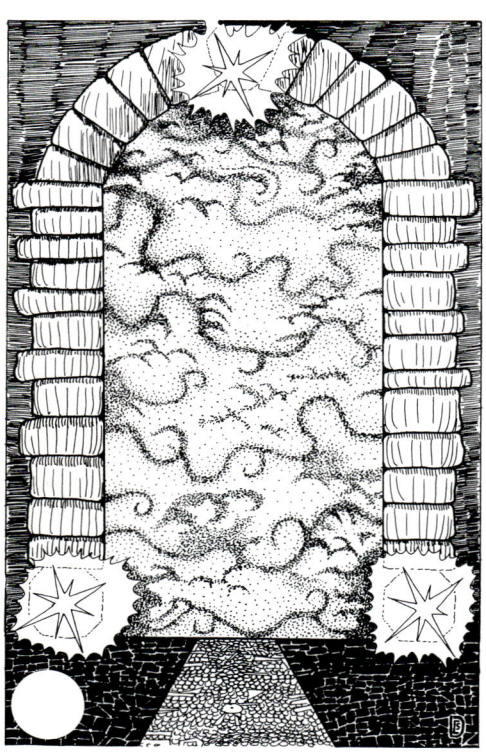
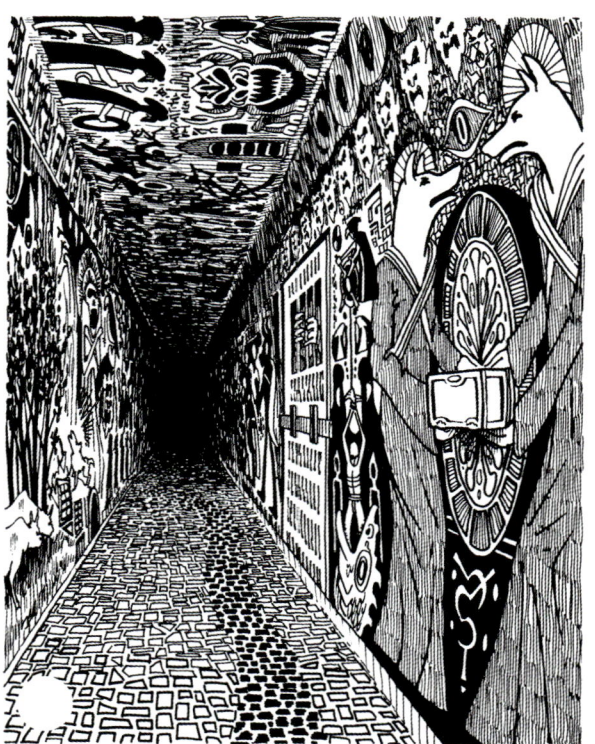

MUNDOS Y REINOS

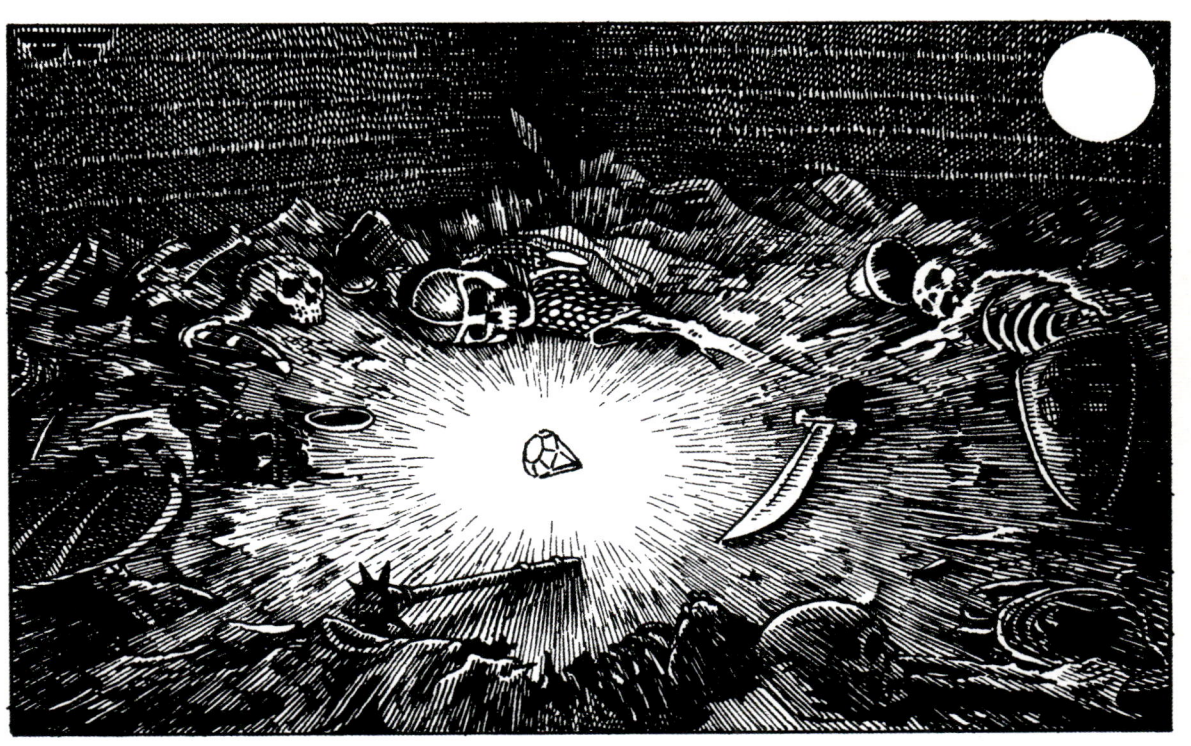

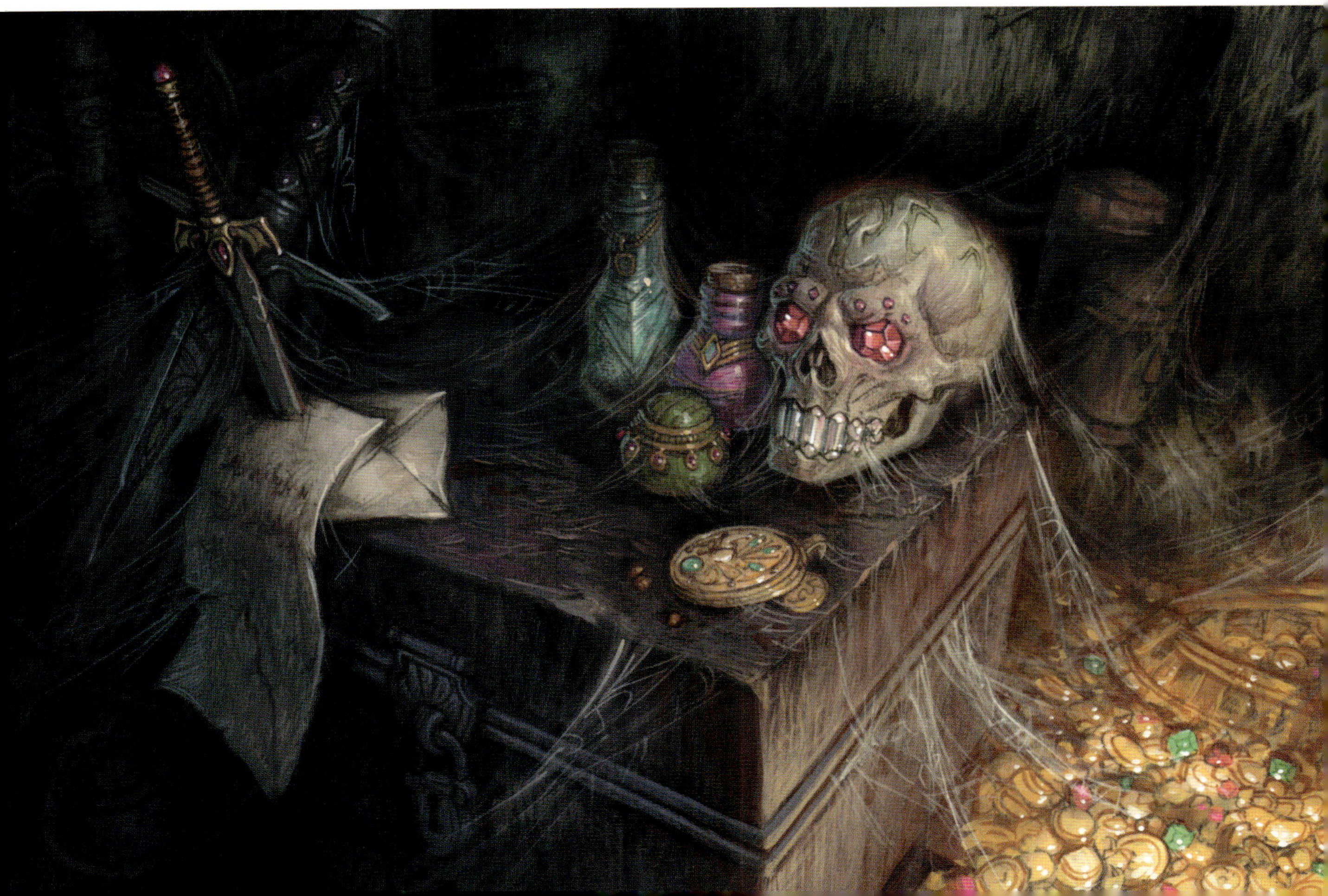

EL PROBLEMA ENTRE LEY Y CAOS

En Greyhawk se ocultan secretos, una poderosa magia que se perdió tras causar el antiguo apocalipsis del que el mundo aún se está recuperando. Esta es, en mi opinión, la razón principal por la que las fuerzas del Caos y del mal se concentran aquí, excavando entre ruinas y conquistando tierras en su búsqueda de la clave de ese poder cataclísmico. También es la razón por la que las fuerzas de la Ley están presentes aquí: para prevenir cualquier posible transgresión, toda violación de lo que ellos consideran conocimiento prohibido. La preponderancia de cualquiera de ambos bandos pondría en peligro el Equilibrio, y a pesar de los esfuerzos de mis compañeros y míos, el mal, aquí, está en crecimiento. El semidiós cambion Iuz empuja siempre hacia el sur, amenazando a cuantos acuden a su estandarte de muerte; la influencia de Vecna o Tharizdun aparece en los lugares más idílicos e improbables, aprovechándose del miedo y ofreciendo un poder incalculable, y abundan déspotas y tiranos bienintencionados pero equivocados, que esperan detener la avalancha del mal mediante la imposición de normas restrictivas y leyes draconianas.

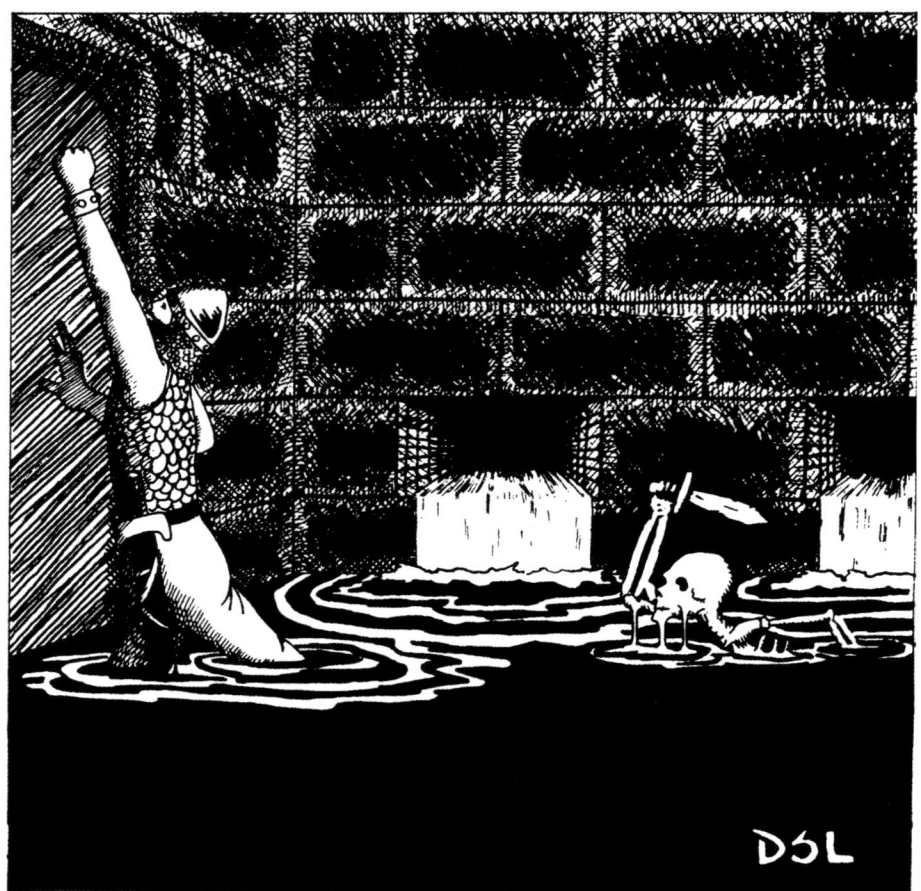

¿POR QUÉ GREYHAWK ES ESPECIAL?

Tras haber recorrido el multiverso, he oído la armonía y la disonancia de cada mundo. Es como si cada uno vibrara en respuesta a lo que ocurre en él o en su interior, indicando a aquellos con el poder para discernir tales vibraciones el estado actual del Equilibrio en ese mundo. En pocas palabras, un mundo sumido en el miedo y el odio emite un tono discordante; un mundo lleno de esperanza y entusiasmo emite un tono armonioso. La «canción» de Greyhawk sigue siendo fuerte, y los campeones del bien están haciendo un buen trabajo manteniendo el mal a raya, pero he percibido el constante aumento de la disonancia en Oerth a medida que las fuerzas de la discordia traen más de sus instrumentos al concierto, y me preocupa su futuro.

Gracias a mis arcanas observaciones, me resulta obvio que Greyhawk desempeña un papel especial e importante en la sinfonía multiversal, y esta singularidad me ha hecho regresar a Oerth una y otra vez en un intento de averiguar por qué, y, de paso, acabar con cualquier nido de inmundicia. ¿Por qué ha atraído la benévola presencia de Pelor, ha creado dioses heroicos como San Cuthbert y, sin embargo, también ha engendrado oscuridad como Tharizdun, Iuz y Vecna? Claramente Greyhawk es algo más que otra mota de polvo precipitándose por el Espacio Salvaje, porque pocos mundos que yo haya visitado tienen la mitad de los problemas que tiene Greyhawk con señores liches, príncipes demoníacos y reinas brujas. Ha de haber una razón por la que ha sido el lugar donde se ha invocado, engendrado o dado a luz a tantos seres de extraordinario poder. Y, como he estado insinuando, resulta que podría haber encontrado una pista interesante de por qué.

DECANTAR EL EQUILIBRIO

Como muchos otros mundos, Greyhawk remonta sus orígenes a los albores primordiales de la creación, cuando las fuerzas elementales alumbraron sus tierras y océanos y dieron forma a sus montañas y valles. Desde ese momento, se dio sobre la tierra una era de dragones y gigantes, cuyos conflictos marcarían el mundo y dejarían tras de sí grandes tesoros y reliquias de su magia. Muchos de los mundos del multiverso han tenido un origen similar, con guerras entre dragones, gigantes y otros seres de poder, pero fue la colonización de Flaenia, el continente central de Greyhawk, la que marcó el comienzo de lo que yo llamaría el verdadero nacimiento de Greyhawk, un nacimiento que se dio tras un cataclismo mágico.

Hace más de un milenio, Flaenia era un territorio en gran parte deshabitado, en los extremos de los grandes imperios de los baklunios y los suelios, que se encontraban en guerra.

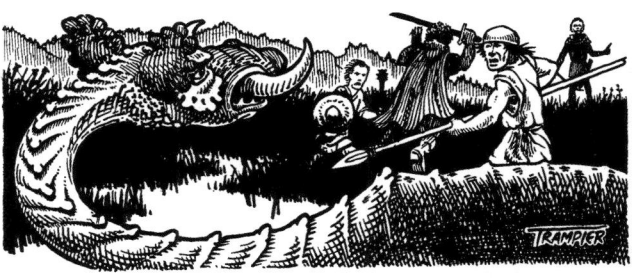

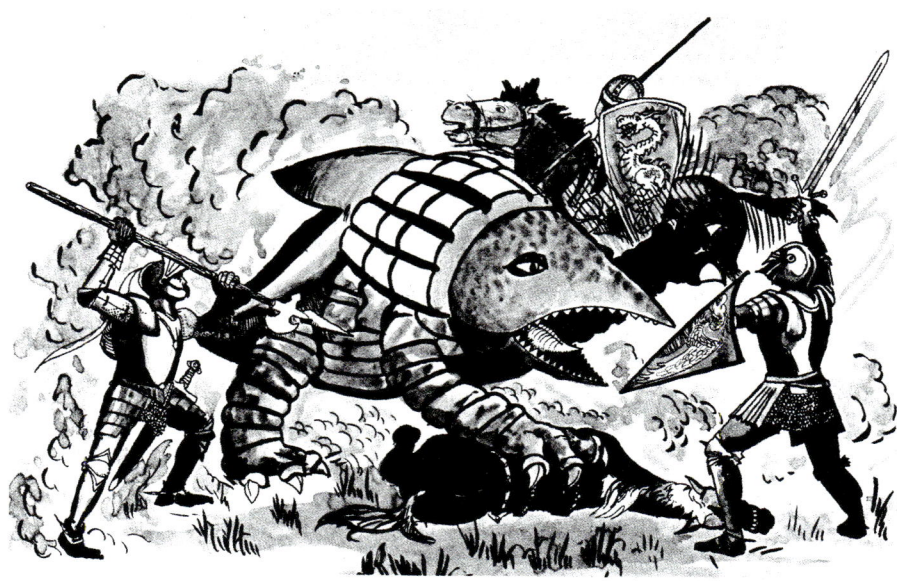

Ambas naciones contaban con magos de inmenso poder que, impulsados por la arrogancia y el odio, creaban magia para destruirse mutuamente. Magia que, de desatarse, superaría con creces su capacidad de control. Los magos de Suel habían elaborado un hechizo conocido como Devastación Invocada, un ritual que traería fuerzas demoníacas y un miasma tóxico desde un plano desdichado del Abismo, conocido como los Páramos Grises, al reino de los baklunios, despojándolo de toda vida y asfixiando a cualquiera lo bastante desafortunado como para quedar atrapado en la tóxica estela del hechizo. Pero los magos baklunios habían creado su propio hechizo, conocido como la Lluvia de Fuego Incoloro, que planeaban desatar sobre la nación de los suelios en un mágico diluvio mortal que erradicaría toda forma de vida.

En aquellos días de antaño, el Equilibrio se estaba inclinando, y no había nadie en Oerth lo suficientemente poderoso como para detenerlo.

UN ANTIGUO APOCALIPSIS

Incapaces de liberarse de su odio y paranoia recíprocos, y ansiosos por blandir su supremacía de hechiceros, los magos de ambos reinos desataron su devastador poder en un momento fatídico. Ambos hechizos convirtieron reinos antaño prósperos en páramos inhabitables; destruyeron sus hermosas ciudades; aniquilaron sus avanzadas culturas y eliminaron a los magos y a siglos de conocimientos arcanos. ¿Por qué lo hicieron? ¿No eran conscientes, acaso, del poder de sus hechizos? ¿O fue un caso de abrumadora arrogancia que les permitió racionalizar, pese a sus grandes conocimientos, toda esta destrucción mutua asegurada?

¿Quién sabe qué perlas de conocimiento y sabiduría se perdieron —las bibliotecas, las academias, la música, la danza y los cantos sagrados de estas culturas—, todo por culpa de la desenfrenada xenofobia y la locura de unos pocos poderosos? Este es el coste de perder el Equilibrio.

Baste decir que estos apocalípticos acontecimientos obligaron a los ciudadanos supervivientes de Baklunish y Suel, junto con los de las otras naciones atrapadas en el radio de los hechizos, a huir hacia el este, a una zona conocida como Flaenia. Este éxodo de supervivientes de aquel apocalipsis mágico, y su migración y dispersión en masa hacia Flaenia, condujo a la creación de lo que hoy son las naciones y regiones de Greyhawk. Es por esto por lo que Greyhawk es tan áspera; por qué sus gentes son tan rudas y resistentes, y por qué tantos aventureros de renombre proceden de estas tierras. Es un mundo que aún se está recuperando de un inimaginable estallido de energía destructiva. Es como si hubiéramos nacido de estos hechizos, arrojados a la existencia y empujados hacia un destino diferente a cualquier otro en el multiverso.

Pero me voy por las ramas: ¿por qué es tan especial Greyhawk?

Cuando se desata magia apocalíptica esta envía ondas al multiverso. El poder que derrocha un hechizo o ritual de este tipo es capaz de desgarrar la urdimbre y la trama del Plano Material, del mismo modo que un gigante de las colinas desgarra a una oveja perdida. Este desgarro de la realidad no solo puede abrir portales por los que puede entrar el mal, sino que también hace que la energía resuene por todos los planos de la existencia, como un toque de clarín para todo tipo de demonios, diablos y seres ancianos y malvados, criaturas que se sienten atraídas por el dolor y el sufrimiento que, invariablemente, esta magia crea en el mundo. Seres atraídos por el desequilibrio.

La magia apocalíptica convoca también entidades celestiales, empíreos y solares, pero al igual que los demonios y los diablos, proceden de un plano de existencia que no es el nuestro. Los reinos angélicos existen en un campo energético de Ley absoluta, un estado de la realidad que, si se impusiera al nuestro, desequilibraría nuestro mundo y nos colocaría a todos bajo el gobierno autocrático de la Ley celestial, aplastando la libertad de la que gozamos los del Plano Material. Greyhawk se encuentra en el centro de un tira y afloja multiversal, iniciado por los magos de Baklunish y de Suel, por un poder mágico que ahora buscan entidades infernales y todo tipo de tiranos.

¿Qué cosas desbloquearon estos hechizos lanzados por los antiguos magos en la tierra de Greyhawk? ¿Existe alguna grieta que permite el acceso a la energía infinita o a un nuevo dominio de la magia? Quienquiera que controle Oerth podría excavar las ruinas de estos imperios, ahora bajo el Mar de Polvo, y en mazmorras bajo los Volcanes del Averno, en busca de algún secreto superviviente a esos hechizos.

Estos misterios de Greyhawk permanecen ocultos incluso para mis poderes, y tal vez sea mejor que siga así.

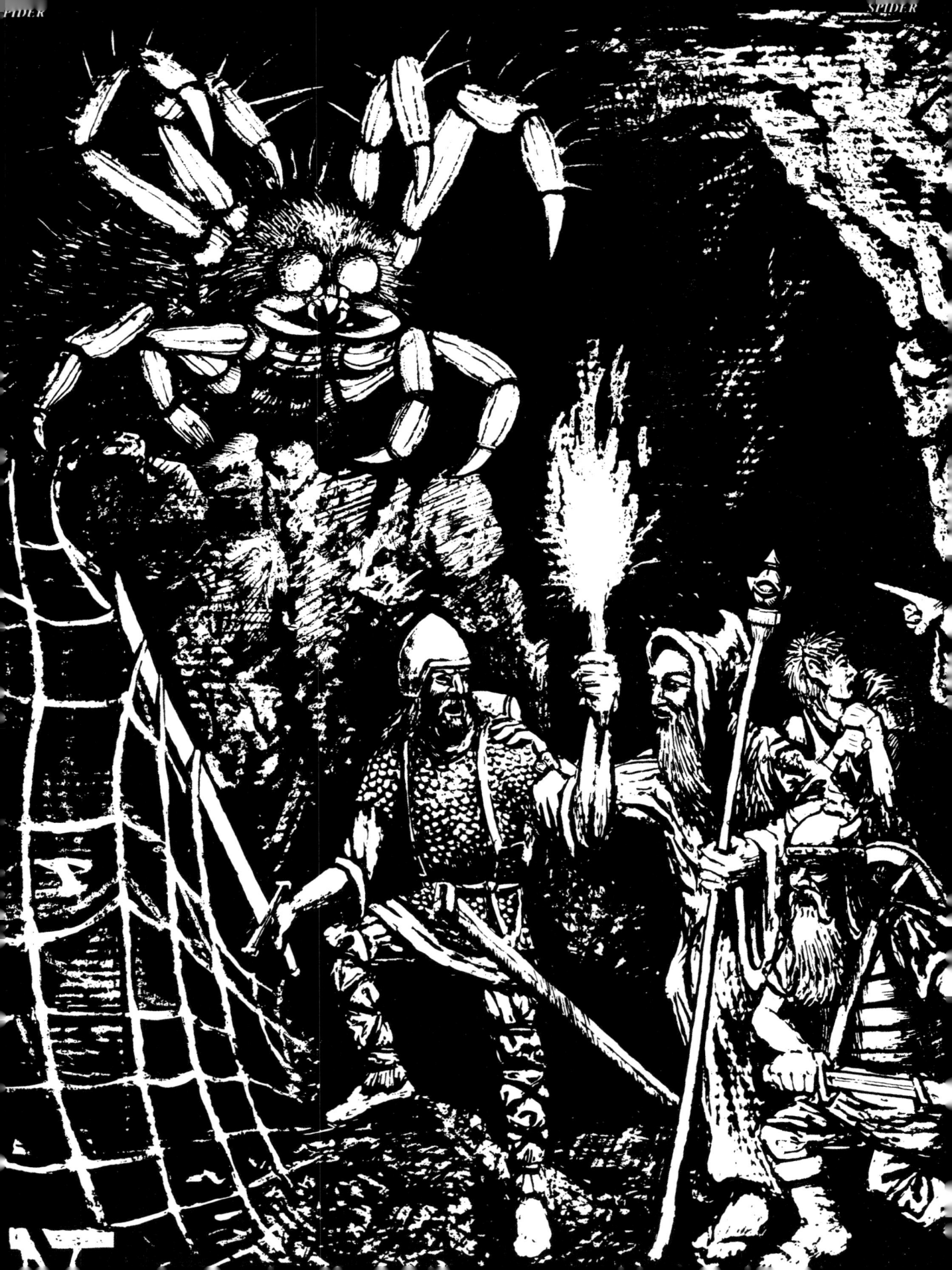

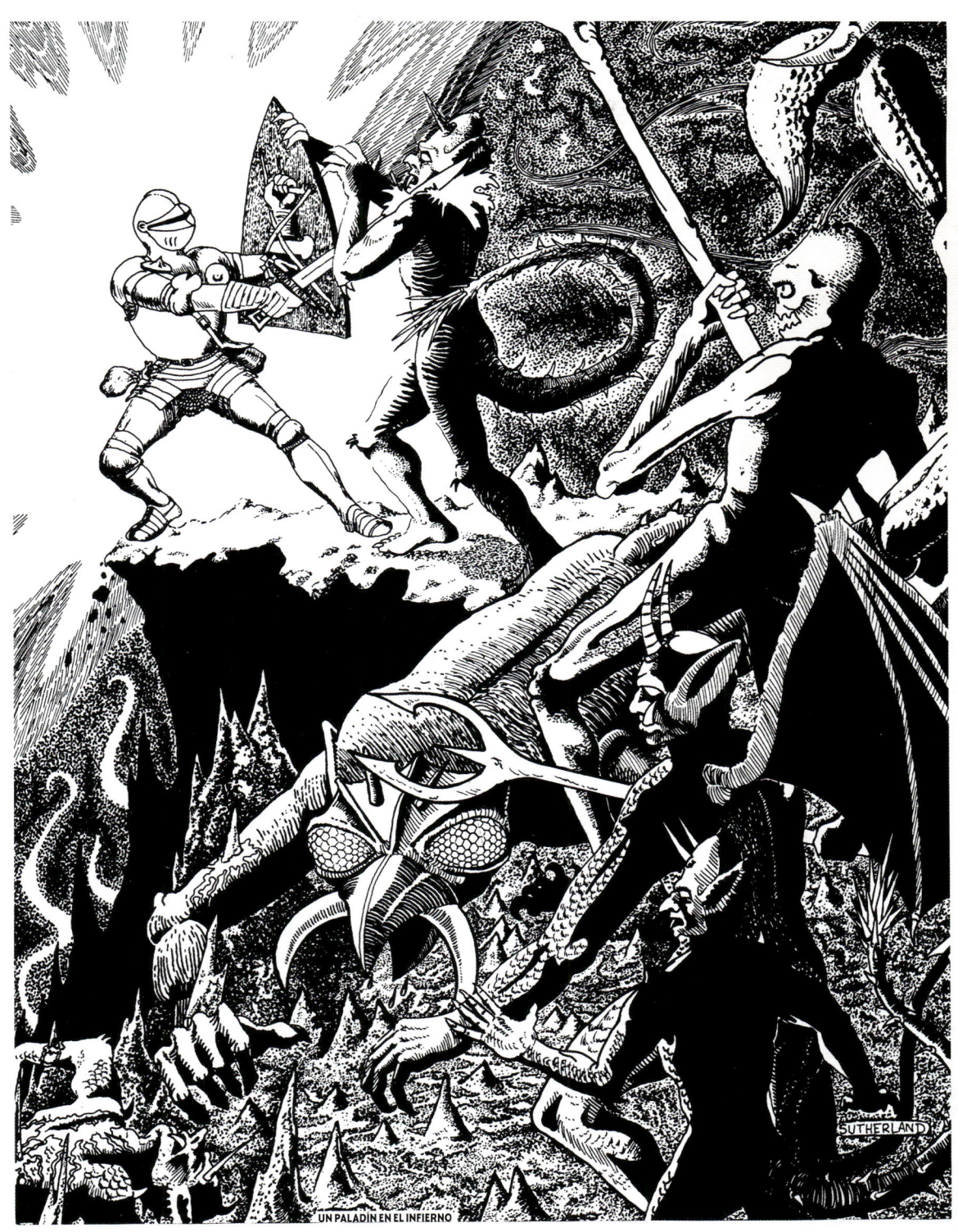
UN PALADÍN EN EL INFIERNO

GREYHAWK

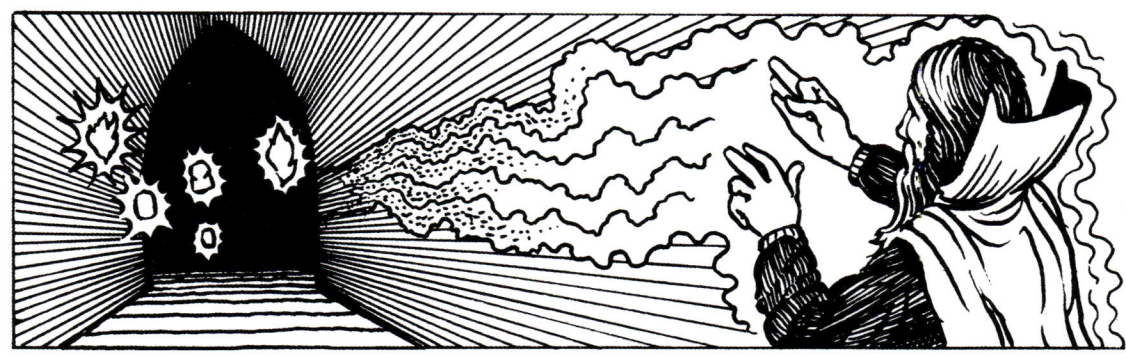

EL EQUILIBRIO

Atrapadas en medio de las fuerzas de la Ley, el Caos, el bien y el mal, están las criaturas del multiverso que, de no ser por los druidas, no tendrían voz: los pájaros y animales del mundo. Estas inocentes creaciones del multiverso existen en el centro de todo, como espectadores en medio del caos creado por aquellos

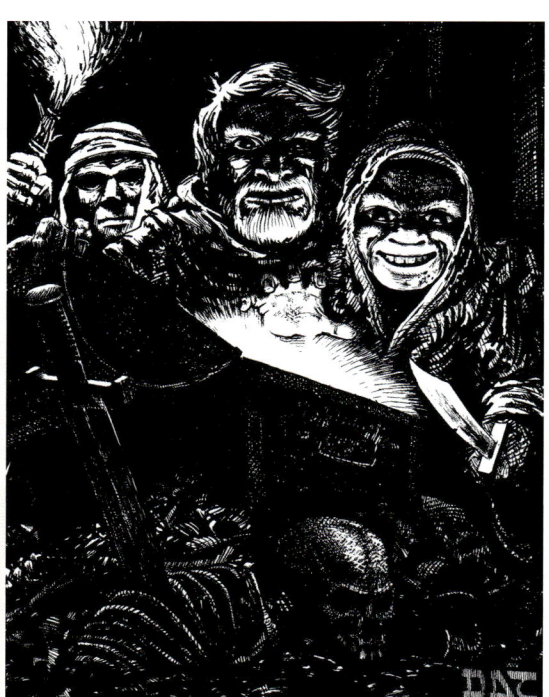

sobre los que pesa la carga de su intelecto para servir a las innumerables ideologías, tradiciones y otras formas de locura. Cuando miro a los ojos de una de estas criaturas, veo la quietud de la neutralidad, lo que creo que es la resonancia de fondo del propio multiverso. El Plano Material ha dado a luz a estas criaturas, como ha dado vida cuantos lo llamamos hogar. Por ello, un verdadero servidor y defensor del Equilibrio debe tener en cuenta la salud y el bienestar de la tierra y de las criaturas que proceden de ella y viven en ella.

Sentarse en las orillas del río Selintán y sentir la fresca brisa mientras barre las aguas del Nyr Div, o vagar por los vastos campos y llanuras de los reinos de Urnst, Nyrondia o Furyondia; oler la tierra tostada por el sol y los pastos de las ondulantes colinas... para mí, es todo esto lo que define Greyhawk, no los monstruos ni los locos. Pocas alegrías perduran en mi memoria, pero las que más aprecio son las de Greyhawk. Me recuerdan que existe la inocencia, y eso, a su vez, me recuerda la importancia de mantener el Equilibrio, para que nuestros hijos puedan tener el momento sencillo e imperturbable de sentir el sol en la piel, de oler la tierra y escuchar el viento meciendo los árboles.

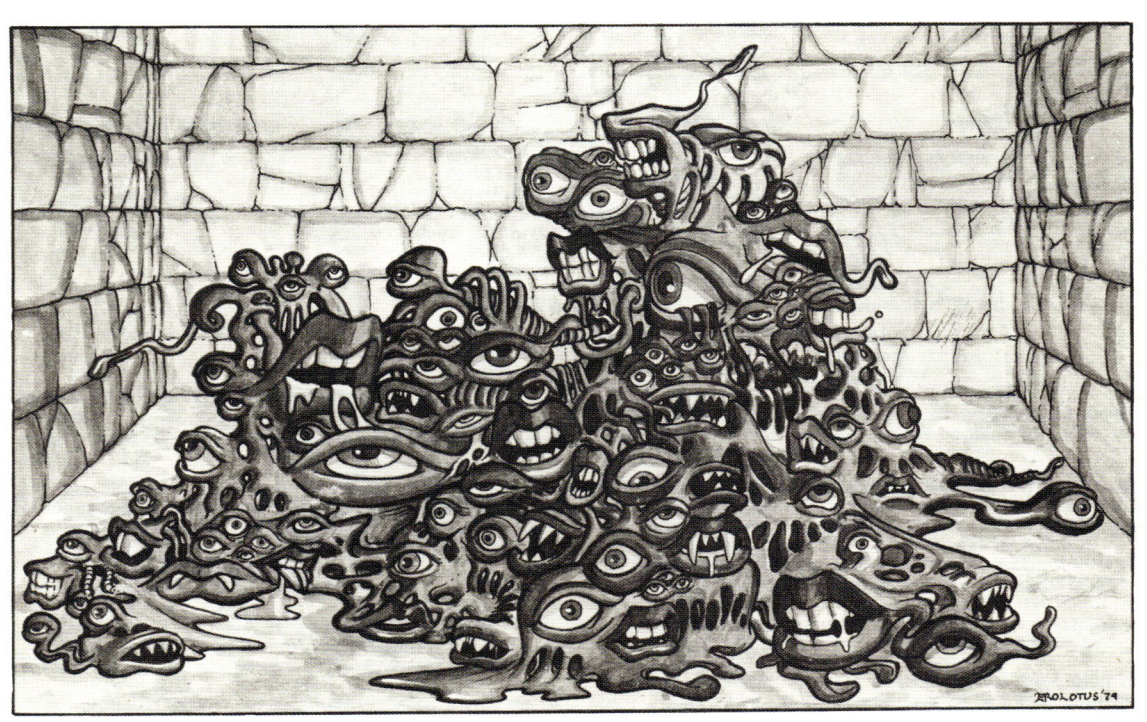

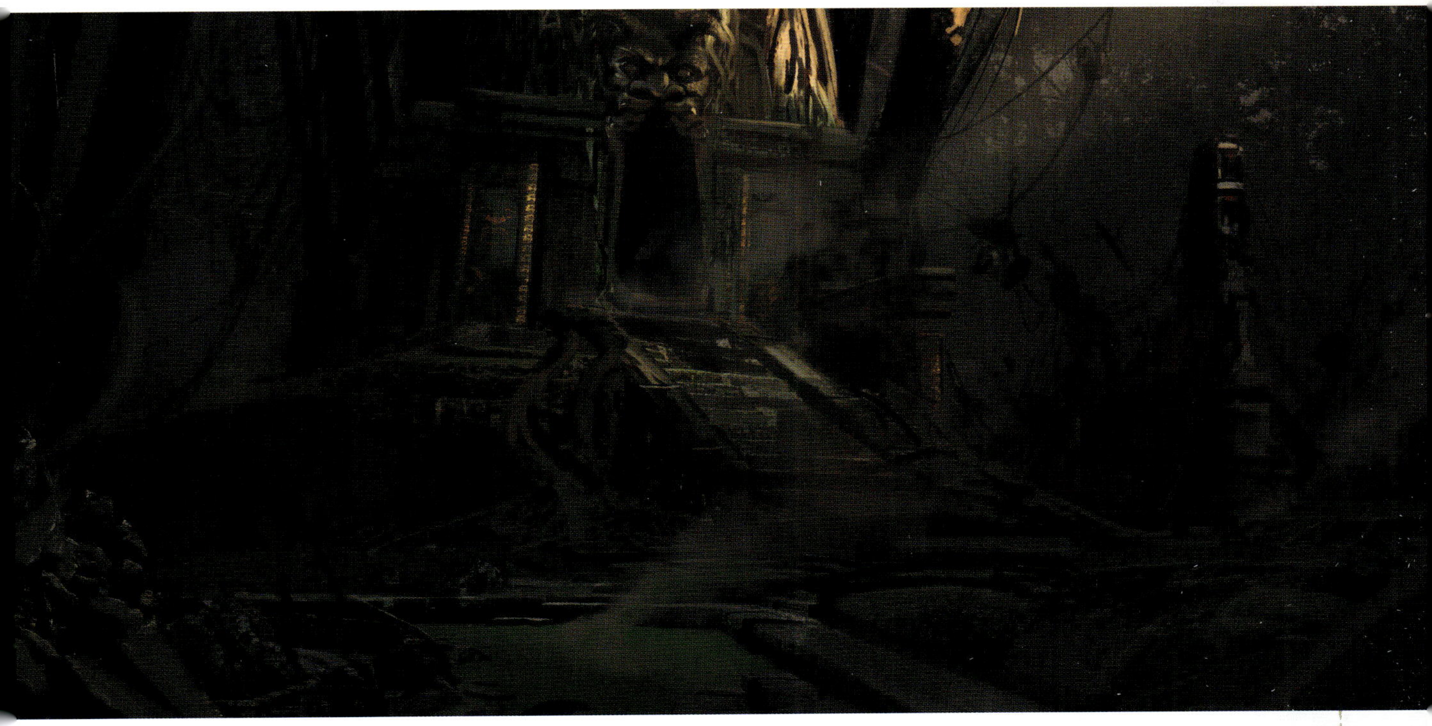

Vida en Greyhawk
FRÍO EXTREMO

POR JASMINE BHULLAR

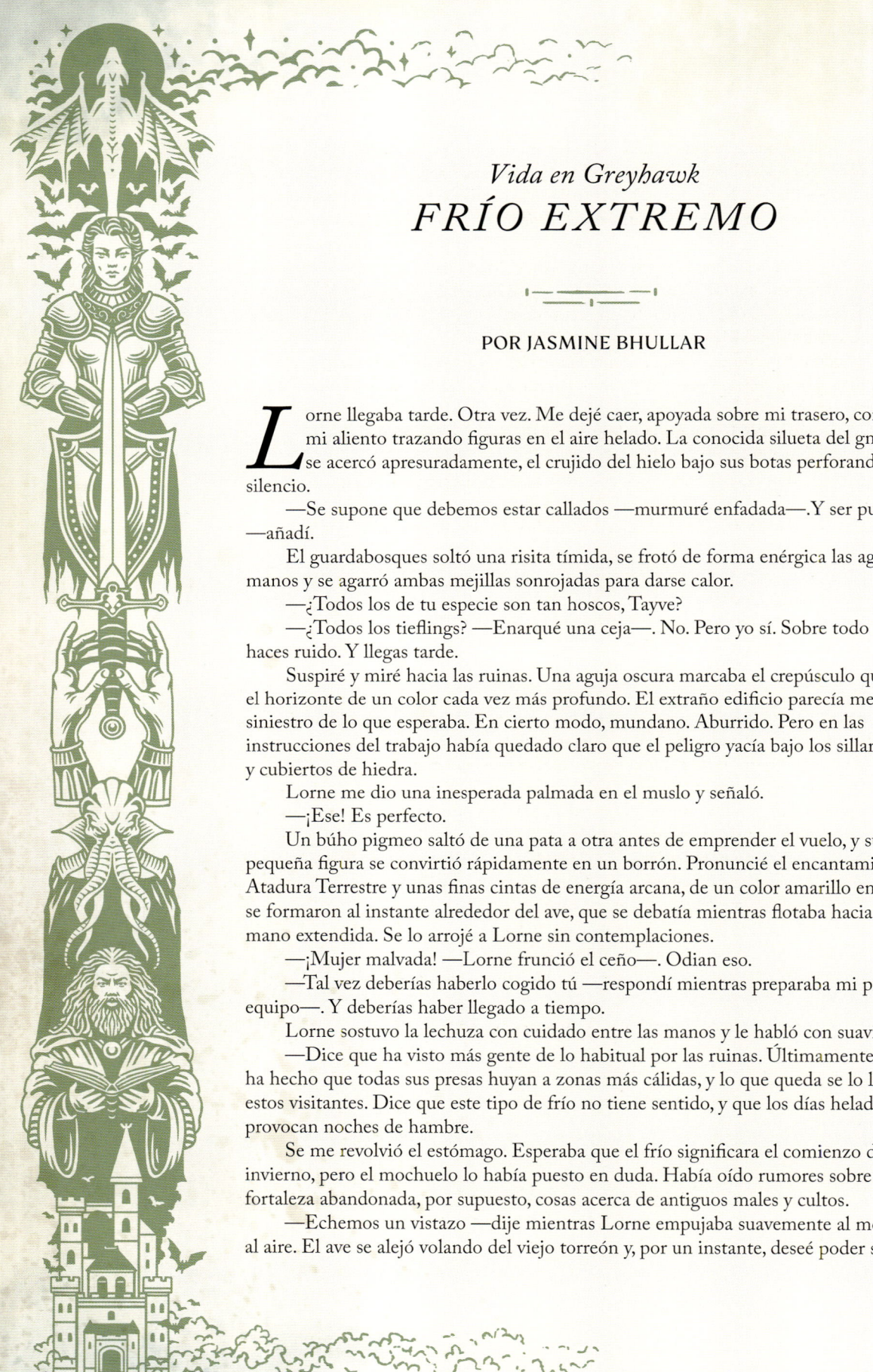

Lorne llegaba tarde. Otra vez. Me dejé caer, apoyada sobre mi trasero, con mi aliento trazando figuras en el aire helado. La conocida silueta del gnomo se acercó apresuradamente, el crujido del hielo bajo sus botas perforando el silencio.

—Se supone que debemos estar callados —murmuré enfadada—. Y ser puntuales —añadí.

El guardabosques soltó una risita tímida, se frotó de forma enérgica las agrietadas manos y se agarró ambas mejillas sonrojadas para darse calor.

—¿Todos los de tu especie son tan hoscos, Tayve?

—¿Todos los tieflings? —Enarqué una ceja—. No. Pero yo sí. Sobre todo cuando haces ruido. Y llegas tarde.

Suspiré y miré hacia las ruinas. Una aguja oscura marcaba el crepúsculo que teñía el horizonte de un color cada vez más profundo. El extraño edificio parecía menos siniestro de lo que esperaba. En cierto modo, mundano. Aburrido. Pero en las instrucciones del trabajo había quedado claro que el peligro yacía bajo los sillares grises y cubiertos de hiedra.

Lorne me dio una inesperada palmada en el muslo y señaló.

—¡Ese! Es perfecto.

Un búho pigmeo saltó de una pata a otra antes de emprender el vuelo, y su pequeña figura se convirtió rápidamente en un borrón. Pronuncié el encantamiento de Atadura Terrestre y unas finas cintas de energía arcana, de un color amarillo enfermizo, se formaron al instante alrededor del ave, se debatía mientras flotaba hacia mi mano extendida. Se lo arrojé a Lorne sin contemplaciones.

—¡Mujer malvada! —Lorne frunció el ceño—. Odian eso.

—Tal vez deberías haberlo cogido tú —respondí mientras preparaba mi propio equipo—. Y deberías haber llegado a tiempo.

Lorne sostuvo la lechuza con cuidado entre las manos y le habló con suavidad.

—Dice que ha visto más gente de lo habitual por las ruinas. Últimamente el frío ha hecho que todas sus presas huyan a zonas más cálidas, y lo que queda se lo llevan estos visitantes. Dice que este tipo de frío no tiene sentido, y que los días helados provocan noches de hambre.

Se me revolvió el estómago. Esperaba que el frío significara el comienzo del invierno, pero el mochuelo lo había puesto en duda. Había oído rumores sobre la vieja fortaleza abandonada, por supuesto, cosas acerca de antiguos males y cultos.

—Echemos un vistazo —dije mientras Lorne empujaba suavemente al mochuelo al aire. El ave se alejó volando del viejo torreón y, por un instante, deseé poder seguirlo.

Volví a la tarea que tenía entre manos, solo para descubrir que Lorne había desaparecido y que en su lugar había una lechuza de aspecto bastante desaliñado.

—Ya veo —dije—. ¿Te adelantas? —El pájaro se balanceó cómicamente. Reprimí una sonrisa—. Me parece bien. Te seguiré a pie. Avísame si hay algo…, bueno, raro, supongo.

Lorne se elevó hacia el cielo y yo me dirigí con cuidado hacia los muros exteriores del torreón. El frío era terrible. Me dolían los ojos y se me estaba empezando a formar escarcha en los cuernos. Lorne esperaba en una ventana en ruinas, con la capa ceñida y el sombrero calado sobre la cara.

—Hay gente con túnicas extrañas en el lado este. —Le temblaba la voz—. También más arriba, pero no parecen estar vigilando. He contado a siete en total. ¿Qué estamos robando?

—Nada —respondí, tratando de mirar detrás de él—. Estamos recopilando información. Eso es todo.

—Pues ya la tenemos. Bichos raros con túnicas. Frío antinatural. Anota eso y vámonos.

—No —respondí con sequedad, apartándole bruscamente para subir por la ventana.

Le oí maldecir fuera mientras observaba mi entorno. La cámara de piedra olía a tierra y podredumbre. Cerré los ojos e invoqué mi Vista Sobrenatural. Cuando volví a abrirlos, una extraña magia apareció muy abajo. De pie sobre ella, su centelleante forma oblonga amenazaba con engullirme.

Ya no podía oír a Lorne. Si el cobarde se había marchado, no tendría que repartir la paga.

Me adentré con cuidado en las profundidades del edificio en ruinas, con la respiración convertida en nubes de vaho a mi alrededor. Al bajar los resbaladizos escalones de piedra vi un cálido resplandor procedente de la cámara inferior. Calidez. Calor. Entré en la sala. Extrañas figuras vestidas con túnicas meditaban profundamente. Había un hombre en el centro. Ardía. Sus ojos estaban encendidos. Su boca se torció en una sonrisa malvada y salvaje. Podía verme; podía ver a través de mí. ¿Irradiaba calor? Mi corazón se aceleró. No. Lo estaba consumiendo. Se me congelaron las lágrimas en las mejillas. La sangre se me heló en las venas. El calor desapareció de mi cuerpo. Iba a morir aquí. El tipo me consumiría.

Me di la vuelta y eché a correr. Resbalé y me golpeé la barbilla contra las heladas escaleras, ruidosamente. Ahora todos sabían que estaba aquí. Subí los escalones. Una mano me aferró el tobillo, pero me solté, seguí subiendo las escaleras y salí por la ventana.

El aire de la noche me aguijoneaba los pulmones agitados. Podía oírlos detrás de mí, docenas de pies sobre piedra fría. Como las lápidas. Aparté los pensamientos oscuros de mi mente y me concentré en salir de aquel lugar maldito.

Sentí una mano familiar en el hombro. ¡Estúpido Lorne! El estúpido, maravilloso y bendito Lorne.

—Date prisa —me instó, transformándose en un viejo pero robusto caballo.

—Llegas tarde —dije, subiéndome a su lomo.

Volvió trotando al camino, y galopamos hacia Hommlet sin detenernos. Teníamos que dar la alarma sobre el mal que se había despertado en el torreón en ruinas del castillo de Greyhawk.

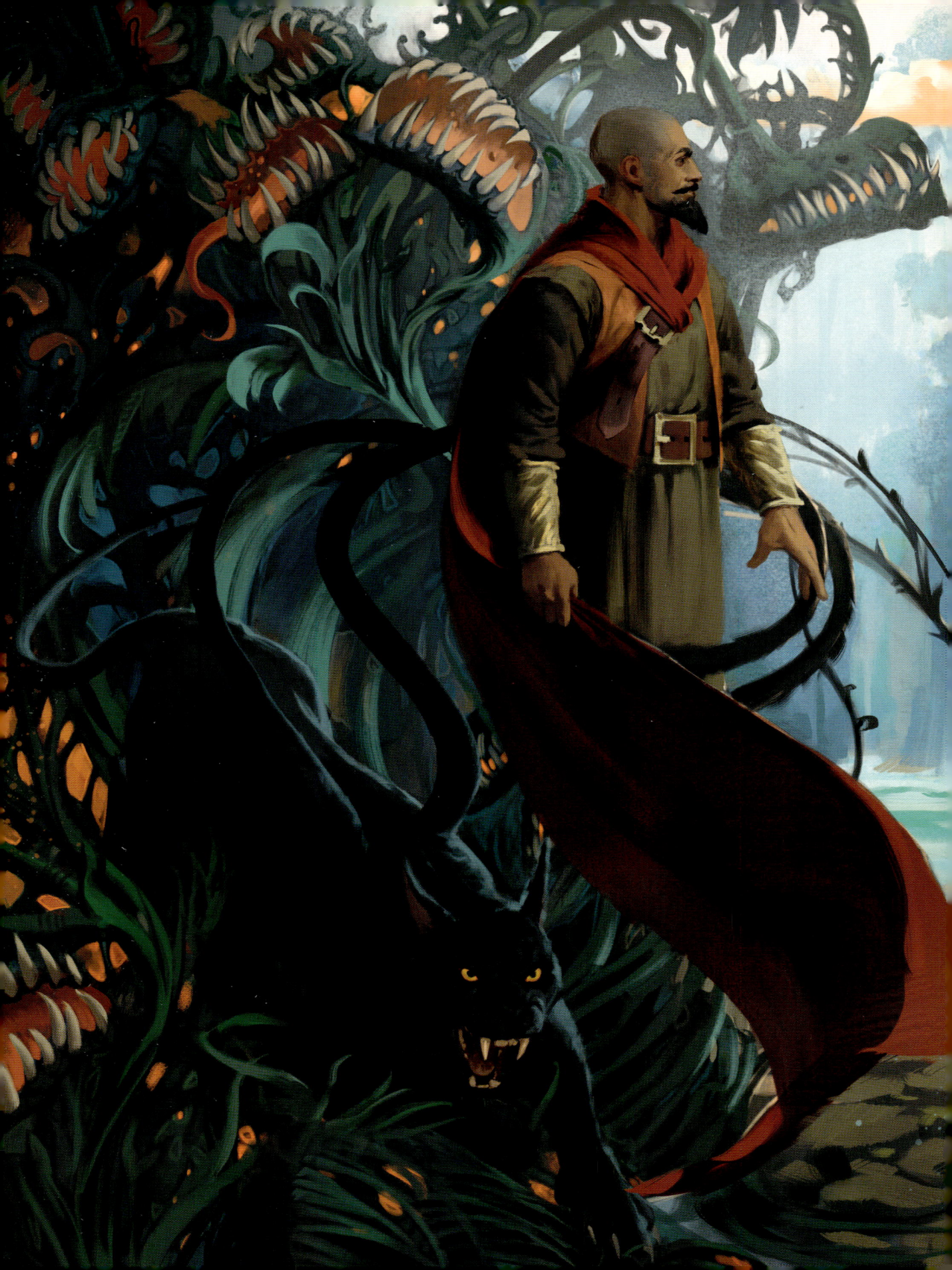

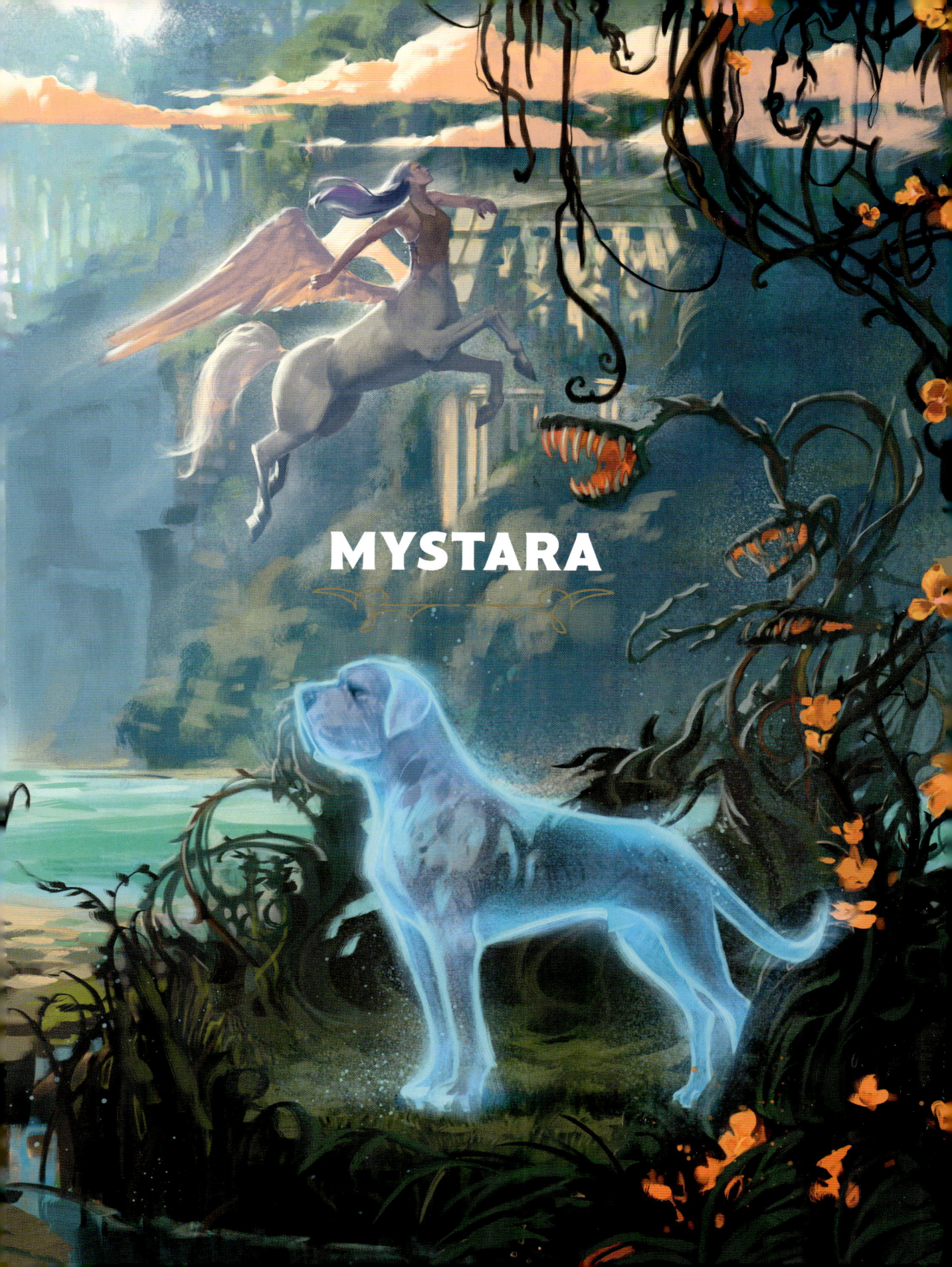

**ystara es un planeta tan extraño como hermoso**. Es un testimonio de la amplia variedad de mundos que conforman el multiverso y que, por sus orígenes, su desarrollo y la influencia que sus dirigentes han ejercido sobre ellos, son tan únicos como las flores de un prado. Cada vez que visito Mystara, tanto sus mecanismos como los seres que, en un esfuerzo colectivo, les dieron forma a las fuerzas elementales de los Planos Interiores para crear este prodigioso mundo me causan una gran admiración. Y es que Mystara tiene un origen curioso y un diseño todavía más curioso si cabe, lo cual me lleva a preguntarme si existe algún motivo concreto por el que el planeta es como es. Según cuenta la leyenda, su diseño fue concebido por una antigua raza de dioses conocidos como los Primigenios. Y, ya sea por el celoso designio de estos o del de su nuevo panteón de Inmortales, la existencia de Mystara ha sido siempre un secreto bien guardado frente al resto del universo.

Permíteme que te cuente cómo llegué a este misterioso planeta por primera vez.

LOS INMORTALES

Dar con Mystara no fue una tarea fácil. Nada más llegar a su emplazamiento, percibí una «ausencia metafísica», un hueco en el Espacio Salvaje que debería haber estado ocupado. Para confirmar mis sospechas, recurrí a mis conjuros para crear un ojo arcano y, efectivamente, descubrí el mundo cuya presencia había sentido. Resultaba que permanecía oculto gracias a una magia que, si bien era increíblemente poderosa, no había sido capaz de engañarme. No obstante, mis pesquisas y hechizos de adivinación alertaron de mi llegada a los seres responsables de aquel misterioso escudo. Fue entonces cuando mi conocimiento sobre Mystara comenzó a nutrirse: el planeta estaba protegido por unos seres muy poderosos y desconfiados conocidos como los Inmortales.

En conjunto, los Inmortales son unas criaturas despreciables, ávidas de poder. Siempre he tendido a recelar de aquellos que buscan subyugar a otros, pues puede que ese sea el camino que con más seguridad nos conduce a la paranoia y la corrupción. Antaño los Inmortales tenían de dioses lo mismo que tú o que yo. No eran más que un hatajo de aventureros con los días contados que amasaron más y más poder hasta que los mystarianos empezaron a venerarlos. Imagino que esa es la evolución natural de quienes nunca dejan de buscar nuevos retos, pero ¿no os parece que embarcarse en un viaje en pos de la divinidad y los suficientes adeptos como para alcanzar la inmortalidad demuestra una profunda inseguridad? Dado que soy un mago de cierto renombre, conozco de buena mano el néctar de las alabanzas y la devoción, así como el embotamiento de los sentidos ante la tentación del poder. Yo mismo he sido testigo de lo mucho que el Equilibrio del multiverso se resiente cada vez que surge un nuevo dios o semidios. Que exista cierto poder en el universo incluso a disposición de un infante no suele augurar nada bueno a la hora de salvaguardar una sociedad justa y racional.

Huelga decir que mi primer contacto con estos Inmortales consistió en un recibimiento (o, mejor dicho, un enfrentamiento) caracterizado por un aluvión de fanfarronadas dignas de un gigante de la tormenta, advertencias atronadoras y amenazas exageradas. Como ya supondrás, yo no les presté mucha atención. No obstante, para que te hagas una idea de lo que ocurrió, te animo a imaginar algunas expresiones del estilo a «¿Cómo te atreves?» o «Morirás despedazado a manos de un poder que escapa a tu comprensión». Una reacción hosca y desmedida típica de los mortales con poderes divinos.

En mi vida he lidiado con un buen puñado de mortales convertidos en inmortales y te aseguro que todos están cortados por el mismo patrón. Se caracterizan por tener un ego desmedido, una considerable estrechez de miras, todo tipo de reacciones extremas y una desconfianza que roza la paranoia. Son seres totalmente irracionales, pero, por su inmenso poder, basta un paso en falso para que te aniquilen de un plumazo.

Por eso yo siempre trato a este tipo de bufones presuntuosos con pies de plomo.

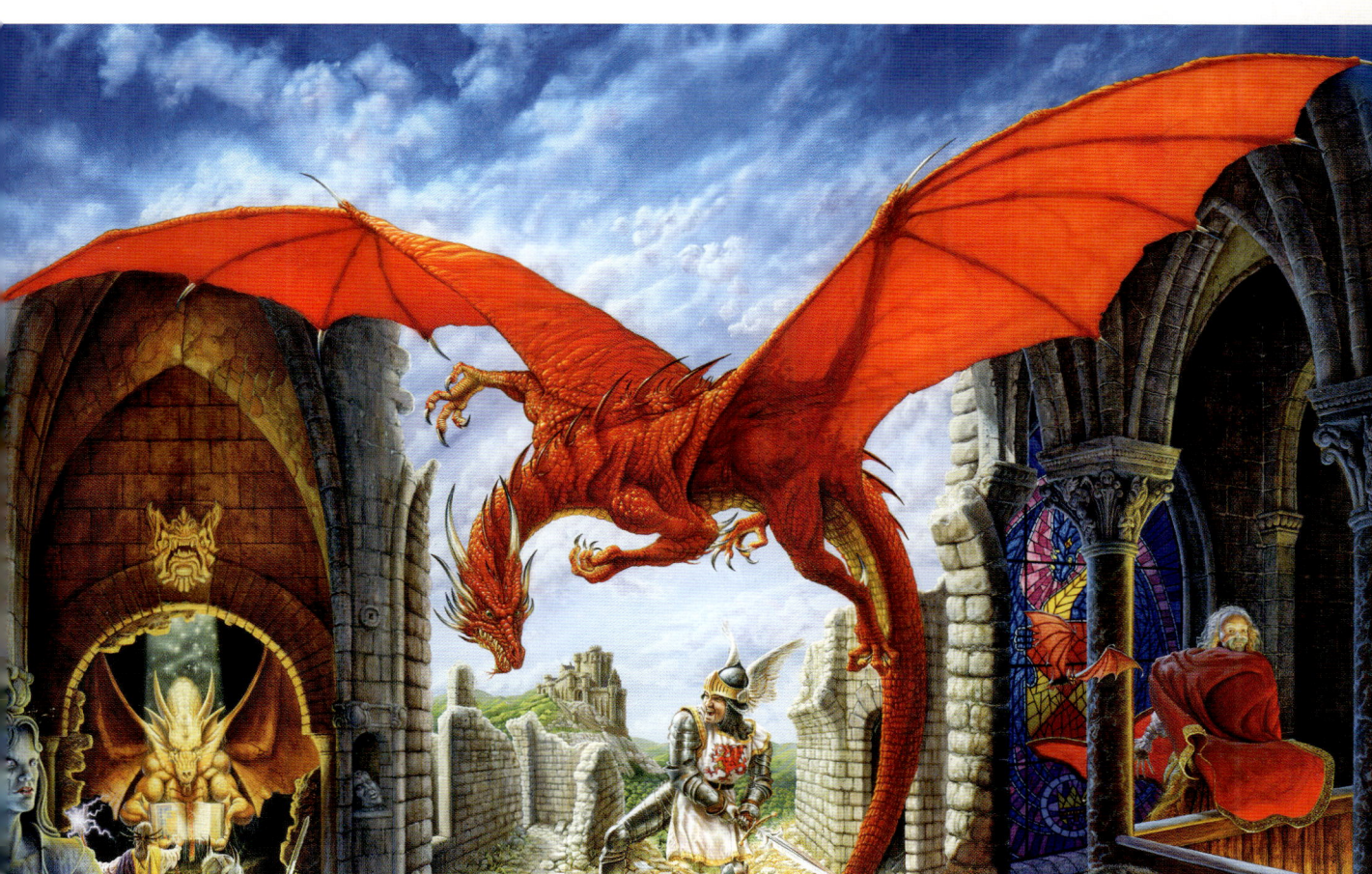

MYSTARA

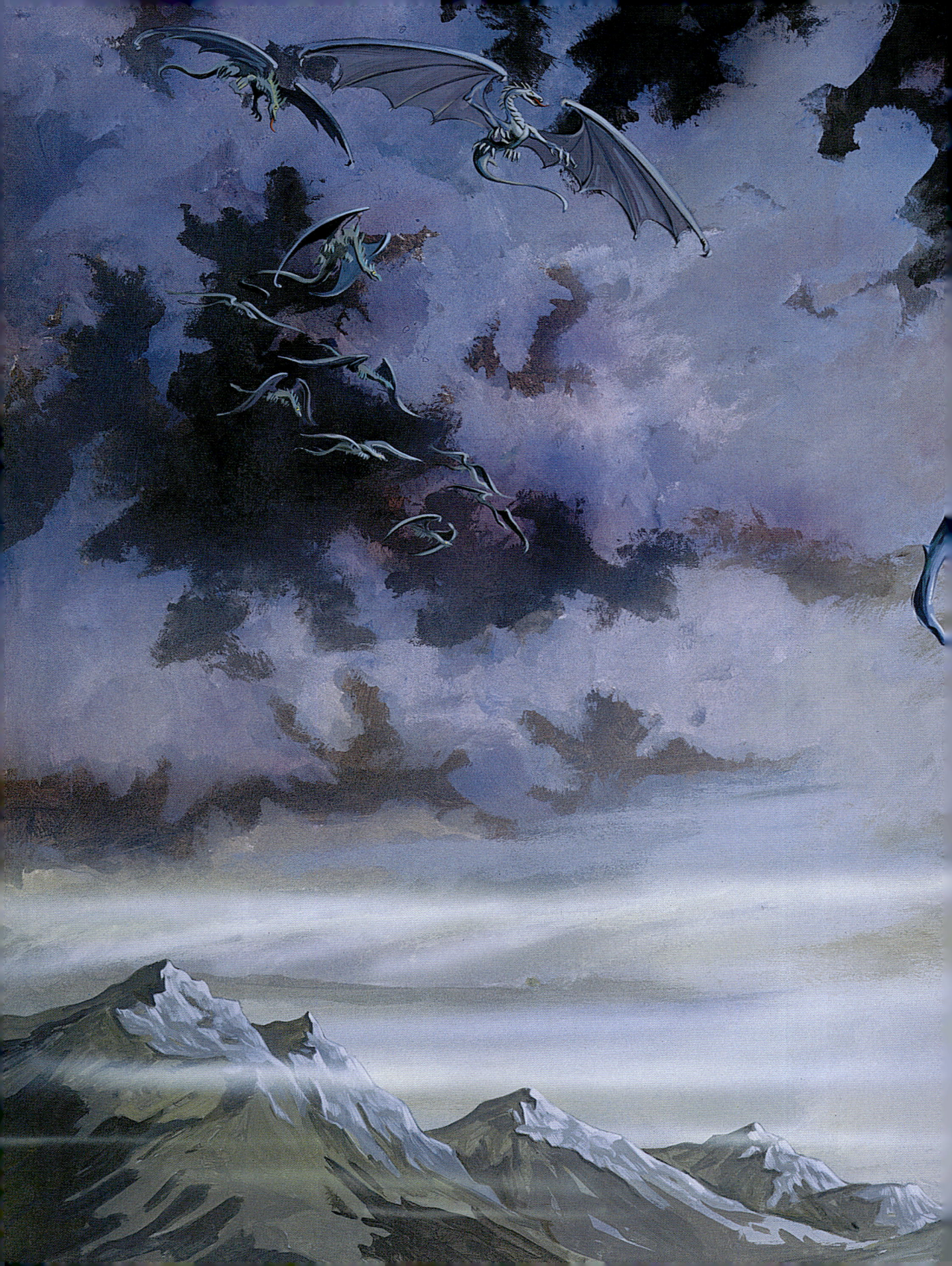

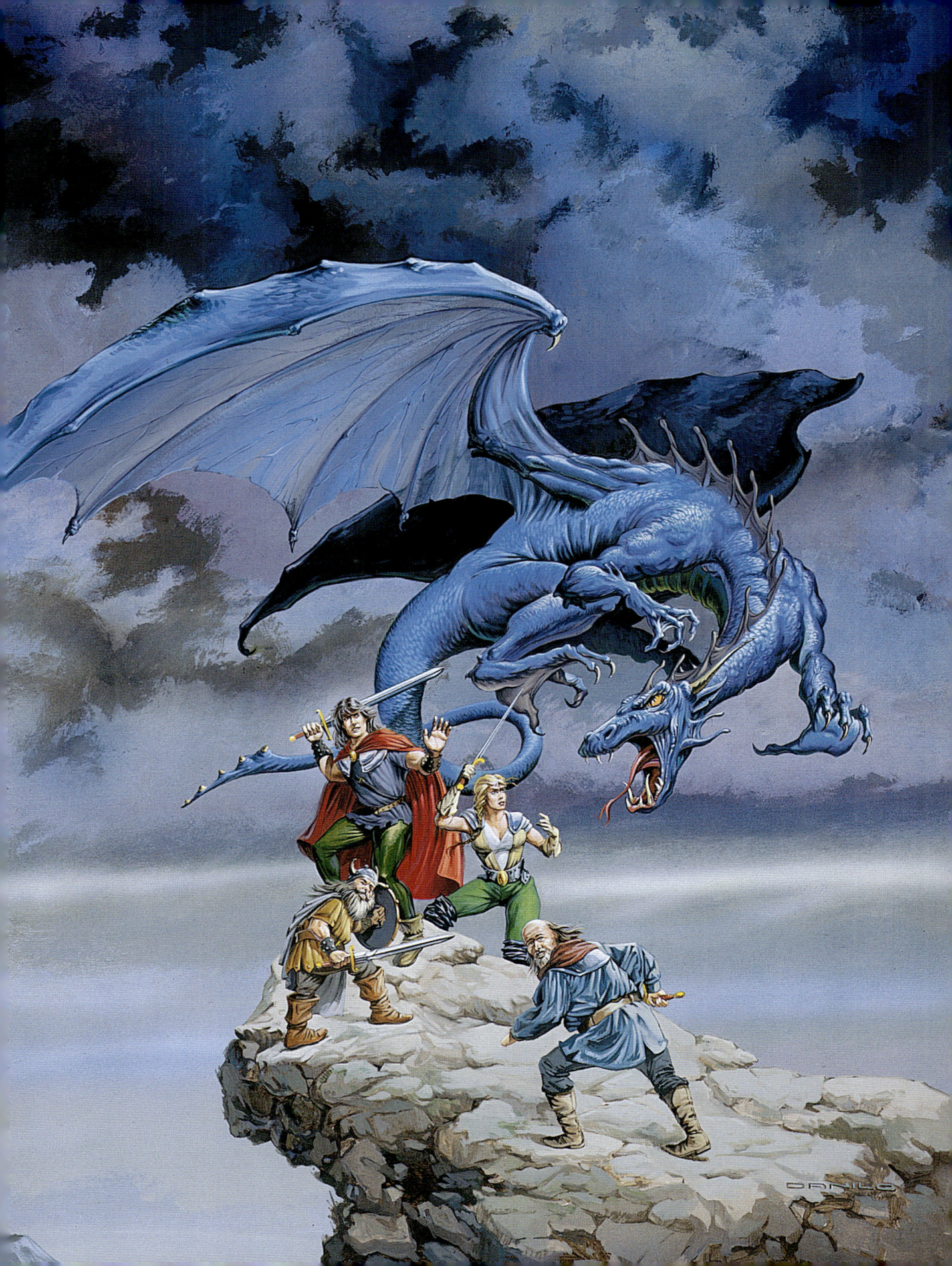

En este caso, recurrí a una de mis peroratas para regalarles los oídos. Les dije que era «un estudioso de lo espectacular deseoso de aprender de su magnificencia» y ellos se lo tragaron con el entusiasmo de un vampiro ante un baño de sangre. Una vez que aplaqué su ego, me acogieron con los brazos abiertos para mostrarme el fruto de su grandeza y, aunque me cueste admitirlo, quedé impresionado. Mystara era un mundo espléndido, exuberante y enigmático en el que convivían todo tipo de criaturas creadas por los Inmortales. Había distintas razas de elfos, orcos, enanos y humanos, nacidas de la mismísima imaginación de los Inmortales, y todas ellas se habían repartido por el territorio creando sus propias naciones, enclaves y principados. Pese a la desconfianza que habían despertado en mí en un primer momento, empecé a sospechar que tal vez los Inmortales no fueran tan malvados como había creído. Aunque ¿acaso existe algo enteramente malo? Bueno, sí, ya hablaremos de Strahd von Zarovich más adelante.

En fin, por algún motivo, los Inmortales demostraron la suficiente humildad como para confesar que ellos no habían creado Mystara, sino que había sido obra de los Primigenios. Una vez que los Primigenios hubieron esculpido el planeta a partir de las mismas fuerzas elementales en bruto que habían dado lugar al Mundo Conocido, estos habían desaparecido de forma misteriosa y habían dejado en manos de los Inmortales la tarea de poblarlo con sus creaciones. Al menos, eso es lo que los Inmortales cuentan. Así que me marché de allí sumido en un mar de preguntas. ¿Hasta qué punto era Mystara verdaderamente obra de los Inmortales?, ¿hasta dónde llegaba el alcance de los misteriosos Primigenios?, y lo que era aún más importante: ¿trataban los Inmortales de ocultar algo?

PROTEGIENDO LA DIVINIDAD

Todavía no he logrado esclarecer si deidades como Pelor, Boccob o Wee Jas estuvieron al tanto de la existencia de Mystara y los Primigenios o si llegaron a interaccionar con ellos eones atrás. Sin embargo, si algo dejó claro la llegada de los Inmortales fue que no permitirían que otros dioses ocuparan su lugar. Una vez que hubieron alcanzado la divinidad, los Inmortales se encargaron de eliminar a la competencia combinando su poder para ocultar Mystara tras un efectivo escudo. Que le dieran la espalda a las maravillas del multiverso con tal de asegurar el control de su propio mundo dice mucho de la naturaleza celosa de los Inmortales. Es más, me recuerdan sobremanera a los antiguos dragones rojos y su obsesión por acumular tesoros.

Pero ni siquiera el poder de los Inmortales consiguió impedir la entrada de los dioses de otros panteones. Tampoco disuadió a los archidiablos y señores demoníacos que quisieron colarse en Mystara ni frenó a los viajeros mortales que llegaban desde otros planos. De hecho, por lo que he observado, parece ser que a los intrusos mortales (entre los que me incluyo) nos resulta mucho más fácil evadir las barreras metafísicas de los Inmortales que a las criaturas todopoderosas de los Planos Exteriores. Además, todos hemos dejado nuestra huella en Mystara. Incluso antes de mi llegada, los mystarianos estaban al tanto de la existencia de otras deidades dispuestas a compartir hechizos, brindar protección y socorrer a sus fieles. Por mucho que lo intentan, los Inmortales no consiguen librarse de las fisuras que se han ido abriendo en el escudo y su monopolio pronto llegará a su fin. Esto los irrita sobremanera, pues su poder está ligado a sus seguidores y podrían llegar a recuperar su mortalidad si pierden los suficientes adeptos. Por eso, los Inmortales tienen dos opciones si no quieren perder la partida frente a una deidad intrusa que se gane el cariño del vulgo mortal: pueden enmendarse y dejar atrás su mal comportamiento y egoísmo o reforzar su estricto control sobre la población.

Desgraciadamente, todo apunta a que se decantarán por la segunda opción.

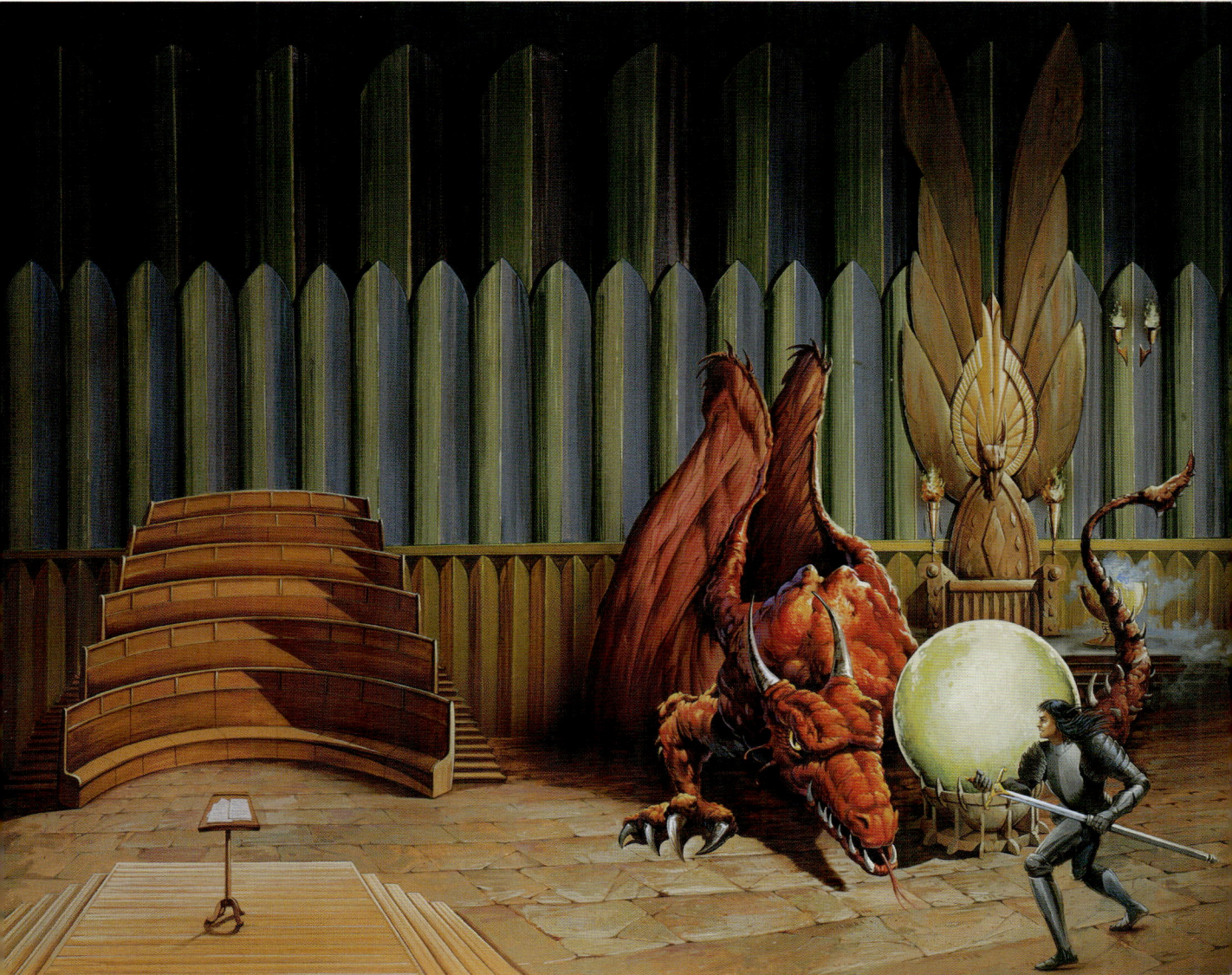

MYSTARA

LOS PRÍNCIPES Y SUS PRINCIPADOS

Tras nuestro primer encuentro, los Inmortales me permitieron recorrer Mystara y, aunque fue una concesión sin precedentes, he de decir que parte del mérito lo tuvo también mi admirable ejercicio de diplomacia y zalamería táctica. Guiado por la magia arcana, llegué a la colosal magocracia de Glantri, cuya Gran Escuela de Magia me dejó sin aliento. Si los monjes de Candelero hubieran estado allí conmigo cuando descubrí la Gran Biblioteca de Glantri, imagino que habrían quedado tan maravillados como yo, pues fue como toparse con un tesoro de conocimiento. Con los magos de Candelero en mente, hice un trueque con la bibliotecaria jefa de Glantri. Le cambié un libro poco común de historia faerûniana que llevaba conmigo por un volumen mystariano de magia que luego le entregué a la Guardiana de los Tomos de Candelero como obsequio. Su jubilosa reacción hizo que el viaje mereciera la pena.

Pese a las excelentes bibliotecas y su encomiable dedicación a las artes mágicas, al igual que los demás territorios mystarianos, Glantri se enfrenta a todo tipo de conflictos internos y externos. Sus problemas nacen de la debilidad de quienes se dejan llevar por el miedo y se doblegan ante el autoritario control de los Inmortales. En cualquier caso, Glantri no es más que un granito de arena en la encantadora inmensidad de principados que pueblan la superficie de Mystara. Cada uno de ellos está gobernado por una casa nobiliaria encabezada por un príncipe-mago, y sus ciudadanos, a su vez, se especializan en las actividades artísticas o artesanales que mejor reflejen su cultura desde un punto de vista único y mágico. Algunos ejemplos de estos principados son Aalban, conocido por sus artificieros y fabricantes de maquinaria, y Belcadiz, una región donde la suma de elfos y humanos ha dado lugar a algunos de los artesanos más habilidosos con la forja que he visto jamás.

Cualquier aventurero que viaje hasta Mystara se verá enfrascado en las intrigas políticas de los príncipes que reinan en la región. Aunque algunas de las casas mantienen una relación amistosa que les permite comerciar entre sí sin incidentes, otras guardan un rencor ancestral que causa todo tipo de problemas. Para evitar resolver sus disputas en el parlamento, donde los trapos sucios de las respectivas casas saldrían a la luz, las trifulcas se solucionan o en secreto, de manera que los implicados quedan libres de toda responsabilidad, o en el mercado, donde el oro es un digno sustituto de la sangre. Por ese motivo, los príncipes buscan constantemente nuevos conocimientos, conexiones o manos amigas que puedan darles cierta ventaja frente al resto. Durante el tiempo que pasé en Mystara, varias casas me ofrecieron todo tipo de recompensas a cambio de información, secretos u objetos de contrabando. Muchos son los negocios turbios y las intrigas políticas de alto riesgo que pueden hacer que los buenos aventureros se desvíen de su camino, pues cualquiera que no tenga relación con las casas es susceptible de convertirse en un valioso peón para los príncipes. Todas las casas ocultan secretos: cámaras llenas de conocimiento, fragmentos pertenecientes a mapas del tesoro, rumores descabellados, enigmas arcanos... Maravillas que permanecen a la espera de que algún aventurero las encuentre, las descifre o las estudie. Lo curioso es que, si lo que las casas guardan es información demasiado delicada o tesoros muy tentadores, ni siquiera les confían dichos secretos a sus propios miembros.

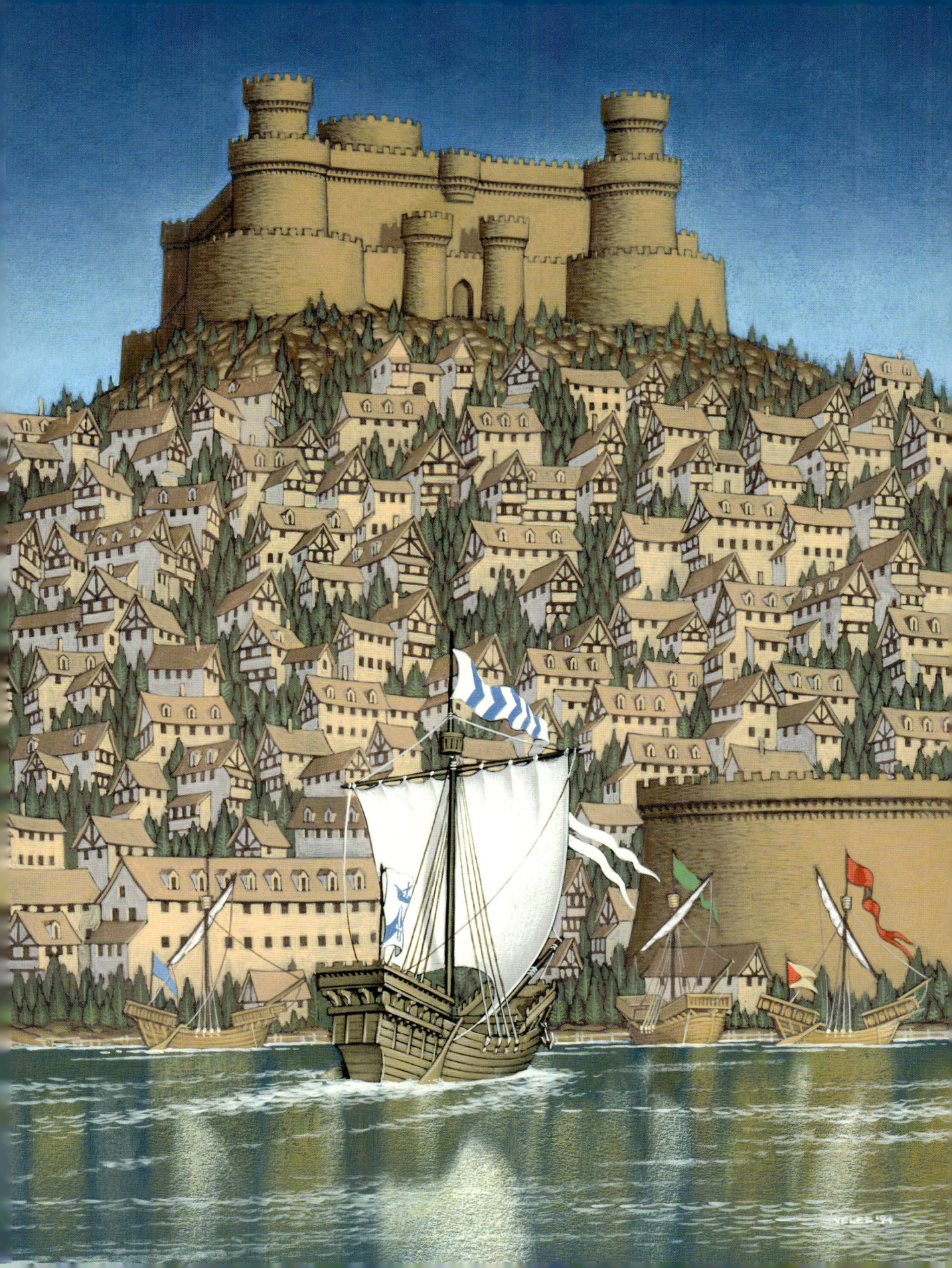

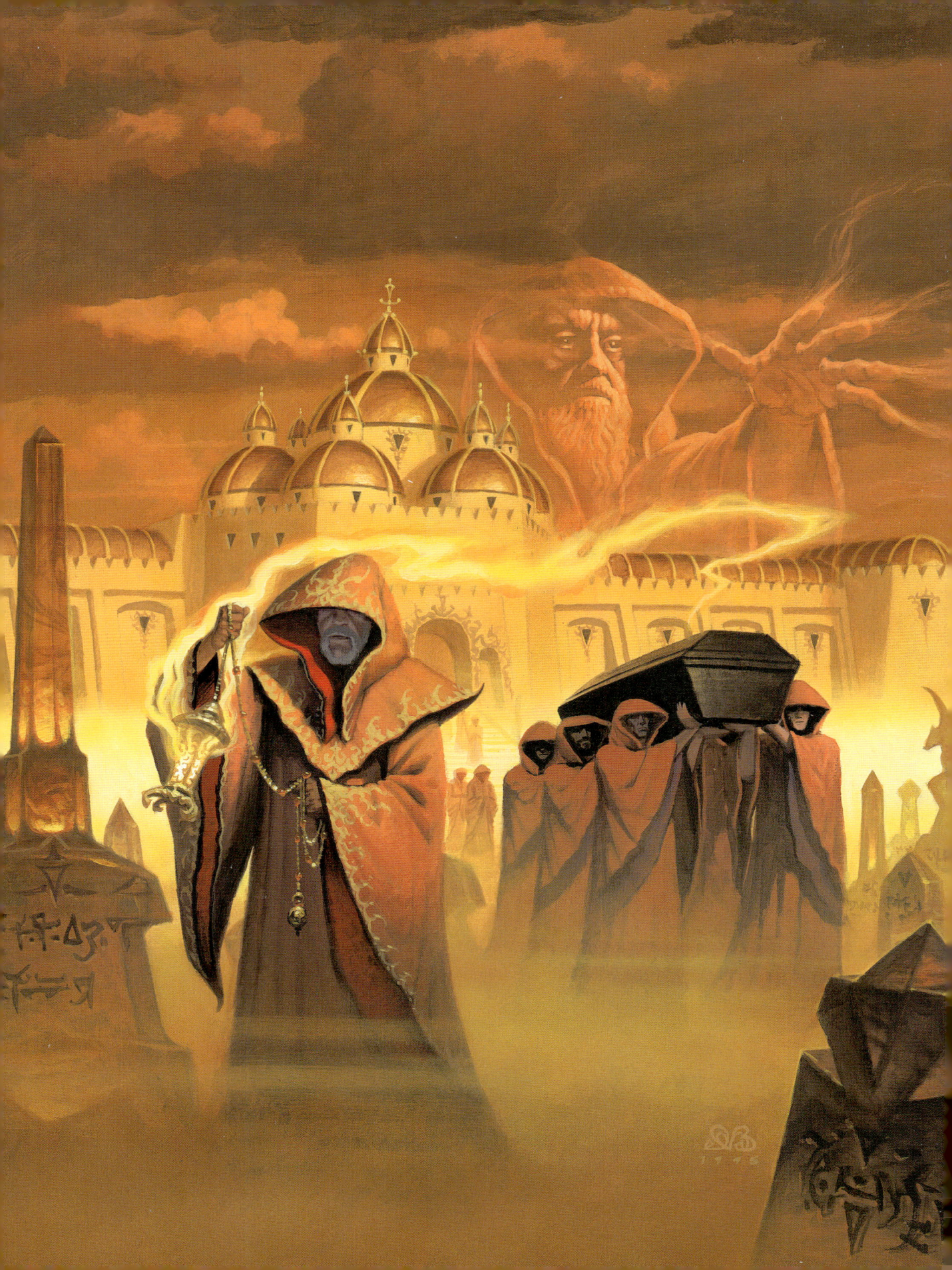

EL PROBLEMA CON LOS MAGOS

Si algo he aprendido en mis viajes por el multiverso es que las magocracias, los gobiernos dirigidos por magos, no suelen ser una buena idea.

Pese a nuestra superioridad intelectual, los magos no somos muy diestros a la hora de comandar grupos grandes. Se nos da bien hacer gestiones, somos excelentes contables y llevamos lo de dar consejos en la sangre; además, tendemos a prestar una meticulosa atención a los detalles (siempre y cuando nos interesen, claro está). Sin embargo, ha quedado más que demostrado que no somos tan compasivos o afectuosos como deberíamos a la hora de velar por las masas. Tal vez sea porque gobernar una ciudad, por no hablar de un país, se convierte en una tarea imposible cuando tu mayor preocupación es controlar las fuerzas fundamentales de la realidad (sin perder la cabeza, dicho sea de paso). Cuando una distracción puede llevarte a abrir una brecha en el Abismo o hacer que una lluvia de meteoritos caiga por accidente sobre una nación, el precio de la cebada pasa a un segundo plano. En general, los magos nos

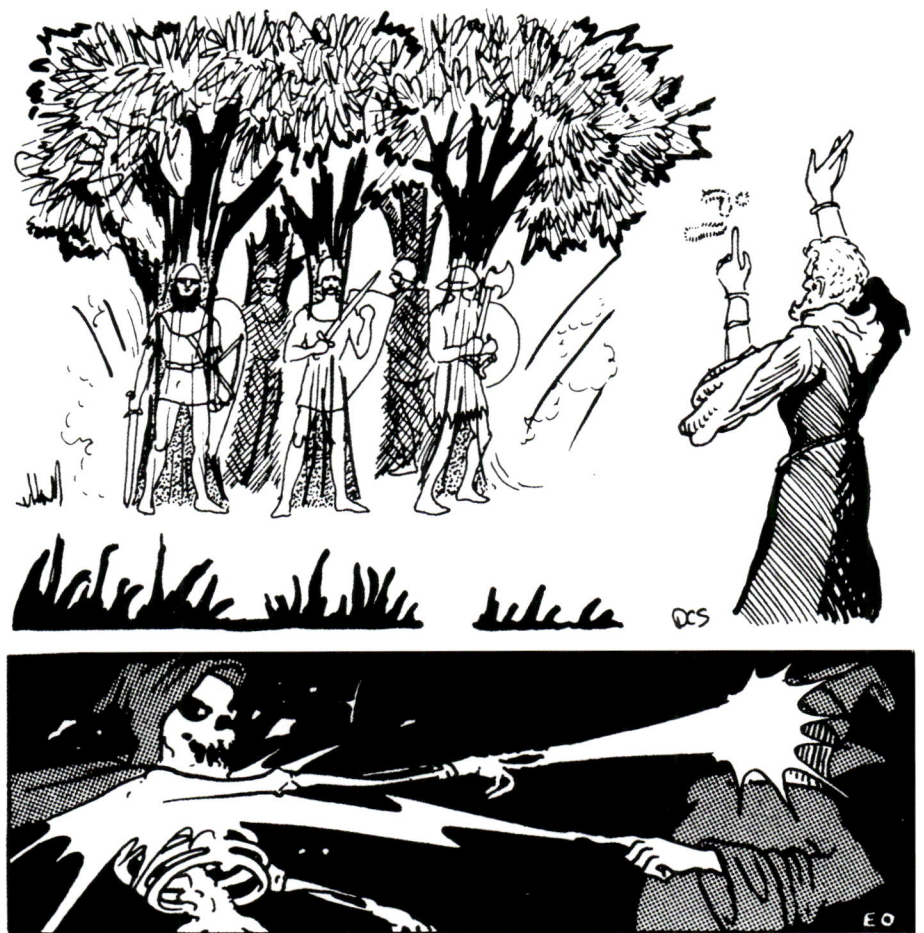

MYSTARA

vemos tan atraídos por lo espectacular que apenas le prestamos atención a lo mundano.

Tanto Glantri como el resto de las magocracias instauradas en Mystara (entre las que, por ejemplo, destaca el Imperio de Alphatia) podrían haber llegado a convertirse en los enclaves más poderosos del continente de no haber sido por el sufrimiento de sus habitantes. Un sufrimiento nacido del yugo al que los líderes arcanos en posesión de fuerzas tanto creadoras como destructoras suelen someter a los demás. Si bien es cierto que a los magos nos encantan las normas, a muchos ciudadanos de Glantri se les han impuesto numerosas sanciones draconianas por las más nimias «transgresiones». A raíz del postulado ateo que se ha extendido ante las grotescas muestras de lealtad exigidas por los Inmortales, el Consejo de Príncipes de Glantri ha prohibido el uso de magia divina. Recurrir a ella o venerar a «otros dioses» se castiga con la muerte y ese, como es evidente, no es que sea un decreto muy popular entre los clérigos. En realidad, en Glantri existen infinidad de crímenes sometidos a la pena capital, así que, si tienes intención de visitar la zona, te recomiendo que te familiarices primero con todos ellos. Pensándolo mejor, la verdad es que no te merece la pena pasar por allí.

LA SORPRESA DE MYSTARA

Si nada de lo que te he contado hasta ahora acerca de Mystara te resulta especialmente destacable dentro de la panoplia de maravillas y fracasos que he ido encontrando por el multiverso, me parece justo. No descubrí el secreto de Mystara estudiando tratados mágicos en la Gran Biblioteca de Glantri, hablando con los señores enanos de la forja de Rupestre o adentrándome en las cavernas de la Ciudad de las Estrellas para conocer a los elfos de las sombras. Lo descubrí cuando viajé hasta un territorio conocido como las Tierras del Norte, el hogar de los reinos y los territorios de los jarl de los clanes bárbaros norteños. Allí me contaron historias acerca de un enorme agujero en la tierra, un portal al inframundo que un gran guerrero llamado Ulf el Loco había cruzado hacía ya mucho tiempo. La leyenda está recogida en una talla de marfil sagrada que el mismo Ulf elaboró con gran destreza a partir de los huesos de un dragón blanco. El guerrero da comienzo a su leyenda relatando que tan solo su lobo de invierno, Raffskjarl, y él salieron con vida de un enfrentamiento entre su partida de caza y un descomunal remorhaz llamado Dodzorm. Como Ulf resultó herido durante la batalla, su leal compañero lobuno lo arrastró por las cumbres nevadas de las Altan Tepes en dirección norte, guiado por un zumbido que resultó provenir de un portal al Inframundo. El sumo detalle con el que Ulf describe el agujero y su localización me dejó fascinado.

Después de que Raffskjarl lo llevara hasta el interior del agujero, el guerrero se topó con el Señor de la Muerte, quien le exigió que le entregase su espíritu. Como buen norteño e hijo de Ostland, Ulf se negó a obedecer y, tras una sudorosa y valerosa lucha cuerpo a cuerpo que estuvo a punto de concluir en un exhausto empate, retó al Señor de la Muerte a beber hasta que uno de los dos perdiera el conocimiento. Ni que decir tiene que, pese a ser un excelente luchador, el Señor de la Muerte no estaba en absoluto preparado para enfrentarse al aguante del

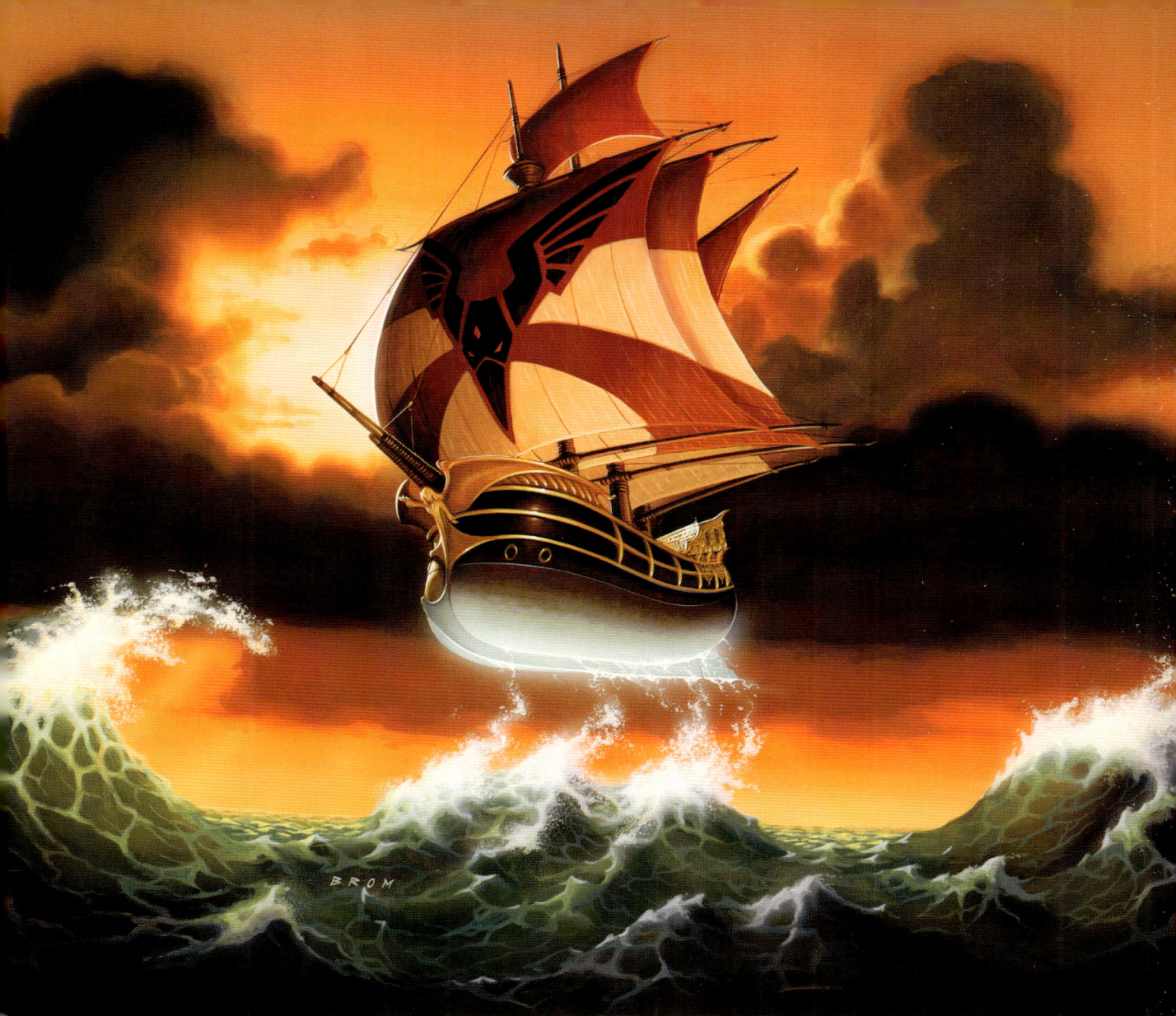

guerrero. Así, cuando despertó al día siguiente, ya no había ni rastro de Ulf, de su alma o de su lobo. Lección aprendida.

Yo soy de quienes creen que las leyendas siempre albergan una pizca de verdad y, en el caso de la leyenda de Ulf, todo apuntaba a que el agujero podría ser real. ¿Sería un portal comunicado con otro plano? Haciendo honor a mi nombre, yo, Mordenkainen, peregrino entre mundos, me embarqué en un viaje directo a las Altan Tepes ayudándome tanto de las descripciones de Ulf como de mis propias averiguaciones arcanas.

Fue entonces cuando descubrí el secreto de Mystara. Había estado en lo cierto: la leyenda de Ulf ocultaba una verdad bajo el velo del mito. El agujero era real y tan grande que hasta los más imponentes anfiteatros empequeñecen a su lado. Sin embargo, no conducía al Inframundo, sino a un mundo secreto bajo tierra. ¡Mystara era un planeta hueco!

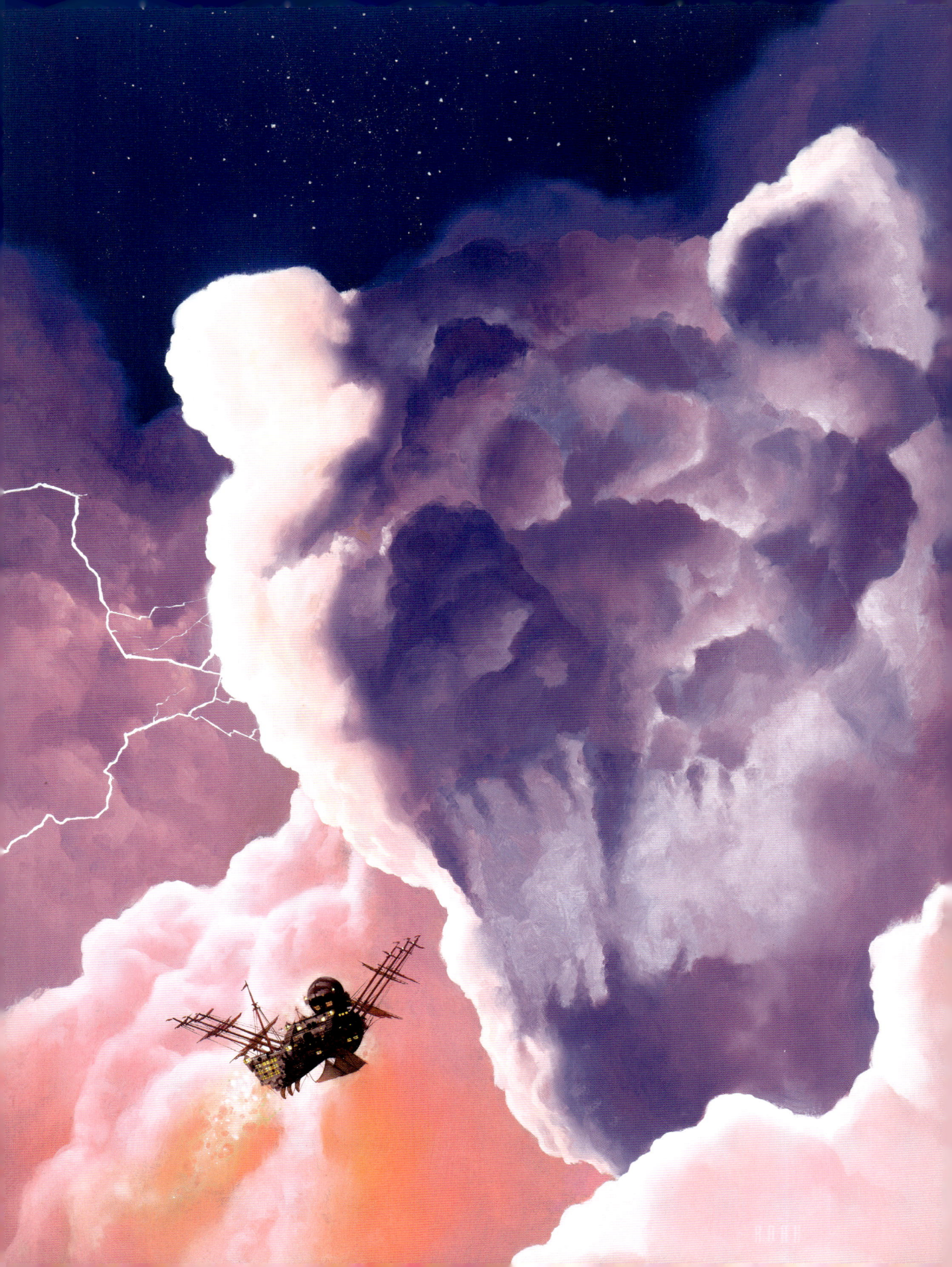

EL MUNDO HUECO

Tardé varios años en averiguar todo lo que sé sobre lo que los habitantes del interior de Mystara denominan el Mundo Hueco. Solo se puede acceder a él a través de las dos entradas que hay dispuestas en los polos del planeta. Además, cada una está protegida por una poderosa barrera antimagia, de ahí que pasaran desapercibidas para mi poder. El viaje hasta una de esas entradas es de varios días y está plagado de peligros, pues los cambios en las fuerzas gravitacionales crean violentas tormentas y la atmósfera se vierte sobre el borde del mundo como el agua que cae por un sumidero. Ver cómo el extremo opuesto de la entrada polar se eleva sobre tu cabeza y se desvanece en la neblina atmosférica cuando rebasas la boca de esa especie de gigantesco frasco esférico y te adentras en su interior es una experiencia de lo más peculiar. Al adentrarme en el interior de Mystara, fui recibido por un «amanecer» subterráneo: justo en el centro de la esfera hueca brillaba un orbe que, como descubriría más tarde, era un portal que comunicaba con el Plano Elemental del Fuego. Iluminados por ese sol que nunca se ponía, vi varios continentes flotando en el aire, así como una frondosa selva en el valle que se extendía bajo ellos. Allí, una serie de aullidos y rugidos me advirtieron de la presencia de todo tipo de bestias y monstruos desconocidos que documentar con mi ávida pluma.

Aunque forma parte del mismo mundo, el interior de Mystara parece estar en un plano distinto. Pese al descomunal diámetro de las entradas polares, no me sorprende que el mundo exterior desconozca la existencia del interior y viceversa, pues permanecen ocultos el uno del otro gracias a un poder que excede con creces el mío. Supongo que esa barrera fue obra de los mismísimos creadores de Mystara, los Primigenios, aunque todavía no sé qué misteriosas razones tendrían para hacer algo así. Si bien mis interacciones con los Inmortales fueron breves y prácticamente unilaterales, ellos nunca mencionaron la existencia de un mundo interior, por lo que sospecho que prefieren mantenerlo en secreto. Puede que incluso no sepan de su existencia. Las barreras mágicas de las dos entradas ofrecen, además, una protección física contra el clima polar extremo y sus frecuentes tormentas. En ambos mundos, quienes hablan de su opuesto lo hacen recurriendo a la más pura especulación: los aventureros cuentan patrañas en tabernas llenas de humo; los seres místicos aseguran haber visto otro territorio en sus visiones, y los borrachos de pueblo deliran por las calles (aunque, he de decir, que, gracias a estos últimos, he descubierto muchos secretos a lo largo y ancho del multiverso). En cualquier caso, por lo general, muy poca gente sabe que existe otro mundo bajo sus pies o sobre su cabeza. La mayoría piensa que lo del Mundo Hueco no es más que un cuento que contarles a los niños alrededor de un fuego de campamento.

CUANDO SOLO SE PUEDE VOLAR HACIA ARRIBA

Lo primero que quise hacer al adentrarme en el Mundo Hueco fue explorar alguno de los continentes flotantes. Para llegar a ellos, recurrí a la ayuda de una guía pegatauro de la zona. Sí, una pegatauro. Sé que corren todo tipo de rumores acerca del origen de estas criaturas (algunos dicen que fueron el capricho de un Inmortal, y otros, que fueron el resultado del experimento de un mago), pero me mantuve firme y evité sacar el tema a colación con Luphandi, mi nueva amiga. Por mucho que mi curiosidad sea insaciable, siempre procuro tratar a los demás con respeto y un mínimo de tacto.

Alzamos el vuelo hasta una de las masas de tierra flotantes y aterrizamos en lo alto de una loma. Luphandi me explicó que, en caso de volar más alto, la densidad del aire disminuiría y caeríamos en picado. Supuse que los mismos principios debían de aplicarse también en la superficie: si uno se acercaba demasiado al Espacio Salvaje, corría el riesgo de quedarse sin atmósfera. ¿Acaso existía un Espacio Salvaje dentro de Mystara que evitaba que las personas se acercasen demasiado al sol interior? ¡Sin duda era un fenómeno cuanto menos extraordinario e inexplicable!

> **Aunque forma parte del mismo mundo, el interior de Mystara parece otro plano completamente distinto.**

Luphandi era una librepensadora algo rebelde, dos rasgos que admiro sobremanera, y, tras intercambiar un par de anécdotas sobre nuestras respectivas aventuras, bajó la voz hasta convertirla en un susurro, pese a estar en medio de la nada, y me habló de un extraño lugar con el que se había topado durante sus viajes por los continentes flotantes del Mundo Hueco. Al principio dio por hecho que no era más que un cerro algo extraño, pero su forma era demasiado angulosa y precisa. Aunque su intención había sido bajar a investigar, al acercarse más, reparó en que el cerro estaba patrullado por una horda de no muertos.

Por supuesto, yo le pedí a Luphandi que me llevase hasta allí para verlo con mis propios ojos y, tras un largo vuelo, llegamos hasta una clara construcción piramidal rodeada por lo que aparentaba ser un templo. Al estar enterrado bajo la vegetación, el emplazamiento asemejaba unas extrañas colinas y montículos entre los matapalos, los kapok y los caimitos. Al aproximarnos a la zona, activamos una antigua y poderosa barrera mágica. Como si hubiésemos roto una tela de araña invisible, las vibraciones que viajaron por sus delgados hilos alertaron a los guardianes del templo de nuestra intrusión y los no muertos salieron arrastrándose de cada rincón de la jungla. Al verlos reparé en que todos ellos llevaban amuletos e iban ataviados con unos harapos similares al atuendo típico de los nithianos, una civilización perdida que, según los libros que consulté en las bibliotecas de Glantri, desapareció eones atrás.

La eufórica satisfacción que me embarga cuando mi tiempo de estudio da sus frutos es una sensación de la que nunca me canso.

MUNDOS Y REINOS

EL MISTERIO NITHIANO

Muchas de las tabernas que frecuenté durante el tiempo que estuve en Mystara son idénticas a las de otros mundos. Aunque tal vez sería más acertado decir que son los aventureros que las frecuentan los que se parecen entre sí. Pues, a medida que la noche avanza, la cerveza fluye y las lenguas se sueltan, las conversaciones siempre acaban por girar en torno a los «premios gordos», es decir, las misiones más peligrosas cuyos cuantiosos tesoros los aventureros ansían encontrar. En Greyhawk, se habla de explorar el castillo para encontrar uno de los legendarios artefactos de Zagyg, de enfrentarse a la locura de Acererak para saquear la Tumba de los Horrores o de seguir la ruta de algún mapa ajado hasta el Mar de Polvo con el objetivo de encontrar uno de los templos perdidos de los magos suelios. En Mystara, el equivalente a esos «premios gordos» consiste en saquear una tumba nithiana.

Fueron los volúmenes y pergaminos que estudié con meticulosidad en la Gran Escuela de Magia de Glantri y en Alphatia (una magocracia aún más poderosa que Glantri, donde también queda demostrado que los magos somos pésimos dirigentes), los que me familiarizaron con el Imperio perdido de Nithia. Los nithianos fueron una antigua civilización que buscaba alcanzar la inmortalidad y acabaron desapareciendo a manos de los Inmortales por atreverse a amenazar su supremacía.

En las tabernas de Mystara, siempre llega un momento de la noche en que algún grupo de aventureros saca a colación el tema de las tumbas nithianas, sin importar la cantidad de cerveza que hayan consumido. Es entonces cuando el clérigo del grupo se encarga de hacerles ver un problema evidente: a los envidiosos Inmortales les encanta tomar represalias. También se asegura de explicarles el motivo por el que el Imperio nithiano acabó enterrado bajo una lluvia de fuego y destrucción en un aciago día conocido como la Ira de los Inmortales. Cualquiera que intente alcanzar el conocimiento de los nithianos corre el riesgo de enfrentarse a la cólera de uno de los Inmortales o de todos ellos a la vez. Tras la intervención del clérigo, el pícaro del grupo, que suele actuar mano a mano con el bardo, les habla a sus compañeros de los tesoros que podrían encontrar en una tumba nithiana (cantidades ingentes de oro, objetos mágicos de un extraordinario poder y libros de magia) y el mago o hechicero sin falta se muestra de acuerdo en embarcarse en la aventura.

En una de esas ocasiones, tras oír que una clériga trataba de advertir a sus compañeros de la Ira de los Inmortales, la pícara sacó un artefacto nithiano. Era un fragmento de una tablilla de piedra grabada con jeroglíficos que, según un estudioso alphatiano, detallaba el paradero exacto de un legendario tesoro: una vasija de alabastro tan finamente tallada que escapaba al alcance de las herramientas mundanas. Una vez que se lo hubo mostrado, se dispuso a enumerar las razones por las que debían arriesgarse a salir en su busca. Llegados a ese punto, yo ya no pude seguir manteniendo a raya mi entusiasmo (era difícil resistirse a una incursión como aquella), así que me ofrecí a traducir los jeroglíficos de la tablilla para comprobar si el misterioso relato de la pícara tenía algo de verdad. El texto quedó revelado con una pizca de magia y, efectivamente, este contaba la historia de una reina nithiana enterrada junto a un tesoro incalculable en una tumba sellada por medio de una maldición. También decía que la boca de la vasija de alabastro que había mencionado la pícara presentaba un encantamiento y que, cuando este se entonaba, el artefacto se llenaba de un aceite aromático. Al bardo le encantó ese detalle.

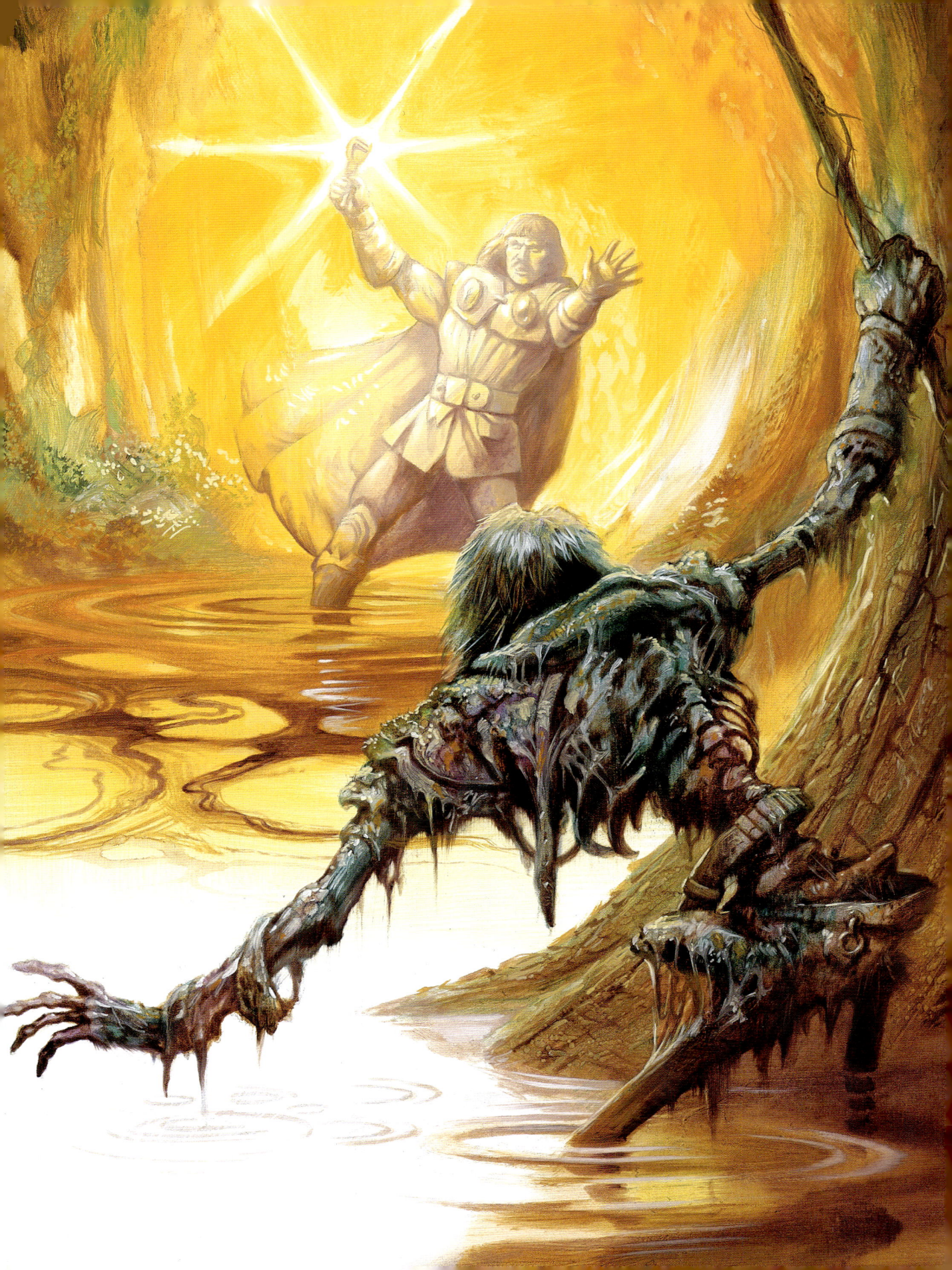

A partir de entonces, me obsesioné con el poder y la cultura de los nithianos, quienes, según las leyendas, amasaron un poder que rivalizaba con el de los Inmortales. Sin embargo, fue ese mismo poder el que hizo que los envidiosos e iracundos Inmortales descendieran sobre ellos y pusieran fin a su civilización. A juzgar por el poder contenido en la vasija de alabastro, resultaba fácil adivinar la intensidad y exquisitez de la magia nithiana. He de admitir que habría estado más que dispuesto a calarme el sombrero de mago y unirme a su aventura. Desde luego, fue una pena no poder explorar con ellos una tumba que bien podría haber albergado unos de los legendarios libros de hechizos o tratados arcanos de los nithianos.

Por eso, cuando Luphandi y yo sobrevolamos aquel templo enterrado y vimos aquella horda de no muertos nithianos dispuestos a defenderlo, no pude evitar hacerme todo tipo de preguntas. ¿Y si no todos los nithianos murieron durante la Ira de los Inmortales? ¿Y si algunos de ellos vaticinaron que se avecinaba su final y huyeron al interior de Mystara, desconocido para los Inmortales? ¿Consiguieron acaso los nithianos contactar de algún modo con los Primigenios para acceder a un poder más grande que el de los Inmortales? De no haber prolongado mi estancia con los Inmortales más de lo debido, me habría encantado recorrer cada centímetro del planeta en busca de respuestas.

MYSTARA Y EL EQUILIBRIO

Los misteriosos Primigenios me resultan fascinantes, pues la concepción de Mystara supone tal demostración de poder, magia y creatividad que sigue resultándome toda una incógnita. Los Inmortales que ahora lo gobiernan también podrían aspirar a lograr semejante proeza, pero, por muy poderosos que sean, no creo que dispongan de la sabiduría o de la esencia divina, si es que se puede llamar así, necesarias para crear dos mundos tan maravillosos como son los que alberga Mystara. Aunque su magia es formidable, carecen de la visión global de los seres verdaderamente eternos. Alcanzar la inmortalidad y adentrarse en una dimensión libre de las ataduras del tiempo no hace que uno adquiera inmediatamente ciertos conocimientos. A diferencia de aquellos que siempre han sido eternos, hubo un tiempo en que la vida de los Inmortales fue finita. Tuvieron familia, crecieron con ciertas tradiciones y adoptaron unas normas morales asociadas a una cultura concreta. Cada Inmortal alberga el origen de un ser mortal y una mente que todavía cuenta con una memoria limitada, que se deja llevar por ciertos deseos y que conoce bien la debilidad y el miedo a la muerte. Todo esto queda demostrado gracias al celo con el que protegen Mystara de los foráneos. También gracias al empeño con el que combaten a otras deidades, diablos y demonios con tal de evitar que los mystarianos veneren a otras entidades. El temor a quedarse sin su poder es un claro indicio de una profunda fragilidad mortal.

Que el aislacionismo de los Inmortales, así como su obsesión con Mystara, los mantenga ocupados es algo positivo, pues evita que traten de expandir su dictadura por el multiverso. De cualquier modo, como no tienen intención de controlar otros mundos, por el momento no suponen una seria amenaza para el Equilibrio. Eso sí, en caso de que se cansaran de Mystara o se hicieran con el

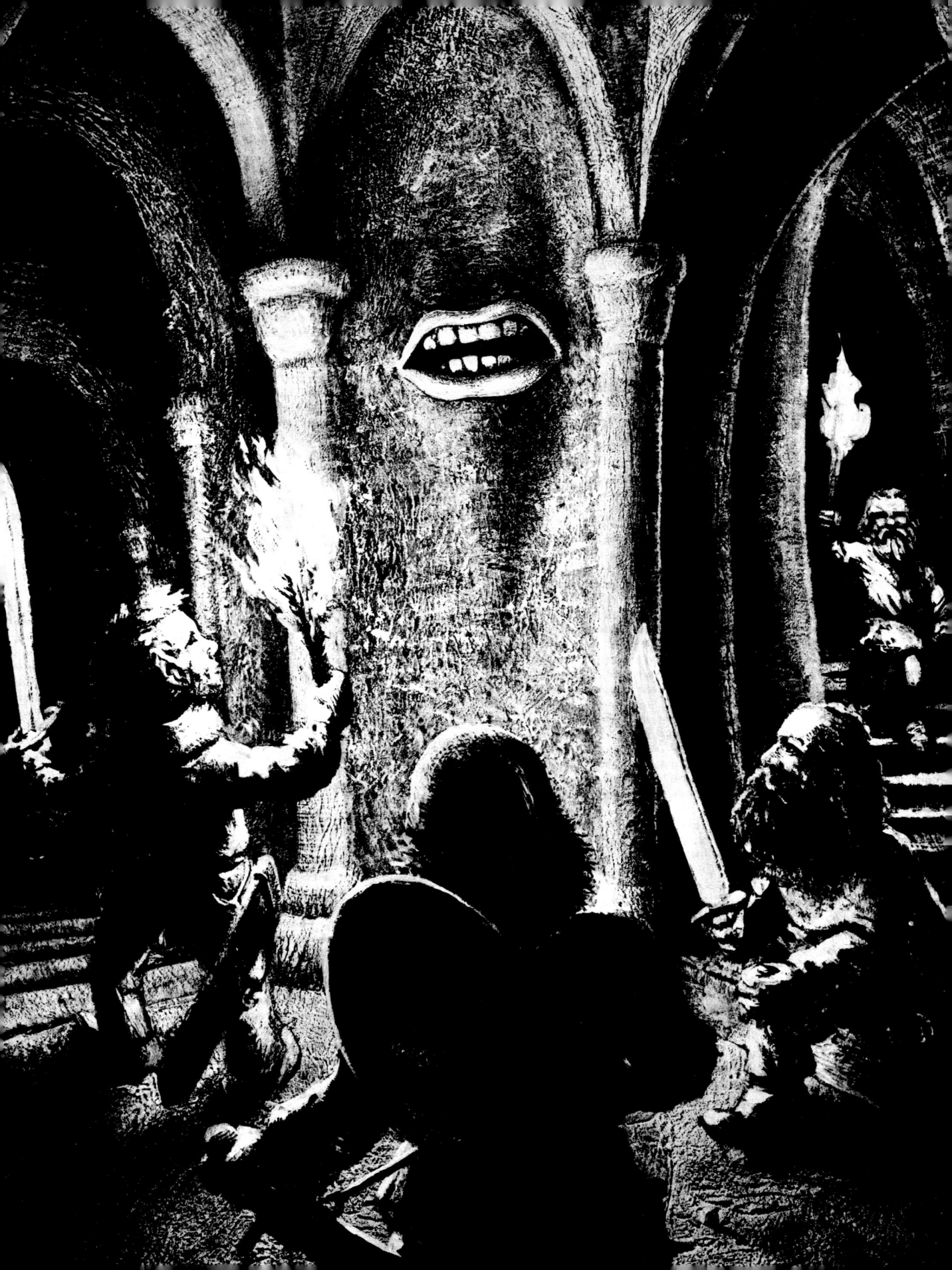

poder de los Primigenios, podrían dejar atrás su obsesión e, igual que un pollito, intentar salir del cascarón para expandir su reino tiránico por todo el multiverso. Ya han demostrado con creces que tienen una implacable sed de poder y que, de querer replicar en otros mundos el aislamiento y control religioso que ejercen sobre Mystara, su influencia crecería hasta alcanzar unos límites aterradores. Los mundos caerían unos tras otros a sus pies.

Algo debe de contener el poder de los Inmortales para poder abrir las puertas de Mystara al multiverso y descubrir lo que los Primigenios tenían pensado hacer en un primer momento. Apostaría mi bastón de los magos a que en una de las tumbas nithianas encontraría pistas de lo más suculentas para resolver ese enigma.

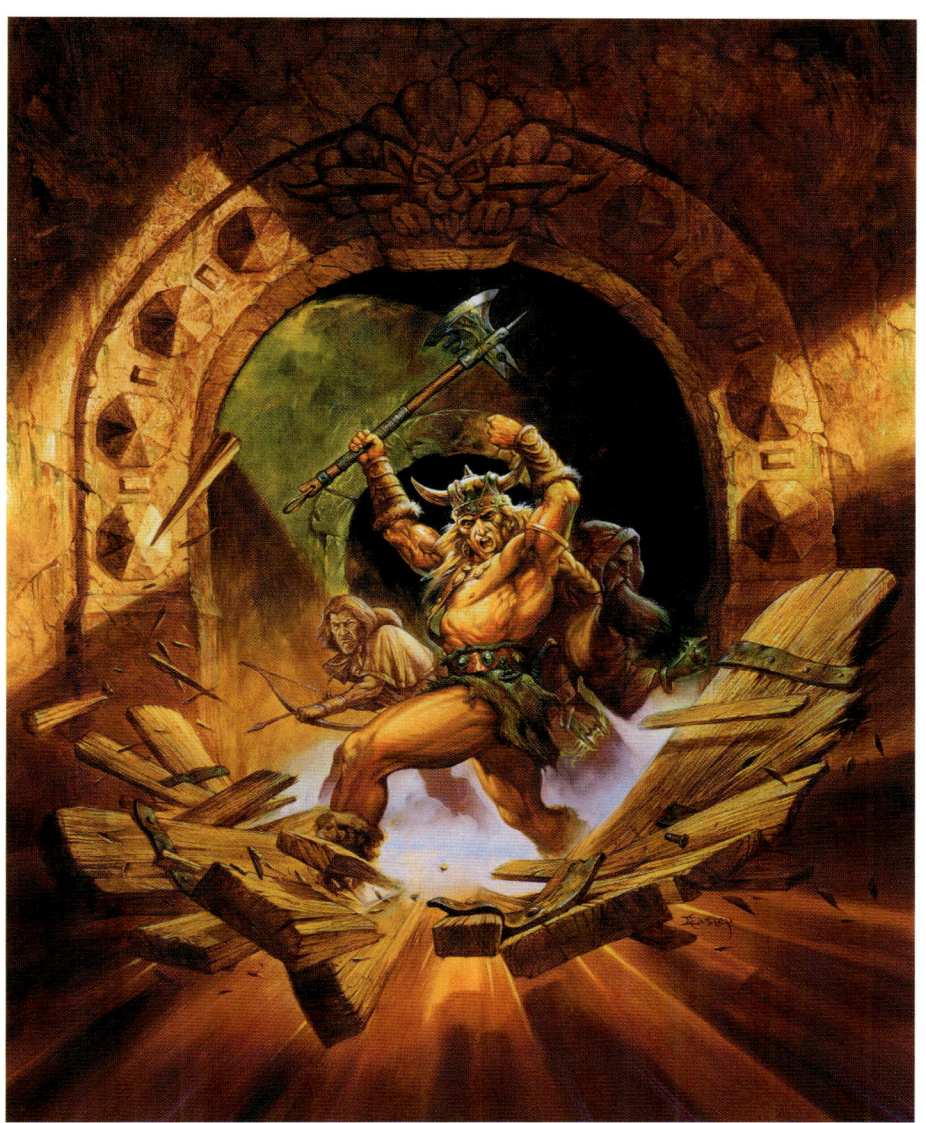

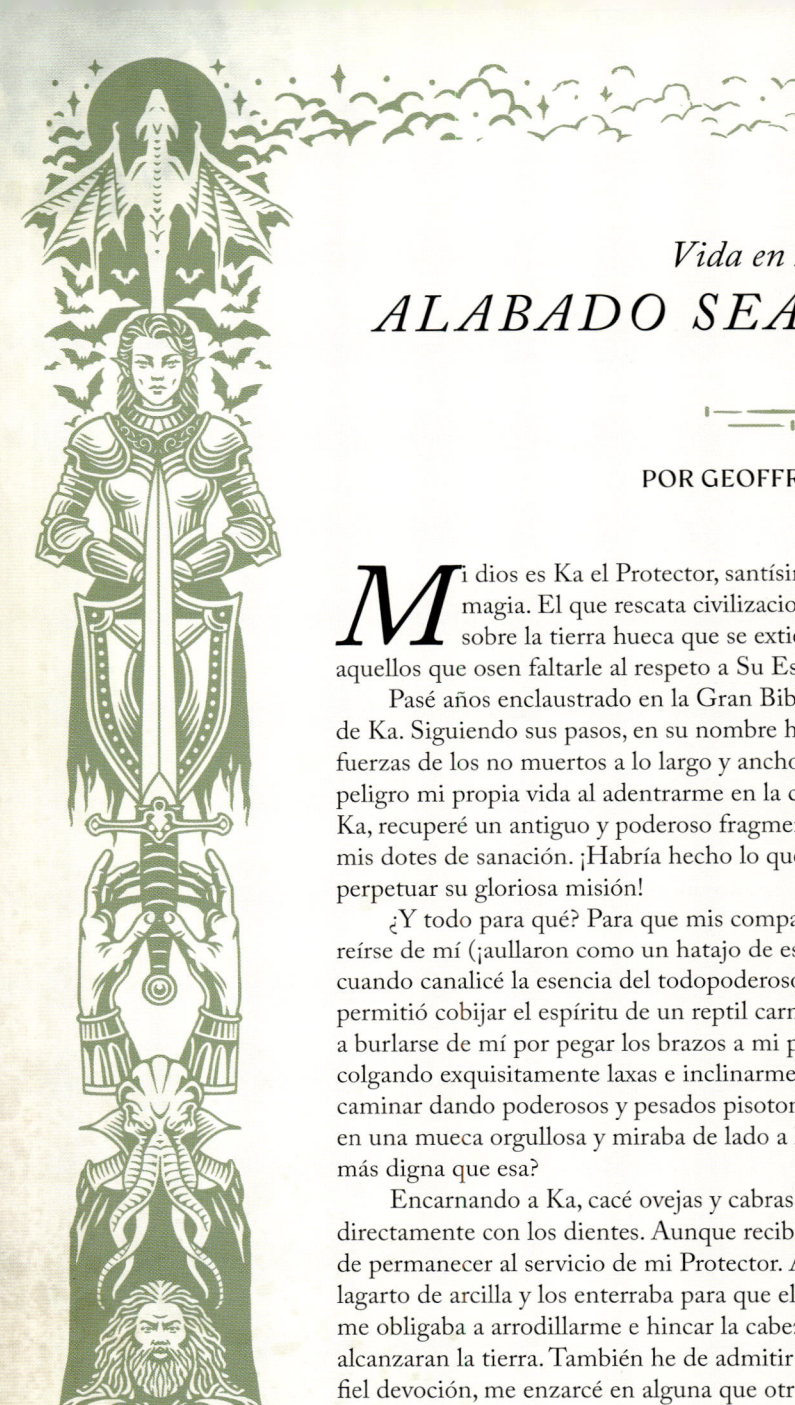

Vida en Mystara
ALABADO SEA EL LAGARTO

POR GEOFFREY GOLDEN

Mi dios es Ka el Protector, santísimo dinosaurio. El primer portador de magia. El que rescata civilizaciones a punto de desaparecer. El que reina sobre la tierra hueca que se extiende bajo nuestros pies. ¡Maldigo a todos aquellos que osen faltarle al respeto a Su Escamosa Divinidad!

Pasé años enclaustrado en la Gran Biblioteca de Serraine estudiando la palabra de Ka. Siguiendo sus pasos, en su nombre he protegido pueblos amenazados por las fuerzas de los no muertos a lo largo y ancho del Mundo Conocido. También puse en peligro mi propia vida al adentrarme en la ciudad de Glantri, donde, por petición de Ka, recuperé un antiguo y poderoso fragmento de meteorito que amplificó con creces mis dotes de sanación. ¡Habría hecho lo que fuera con tal de preservar la vida y perpetuar su gloriosa misión!

¿Y todo para qué? Para que mis compañeros de expedición tuvieran el valor de reírse de mí (¡aullaron como un hatajo de estranguladores ante una baratija brillante!) cuando canalicé la esencia del todopoderoso Ka en una intensa oración que me permitió cobijar el espíritu de un reptil carnívoro en mi cascarón mortal. Se atrevieron a burlarse de mí por pegar los brazos a mi protuberante torso, dejar las manos colgando exquisitamente laxas e inclinarme hacia adelante con el cuello estirado para caminar dando poderosos y pesados pisotones. Todo ello mientras mostraba los dientes en una mueca orgullosa y miraba de lado a lado. Y yo pregunto: ¿acaso existe postura más digna que esa?

Encarnando a Ka, cacé ovejas y cabras y les arranqué la carne del jugoso abdomen directamente con los dientes. Aunque recibí más de una coz, estas no me disuadieron de permanecer al servicio de mi Protector. A veces modelaba diminutos hombres lagarto de arcilla y los enterraba para que el paso del tiempo no los desgastara, lo cual me obligaba a arrodillarme e hincar la cabeza en el suelo para que mis bracitos alcanzaran la tierra. También he de admitir que, en mis más apasionados momentos de fiel devoción, me enzarcé en alguna que otra batalla de rugidos y graznidos con el halcón de Alkarox, nuestro mago halfling, aunque nunca fui yo el instigador.

Lo normal era que mis colegas de aventura se limitaran a burlarse de mí, pero llegó un día en que decidieron cuestionar mi fervor religioso. Fue mientras explorábamos la cordillera de la Cumbre Negra al norte de Karameikos, después de que profiriera un rugido tan estruendoso que los demás temieron que causara una avalancha. ¡Como si Ka fuera a permitir que su humilde siervo sufriera una muerte tan poco ceremoniosa!

Sin previo aviso, mi grupo me acorraló contra la entrada de una pequeña cueva. Alkarox, que no tenía pelos en la lengua, dijo que mis sagrados arrebatos de pasión dinosáurica nos ponían a todos, incluido a mí, «en vergüenza». Nuestro mezquino pícaro enano, cardo, tachó injustamente mis rituales de «bufonadas reptilianas» e incluso nuestra amable paladina élfica, Amalda la Justa, que también sirve a una deidad, me preguntó si había considerado la posibilidad de «cambiar» de dios, como si estuviera hablando de un par de calzones.

El ambiente se caldeó tanto que unos ogros aprovecharon nuestra distracción para tendernos una emboscada, pues habían olido al rechoncho enano de nuestro grupo y querían obligarnos a que se lo entregáramos para su banquete ceremonial. Así que huimos hasta la cueva más cercana para despistar a la horda de veintitantos brutos. Como eran demasiado grandes como para caber por la boca de la cueva, los descomunales y estrepitosos ogros se acomodaron con socarronería sobre sus cachiporras con pinchos; sabían que nos habíamos resguardado en un agujero sin salida y que tendríamos que enfrentarnos a ellos más tarde o más temprano.

Con el espíritu de Ka fluyendo por mis venas y sabiendo que mis escépticos colegas estaban demasiado asustados como para reaccionar, me vi obligado a salir de la cueva y enfrentarme a la horda de ogros yo solo para protegerlos. Como siempre, adopté la posición de mi señor: brazos encogidos, cuello estirado y piernas separadas y rígidas. ¡Luego les rugí a aquellos apestosos gigantes! Al principio, clavaron sus diminutos ojillos vacíos en mí y me miraron desconcertados, pero luego se echaron a reír ante mi descarnada muestra de poder prehistórico.

Cuando ya se disponían a despedazarme, lancé mi hechizo en un susurro y, antes de que tuvieran oportunidad de alcanzarme, dejé atrás mi irrisoria carcasa humana de apenas metro ochenta para convertirme en un rabioso dinosaurio carnívoro de doce metros de altura y dientes afilados. Tras acabar con un buen puñado de ogros con mis sangrientas dentelladas, mis «camaradas» salieron de la cueva para encargarse del resto.

Terminada la batalla, los integrantes de mi grupo me pidieron disculpas uno por uno (¡incluso el halcón!) por haber dudado de las capacidades mentales de su ahora adorado clérigo. Yo les perdoné, pues era lo que el misericordioso Ka habría querido. Más tarde, con una jarra de hidromiel en la mano, alcanzamos un acuerdo. Ellos se comprometieron a no volver a reírse de mis prácticas religiosas y yo, por mi parte, prometí cavar un agujero para defecar lejos del campamento como cualquier otro hombre en vez de hacerlo donde a mí me placiera, tal y como tienen por costumbre hacer los dinosaurios.

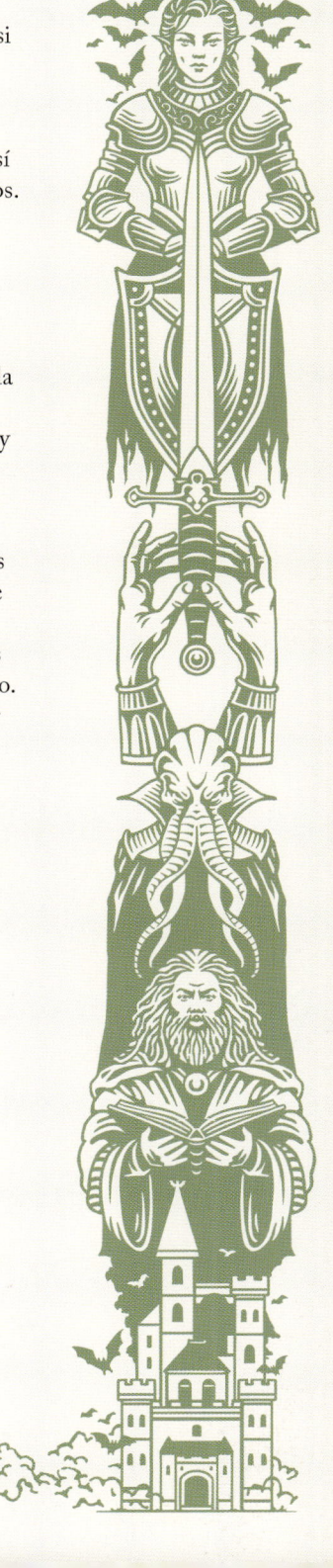

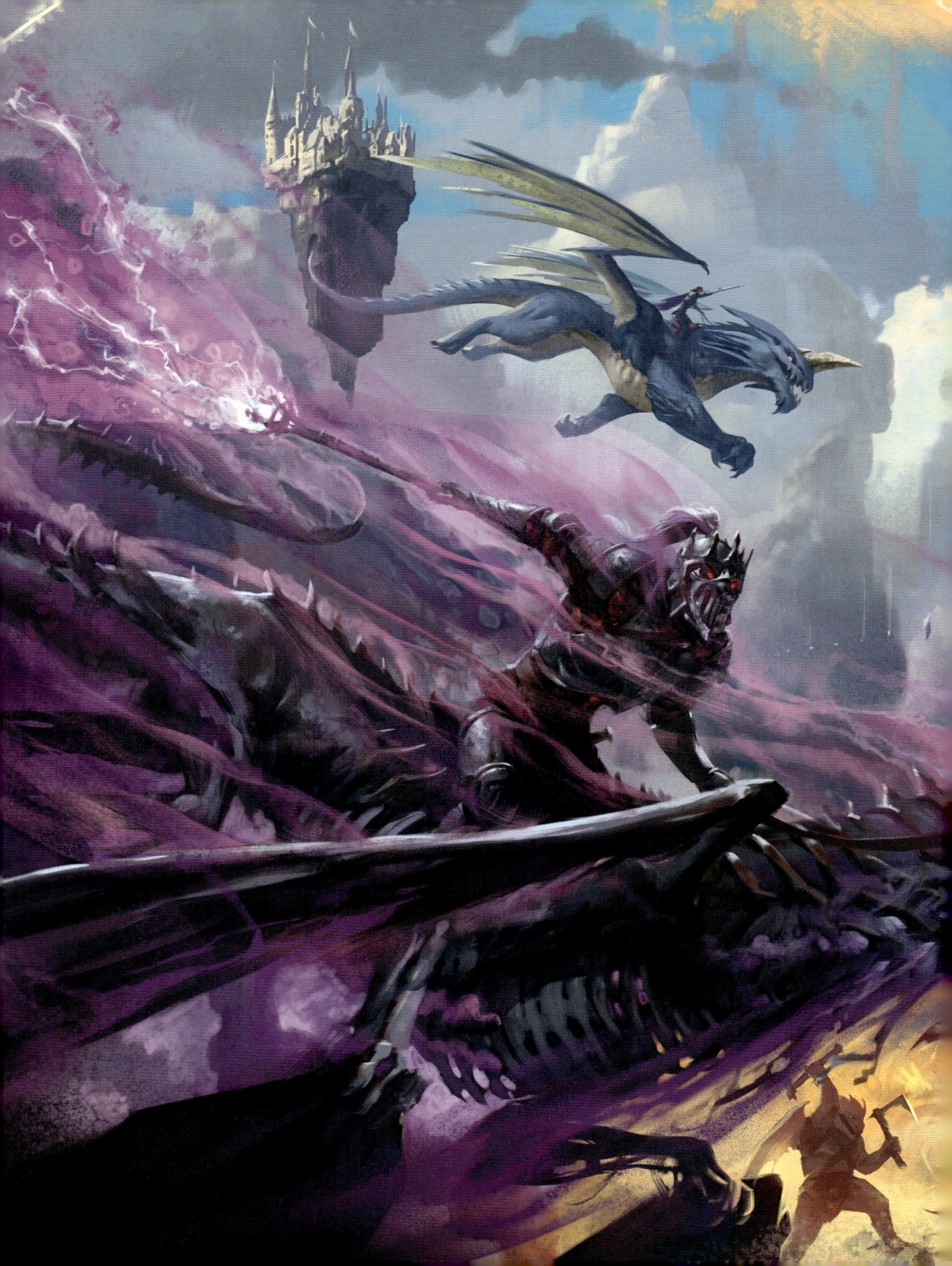

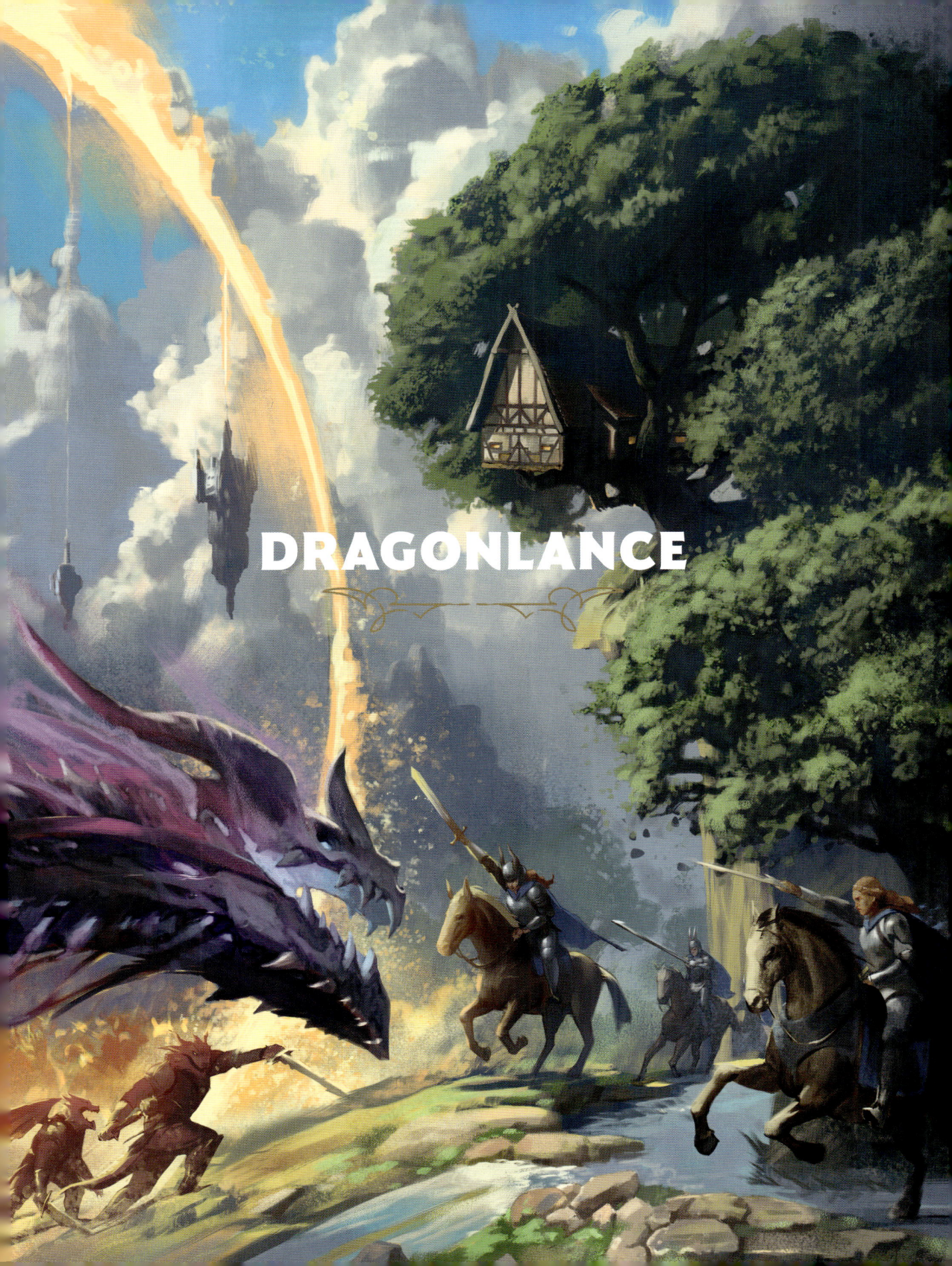

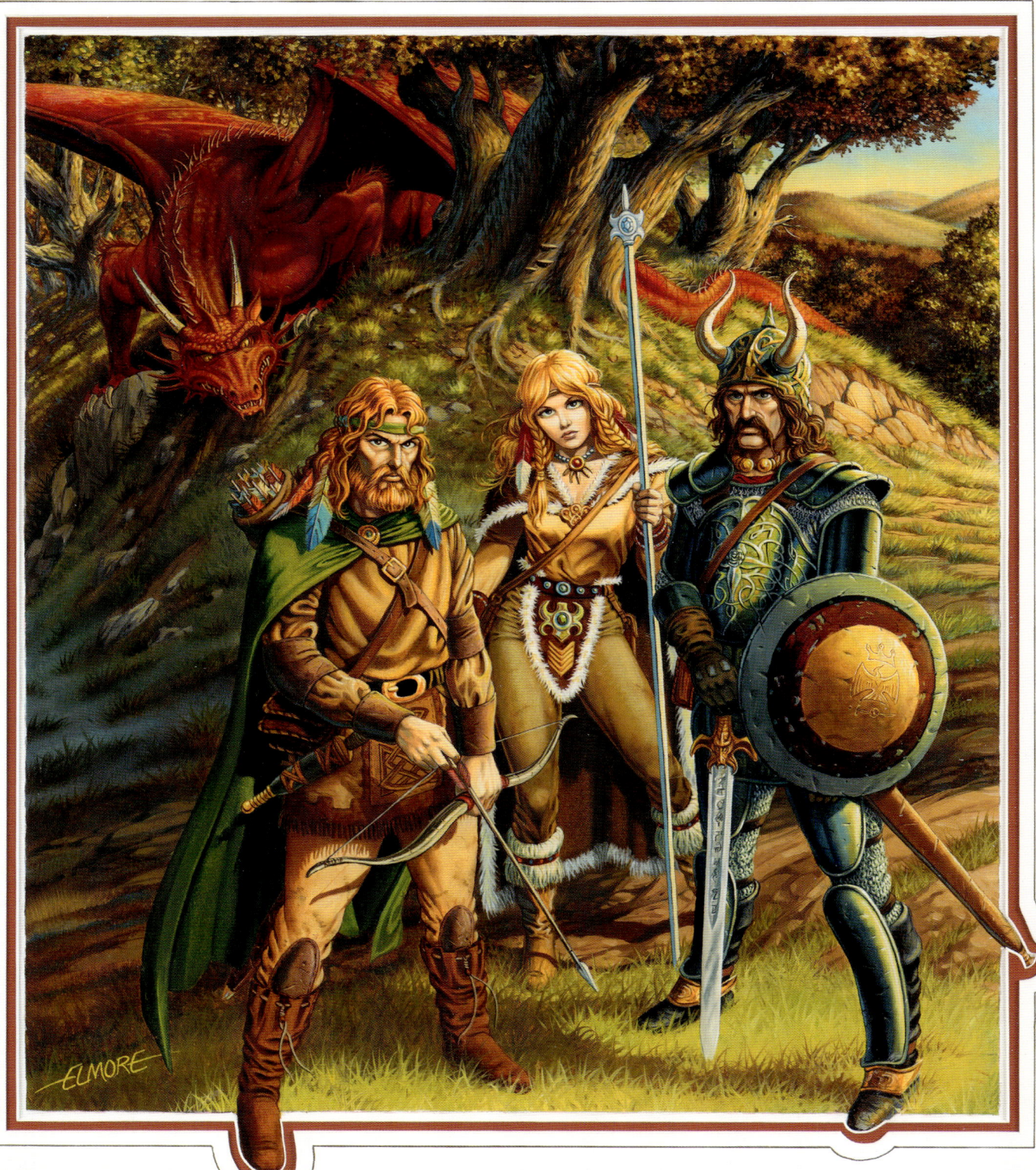

Desde el Espacio Salvaje, Krynn no tiene parangón, pues es una tierra plagada de maravillas de la naturaleza y la magia. Es una esfera azul repleta de vida que promete todo tipo de obras artísticas, mágicas, arquitectónicas y musicales magníficas. Los elfos, los enanos, los gnomos, los humanos y los intrépidos (y, muchas veces, molestos) kender pueblan los amplios territorios de Kyrnn cada uno a su manera, ya sea en pequeñas chozas, reducidas aldeas, amplios pueblos, resistentes fortalezas o ciudades milenarias. Por supuesto, también hay monstruos: hobgoblins, ogros, goblins, criaturas corrompidas por una magia maligna, como los minotauros, y hordas de no muertos que deambulan por las tierras malditas.

Pero, ya fuera por una cruel fatalidad o una poderosa obra del destino, los caprichos de los dioses han hecho que los habitantes de Krynn hayan tenido que soportar todo tipo de infortunios. Una buena parte de ellos han sido castigados por culpa de la arrogancia de unos pocos y, como resultado de lo que algunos han descrito como una muestra de justicia divina y otros como una atrocidad, el mal se ha colado en la herida abierta de Krynn para emponzoñarla. Poco importa que las acciones de los dioses estuvieran justificadas o fueran el resultado de una mala gestión por su parte, pues ahora Krynn se ha convertido en un punto de entrada para las fuerzas del mal que planean invadirlo. En su situación, lo que Krynn necesita no son filósofos, sino héroes dispuestos a acudir en su ayuda y librarlo de una catástrofe.

EL CATACLISMO

Krynn todavía es relativamente nuevo para mí, pero, tras pasar por allí hace un par de décadas, me comprometí a informarme al máximo sobre su historia y su complicada situación. Aunque tiene cientos de años, la sociedad de Krynn parece mucho más reciente, pues sus gentes todavía tratan de encontrar su camino hacia la unidad y la prosperidad. Allí donde viajaba, me bastaba con agudizar la vista y el oído para comprender que en esas tierras existe una profunda cicatriz: un pasado del que solo se habla entre susurros, un suceso tan destructivo que ni siquiera las nuevas generaciones han tenido oportunidad de recuperarse todavía. El Cataclismo.

Puede que los dioses de Krynn digan que el Cataclismo fue el resultado de la arrogancia de los mortales, que fue un defecto humano. Desde su divina perspectiva, estoy seguro de que hablan con la más absoluta convicción. Pero a mí me bastó con contemplar los estragos indiscriminados del Cataclismo para empezar a sospechar que fue la consecuencia de un arrebato arrogante y corto de miras ante las acciones de un grupo concreto de herejes. En su intento por castigar al Príncipe de los Sacerdotes de Istar y su séquito de fanáticos, los dioses acabaron condenando a todo Krynn.

Antes del Cataclismo, el Príncipe de los Sacerdotes de Istar, apoyado por su corrupta teocracia de los Buscadores, se atrevió a proclamarse la máxima autoridad de Krynn, a perseguir a quienes empleaban la magia y a pervertir la magia divina. La historia se repetía de nuevo: otro ególatra ambicioso aspiraba a controlar a las masas y convertirse en un dios.

Sin embargo, en vez de animar a un campeón o campeona a rebelarse y derrocar al opresor, los dioses optaron por responder de la forma más extrema e irracional posible. En lo que solo puedo calificar como un imperdonable acto de salvajismo, los dioses arrojaron una montaña ígnea sobre el continente de Ansalon, arrasaron la nación entera de Istar y acabaron con miles de vidas.

Tras ese suceso apocalíptico, los dioses desatendieron a las gentes de Krynn y se retiraron a la comodidad de sus alturas, aunque desconozco si fue para admirar su trabajo o para esconderse avergonzados. Lo único que tengo por seguro es que abandonaron a los ciudadanos de Ansalon y les arrebataron la magia divina, es decir, la energía vital de la sanación, cuando más la necesitaban. Una vez más, una laboriosa sociedad se veía obligada a reconstruirse sin la ayuda de las deidades.

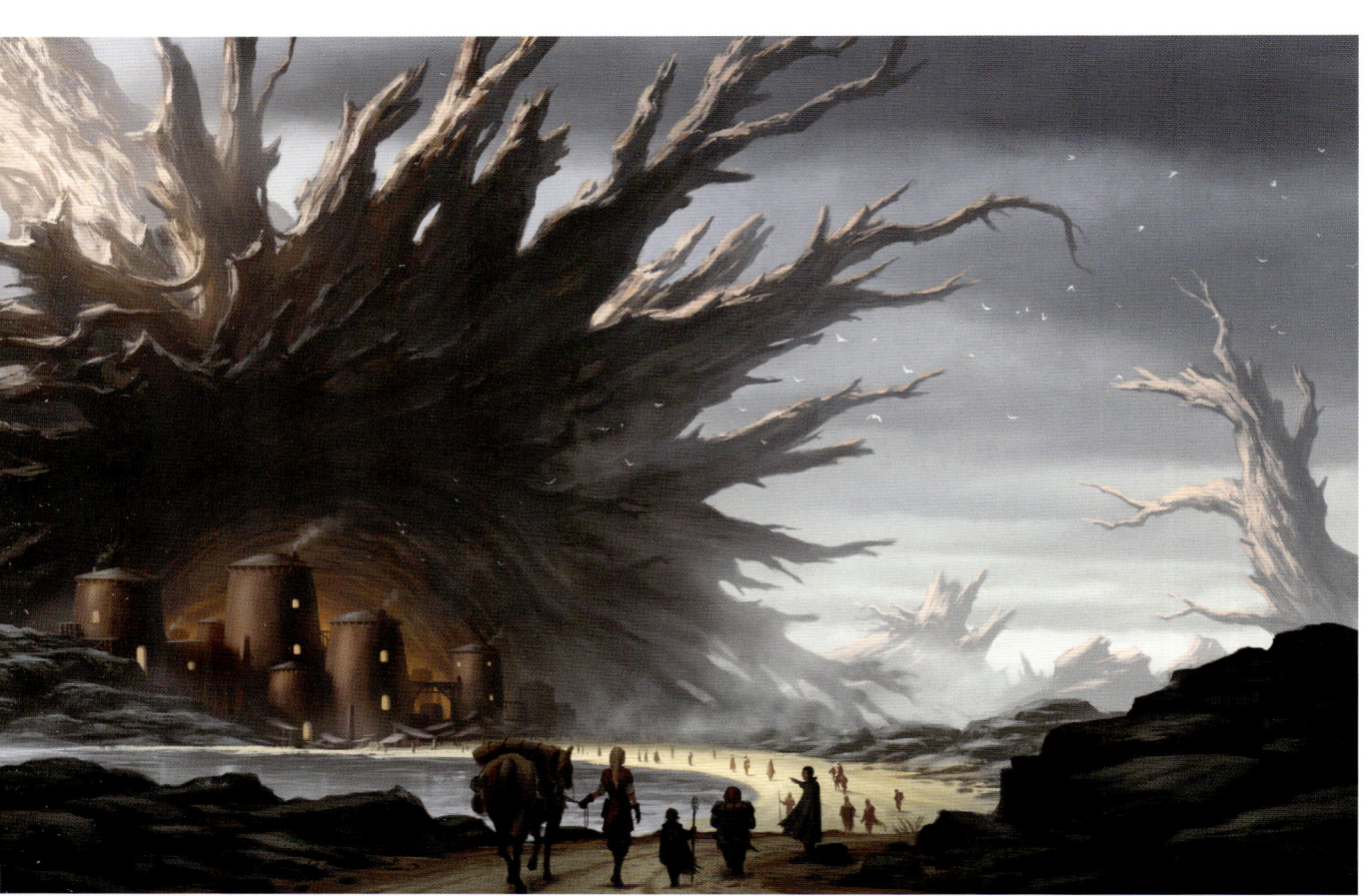

MUNDOS Y REINOS

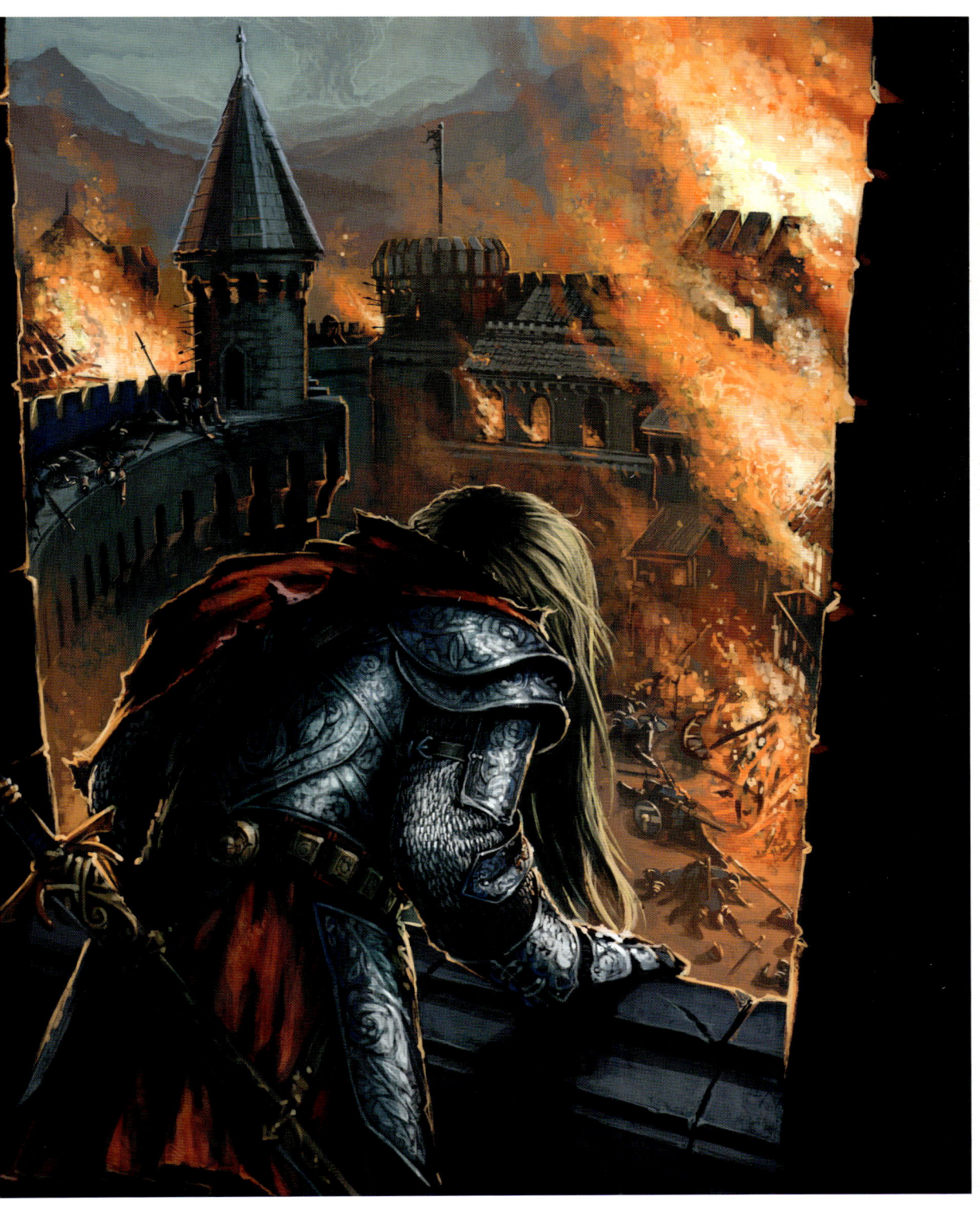

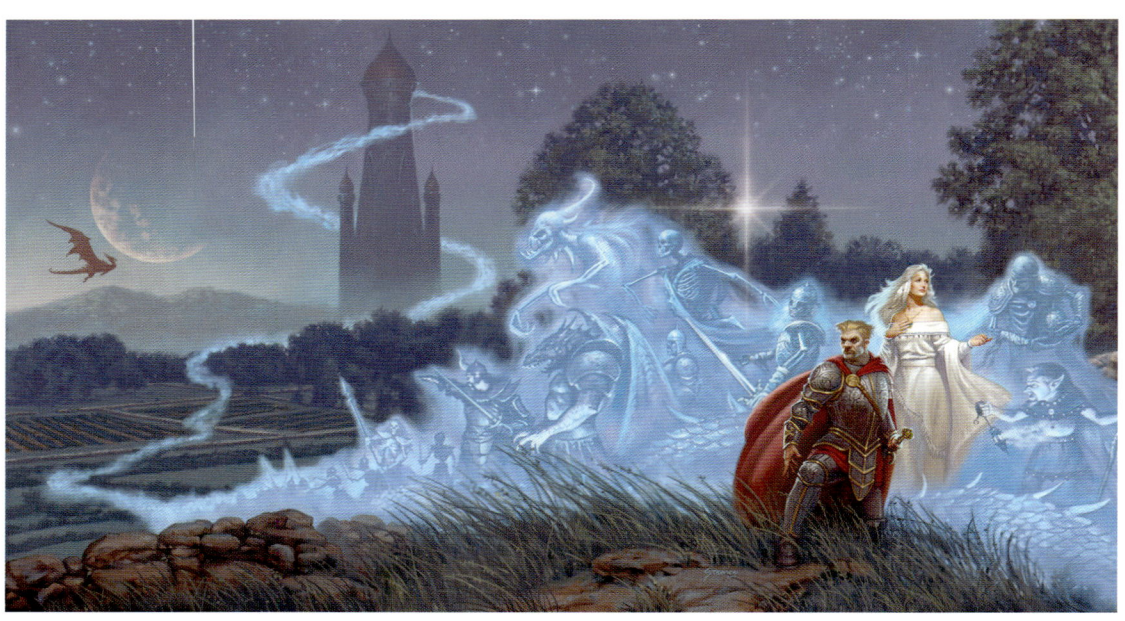

LA PARTIDA DE LOS DIOSES

Según los eruditos y bardos errantes con los que he hablado, la partida de los dioses fue toda una sorpresa para una buena parte de las gentes de Krynn, pues no entendían qué había pasado. Así, como consecuencia, todo tipo de rumores preocupantes empezaron a difundirse tras la hecatombe. Por ejemplo, hubo quien aseguró que los dioses se habían llevado a un grupo selecto de devotos a su reino celestial antes de desatar el Cataclismo sobre Ansalon. Ni que decir tiene que muchas personas se sintieron desconsoladas, indignadas e inmensamente traicionadas. ¿Por qué habían castigado los dioses a todo Ansalon por la transgresión de unos pocos? ¿Por qué habían tenido que pagar los inocentes por la blasfemia del Príncipe de los Sacerdotes de Istar y sus fanáticos? Algunos aseguraron que los dioses habían llegado a la conclusión de que el Príncipe había corrompido todo Ansalon, de que debían purgar Krynn y salvar solo a los más fieles devotos (los llamados «Elegidos») de las llamas purificadoras del Cataclismo.

Creo que el Cataclismo tuvo justo el efecto contrario al buscado por los dioses de Krynn. En vez de purificar Ansalon, lo que consiguieron fue infligirle una profunda herida tanto al mundo como a sus habitantes. El sentimiento de traición es de lo más interesante, pues despierta una profunda desconfianza en las personas y les nubla la mente como la magia de un hechizo. Cuando una persona pierde la confianza, a no ser que disponga de un espíritu inquebrantable, queda a merced de sus temores más primarios. Y es que el temor es un terreno de lo más fértil para la semilla del mal. El Cataclismo hundió la tierra y, como en el surco de un arado, el mal germinó en la cicatriz de Krynn.

UN MUNDO SIN DIOSES

Astinus, el renombrado historiador de Krynn, me contó que, tras el Cataclismo y a raíz de la partida de los dioses, la magia sanadora asociada al poder divino quedó inservible. La magia no conseguía cerrar las heridas ni curar los huesos rotos; tampoco lograba devolver a los muertos a la vida. Las iglesias y los sacerdotes que hasta aquel momento habían demostrado ser capaces de obrar milagros al invocar el poder de los dioses de pronto se toparon con un nuevo dilema: ¿seguirían acudiendo los fieles a ellos ahora que ya no disponían del secreto de la sanación? Si la resplandeciente imagen de Paladine ya no aparecía en sus altares para curar la ceguera o el nombre de Mishakal no curaba las heridas graves, ¿quién llenaría las arcas de la iglesia de oro? En ausencia del poder divino, los templos tuvieron que recurrir a la devoción y la esperanza para tranquilizar a su rebaño. Puesto que ya no podían prometer que los dioses curarían a los enfermos y resucitarían a los muertos, decidieron dedicar sus fervientes plegarias a mantener viva la esperanza de que los dioses regresarían. Algunos de sus feligreses se conformaron con eso, pero, otros, en ausencia de las deidades, se apoyaron en la única fuerza que parecía mantener la fiel promesa de la sanación y las visiones divinas: la naturaleza.

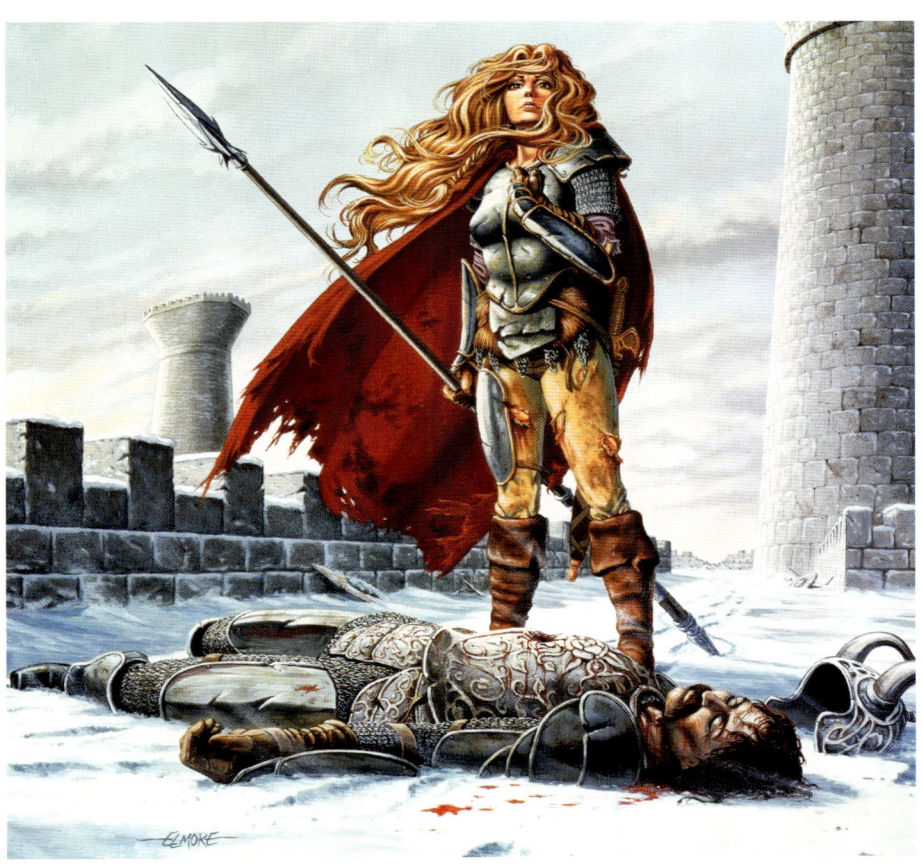

A diferencia de los clérigos, los paladines y otros hechiceros con la habilidad de lanzar conjuros basados en el poder divino de los dioses, los druidas y sus ritos no se vieron afectados por el Cataclismo. La flora todavía albergaba una magia independiente de la de las deidades. Los druidas seguían preparando pociones para curar heridas y enfermedades y sabían qué hierbas ingerir para obtener visiones, conocimientos o poderes de percepción que nada tenían que envidiar a los ofrecidos por los dioses.

Hulji, una druida de los Qué-shu, me explicó que la conexión de los habitantes de Krynn con la naturaleza se había fortalecido en ausencia de los dioses. Al no poder pedirles que les aseguraran buenas cosechas o que los curaran, la gente no tardó en recurrir a los druidas y al poder de la naturaleza para aprender a identificar hierbas con poderes curativos o rebosantes de conocimientos. Ella creía que, al librarse de las distracciones de los tan combativos dioses, la gente por fin había tenido oportunidad de reconciliarse con la naturaleza, de descubrir el funcionamiento del mundo por sus propios medios y de aprender a cuidar de las criaturas inocentes.

Hulji también dijo algo que me tocó la fibra sensible al estar yo tan comprometido con la búsqueda de la verdad. Sus palabras fueron las siguientes: «Este mundo no miente. Es la manifestación de un ser increíble que no alcanzamos a comprender. Basta con sumergirse en su silencio, con abrazar su sabiduría, para descubrir que todos formamos parte de él y que sus conocimientos son nuestro derecho de nacimiento».

Como es evidente, pasé mucho más tiempo de lo esperado en los bosques después de aquella conversación.

EL REGRESO DE LOS DIOSES

En los ratos que he pasado en las tabernas charlando con guerreros, druidas y algún que otro docto borracho, he oído rumores acerca del regreso de los dioses. Historias que hablan de la reinstauración de la magia divina, como la de un paladín de Kiri-Jolith que partió en dos a un ogro de un solo golpe tras pronunciar el nombre de su dios. Incluso oí rumores sobre casos de sanación divina, los cuales, en caso de ser ciertos, apuntarían a que los clérigos han recuperado el acceso a la magia.

Pero ¿por qué iban a volver los dioses?

Si bien yo solo he conocido el Krynn privado de deidades, he sido testigo de las dificultades por las que han pasado quienes una vez dependieron de ellos, aunque fuera siglos antes. Muchos han caído en las redes de mentirosos y charlatanes que difunden mensajes vacíos, pero cargados de esperanza, con una confianza de lo más persuasiva. Con tal de encontrar cierto consuelo, la gente tiende a dejarse engatusar hasta quedarse sin dinero y darle la espalda al sentido común y, cuando el consuelo escasea, hasta los más santos entre los santos abrazan las mentiras.

He ahí los frutos de la Era de la Oscuridad.

LA ERA DE LOS DRAGONES

Desde el Cataclismo, los habitantes de Krynn llevan tres siglos sufriendo, luchando y trabajando por reconstruir su hogar, pero ahora vuelven a estar al borde de un nuevo conflicto en lo que tanto cronistas como agoreros denominan la Era de los Dragones. Mientras que Krynn se esfuerza por recuperar la estabilidad, una gran amenaza se prepara para doblegar este mundo roto y asestarle el golpe de gracia. Y no hablo de una amenaza cualquiera, sino de la mismísima Reina de la Oscuridad. La imponente dragona, Takhisis.

Los eruditos aseguran que, al igual que Paladine y Gilean, Takhisis es una pieza clave de Krynn. Sin embargo, a diferencia de sus hermanos, ella no se conforma con compartir su mundo y ha hecho todo lo posible por derrotar a las fuerzas del bien y hacerse con el control absoluto de Krynn. Para consumar su malévolo plan, ha recurrido desde el inicio de los tiempos a los dragones cromáticos y a sus seguidores para sembrar el caos, derrotar a los dragones metálicos y acabar con la esperanza de la civilización. Pero, hace ya mil años, un héroe llamado Huma Dragonbane por fin consiguió derrotar a Takhisis con la ayuda del Dragonlance, un poderoso objeto mágico forjado con el único cometido de dar muerte a los dragones del mal. En un inigualable acto de valentía, Huma se sacrificó para salvar al mundo de la malvada diosa, a quien hirió de gravedad antes de desterrarla al Abismo. Pero, mientras que Krynn disfrutaba de una época de prosperidad conocida como la Era del Poder, la furia de Takhisis crecía. En su guarida del Abismo, la Reina de la Oscuridad fue dándole forma a un plan. Su intención era recuperar su poder, reagrupar a sus mermadas tropas de dragones cromáticos y hacer que sus poderosos esbirros manipulasen la mente de los habitantes de Krynn y corrompieran su corazón para animarlos a unirse a su causa. Pero entonces se produjo el Cataclismo. Un regalo de los dioses pensado para poner patas arriba el mundo y un caldo de cultivo perfecto para alimentar la locura y el caos.

DRAGONLANCE

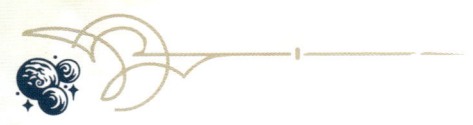

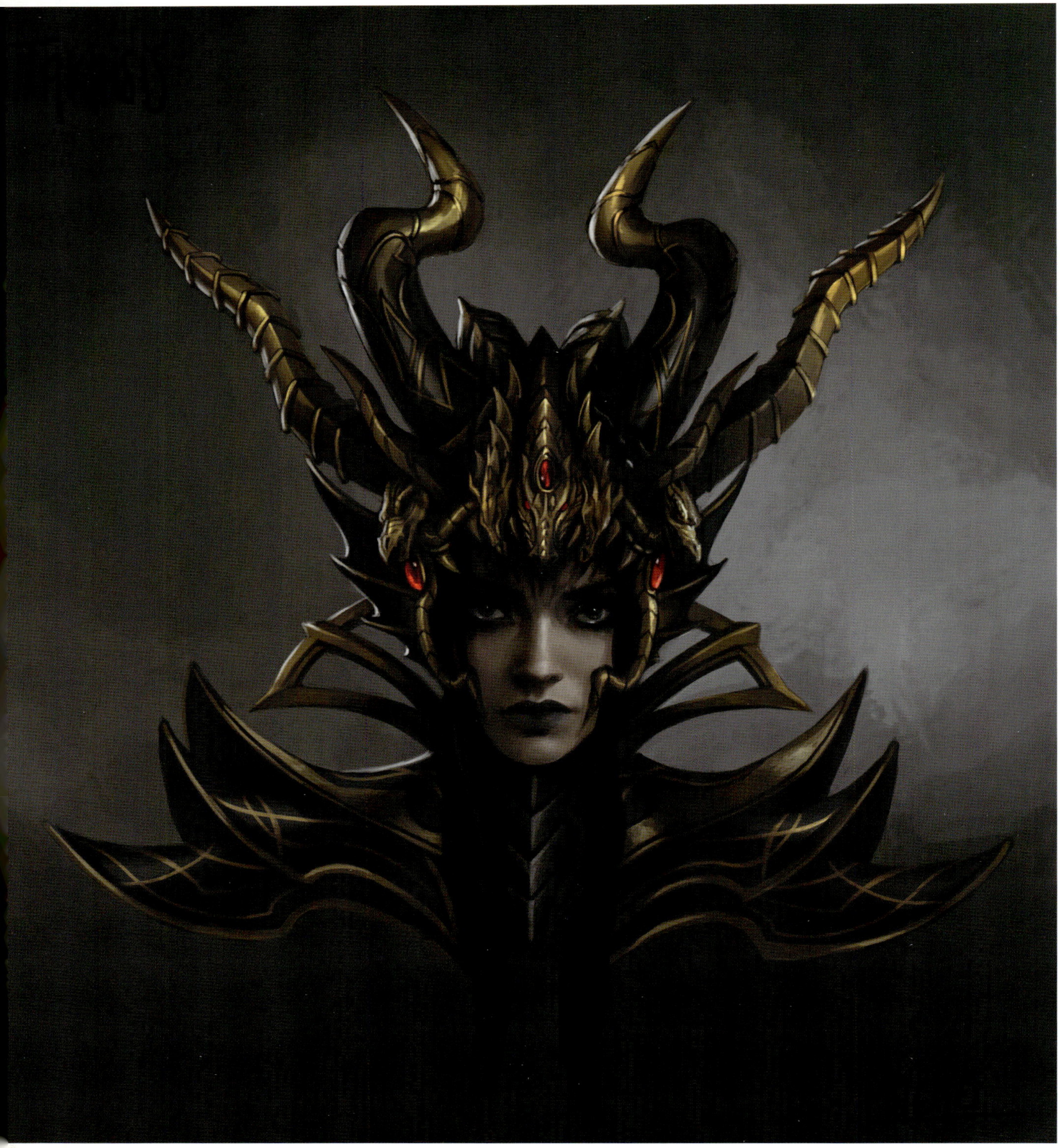

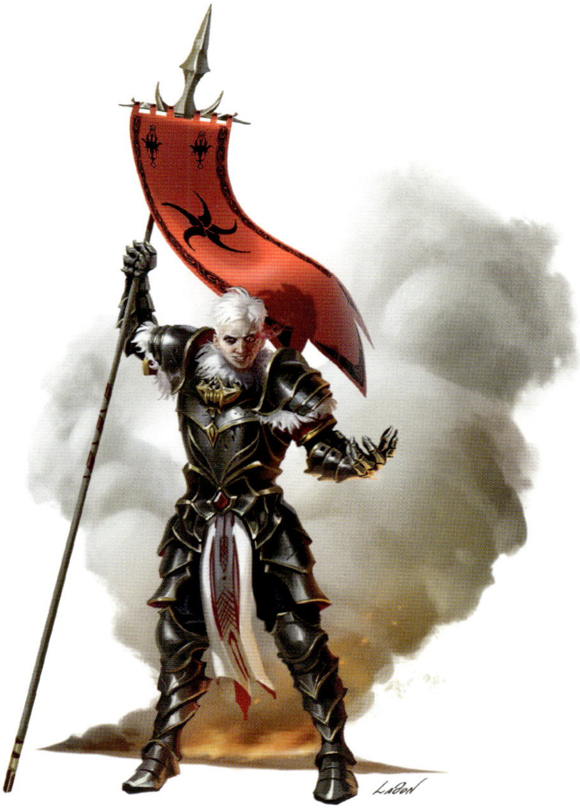

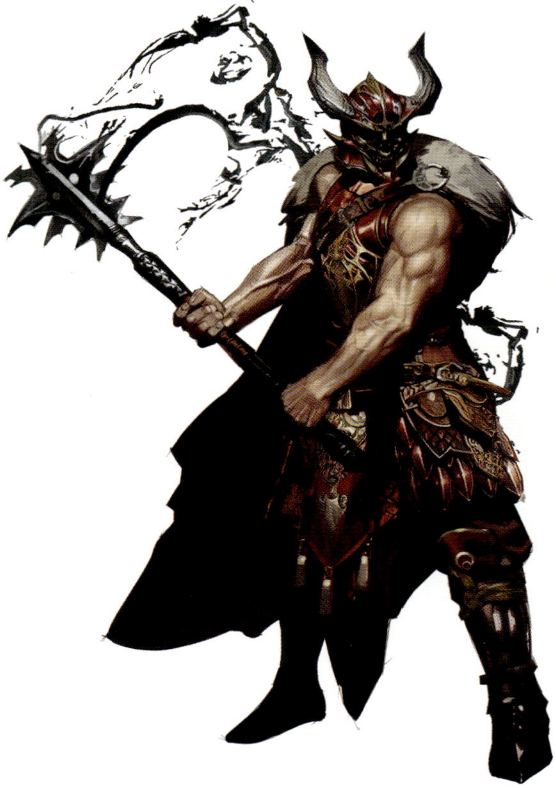

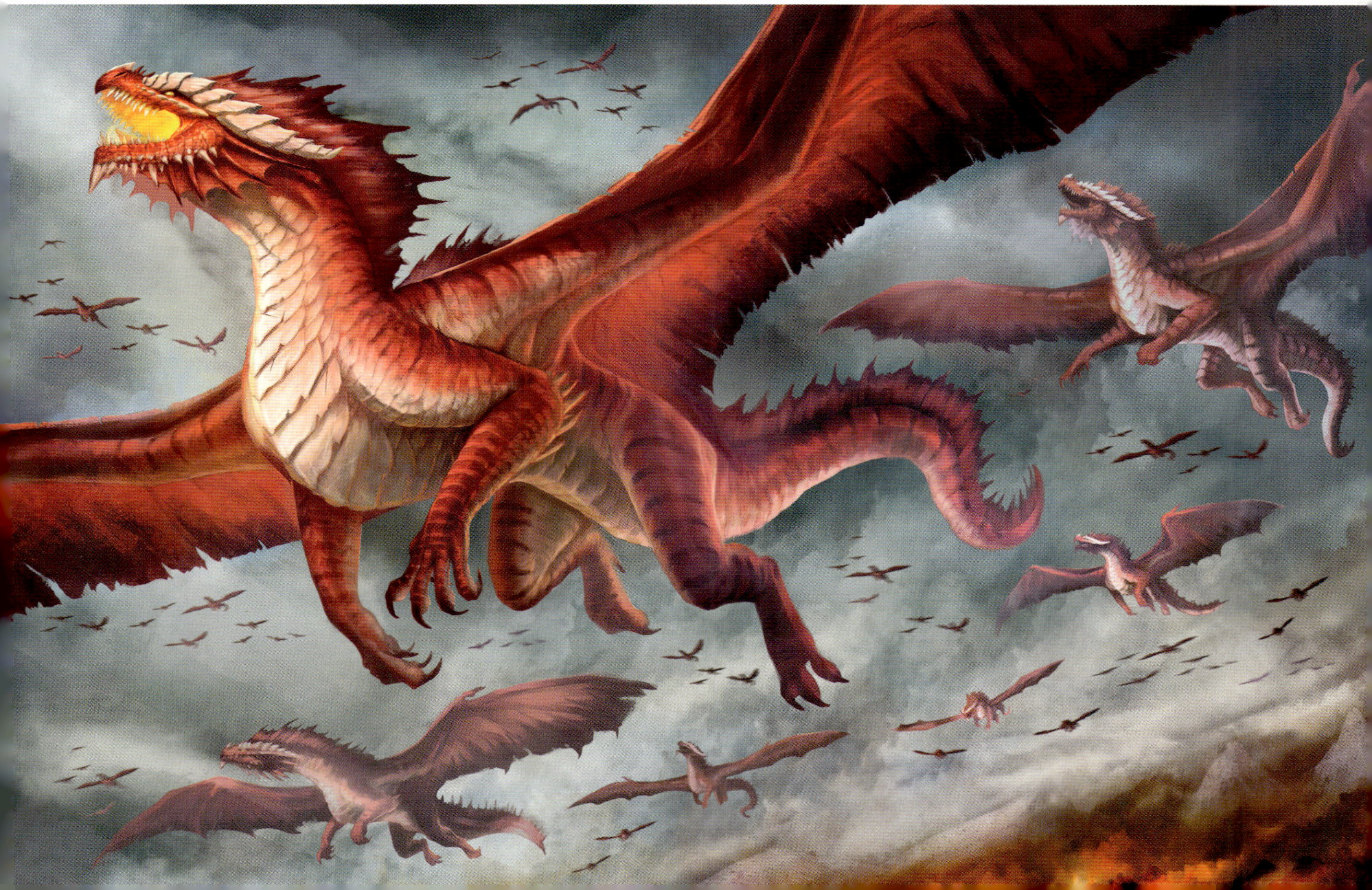

En mi opinión, han sido los devastadores estragos del Cataclismo los que han dado pie al regreso de Takhisis. Si bien no es la única que se ha aprovechado de la catástrofe, la Reina de la Oscuridad es una de las mayores amenazas a las que Krynn se enfrenta en estos momentos. Al percibir con acierto la debilidad y confusión del territorio y sus habitantes, se ha propuesto hacerse con el control total de Krynn y cobrarse su tan esperada venganza frente a aquellos que la desterraron más de mil años antes. Takhisis tiene una muy buena memoria, pues sus cinco cabezas de dragón la ayudan a recordar cada desaire y agravio, y nadie

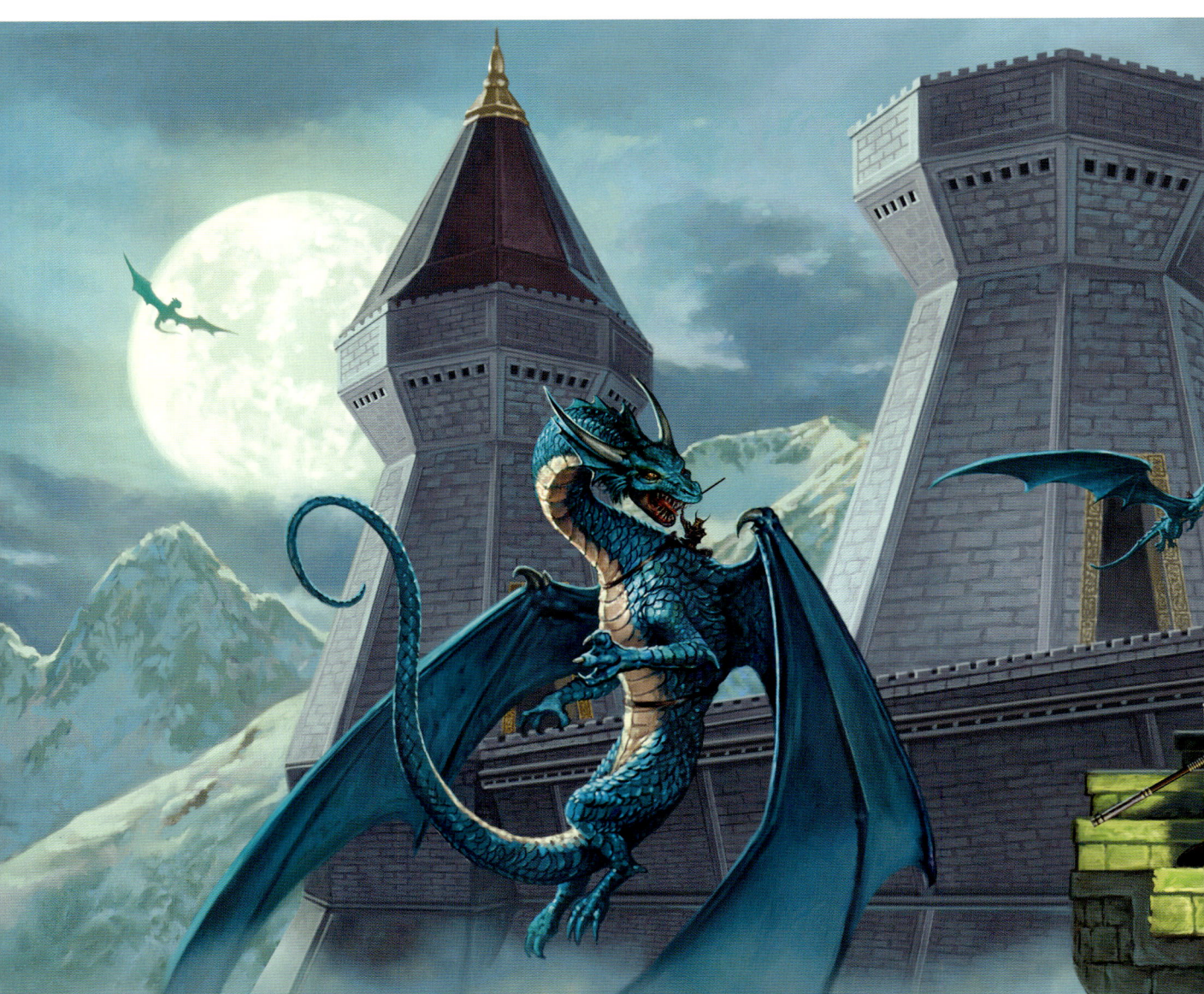

MUNDOS Y REINOS

la ha encolerizado más ni le ha causado una mayor humillación que su decrépito y despreciable hermano Paladine y Huma Dragonbane, el héroe y caballero de Solamnia que la desterró de Krynn y la encerró en el Abismo como a un animal rabioso.

Por eso, hacerse con el dominio de Krynn se ha convertido en un asunto personal para ella. Sin duda, hará falta otro colosal acto de heroísmo para volver a encerrarla tanto a ella como a sus secuaces en las profundidades del Abismo.

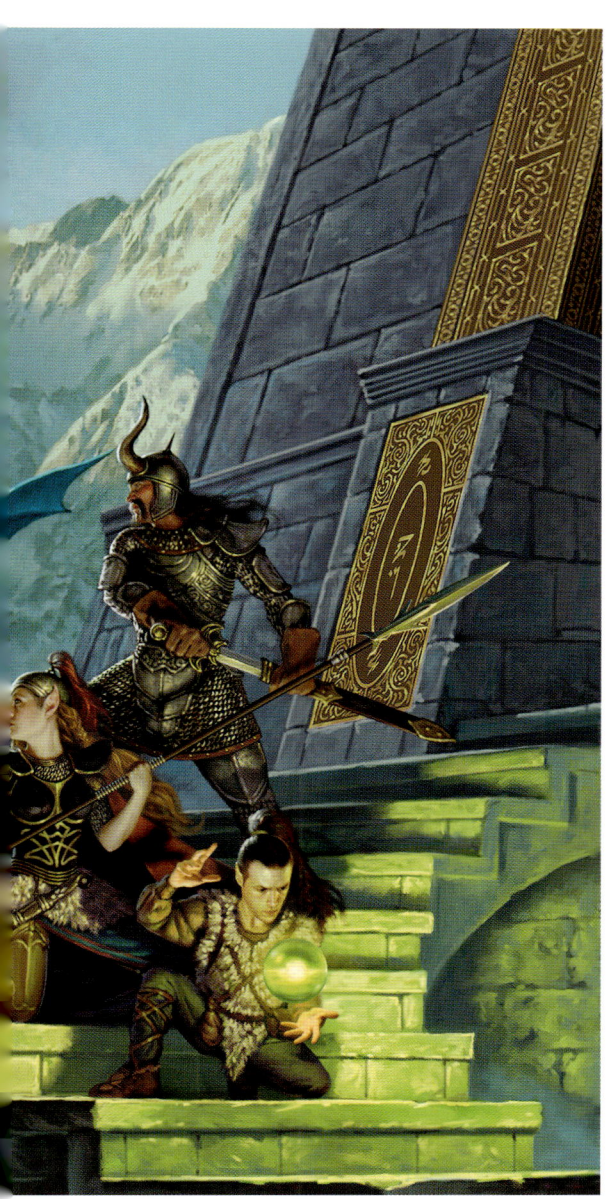

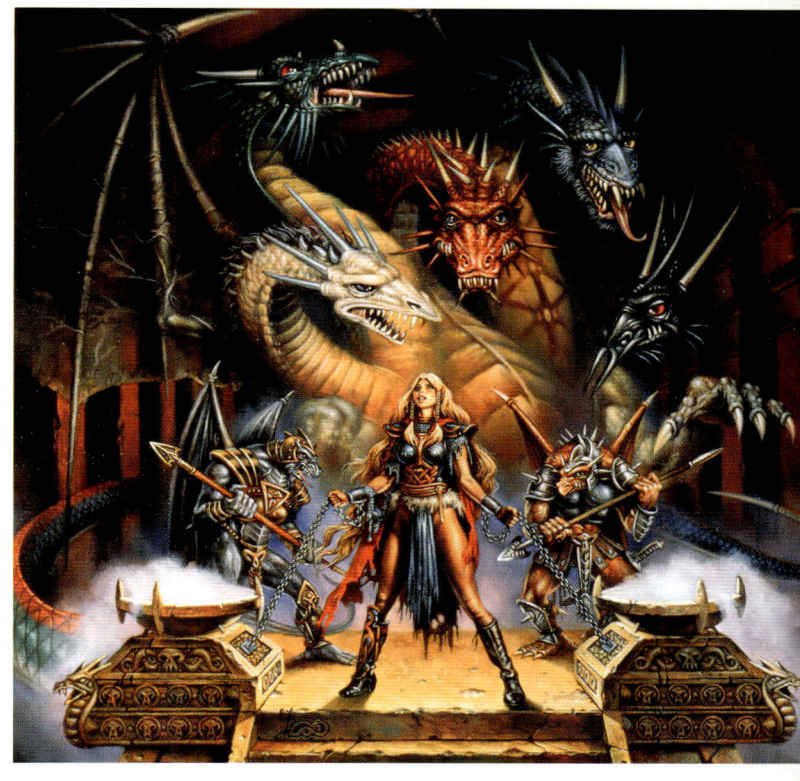

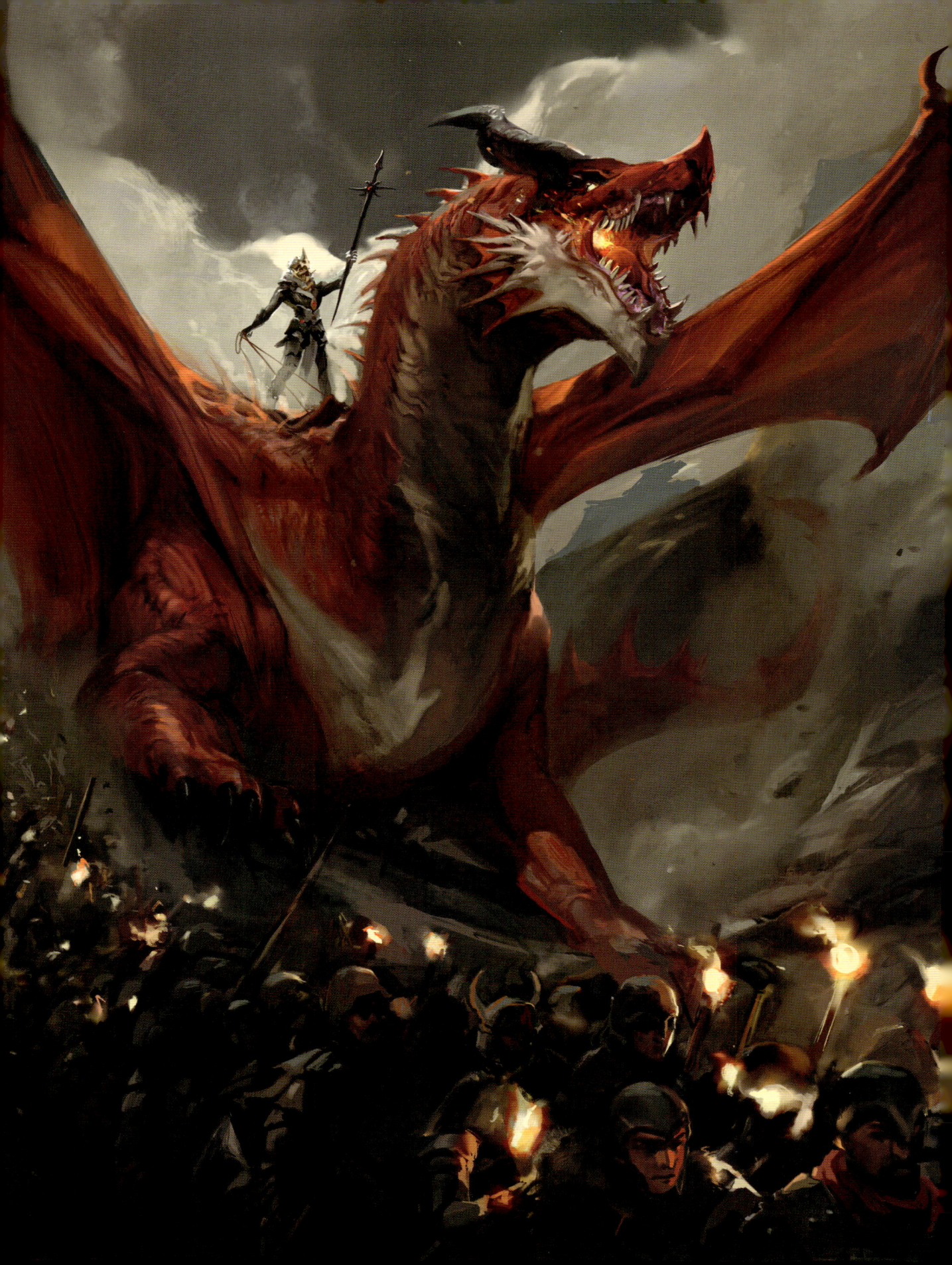

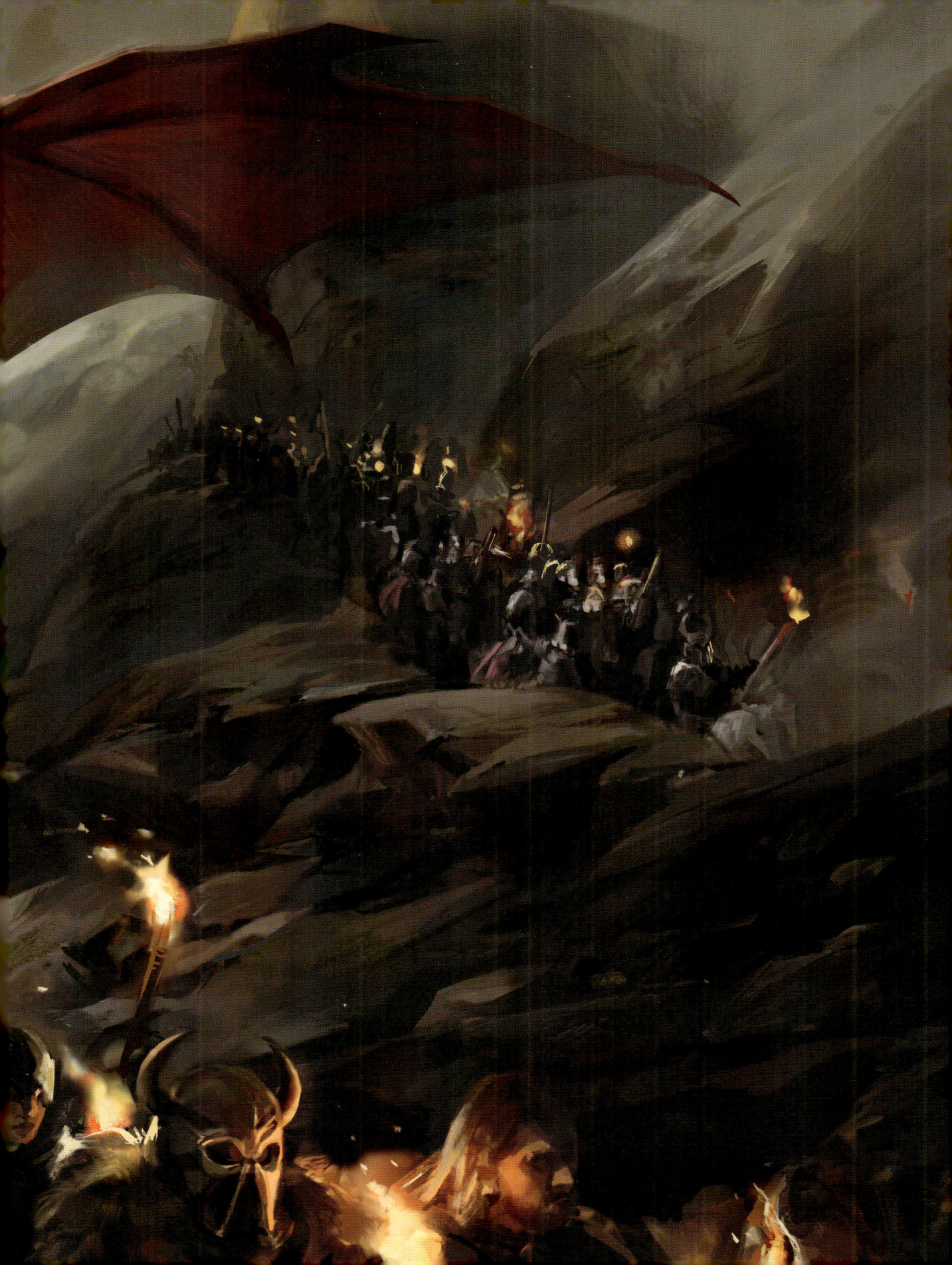

LOS DRACONIANOS

La Reina Dragón ha amasado sus formidables tropas casi en su totalidad gracias a la labor de su siniestro general, Duulket Ariakas. En nombre de Takhisis, Duulket ha reunido cinco ejércitos malignos, encabezados por los Señores de los Dragones, que ahora tienen intención de atacar y subyugar las naciones y ciudades de Ansalon. Sin embargo, también hay pruebas de que la Reina Dragón cuenta con una fuerza mucho más perniciosa bajo su mandato. Por lo que parece, se ha propuesto utilizar su monstruosa magia para crear tropas de choque conformadas por unas horribles criaturas conocidas como los draconianos, retorcidos híbridos humanoides de dragón metálico.

Unos exploradores de Qualinesti me contaron que avistaron a algunos dragones cromáticos de Duulket saqueando y robando huevos de dragón metálico. Al principio, creyeron que los habían cogido para chantajear a los dragones dorados y evitar que tomaran parte en la batalla que se avecina, pero yo creo que Takhisis los ha utilizado para fines mucho más malvados. He visto a uno de esos draconianos con mis propios ojos y apestan a la magia ritual de la Reina Dragón. Aunque se desconoce si se han unido a sus filas por voluntad propia, se rumorea que Takhisis tiene a su servicio a unos cuantos miembros de los Túnicas Negras de Nuitari, una de las tres órdenes de los Magos de la Alta Hechicería. La reina ha debido de enseñarles a esos magos algún pérfido hechizo para conseguir que los huevos de dragón metálico engendren decenas de esas monstruosidades tan retorcidas. Los draconianos son el ejemplo perfecto para comprender la mente de Takhisis, pues su mera existencia es como una puñalada en el corazón para cada dragón metálico del multiverso, sobre todo para Paladine. Resulta imposible enfrentarse a un draconiano sin pensar en lo irónico de una criatura con el rostro de un dragón dorado, pero la mirada cargada de odio de su despiadada ama.

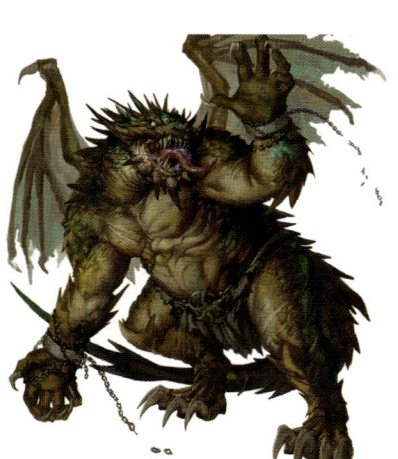
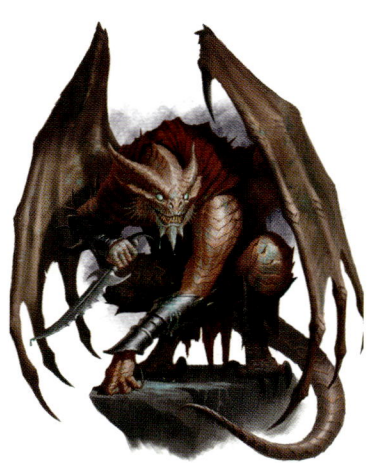
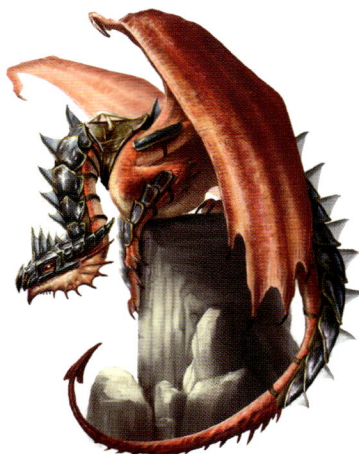

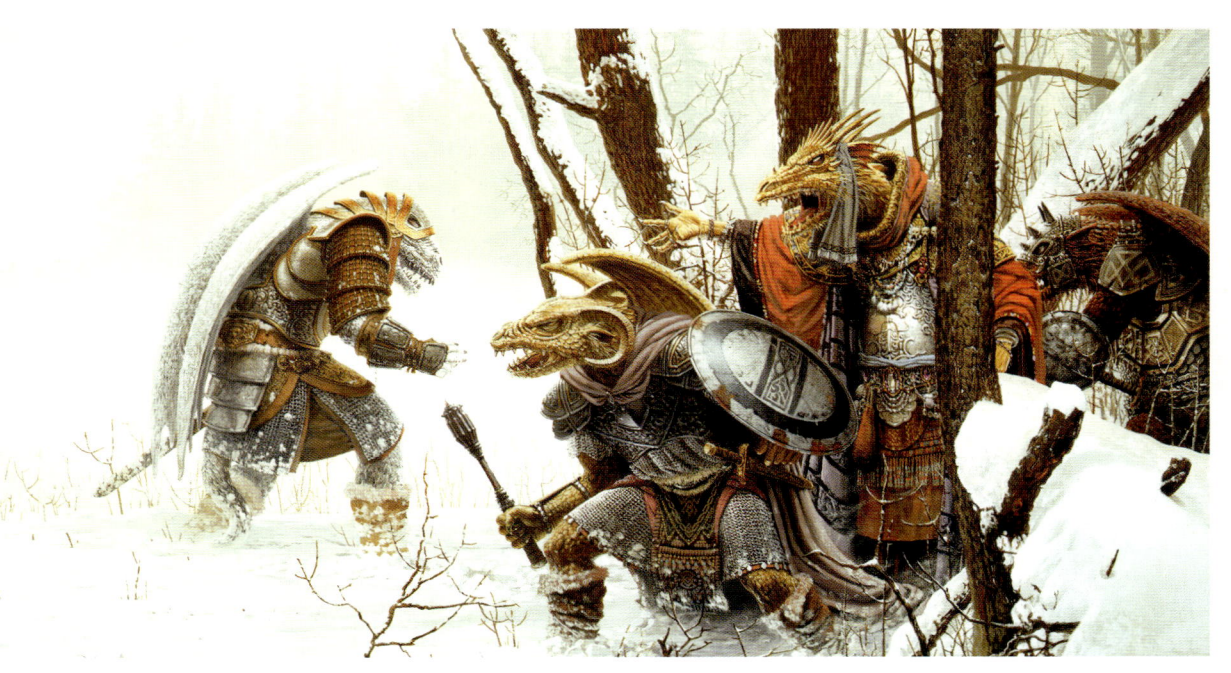

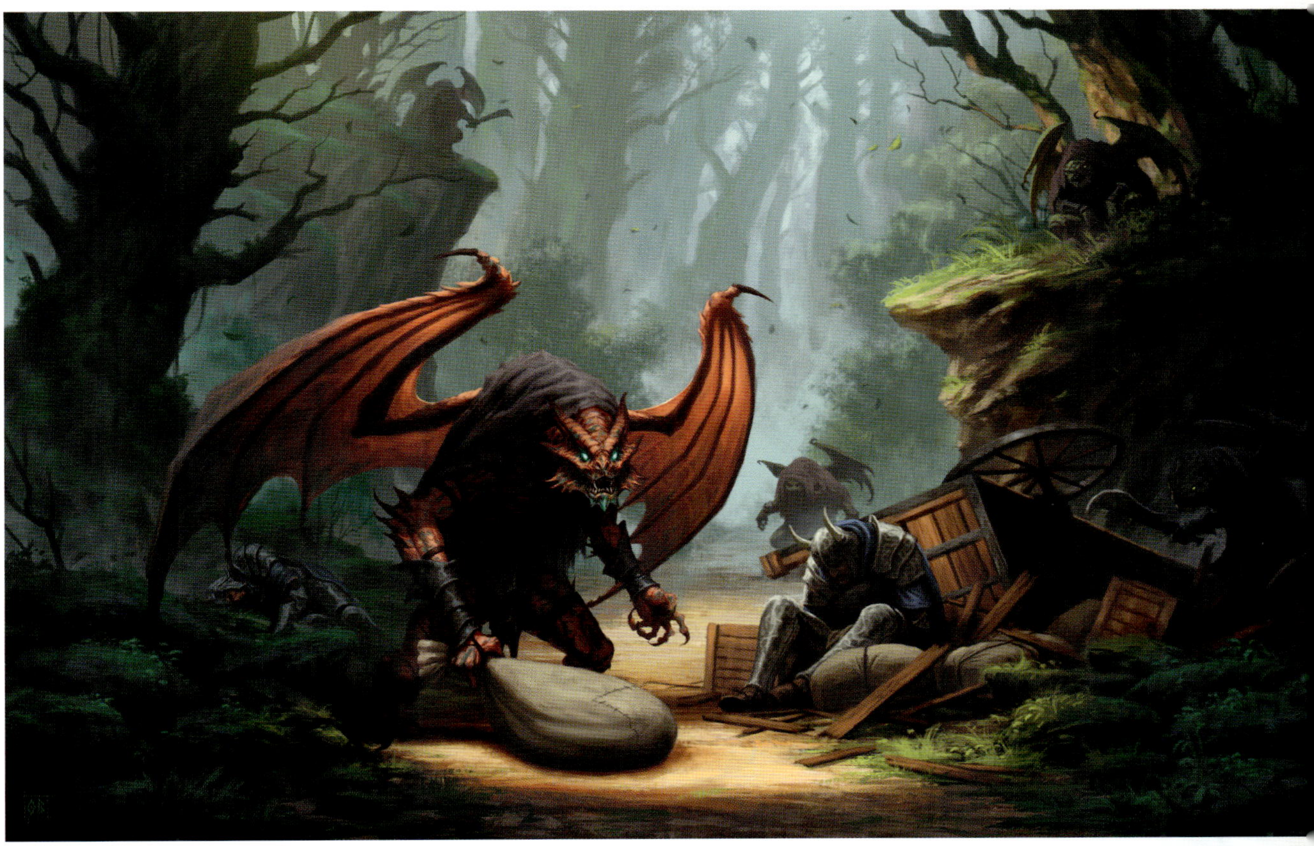

DRAGONLANCE

EL PRELUDIO DE LA GUERRA

En la actualidad, los héroes y salvadores de Krynn están obligados a enfrentarse a una terrible realidad. Los legendarios dragones del mal están regresando para calcinar sus pueblos y destruir sus ciudades. Y, con cada incidente cometido a manos de los Señores de los Dragones y los ejércitos de Takhisis, las gentes de Krynn empiezan a darse cuenta de que los milenarios mitos que ellos conocen resultan ser verdad. Los estudiosos, clérigos e historiadores de Ansalon se están atrincherando en las bibliotecas para informarse sobre las crónicas de Huma y las legendarias lanzas de dragón. Sin embargo, los Caballeros de Solamnia, a los que de tanta gloria cubrió Huma con su hazaña, han empañado su propia reputación al establecer una estrecha relación con el corrupto Príncipe de los Sacerdotes de Istar y no ser capaces ni de impedir el Cataclismo ni de proteger a la población. Por eso, ahora los ciudadanos de Ansalon desconfían de ellos y desprecian su labor. No me cabe duda de que Takhisis está al tanto de ello y disfruta sobremanera aprovechándose de su flaqueza.

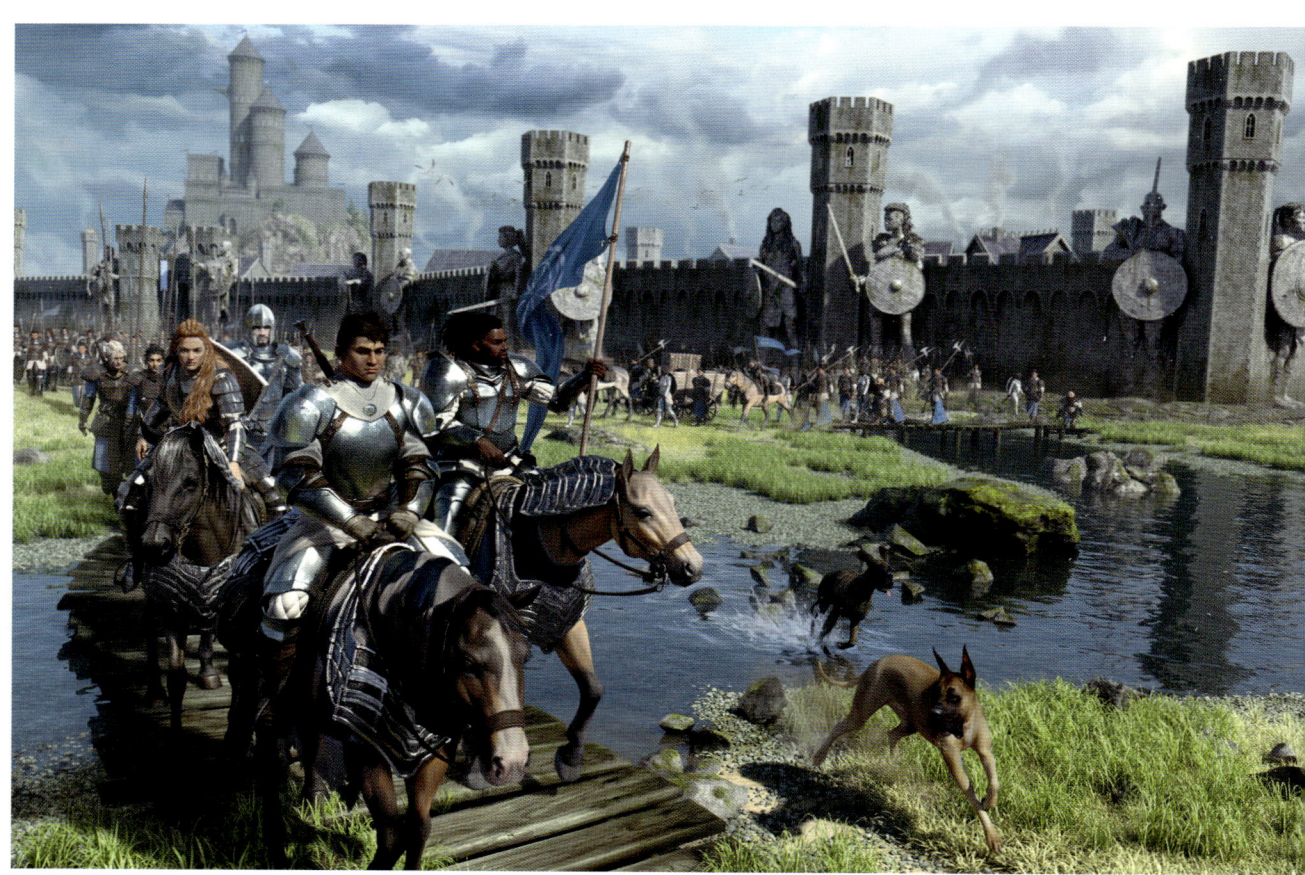

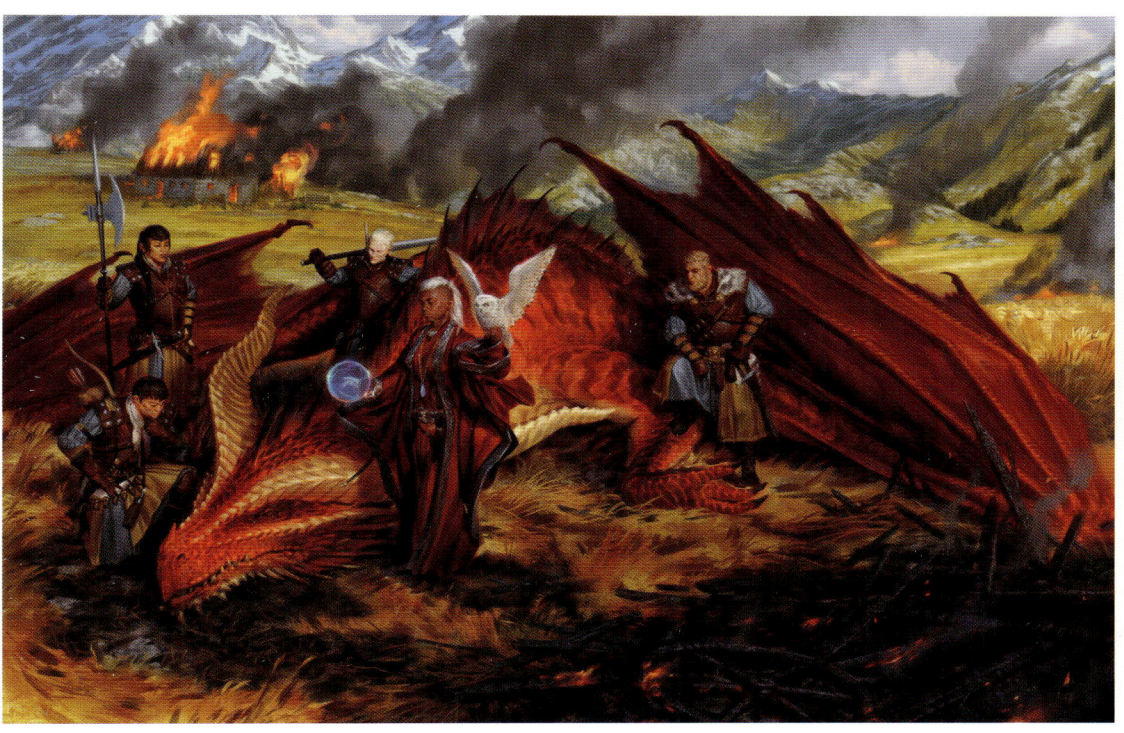

UNA DIOSA, NUMEROSOS MITOS

Entre las muchas fuerzas que conspiran contra Krynn, no hay una amenaza mayor que Takhisis. Incluso estando encerrada en su guarida abisal, ejerce una influencia tan poderosa como para transformar el territorio y a sus gentes y así someterlos a su espeluznante plan. El mismo con el que pretende instaurar una malvada utopía para los dragones. No obstante, cuantos más detalles descubro acerca de la Reina Dragón, más se confirma una de mis sospechas. Es una visión que solo se consigue desde la perspectiva de quien ha recorrido el multiverso y ha visitado tantos mundos como yo, pero es posible que Takhisis y Tiamat sean la misma entidad. Si no, es evidente que alguna de las dos está imitando a la otra en una malévola muestra de admiración.

En Greyhawk, quienes cazaban dragones y criaturas diabólicas apenas se atrevían a pronunciar el nombre de Tiamat. Era prácticamente una blasfemia. Antes siquiera de que fuera consciente de la existencia de otros mundos o de la totalidad del multiverso, crecí pensando que Tiamat era un terror legendario endémico de Oerth, que la amenaza de Tiamat era un mito lejano y aleccionador más que una inminente catástrofe. Cuando comencé mis andanzas por el multiverso, descubrí que la misma leyenda que me contaron en Greyhawk también existía en otros mundos. En algunos de ellos, como en Faerûn, la deidad era una criatura muy real, una amenaza inmediata con un séquito de sacerdotes y fervientes devotos que ansiaban liberar a su diosa dragón de su prisión.

Aquel detalle me había fascinado. ¿Acaso era Tiamat una malévola gema cuyas caras proyectaban su presencia en diferentes planos de la realidad? Sin embargo, lo que más me había intrigado fue llegar a Krynn y oír hablar de Takhisis, otra diosa dragón de cinco cabezas que con frecuencia adoptaba la forma de una imponente reina. ¿Era Takhisis una reencarnación o una réplica de Tiamat? ¿Podía ser ella la original? ¿Quién se creó primero? Ya sea Takhisis o Tiamat la deidad original, puedo afirmar con seguridad que la influencia de la amenaza pentacéfala ha llegado a diferentes mundos y, en todos los casos, ha causado conflictos, muertes y sufrimiento. A sabiendas de que Takhisis, según las gentes de Krynn, está atrapada en el Abismo y Tiamat, como yo mismo he comprobado, permanece encerrada en los Nueve Infiernos, me surge una pregunta: ¿habrá otras versiones con distintos nombres manifestándose en otros mundos e intentando convencer a sus fieles de que los liberen? En caso de ser así, la probabilidad de que el ser originario del que beben Takhisis o Tiamat escape de la prisión en la que esté apresado aumentaría exponencialmente.

Si bien suelo encontrar hilos convergentes en el tejido del multiverso, este es uno de los misterios más fascinantes a los que me he enfrentado en mucho tiempo.

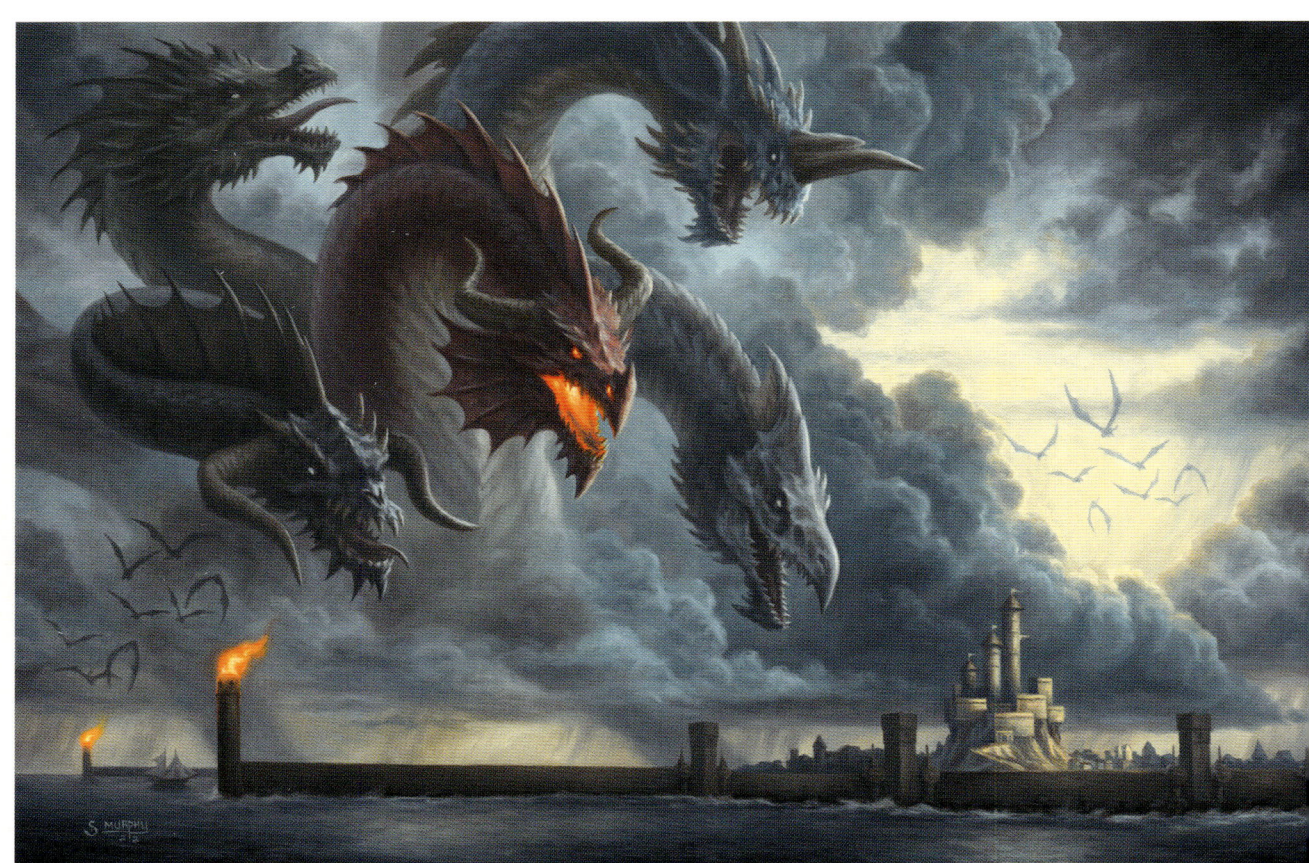

MUNDOS Y REINOS

LORD SOTH

Los eruditos y aventureros de Krynn también hablan de Lord Soth, quien antaño fue un Caballero de Solamnia y un ejemplo a seguir por su rectitud y valor. He de decir que yo siempre temo por las estrellas de la perfección como él, pues, en cuanto ascienden al firmamento de las leyendas, se convierten en un faro de luz que atrae a las criaturas de los reinos infernales y las anima a hacer todo lo posible por derribarlos del alto trono de las alabanzas y así reclamar su resplandeciente alma. No hay nada que los demonios disfruten más que corromper a un unicornio.

Desconozco cómo Lord Soth acabó corrompiéndose. Algunos dicen que fue por amor. Otros, que los dioses lo maldijeron. Sin embargo, la gran mayoría asegura que el mal lo sedujo, lo cual es una excusa que yo siempre he encontrado de lo más absurda. Nadie duda de que la magia de una dríada o el canto de una sirena puede embaucar a los más débiles, pero ¿de verdad es capaz el mal de seducir a alguien? ¿Es que acaso no sabemos diferenciar de manera innata lo que está bien de lo que está mal? ¿Con tanta facilidad nos dejamos manipular y confundir? ¿O tal vez sea verdad que, pese a que sabemos reconocer el mal, hacemos caso omiso a nuestro juicio, a nuestra intuición y a nuestra percepción con tal de alcanzar aquello que alimenta nuestro propio ego y nos concede una gratificación primaria? Es posible que no nos tomemos el tiempo necesario para pensar, para razonar, y que el miedo o el deseo nos lleven a actuar a ciegas.

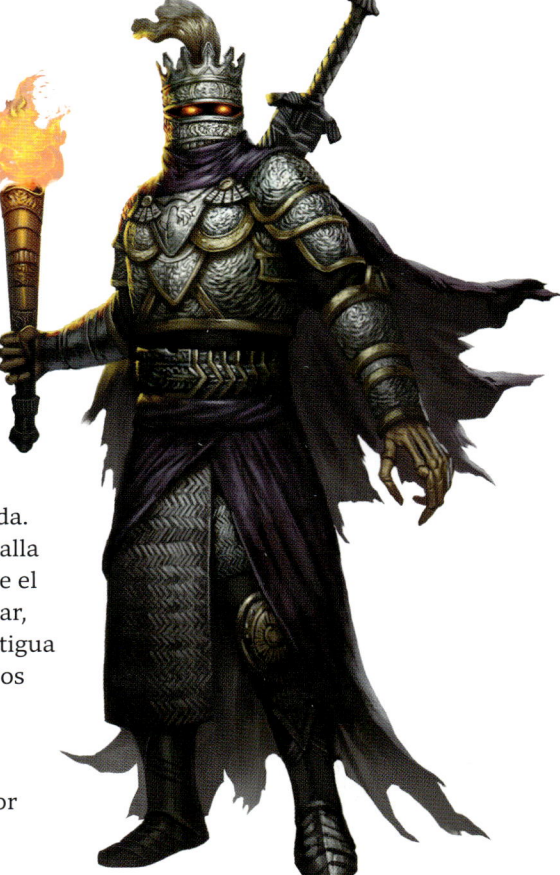

Fueran cuales fuesen sus razones, Lord Soth cayó en desgracia como un llameante meteoro de corrupción, una estrella fugaz que se estrelló contra la superficie y se consumió hasta convertirse en una masa rabiosa de odio.

Aunque parece que lo que liga a Lord Soth a Takhisis es su afición por hacer el mal y sembrar el caos y no una lealtad para con su causa, sigue siendo uno de los secuaces más temidos por quienes se atreven a oponerse a los designios de la Reina Dragón. Su poder y su reputación son tales, que solo mencionar su nombre es como atravesar el corazón de cualquier tropa con una flecha envenenada. Desde luego, derribar a Lord Soth en el campo de batalla supondría un duro golpe para Takhisis. Además, corre el rumor de que la debilidad de Soth es Kitiara Uth Matar, comandante del Ejército de los Dragones Azules y antigua Caballera de Solamnia. De no encontrarnos en tiempos tan difíciles, no les habría dado importancia a tales habladurías, pero, en situaciones extremas, muchos caballeros errantes, incluso los no muertos, se han dejado llevar tanto por el deseo de venganza como por la agonía de los amores truncados.

DRAGONLANCE

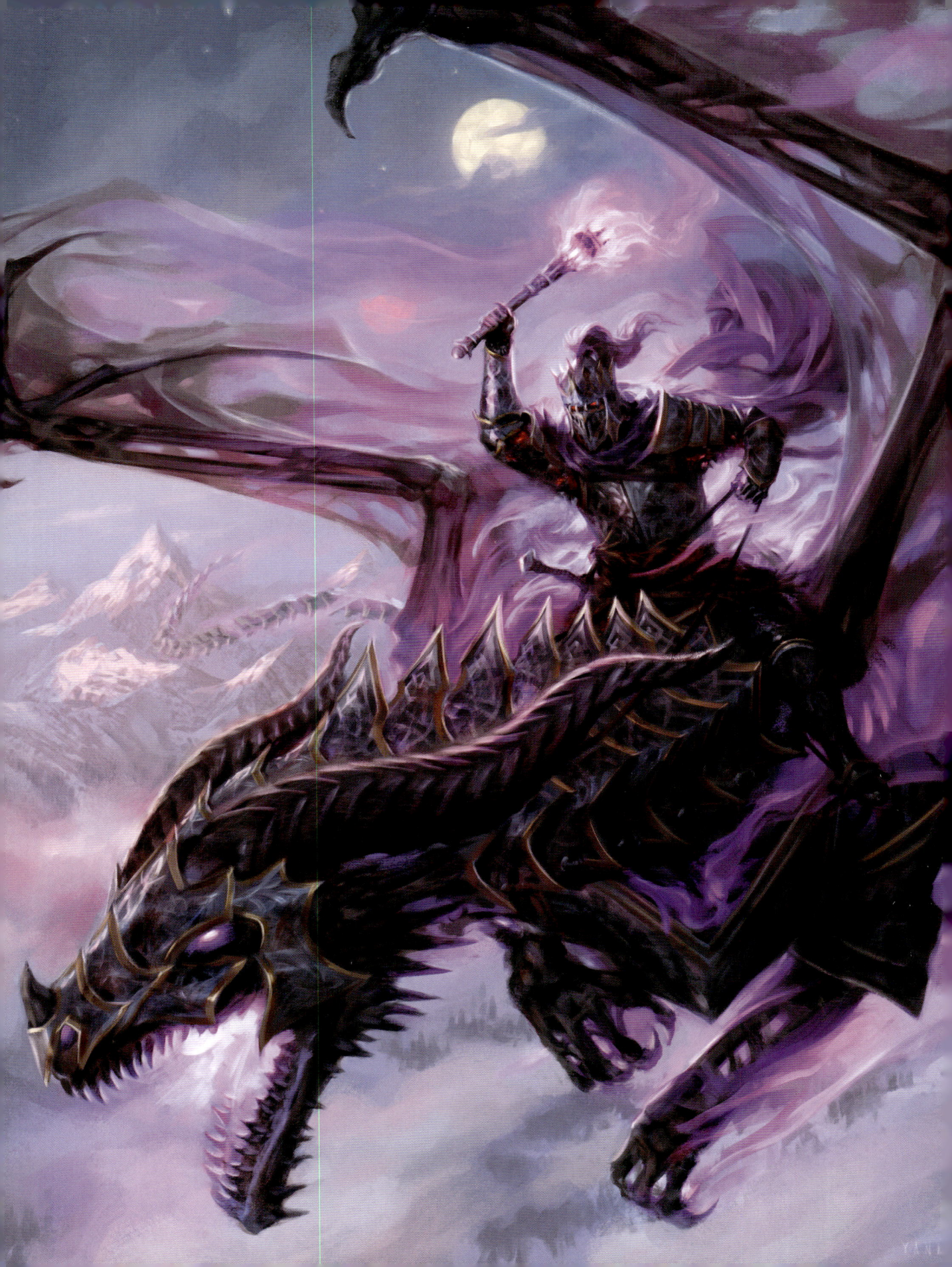

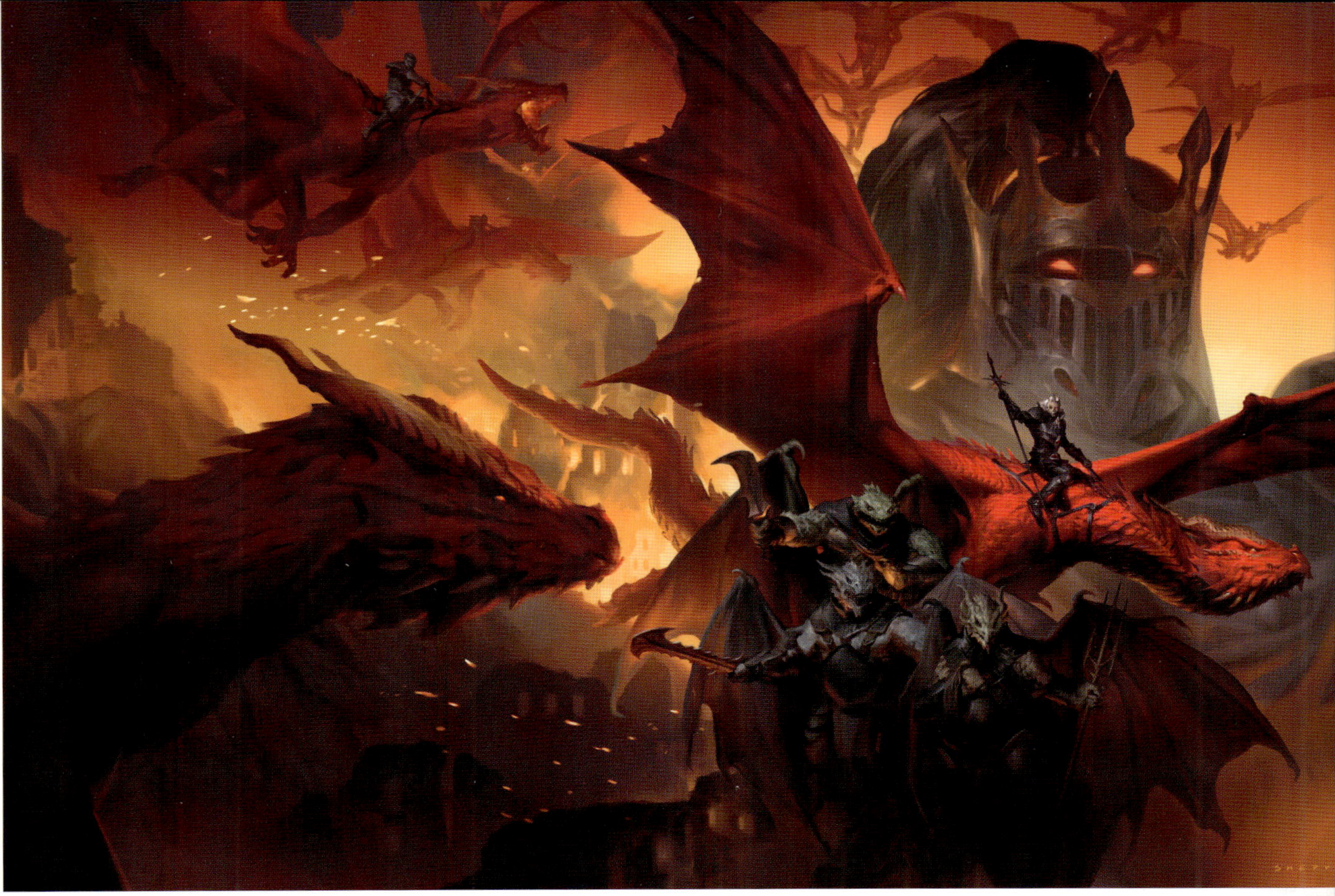

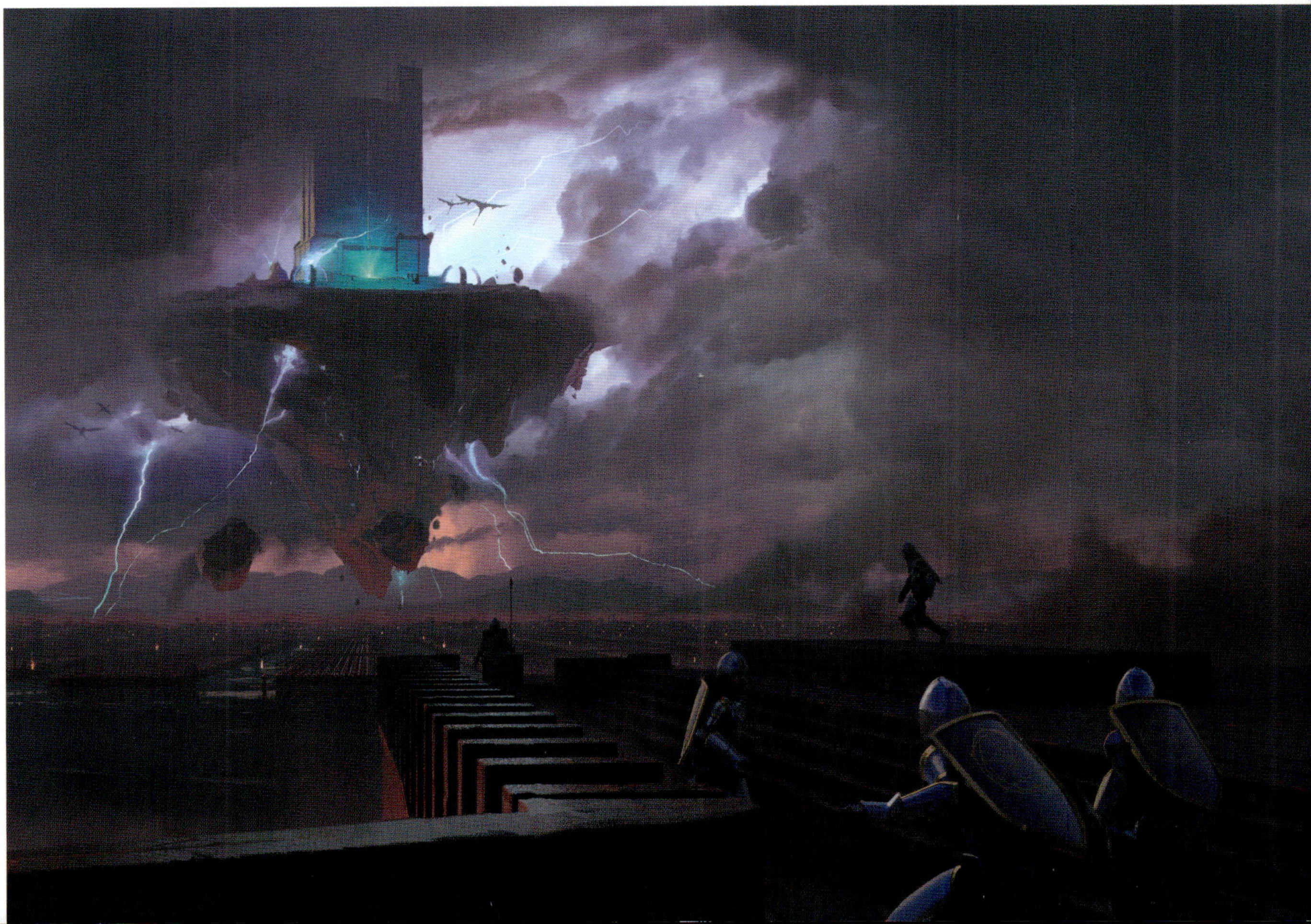

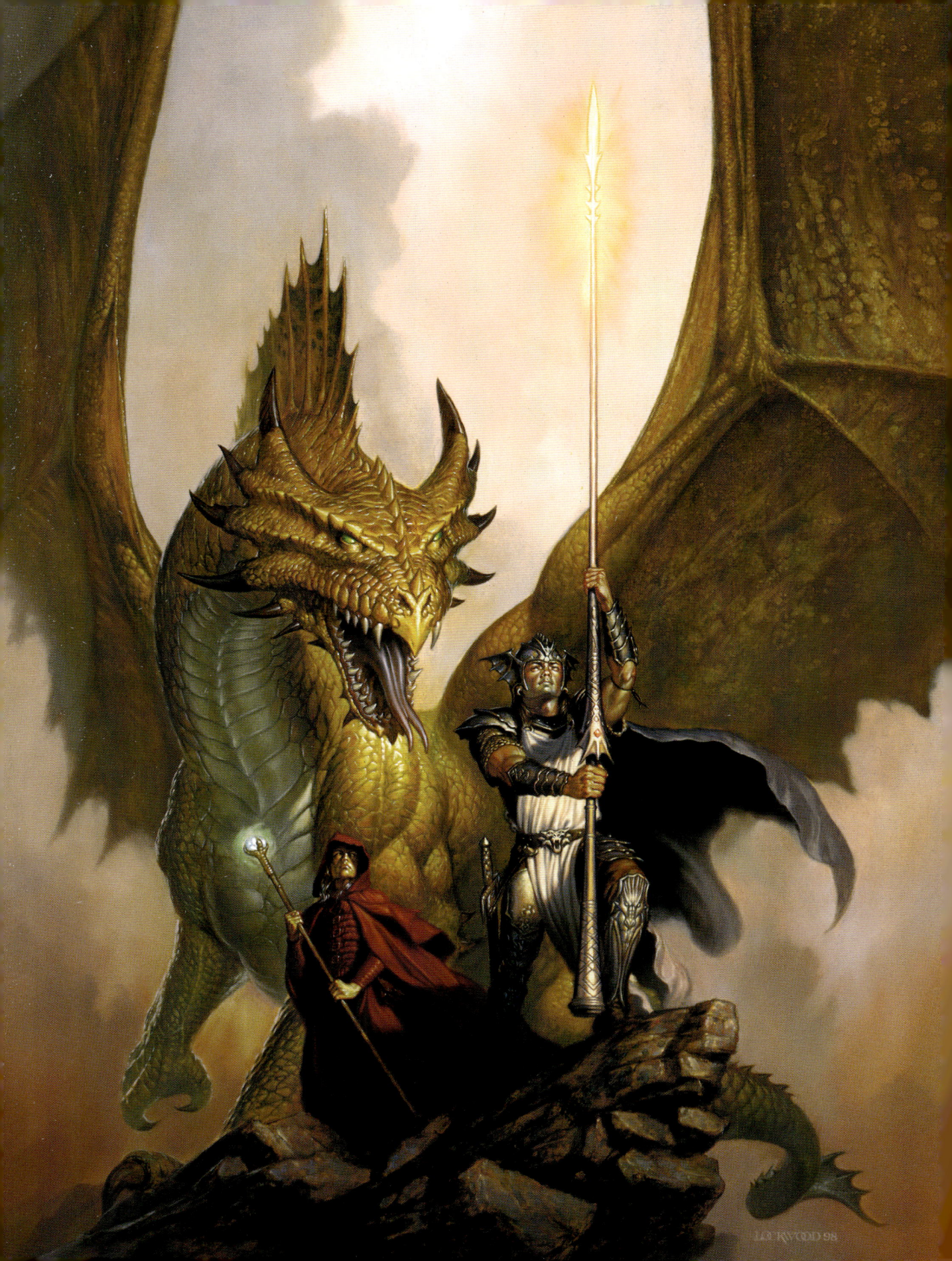

LAS LANZAS DE DRAGÓN

Todos los aventureros en Krynn deberían buscar información sobre las lanzas de dragón, dónde se encuentran, y tal vez cómo fabricar lanzas nuevas por si las pierden en algún escondrijo olvidado o quedan enterradas bajo algún templo desconocido. Me imagino que, como Istar fue una vez el centro cultural de todo Krynn, se perdió una gran cantidad de historias y conocimientos, incluida la localización de las lanzas de dragón. Si yo fuera un mago aficionado a participar en juegos de azar, supondría que algún clérigo, al ver que el Príncipe de los Sacerdotes se acercaba con rapidez a un enfrentamiento con una multitud de dioses furiosos, se había llevado de las bibliotecas algunos de los libros de conocimiento más importantes y los había escondido muy lejos de la nación condenada de Istar. Tiene que haber algún rumor de dónde están escondidas estas armas legendarias.

Tal vez alguien también podría encontrar los secretos para forjarlas. He oído conversaciones entre mis amigos enanos de aquí sobre un artefacto mágico, un brazo hecho de plata que puede forjar lanzas de dragón a partir de un metal especial que extraían los enanos de antaño. Pero uno no puede acercarse como si tal cosa hasta el fuerte de los enanos y pedir que le forjen un arma así, pues todavía es necesario recuperar gran parte de la confianza de los enanos. El grupo apropiado de aventureros será capaz de reavivar la confianza con los distintos clanes, ciudades y tribus, debido a la grave situación común en todos los que llaman hogar a Krynn. La opresión bajo el yugo de la tiranía dracónica debería ser razón suficiente para que los pueblos de Ansalon se unan y se enfrenten a las fuerzas del mal.

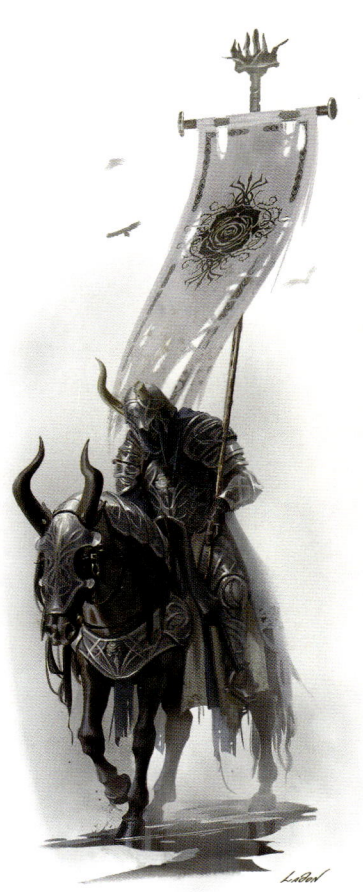

EL EQUILIBRIO

Entonces ¿cómo se va a restaurar aquí el Equilibrio?

Cuando pienso en el caos que se ha desatado en Krynn, no puedo evitar culpar a los dioses por su absoluto fracaso como protectores de este mundo. Al ser un erudito del multiverso y el Equilibrio, siempre veo la posibilidad de una perspectiva más amplia, tal como los clérigos de Paladine están tan impacientes por recordarnos, pero yo soy humano, y bajo mi punto de vista, toda esta farsa me parece un inmenso fracaso de las fuerzas del bien y un triunfo en potencia para el mal. Sin embargo, a pesar de mis emociones humanas, he de aceptar la idea de que yo solo puedo ver unas cuantas piezas de este rompecabezas cósmico increíblemente complejo, y de que, aunque el presente parezca lúgubre, el futuro todavía está por escribir. El Equilibrio es una fuerza indiferente que no distingue

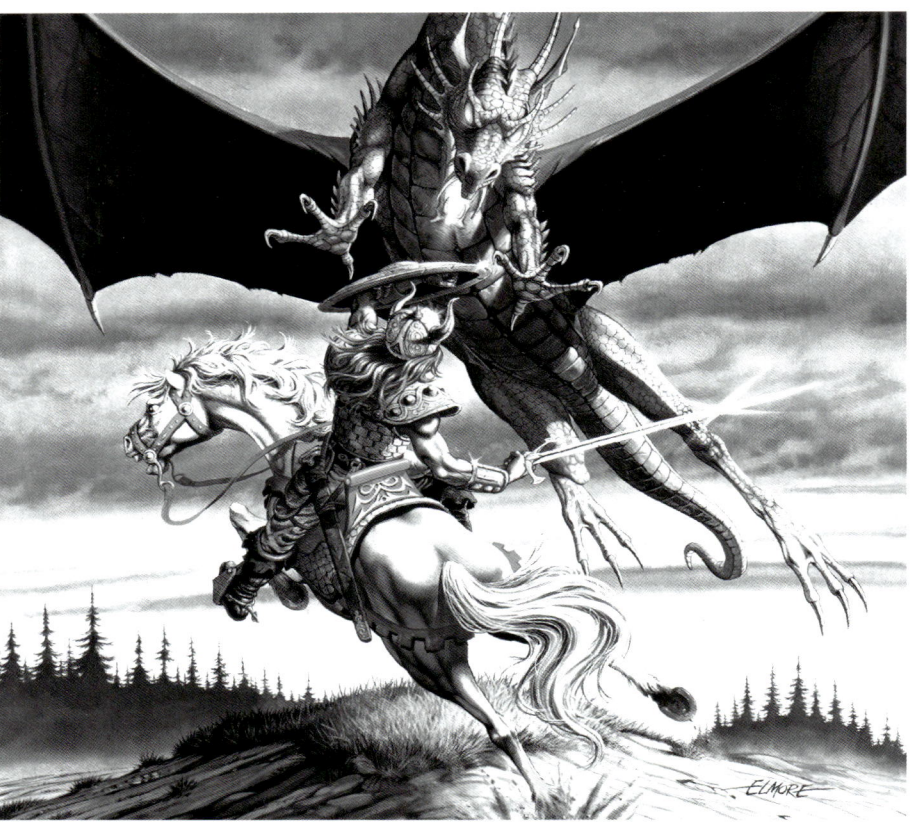

entre el bien y el mal, ni entre la Ley y el Caos. Tiene en cuenta la totalidad de la creación como un todo unificado, mientras que los dioses y sus seguidores mortales luchan por su bando de la ecuación en particular —la Ley y el Caos, el bien y el mal— y tratan de poner el Equilibrio de su parte.

Ellos son los que más afectan a la balanza e inclinan el multiverso hacia un lado u otro, y el Equilibrio lo permite, pero tanto los dioses como los mortales pueden verse cegados por la codicia y el miedo. Cuando eso ocurre, pueden inclinar el Equilibrio a su favor hasta tal punto que se crea una repugnante desigualdad, lo que produce un síndrome en el que el mal, el caos o la tiranía se imponen sobre todo.

Pero si yo puedo ver el disparate de tales actos que provocan desequilibrio, entonces no hay duda de que los dioses también pueden verlo. En ese caso, ¿cómo puede ocurrir algo como el Cataclismo? Tal vez están cegados por su naturaleza, dominados por algo dentro de ellos que se antepone a la lógica y la razón. Tal vez los propios dioses carecen de libre albedrío.

¿Es que no podían ver las consecuencias que son tan evidentes para mi mente mortal? ¿No es obvio para ellos que el mal prolifera en el conflicto, el miedo, la inestabilidad y la división? Yo no soy capaz de crear mundos ni de inventar seres vivos nuevos como lo hacen ellos, y aun así trato a mi fiel sabueso Orbus con más cariño, bondad y cuidado de lo que el noble Paladine y el poderoso Kiri-Jolith trataron jamás a su amado Krynn.

¿Quién entre los dioses destruyó Istar como castigo? ¿Algunos se resistieron? ¿Hubo una pelea entre los dioses, o acaso todos ellos creían que el Cataclismo era de algún modo una buena idea?

Menuda locura.

Al menos, Acererak no desata su Tumba de los Horrores en una ciudad incauta, y me imagino que el señor liche pensaría que partir un continente entero casi en dos con una montaña de fuego parecería vulgar, carente de deportividad y nada divertido.

Huelga decir que no puedo condenar lo suficiente esta acción extrema que afectó a las vidas de un continente entero, y todo para castigar la arrogancia de un hombre vanidoso y sediento de poder y de sus ingenuos seguidores. Esto provocó un inmenso caos, a cuya envergadura la propia Takhisis solo puede aspirar.

Fueran cuales fueran sus razones, solo queda la cruda realidad: los dioses provocaron el Cataclismo y después abandonaron el mundo y a su gente. En mi opinión, la sangre de Krynn está en sus manos.

Cuando las acciones son tan inexplicables, he de admitir que la luz de mi conocimiento solo puede iluminar lo desconocido hasta cierto punto antes de parpadear y morir ante la impenetrable oscuridad de lo incognoscible.

Jamás conoceré la voluntad del multiverso, o si la tiene siquiera.

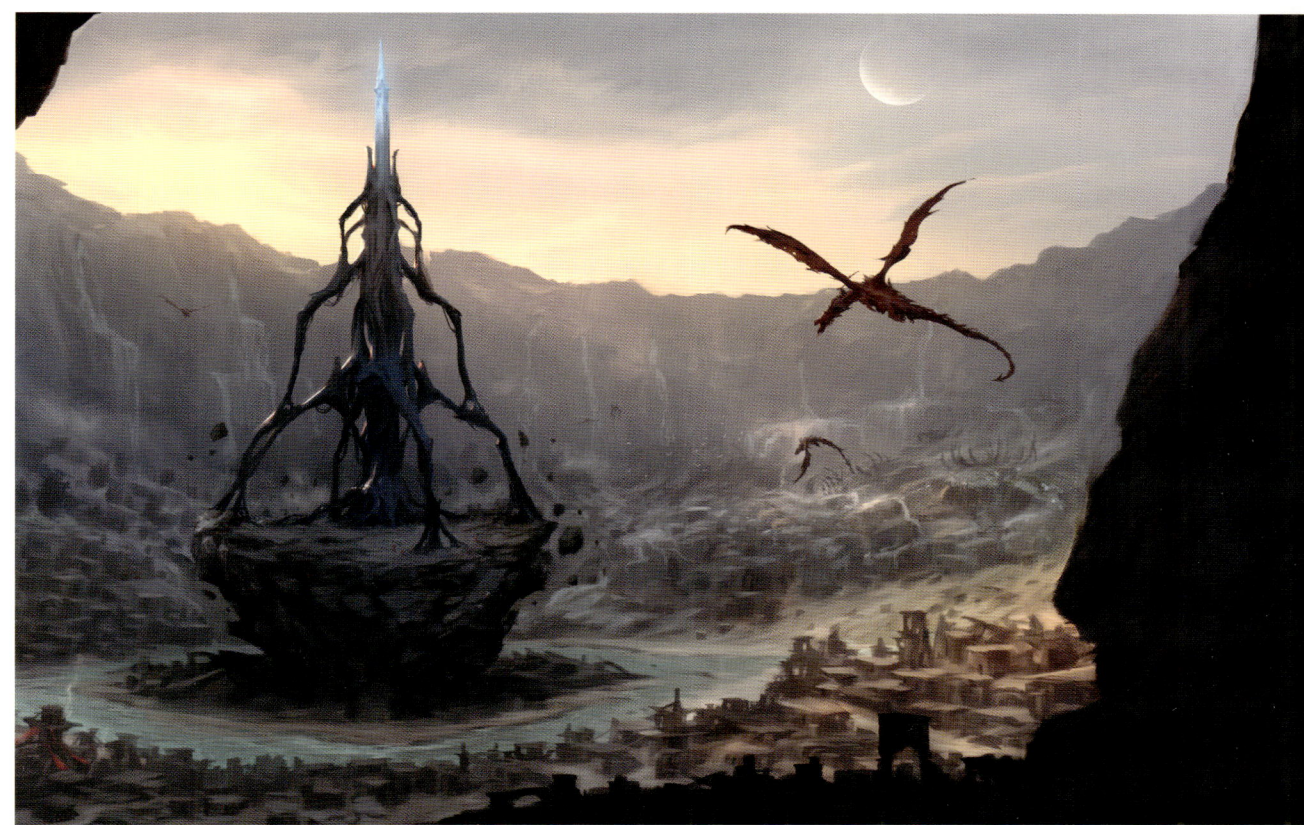

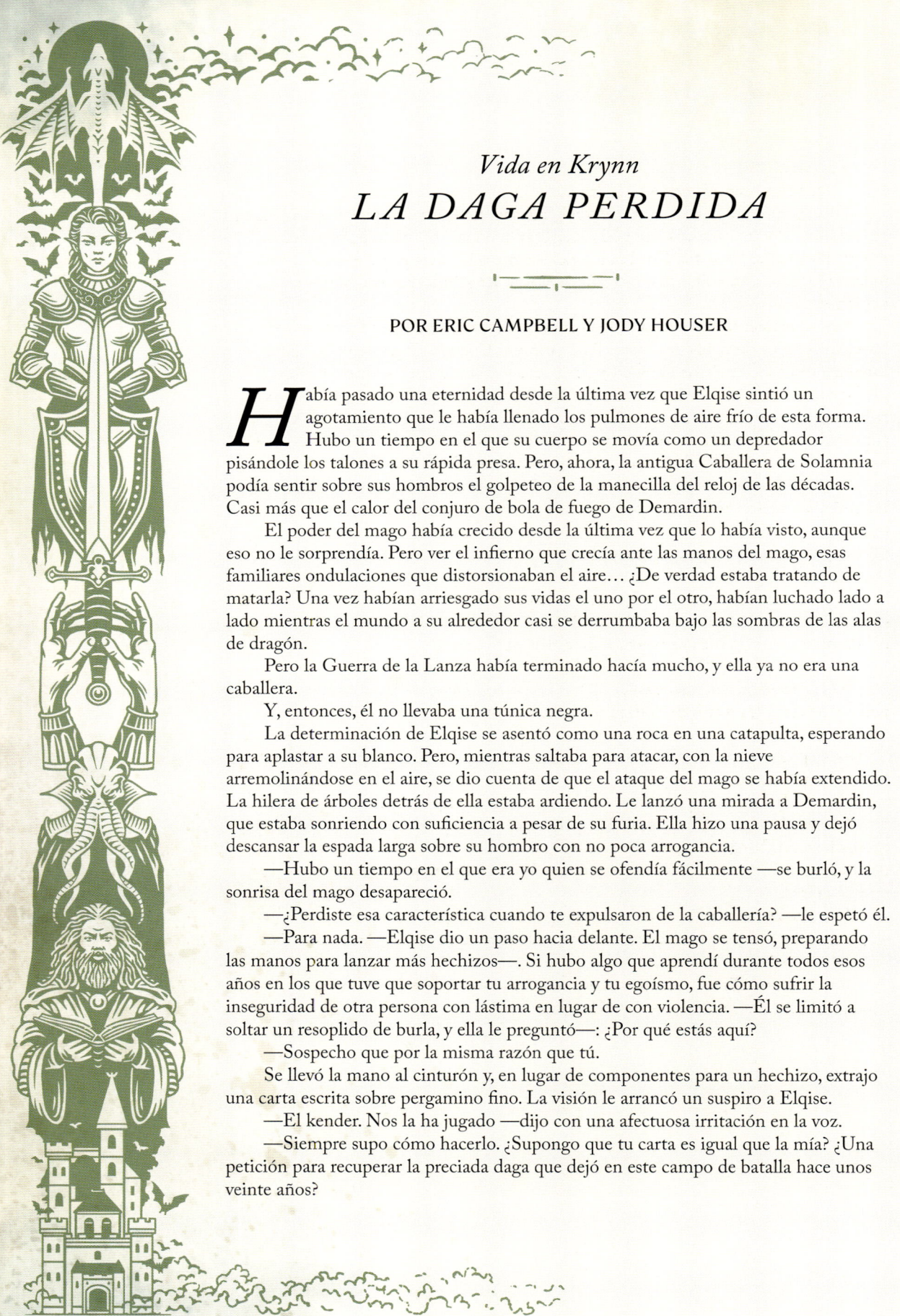

Vida en Krynn
LA DAGA PERDIDA

POR ERIC CAMPBELL Y JODY HOUSER

Había pasado una eternidad desde la última vez que Elqise sintió un agotamiento que le había llenado los pulmones de aire frío de esta forma. Hubo un tiempo en el que su cuerpo se movía como un depredador pisándole los talones a su rápida presa. Pero, ahora, la antigua Caballera de Solamnia podía sentir sobre sus hombros el golpeteo de la manecilla del reloj de las décadas. Casi más que el calor del conjuro de bola de fuego de Demardin.

El poder del mago había crecido desde la última vez que lo había visto, aunque eso no le sorprendía. Pero ver el infierno que crecía ante las manos del mago, esas familiares ondulaciones que distorsionaban el aire… ¿De verdad estaba tratando de matarla? Una vez habían arriesgado sus vidas el uno por el otro, habían luchado lado a lado mientras el mundo a su alrededor casi se derrumbaba bajo las sombras de las alas de dragón.

Pero la Guerra de la Lanza había terminado hacía mucho, y ella ya no era una caballera.

Y, entonces, él no llevaba una túnica negra.

La determinación de Elqise se asentó como una roca en una catapulta, esperando para aplastar a su blanco. Pero, mientras saltaba para atacar, con la nieve arremolinándose en el aire, se dio cuenta de que el ataque del mago se había extendido. La hilera de árboles detrás de ella estaba ardiendo. Le lanzó una mirada a Demardin, que estaba sonriendo con suficiencia a pesar de su furia. Ella hizo una pausa y dejó descansar la espada larga sobre su hombro con no poca arrogancia.

—Hubo un tiempo en el que era yo quien se ofendía fácilmente —se burló, y la sonrisa del mago desapareció.

—¿Perdiste esa característica cuando te expulsaron de la caballería? —le espetó él.

—Para nada. —Elqise dio un paso hacia delante. El mago se tensó, preparando las manos para lanzar más hechizos—. Si hubo algo que aprendí durante todos esos años en los que tuve que soportar tu arrogancia y tu egoísmo, fue cómo sufrir la inseguridad de otra persona con lástima en lugar de con violencia. —Él se limitó a soltar un resoplido de burla, y ella le preguntó—: ¿Por qué estás aquí?

—Sospecho que por la misma razón que tú.

Se llevó la mano al cinturón y, en lugar de componentes para un hechizo, extrajo una carta escrita sobre pergamino fino. La visión le arrancó un suspiro a Elqise.

—El kender. Nos la ha jugado —dijo con una afectuosa irritación en la voz.

—Siempre supo cómo hacerlo. ¿Supongo que tu carta es igual que la mía? ¿Una petición para recuperar la preciada daga que dejó en este campo de batalla hace unos veinte años?

Ella asintió.

—Un tesoro con el que irse a la tumba.

Dirigió la mirada hacia la roca extraña que sobresalía a solo unos cuantos metros de distancia. Por un momento, se pudo imaginar el paisaje tal como había estado durante la batalla: los gritos, los choques del acero, los insultos poco oportunos pero innegablemente desternillantes que Calvyn el Kender gritaba por encima de la vorágine…

Los movimientos de Demardin la hicieron volver a la realidad. Estaba avanzando hacia la roca, decidido a llegar hasta ella el primero. Cuando Elqise se movió para interceptarlo, los dos vieron el objetivo: una daga desgastada que se encontraba profundamente alojada en la extraña roca. La daga de Calvyn. Era evidente que la roca había sido una vez la pierna de un draconiano baaz. ¿Cómo es que no se había convertido en polvo? Ese era un misterio para otro momento. Las manos de ambos aferraron la empuñadura de la daga, y los dos veteranos de la gran Guerra de la Lanza forcejearon como niños con un juguete, sacando a la luz todos los años de frustración. La antigua caballera tenía ventaja en fuerza y ferocidad, y el mago, en tenacidad y convicción.

Al final, el ganador fue el tiempo.

La daga se partió.

Los dos cayeron despatarrados sobre la nieve, y el polvo helado fue una conmoción repentina para ellos. Demardin tenía el pomo de la daga en la mano. Se quedaron mirando la roca mientras al fin se desmoronaba.

—Vaya —musitó Elqise.

Permanecieron tumbados en el suelo, observando cómo el suave viento barría el polvo y revelaba los restos de la daga oxidada. Era perfectamente corriente; valía menos que la chatarra.

—Es gracioso, pero… —comenzó el mago, rompiendo el silencio. Los dos se miraron mutuamente—. No puedo evitar sentir como, si de alguna manera…

—¿Nos la hubiera jugado otra vez? —sugirió ella, y él asintió.

El silencio cayó entre los dos. Que persistiera era su propia clase de idioma, su propia historia. Ninguno de los dos tenía palabras ni las necesitaba. Eran los últimos del antiguo grupo, reunidos de nuevo a causa de un complot que solo ahora les quedaba claro.

Los ojos de Demardin se encontraron con los de Elqise. Por un momento, los viejos enemigos implacables lucharon contra su repentino impulso de reír. Los dos perdieron la pelea.

La última batalla que compartirían los dos en este campo de la memoria ya estaba decidida. Y, ese día, la victoria era de Calvyn.

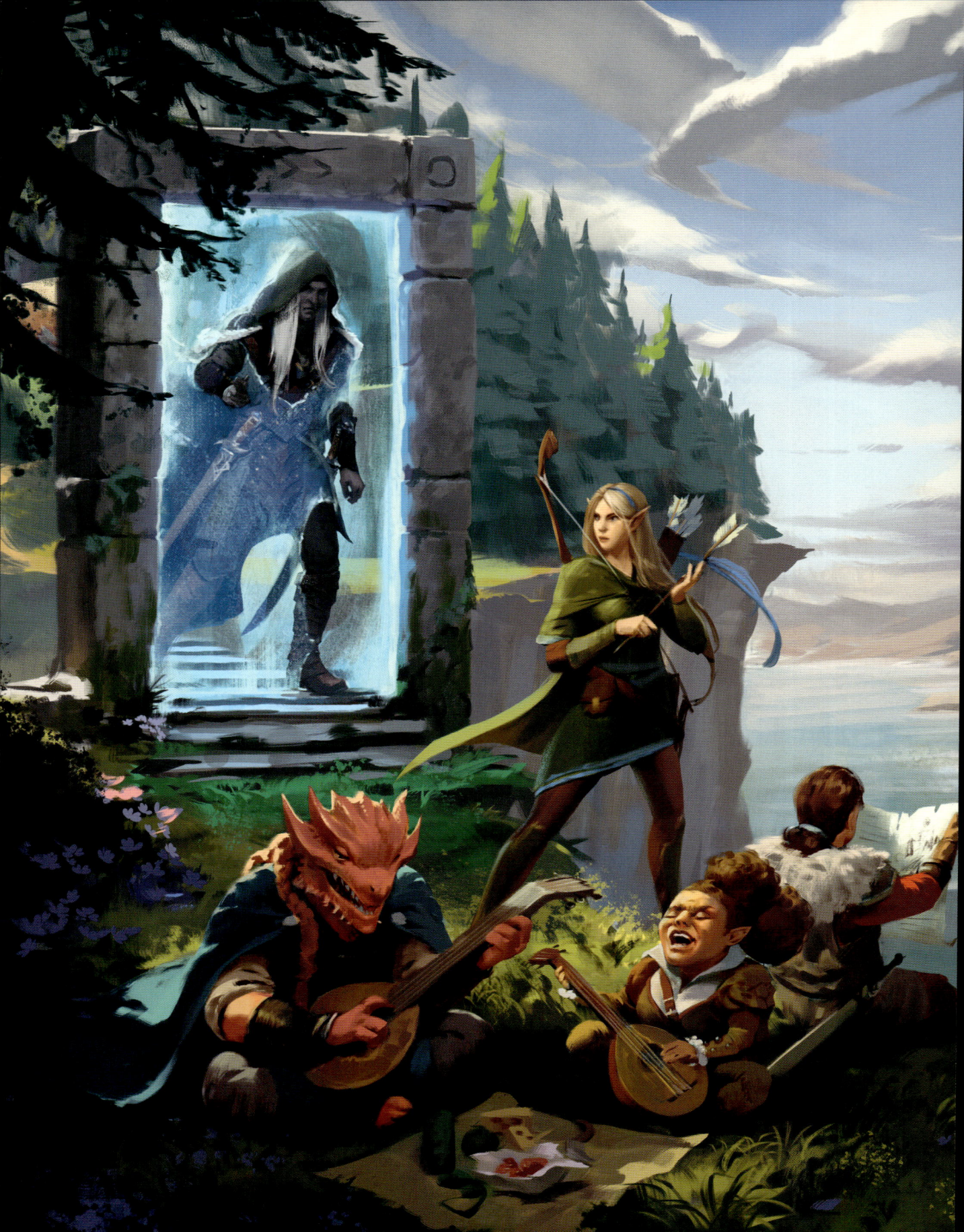

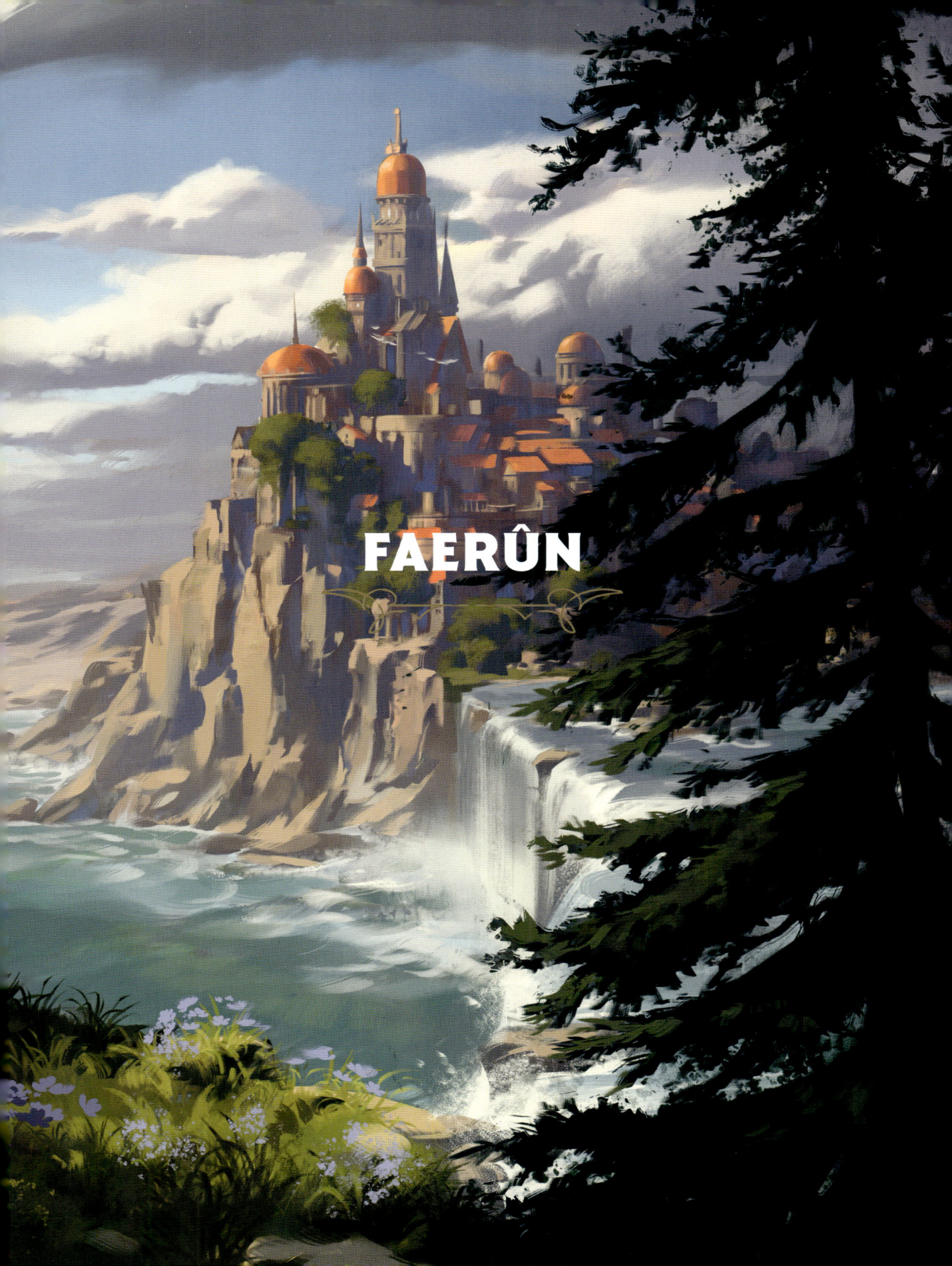
FAERÛN

La historia de Toril está repleta del ascenso y la caída de incontables civilizaciones: imperios humanos, reinos de los gigantes, un dominio tras otro de tiranos dragones, y dinastías élficas que se remontan tan lejos como para llegar al advenimiento de los propios dioses. La tierra está a rebosar de magia, lo que ha dado origen a algunos de los magos más poderosos del multiverso, además de haber engendrado a algunos de sus monstruos más nauseabundos. Toril es el hogar de la Infraoscuridad, un inframundo fantástico y fluorescente formado por una extraña energía conocida como *faerzress*, que atrae hacia ella a las criaturas que gravitan hacia la oscuridad y la magia.

En los últimos tiempos, el continente de Faerûn ha estado en auge; desde la meseta desértica de Thay hasta la tundra azotada por las ventiscas del Valle del Viento Helado, desde las junglas de Chult hasta las áridas runas de Anauroch, Faerûn y especialmente su región más famosa, la Costa de la Espada, ha sido un nexo de actividad mágica y política que ha ocupado una gran parte de mi tiempo y mi energía.

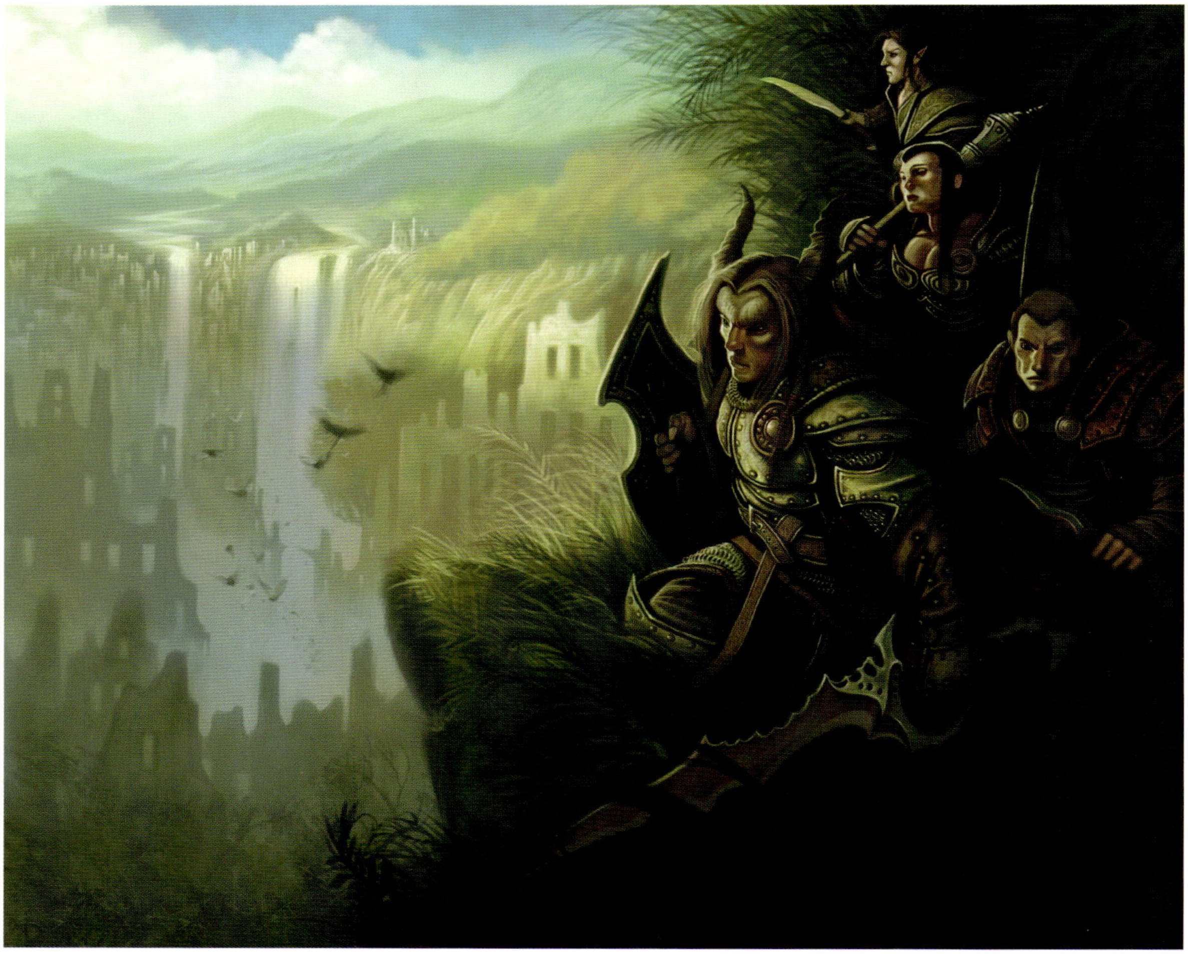

MUNDOS Y REINOS

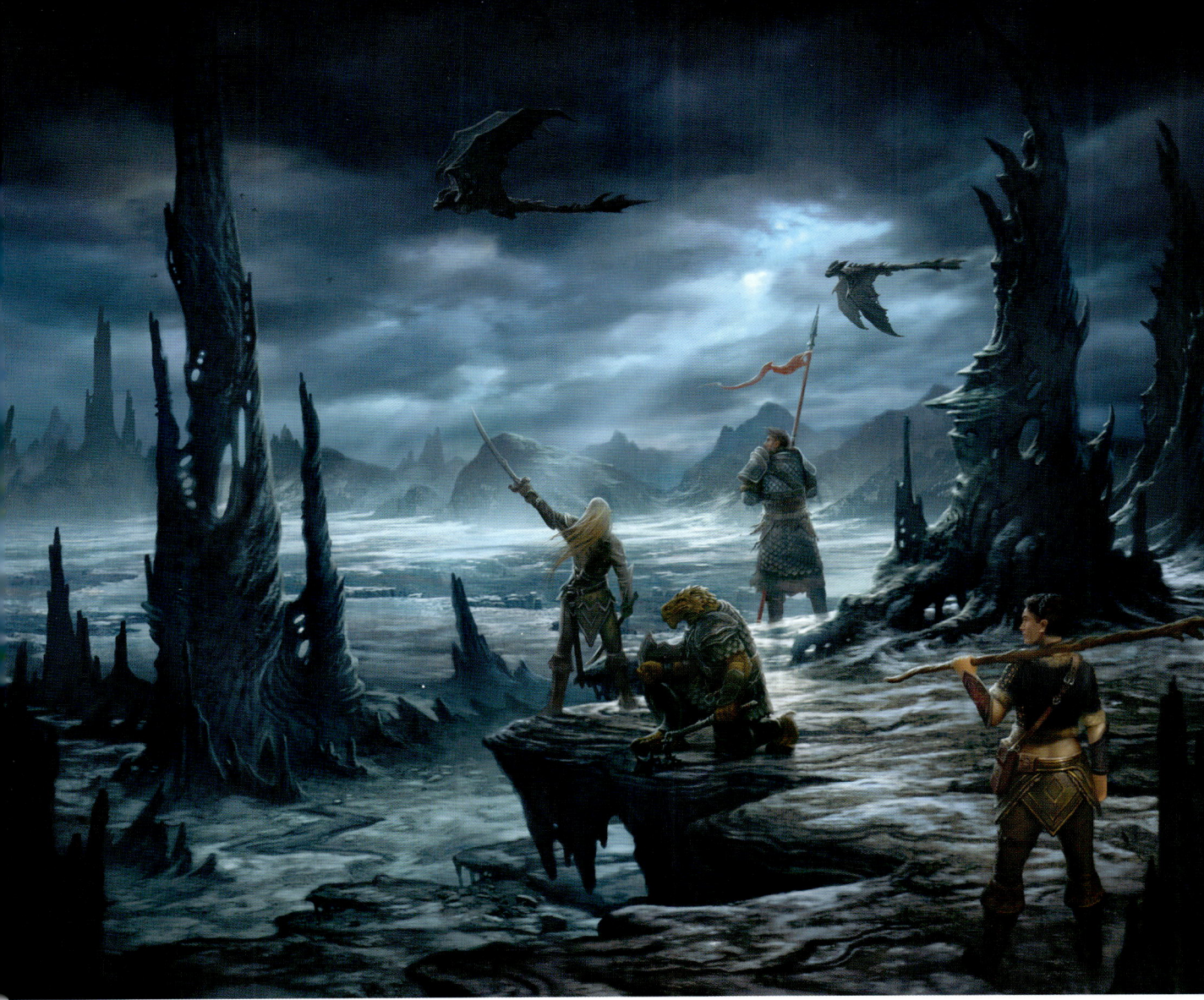

Hay muchos lugares fascinantes y entretenidos que visitar en Toril, pero como ya sabrás a estas alturas, este manuscrito no es uno de esos diarios de viaje de Volo confusos a causa de la cerveza que indican al lector la ubicación de los mejores salones de fiesta. No, yo vengo con un propósito más funesto. Estoy buscando héroes, no hedonistas, puesto que veo este reino de Faerûn como un bastión de esperanza contra las fuerzas del mal. Lo único que hay que hacer es quitarse la venda de los ojos y despertar a la realidad que está carcomiendo el velo, tratando de abrirse camino en este mundo y doblegar toda mente desprevenida a su voluntad. Si Faerûn cayera, entonces el multiverso se derrumbaría como una hilera de fichas de dominó, una por una, y caería al caótico infinito del Abismo. Continúa leyendo para visitar los reinos y las regiones de Toril a través de mis ojos, y deja que te inspire el llamamiento para defender este baluarte contra la plaga del mal.

FAERÛN

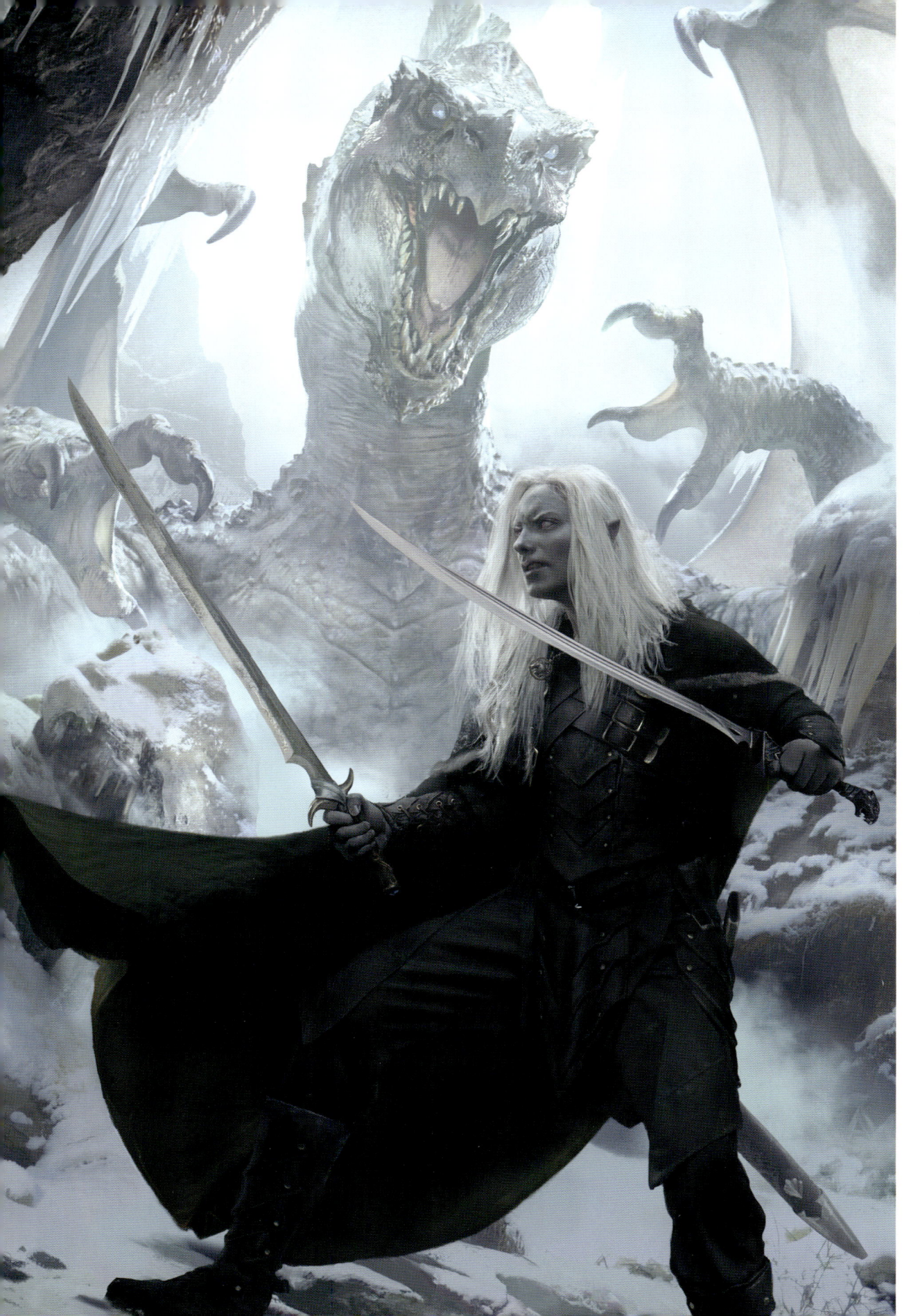

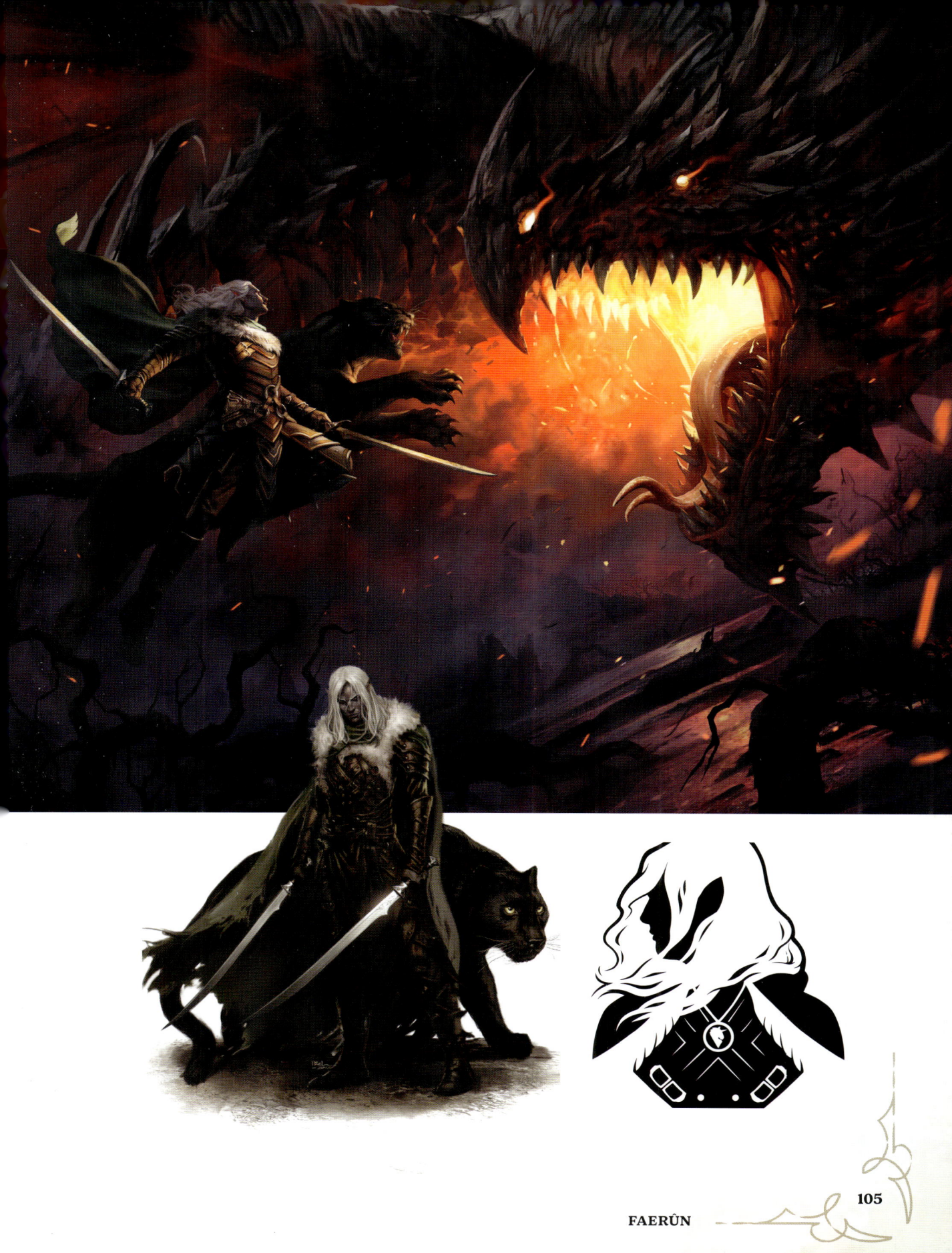

FAERÛN

ANAUROCH

Anauroch es un páramo gigantesco y peligroso, hostil y plagado tanto de peligro como de misterios. La tierra rocosa y árida de este enorme desierto está repleta de túneles cavados por los ankhegs, los bulettes, las moles sombrías y unos voraces gusanos púrpuras. Unas gruesas vetas de minerales valiosos y menas serpentean a través de los cañones, los acantilados y las cavernas, junto a gemas del tamaño de puños, y todos llaman como si fueran sirenas a los cazadores de fortuna, los estúpidos y los forajidos con la esperanza de hacerse ricos. Pero, donde hay fortuna que encontrar, también hay dragones, y allí hay una enorme concentración de ellos, entre los que se encuentran varios dragones azules antiguos, cada uno de ellos con un vasto territorio que protegen con una vigilancia nacida de la envidia, la codicia y la malicia.

IMPERIO DE NETHERIL

Aunque entre las arenas de Anauroch abundan muchos tesoros, yo estoy interesado en lo que yace en las profundidades, bajo la arena y las rocas de Anauroch, las ruinas de lo que una vez fue el gran Imperio de Netheril. Los nethereses fueron brillantes inventores y practicantes de la magia, y en la cúspide de su poder crearon los mythallars, unos artefactos inmensamente poderosos que generaban tanta energía mágica que eran capaces de elevar ciudades enteras hasta el cielo y llenarlas de luz. Mis estudios sugieren que descubrieron un secreto para controlar la magia que evadía el control de los dioses y los conceptos de los hechiceros modernos sobre cómo se emplea la magia. Las historias y los fragmentos de escrituras netheresas que todavía existen hablan de una edad dorada para la magia y de un futuro limitado solo por la imaginación. Pero entonces acaeció la catástrofe cuando Netheril fue invadido por una hueste de poderosas aberraciones extradimensionales conocidas como phaerimms. La batalla fue terrible, y la magia drenadora de vida de los phaerimms transformó al Imperio de Netheril de una tierra exuberante y fértil a un cascarón yermo y seco. En una cascada de contratiempos mágicos, el mejor de los magos de Netheril, Karsus, trató de usurpar toda la magia de la diosa Mystra. Al darse cuenta, Mystra acabó con toda la magia de Toril, lo que provocó que el Imperio flotante de Netheril se estrellara en su totalidad sobre lo que ahora es Anauroch. El imperio quedó cubierto de eones de polvo y cayó en los anales de lo olvidado.

GUARDANDO EL SECRETO

Con cada fragmento de pergamino y cada objeto críptico que se ha recuperado (a menudo a un alto precio) del desierto de Anauroch, el entendimiento netherés de la magia se está reconstruyendo con lentitud, tanto por parte de los eruditos como de los bribones. Pero, por todos aquellos que desean descubrir sus secretos, hay otros que quieren mantenerlos ocultos. Para siempre. Y es que, si alguien lograra averiguar el código netherés para acceder a la magia pura, podría acabar con todo lo que la limita y blandir un poder semejante al de un dios. Sé de la existencia de dos de estos grupos que desean mantener los secretos de Netheril lejos de las manos de los demás: el pueblo bedín de Anauroch y los Arpistas.

Los bedín son nativos de la región de Anauroch, y sus historias orales hablan de la caída de Netheril y los peligros de la magia. Detestan el uso de cualquier clase de hechicería, y se rumorea que protegen la ubicación de muchos lugares netereses. Aunque son muy hospitalarios y siempre están dispuestos a hacer de guías en Anauroch, los bedín tratan de educar a los cazadores de tesoros para que eviten los peligros de la magia netheresa, con la esperanza de disuadirlos de desenterrar un posible desastre. Para proteger lo que ellos ven como el destino de su pueblo y de su mundo, los bedín pueden llegar tan lejos como para emboscar a un grupo que no haga caso a sus advertencias, robando sus monturas y su agua, y obligándolos a abandonar su misión de localizar una tumba o el complejo de un templo. Y, si un explorador encuentra un lugar netherés, hay gente bedín que está dispuesta a matar, utilizando sus propias tácticas o atrayendo a los monstruos —como los gusanos púrpuras— para que eliminen a cualquier intruso.

Los Arpistas se dedican a mantener el poder de la magia lejos de las manos de aquellos que podrían utilizarla para destruir la civilización, y por lo tanto, mantienen cierta clase de equilibrio. La primera vez que fui a Toril, se acercó a mí nada menos que Laeral Silverhand, una Arpista, y me interrogó de forma concienzuda sobre mi persona y mis intenciones en su mundo natal.

Escuché y respondí a sus preguntas con cuidado y franqueza.

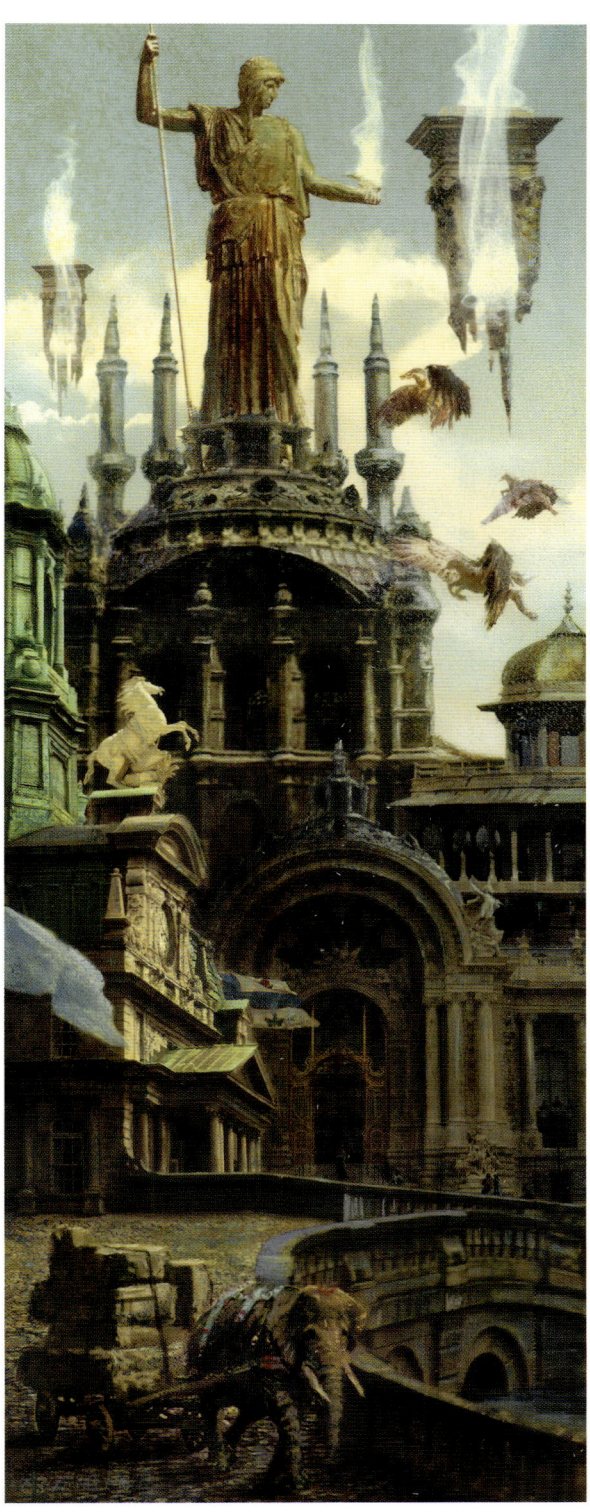

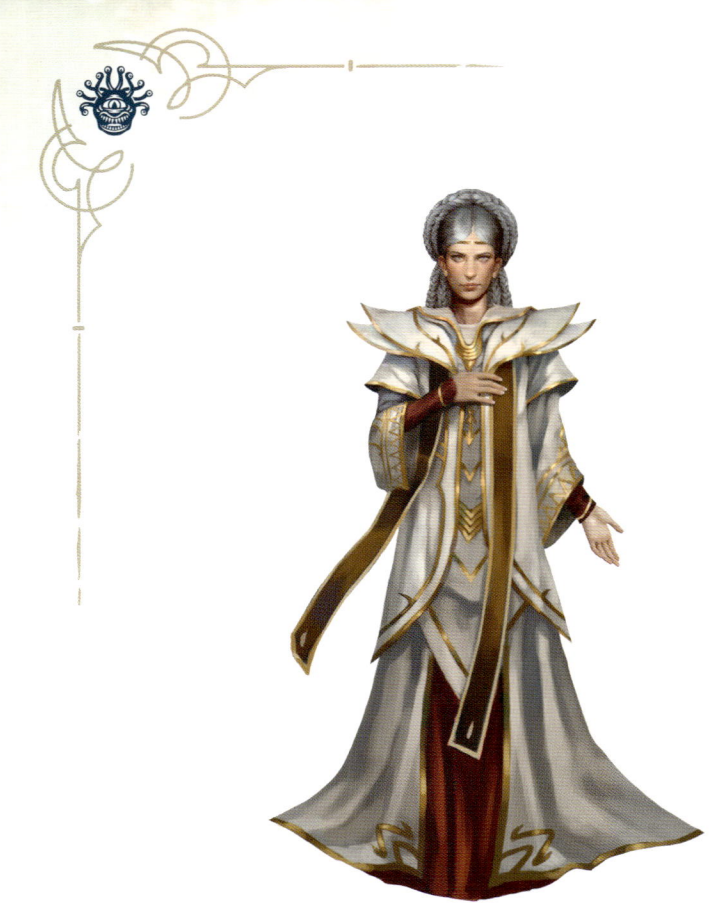
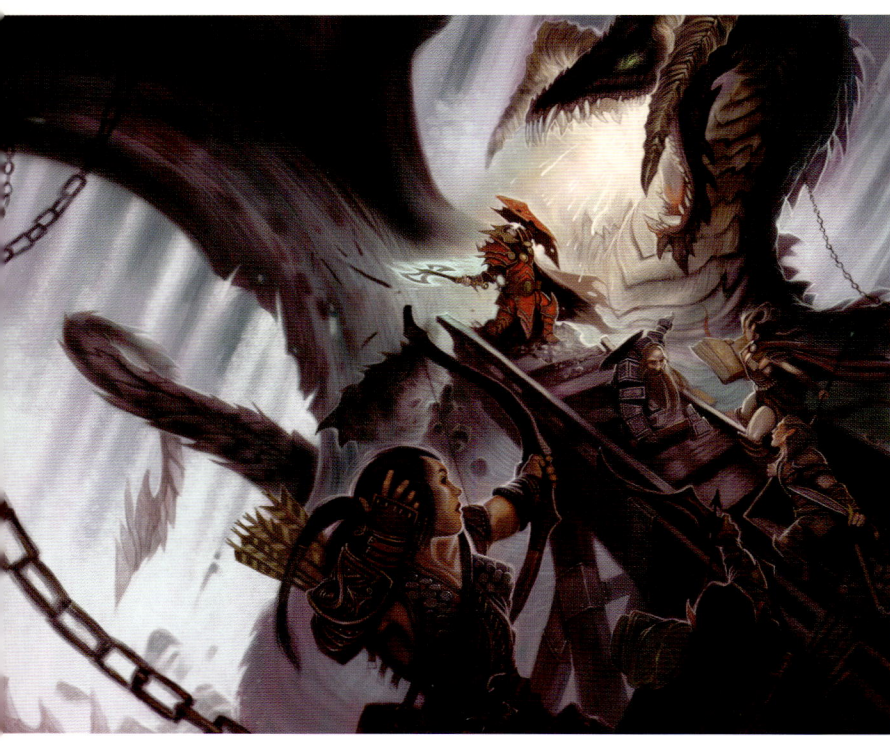
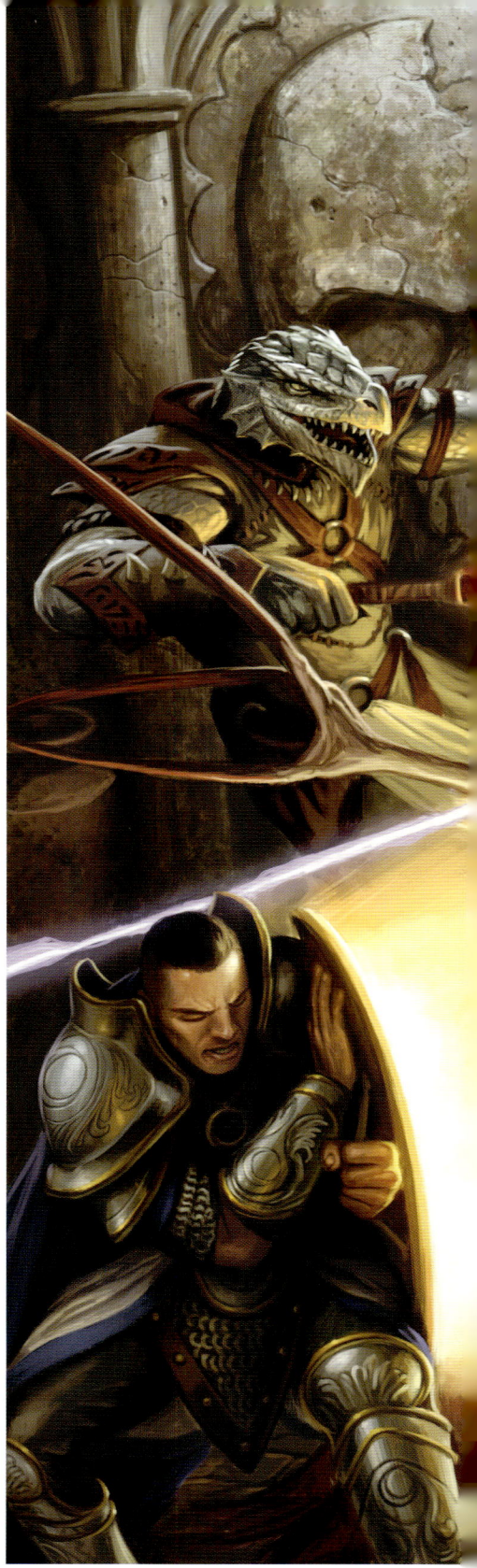

MUNDOS Y REINOS

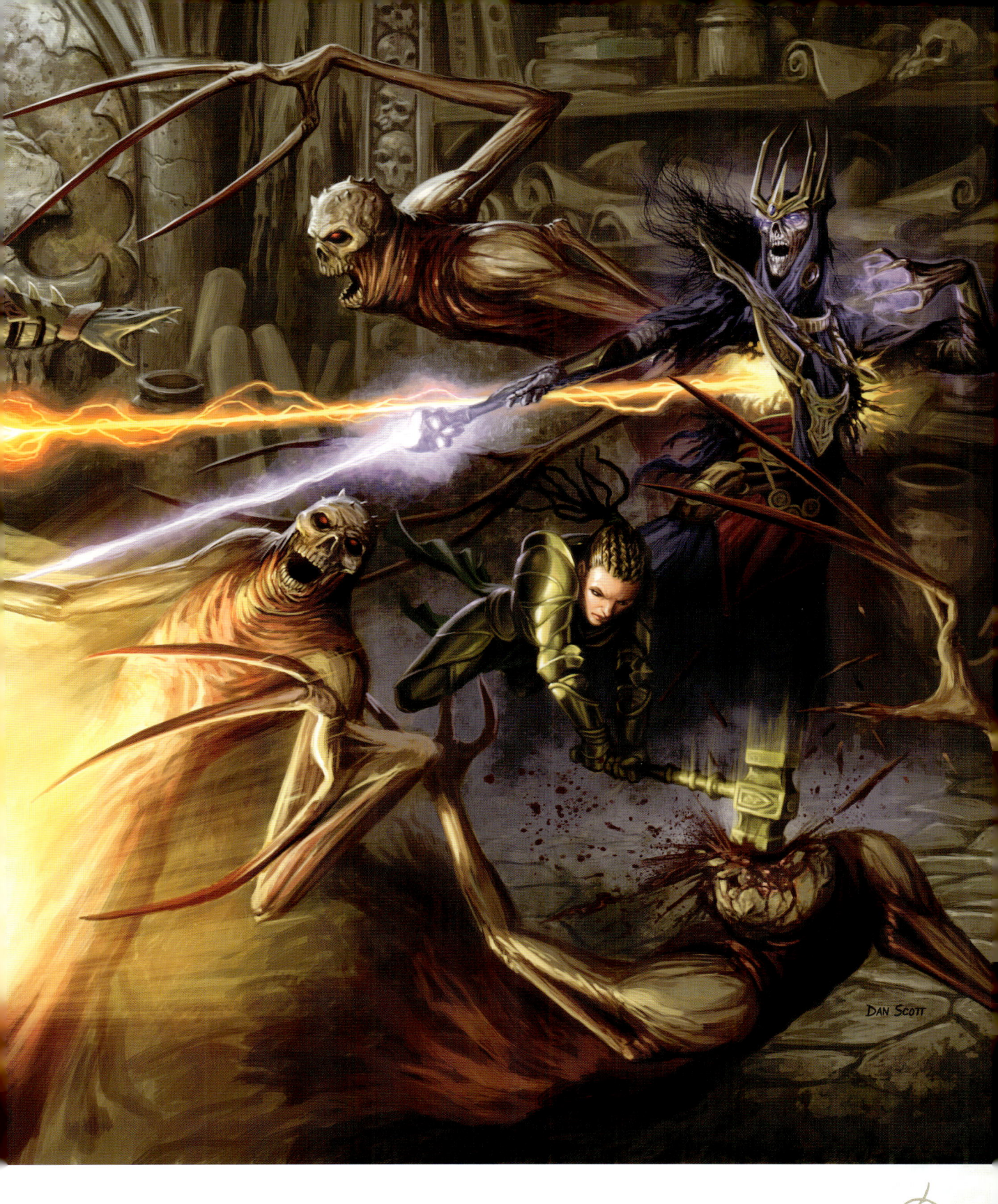

CIUDADES DE LA COSTA DE LA ESPADA

En mi opinión, la Costa de la Espada se entiende mejor experimentando sus ciudades. Varias de ellas han emergido como joyas a lo largo de la extensa costa del Mar de las Espadas, desde los puertos de la Puerta de Baldur hasta Luskan en el norte helado, Nuncainvierno y las muchas maravillas de Aguas Profundas, que unen toda clase de personas y culturas de cada rincón de Faerûn y Toril.

Para mí, todas estas ciudades parecen grandes experimentos realizados por algún erudito desapercibido que se deleita al verlas crecer, expandirse y adaptarse. No hace falta nada más que caminar a través de cualquier ciudad de la Costa de la Espada para darse cuenta de que se trata de algo vivo, que evoluciona cada día y encuentra su propia personalidad y su equilibrio conforme las culturas y las especies de todas partes establecen comunidades allí y se entremezclan.

Si pasas tiempo entre sus gentes, pronto te darás cuenta de que son más que simples lugares llenos de comercios atestados. También son poderosas declaraciones que hablan de lo que es posible, de que los seres pensantes de culturas dispares y especies diferentes pueden coexistir todos juntos para cumplir sus propios sueños, y al hacerlo, cumplen los sueños de la propia ciudad: dar la bienvenida, crecer y prosperar. Una ciudad saludable y funcional es la manifestación del Equilibrio. Existe dentro de una armonía viviente, y alberga tanto acuerdo como desacuerdo entre sus muros, pero todos los que habitan dentro de la ciudad saben que, a fin de cuentas, todos ellos están remando juntos dentro de un mismo barco a través de las fortunas y los peligros de este mundo. Bajar por una calle de Aguas Profundas y encontrarte con diez tiendas de vendedores de todo Faerûn, oír los distintos idiomas y ver las muchas fábricas, los colores y los diseños... En fin, son estas diferencias lo que hace que el viaje sea interesante, educativo y, para ser totalmente honesto, delicioso. Como mago que detesta abandonar sus estudios, he de admitir que el aroma de la cocina amniana

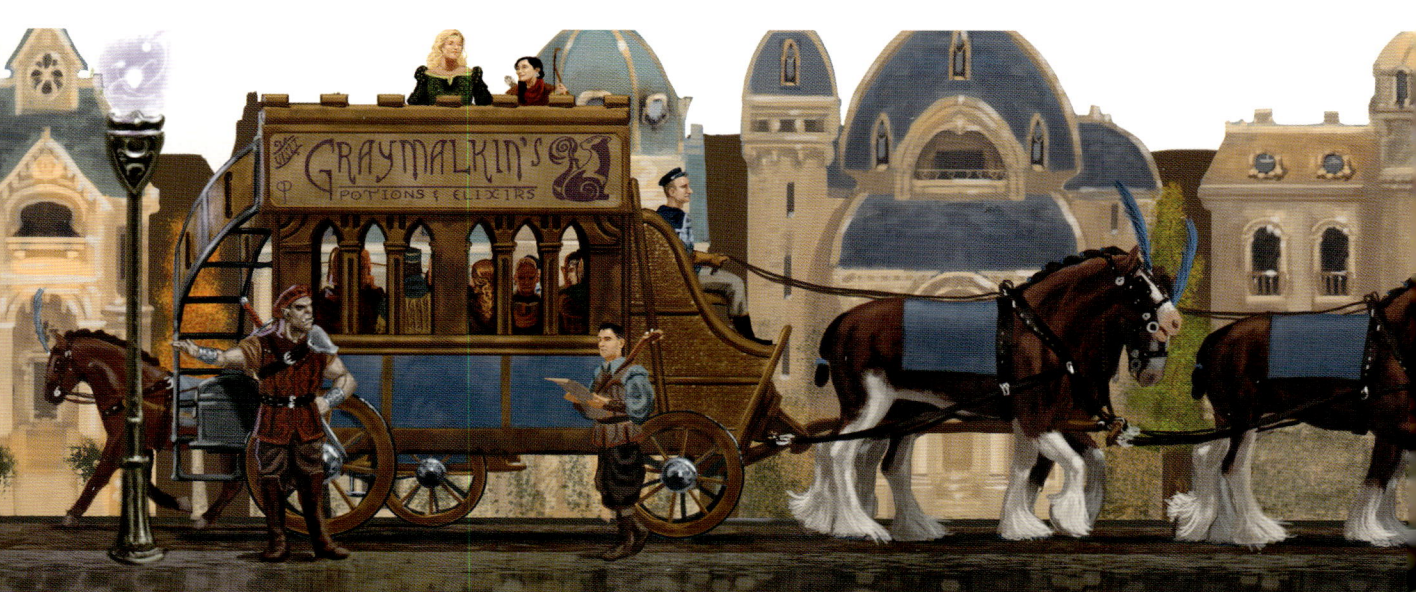

o un pastel de carne horneado por un vendedor de las Islas Lunshae es tal vez lo único que puede separarme de mis libros.

    Aunque todas estas ciudades tienen sus problemas, son un ejemplo del Equilibrio. El Equilibrio no es una cuestión de estasis ni de una única cultura; el Equilibrio consiste en viveza y movimiento. A menudo pienso en un acróbata sobre la cuerda floja que se mueve a lo largo de la cuerda con precisión, fuerza y una calma interior. Puede que haya viento, o que la cuerda tiemble, pero el acróbata ajusta su postura para compensarlo. En ese momento, tanto la persona como la cuerda son el Equilibrio. Y lo mismo ocurre con el mundo, todos nosotros somos acróbatas sobre la cuerda floja que mantenemos el Equilibrio de formas grandes o pequeñas mientras las fuerzas del multiverso o las simples circunstancias nos empujan hacia un lado u otro.

    Estas ciudades tienen sus propias personalidades y problemas únicos: la corrupción política, las incesantes estratagemas de los enemigos, los implacables invasores, y los políticos moralmente en quiebra. Pero, aunque las ciudades de la Costa de la Espada son fuertes de la civilización, podrían caer presas de los enemigos y los malvados si no estuvieran vigiladas y protegidas por sus campeones. No todos estos campeones son magos poderosos o guerreros legendarios; puede que sean el mercader que da alimentos a los que lo necesitan o el noble que destapa la corrupción aunque eso signifique perder la posibilidad de adquirir una fortuna modesta pero mancillada. Muchos de estos ciudadanos corrientes que se sublevan contra la tiranía son también campeones del Equilibrio. Cualquiera que haya saboreado la seguridad y la libertad debe hacer todo lo posible para defender su comunidad de aquellos que fomentan la división o regurgitan la temerosa letanía del Caos.

    Aun así, ha habido tiempos en los que la podredumbre ha echado raíces y ha invadido una ciudad. Luskan se ha enfrentado a una piratería desenfrenada por parte de los malhechores de fuera de la ciudad y desde dentro de las filas de los

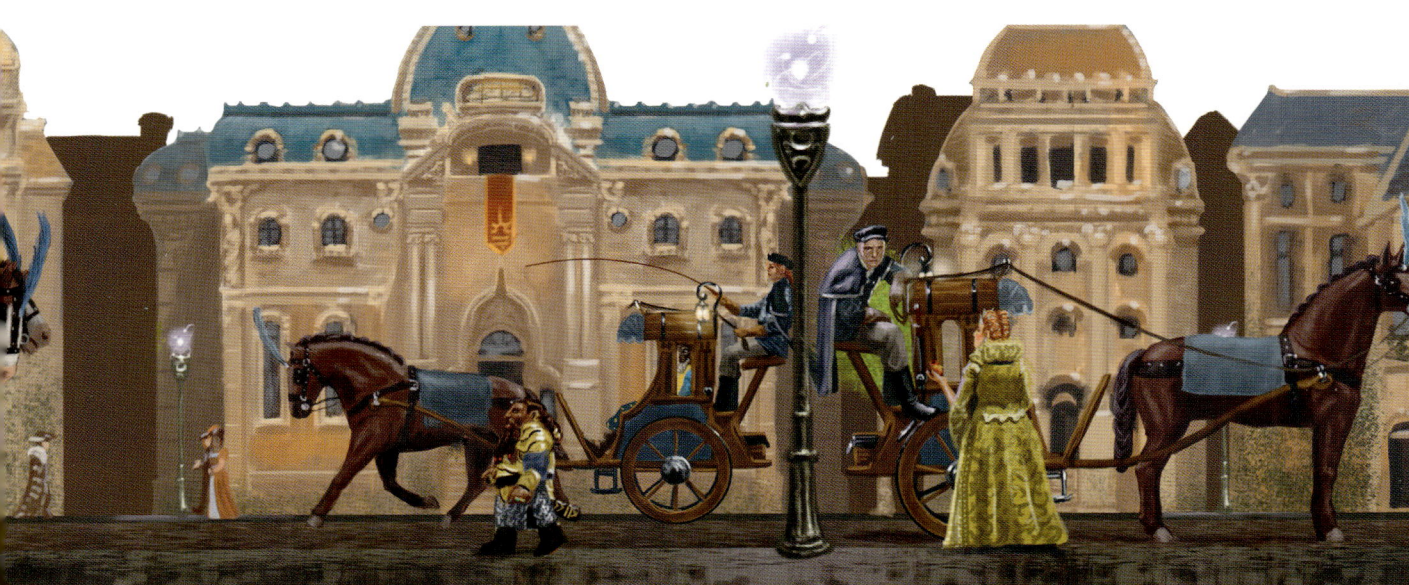

FAERÛN

propios Altos Capitanes, y siempre existe la amenaza inminente de la perversidad sobrenatural a manos de la Hermandad Arcana o de sus enemigos. Nuncainvierno ha soportado conspiraciones, tejemanejes y cataclismos en su época, y de algún modo ha sido capaz de seguir aguantando gracias a la voluntad y la fuerza de sus habitantes. Aguas Profundas también ha tenido su buena parte de demonios, diablos y magos locos, pero siempre ha tenido protectores poderosos que cuiden de ella. La Puerta de Baldur se ha visto asolada por los complots sedientos de poder de los Tres Muertos muchas veces a lo largo de su historia, y su ciudad rival, Elturel, que una vez se pensó que era intocable debido al poder sagrado que la protegía, fue llevada al Averno mediante la corrupción de su líder aparentemente devoto, Thavius Kreeg.

Estudiar la historia de estos mundos es presenciar esta danza entre aquellos que crean ciudades donde existen la seguridad y la libertad, y aquellos que desean controlar dichas ciudades bajo la mirada furiosa de un tirano, o hacerlas caer en una cascada fragmentada de división y demencia. El Gran Duque de la Puerta de Baldur, Ulder Ravengard, que ya está familiarizado con la calamidad, lo expresó mejor: «Lograr una sociedad civil no es como subir hasta la cima de una montaña que, una vez escalada, permanece así para siempre. Una ciudad llena de vida requiere de un cuidado constante. Es similar a la sabiduría firme de un progenitor cariñoso, que le otorga a su vástago la libertad para explorar y expresar su singularidad al mismo tiempo que le proporciona protección y orientación, y todo ello permaneciendo vigilante por si alguien tratara de corromper o descubrir esos valores».

LA PUERTA DE BALDUR

Pocas ciudades han estado tan cerca del desastre y de la destrucción más veces que la Puerta de Baldur. Los adivinos podrían explicar que se fundó bajo una estrella oscura o que se construyó sobre un terreno sin consagrar. Sea cual sea la razón, la Puerta de Baldur ha estado bajo la amenaza de los villanos desde sus primeros días y, aun así, de algún modo ha encontrado una forma de prosperar y evitar caer en las garras infernales. Pero todavía sigue habiendo problemas, ya que la Puerta de Baldur tiene una reputación bien merecida de ser un lugar donde las familias poderosas —los patricios— traman nefastos planes, y a través de sus turbios negocios, toda clase de contrabando y villanía pasa por los astilleros de la ciudad. Es bien sabido que para hacer contactos en el mercado negro o comerciar con bienes ilegales, la Puerta de Baldur es el lugar ideal.

La Puerta de Baldur también es una ciudad de distinciones de clases. La clase superior vive en la Alta Ciudad, literalmente por encima de la clase inferior, que vive en la Baja Ciudad. La Puerta de Baldur no se muerde la lengua a la hora de distinguir entre las familias patricias acaudaladas y los que trabajan con esfuerzo en los puertos, y cualquier queja se encuentra con la porra de la Guardia, los guardianes de la Alta Ciudad financiados por los patricios. Aunque el líder del Consejo de los Cuatro, el Gran Duque Ulder Ravengard, es un líder imparcial y justo, la cultura mercantil de la riqueza y el poder favorece a los patricios, que están metidos en todas partes y controlan cada moneda que pasa por los muelles y las puertas. Esta forma de hacer negocios está bien arraigada y afianzada, y ha sido una forma de vida desde la fundación de la Puerta de Baldur, lo que hace que gobernar la ciudad con un ápice de ley y orden sea una tarea de lo más complicada.

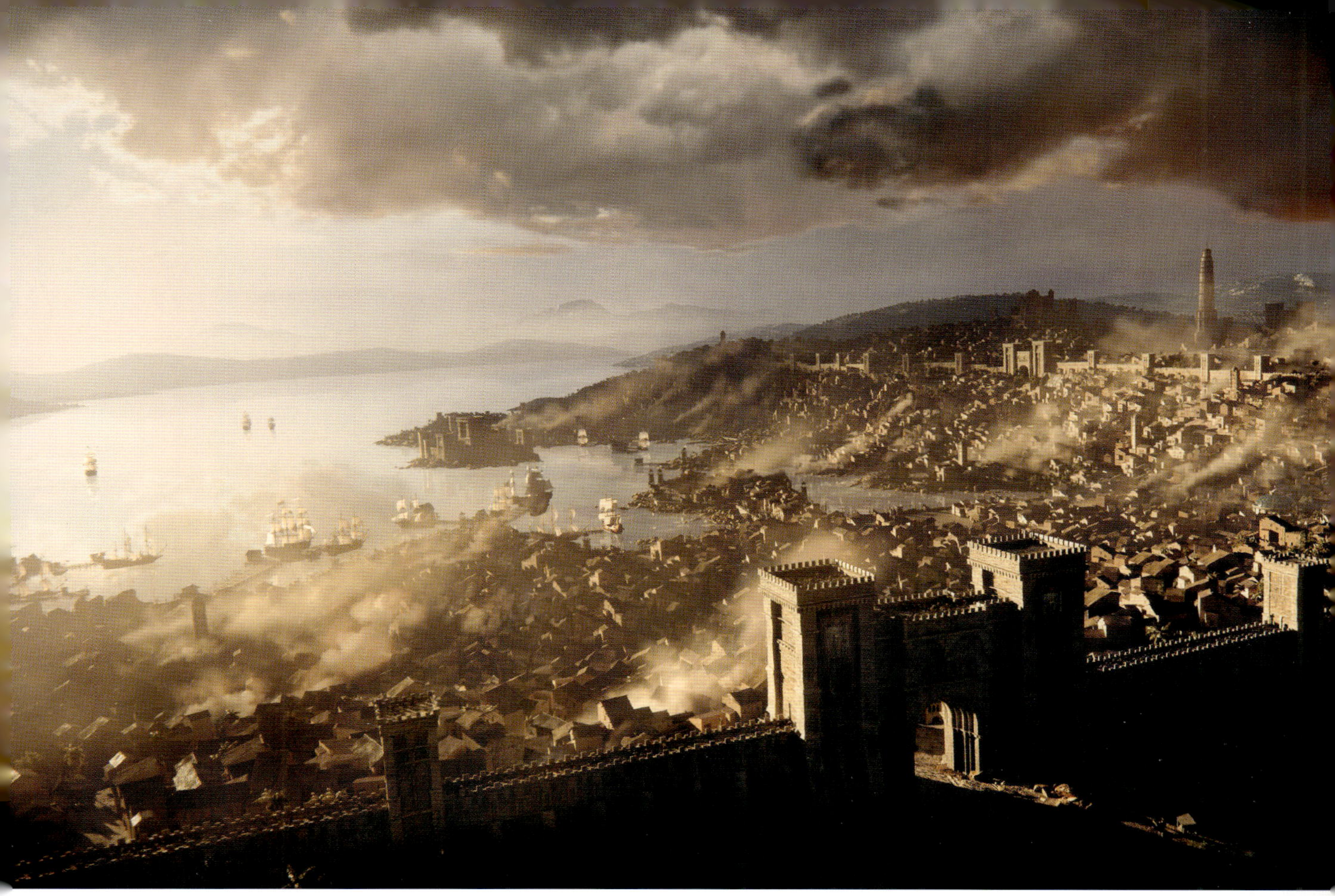

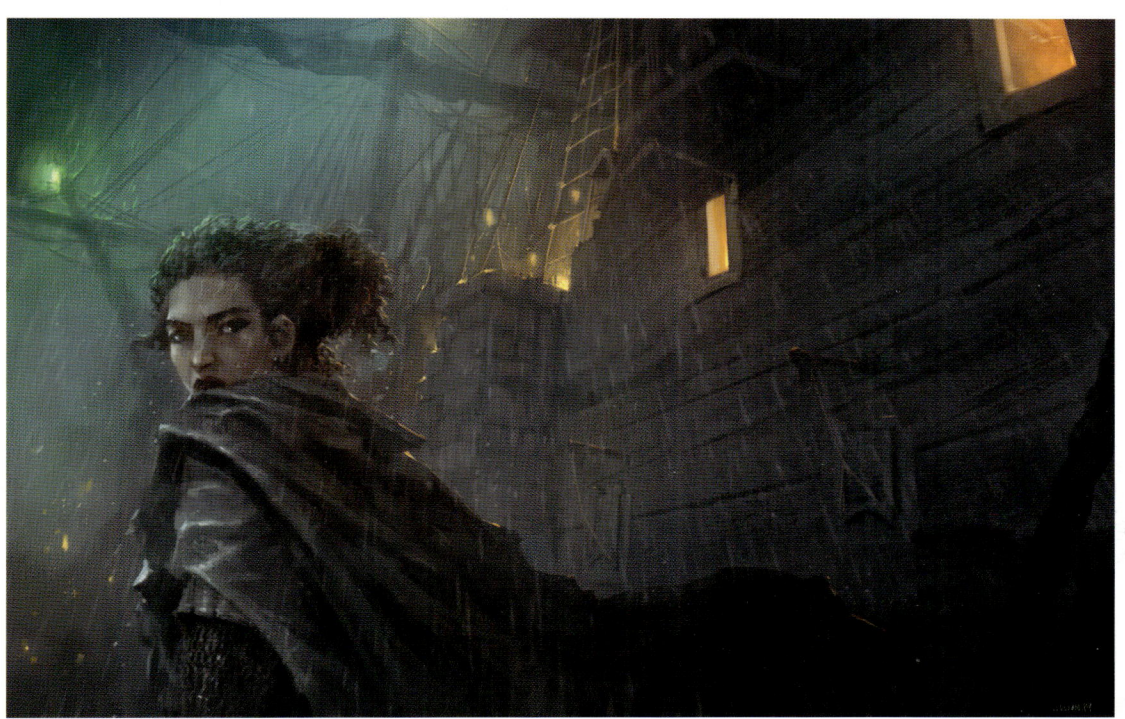

FAERÛN

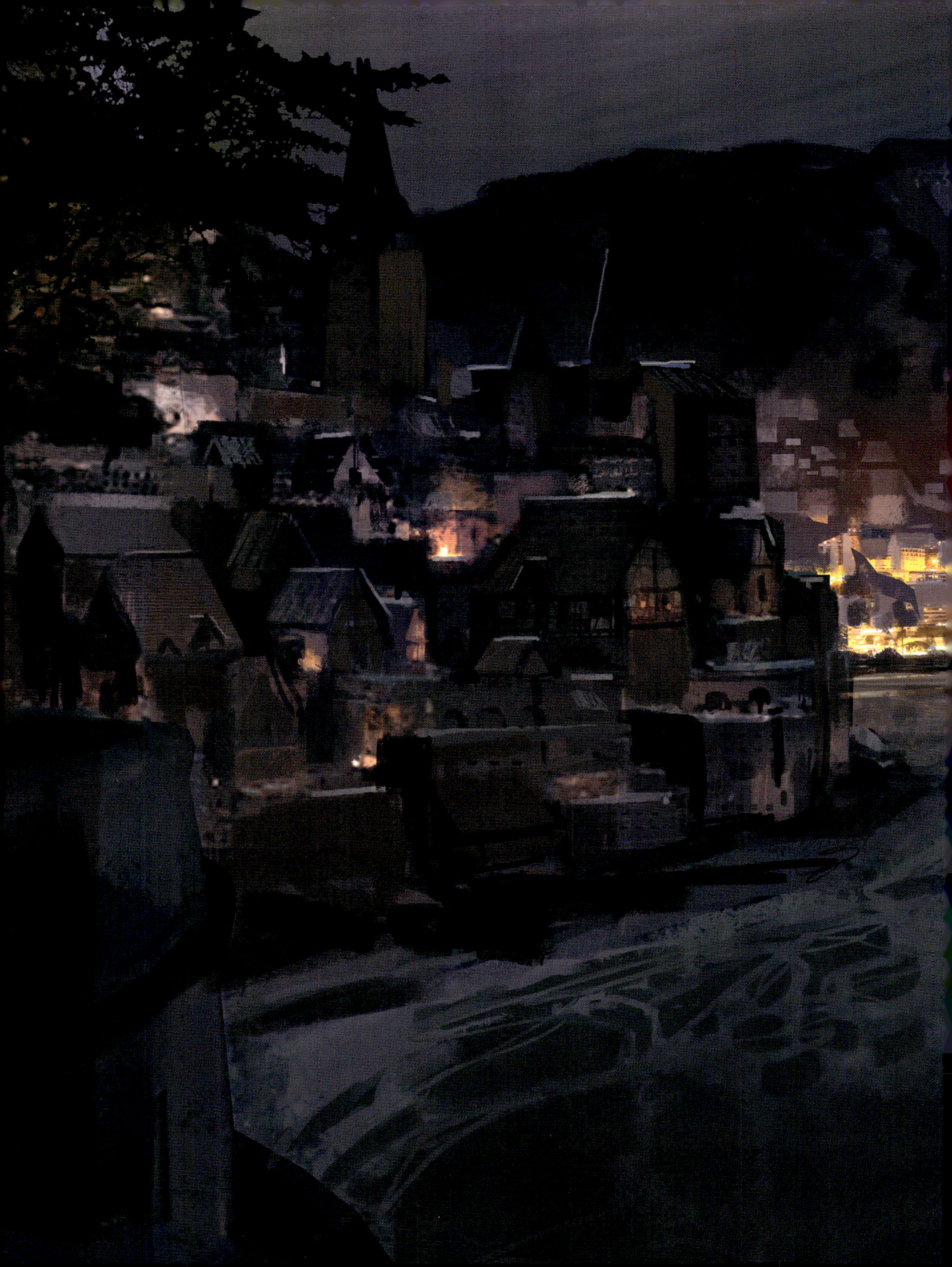

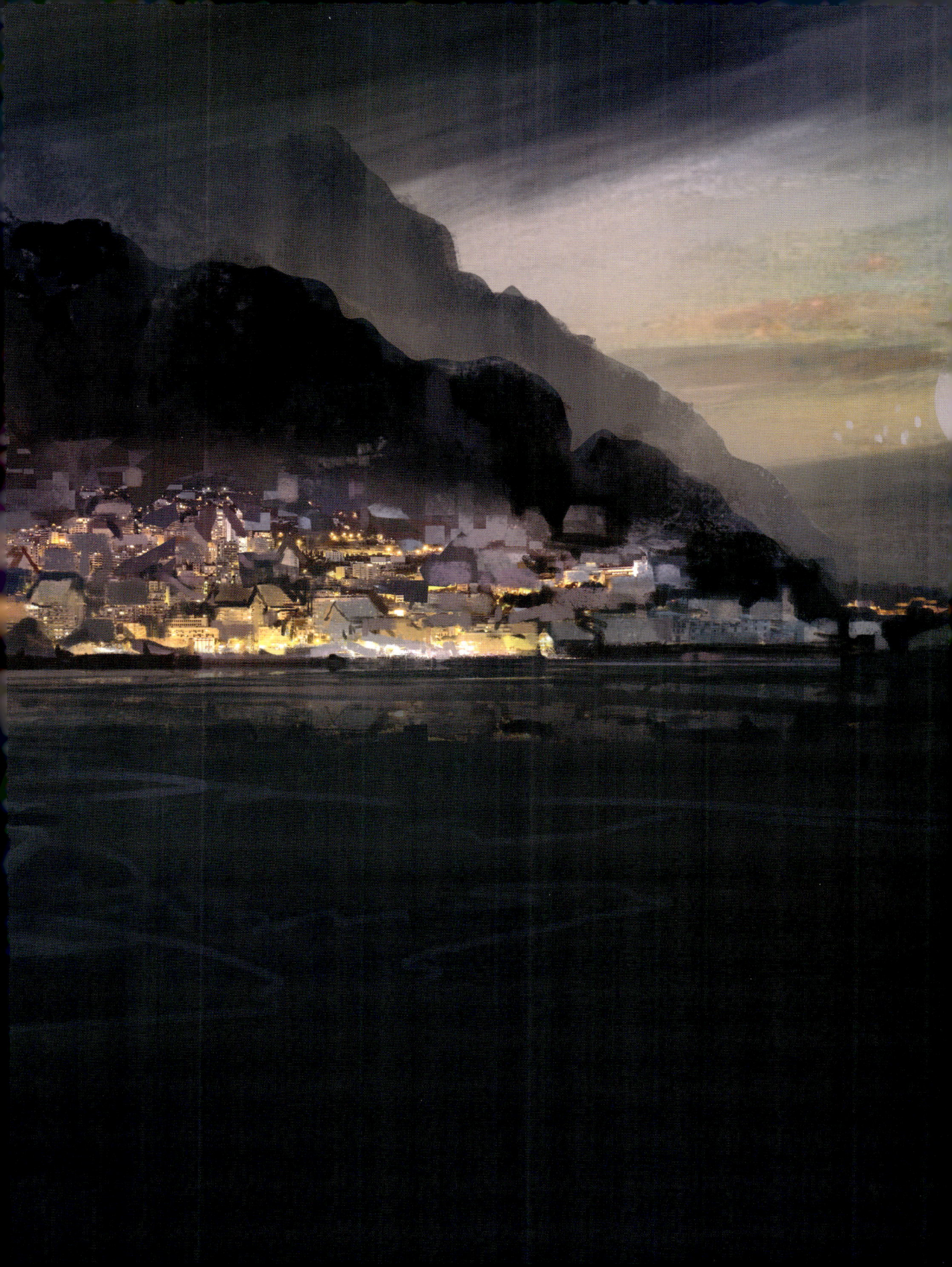

Aventurarse dentro de la puerta de Baldur

Un aventurero puede encontrar muchas cosas que hacer dentro de la ciudad, que está tan llena de misterios e intrigas como barcos hay en los muelles que provienen de puertos de escala lejanos. Aquí podrás conocer a cualquier persona de cualquier parte, puesto que la Puerta de Baldur es el punto de conexión entre el norte y el sur a lo largo del Mar de las Espadas. Los muelles son el lugar donde los barcos mercantes de las naciones sureñas de Amn, Tethyr y Calimshan, así como de la península selvática de Chult, convergen para descargar sus bienes y hablar de negocios con los representantes de los patricios. La Puerta de Baldur también es la entrada al este a lo largo del río Chionthar, que conecta naciones tan lejanas como Cormyr y Sembia. Huelga decir que hay toda clase de diabluras en las que podrías involucrarte si eres un bergante con iniciativa y olfato para la aventura. Se pasan de contrabando bienes ilícitos desde y hasta todos los rincones de Faerûn, y hay varias conspiraciones trabajando en sus calles y callejones, desde los Magos Rojos de Thay hasta la Hermandad Arcana y los Zentharim, y tal vez hasta unos cuantos miembros del Culto del Dragón. Entre los patricios y sus afiliados también hay un poco de todo; algunos pretenden librar la ciudad del mal, mientras que otros están asociados con los diablos. Puedo predecir con cierta certeza que ahora mismo hay algún miembro de alguna familia patricia dibujando círculos infernales en su ático con la esperanza de contactar con Mefistófeles o Mammón. No alcanzo a comprender por qué las personas extremadamente acaudaladas siempre parecen sentirse atraídas por los asuntos demoníacos. Supongo que será como las polillas y el fuego.

> **AUNQUE LOS HÉROES SE FORJAN EN LA PUERTA DE BALDUR, DICHOS HÉROES TAMBIÉN PUEDEN QUEBRARSE AQUÍ, PUES NO SE TRATA DE UNA CIUDAD APTA PARA TIMORATOS.**

Ulder Ravengard es un buen punto de partida para cualquiera que tenga valor en su corazón y pretenda conseguir el pago apropiado a cambio de un día de trabajo honrado. Él siempre quiere lo mejor para la ciudad y sus ciudadanos, y tal vez sea la única razón por la que la Puerta de Baldur no está totalmente infestada por los ilícidos ni se ha convertido en una guarida llena de esclavos infernales. Con su incondicional liderazgo, se ha asegurado de que hasta los semidioses corruptos como los Tres Muertos y sus Engendros de Bhaal no hayan hecho caer de rodillas a la Puerta de Baldur. Y sí, también se puede contar a Minsc y a su hámster espacial gigante en miniatura, Boo, como un factor importante a la hora de preservar la paz, con su propia forma especial de luchar por la justicia.

Aunque los héroes se forjan en la Puerta de Baldur, dichos héroes también pueden quebrarse aquí, pues no se trata de una ciudad apta para timoratos. Muchos de los que acuden a la Puerta de Baldur acaban rindiéndose, ya que hace falta cierta clase de dureza para poder prosperar en ese lugar. Tanto si te enfrentas a los patricios y a otros imbéciles de alta alcurnia de la Alta Ciudad como a los agresivos rufianes y matones de la Baja Ciudad, has de poseer cierta cantidad de fortaleza interior y determinación para salir indemne, ya que la Puerta de Baldur no se ajustará a tus sensibilidades. Los habitantes de esta ciudad, ya sean de clase alta o baja, son capaces de oler a un blanco fácil y no dudarán en pisotear a cualquiera que carezca de suficiente fuerza de voluntad, así que prepárate para mantenerte firme si tienes intención de pasar tiempo aquí.

LUSKAN

Luskan es una ciudad portuaria llena de piratas, mercaderes y exploradores que se encuentra muy lejos de los ojos y las preocupaciones del mundo civilizado. Está gobernada por un grupo de piratas, los Altos Capitanes de Luskan, que permiten que tenga lugar toda clase de comercio ilícito sin preocuparse siquiera por cómo pueda afectar eso al resto de Faerûn, siempre que nadie cuestione su autoridad, y se quedan con la mejor parte de cualquier botín que pase por sus puertos. Luskan es donde he encontrado la mayor parte de mi propia colección de artefactos netereses, la mayoría de los cuales fueron desenterrados por los aventureros de las ruinas netheresas bajo el Hielo Alto y el Mar Helado del desierto de Anauroch —el cementerio del Imperio netherés— para después cargar con ellos arduamente desde allí a lo largo de las estibaciones del Espinazo del Mundo hasta llegar al río Mirar, y luego transportarlos en barco río abajo hasta Luskan.

Siguiendo el camino de estos artefactos, descubrí el consorcio de magos conocido como la Hermandad Arcana. Como son inmaduros, impetuosos e indisciplinados, la Hermandad Arcana está repleta de personalidades explosivas y peligrosas, y todas ellas se dedican a la magia por las peores razones. A causa de su estupidez ilimitada, han sido capaces de producir más de un liche entre

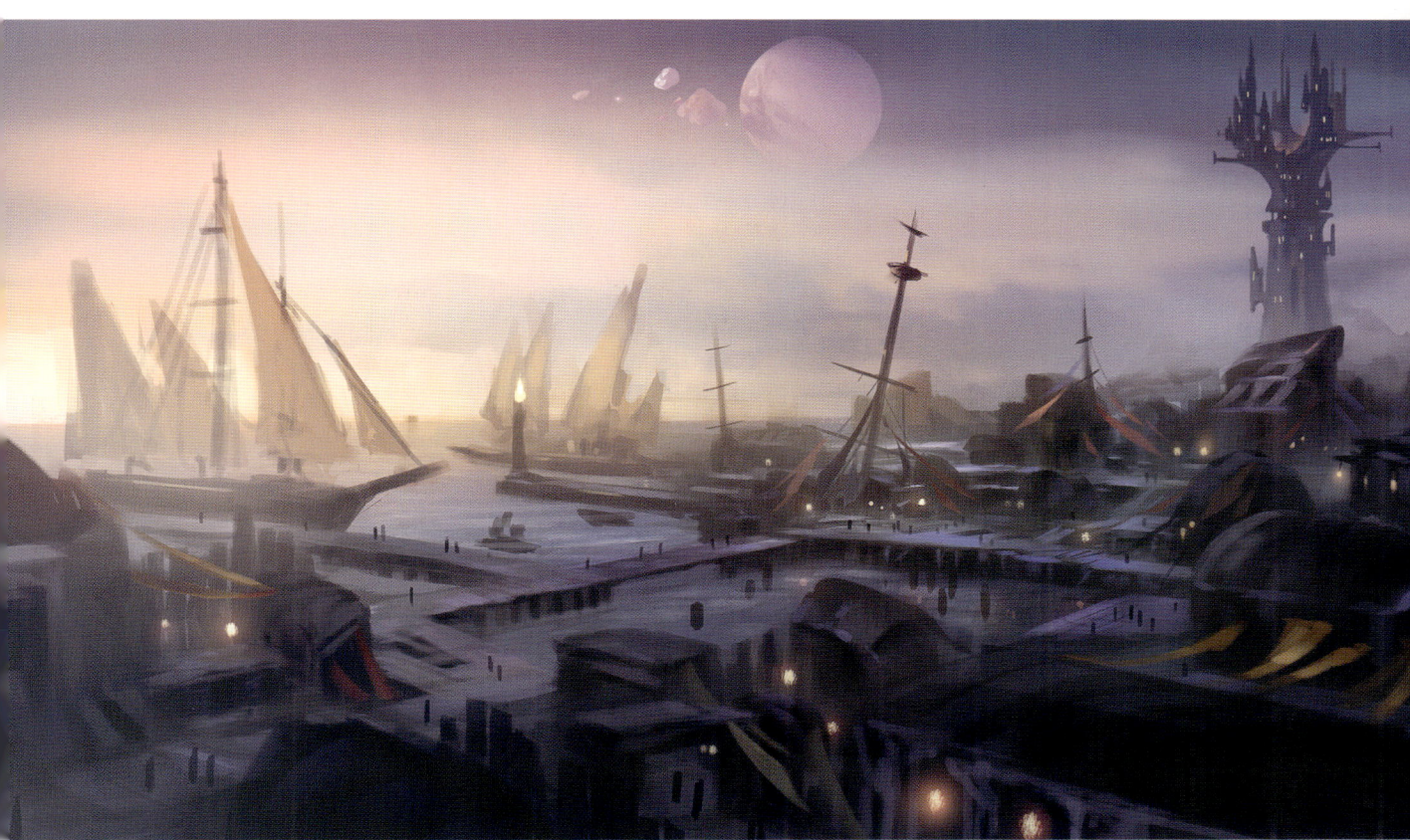

sus filas, lo que ha provocado un gran sufrimiento a Luskan, que ha tenido la mala suerte de ser un vecino cercano al cuartel general de la Hermandad Arcana, una extraña estructura conocida como la Torre de los Huéspedes de lo Arcano. Debido a su sed de poder, la Hermandad está interesada en muchos de los objetos mágicos ilegales que llegan a través de los puertos de Luskan, especialmente aquellos de origen netherés, y han financiado docenas de expediciones a Anauroch y el Hielo Alto para desenterrar el poder de Netheril. Como respuesta al deseo incesante de la Hermandad y a su irritante persistencia en hacer el mal, los Arpistas, Elminster Aumar, Laeral Silverhand, la Alianza de los Lores y yo tenemos vigilados a esta camarilla de magos malvados y a Luskan. Si le echaran el guante a algo verdaderamente poderoso —la Mano y el Ojo de Vecna, un mythallar netherés o un talismán de Tharizdun, por ejemplo—, la Hermandad Arcana es por los pelos lo bastante competente con la magia como para crear graves problemas para la Costa de la Espada, y posiblemente, para todo Faerûn.

NUNCAINVIERNO

Nuncainvierno ocupa un lugar especial dentro de mi corazón, ya que se trata de la ciudad que más asocio con el espíritu creativo que impulsa a la humanidad a través de toda clase de problemas. Para ser un sitio que ha experimentado tanta destrucción en los últimos años, ha producido las obras de arte más exquisitas, desde relojes y joyas hasta cristalería, mampostería y mucho más. Se trata de una ciudad hermosa y menos valorada de lo que se merece que tiene puentes y edificios, todos ellos obras de arte únicas que se armonizan juntas para proporcionar a la ciudad una identidad arquitectónica inconfundible.

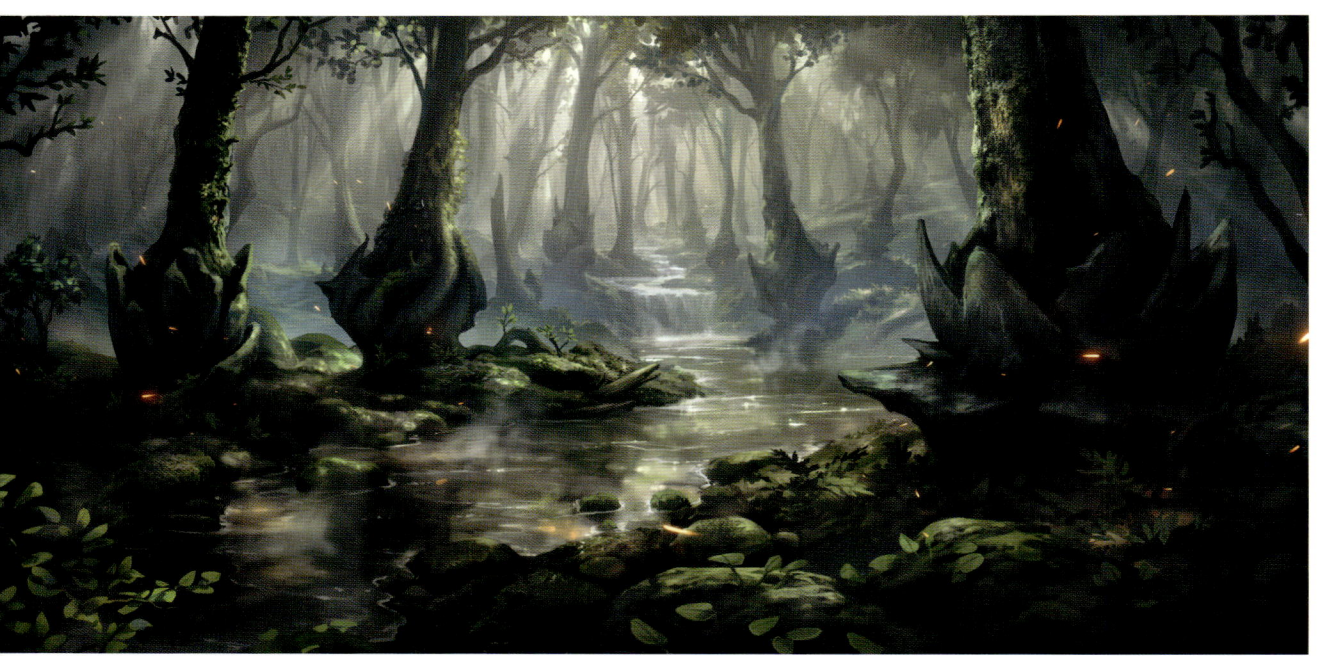

Debido a su ubicación, en la frontera de la salvaje región septentrional de la Costa de la Espada, Nuncainvierno es hogar de la gente que ha sufrido invasiones por parte de hordas saqueadoras, erupciones volcánicas y la devastación de la Plaga de los Conjuros, que dividió la ciudad en dos. Todas estas penurias han dado lugar a una ciudadanía que está muy unida, además de ser resilientes y tolerantes entre ellos. Al haber soportados estos golpes, sus propias peleas insignificantes palidecen en comparación, de modo que el pueblo de Nuncainvierno acepta a toda clase de personas, siempre que sean trabajadoras y aporten algo de valor a la ciudad. Cada vez que Nuncainvierno se recupera de algún desastre, todos sus ciudadanos se unen y reinventan la ciudad de una forma más dinámica, y su vigor creativo y su pasión son evidentes en las calles, los mercados y los edificios. Nuncainvierno tiene todo el ambiente de una ciudad cosmopolita, pero sin la avaricia y el elitismo que se puede encontrar en las ciudades meridionales, porque la gente de aquí comprende el poder de la comunidad. Un pensamiento común entre la gente de los climas más duros del norte es que nunca se sabe cuándo podrías necesitar la ayuda de tu vecino para sobrevivir.

Además de ser un puerto rebosante de comercio, Nuncainvierno es tal vez el último bastión de la civilización para aquellos que buscan aventurarse más al norte, hacia el puerto pirata de Luskan y los puestos de avanzada en su mayoría anárquicos y helados de las Diez Ciudades del Valle del Viento Helado. También es el último bastión de la ley bajo los estatutos de la Alianza de los Lores, y estos han proporcionado a los héroes de Nuncainvierno que han jurado lealtad a la Alianza de los Lores la tarea de echarle un ojo a los alborotadores como el Culto del Dragón. Se han encontrado muchos de sus templos en el norte, donde esperan aprovechar el aislamiento para elaborar sus repugnantes planes. De no ser por Nuncainvierno, el Culto del Dragón trabajaría sin impedimentos, y mediante su tenacidad y su fanatismo sin duda lograrían sus objetivos, lo que sumiría a la Costa de la Espada en una era de oscuridad y desesperación bajo el yugo de su reina dracónica. En el norte helado también viven monstruos y otros rufianes, especialmente los gigantes de escarcha que en ocasiones han llegado a avanzar hacia el sur en busca de presas fáciles y botines. De nuevo, Nuncainvierno hace las veces de barrera para que estas calamidades no tengan lugar en las zonas meridionales de la Costa de la Espada.

Aunque gran parte de la población de Nuncainvierno existe en un mar de sus propias preocupaciones cotidianas, Lord Dagult Nuncaascua y sus guerreros trabajan duro para asegurarse de que los ciudadanos puedan vivir en paz y se ocupen de la construcción de la cultura y la civilización. Los aventureros que se sientan llamados para defender esta causa podrán trabajar de forma remunerada embarcándose en grandes viajes y peligrosas expediciones. Lo único que necesitan es buscar al señor Nuncaascua, a un agente de la Alianza de los Lores o a un miembro de los Arpistas para que lo envíen a una misión para apagar algún fuego del mal que amenace la ciudad o sus alrededores.

Si hay una ciudad que represente el Equilibrio, esa es Nuncainvierno, pues parece lo más cercano que hay a un modelo funcional del Plano Material que he podido encontrar. Tal vez la sabiduría que alimenta e imbuye a esta ciudad ha nacido de su sufrimiento, y si pasas unos pocos días en Nuncainvierno, puedes ver que de algún modo todo ha valido la pena.

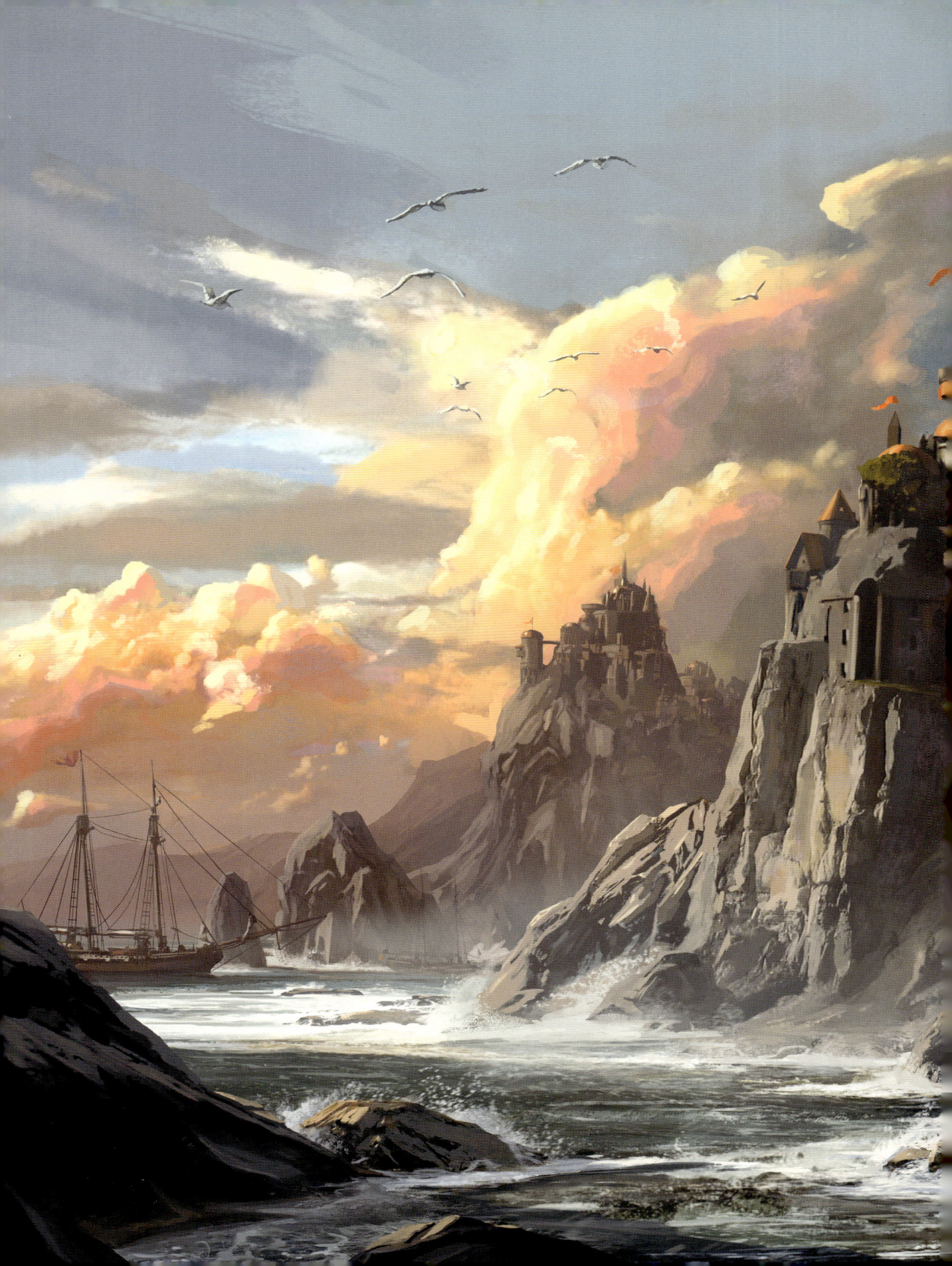

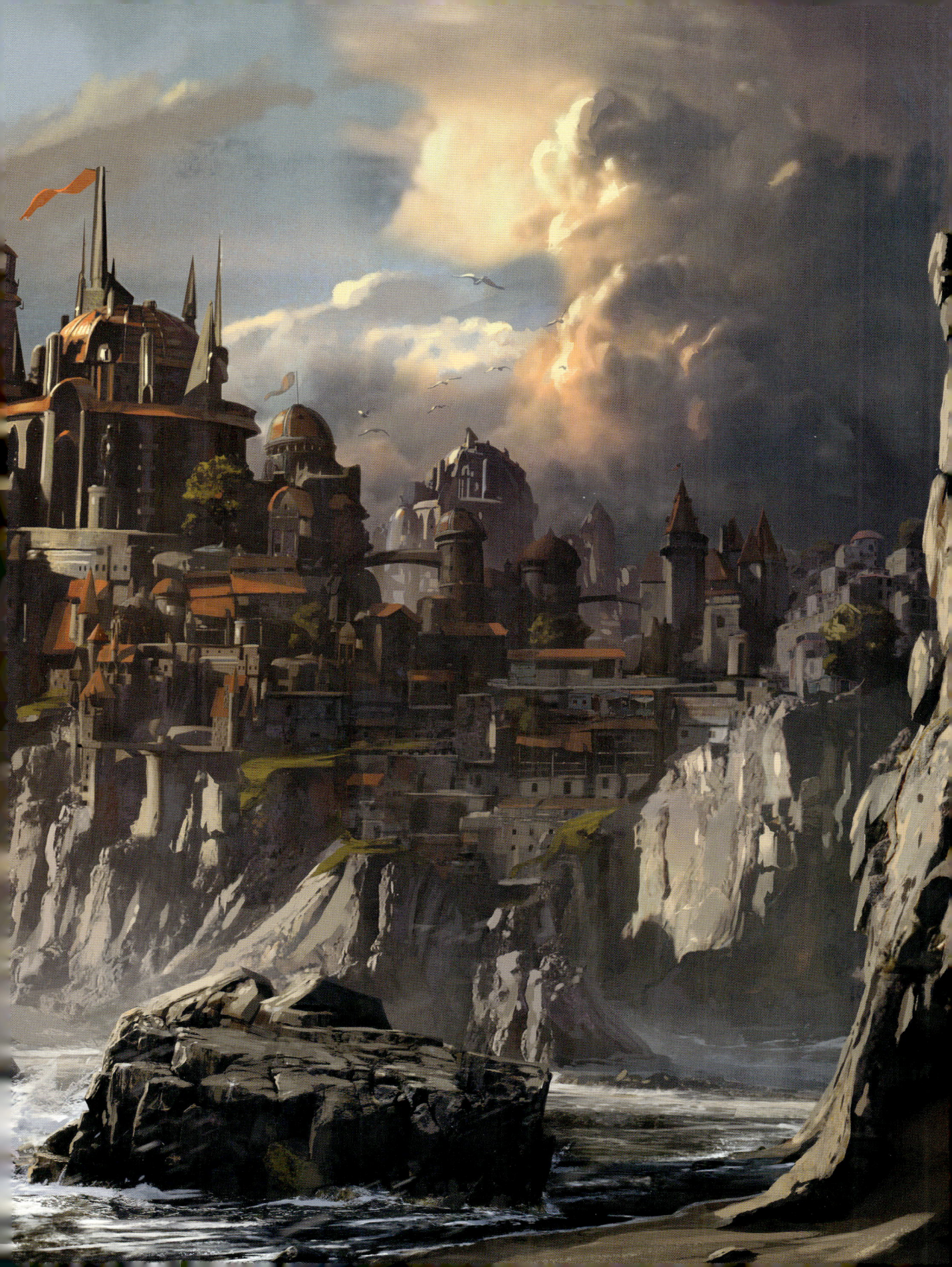

AGUAS PROFUNDAS Y LO QUE YACE DEBAJO

La magia de Toril es brillante, aguda y rápida, lo que proporciona a cada ciudad cierta viveza y, en el caso de Aguas Profundas, cierta personalidad. A veces, cuando se concentra suficiente energía mágica en un lugar, las piedras y los edificios pueden llegar a cobrar vida propia. Fueron muchas las ocasiones en las que me encontraba caminando por Aguas Profundas y una puerta se abrió por voluntad propia, que me condujo exactamente al lugar donde necesitaba ir; o que un gato callejero me llevó exactamente hacia la persona que necesitaba ver. ¿Puede volverse consciente una ciudad? En el caso de Aguas Profundas, estoy empezando a preguntármelo.

En comparación con otras ciudades, Aguas Profundas está llena de poderosos defensores, especialmente ahora que el Señor Abierto de Aguas Profundas no es otra que la guerrera-maga Laeral Silverhand. Además, Aguas Profundas es actualmente el hogar de algunos de los aventureros más poderosos de Toril, desde Vajra Safahr y la Vara Negra hasta la Fuerza Gris, Mirt el Prestamista, Durnan del Portal Bostezante, y el mago más famoso de Toril, Elminster Aumar, el Sabio del Valle de las Sombras. Con toda esta potencia de fuego que hay entre sus muros, la ciudad ocupa un puesto bajo en las listas de objetivos de posibles alborotadores y tiranos, y está bien protegida contra aquellos que puedan tratar de sembrar las semillas de la división y la inquietud. Hasta un contemplador poderoso como Xanathar es lo bastante consciente como para no atravesar los límites establecidos por Laeral Silverhand y abandonar su guarida en el Puerto Calavera. Pero hay interrogantes, puesto que Aguas Profundas también se alza sobre Bajomontaña, una antigua mina de los enanos, y tengo que creer que podría haber cosas enterradas y olvidadas allí hace mucho tiempo que podrían desenterrarse o despertar.

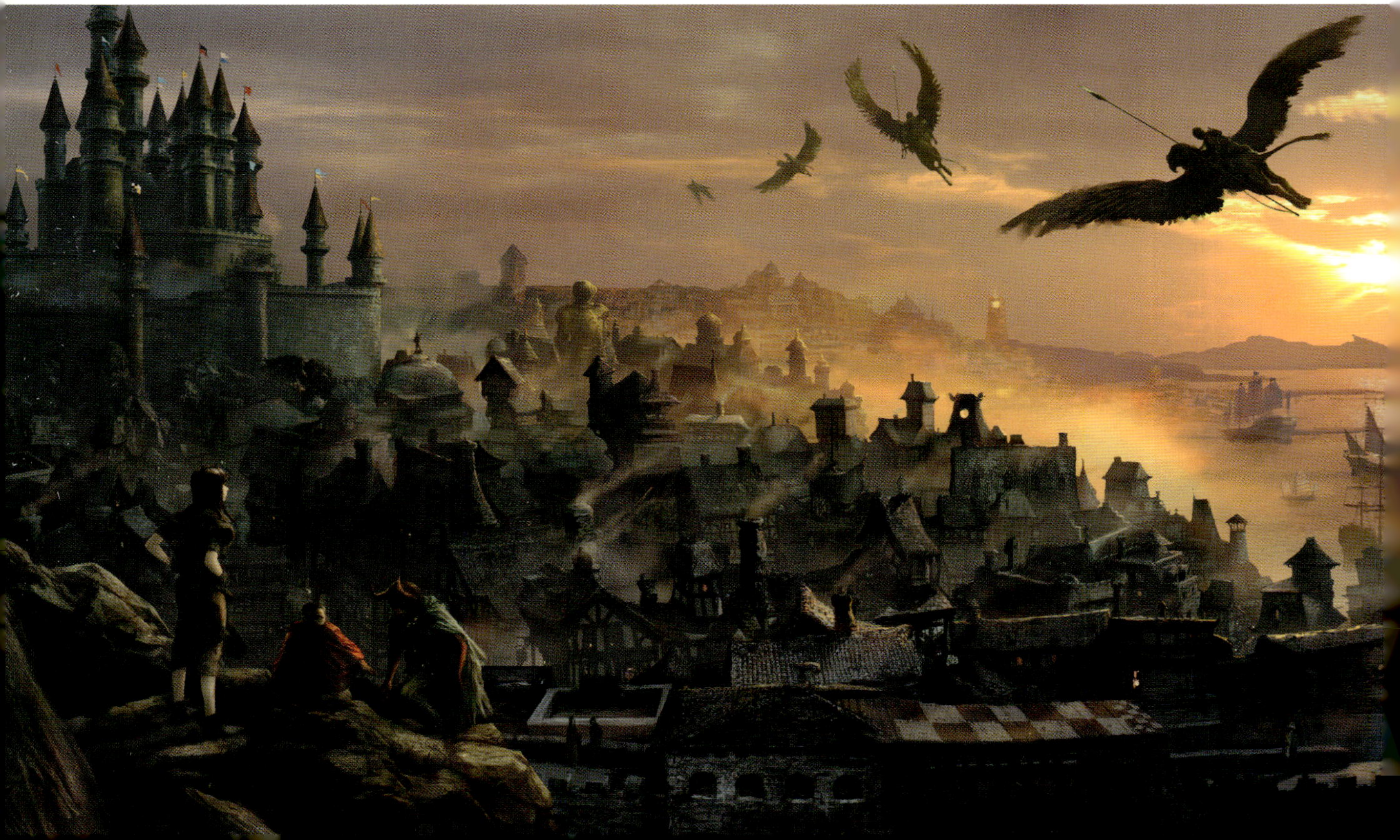

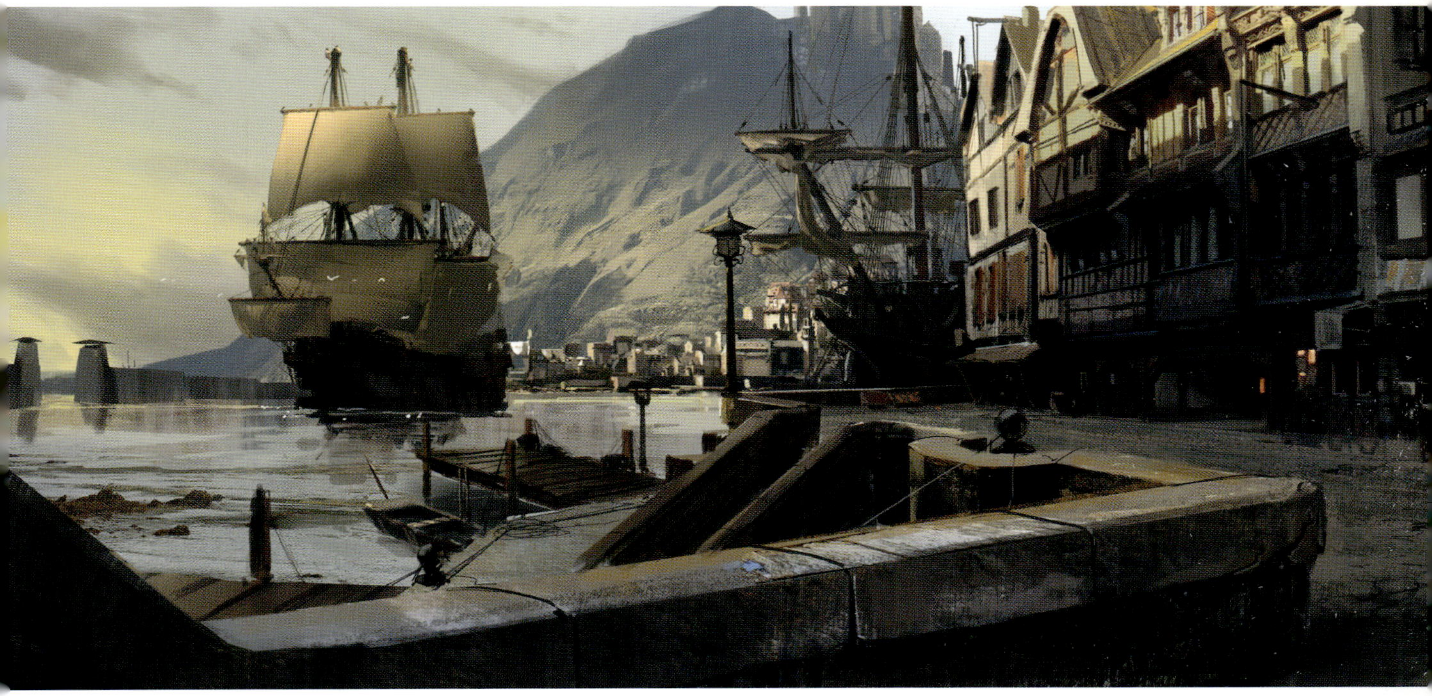

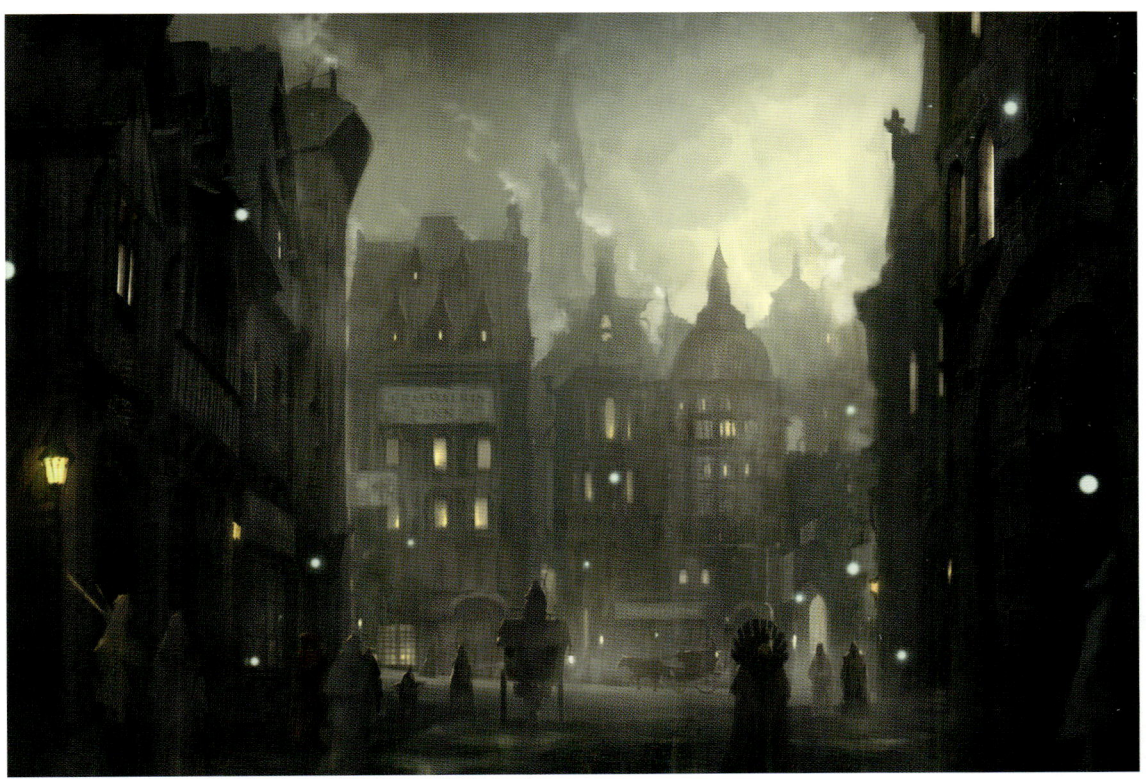

FAERÛN

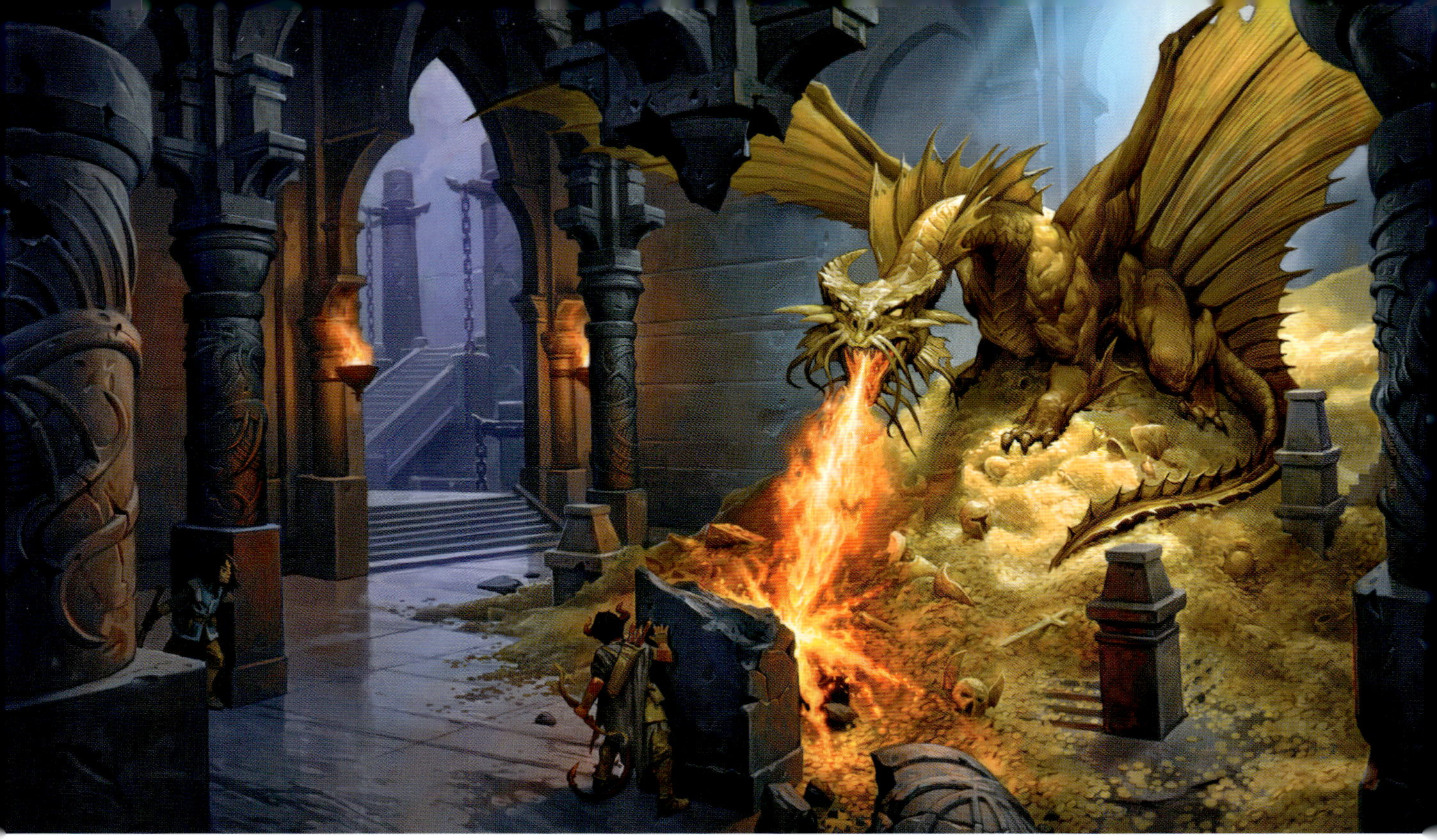

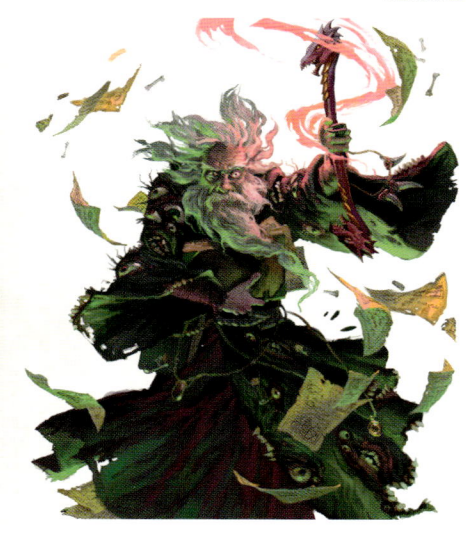

Bajomontaña

Bajomontaña era originalmente una mina de mithril que se convirtió en una de las mayores fortalezas de los enanos jamás construidas en Toril. El clan Melairkyn excavaba dentro y por debajo de lo que ahora es el Monte Aguaprofunda para extraer el mithril con el que comerciaban con los elfos del Bosque Alto al este.

Cuando el mithril se agotó, los enanos abandonaron Bajomontaña, que después fue tomada por el mago loco Halaster Capanegra, que sin duda estaba buscando alguna mazmorra elaborada en la que realizar sus demenciales experimentos. Se dice que Halaster exploró y aumentó el vasto laberinto de Bajomontaña, añadiendo sus propias salas, plantas y modificaciones mágicas. Halaster llevó hasta allí tesoros y rarezas de sus hazañas extraplanares para almacenarlos en las profundidades de su mazmorra, pero al igual que la mayoría de los magos locos, llamó a una peligrosa colección de monstruos y creó trampas mágicas con los que desalentar a los posibles saqueadores y a sus competidores arcanos.

Ahora se supone que Halaster lleva ya mucho tiempo muerto, pero eso todavía está por ver. Su torre se derrumbó hace mucho, y el aventurero convertido en encargado del bar, Durnan, construyó su taberna, el Portal Bostezante, encima de las ruinas de la torre de Halaster, y utiliza el antiguo pozo como acceso a Bajomontaña. Por la pequeña tarifa de una pieza de oro, Durnan permite a los clientes de la taberna descender al pozo y probar suerte para extraer una pequeña parte de las indecibles riquezas que todavía yacen dentro del laberinto de túneles, salas y pasadizos de Bajomontaña. Después de todo, tanto Durnan como Mirt se volvieron tan ricos como lo son actualmente aventurándose en Bajomontaña.

Pocos han salido alguna vez con vida de Bajomontaña, pues se supone que Halaster llenó las plantas iniciales de la mazmorra de sus dispositivos más atroces y sus monstruos más voraces para disuadir a los saqueadores de que se adentraran en las plantas inferiores, donde se rumorea que se encuentran los auténticos tesoros. Tanto Durnan como Mirt, los saqueadores más famosos de Bajomontaña, son notoriamente reservados sobre cómo lograron llevar a cabo su incursión repleta de gemas en la mortífera mazmorra de Halaster.

Pero ¿qué es lo que estaba haciendo Halaster en realidad ahí abajo? La mayoría lo pintan como alguien demente más allá de la razón, pero Halaster era un antiguo mago Imaskari de miles de años de edad que había viajado por el multiverso, había aprendido de las sociedades más avanzadas y había coleccionado toda clase de objetos arcanos. Debía de haber necesitado una cámara que fuera segura y estuviera oculta, ¿y qué mejor lugar que una mina abandonada de la talla de Bajomontaña del clan Melairkyn? Pero, en algún momento de su vida antinaturalmente larga, Halaster pasó de ser un maestro de lo arcano a estar loco de remate, y tengo que creer que, debido a su mente desconcertada, el mago dejó atrás muchos de los objetos extraplanares que había acumulado —artefactos nethereses, armas githyanki, baratijas infernales, manuscritos ilícidos, sigilos celestiales—, olvidados en el laberinto interminable de salas, pasadizos y cámaras dentro de Bajomontaña. Todo ello yace ahí para que cualquiera se apodere de ello, hordas de tesoros desconocidos de todos los lugares de Faerûn y el multiverso, lo que significa que aventurarse en Bajomontaña supone una perspectiva peligrosa pero tentadora.

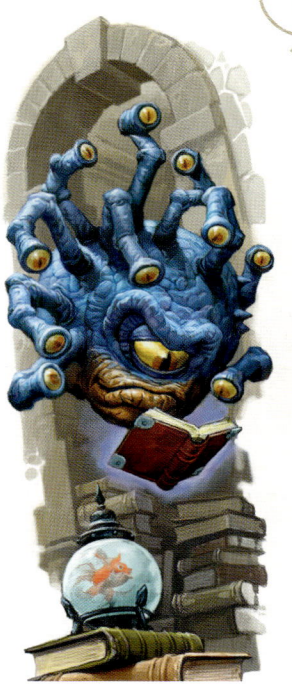

Puerto calavera y el Xanathar

Aunque la mayoría de las personas dentro de la ciudad han oído hablar del contemplador y señor del crimen, el Xanathar, y de su banda de rufianes de ojos furtivos y estafadores de lengua de plata, él no supone por sí mismo una amenaza para el Equilibrio. El Xanathar controla la ciudad subterránea de Puerto Calavera, el infame astillero que conecta las Cuevas Marinas de las costas de Aguas Profundas con el inmenso complejo de Bajomontaña a través del río Sargauth. Si sacara artículos ilícitos y peligrosos de Bajomontaña para venderlos en algún lugar de Faerûn, Puerto Calavera es el primer lugar por donde yo comenzaría, pero cualquiera que caiga bajo la sospecha de uno de los ojos del Xanathar se habrá metido en un buen lío, ya que el Xanathar, como la mayoría de los contempladores, es paranoico y vengativo. Ganarse su favor es un juego peligroso, pero si alguien desea explorar el Puerto Calavera en busca de objetos prohibidos, el Xanathar es un problema que habrá de resolver.

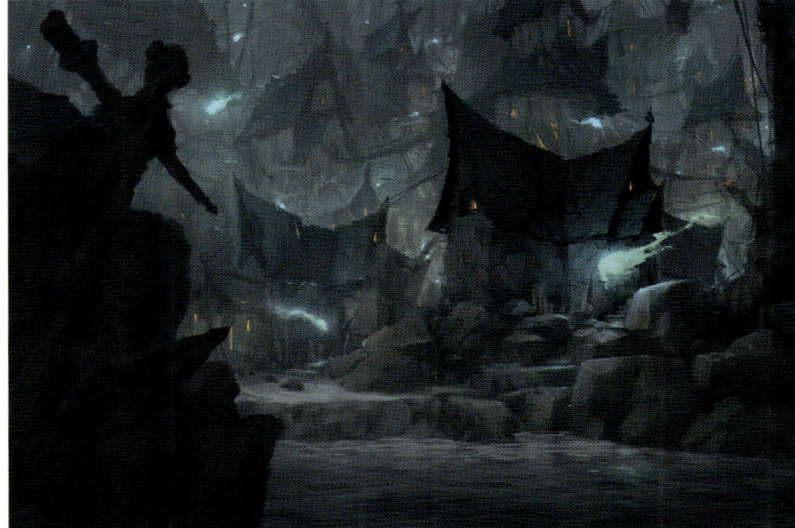

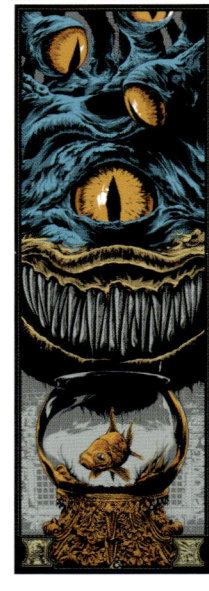
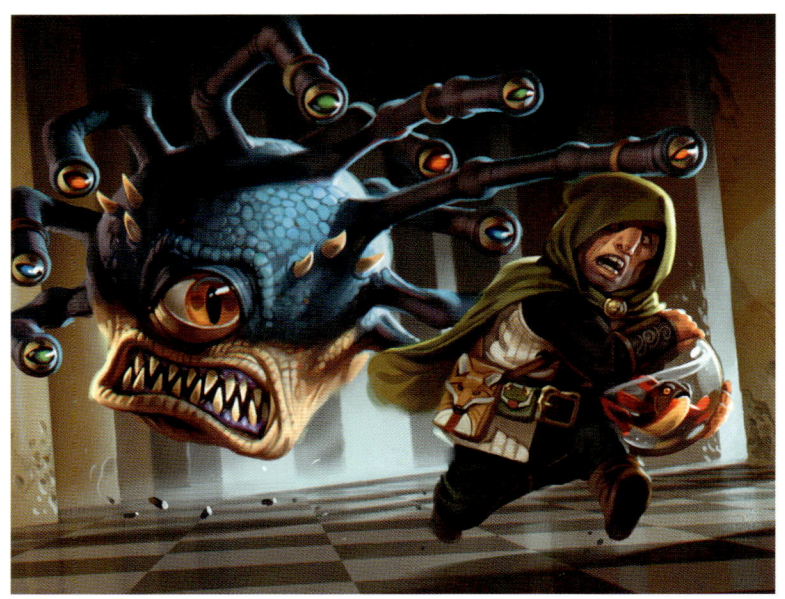

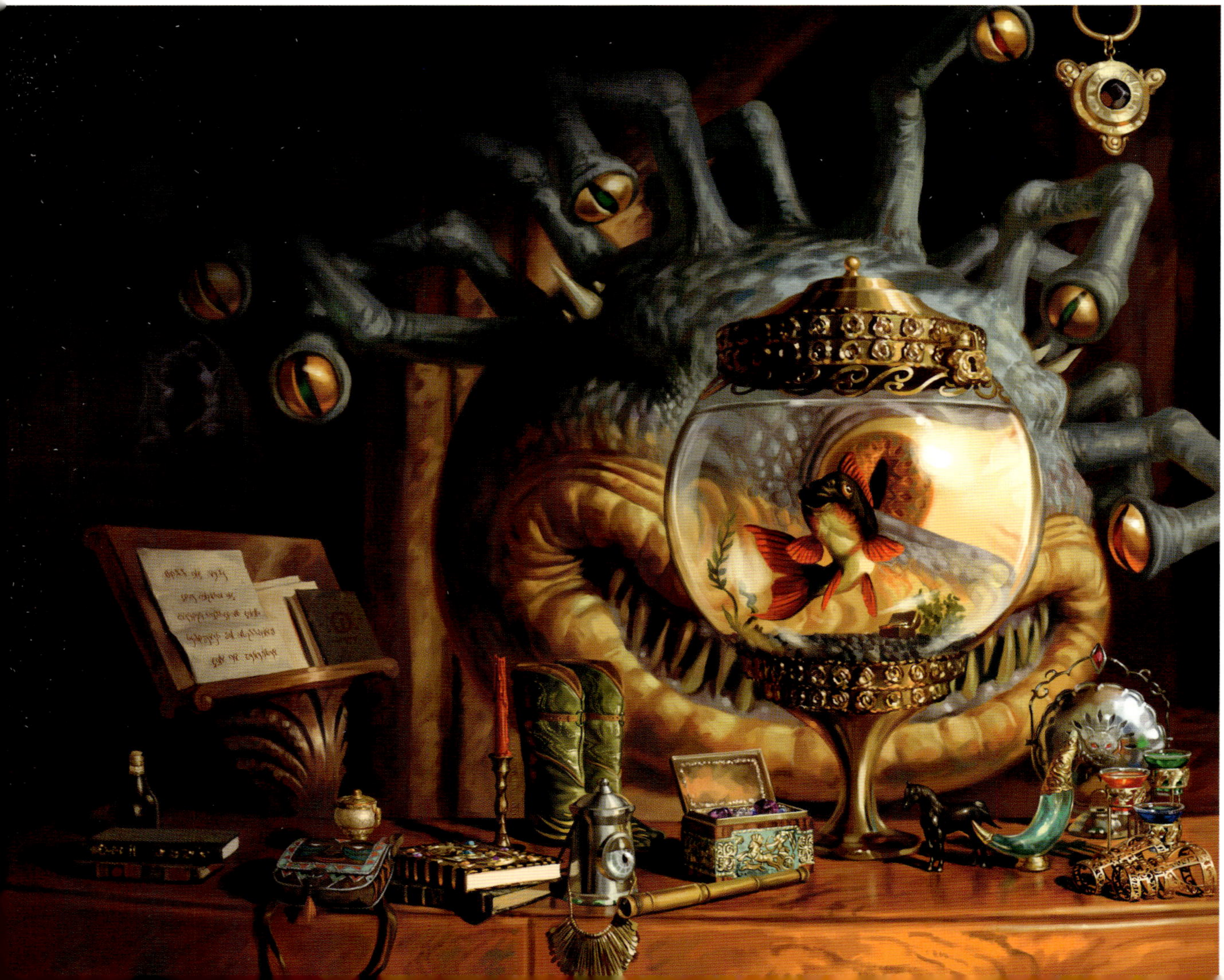

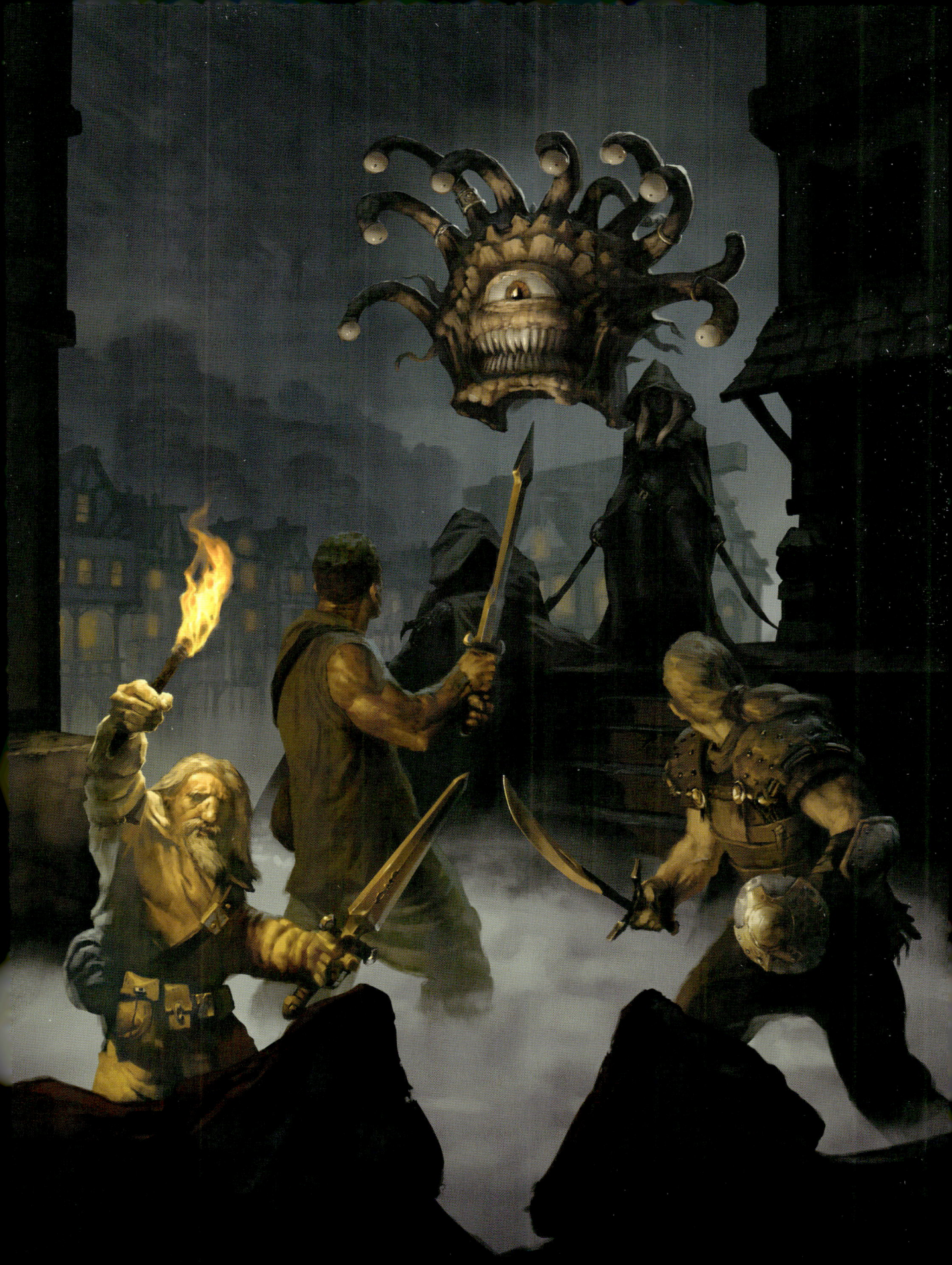

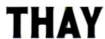

THAY

Si tuviera que pronosticar por un momento y observar el paisaje de Faerûn para predecir dónde corre el Equilibrio un mayor peligro de disrupción, escogería la nación de Thay. Esta es como un volcán que lleva una eternidad retumbando y de vez en cuando escupe alguna llamarada; cuando Thay envía a uno de sus infames Magos Rojos para realizar sus diabluras arcanas en alguna ciudad distante, eso a menudo provoca una guerra regional. Todas estas chispas volcánicas ya son lo bastante preocupantes, pero si se dejara sin vigilancia a Thay, su auténtica erupción podría cambiar el mundo.

EL ASCENSO DE SZASS TAM

Thay estuvo una vez gobernada por ocho zúlkirs, cada uno de ellos maestro de una escuela de magia, y todos ellos contaban con un grupo de discípulos, los infames Magos Rojos, que servían a sus maestros zúlkirs con fanático fervor. Los zúlkirs de esa época eran poderosos, pero estaban divididos; se peleaban entre ellos mientras trataban de conseguir poder y competir por él. Mientras los observaba a ellos y a sus esbirros Magos Rojos, cada uno un mago poderoso por derecho propio, a menudo me preocupaba el hecho de que, si los zúlkirs de Thay se unían alguna vez por una causa común, supondrían una grave amenaza. Si los zúlkirs permanecían divididos y contenidos dentro de Thay, la región sufriría, pero no el continente; sin embargo, si un zúlkir lograba hacerse con el control absoluto de Thay, sería un desastre. Una Thay unificada podría alterar el Equilibrio, y sin duda lo haría.

> THAY ES COMO UN VOLCÁN QUE LLEVA UNA ETERNIDAD RETUMBANDO Y DE VEZ EN CUANDO ESCUPE ALGUNA LLAMARADA.

He oído rumores perturbadores de que el archiliche Szass Tam, el zúlkir de la nigromancia, se ha hecho con el poder y la reverencia de los otros siete zúlkirs para convertirse en el gobernante supremo de Thay. Ahora bien, los zúlkirs son poderosos y podría haber algunos que se rebelaran contra Szass Tam, pero conseguir información desde dentro de Thay no es tarea fácil. Se trata de una sociedad cerrada; infiltrarse en ella es al mismo tiempo difícil y peligroso, y está protegida por la poderosa magia thayana que impide los métodos habituales de adivinación y escudriñamiento.

Muchos de los que viven en Thay son ciudadanos inocentes que tan solo desean vivir sus vidas mientras están bajo el gobierno de los zúlkirs, y espero que Szass Tam no provoque un apocalipsis nigromántico que convierta a toda la gente de Thay en un ejército de muertos vivientes. He oído de aventureros que han corrido un gran riesgo yendo a Thay para ayudar a los refugiados a huir de los peligros cada vez mayores bajo el mandato de Szass Tam, y para llevarlos a un lugar seguro a través de una red de túneles y caminos que llevan desde el Monte Thay hasta refugios tan alejados como Rashemen y Aglarond.

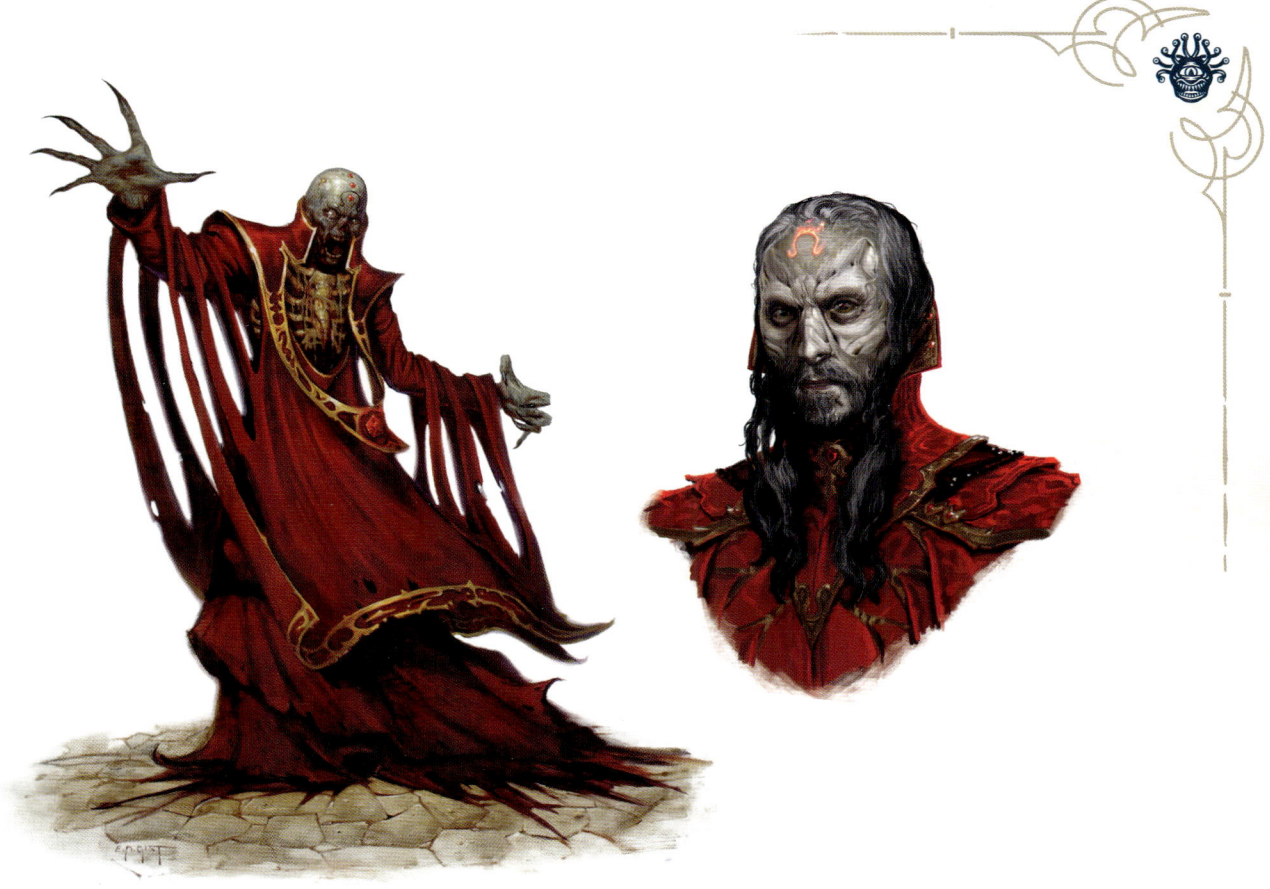

LA AMENAZA DE THAY

He hablado largo y tendido con uno de mis colegas, un mago de Turmish llamado Kasim, que me dijo que, debido a su relativa proximidad a Thay, los magos de Turmish siempre se han esforzado por conocer el funcionamiento interno de Thay mediante espías, hechizos y subterfugio. Utilizando sus conocimientos, los magos de Turmish han desarrollado una amplia variedad de hechizos, rituales y objetos que están especialmente diseñados para derrotar la magia thayana. Para cualquier aventurero que desee infiltrarse en Thay, es imprescindible equiparse con magia de la buena gente de Turmish.

    Pero ¡ten cuidado!

    En mi última conversación con Kasim, mencionó que, tras la llegada de Szass Tam al poder, los Magos Rojos han comenzado a experimentar con una nueva clase de magia, una energía caótica y pura que se está desarrollando a puerta cerrada en las partes más profundas de Thay. Lo único que tenía Kasim como prueba de esta magia era un objeto, una gema de color borgoña robada por un maestro ladrón de Aglarond y entregada a los magos de Turmish para su estudio. Cuando sostuve la gema en la mano, puede sentir al instante la vibración que zumbaba desde su interior como un nido de avispones. Huelga decir que nos quedamos hablando hasta altas horas de la noche, teorizando sobre lo que podría ser.

FAERÛN

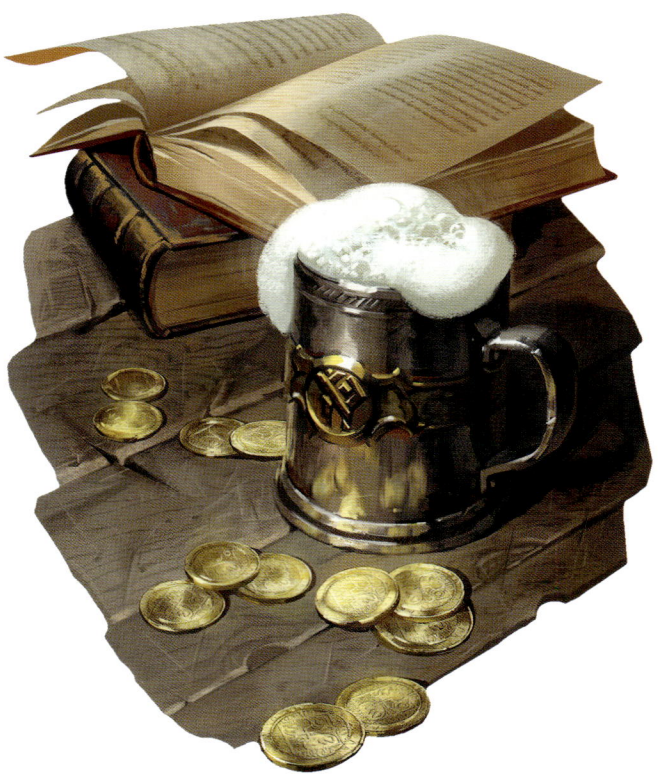

¿Acaso los zúlkirs habían atrapado una vez más al señor demonio Eltab? ¿Lo estaban empleando como conducto para la energía abisal? El poder que había dentro de la gema era inmenso, puro y caótico, como la energía de la mayoría de la magia demoníaca, pero de algún modo, los Magos Rojos habían encontrado una forma de contenerlo dentro de aquel objeto. Aquello me resultaba desconcertante, fascinante y preocupante al mismo tiempo. El mago que hay dentro de mí estaba lleno de preguntas, cuestionándome cómo los zúlkirs habían logrado contener una energía así, pero también sentía una preocupación que me carcomía las tripas de que mis peores temores se habían hecho realidad. Normalmente, los zúlkirs mantenían sus secretos mágicos ocultos de los demás zúlkirs, lo que por suerte les impedía llevar a cabo grandes descubrimientos. Si ahora estaban compartiendo información y trabajando para conseguir un objetivo en común, su ascenso al poder arcano sería veloz y terrorífico. Serían capaces de emplear formas de magia nuevas, devastadoras y todavía desconocidas para Toril y el multiverso, y para eso habría escasas defensas o tal vez ninguna.

Los Arpistas, la Alianza de los Lores y los gobernantes de naciones cercanas como Turmish y Aglarond agradecerían cualquier información que pudiera conseguir algún aventurero con la que poder confirmar o negar estos rumores, pero tendrían que infiltrarse en Thay y arriesgarse a ser capturados y convertidos en vargouilles o guerreros no muertos, y eso es suficiente para disuadir a todos, salvo a los más temerarios, habilidosos y fuertes de corazón.

MUNDOS Y REINOS

EL EQUILIBRIO

Toril está completamente rodeado de aquellos que desean hacer pedazos la empresa de la civilización y devorarla en un festín sangriento. Junto a la capacidad para hacer el bien, también hay avaricia en el corazón de cada criatura pensante, el deseo de dominio y control, y las fuerzas externas de los demonios, los diablos y las entidades aberrantes del Reino Lejano pretenden aniquilar, manipular y mutar los corazones y las mentes de la humanidad. Faerûn en particular es la joya de la corona del multiverso. Es como si el bien estuviera más afianzado aquí que en todos los demás mundos, tal vez porque ha tenido más campeones y por la reciente Secesión que expulsó a los dioses, lo que ha provocado que haya menos interferencia de sus caprichos. Pero, mientras el bien en cada mundo se esfuerza por construir algo de valor, estas expresiones han de ser protegidas por los héroes para que no caigan todos bajo la guadaña del mal.

Mientras estoy aquí sentado, escribiendo con mi fiel sabueso Orbus durmiendo junto al fuego, me doy cuenta del hecho de que pocos se dan cuenta del auténtico impacto que tienen sus acciones en el multiverso. Mientras el ciudadano corriente de un mundo como Toril trabaja para mantener su propia pequeña zona de orden a su alrededor, pocos llegan a saber jamás el acto de heroísmo que supone eso. Hay un dicho entre los Arpistas: «Si traes orden a ti mismo, traerás orden al mundo». Al haber visto el multiverso desde una perspectiva más amplia que la mayoría, puedo decir sin el menor atisbo de duda que cualquier acto de heroísmo, cualquier movimiento en dirección al bien, afecta al todo. Ojalá fuéramos capaces de sentir esto en nuestros huesos, la importancia que tiene, el hecho de que ningún esfuerzo bueno cae en saco roto; tal vez eso fortalecería nuestra resolución, y entonces podríamos esforzarnos un poco más por mantener el Equilibrio dentro de nosotros mismos y del mundo.

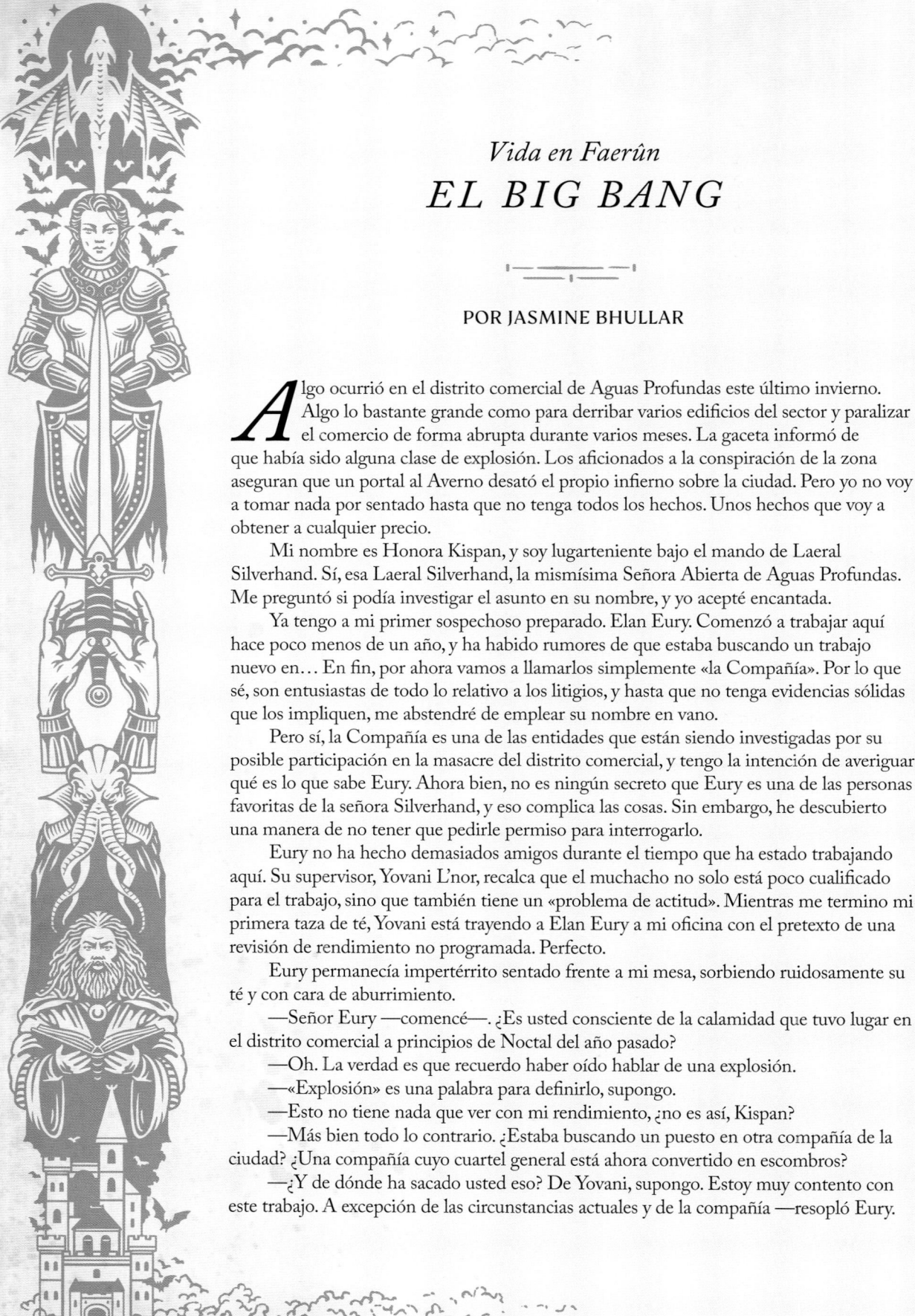

Vida en Faerûn
EL BIG BANG

POR JASMINE BHULLAR

Algo ocurrió en el distrito comercial de Aguas Profundas este último invierno. Algo lo bastante grande como para derribar varios edificios del sector y paralizar el comercio de forma abrupta durante varios meses. La gaceta informó de que había sido alguna clase de explosión. Los aficionados a la conspiración de la zona aseguran que un portal al Averno desató el propio infierno sobre la ciudad. Pero yo no voy a tomar nada por sentado hasta que no tenga todos los hechos. Unos hechos que voy a obtener a cualquier precio.

Mi nombre es Honora Kispan, y soy lugarteniente bajo el mando de Laeral Silverhand. Sí, esa Laeral Silverhand, la mismísima Señora Abierta de Aguas Profundas. Me preguntó si podía investigar el asunto en su nombre, y yo acepté encantada.

Ya tengo a mi primer sospechoso preparado. Elan Eury. Comenzó a trabajar aquí hace poco menos de un año, y ha habido rumores de que estaba buscando un trabajo nuevo en… En fin, por ahora vamos a llamarlos simplemente «la Compañía». Por lo que sé, son entusiastas de todo lo relativo a los litigios, y hasta que no tenga evidencias sólidas que los impliquen, me abstendré de emplear su nombre en vano.

Pero sí, la Compañía es una de las entidades que están siendo investigadas por su posible participación en la masacre del distrito comercial, y tengo la intención de averiguar qué es lo que sabe Eury. Ahora bien, no es ningún secreto que Eury es una de las personas favoritas de la señora Silverhand, y eso complica las cosas. Sin embargo, he descubierto una manera de no tener que pedirle permiso para interrogarlo.

Eury no ha hecho demasiados amigos durante el tiempo que ha estado trabajando aquí. Su supervisor, Yovani L'nor, recalca que el muchacho no solo está poco cualificado para el trabajo, sino que también tiene un «problema de actitud». Mientras me termino mi primera taza de té, Yovani está trayendo a Elan Eury a mi oficina con el pretexto de una revisión de rendimiento no programada. Perfecto.

Eury permanecía impertérrito sentado frente a mi mesa, sorbiendo ruidosamente su té y con cara de aburrimiento.

—Señor Eury —comencé—. ¿Es usted consciente de la calamidad que tuvo lugar en el distrito comercial a principios de Noctal del año pasado?

—Oh. La verdad es que recuerdo haber oído hablar de una explosión.

—«Explosión» es una palabra para definirlo, supongo.

—Esto no tiene nada que ver con mi rendimiento, ¿no es así, Kispan?

—Más bien todo lo contrario. ¿Estaba buscando un puesto en otra compañía de la ciudad? ¿Una compañía cuyo cuartel general está ahora convertido en escombros?

—¿Y de dónde ha sacado usted eso? De Yovani, supongo. Estoy muy contento con este trabajo. A excepción de las circunstancias actuales y de la compañía —resopló Eury.

Le dirigí una sonrisa helada y deslicé un sobre arrugado hacia él.

—¿Reconoce esto?

—Sí, lo reconozco. Y reconozco que estaba dirigido a mi padre y no a usted.

—¿Podría leer esto en voz alta para todos los presentes? —pregunté, señalando al desafortunado Yovani L'nor que tomaba notas en silencio en un rincón.

—Preferiría no hacerlo.

Sonreí y leí la carta en voz alta, disfrutando de la incomodidad de Eury.

«Después del trabajo, deambulé por el distrito, atraído por un sabroso aroma que prometía sustento a cambio de dinero y no trabajo. El día ya había sido bastante laborioso de por sí…

Estaba admirando unos pasteles de cordero picado que a duras penas podía permitirme cuando la vi. Cuando íbamos juntos al colegio, ella había sido la cruz de mi existencia, pero ahora, subiendo las escaleras de la Torre de la Suerte, no era más que una chica. Sus palabras me inspiraron a presentar la solicitud para ese trabajo. Me mostró una sonrisita malvada cuando dijo: «Los misiles mágicos son muy capaces de fallar si no los lanzas, Elan».

Se hallaba envuelta en un aroma a kewra y oudh, y esa familiar sonrisa malvada estaba suavemente iluminada por el incienso que sostenía. Estaba escribiendo un poema para Tymora cuando la interrumpí; las típicas tonterías de los bardos…, pero estoy divagando.

Después de oír sobre mi buena fortuna, no perdió el tiempo en contarme la suya. Al parecer, ha conseguido un puesto en la compañía de su padre y ya está ascendiendo.

Aunque fue un aroma sabroso lo que al principio me atrajo hacia aquel barrio, tengo la sensación de que es el aroma embriagador de Certainty lo que me atraerá otra vez allí mañana».

El muchacho se puso de pie y empujó su silla hacia atrás.

—¿Qué tiene que ver esto con nada?

—Usted empezó a trabajar aquí bajo las instrucciones de Certainty Dran. La misma Certainty que es la heredera de la compañía investigada. Dran necesitaba algo de Silverhand, y necesitaba que usted se lo consiguiera. ¡Deje de reírse!

Eury rio entre dientes y dijo:

—Lo único que hacíamos era hablar, cuando ella no estaba metida en sus insignificantes tonterías de los bardos, claro está. Odiaba cuando lo llamaba «tonterías de los bardos». Lo más probable es que dejara de venir por eso. Esa es la pieza que falta en su argumento cuidadosamente elaborado. Dejé de verla semanas antes de que pasara todo aquello.

Sentí que el color invadía mi cara.

—Ah, pero usted le pidió a Silverhand una Invocación evocadora de su colección personal. Le dio ese tomo a la señorita Dran como su último…

Entonces, oí un golpeteo enérgico en la puerta. Me alisé el chaleco y pasé junto al muchacho insolente para responder, y me encontré con el semblante sereno de la mismísima señora Silverhand. Balbuceé sin saber qué decir, pero ella levantó un dedo para silenciarme.

—Excelente lugarteniente Kispan, aprecio todo el cuidado que ha dedicado a esta investigación. Sin embargo —continuó su voz de plata—, seré yo misma quien hable con Elan. Si vamos a interrogar al muchacho, que sea de forma oficial. Apropiada. Elan, espero que me devuelvas mi libro, querido. Otiluke me dejó una nota bastante sentimental en su interior, y sin ella me sentiría desolada.

El momento de su llegada fue desafortunado porque creo que Eury estaba a punto de admitir algo. No obstante, mi estratagema funcionó, y ahora la señora Silverhand le sacará la verdad.

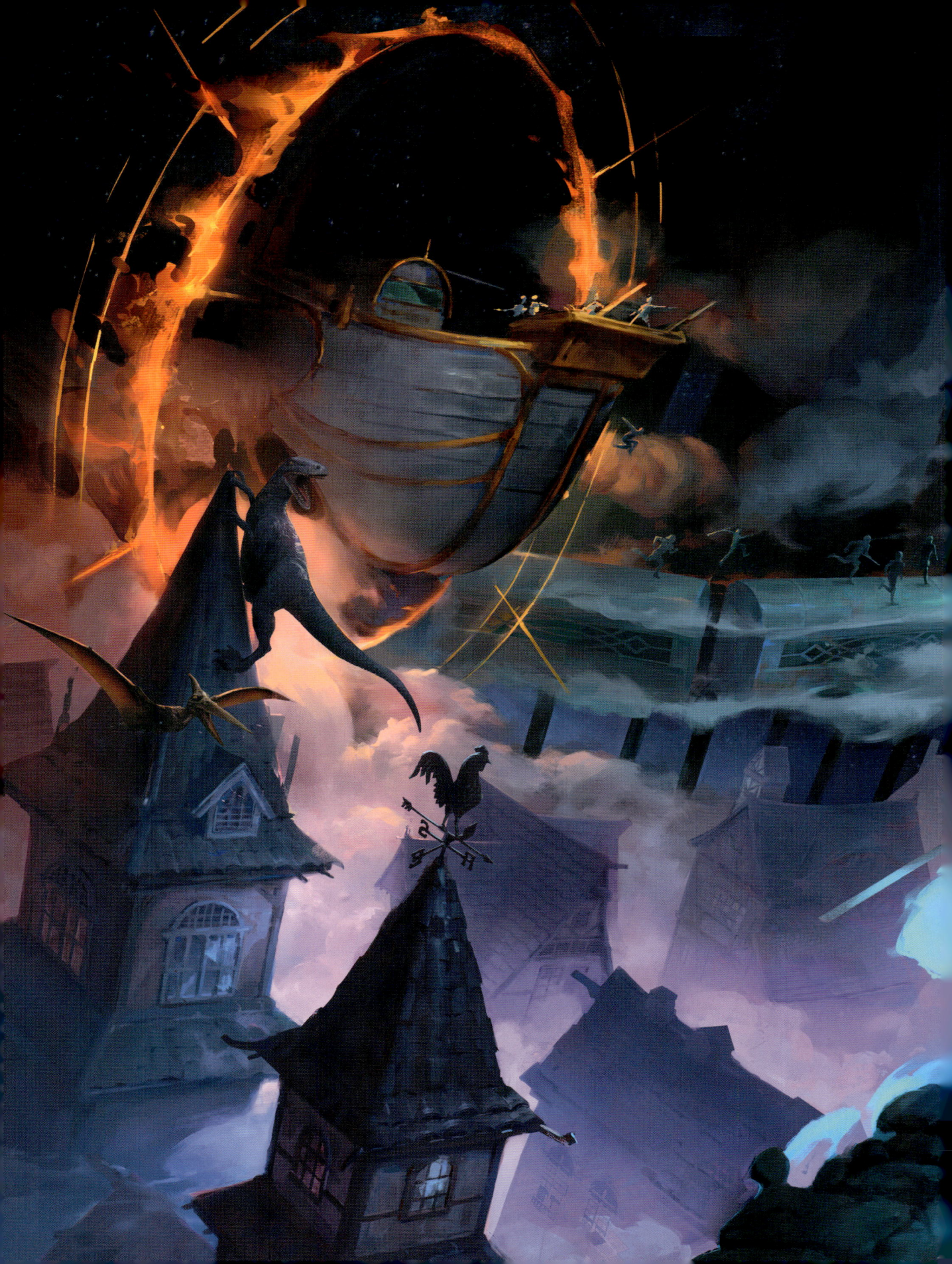

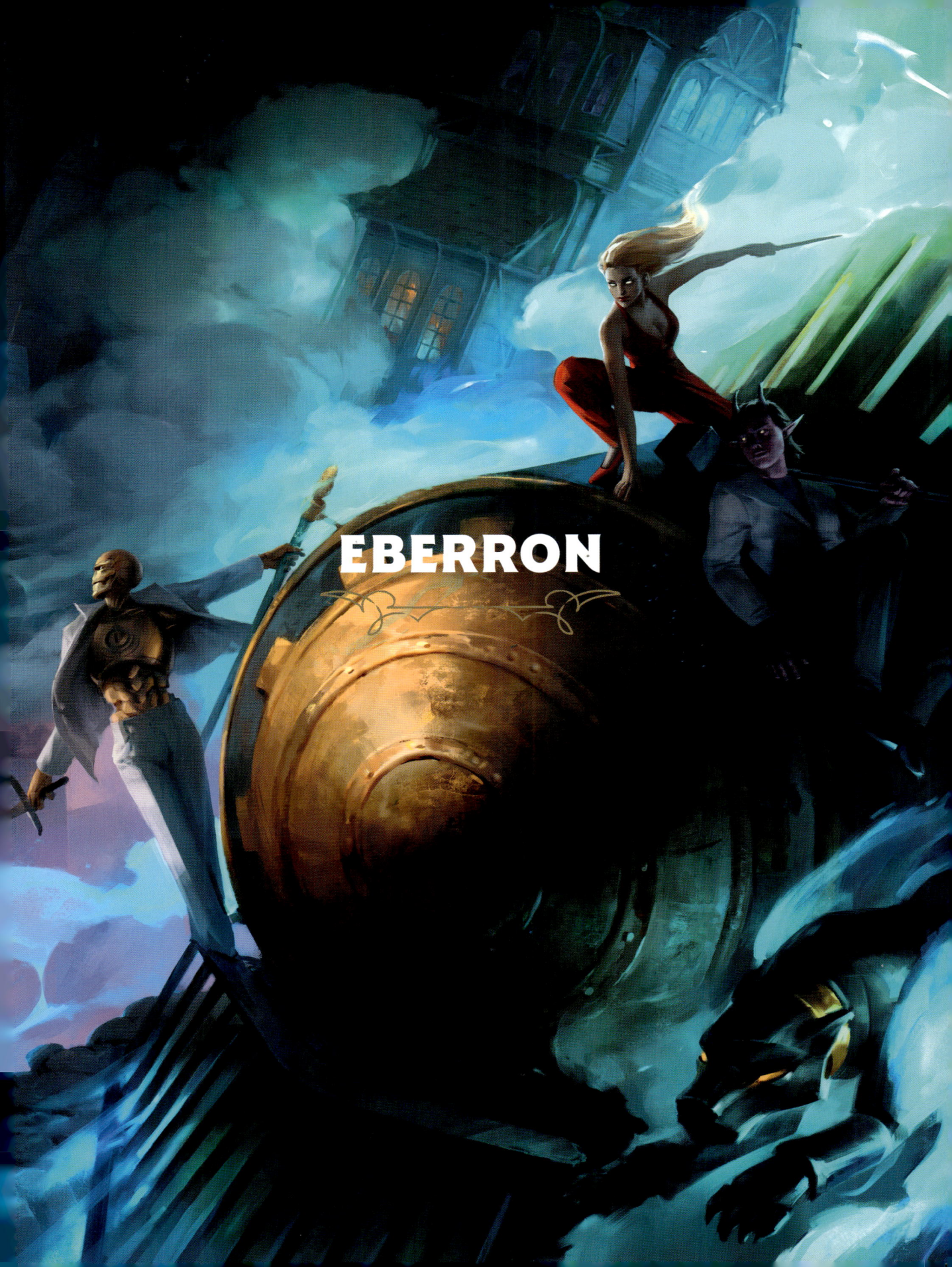

E**berron es un mundo que** se recupera de la guerra. Como tantos otros mundos con los que me he topado, se alza de las cenizas de la destrucción causada por la ambición sin sentido, el estúpido orgullo y la subyacente influencia del mal.

Fue en una charla que duró hasta altas horas de la noche con Lilifas Ramkin, un elfo historiador entusiasta de exquisitas decocciones de hierbas, donde me contaron la angustiosa historia de la Última Guerra, un acertijo de colosales dimensiones que hundió el continente khorvairiano dejándolo en el dilema en el que se halla hoy en día, esforzándose por salir del naufragio para, si la suerte acompañaba, forjar un futuro mejor para los suyos. El detonante de la Última Guerra fue una crisis en la línea de sucesión, provocada por la muerte prematura del rey Jarot, que fracturó el reino de Galifar y llevó a sus cinco herederos a reclamar el trono y prender la llama del fervor nacionalista que barrió el continente.

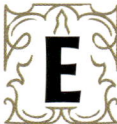

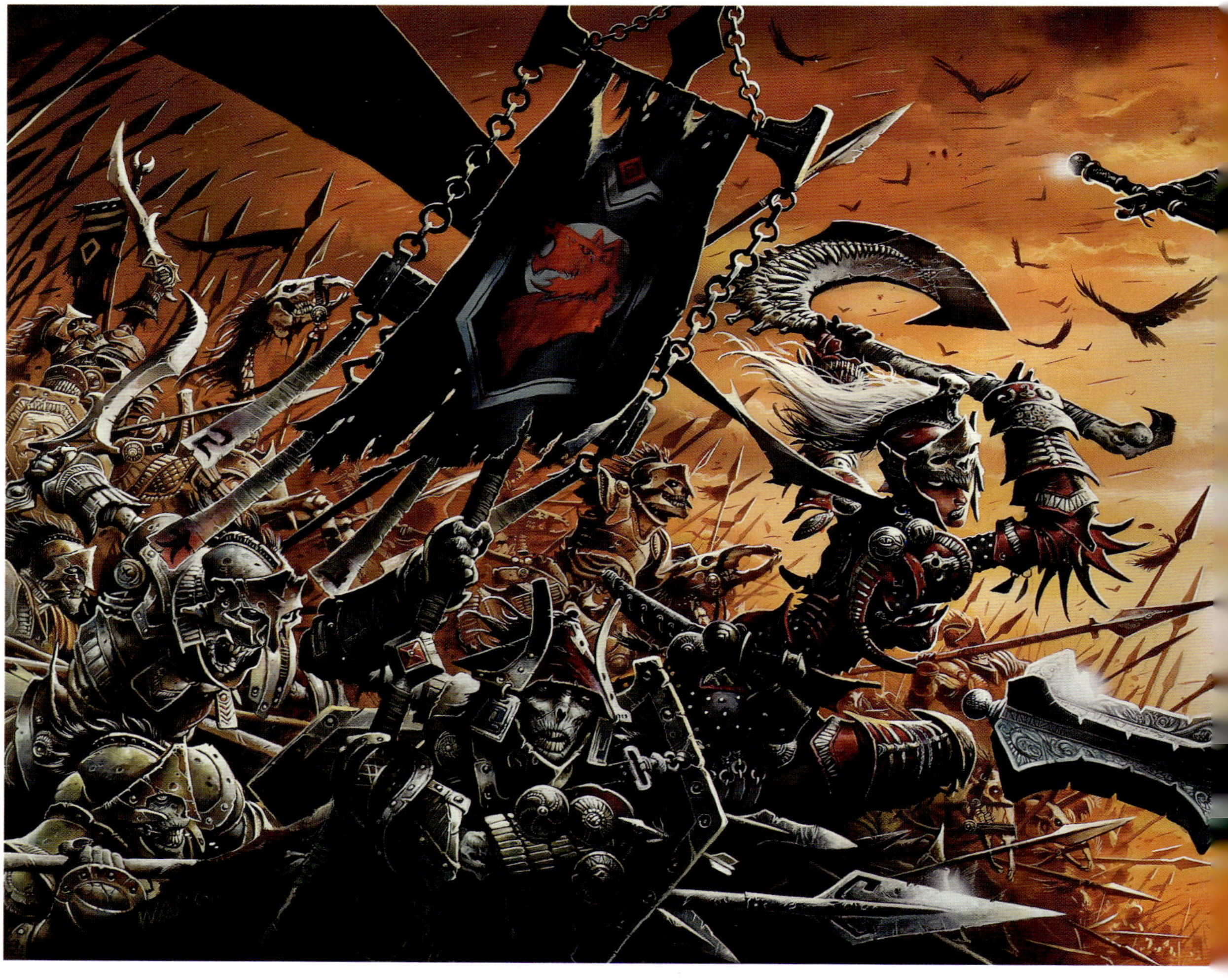

MUNDOS Y REINOS

La rivalidad profundamente arraigada entre las cinco naciones de Khorvaire avivó el deseo de supremacía de cada uno de los herederos, y el poder de las casas con la marca de dragón, con su nada desdeñable influencia, creció exponencialmente mientras otras sociedades secretas, como los enigmáticos Señores del Polvo y la infame Cámara, movían los hilos desde las sombras.

La avaricia y la especulación prosperaron en medio de aquel caos, gracias a la participación de individuos y organizaciones que sacaron provecho del conflicto. El advenimiento de las maravillas arcanas, como los forjados o las aeronaves elementales, les conferían ventajas tácticas a los belicosos herederos del rey Jarot. Estos inventos, creados con artificio místico, inclinaban la balanza de poder a uno y otro lado en una carrera armamentística arcana que crecía como una burbujeante aberración abisal.

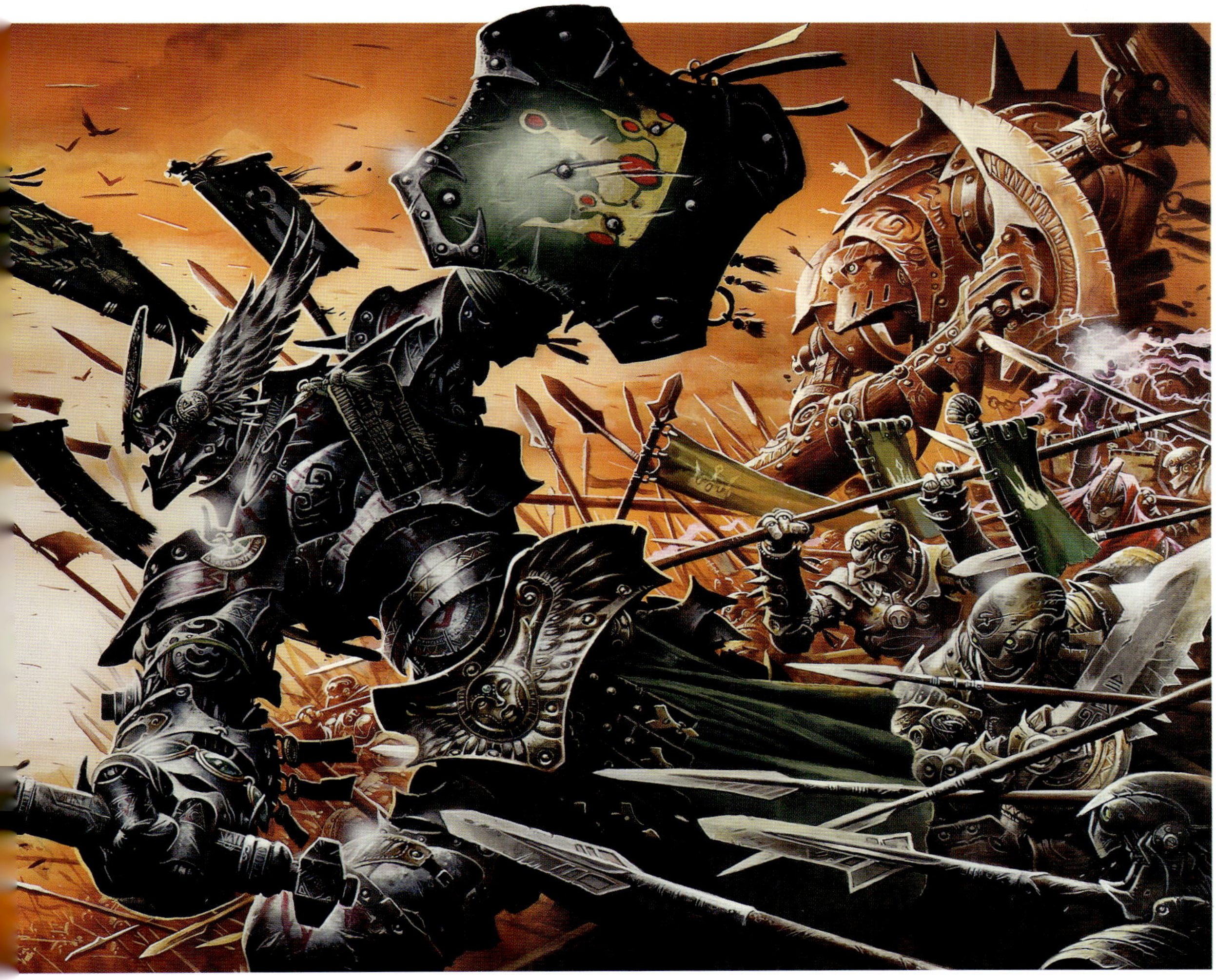

Sin embargo, el elemento más evocador de esta saga puede que fuera el despertar de los forjados. Creados en un principio como máquinas de destrucción

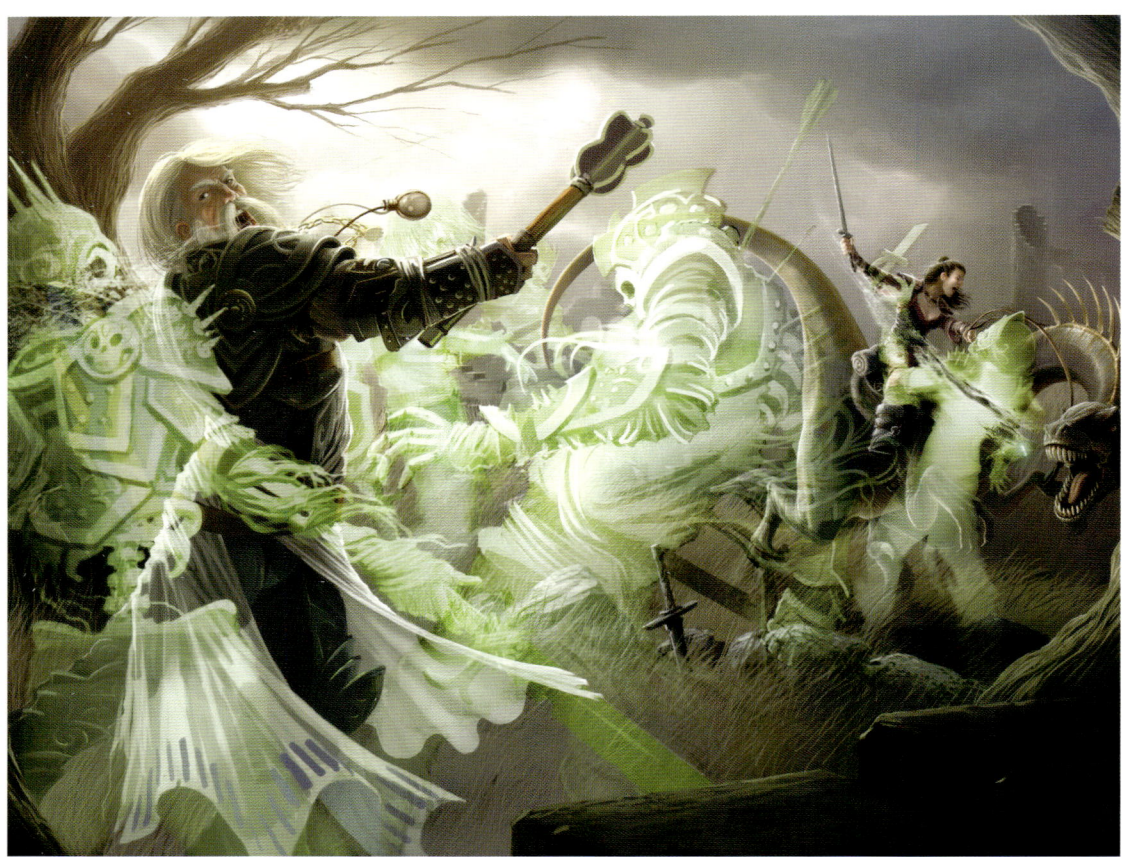

sin escrúpulos, estos forjados, por una milagrosa y mágica anomalía, se volvieron conscientes de sí mismos y tuvieron que enfrentarse a un desconcertante dilema moral: ser utilizados como títeres en un mundo en guerra.

La Última Guerra terminó con un acontecimiento que sigue, a día de hoy, siendo inexplicable: una catástrofe espeluznante conocida como el Luto. Este suceso misterioso y devastador destruyó la nación de Cyre, convirtiéndola en un desierto desolador, sumido en la tragedia y la aflicción. Con los amenazadores ecos del Luto todavía reverberando en la tierra, la guerra acabó en un tímido armisticio. Al no haber un ganador claro, el continente continuó dividido, aferrándose a una paz muy frágil que podía quebrantarse en cualquier momento.

Conforme se iba bajando el telón de la Última Guerra, se empezaba a preparar el escenario para un mundo irrevocablemente cambiado, donde la intriga política y los dilemas morales del conflicto continúan girando junto con los precavidos ecos de su enigmático y evocador final.

UN MUNDO APARTE

Eberron es un mundo, un universo, mejor dicho, externo al nuestro. Se ha mantenido oculto a los curiosos ojos de los magos y la intromisión de los dioses. Y pese a este aislamiento metafísico, está lejos de ser inmune a las intrigas de sus seres casi divinos o al saqueo de los demonios y poderosos diablos. He de admitir que cuando llegué a Eberron esperaba encontrar un mundo ideal, un universo nuevo donde seres dispares vivían en armonía, libres de los látigos y las cadenas del miedo. Tal vez se hallara aquí un ejemplo que pudiera analizar, un lugar que contuviera la clave mágica para entender el Equilibrio, un mundo que hubiera conseguido librarse de las tentaciones y de la corrupción del mal. Se dice que no puede existir el bien sin el mal, pero ¿podría erradicarse el mal del Plano Material y existir únicamente en nuestra memoria colectiva como un cuento con moraleja, un tarro de veneno mortal que nadie se atreviera a tocar, una fuente de sabiduría? Quizá podamos utilizar nuestra memoria como si se tratara de una caja mágica capaz de contener el mal para que el mundo sea ajeno a sus efectos, que con tanto entusiasmo nos hacen reaccionar. Suena imposible, pero claro, también debería haberlo sido encontrar Eberron, un universo aislado.

Fue un sueño el que me condujo hasta allí, y en los sueños, todo es posible.

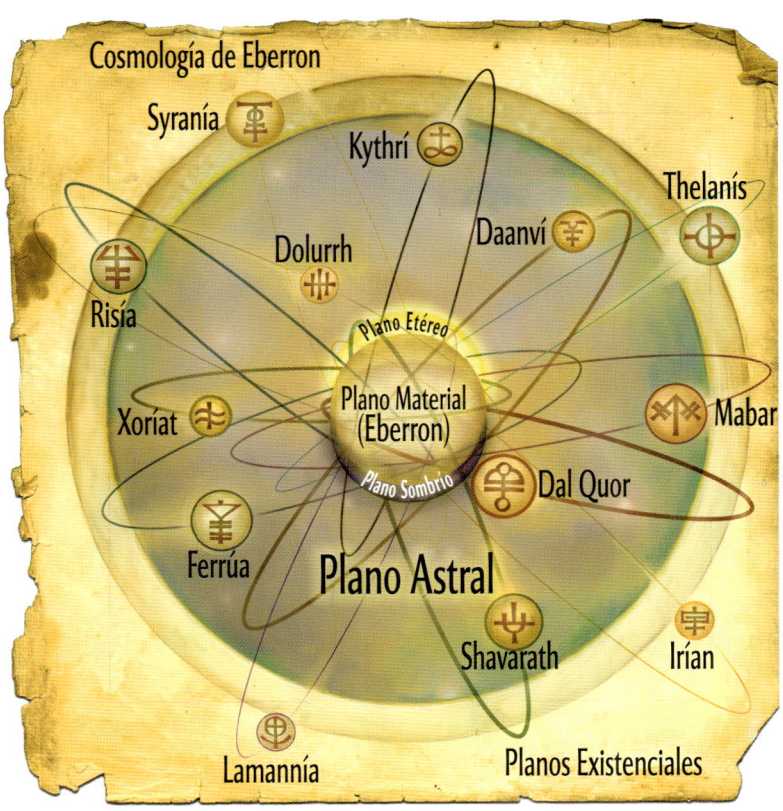

VIAJE ONÍRICO

Había estado investigando los sueños. Sentía curiosidad por saber si se podía acceder a través de ellos a otro tipo de conocimiento o a uno más profundo. Tal vez un tipo de conocimiento no-lineal donde un conjuro completo podría materializarse ante mi ojo interior. Los sueños guardan relación con las visiones, que tienen un carácter más holístico, son más directas y no se andan con rodeos a la hora de comunicar las cosas, sean estas triviales o sustanciales, que a menudo simplificamos o complicamos con nuestra mente despierta.

Que los magos utilicen los sueños no es nada nuevo. Existen hechizos que conjuran visiones oníricas y que les permiten aparecer en el sueño de otra persona. Lo que me preguntaba era si un mago podría anclarse al sueño e investigar las reglas del espacio onírico. Tenía la mente llena de interrogantes y quería averiguar más. ¿Eran los espacios oníricos personales o existía un único lugar compartido por todo aquel que soñaba? ¿Podría un artífice usar la magia en el espacio onírico e infundir en los objetos sustancia onírica? ¿Y podrían traerse esos objetos de vuelta al Plano Material?

Con la inestimable ayuda de Bigby, mi furtivo aunque leal aprendiz, comencé a modificar los conjuros que utilizábamos para viajar al Plano Astral tratando de permanecer dentro de los confines del espacio onírico. Conseguimos llevarlo a cabo con éxito en varias ocasiones.

Sin embargo, un día, algo salió mal.

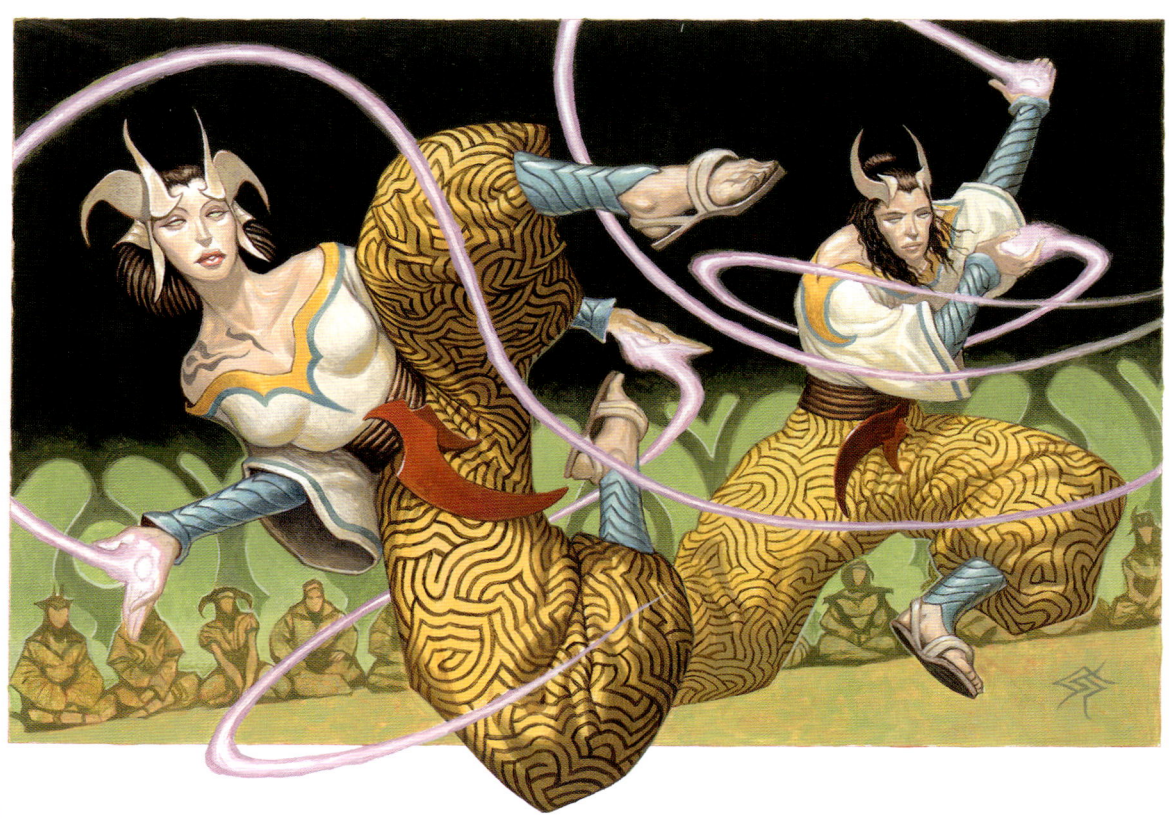

MUNDOS Y REINOS

Cuando me adentré en el espacio onírico ese día, sentí como si estuviera contemplando una obra extraña en la que, en ocasiones, yo era el público, a veces el actor y en otras las dos cosas a la vez; una experiencia de lo más extraordinaria. Entonces me di cuenta de que, al igual que sucede en las obras de teatro, el atrezo y el fondo del sueño podían quitarse, y se podía despachar a los actores de modo que quedara únicamente el escenario vacío. Fue en ese instante cuando vislumbré la realidad que se esconde tras la ilusión del sueño: otro mundo, como si fuera una dimensión de bolsillo donde se desarrollaba mi sueño, o todos los sueños.

Cuando fui capaz de atravesar esta ilusión, pude oír un cántico, un conjuro que me llamaba. Deambulé entre bastidores, por así llamarlo, atravesando el oscuro telón de mi mente, guiado tan solo por el cántico hasta que entré en una habitación en la que había cuatro imágenes ligeramente resplandecientes de lo que parecían monjes.

Cuando entré en la sala, uno de ellos se levantó y caminó en mi dirección. Extendió la mano, sonrió y dijo: «¿Te gustaría sentir el poder de los sueños?».

Bueno, yo nunca digo que no a un buen misterio.

Así que me aferré a su mano y, con un destello de luz y en un acelerón de velocidad existencial, me encontré despertándome del sueño en un cuerpo que no era el mío y en un universo diferente. A través del espacio onírico, estos seres, los kalashtar, me habían trasladado a Eberron.

Miré a través de los ojos de mi nuevo cuerpo como si fueran míos, aunque podía sentir levemente la existencia de dos consciencias más, como si estuvieran superpuestas la una sobre la otra, la extraña sensación de sentirte distinto a pesar de ocupar el mismo espacio. Los kalashtar me explicaron que la única manera en la que podían trasladar a alguien a su mundo era a través de los sueños; lugar del que eran originarios sus espíritus simbiontes, llamados «quori». Fueron esos espíritus quori que habitaban sus huéspedes humanos quienes diseñaron el plan para moverse a su antojo por el espacio onírico; espacio que este quori en particular definió como un reino común compartido por todo aquel que sueña. Esta era una posibilidad de lo más fascinante que, de ser cierta, tendría grandes consecuencias arcanas.

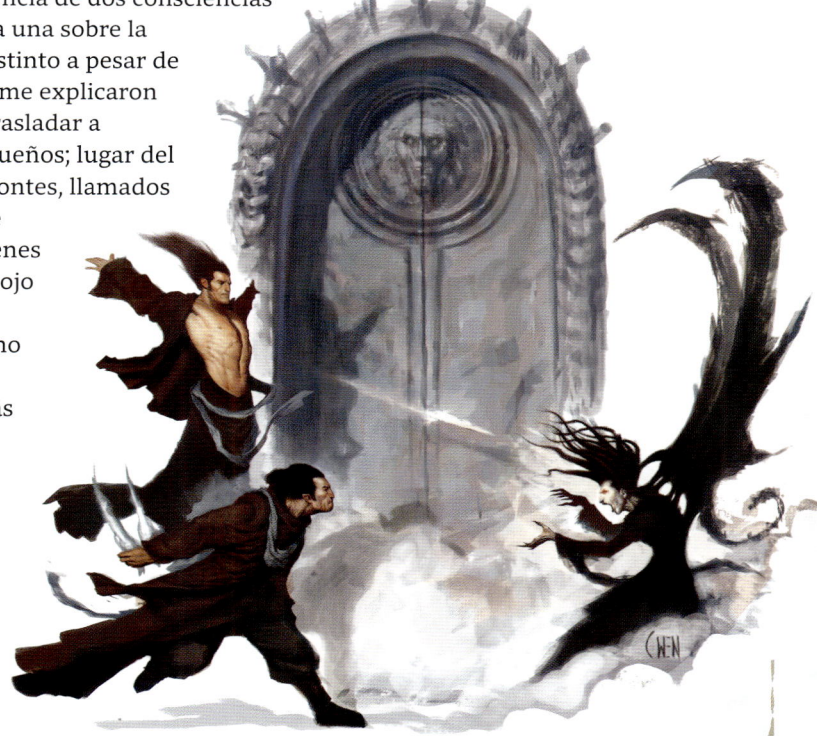

A pesar de la hospitalidad de mi huésped, no tardé mucho en crear un simulacro mágico en el que pudiera habitar y sentirme yo mismo.

Debo admitir que, tras haber compartido un cuerpo con dos espíritus, puedo probar empíricamente y sin lugar a dudas que tres son multitud.

EBERRON

UNA AVENTURA CON MAK PIEDEHIERRO

En Eberron, la magia fluye como en ningún otro lugar, se derrama sobre la materia de tal forma que conseguiría que se murieran de envidia todos los artífices lantanios de Toril. La mayoría de las ciudades del continente más grande de Eberron, Khorvaire, utilizan la magia como fuente de energía de formas variadas y nunca vistas, incorporándola a su día a día. Usan la magia para alumbrar las calles, cargar grandes vehículos como el excitante rayocarril y para darle vida a intrincados mecanismos que abren puertas y transportan cargamentos. Pero no hay mayor proeza del artificio, que deja todo lo demás a la altura del betún, que los forjados.

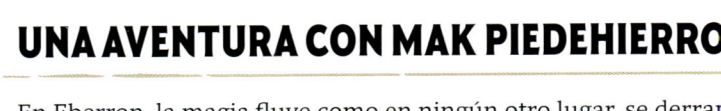

Oí hablar por primera vez de los forjados y su repentino despertar a mi anfitriona kalashtar, aunque no me lo creí. Me contaron que los forjados eran en esencia gólems, artefactos mecánicos diseñados para pelear en la terrible Última Guerra. Según la kalashtar, sin saber muy bien por qué, como si se tratara de un milagro, los forjados comenzaron a despertarse convirtiéndose en algo más que meros autómatas. Libres de los dictados de sus creadores y amos, muchos simplemente soltaron las armas y abandonaron el campo de batalla.

Dudé de que esta sintiencia ocurriera de forma espontánea y pensé que algún ente debía de haber utilizado poderosa magia divina o que algún dios había empezado a infundir almas a los forjados. Sin embargo, tras una conversación

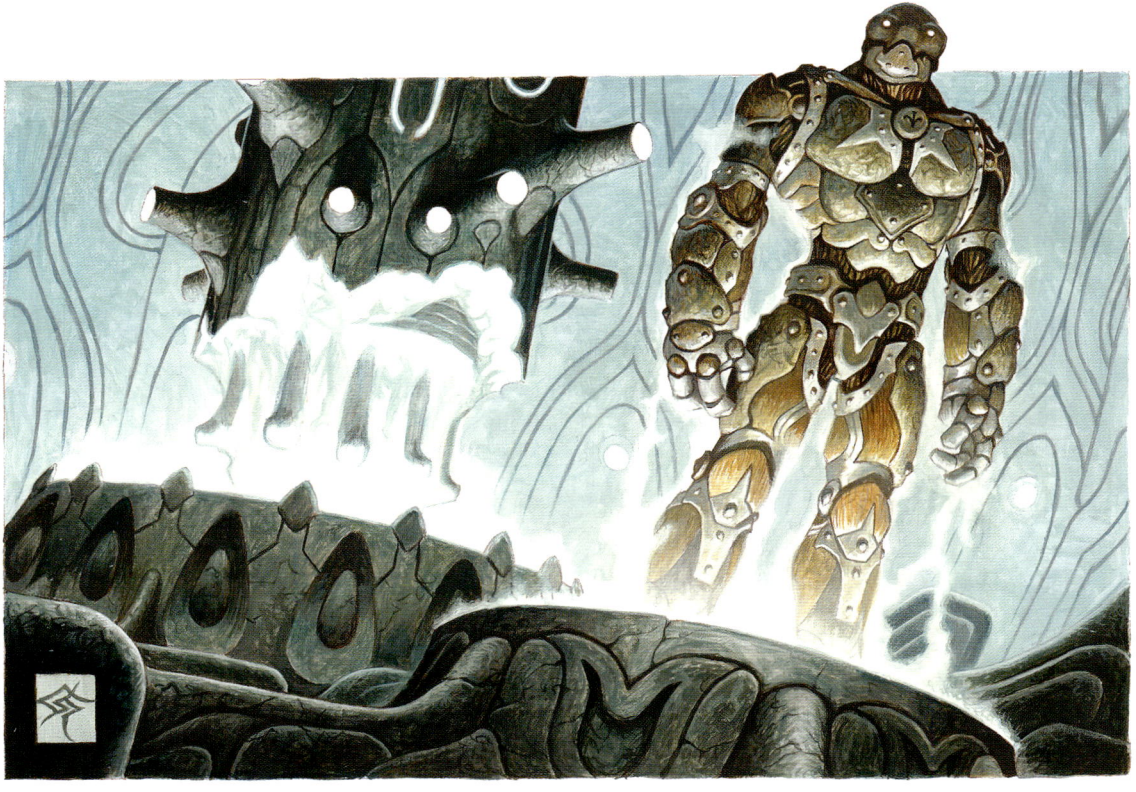

que duró horas con un servicial camarero forjado llamado Mak Piedehierro, sobre quien lancé cada hechizo antimagia que conocía, me convencí por completo. De alguna manera, los artífices de Eberron habían creado unas máquinas que habían adquirido sensibilidad, probando así que la magia de ese lugar era sin duda especial, maravillosa, y me atrevería a decir milagrosa.

Habían sido creados para la guerra por artífices de Cannith, quienes, según las palabras del forjado, eran «un puñado de listillos que utilizaron conocimiento a puñados para hacer un puñado de crueldades». Cuando le pregunté por su despertar, Mak me dijo que de repente tenía la cabeza llena de preguntas sobre para quién mataba y por qué, y enseguida fue «como si se me rompiera una presa en el interior de la chaveta y me llenara de entendimiento». Y sin dudarlo ni un instante, Mak soltó las armas y caminó hasta Sharn. Fue en ese momento, al parecer, cuando se dio cuenta de que siempre había querido ser camarero.

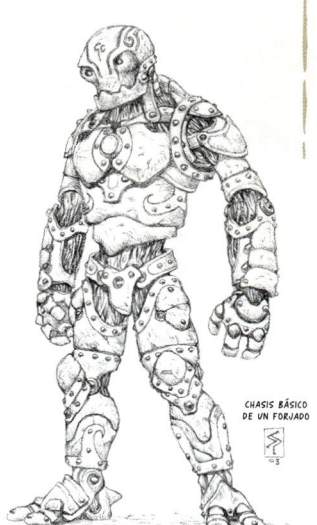

CHASIS BÁSICO DE UN FORJADO

Mientras disfrutaba de una variedad de copas que Mak preparaba y me ofrecía con diligencia, me contó que conforme se fueron despertando cada vez más forjados, durante la Última Guerra y a su término, se enfrentaron a un nuevo problema: muchos seguían viéndolos como simples máquinas diseñadas para la guerra. Algunos se sorprendieron al principio y se pusieron un poco nerviosos, pero los acogieron como nuevos miembros de la sociedad y procuraron que se sintieran como en casa. Otros seguían considerando a los forjados meras máquinas humanoides. Según Mak, fueron, y siguen siendo, malos tiempos para los forjados, especialmente para los que querían integrarse en las ciudades de Khorvaire, pues muchos ciudadanos todavía los recordaban como armamento y sentían pánico al verlos caminar por las calles. Por eso muchos forjados han decidido vivir apartados de las ciudades, lejos de lo juicios de valor, como nómadas o exploradores, mientras que otros se han adentrado en la bruma de Tierras Enlutadas.

VIAJE A TIERRAS ENLUTADAS

Tierras Enlutadas es el lugar del que transpiran los misterios de Khorvaire más bizarros. Fue aquí donde tuvo lugar el desastre apocalíptico llamado el Luto, que puso fin a la Última Guerra, solo que, al hacerlo, se tragó la nación de Cyre al completo. Aquellos en Cyre que milagrosamente evitaron la muerte durante el suceso se quedaron sin recuerdos de lo que había ocurrido. Testigos de zonas lejanas dijeron que una gran bruma que nunca llegó a disiparse cubrió el terreno. Durante un tiempo, nadie se atrevió a adentrarse en las brumas, pero unos investigadores que entraron en Tierras Enlutadas algo más tarde descubrieron que las criaturas que habitaban allí habían degenerado en horribles monstruos, y varios magos informaron de que sus propios hechizos adquirieron sintiencia y se volvieron contra ellos. Empezaron a surgir rumores descabellados y supersticiones. Algunos decían que el Luto era un castigo infligido por un ser poderoso y extraordinario; otros creían que era un arma utilizada como aviso para todo Khorvaire de que la lucha debía terminar; y otros pensaban que el Luto no era otro que el mismísimo Eberron, que exhalaba su letal aliento dracónico

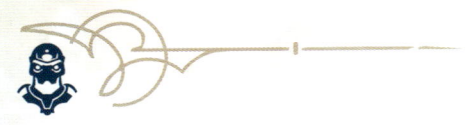

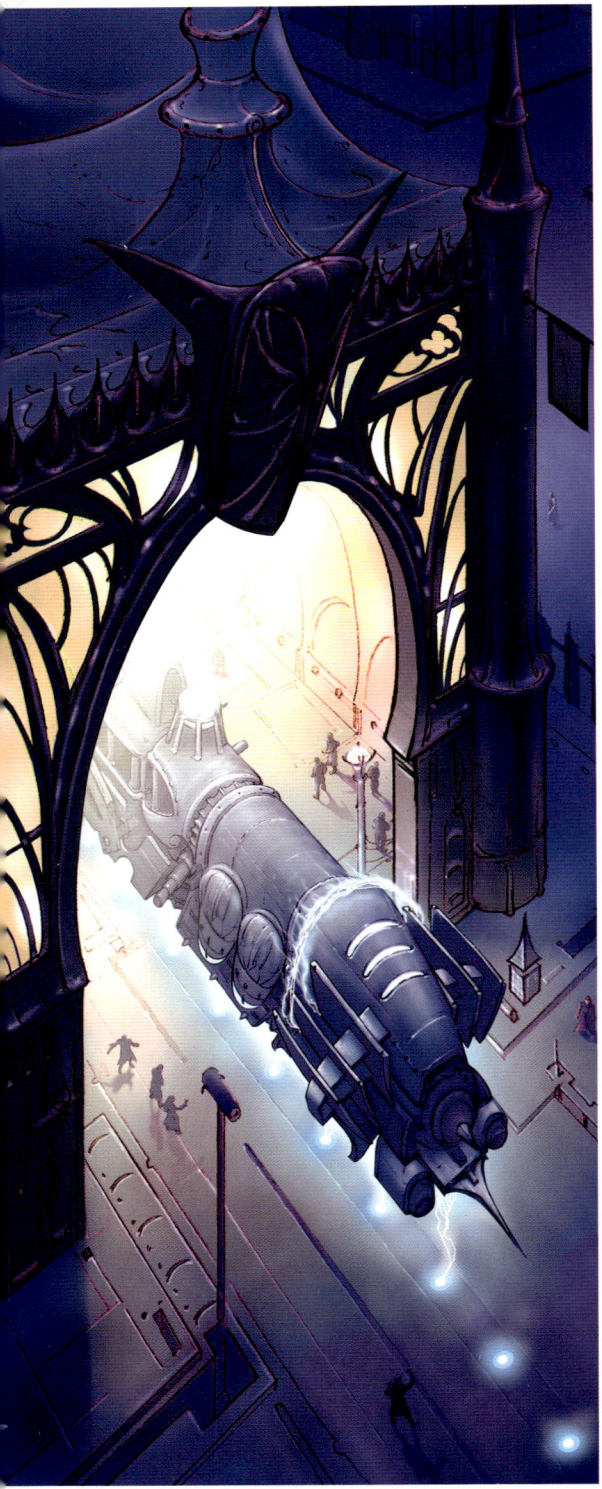

para evitar que los niños se mataran los unos a los otros. Fuera cual fuera el motivo, la pelea cesó y las naciones comenzaron a debatir los términos de una frágil paz.

Pese a los avisos, estaba decidido a ver con mis propios ojos esta tierra maldita y degenerada. Cuando se lo dije, Mak dejó el vaso que estaba lavando y dijo: «Yo te llevo. De nada servirá dejar que te mates».

El rayocarril llega hasta la gran muralla de bruma que delimita lo que una vez fue la nación de Cyre. El viejo carril solía llegar hasta la capital, Metrol, pero ahora se detiene antes de penetrar en el muro de bruma, en una estación construida con rapidez, donde los exploradores se preparan para sus expediciones a Tierras Enlutadas. Metrol, y todo Cyre, fue un lugar donde se cultivó la artesanía más exquisita. Ahora que parecía prácticamente congelada en el tiempo por el Luto, sus legendarios tesoros descansaban en cámaras acorazadas, convirtiendo a Metrol, y muchas de las ciudades abandonadas de Cyre, en el objetivo de saqueadores y aquellos lo bastante desesperados como para adentrarse en sus brumas. El encanto de estos objetos maravillosos y el cúmulo de conocimiento arcano son tan tentadores que, pese a los elevados riesgos, varias expediciones se aventuran a entrar en Tierras Enlutadas con la esperanza de extraer uno de los tesoros legendarios de Cyre. Pocas regresan, y aquellos que lo consiguen, lo hacen con sus propias vidas como único tesoro.

Cyre también albergaba las grandes fundiciones de forjados de la Casa Cannith, colonias de grandes edificios que presumiblemente seguían a rebosar de forjados a medio terminar por los artífices de Cannith para su desalentadora misión en el campo de batalla de la Última Guerra. En el trayecto por el rayocarril, Mak me contó todo esto con una mezcla de admiración y asco. Las fundiciones eran los lugares de su nacimiento físico. Mak lo llamaba «su primer nacimiento»; su «segundo nacimiento» tuvo lugar cuando adquirió conciencia y se dio cuenta de que le esperaba un mundo maravilloso por descubrir. Durante este segundo nacimiento, Mak y un camarada se deshicieron de todo el equipamiento y se quedaron mirando el uno al otro mientras emergían de la oscuridad que suponía ser autómatas sin conciencia. Mak me dijo: «Pareció pasar una eternidad, entonces, de repente, me di cuenta. Miré a mi amigo y le dije: "Verno, ¿te apetece ir a Sharn y montar un bar?". Verno me respondió: "Claro", así que abandonamos nuestros puestos y nunca regresamos».

Recuerdo con claridad las palabras que Mak pronunció a continuación, pues adquirieron un tono más serio:

«Al poco de abrir —dijo Mak—, el Luto golpeó Cyre, transformando el lugar en una tierra maldita cubierta de bruma. Sé que no eres un incauto y que has presenciado una buena dosis de rarezas mágicas en tu época, pero he de ser sincero contigo. En las brumas suceden cosas terribles, Mordykainito». (Sí, así me llamaba). Mak continuó: «Nosotros los forjados podemos adentrarnos en esas brumas. No nos afectan en absoluto. Pero ¿tipos de carne y hueso como tú? Puede que no te afecte al principio, pero si te quedas el tiempo suficiente, o si intentas llevarte algo que no quiere que te lleves, se acercará sigilosamente hasta ti y te alcanzará. Tal vez te convierta en una criatura antinatural o te lleve a un lugar sombrío».

Huelga decir que continué el viaje algo más tenso.

Los magos y artífices de la Casa Cannith practicaban los artificios más avanzados y, según dicen algunos, fue uno de estos anónimos artífices quien lanzó el conjuro que creó la conciencia de los forjados, una conjetura que a Mak no le gusta nada. «Lo que nos ocurrió va más allá de cualquier magia, por muy enrevesada que sea —dijo Mak. Se señaló la cabeza y a continuación el corazón—. Lo que ocurrió aquí y aquí no lo vas a encontrar en ningún libro. Jamás».

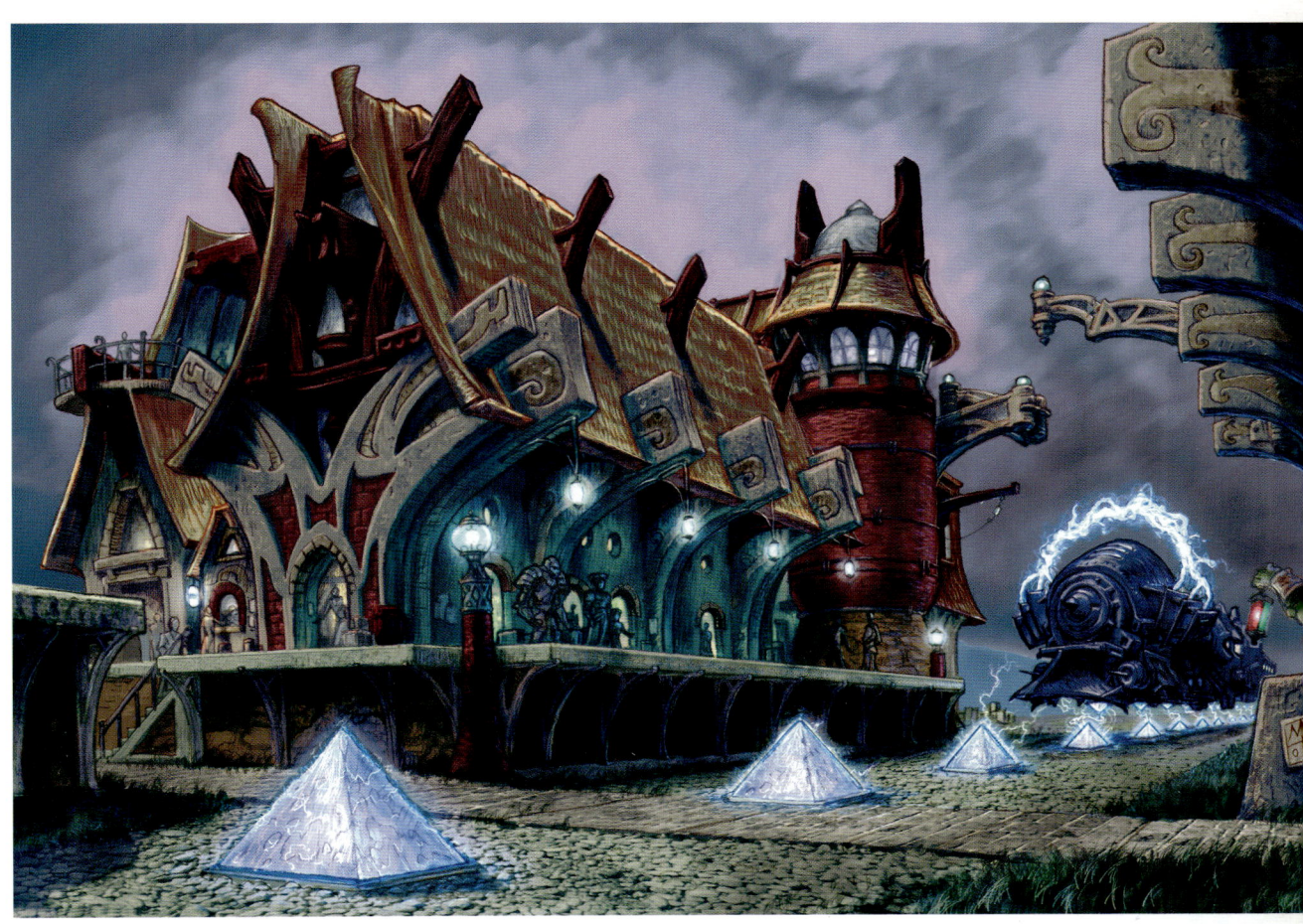

CONGELADO EN EL TIEMPO

Las Tierras Enlutadas son además el cementerio de toda la nación de Cyre, una sociedad en pleno apogeo hasta el momento de su destrucción. Conforme íbamos dejando atrás la zona rural, Mak se acordó de que Metrol era una maravilla para ser contemplada, tan magnífica como las torres de Sharn. Mak decía que cualquier cazafortunas que sea capaz de regresar de Metrol recibirá los tesoros de una sociedad que superaba con creces a las naciones vecinas. Con tono lúgubre, añadió: «De no ser por el Luto, los terribles proyectos en los que trabajaban los de Cannith sin duda habrían cambiado el curso de la guerra, aunque tal vez hubieran destruido Eberron en el proceso».

Cuando el tren se detuvo y me hallé finalmente frente a las brumas del Luto percibí el poder de este lugar. Nunca había sentido nada igual, era como una vibración de magia que era a un tiempo perturbadora e intranquila. Sentí deseos de dictarle mis anotaciones a Bigby en ese instante, aunque tampoco llegó a preocuparme, pues tenía mis recuerdos de las Tierras Enlutadas grabados a fuego en la mente.

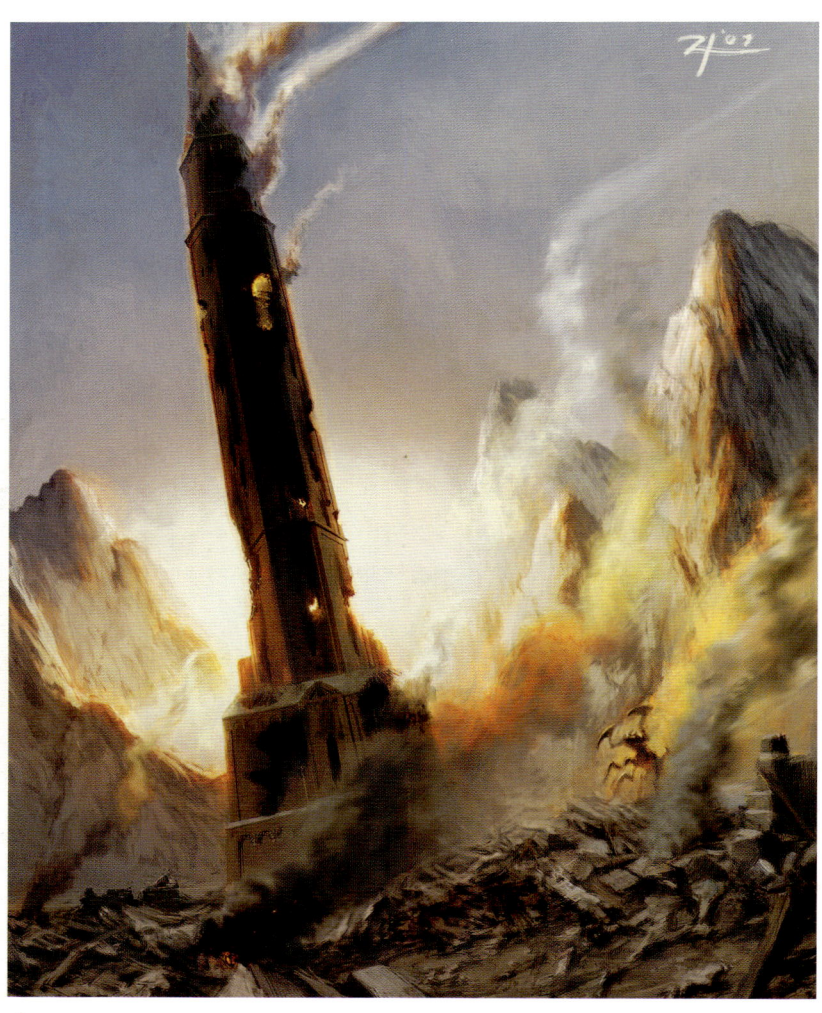

He de decir que cuesta creerse lo que se oye en las tabernas de Khorvaire. La mayoría de estas charlas, como todos sabemos, están llenas de invenciones, bravuconadas irrisorias y notorias mentiras, pero en Eberron se habla con cierta reverencia incluso de las cosas más increíbles. Tal vez sea porque la gente se encuentra muy cerca de una gran guerra que dejó millones de muertos. O tal vez sea porque existe un lugar como Tierras Enlutadas, terribles e inexplicables, tan cerca de ellos. Al adentrarme en las brumas, sentía como si un ente extraterrestre me estuviera vigilando y percibiera todos mis movimientos, y tal vez mis pensamientos. Lo último que recuerdo con claridad es a Mak diciéndome que me sacaría de allí si sucedía algo «extraño». No sé cuánto tiempo anduve merodeando por las Tierras

Enlutadas, pues, al igual que ocurre en el Feywild, afecta temporalmente a la capacidad de la mente de llevar la cuenta del tiempo: un momento parece comprimirse y el siguiente dilatarse de forma que te sumerges en un estado omnipresente de confusión cronológica. Hay un aspecto que difiere del Feywild: en las Tierras Enlutadas se sentía un presentimiento de locura, cierta sensación de encierro, especialmente en las zonas donde la visibilidad quedaba reducida a la largura del brazo y se perdían los objetos en la espesura circundante. A menudo los grupos de exploradores perdían el valor por el simple efecto desconcertante de la bruma, que conseguía que aguerridos cazafortunas cortaran por lo sano y volvieran rumbo a casa.

Mak y yo cruzamos un campo de batalla suspendido en el tiempo donde absolutamente todo, desde los botones de las chaquetas hasta las cuerdas tensionadas de los arcos, se había transformado en piedra. Una parte del campo de batalla estaba extrañamente iluminada por un rayo de luz congelado que emergía de las manos de un mago petrificado, las flechas habían quedado suspendidas en el aire en dirección a su objetivo y salpicaduras de sangre planeaban bajo las picas de las lanzas y los filos de las espadas.

No fue este el único descubrimiento ese día en Tierras Enlutadas, pero el recuerdo del campo de batalla sigue acompañándome. No hay duda de que es un lugar maldito cuya magia supera mi entendimiento. Mi único consejo si vas a adentrarte en él es que extremes las precauciones, o desistas de hacerlo.

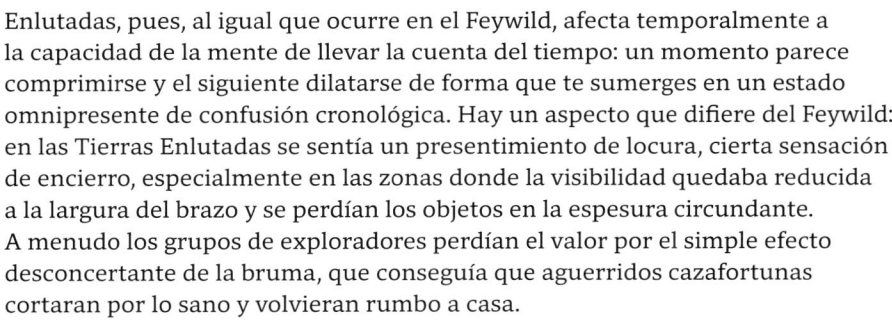

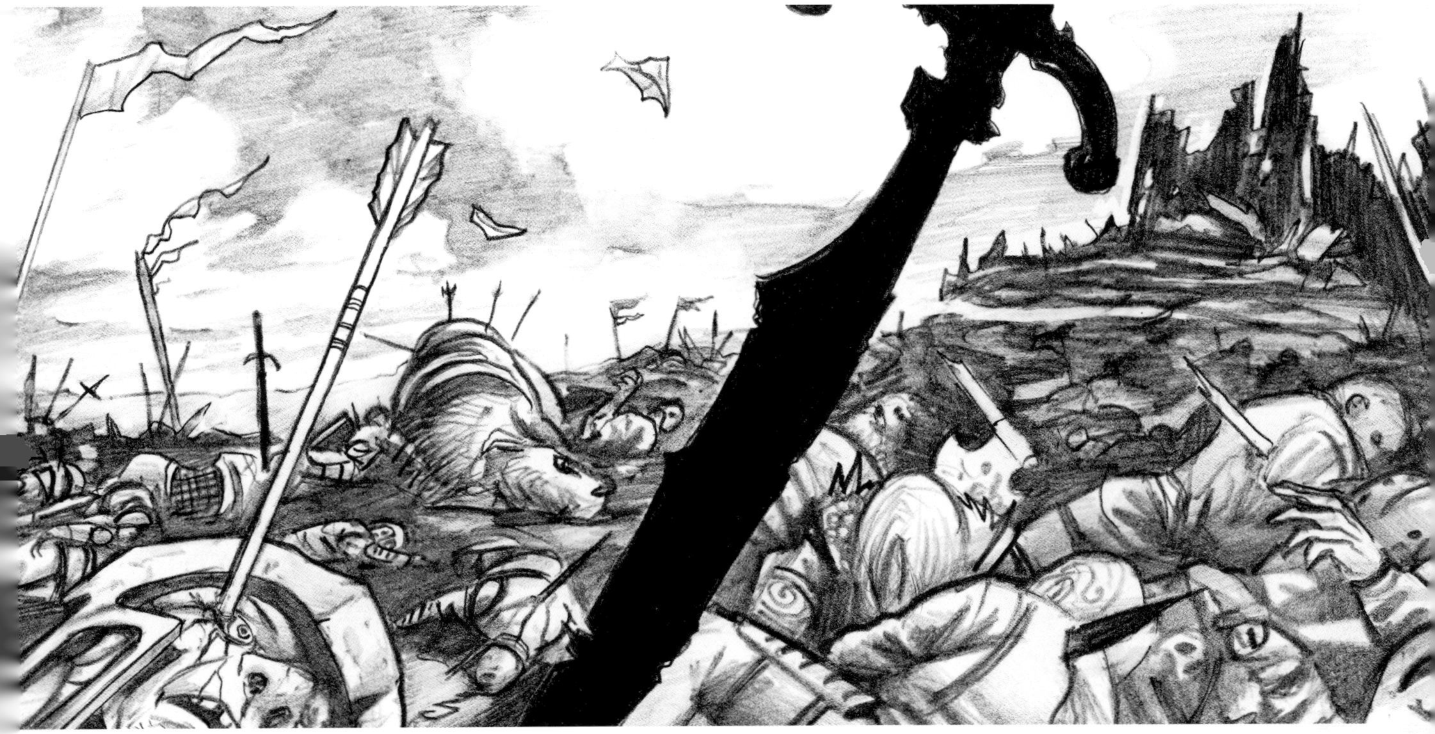

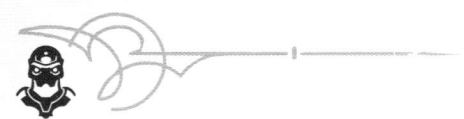

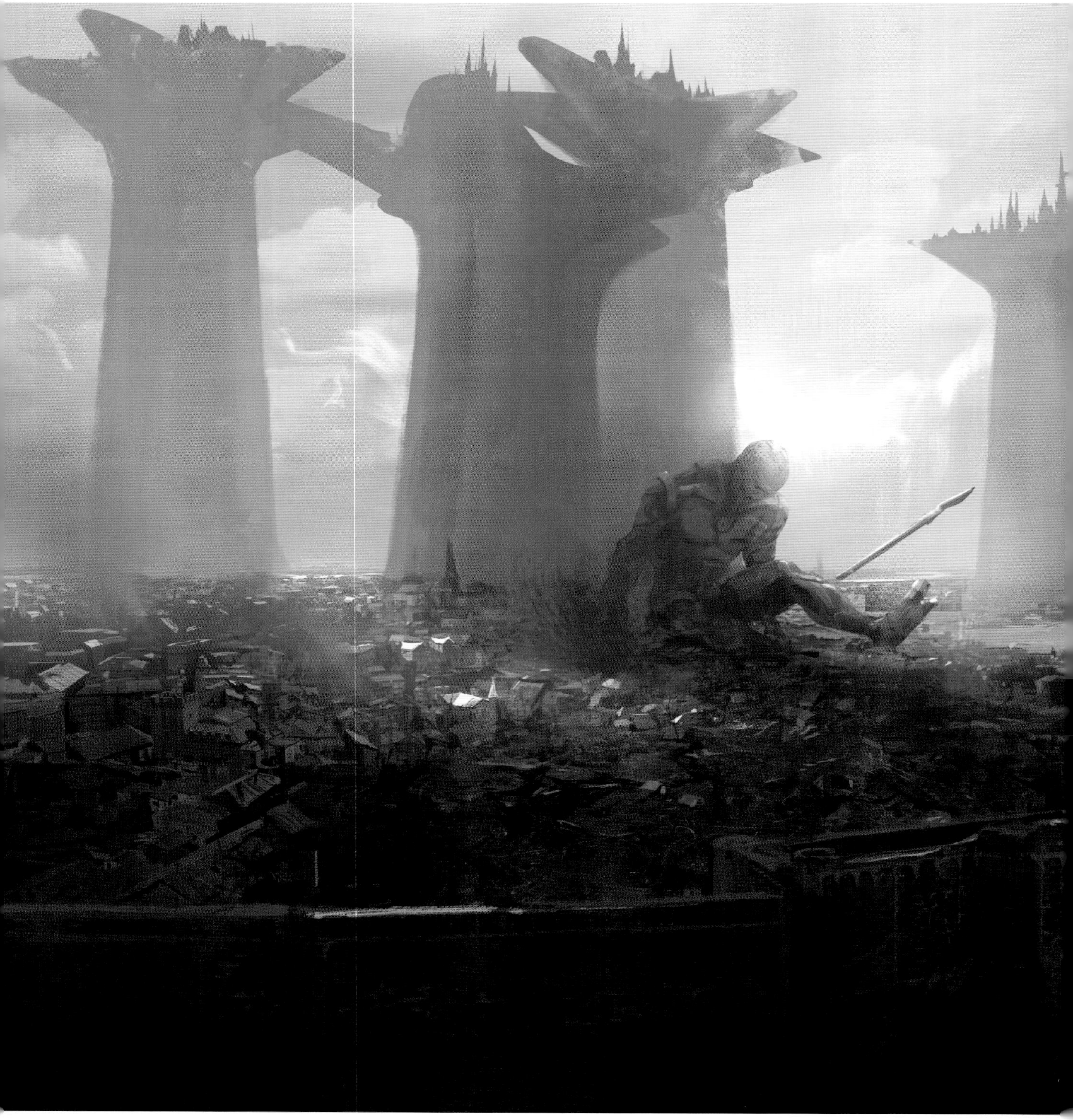

MUNDOS Y REINOS

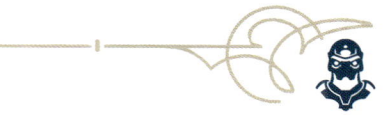

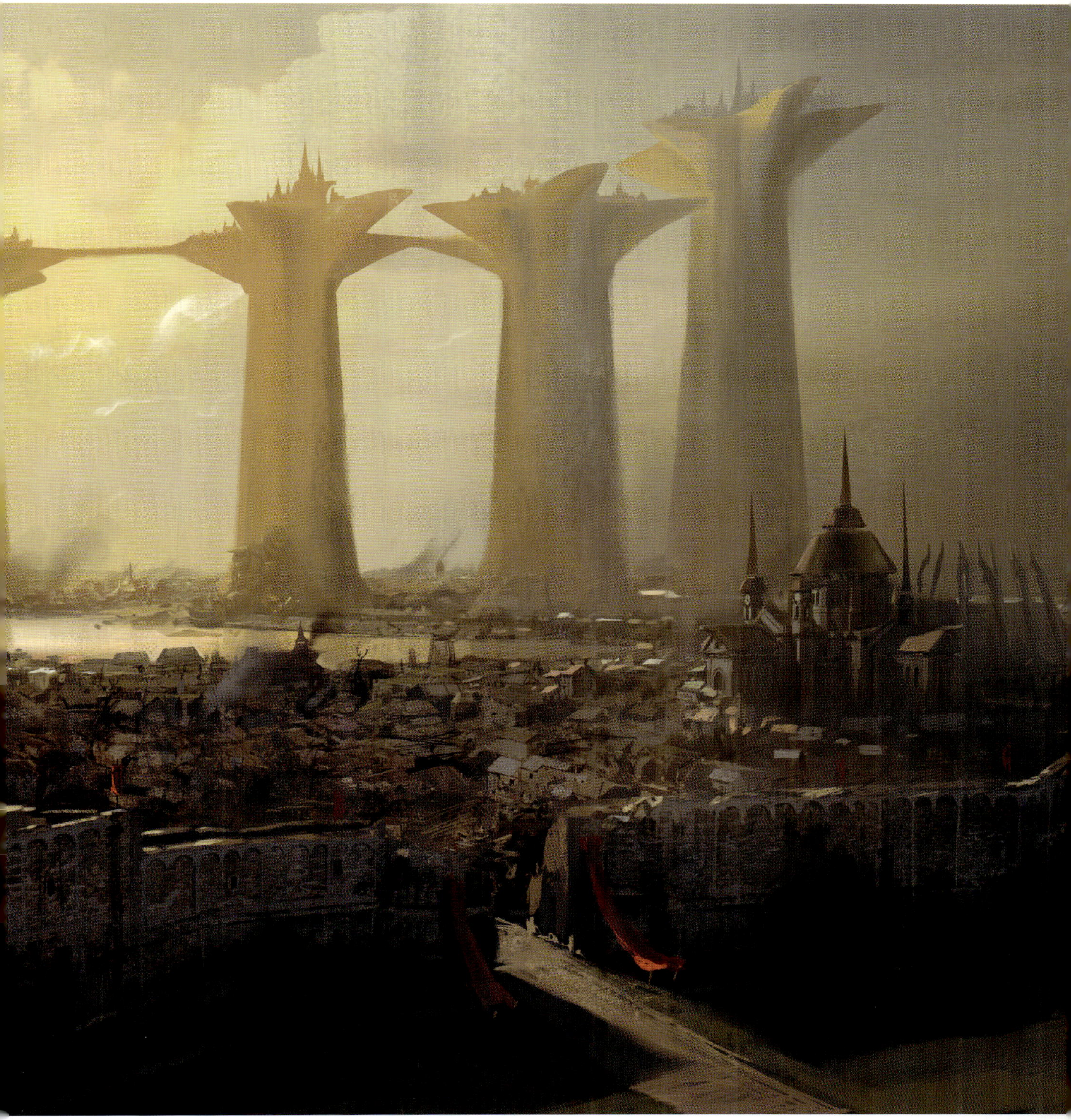

MARCAS DE DRAGÓN Y ESQUIRLAS DE DRAGÓN

Mis indagaciones en torno a Eberron acabaron conduciéndome a la posada del Dragón de Oro, donde conocí a su dueño, Hibberton Smoot, un erudito halfling de Talenta con inclinación a tejer relatos históricos. Frente a una jarra de su cerveza más exquisita, le pregunté sobre las casas con las marcas de dragón de las que tanto había oído hablar. Hibberton se inclinó hacia mí y me confió que estas casas representan el futuro de Eberron. Según él, habían sido los monarcas quienes, con sus incesantes luchas internas, habían provocado la Última Guerra y estaban acabados. Sin embargo, las casas con las marcas de dragón, dijo, se estaban volviendo más poderosas y populares. Las dirigían familias pudientes cuyas líneas de sangre contenían magia, según dicen algunos, de los mismísimos dragones. Las diferentes líneas de sangre de cada casa tienen literalmente una marca de nacimiento que puede aparecer en cualquier descendiente y que, si es activada, les puede conferir poderes especiales. Cuando le pregunté sobre estos poderes, Hibberton se remangó la camisa para mostrarme un tatuaje muy elaborado y claramente mágico que tenía grabado en la piel y que le cubría desde el antebrazo hasta el hombro. «Esta es la marca de la hospitalidad —dijo Hibberton—. Utilizo su poder para llevar todos los asuntos de la posada, para que todo resulte agradable, para que la comida y la bebida no puedan saber mejor, y para descargar las penas de todos los huéspedes. Esto es lo que la Casa Ghallanda le ofrece a la gente de Eberron. Es como si Eberron le diera a la malvada Khyber un gran abrazo». Hibberton se abrazó a sí mismo y se rio mientras lo decía. Mientras oía cómo se reía el halfling de Talenta, empecé a percibir la presencia de la magia que nos rodeaba, tan sutil que no la noté al principio a pesar de ser dominante. Entonces me di cuenta de que era Hibberton quien, de algún modo, había levantado el telón para dejarme ver la magia de la marca de dragón en funcionamiento. «Nadie lo ve, pero es mi parte favorita del trabajo», susurró Hibberton. Cuando levantó un poco más el telón, noté los

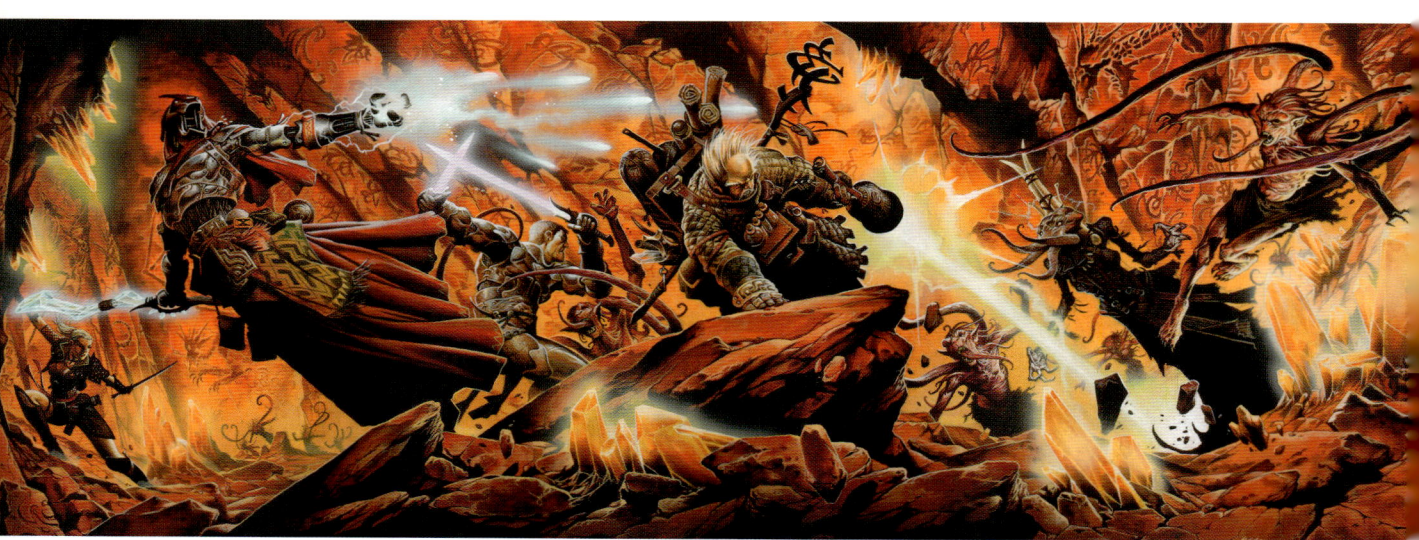

efectos de la marca de dragón. Las bebidas derramadas se limpiaron al instante y pude ver una jarra de cerveza moverse antes de que el cliente que quería alcanzarla la derribara. Las migas de pan desaparecieron del suelo como si las hubiera limpiado un perro invisible de un lametón. También pude percibir que incluso el ruido que hacían los clientes disminuyó mágicamente para que el volumen fuera de mi agrado, de forma que hubiera ambiente pero no me molestara. Hibberton intuía mi creciente diversión y asombro por el poder de esta mancha de nacimiento arcana y esbozó una mueca de complicidad mientras se bajaba la manga. «Ahora ya sabes por qué las posadas del Dragón de Oro son las mejores de todo Khorvaire».

TRES DRAGONES

Durante mi estancia en Khorvaire, tuve tiempo de reflexionar sobre la metafísica de este extraño mundo. La generación espontánea de la conciencia en artefactos autómatas sin mediación de una divinidad o de otros entes poderosos parecía un enigma demasiado importante para ser ignorado. Al investigarlo, comencé a oír más historias, mitos sobre el origen del mundo. Soy de la idea de que la mayoría de los mitos parten de alguna verdad; es más, mi curiosidad por descubrir la verdad a menudo me lleva a vivir aventuras de lo más excitantes y provechosas. Con Eberron, el mito fundacional comienza con nada menos que con los tres antiguos dragones divinos: Eberron, Siberys y Khyber.

Hibberton Smoot me contó que de los tres dragones antiguos, Khyber era el origen de la maldad de este mundo. Ella golpeó primero, rompiendo a su hermano Siberys en mil pedazos, que se dispersaron formando un gran anillo mágico que rodea Eberron llamado el Anillo de Siberys. Aun estando fragmentado, se dice que su poderosa magia sigue protegiendo a Eberron, a quien mantiene escondida de otros mundos. Khyber atacó a Eberron en una gran batalla y, en esa lucha, Eberron se dio cuenta de que no podía matar a su hermana, así que decidió contenerla, envolviendo a la malvada dragona con su cuerpo y aprisionándola en una espiral. Una vez contenida, mientras Eberron mantenía a Khyber en equilibrio, las dos dragonas mayores se transformaron mágicamente en mundos completos. Eberron se convirtió en la tierra y engendró toda suerte de criaturas bondadosas. Khyber se convirtió en el inframundo, un plano existencial independiente que atrapa a las criaturas malvadas que nacen allí, los descendientes demoníacos de Khyber. Khyber no se parece en nada a la infraoscuridad de Faerûn, pues no es un lugar al que puedas llegar cavando; para acceder tienes que ser capaz de atravesar dimensiones, por lo que sería toda una hazaña que los descendientes de Khyber escaparan de allí. Existen portales a Khyber diseminados por todo Eberron, pero no dejan de ser una rareza. Algunos dicen que es porque Eberron se aseguró de cubrir cada escama de Khyber al abrazar a su hermana. La mayoría de los portales a Khyber han sido destruidos o sellados mágicamente por archimagos u órdenes de druidas como los Guardianes orcodruidas, pero siempre queda alguno por descubrir.

Hibberton pasó a relatarme que las gemas conocidas con el nombre de esquirlas de dragón pueden encontrarse por todo Eberron y son buscadas concienzudamente por aquellos que poseen marcas de dragón. «Intensifican inmensamente el poder de la marca, y muchos de los mecenas que la poseen pagarían una cuantiosa suma en galifares de oro si alguien les ofreciera de forma amable una esquirla de dragón», dijo Hibberton mientras me observaba por encima de sus anteojos.

Charlamos hasta bien entrada la noche sobre correrías y cuentos tabernarios hasta que nuestra mirada se perdió en la chimenea. Antes de arrastrarse a la cama, Hibberton añadió: «La marca de dragón a veces me permite averiguar cierta información de la gente. Forma parte de ser un buen anfitrión. Sé que eres un mago de cierto poder y también sé que no eres de por aquí, y ya sabes a qué me refiero con que no eres de por aquí, pero siento que estás de nuestra parte. De las cenizas de la guerra, crece un nuevo Eberron, uno mejor, pero Khyber sigue luchando por liberarse y su descendencia busca pasadizos que la conduzca a la superficie de Eberron. Nos encontramos ante una encrucijada y solo nosotros podemos decidir en qué dirección ir. Nos vendría bien la ayuda de un mago como tú».

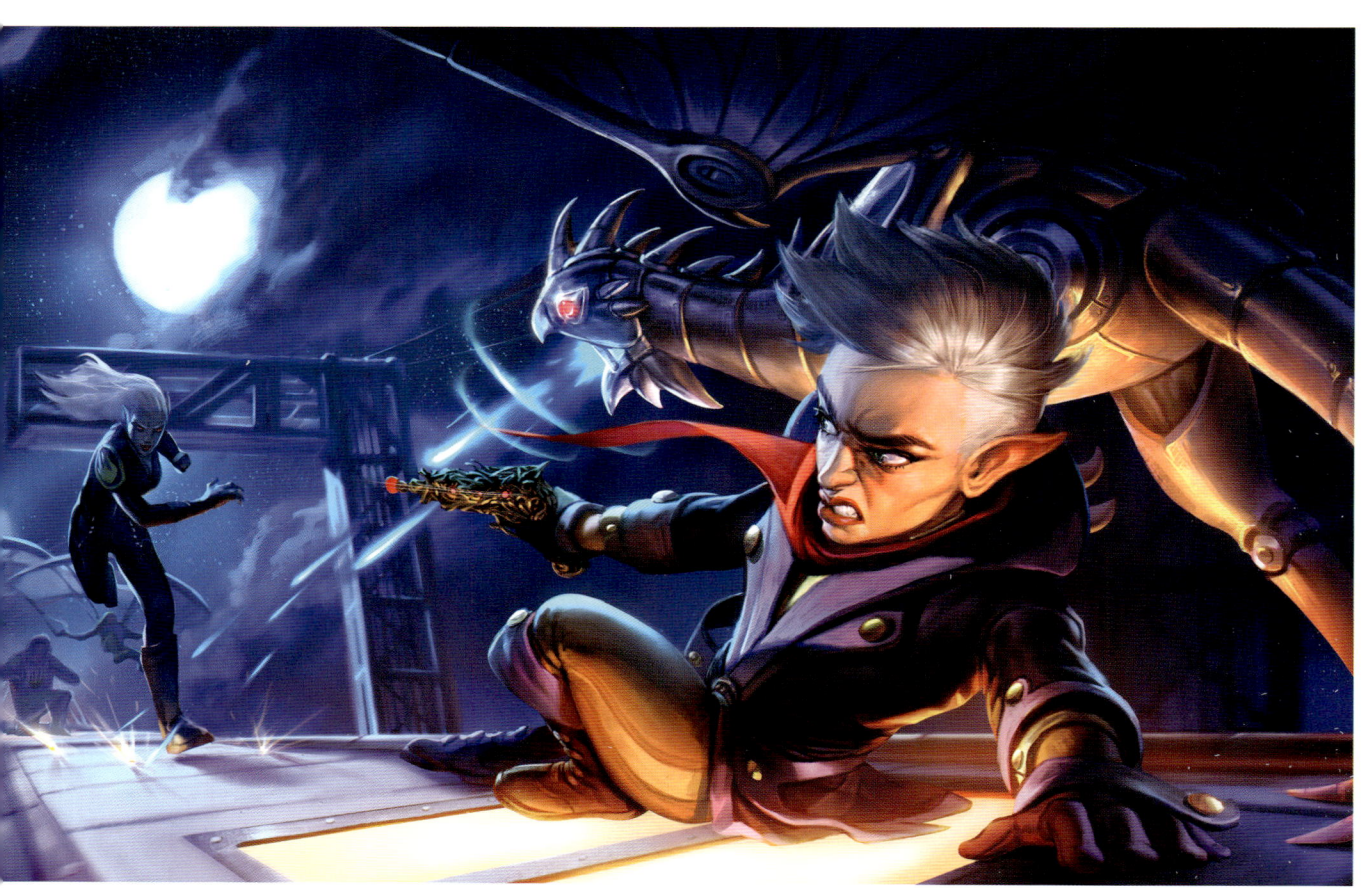

MUNDOS Y REINOS

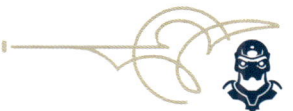

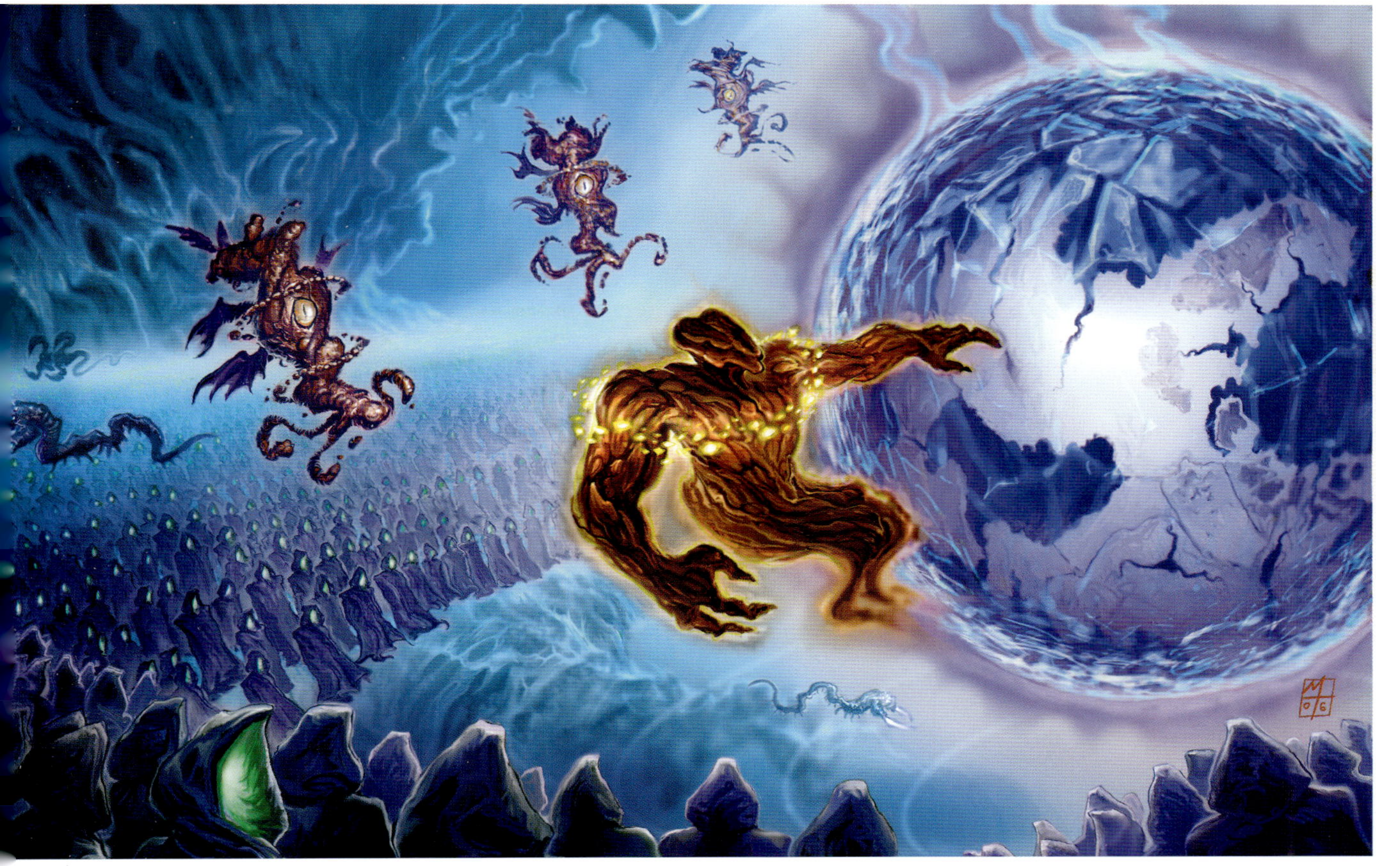

SUEÑOS PELIGROSOS Y AUTÉNTICAS PESADILLAS

Alguna vez, al estudiar en los refugios del saber de Eberron como las torres flotantes de Arcanix en Aundair, la Torre de los Doce en Karrnath (que no es un grupo muy animado) y la Universidad de Morgrave en Sharn, he podido determinar con exactitud la profundidad y amplitud de los peligros que operan en Eberron. Dejando a un lado la básica tenacidad humana, nuestro deseo insaciable de castigarnos los unos a los otros mientras clamamos rectitud, existen otros poderes, fuerzas del mal que tienen mayor capacidad para conducir a Khorvaire y al resto de las naciones de Eberron por un camino mucho más siniestro y apocalíptico. Si las naciones de Khorvaire se unieran y encontraran puntos en común, podrían superar tales amenazas. Al fin y al cabo, esa es la labor de héroes y exploradores, de aquellos con el valor necesario para enfrentarse al mal, cuya generosidad consuela a los oprimidos y son lo bastante listos como para no aferrarse al poder con demasiada fuerza.

LA OSCURIDAD SOÑADORA

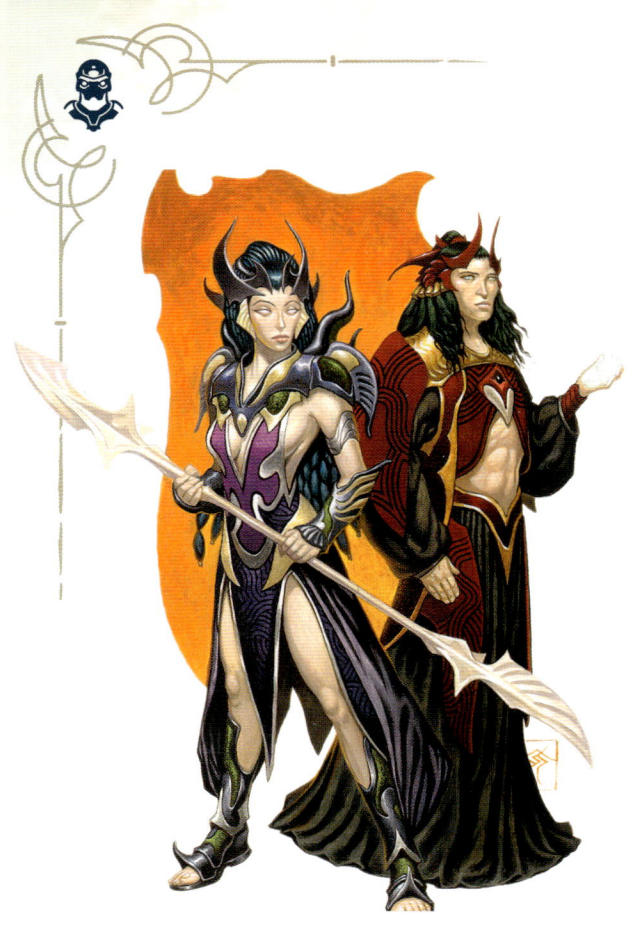

Durante el tiempo que pasé con los kalashtar, estuvimos muchas noches hablando del plano de los sueños de Dal Quor, el plano de origen de los seres espirituales llamados quori. Unos cuantos quori bondadosos escaparon de Dal Quor y fueron adoptados por huéspedes humanos, que se transformaron en espirituales kalashtar, aunque abandonaron a un enorme grupo de quori malvados a los que llaman la Oscuridad Soñadora. La Oscuridad Soñadora opera bajo las órdenes de un ser de demoníaca voluntad llamado il-Lashtavar.

A diferencia de lo que ocurre en Toril, o en cualquier otro plano del multiverso que haya visitado, cuando la gente sueña en este universo, entran en el plano Dal Quor, donde te rodean innumerables espejismos, profecías y visiones. A través del lenguaje y la iconografía de los sueños, los quori se acercan a los soñadores para llamar, aunque sea mínimamente, su atención con la esperanza de atrapar una mente y acercarla hasta ellos. De esta forma, la Oscuridad Soñadora bucea en el poder de los sueños para comprometer la propia percepción de la realidad y sembrar odio, duda, apatía o desesperación. Una vez que la Oscuridad Soñadora atrapa una mente humana, los espíritus quori tratarán de habitar su cuerpo, convirtiéndolo en una marioneta. Así como los quori bondadosos comparten un cuerpo con huéspedes kalashtar, los quori malvados de la Oscuridad Soñadora buscan dominar a sus huéspedes para crear esclavos que los obedezcan.

Todas las noches, cuando la gente sueña, la Oscuridad Soñadora tiene la oportunidad de acercarse un poco más a su objetivo. Muchos kalashtar preparan pociones de plantas especiales y hierbas para dormir sin soñar, pero, como siempre sucede, algunos brujos preparan brebajes para tener más sueños, sin duda con la esperanza de encontrar a il-Lashtavar o a un poderoso kalaraq quori.

Sabiendo que, como los brujos, muchos son atraídos por la promesa de poder, los monjes me contaron una historia que me heló la sangre y convirtió a la Oscuridad Soñadora en un peligro muy real. Dijeron que estos quori titiriteros de Dal Quor, hace mucho tiempo, sembraron discordia y engaño entre los clanes humanos de Sarlona, llegando a poseer a un miembro de una noble familia de Riedran para crear un ser carismático al que llamaron un Inspirado. Este ser Inspirado, manejado por los espíritus quori que habitaban su cuerpo, no tardó en esparcir su ideología demoníaca, en la que su retorcida visión de la realidad desbancó al pensamiento racional. Pronto se formaron cultos fanáticos alrededor del Inspirado, leales a los manejos de la Oscuridad Soñadora. Alimentado por este inquietante fervor, surgió el corrupto Imperio de Riedran para comenzar su conquista.

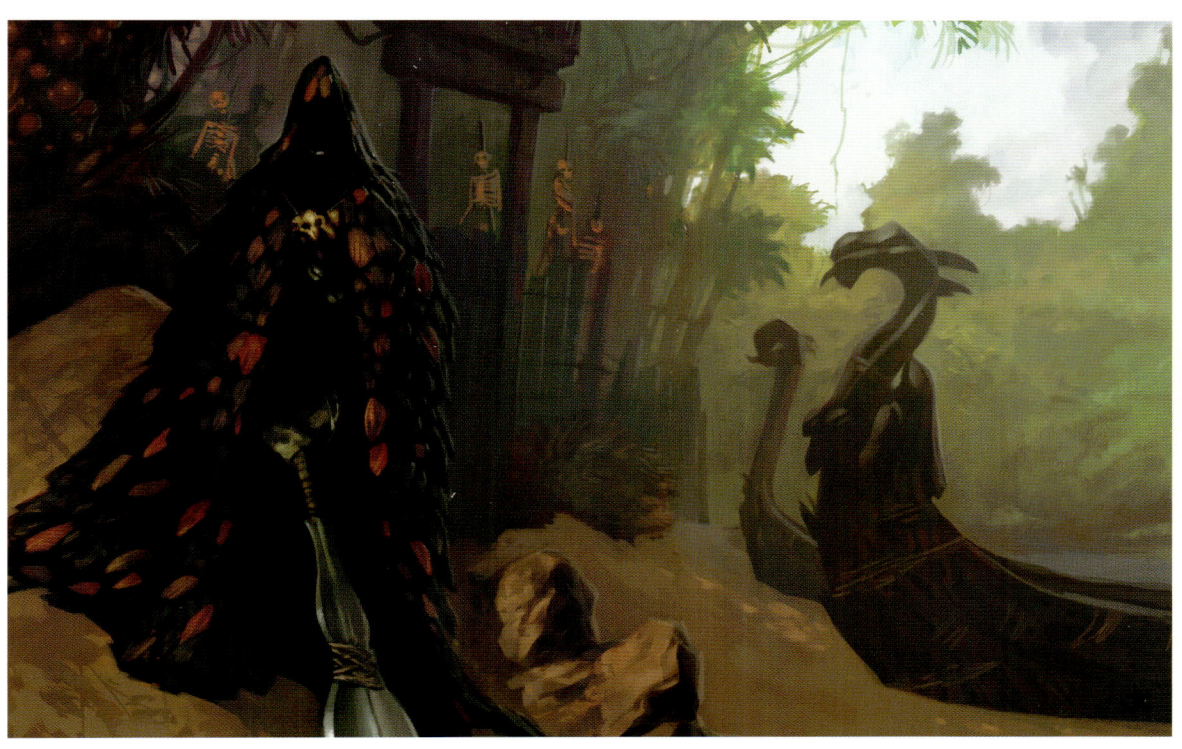

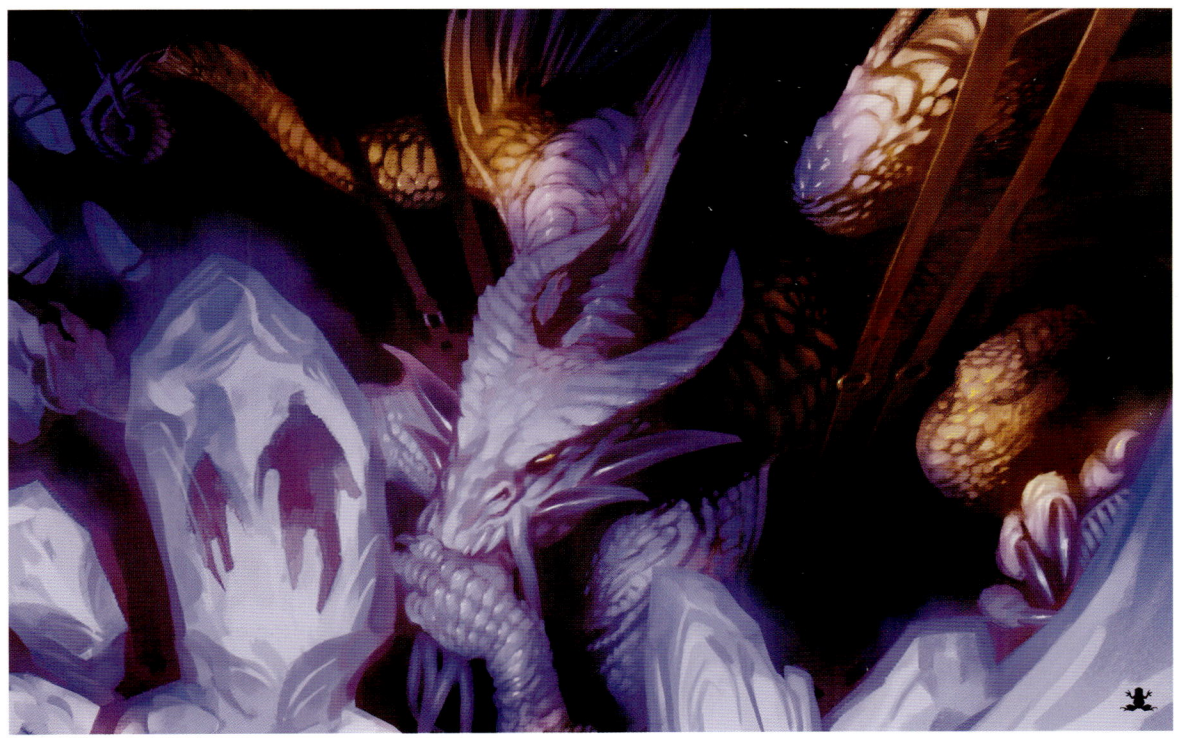

Con asombrosa astucia, el ser Inspirado no tardó en conseguir que la nobleza de Riedran pidiera a voz en grito convertirse en huéspedes de espíritus quori para formar parte de los Inspirados. Las antiguas costumbres humanistas de Sarlona se desmoronaron conforme los Inspirados, revestidos de un inquietante encanto, aplastaban todas las ideas contrarias a las suyas. Toda oposición resultaba estéril contra la insidiosa influencia de la Oscuridad Soñadora.

En el continente de Sarlona solo quedan unos pocos que se les resistan: los círculos de druidas, clanes enanos, rebeldes riedranos, nómadas humanos; todos ellos buscan la forma de lidiar con esta corrupta influencia que rapiña las mentes de los soñadores y ha conseguido que muchos deseen alojar espíritus quori para que estos, a su vez, ostenten ese extraño poder.

Este es el peligro de la influencia de la Oscuridad Soñadora: tiene el poder de conquistar a todo un continente desde dentro, escondiéndose, a la vista de todos, tras un manto de sueños e ideas depravadas.

LA PROFECÍA DRACÓNICA Y LOS SEÑORES DEL POLVO

Aquí debo informarte de la antigua y misteriosa Profecía Dracónica, que no es más que una serie de distintas visiones proféticas escritas por todo Khorvaire con símbolos arcanos, mapas estelares geométricos y crípticas cuartetas. Escondidas o perdidas, insinúan los acontecimientos claves que desembocarían en posibles futuros. De vez en cuando, se encuentra algún fragmento de la profecía, a veces tallado en un antiguo megalito o desenterrado en una ruina excavada que data de la era de las guerras de los dragones infernales.

A través de los años, se han rumoreado distintas interpretaciones de estos fragmentos llenas de esperanza y terror, pues en cada misterioso verso yace la promesa del caos y de la salvación. Algunas de esas profecías solo los seres más longevos como los elfos, los dragones o los enanos han visto hacerse realidad, lo que los convierte en los más adecuados para estudiar e interpretar las profecías. Pero incluso los humanos, en épocas consideradas antiguas teniendo en cuenta su corta vida, han sido testigos y han señalado a través de los tiempos cuando ciertos pasajes de la Profecía Dracónica se han hecho realidad. Esos pasajes predijeron el ascenso de los portadores de la marca de dragón, dejando entrever el inexorable impacto que tendrían en el destino del mundo. Algunos versos sugerían el potencial aún sin desvelar de estos individuos portadores de la marca para reconfigurar el mismísimo destino, y que sus acciones y decisiones se convertirían en la piedra angular sobre la que descansa, si bien tambaleante, la balanza del mundo mientras se abren paso a través del tejido de la existencia.

Otra profecía revela que los portadores de la marca, con sus diversos poderes, no son meros partícipes, sino arquitectos de un gran diseño. Poseen la llave que abre caminos imprevistos y dirigen, con su clarividencia, el destino de Eberron. ¿Quiénes de entre los portadores de la marca de dragón nos guiarán hasta esta nueva realidad? Una profecía así entraña peligro y esperanza.

Pero los sabios y videntes creen que existe una verdad aún mayor, tan profunda que podría reconfigurar la existencia. Las Profecías Dracónicas dicen que puede ocurrir que los grilletes que atan a los Dragones Progenitores se rompan, desvelando así los secretos de la creación. Algunos creen que este acontecimiento podría albergar la llave para trascender el conflicto cósmico entre los Progenitores, que Khyber quedaría absorbido por la espiral de Eberron, donde dormiría eternamente, llevando a Eberron a una época dorada. Otros creen que habla de un puente hasta Khyber que conectaría los planos y liberaría a sus descendientes para sembrar el caos en Eberron o peor aún, liberar a la mismísima Khyber para que continúe su batalla con Eberron y aniquilar el mundo.

No queda claro cuál sería el papel de los portadores de la marca de dragón en esta versión de la Profecía Dracónica, aunque podrían convertirse en los arquitectos de un mundo nuevo e imprevisto. Hasta que se cumpla, la profecía sigue siendo un puzle al que le falta la última y apoteósica pieza que desvele el destino de Eberron.

La Profecía Dracónica es uno de los grandes misterios. Son muchos quienes dedican su vida a descifrarla; sin embargo, incluso los seres más antiguos, los dragones y los elfos, encuentran grandes dificultades para descifrar los símbolos, las escrituras y el conocimiento Arcano que contiene estos pasajes. Pero corren rumores de que hay niños capaces de interpretar pasajes de la profecía e incluso de miembros de la Casa Sivis que reciben revelaciones extáticas a través de la marca del dragón.

Como sucede con todas las profecías, existen aquellos que intentan manipularla para sus fines malignos. En Eberron, se encuentra un grupo de infernales conocidos con el nombre de los Señores del Polvo, cuyo desagradable objetivo no es otro que encontrar la forma de liberar a sus poderosos y odiosos amos, los seres Supremos. Estos seres son los hijos más aterradores y poderosos de Khyber; son seres antiguos que, tiempo atrás, lucharon con sus hordas por la supremacía contra el poder y la fuerza de los ejércitos de los dragones de Eberron. Solo con un acto de sacrificio de los couatl, siervos de virtud celestial, consiguieron retener a los seres Supremos en una cárcel de luz; una energía pura a la que se le dio el nombre de la Llama de Plata.

Algunos fragmentos de las Profecías Dracónicas hablan de forma enigmática de las distintas maneras en las que podría liberarse a los seres Supremos. Algunos lo consideran un presagio funesto del fin; otros lo consideran avisos; y aún hay quienes piensan que son la clave para soltar a su espantosa deidad al mundo. Los Señores del Polvo buscan enérgicamente estos pasajes de la Profecía Dracónica donde habla Khyber o donde se menciona a sus viles amos. Estos pasajes existen, aunque se guardan ocultos bajo llave y candados mágicos porque, como bien es sabido, los Señores del Polvo están más que dispuestos a derramar ríos de sangre para conseguirlos.

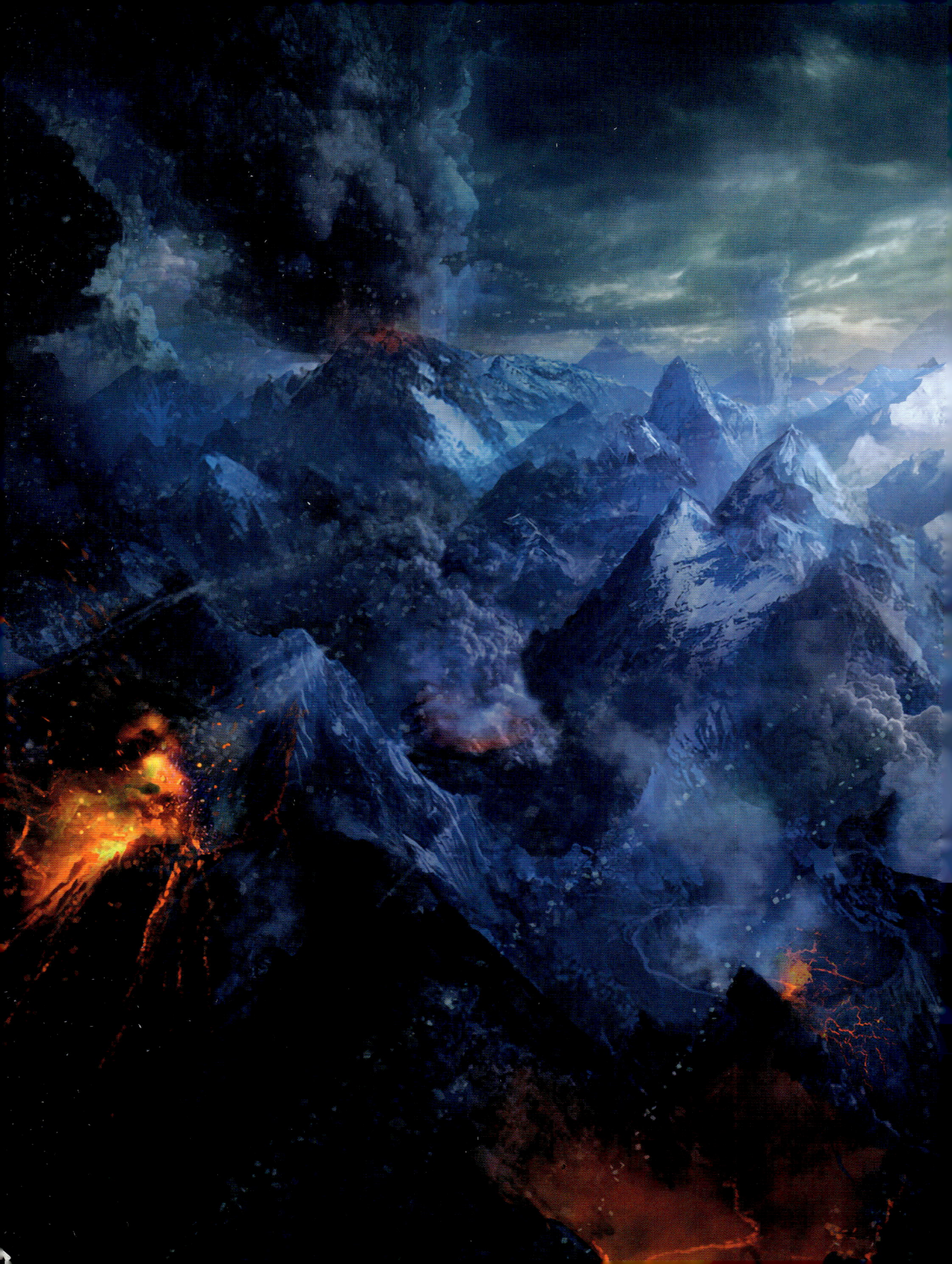

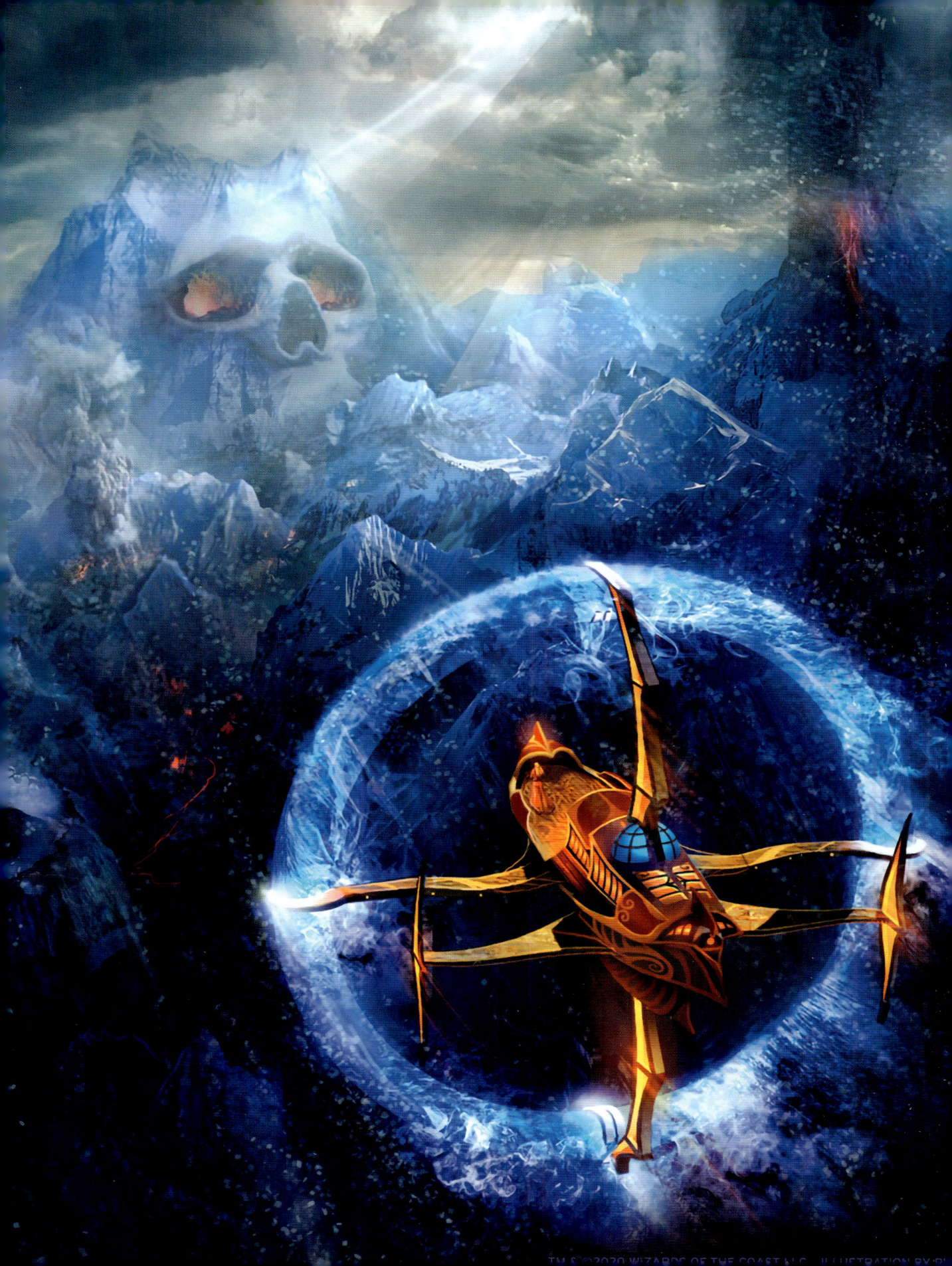

LOS DAELKYR

Mientras estudiaba manuscritos en el archivo de historia de la Universidad de Morgrave, aprendí que, hace muchos años, en la Era de los Monstruos de Eberron, el Imperio goblinoide de Dhakaani gobernaba gran parte de Khorvaire, y podría seguir gobernándolo a día de hoy si no lo hubieran invadido los daelkyr. En aquella época, pocos humanos habitaban el continente Khorvaire, por lo que fueron los dhakaani los encargados de evitar la invasión: un hecho que encuentro desternillante, porque los humanos tienen que agradecer a los goblinoides que salvaran un enclave humano. Los daelkyr son seres del Caos especializados en la creación de aberraciones, transforman a las criaturas en formas híbridas y retorcidas para complacer a sus descabelladas sensibilidades. Los daelkyr proceden de Xoriat, un plano de incomprensible locura. De los libros que he leído sobre el asunto, la mayoría escritos por sabios que acabaron perdiendo la cabeza por culpa del trabajo, he deducido que Xoriat es el que más se parece al Reino Lejano de nuestro multiverso. A pesar de que los daelkyr son seres inmensamente poderosos, en el plano de Xoriat son como mosquitos, y su función es la de servir a amos con mucho más poder, seres primordiales que forman el retorcido y bulboso paisaje de Xoriat.

El Imperio de Dhakaani fue eficazmente destruido en la gran batalla contra los dhaelkyr y su ejército de aberraciones, pero fueron los Guardianes orcodruidas quienes lanzaron el conjuro necesario para encerrar a los daelkyr en el plano de Khyber, y ahí siguen morando. Por supuesto hay locos ilusos que desean liberar a los daelkyr, romper los cierres que crearon los Guardianes tanto tiempo atrás. Esto es, no cabe duda, consecuencia de que el plano de Xoriat coincide con el de Eberron, un alineamiento de planos en el que el campo de energía enajenado de Xoriat puede afectar a gente de emociones, mente o espíritu inestables.

A pesar de estar atrapados en Khyber, estoy convencido de que los daelkyr siguen con sus atroces experimentos y perezosas deformaciones. Tal vez incluso gocen de más libertad que en Xoriat. Sé de buena fe por mis conversaciones con reputados demoniólogos y magos de estos lares que Khyber está repleta de los infernales más desagradables, así que estoy seguro de que el tiempo que los daelkyr pasan en Khyber rivaliza con mi estancia en las posadas del Dragón de Oro, y que se les facilita todo lo necesario para poner en práctica lo que sus corazones infernales deseen.

EL EQUILIBRIO

A pesar de ser un universo independiente, Eberron está conectado, de una manera u otra, a todo lo que existe. Bien por el camino de los sueños que tomé yo, bien por otro camino envuelto en un misterio metafísico, hay una senda de ida y vuelta. Si alguien deseara encontrar otro camino, supongo que se embarcaría en toda una aventura.

Eberron se encuentra en un momento con mucho potencial y a su vez de gran vulnerabilidad. La Última Guerra ha debilitado o destruido muchas de las antiguas instituciones represivas, como el reino de Galifar y su anticuada monarquía, dejando el futuro abierto a nuevas ideas e inventos. En el pasado, la monarquía unía al continente, pero al avanzar Khorvaire hacia el futuro, sus antiguos gobernantes empezaron a aferrarse a su propia supervivencia prohibiendo el desarrollo de las Casas con las marcas de dragón. Limitando el poder de sus rivales, se aferraban aún con más fuerza al suyo, pero al hacerlo, mantuvieron al conjunto de la sociedad encerrados en una estasis evolutiva: una manifestación negativa de la ley.

Pero con la destrucción que trajo la guerra y la desestabilización de estas instituciones monolíticas se hizo necesaria una nueva forma de proceder, una libertad que los ciudadanos de Khorvaire parecen ansiosos por alcanzar. Un símbolo de esta nueva libertad es el despertar de los forjados y su búsqueda de autodeterminación, como si un rayo de sol proveniente de otro reino iluminara la tierra. Su búsqueda de autonomía es, quizá, la luz que marca el camino hacia un nuevo conocimiento en este mundo posbélico. Aunque este semillero de la nueva realidad es acechado por todos los frentes por las fuerzas del mal y la injusticia, decididas a destruir el Equilibrio y sumergir al mundo en una nueva era de oscuridad donde florezcan la discordia y el odio.

Eberron muestra una asombrosa fortaleza, pero aún queda mucho por hacer.

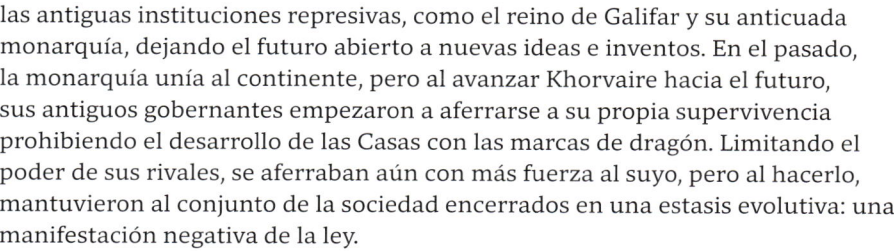

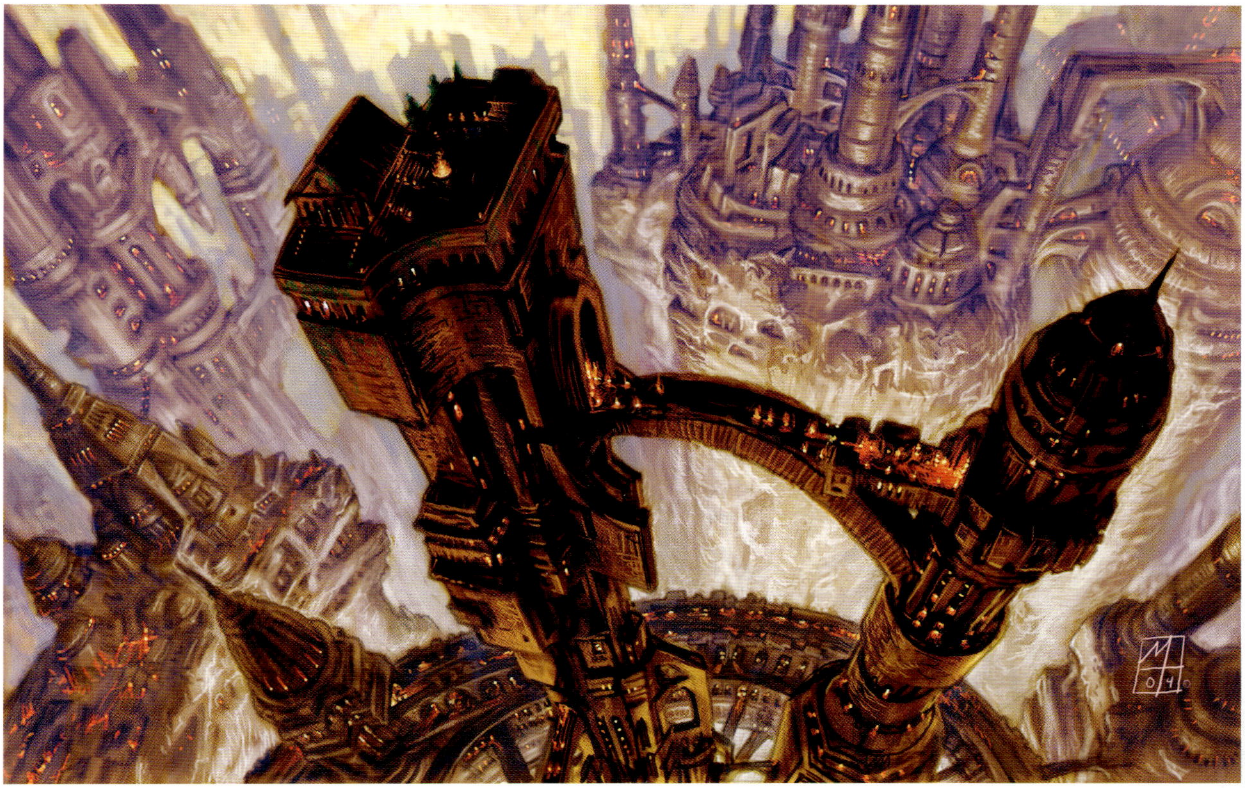

EBERRON

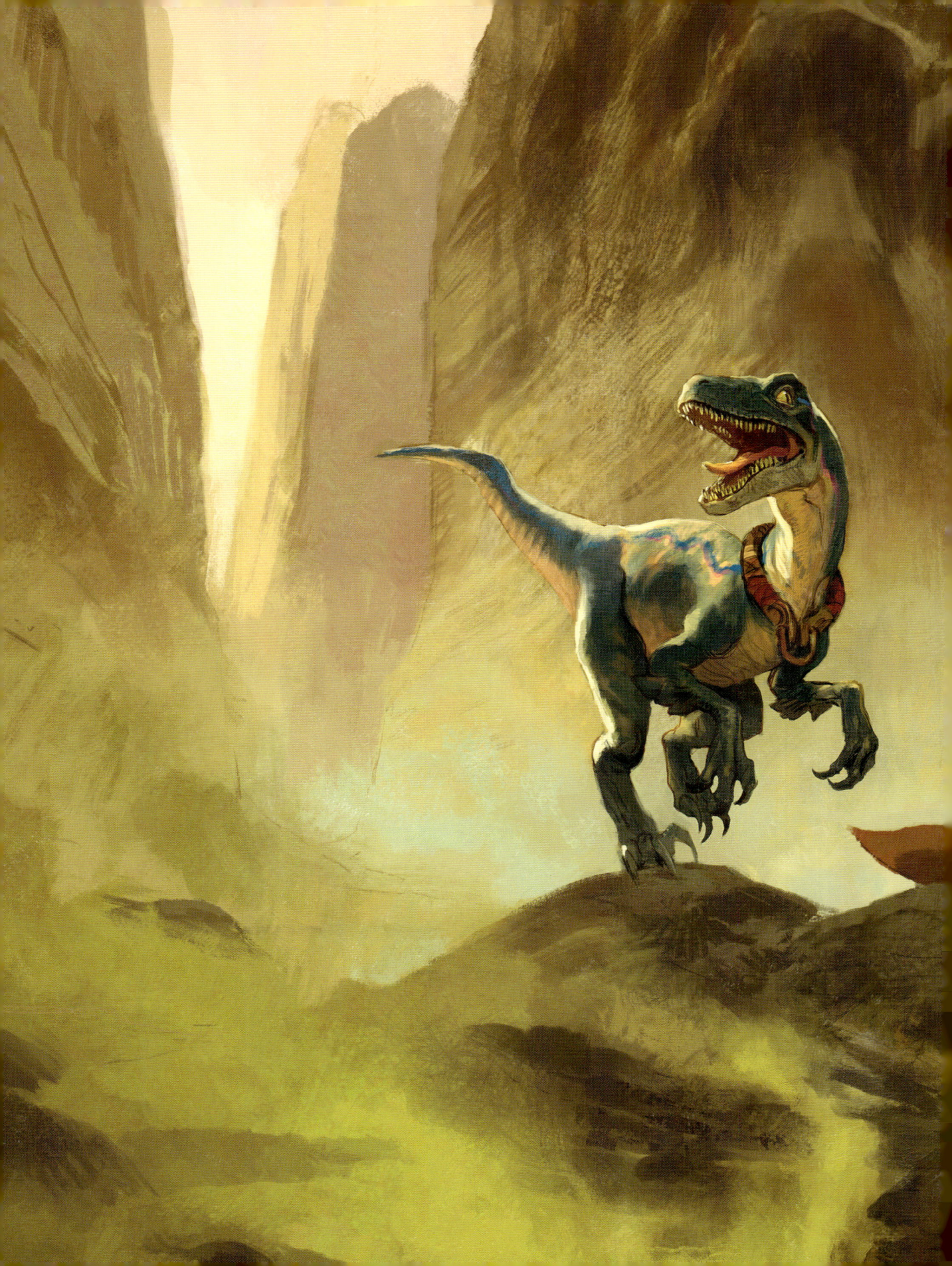

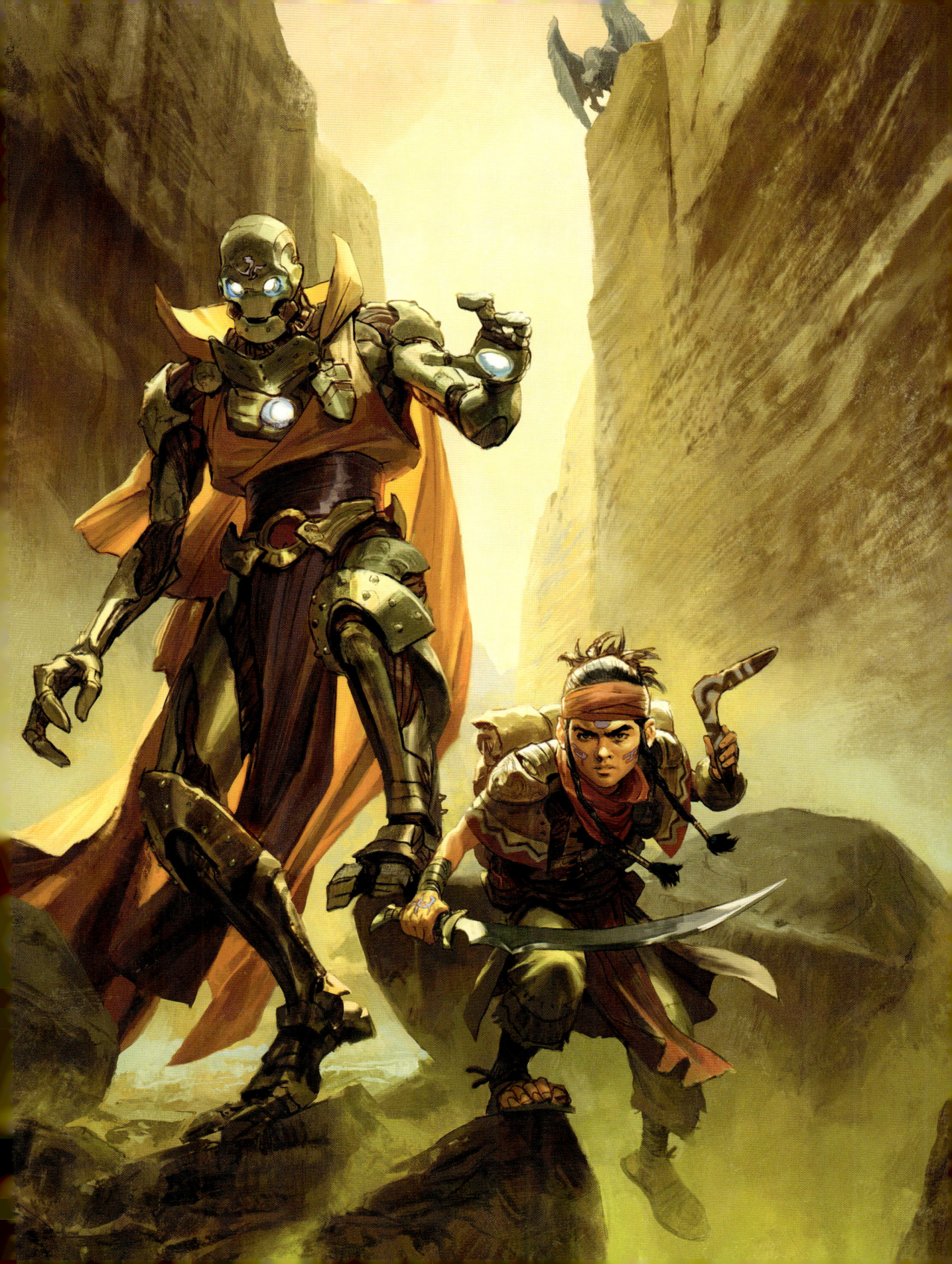

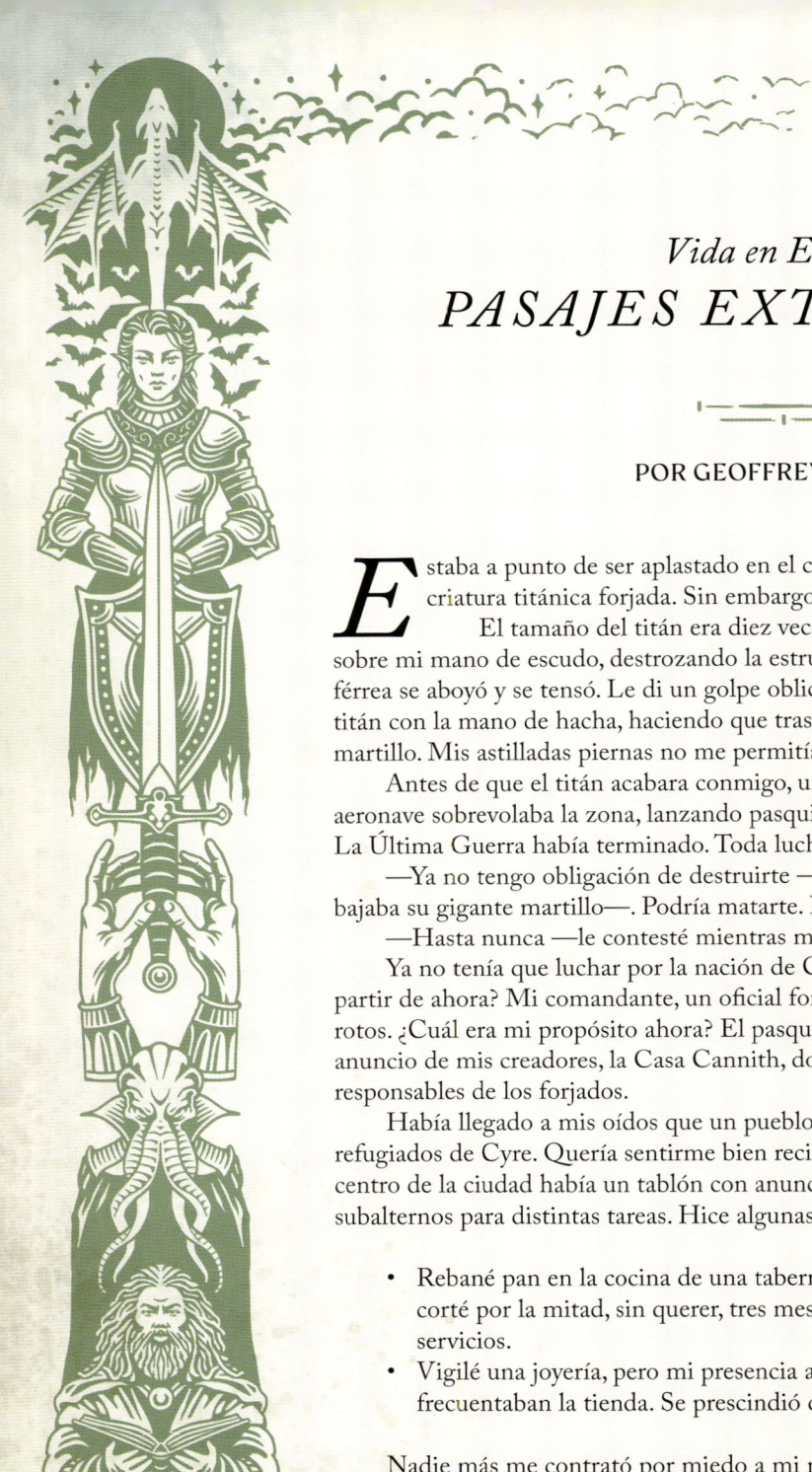

Vida en Eberron
PASAJES EXTRAVIADOS

POR GEOFFREY GOLDEN

Estaba a punto de ser aplastado en el campo de batalla por el martillo de una criatura titánica forjada. Sin embargo, no deseaba morir.

El tamaño del titán era diez veces superior al mío. Descargó su martillo sobre mi mano de escudo, destrozando la estructura de madera con el impacto. Mi piel férrea se aboyó y se tensó. Le di un golpe oblicuo a los tobillos cubiertos de cuero del titán con la mano de hacha, haciendo que trastabillara. El titán volvió a alzar el martillo. Mis astilladas piernas no me permitían correr.

Antes de que el titán acabara conmigo, un papel llegó volando hasta sus ojos. Una aeronave sobrevolaba la zona, lanzando pasquines sobre el campo de batalla. Cogí uno. La Última Guerra había terminado. Toda lucha debía cesar. Los forjados éramos libres.

—Ya no tengo obligación de destruirte —afirmó la criatura titánica mientras bajaba su gigante martillo—. Podría matarte. No me costaría nada. Pero no lo haré.

—Hasta nunca —le contesté mientras me alejaba cojeando.

Ya no tenía que luchar por la nación de Cyre. ¿Qué órdenes debía obedecer a partir de ahora? Mi comandante, un oficial forjado, era un amasijo de planchas y tubos rotos. ¿Cuál era mi propósito ahora? El pasquín no incluía instrucciones; solo un anuncio de mis creadores, la Casa Cannith, donde afirmaban que no se hacían responsables de los forjados.

Había llegado a mis oídos que un pueblo de Breland llamado Zilspar acogía a refugiados de Cyre. Quería sentirme bien recibido, así que caminé hasta allí. En el centro de la ciudad había un tablón con anuncios de superiores que buscaban subalternos para distintas tareas. Hice algunas preguntas y esto fue lo que conseguí:

- Rebané pan en la cocina de una tabernera, pero lo hice con tanta fuerza que corté por la mitad, sin querer, tres mesas de madera. Se prescindió de mis servicios.
- Vigilé una joyería, pero mi presencia asustaba a las jóvenes parejas que frecuentaban la tienda. Se prescindió de mis servicios.

Nadie más me contrató por miedo a mi musculatura metálica, mis refulgentes ojos rojos y mi mano de hacha, imposible de ocultar. Cuando les pregunté a mis posibles superiores por su apoyo público a los refugiados de Cyre, me aclararon que su intención era la de contratar a subalternos orgánicos, no mecánicos. Fue muy frustrante oír eso.

Una mañana en Zilspar conocí a otro guerrero forjado y le confesé que me costaba seguir las instrucciones de los superiores humanos. El guerrero me dijo que los humanos eran unos amos terribles. Nos habían creado para la guerra y ahora, en tiempos de paz, esperaban poder librarse de nosotros. Me sugirió unirme al Señor de las Espadas, creador de un ejército de forjados en mi destruida tierra natal, la que se conocía como Cyre. Juntos nos libraríamos de los humanos. Como buscaba un nuevo superior, acepté alistarme.

En mi viaje a través de un denso bosque de camino a Cyre, oí gruñidos y alaridos. Me acerqué al lugar de donde procedían los ruidos. Tres humanos: un guardabosques, una monja y un bardo, por lo que pude suponer, se encontraban erguidos, espalda contra espalda, apuntando con sus armas a los voraces bulettes que los rodeaban. Las escamadas criaturas babeaban y sonreían mostrando sus dientes.

Me lancé a la acción. Mi plan era matar con valor a todos los humanos, así satisfaría a mi nuevo amo, el Señor de las Espadas. Sin embargo, conforme avanzaba, pisé accidentalmente la cola de uno de los bulettes, que se precipitó contra mí, así que lo corté en dos con mi mano de hacha. El guardabosques aprovechó la distracción para lanzar una flecha, que acertó en los ojos pequeños y brillantes de un bulette. La monja golpeó la cabeza de otro con su bastón con una velocidad sorprendente; el bardo apuntó con un dedo a otro bulette y le sugirió mentalmente que aniquilara a los suyos. Los monstruos que quedaban huyeron despavoridos.

Cuando hubo terminado la contienda, les dije a los humanos que debía matarlos. Luchaba para el Señor de las Espadas y nuestro ejército mataba humanos porque estos rechazaban a los forjados. El guardabosques afirmó que la Casa Cannith era «peor que el fango» por maltratar de esa forma a los forjados. El bardo dijo que estaban cansados de luchar para amos «injustos». Me planteé si el Señor de las Espadas mataría a todos los humanos, incluso a los que pensaban como ellos. Me planteé si el Señor de las Espadas sería un amo justo o injusto.

La monja me preguntó si quería unirme a su grupo de exploradores, pues les vendría bien tener a alguien con mi fuerza y experiencia en el campo de batalla. Les pregunté quién sería mi comandante. Me contestó que no tenían ninguno. Todos eran iguales en su grupo. Les pregunté cuál sería mi propósito. El bardo sonrió y dijo: «Eso cambia todos los días».

Les pregunté si su intención era la de usarme para la violencia; de ser así que no contaran conmigo. La mística caminó hasta mí con los brazos extendidos. Di un paso atrás por precaución. Era rápida. De un solo movimiento, rodeó con sus brazos mi cuerpo de frío acero como bien pudo. El guardabosques y el bardo la imitaron. Más adelante, aprendí el nombre de lo que sentí en ese momento: tranquilidad.

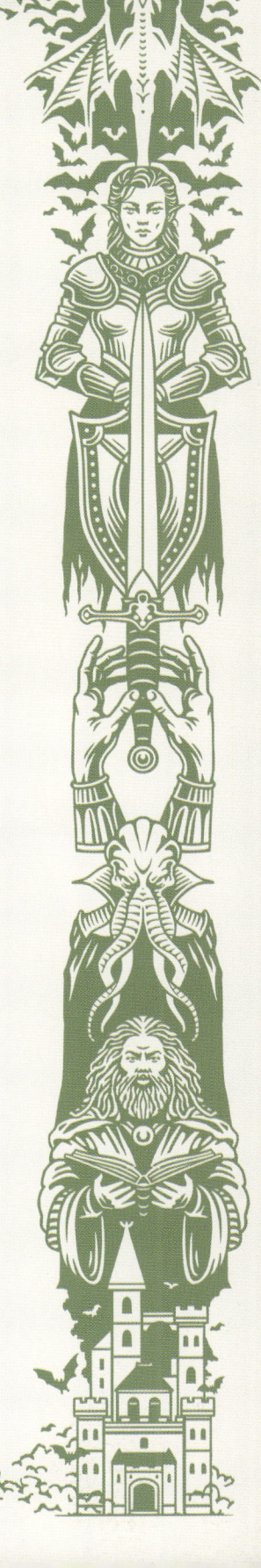

PARTE II

PLANOS INTERIORES Y PARALELOS

Existen muchos planos unidos al Plano Material, y todos ellos están conectados por diversos túneles metafísicos, portales, grietas y agujeros de gusano. A pesar de ser muy distintos en su geografía y magia, los considero un todo unificado, distintas caras de una misma gema que interactúan de muchas y sutiles formas, pero que desempeñan una función específica.

  Los Planos Interiores que rodean y bañan el Plano Material están compuestos por las fuerzas elementales: fuego, aire, agua y tierra, de donde se han creado los mundos del multiverso. Además, entre los Planos Interiores existen dos realidades espejo: el Feywild y el Páramo Sombrío, que son versiones alternativas de nuestro mundo. A estos dos planos se los conoce también por el nombre de Planos Paralelos, pues se trata de mundos paralelos que, según algunos eruditos, reflejan dos maneras en que los terrenos y las magias del Plano Material podrían haber evolucionado si las circunstancias hubieran sido diferentes.

  Todos estos planos están envueltos por los Planos Transitivos: el Astral y el Etéreo, con los que comparten frontera. Los dos funcionan como una especie de foso metafísico. El Astral es el plano que deben cruzar las almas de los muertos para continuar su viaje a los Planos Exteriores y los territorios de los dioses. El Etéreo debe cruzarse para viajar a cualquier Plano Interior.

  Todos estos planos son invisibles, solo son perceptibles en momentos puntuales o en ciertos lugares donde el Plano Material roza o se cruza con uno de los Planos Interiores. A menudo en estos lugares se construyen emplazamientos sagrados o suceden inusuales fenómenos medioambientales y, a veces, se puede cruzar a otros planos desde allí sin ayuda de la magia. Aquí comienza el viaje de quien quiera cruzar a los Planos Interiores, el primer paso a reinos ignotos para nuestra forma de pensar. Seres como los genios, las hadas y los gith, y monstruos como los xorn, los mephits, extraños de agua y los magníficos primordiales habitan allí, en los reinos exteriores al Plano Material. Algunos guardan secretos y otros albergan tesoros en sus oscuras cavernas, mazmorras laberínticas y relucientes palacios imposibles de imaginar.

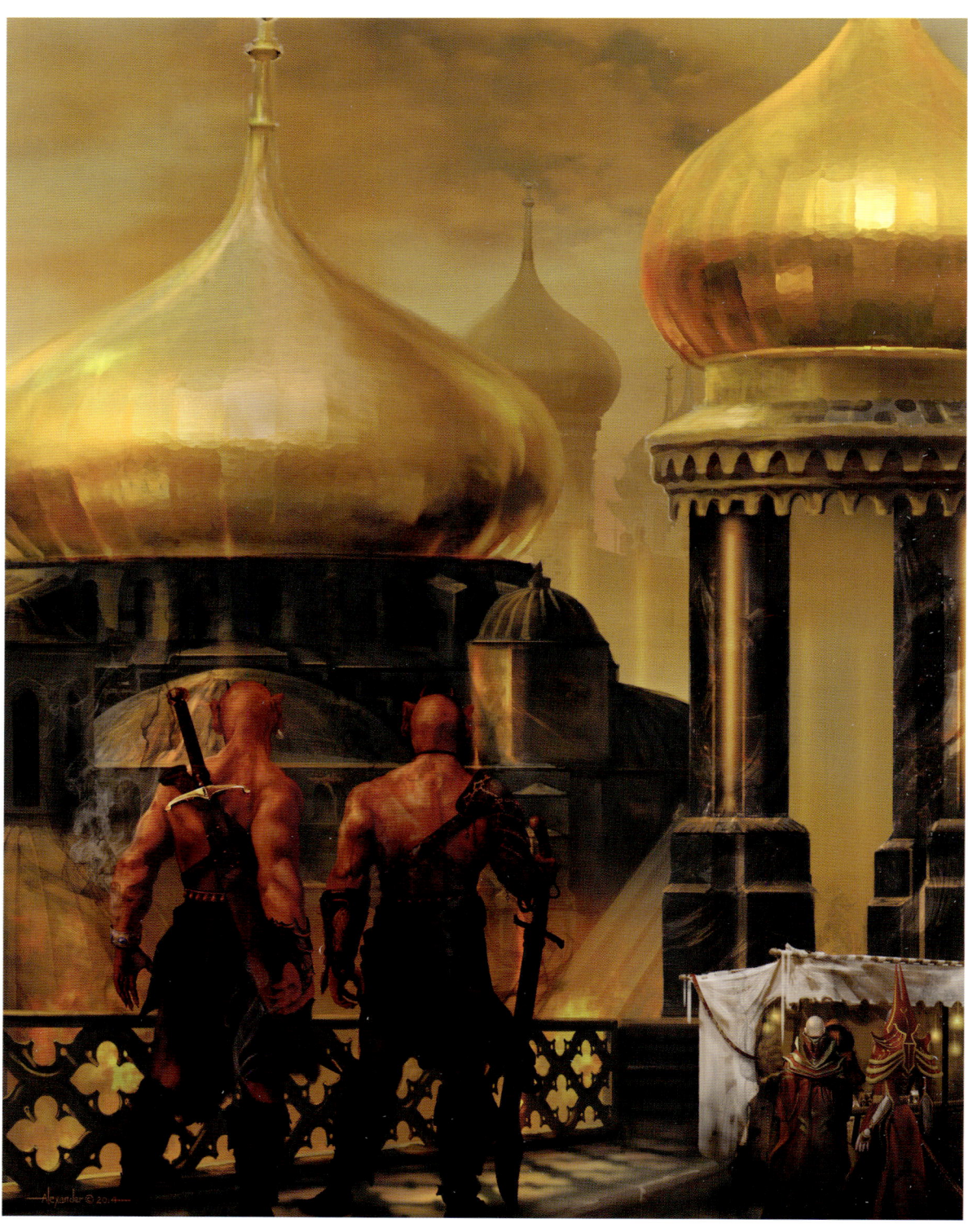

LOS PLANOS ELEMENTALES

Los cuatro Planos Elementales son Fuego, Agua, Aire y Tierra. Del mismo modo que hay un templo de piedra cerca de una cantera o una iglesia de madera junto a un bosque, el Plano Material es adyacente, incluso me atrevería a decir que está entrelazado, a la materia prima de los Planes Elementales con la que se construyeron todos los mundos. Los Planos Elementales son lugares donde habita el caos vivo y vibrante, donde cada plano es dominado por su elemento y está poblado por espíritus, seres y monstruos que son reflejos vivientes de los elementos. Los eruditos, druidas y geománticos que quieren entender las fuerzas primigenias de la naturaleza deben hallar la manera de viajar a estos Planos Elementales, pues nadie conoce el poder, la inteligencia y la cultura del fuego hasta que viaja al Plano Elemental del Fuego, y lo mismo sucede con los demás. Si te adentras en uno de estos planos con curiosidad y humildad, podrás hablar con sus emisarios y avatares. La voz y el espíritu del agua tiene mucho conocimiento que impartir, al igual que el resto de los elementos, y hay mucho que aprender de estos seres sobre nuestro propio mundo, que no deja de ser una síntesis armónica y cambiante de estas fuerzas elementales.

A lo largo del tiempo que pasé con los efreet, los marids, los djinn y los daos, me he preguntado cómo se entremezclan estas cuatro fuerzas tan dispares y contrapuestas para crear nuestro mundo sin llegar a destruirlo. La observación me demuestra que juntar elementos opuestos no destruye, sino que transforma. Como me contaron los magos efreet de la ciudad de Brass, el fuego y el agua, opuestos en apariencia, crean vapor al unirse, que según ellos se emplea en algunos planos como fuente de energía de grandes máquinas. El fuego y el aire se pueden combinar para crear una forja tan caliente que es capaz de fundir el más duro de los metales y hacer inmejorables espadas; y el fuego y la tierra se combinan para crear gemas o nuevos continentes. Podemos encontrar ejemplos de la combinación del resto de los elementos en la naturaleza que nos rodea, lo que me lleva a pensar que hay cierta razón en que los elementos pueden aplicarse a nuestra forma de pensar, un posible secreto que ayuda a mantener el Equilibrio.

Jaquatha, una erudita marid especialmente sabia y poderosa con quien tuve el placer de conversar en varias ocasiones, me dijo, divertida, que pese a los mitos humanos acerca de la guerra entre los elementos, existe un profundo respeto mutuo entre los Planos Elementales y sus gentes. Como ejemplo, me explicó que ella y su colega en el Plano Elemental de la Tierra, una dao llamada Kurgon Shale, debaten con fervor sobre quién es el principal responsable de la miríada de variaciones que hay en el mundo vegetal de los cuerpos terrestres del Plano Material. El agua y la tierra son necesarias para vivir y las dos eruditas encuentran cierto placer travieso en irritar a la otra con preguntas acerca de la vida, como por ejemplo: ¿cuál de los dos elementos fue el primero? ¿Podría existir la vida sin uno de ellos? ¿Cuál de los dos es más importante?

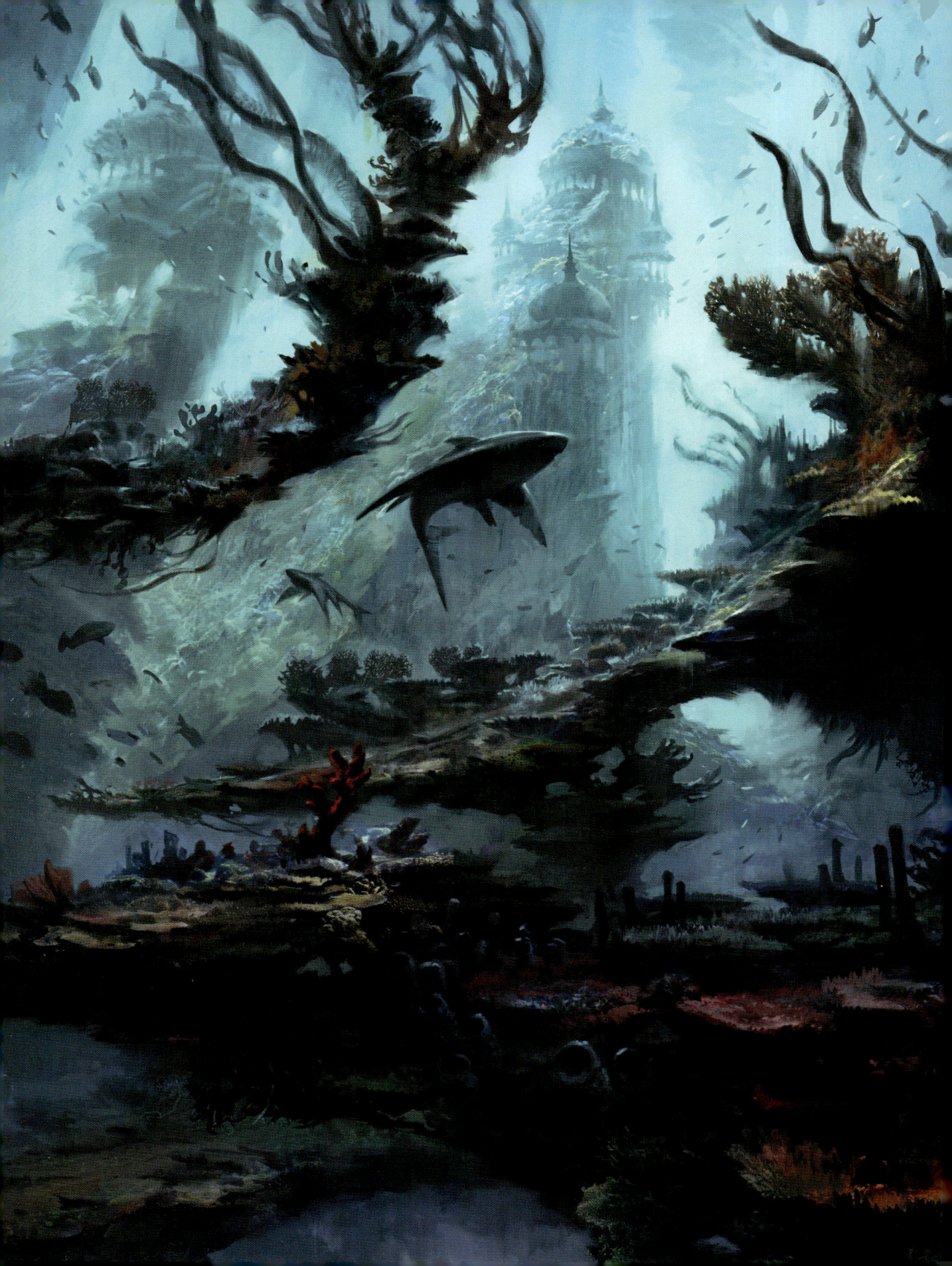

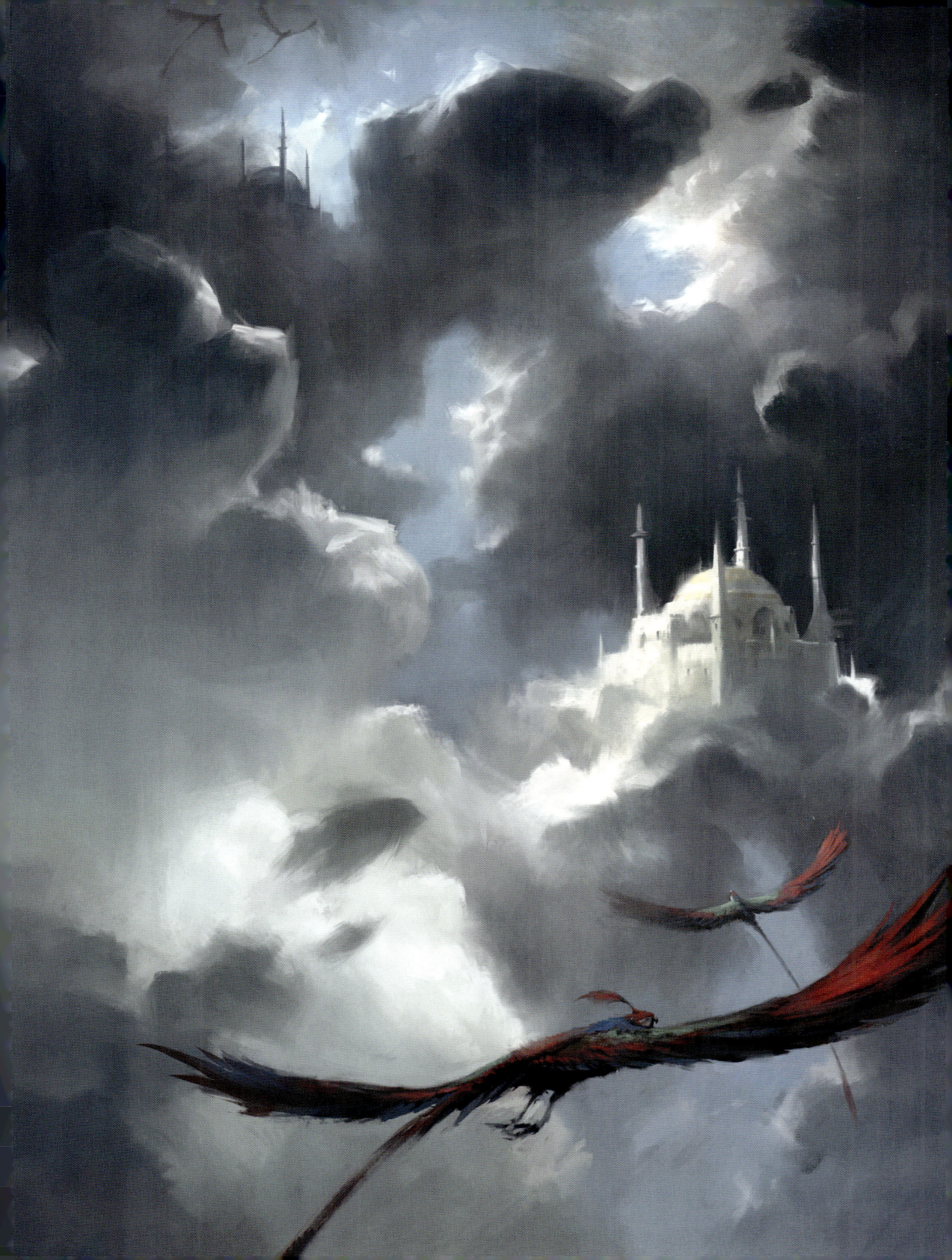

UNA EDUCACIÓN ELEMENTAL

Viajar a cualquiera de los Planos Elementales es una empresa que abarca todos los motivos por los que nos lanzamos a la aventura: es arriesgado, pero la recompensa no se puede encontrar en ningún lugar del Plano Material. Explorar el Plano del Fuego lleva la aventura a otro nivel; no se puede ir por mero capricho, pues ya el mismo entorno supone un reto y los preparativos para la supervivencia son considerables. Pero merece la pena incidir en que lo que encontrarás aquí no lo podrás encontrar en ningún otro sitio. Existe una magia especial en los Planos Elementales: los objetos creados con magia son imbuidos del poder elemental puro del plano, las espadas forjadas en el Plano del Fuego no tienen parangón comparadas con los filos forjados en el Plano Material, y el aire fresco del Plano Elemental del Aire dura horas en el Plano Material. Existen gemas procedentes del Plano Elemental de la Tierra que, además de ser incomparablemente hermosas, almacenan la magia de la misma forma que un libro almacena conocimiento; una de estas gemas contiene un libro completo de conjuros. Una gota de agua de un manantial secreto del Plano Elemental del Agua apaga la sed de todo un día de viaje a través de un desierto en el Plano Material.

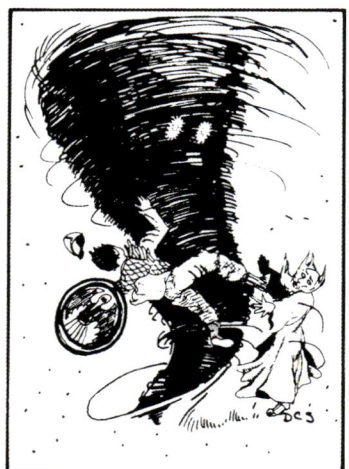

Hay seres que te pueden enseñar hechizos y técnicas de lucha, aunque para ganarte el favor de semejante mentor tendrás que conocer su cultura y descifrar sus extrañas costumbres. Cada Plano Elemental tiene sus ciudades y reinos: algunos son cordiales; otros rebosan traición. Algunos dan más importancia a la fuerza y la habilidad para la guerra, otros valoran el conocimiento y algunos, la música y el baile. Un grupo flexible, polifacético y adaptable siempre tiene más opciones de éxito, y esto es especialmente cierto cuando exploras los Planos Elementales.

Entonces ¿cómo se llega a estos Planos Elementales? Además de los típicos conjuros mágicos y los objetos que pueden abrir portales, existen emplazamientos en los que los Planos Elementales entran en contacto con el Plano Material. Estos lugares se encuentran en zonas donde el elemento está muy presente, por ejemplo, el interior de un volcán puede transportarte al Plano del Fuego. Le oí contar a una capitana de un barco, Keelie Vanderplank, un cuento chino, una historia de borrachos, según la cual su barco, el Puerco Salado, y su atemorizada tripulación quedaron atrapados en alta mar en un enorme remolino que se los tragó hasta el Plano Elemental del Agua, donde fueron capturados por un ejército de tritones comandado por un marid que exigía saber quién se atrevía a invadir el reino de su amo. Los llevaron a rastras ante la presencia de un primordial especialmente desagradable, con quien la capitana Keelie tuvo que jugarse la vida de su tripulación a una partida de Skiffle Punch. Por suerte, según lo cuenta Keelie, ella y su primer oficial gnomo eran pareja en el Skiffle Punch y machacaron al ser. En la confusión creada por la ira acuática del primordial, Keelie y su tripulación consiguieron escapar. Al parecer los seres primordiales tienen muy mal perder.

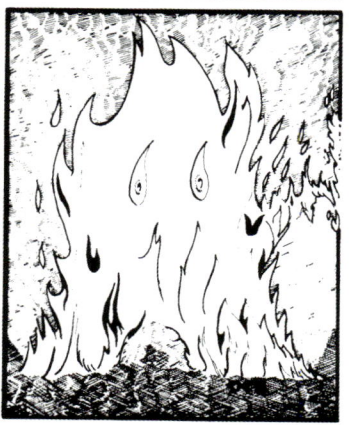

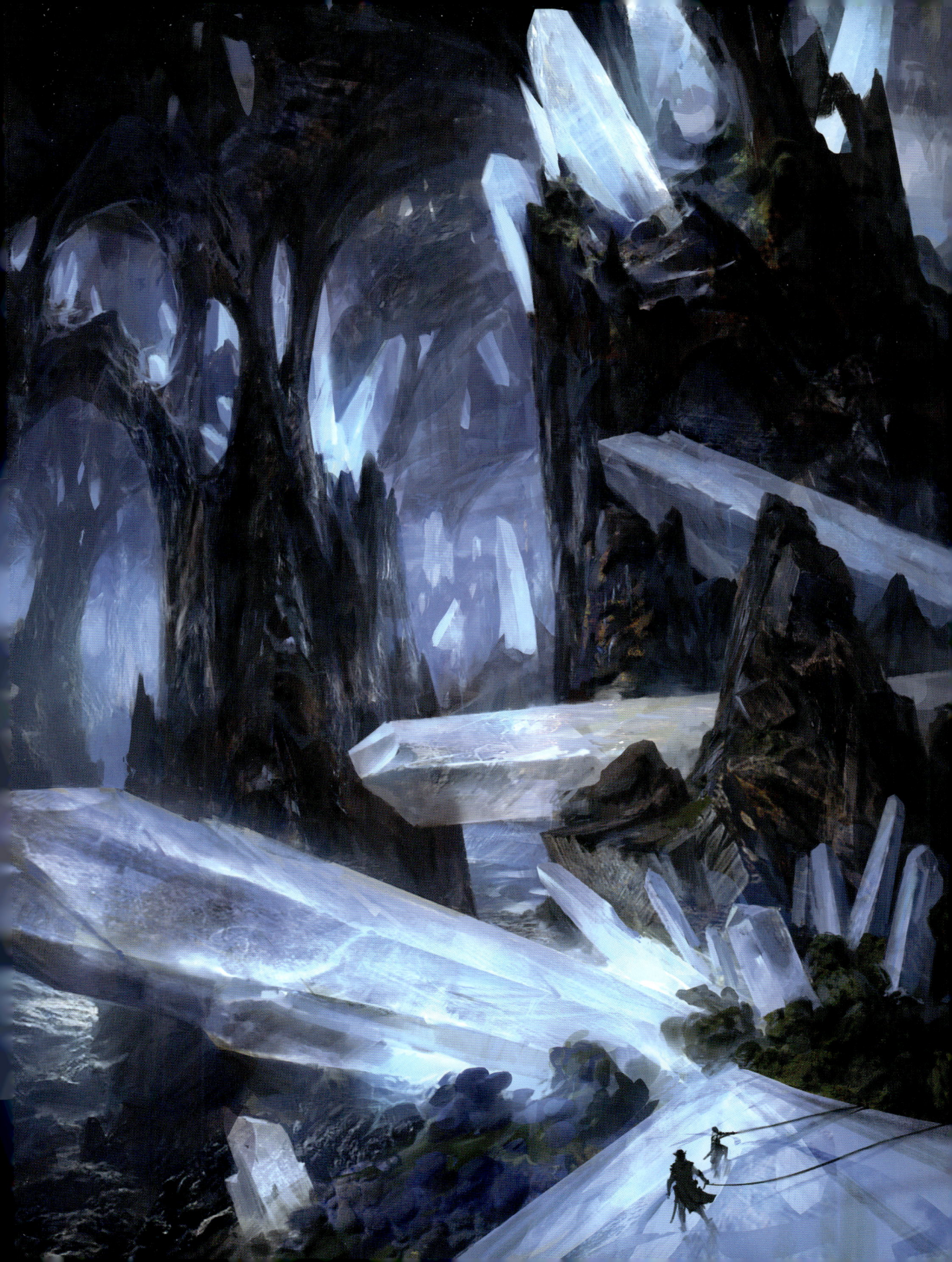

LOS PLANOS TRANSITIVOS

Los Planos Transitivos se componen del Astral y el Etéreo, y básicamente son espacios entre los planos físicos. Puedes pensar en ellos como caminos para ir de un plano a otro, de la misma forma que un ferri cruza un río o un pájaro vuela de un árbol a otro. De hecho, a menudo me parece que no existen palabras para describir al detalle estos lugares, pues estos planos no se rigen por las leyes del Plano Material. ¿Cómo se puede describir el reino atemporal del Plano Astral con un idioma que da por hecho que el tiempo es continuo?

He estado en los dos reinos y me he percatado de un fenómeno interesante. Mientras estoy en cualquiera de estos lugares, tras un momento de aclimatación y desorientación natural, todas las leyes extrañas y las paradojas de estos sitios se vuelven comprensibles, pero cuando regreso a mi cuerpo, soy incapaz de explicar la experiencia de estar allí con detalle, como si habitar mi cuerpo material no me permitiera comprender por completo ni explicar los reinos inmateriales.

Sin embargo, voy a intentar explicar lo que sé de estos lugares inmateriales.

EL PLANO ASTRAL

El Plano Astral es un reino onírico donde habitan fantasmas y formas ideales que se desplazan sobre un extenso territorio llamado el Mar Astral. Dioses sin vida flotan aquí como estatuas gigantes, los restos solidificados de sus inertes cuerpos que van a la deriva a través de su plateada extensión. El tiempo no corre en este lugar y aquellos que acceden al Plano Astral no envejecen. Aunque sí hay movimiento y actividad, lo que implica tiempo. Una paradoja. Lo único que puedo decir de esta paradoja es que el tiempo para el cuerpo físico debe de ser diferente del tiempo que existe en la mente; que el pensamiento se mueve, pero el cuerpo no puede envejecer. Un mago podría pasarse milenios aquí desentrañando sus ácronos y espectrales misterios.

Para aquellos magos avezados en el estudio, el conjuro de la proyección astral les permite escindir su espíritu e introducirse en el Astral, dejando atrás su cuerpo material en un estado mágico de animación suspendida: sin envejecer y congelado en el tiempo. Su consciencia en el Astral está conectada a su cuerpo físico por un fino hilo plateado que es casi indestructible. Casi. Si mueres en el Astral, te despiertas en tu cuerpo material de una sacudida desagradable. Pero si algo seccionara tu hilo plateado, tu alma se separaría de tu cuerpo y tu espíritu quedaría atrapado en el Plano Astral, donde deambularía por toda la eternidad.

Para la mayoría, el Plano Astral es el viaje espiritual que sucede a la muerte, donde cada espíritu gravita hacia el Plano Exterior que más se asemeja a la vida que ha llevado. Los espíritus bondadosos vagan hacia los Planos Superiores como Elysium, Bytopia y las Tierras de las Bestias. Los espíritus malvados se hunden hacia los Planos Inferiores como Acheron, Carceri y Hades. Pero se puede interactuar con los espíritus e interceptarlos en su viaje a través de los Planos Transitivos. He oído historias de espíritus desgraciados de camino a Carceri que han sido redimidos por alguna clérigo que dedicó su vida a ayudar a las almas condenadas a seguir un camino diferente para encontrar una realidad mejor. También he oído hablar de una orden de cazarrecompensas que, por una sustanciosa suma, viajan al Plano Astral para cazar los espíritus de los muertos, especialmente los de aquellos que se llevaron información valiosa a la tumba.

Para los exploradores, el Plano Astral supone la oportunidad de experimentar un reino eterno, donde las ruinas de eones de años flotan como barcos abandonados en el Mar Astral. Todo puede existir aquí, pues el Plano Astral existía mucho antes que los elfos y que los mismísimos dioses. Los exploradores podrían desentrañar antiguos misterios como los secretos legendarios de la magia dracónica o la Ciudad Perdida de Xan Doroth que, según cuenta la leyenda, es una ciudad de oro que desapareció hace miles de años. Algunos dicen que fue transportada al Plano Astral, donde sigue flotando hasta hoy en perfecto estado de conservación, esperando a que la descubran en el eterno Mar Astral.

GITHYANKI

El Astral es un plano de pensamientos, sueños y espíritus, aunque también existen criaturas corpóreas, como los githyankis, que se valen de su realidad atemporal para no envejecer. Todo aquel que estudia su cultura sabe que los githyankis deben viajar a uno de los reinos materiales para experimentar el tiempo y así crecer y cumplir años hasta que llegan a la edad adulta. Fuera del Plano Astral, grupos de githyankis forman lo que se conoce con el nombre de guarderías, donde experimentan el tiempo para criar a su descendencia y les enseñan las costumbres de los gith. Coincide con la época en que son más vulnerables, como bien saben sus enemigos.

Pese a que la mayoría de los githyankis comparten la misma inclinación hacia la inmortalidad y la eternidad que su miserable reina liche, Vlaakith, he notado que algunos pocos se cansan de su estado eterno y desean sentir los efectos del tiempo y la edad en sus cuerpos y mentes. Tuve el privilegio de mantener unos cuantos debates con un kith'rak githyanki llamado Rellix que había decidido renunciar a su alto rango en el mando githyanki para vivir y envejecer en el Plano Material como guardián permanente de las guarderías. Allí enseñaba las costumbres de la espada plateada y su cultura a los jóvenes githyankis, pero Rellix sentía que ser consciente de su mortalidad imprimía a sus lecciones cierto dinamismo, perspectiva, y empezó a distanciarse de las lecciones tradicionales prescritas para enseñar su propia versión de las costumbres githyankis, empapando las rutinarias instrucciones y repeticiones del aprendizaje githyanki de su interpretación.

Fue él quien me contó, un poco antes de que lo asesinaran, que existir en el Plano Astral les había costado a los githyankis una comprensión de la que ya no disponían y que si hubieran adoptado la mortalidad, su cultura y su forma de entender el mundo habrían mejorado. Dijo, siendo muy consciente del riesgo de su blasfemia, que si no tuvieran una no muerta como líder y volvieran a adentrarse en el Plano Material para experimentar el paso del tiempo y la muerte, los githyankis podrían vivir una edad dorada.

A Rellix lo mataron al poco tiempo de tener nuestras charlas. Vlaakith lo llamó hereje y lo tildó de enemigo subversivo de la gran voluntad gith. Un grupo de guerreros de élite le cortaron la cabeza para llevársela, sin duda alguna, a su imperecedera reina.

PLANOS INTERIORES Y PARALELOS

Aprendí muchísimo sobre el Equilibrio de Rellix. Por ejemplo, que solo podemos comprender la vida al completo a través de los ojos de la muerte y cómo los deseos de Vlaakith le han robado a los githyankis su derecho a conocer el valor y experimentar el sentimiento profundo de sentirse vivo que solo puede proporcionarles la mortalidad.

EL PLANO ETÉREO

Adentrarse en el Plano Etéreo se asemeja a atravesar una nube o a sumergirse en el agua. Es una sensación que no encuentro nada placentera; más o menos como me imagino que se siente Volothamp Geddarm cuando avanza a trompicones, inspirado por la cerveza, a base de mentiras épicas e imaginación desbocada.

En contraste con el Plano Astral, que conduce a los Planos Exteriores, el Plano Etéreo es el reino que hay que atravesar para pasar del Plano Material al resto de los Planos Interiores, como el Feywild o el Páramo Sombrío y los Planos Elementales. A veces se manifiesta como un enorme muro de niebla; otra veces, el Etéreo se prolonga como un espejo en la casa de la risa, y hay todo un viaje para llegar a tu destino extraplanar. Una vez te introduces en el Etéreo, te vuelves igual de informe e inmaterial que el reino y, como ocurre con el mundo Astral, te trasladas con la mente. Pero, en mi experiencia, lo más perturbador del Etéreo es que puedes sentir la existencia del espacio y la distancia; sin embargo, a veces la bruma es tan espesa que no hay forma de ver nada y tienes la sensación de que es tremendamente plana, como si estuvieras inmerso en vidrio húmedo. A pesar de estar en el Etéreo, puedes, de alguna forma, echar un vistazo sin que nadie lo advierta al Plano Material. Por eso, muchos ladrones, granujas y asesinos utilizan el Etéreo como escondite desde donde espiar, como a través de una mirilla, a gente confiada para averiguar secretos o preparar una emboscada.

Los Arpistas tienen una leyenda de una habilidosa gnomo asesina a quien nunca han conseguido apresar. Se conoce a esta misteriosa silueta por el nombre de Bolsillitos. Los Arpistas llevan muchísimo tiempo persiguiendo a Bolsillitos, pues la asesina consiguió hacerse con el Anillo de Mujarra, un objeto altamente mágico que le permite entrar y salir del Plano Etéreo, convirtiéndola en un ser esquivo, peligroso y muy exitoso en su lúgubre oficio.

No se parece a otros asesinos que suelen dejar firmas más sutiles, pues el sello de Bolsillitos es abandonar a sus víctimas en un gran charco de sangre, acribilladas con una veintena de espadas afiladas como cuchillas. Con su trabajo ha captado la atención de muchos, aunque nadie ha visto a la gnomo asesina en persona, con la excepción del reputado detective Arpista llamado Kallish Barbarroja, la única alma que ha puesto su mirada sobre Bolsillitos.

El maestro espadero me contó que Kallish iba siguiendo un rastro de víctimas, una colección dispar de aristócratas adinerados e influyentes que habían sido transformados, uno tras otro, en inusitados alfileteros sangrientos por decenas de plateadas espadas. Lo único que tenían en común las víctimas era que todos ellos eran inútiles malvados que trataban con crueldad a los campesinos y robaban a espuertas de los bancos de la ciudad.

A pesar del brillante trabajo detectivesco que incluía encantamientos mágicos y fundados chivatazos de cortesanos, Kallish siempre llegaba unos minutos tarde y se encontraba con un cadáver borboteante y ensangrentado, cubierto de relucientes espadas. Cuando Kallish estaba más que frustrado con el caso, recibió el chivatazo definitivo. Medio borracho pero de servicio, irrumpió en la escena del crimen y presenció cómo la pálida gnomo, toda vestida de negro, insertaba la última daga en su víctima, que refulgía con tanta espada. Kallish se frotó los ojos, incrédulo, y lo único que se le ocurrió fue hacerle la pregunta que no había dejado de rondarle durante todos estos años: «¿De dónde sacas tantas espadas?».

La gnomo se volvió sonriendo con ironía y le contestó: «Bolsillitos». Después se desvaneció en una nube de bruma Etérea.

Y de ahí nacieron el nombre y la leyenda de Bolsillitos, la asesina Etérea.

Desde el Plano Etéreo, un viajero puede acceder a los Planos Paralelos conocidos como Feywild y Páramo Sombrío. Estos dos planos son como espejos, uno luminoso y otro tenebroso, de nuestro Plano Material. Una granja en el Plano Material se puede corresponder con una aldea de gnomos en el Feywild o en el cuchitril de una bruja en Páramo Sombrío. A menudo pienso en estos tres planos diferentes como si fueran tres cuentacuentos, tal vez con destinos legendarios, que interpretan el relato de una misma historia desde tres puntos de vista diferentes. El cuento del Feywild suele ser alegre y estar repleto de vivos colores, emociones extremas y magia extravagante, mientras que los de Páramo Sombrío son a menudo relatos siniestros de tristeza y angustia contados desde un corazón inmerso en la tragedia y el ansia.

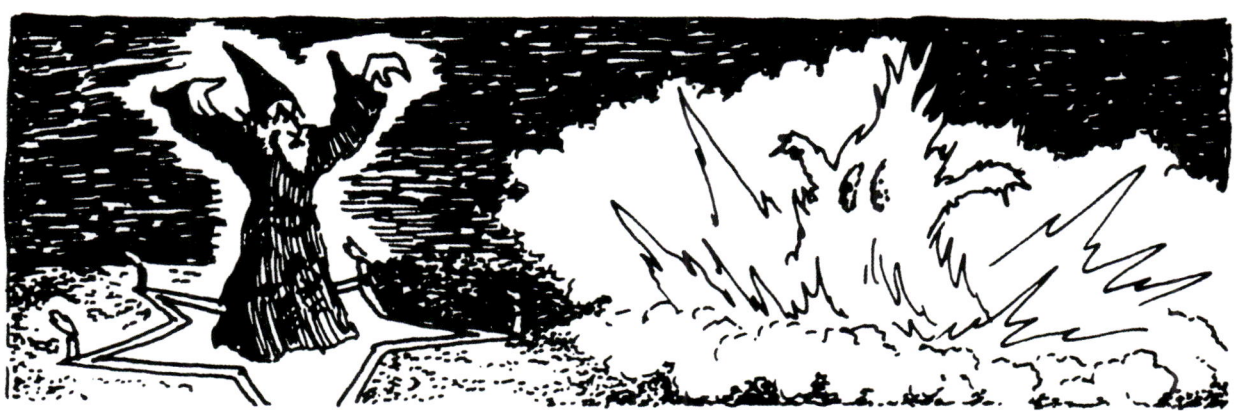

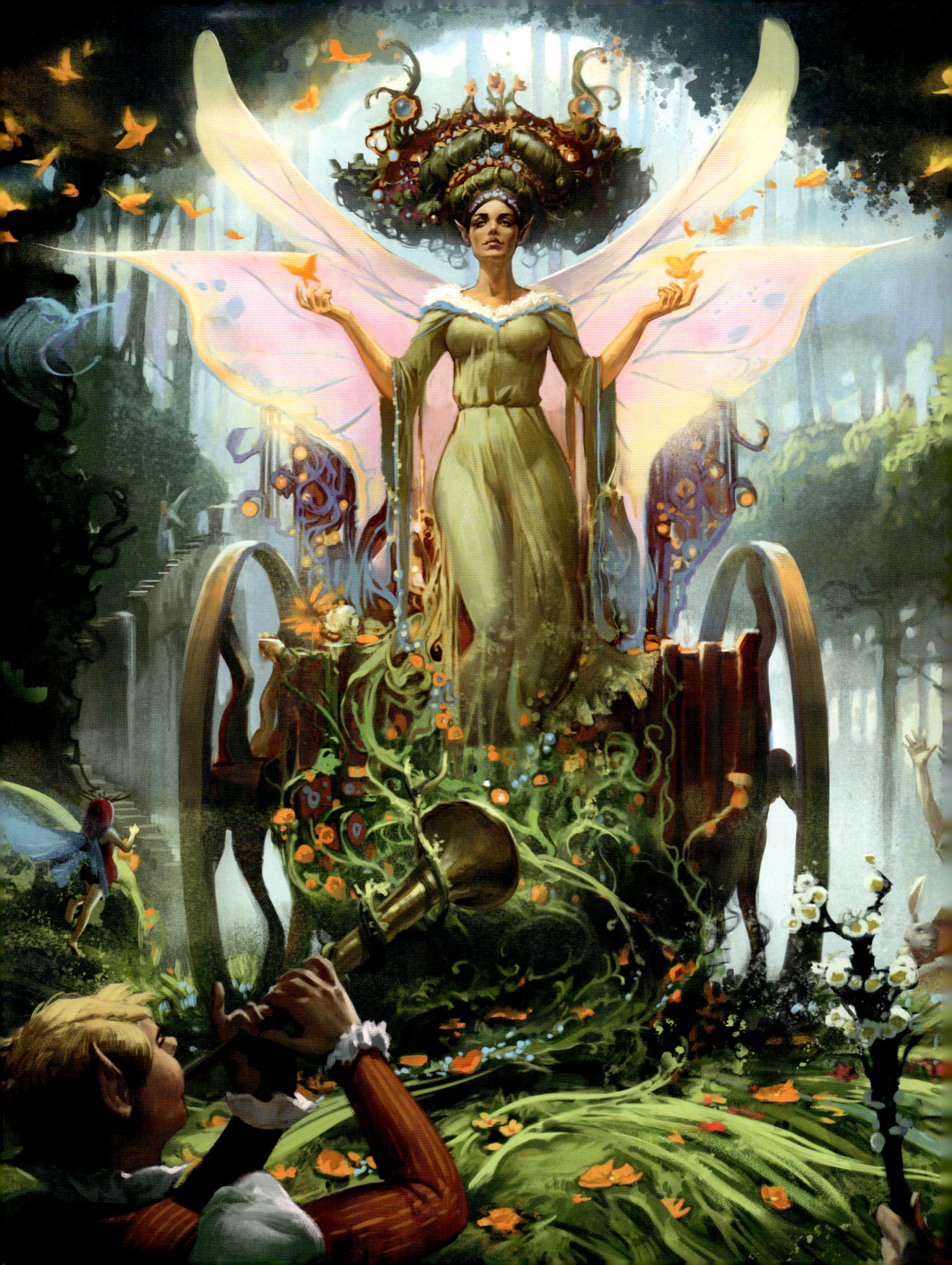

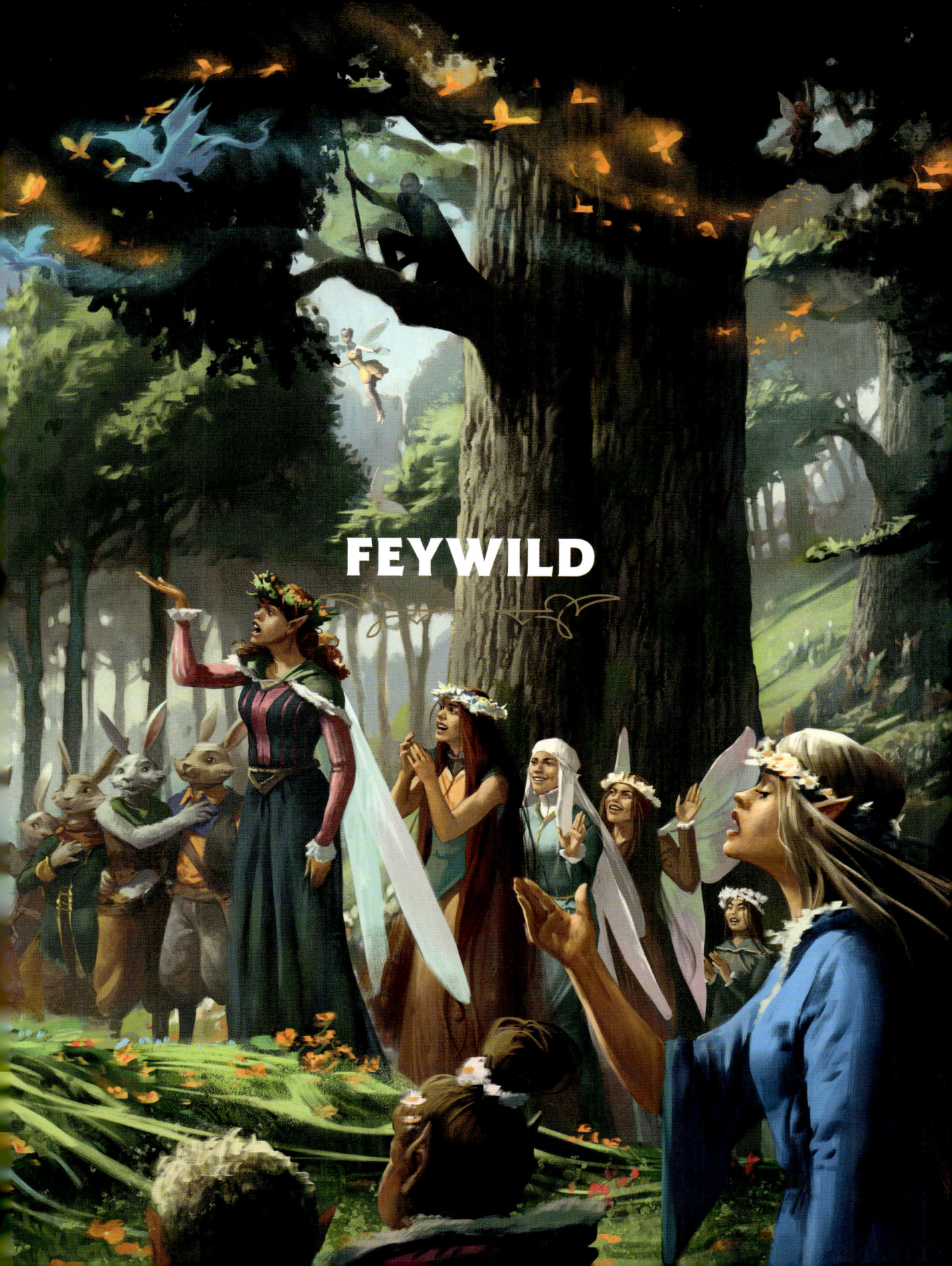

No soy un extraño en el Feywild, y aun así, incluso a día de hoy, me sigue pareciendo un lugar extraño.

Aunque mi mundo natal, Oerth, contiene todo tipo de magia y de monstruos, y aunque como mago he profundizado más que la mayoría en las maravillas arcanas de la realidad, hay algo en el Feywild que hace que todo lo demás parezca mundano y plano en comparación. La magia que impregna el Feywild es de un sabor diferente a la del Plano Material. Cada árbol, cada flor, cada brizna de hierba de ese lugar bulle con ella. El Feywild parece normal a primera vista, pero si se lo permites, el circo de la magia se revela en los límites de tu visión. Toma lo que parece ser una piedra normal, mírala de cerca y verás un caleidoscopio de colores y patrones arremolinándose en su superficie. Tal vez te deletree un mensaje, o te muestre una ubicación en un mapa. También puedes encontrar un pueblo de pequeñas criaturas feéricas viviendo en una grieta de la piedra. Si te agachas a oler una flor, tal vez abra los ojos y te susurre un secreto, o te sople una bocanada de polen que te haga ver un acontecimiento pasado. Todo objeto está impregnado de personalidad y emoción: hay árboles gruñones, escarabajos traviesos, pájaros llorones e hilarantes tejones. Su vitalidad y encanto mágico se amplifican hasta tal punto que lo no mágico y

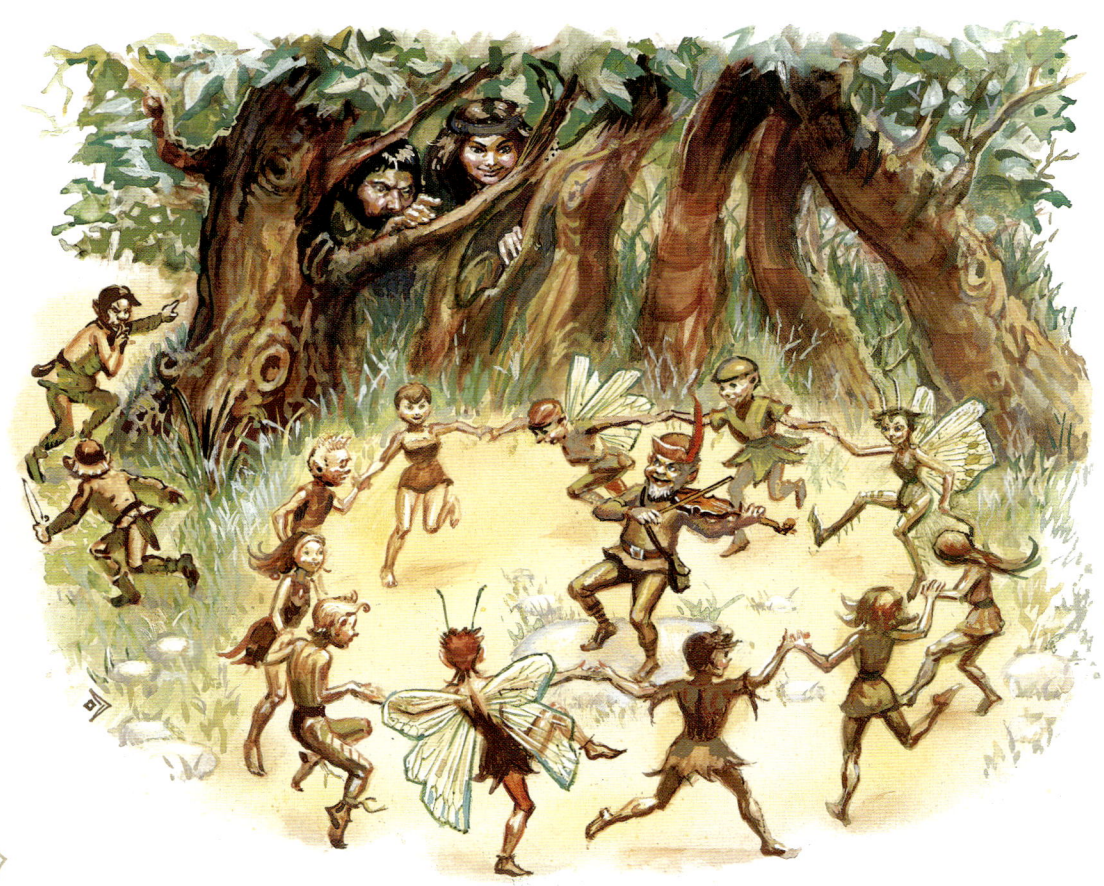

mundano se siente aquí fuera de lugar, razón por la cual las hadas se muestran tan enamoradas y curiosas cuando los visitantes del Plano Material entran en sus dominios.

UN MUNDO DE EMOCIONES

Las hadas están entre las criaturas más raras, encantadoras y extravagantes, y la propia tierra del Feywild puede ser más extraña de lo imaginable, y causar perplejidad incluso en las mentes más aventureras. Pero creo que la extrañeza del Feywild deriva de su conexión mística con las emociones, y si no estás preparado para sus efectos, puede hechizarte y confundirte en un instante. Puedes estar caminando por un denso bosque cuando, de repente, te invade una alegría vertiginosa que acelera alegremente tus pasos; luego todo se desborda en carcajadas y, si hay un bardo en la fiesta, seguro que estalla una sesión musical de canto y baile. Esta mágica manía es lo que hace que el Feywild sea divertida y encantadora, y también lo que la hace peligrosa, pues muchos aventureros se han perdido para siempre mientras se divertían como nunca, y sus risas aún resuenan en los cantos de los pájaros o el zumbido de las alas de los insectos.

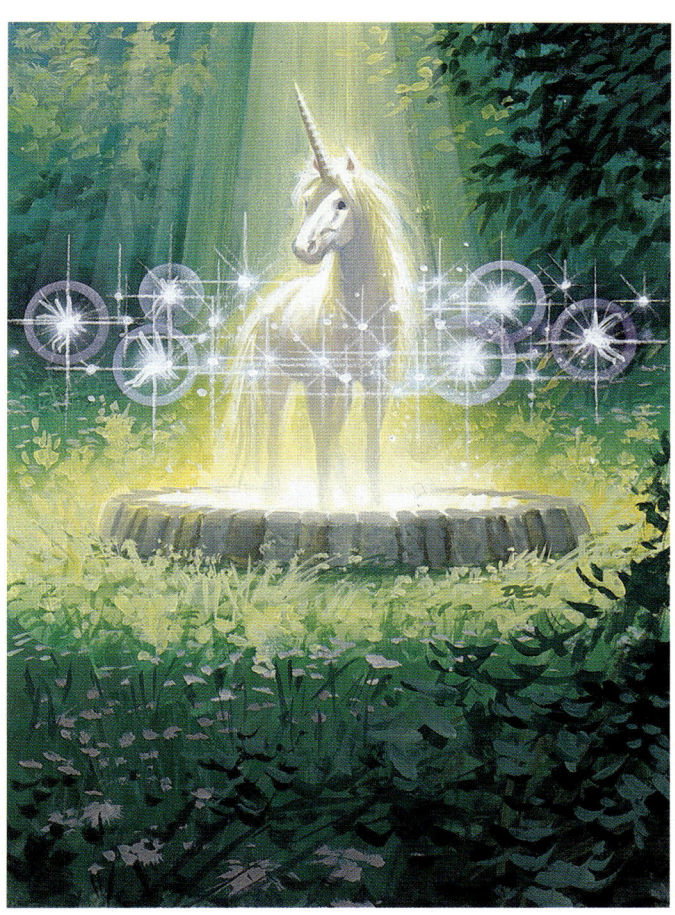

Es difícil explicarlo con palabras, pero en el Feywild, la materia, la magia y la emoción están inextricablemente entrelazadas, como si se fundieran en una misma cosa. Qué poder cósmico unió estos fenómenos es desconocido, y los mitos son muchos, pero estoy seguro de que si uno descubre la respuesta, también descubrirá cómo surgió el Feywild. Baste decir que esta misteriosa alquimia hace que una expedición al Feywild sea una experiencia que deba emprenderse con una buena dosis de preparación y de autoconciencia.

EL ATRACTIVO DE LA MAGIA

Como archimago, he tenido que dominar mis emociones para no caer en sus diversas trampas, por lo que el Feywild es para mí, a la vez, curioso y peligroso. Para lanzar los hechizos más poderosos, debo usar la razón y la lógica. Las emociones poderosas pueden desconcentrarme; emociones como la rabia y los celos pueden hacerme caer en el mal, como ocurre con muchos magos. Aunque los magos nos dedicamos a expandir la capacidad de nuestro intelecto, también se nos enseña sobre el reino de las emociones, y el estado emocional es un factor importante en nuestros estudios. Una emoción fuerte puede esquivar la mente racional y hacer que nuestras percepciones de la realidad se distorsionen. Como prueba de esta afirmación, he visto estallar muchas peleas de taberna por cosas tan tontas como las insolentes pero magistrales burlas de un bardo halfling ebrio o las humillantes y groseras carcajadas de un orco. Las emociones pueden hacer que uno se aferre a una idea querida, y pueden instigar un ataque salvaje sin pensar previamente con lógica. Dado que las emociones afectan a nuestras mentes y eluden la lógica, pueden perjudicar a nuestro lanzamiento de hechizos, y a medida que los magos nos volvemos más y más poderosos, nos volvemos más y más peligrosos. Un mago guiado únicamente por sus poderosas emociones se encuentra, con casi total certeza, en el desdichado camino hacia el Abismo y la aniquilación.

Una vez más, debo mencionar a Natasha, también conocida como Tasha, Iggwilv, la Reina Bruja, Zybilna... Se puede saber mucho de ella solo con esto, ¿verdad? Huelga decir que está vinculada al Feywild de muchas maneras: la primera es que fue criada nada menos que por la mismísima bruja Baba Yaga.

Tasha llegó al Feywild hace mucho tiempo, huyendo de una preocupante lista de locuras creadas por ella misma, lo cual no es de extrañar, ya que es a la vez brillante e irritante. El Feywild es también un lugar ideal para refugiarse si uno está huyendo, por ejemplo, de la ley o de un demonio tan implacable como un recaudador de impuestos. En el Feywild, un aventurero puede encontrar a fugitivos, parias y ermitaños que no desean ser hallados jamás.

Una vez oculta en el Feywild, Tasha creó su propio dominio, y su energía atrajo a todo tipo de criaturas feéricas a vivir allí. El lugar y sus habitantes se adaptaron perfectamente a sus gustos y, con el tiempo, Tasha se convirtió en una criatura feérica gracias a su magia. Ese es el extraño poder de este sitio: puedes cambiarlo con tus emociones y tu magia, pero él puede cambiarte a ti. Y si es tan poderoso como para transformar a una formidable bruja como Tasha, imagina lo que puede hacerle a un aventurero perdido en su confuso territorio. Podría llenar este manuscrito con historias de Tasha, tanto heroicas como... menos heroicas, pero la Reina Bruja es tan encantadora y volátil como el mismo Feywild, e incluso con mis poderes de percepción, sigo sin hallar sentido a sus maquinaciones. Tal vez todos seríamos así de inescrutables si hubiéramos sido criados por Baba Yaga y nos hubiéramos saturado de un poder tan salvaje y antiguo. Veo los fascinantes ecos de Baba Yaga en la forma de hacer hechizos de Tasha, y estoy seguro de que a menudo, cuando empiezo a tomar notas mientras ella trabaja con su caldero, se siente como un insecto bajo un microscopio. Como amiga, la admiro y la exaspero. Baste decir que Tasha tiene una forma de iluminar la habitación... prendiéndole fuego.

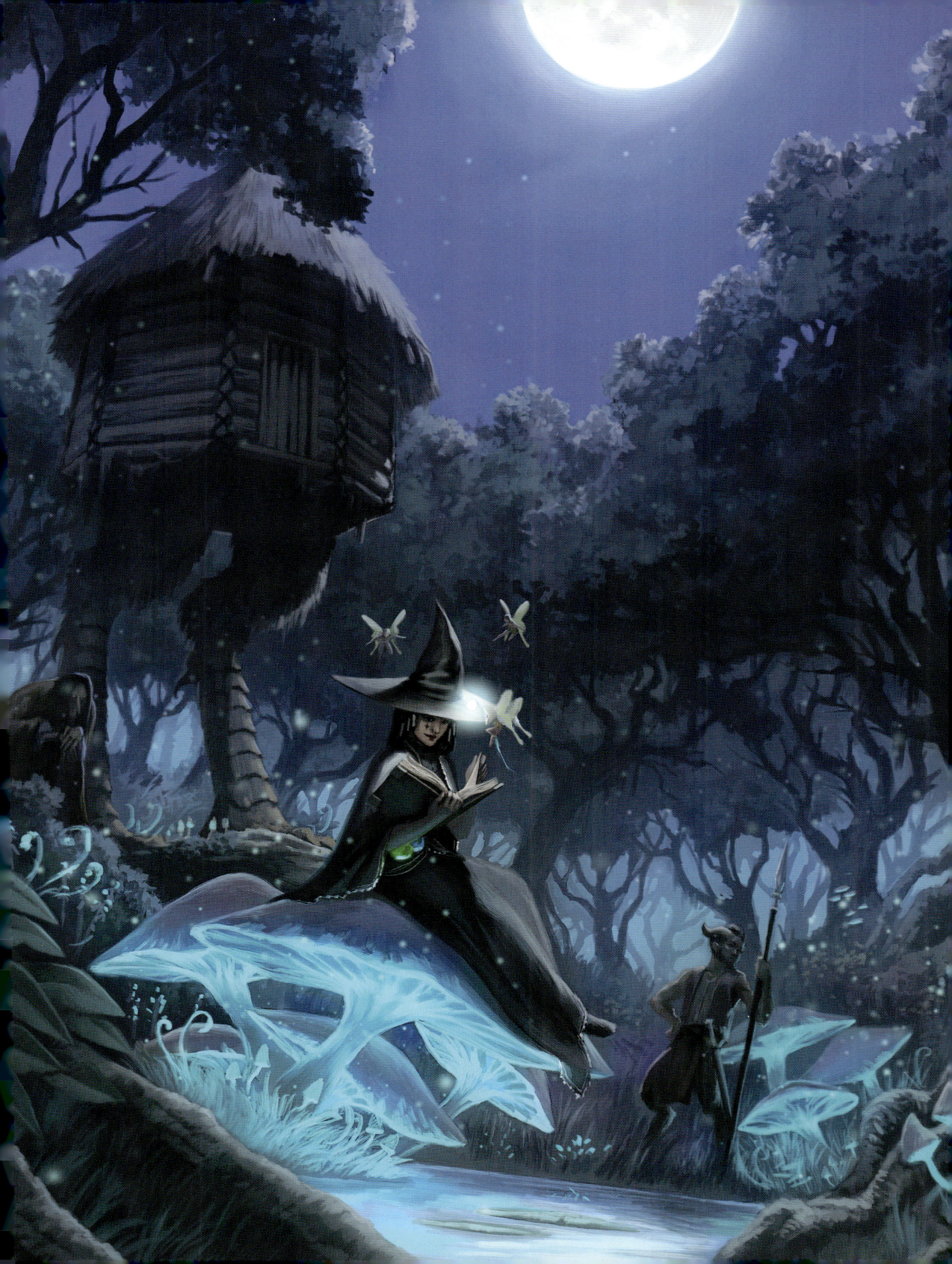

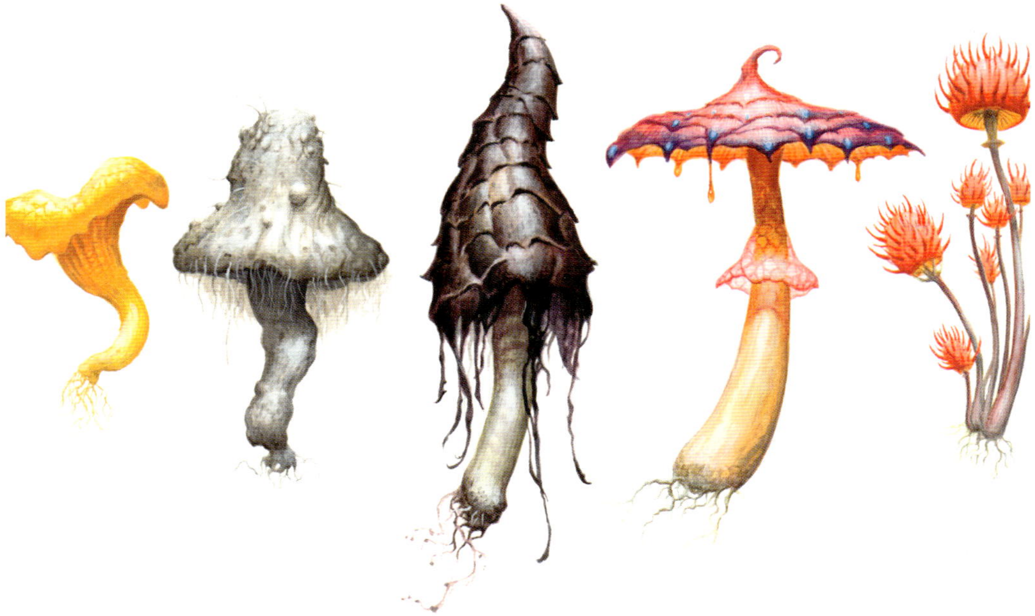

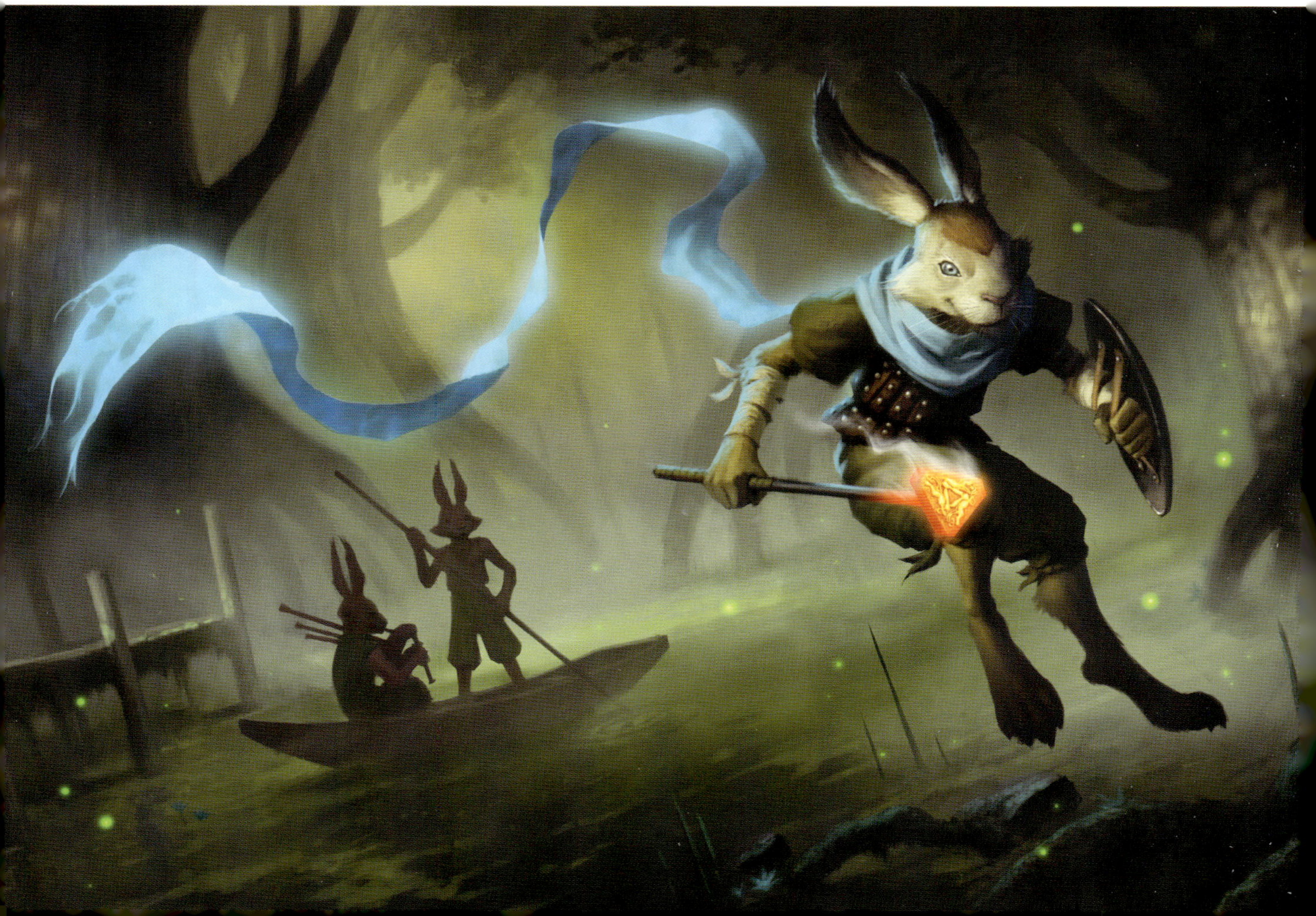

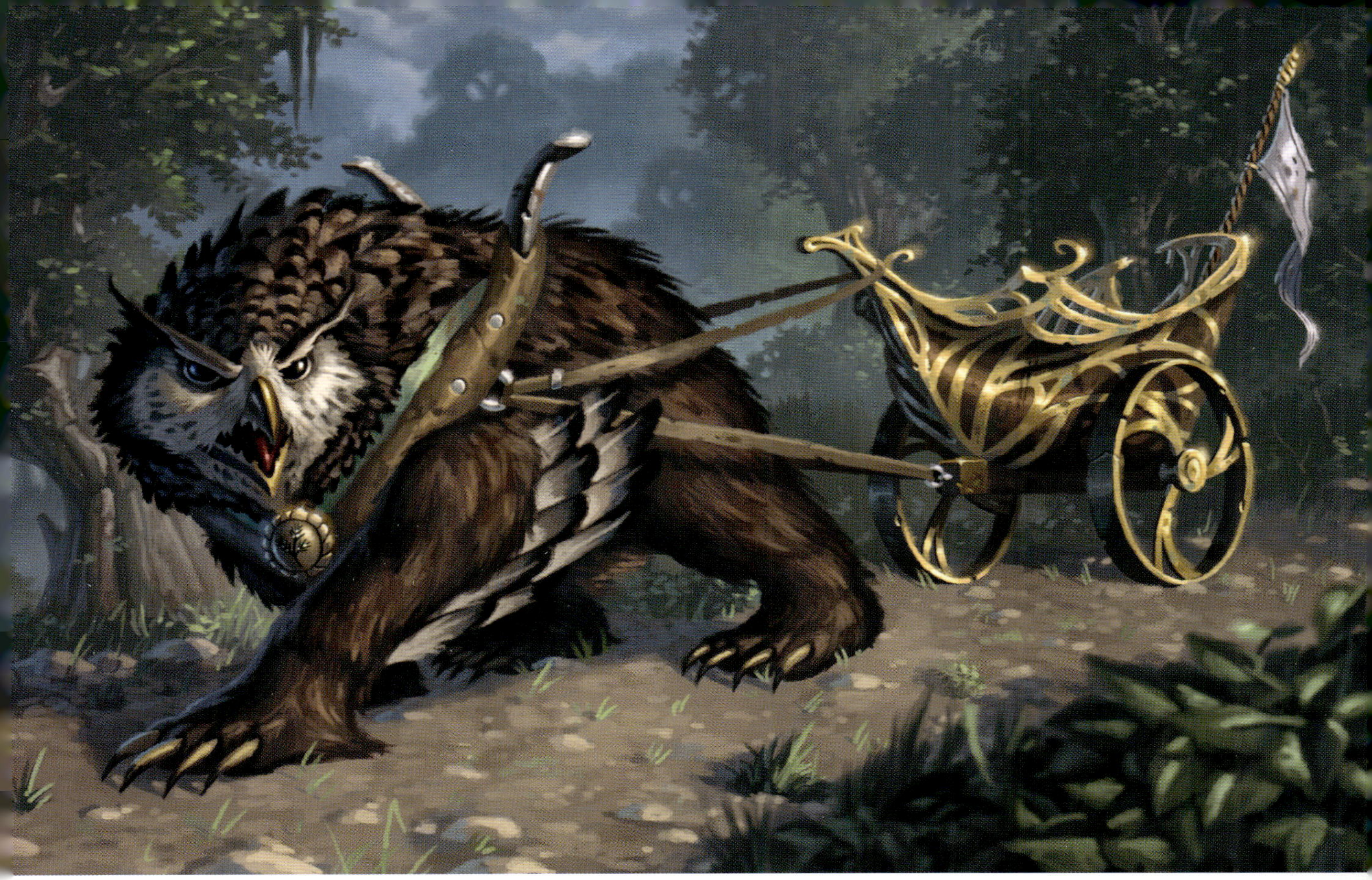

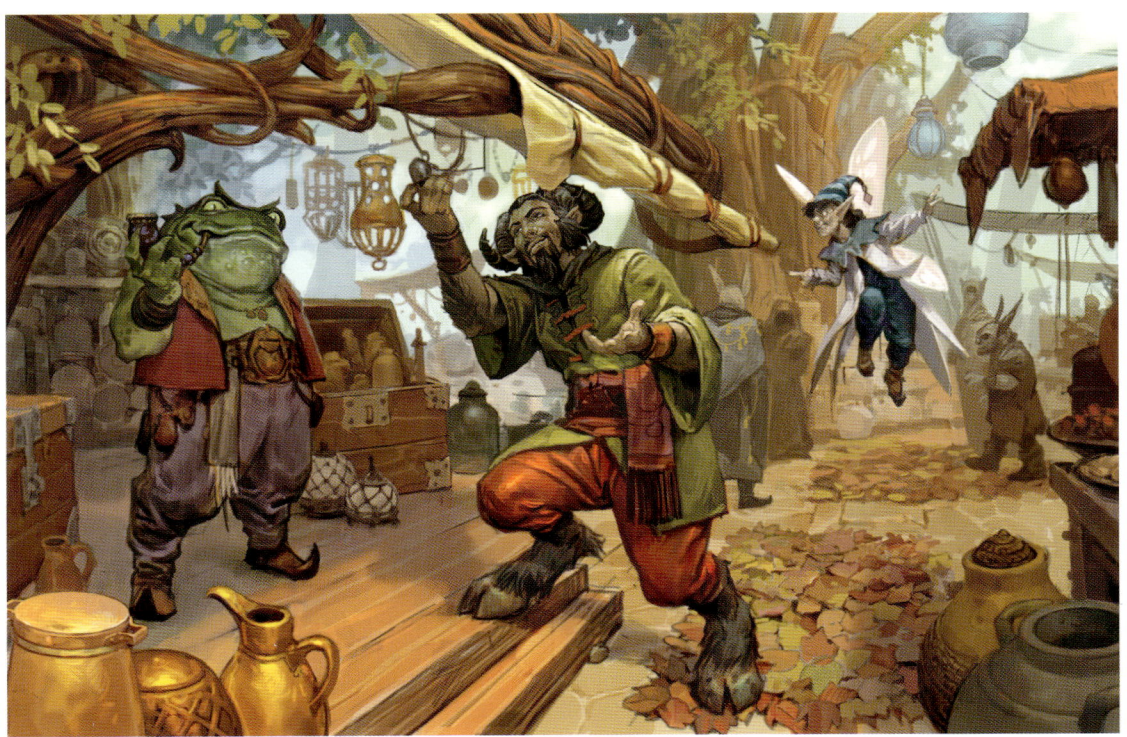

FEYWILD

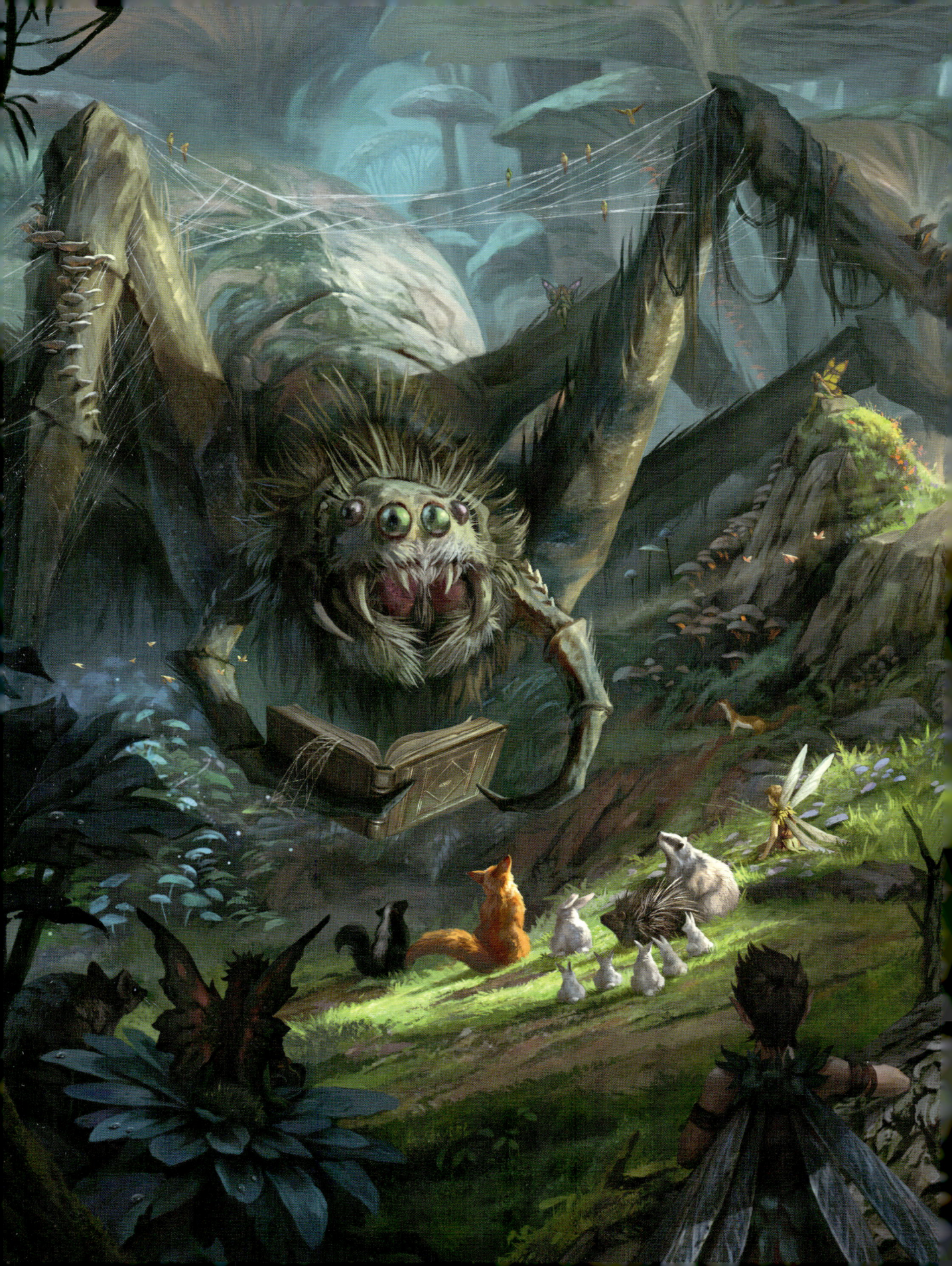

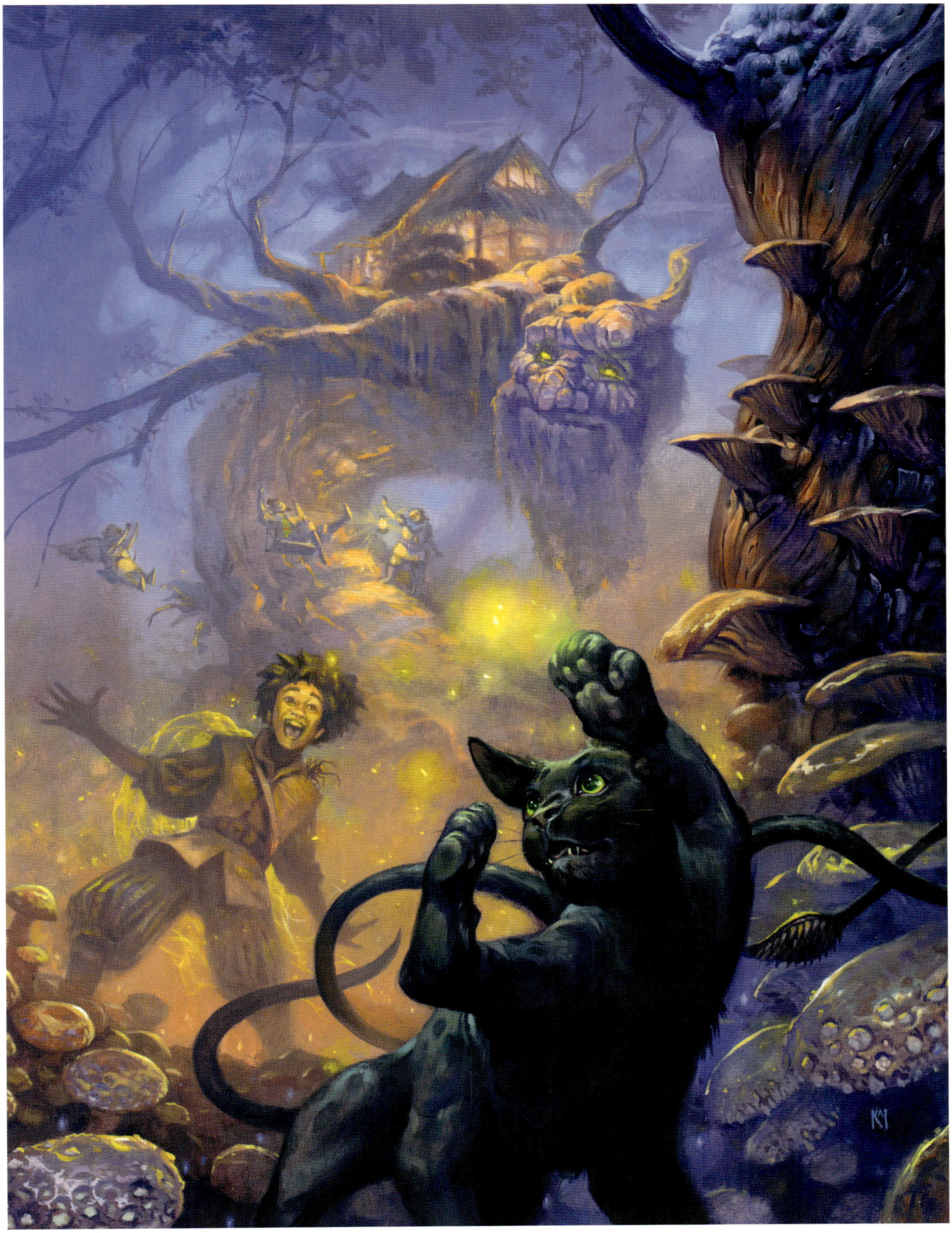

FEYWILD

PROTEGER EL FEYWILD

Muchos de los seres más poderosos del Feywild, como los Señores Feéricos, son inestables, pero esa misma inestabilidad hace que no se preocupen por la estabilidad del multiverso. La mayoría de los Señores Feéricos se contentan con ocupar su rincón del Feywild y gobernar como mejor les parezca, y pocos conocen siquiera un mundo fuera del suyo. El peligro comienza cuando un poderoso mago o demonio entra en el Feywild para aprovechar su poder, ya que el Feywild, por su propia naturaleza, responde a emociones poderosas y está dispuesto a dar una inmensa energía incluso a los corazones más oscuros. Si una mente astuta y malévola encontrara de algún modo la forma de controlar y aprovechar este poder, se crearía una simbiosis realmente terrible, empleando el poder de un plano entero para fines nefastos. Solo pensar en esa posibilidad me produce escalofríos. Por suerte, hallar una forma de entrar en el Feywild es difícil e impredecible; tal vez una primera línea de defensa mágica mantiene este reino aislado de mortales maliciosos y perversos demonios.

El invasor más reciente fue una banda de odiosos villanos conocida como la Liga del Mal, liderada nada menos que por el sociópata, narcisista y codicioso Kelek. Aunque los poderes hechiceros de Kelek eran de poca monta, sus ambiciones eran lo suficientemente ilusorias como para resultar peligrosas, y su grupo de bribones, avariciosos y sedientos de botín, era bastante diligente como para que cualquiera de ellos se hubiera tropezado con algo realmente poderoso e importante, como un bastón mágico o algún otro artículo feérico. Un objeto de magia antigua, blandido por un imbécil, puede causar daños inimaginables, y una amenaza así no debe pasarse por alto.

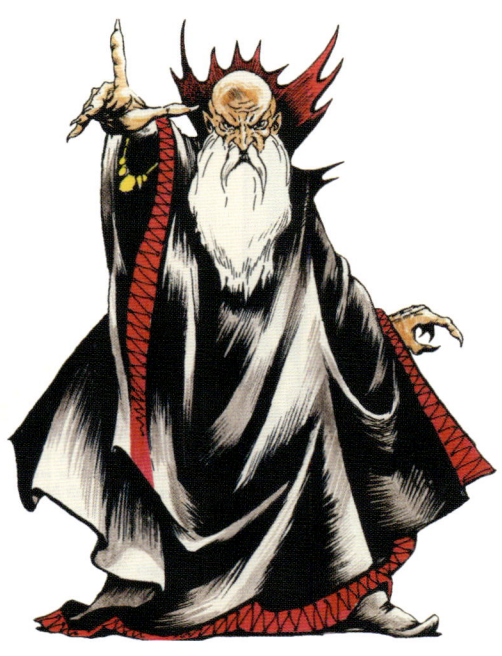
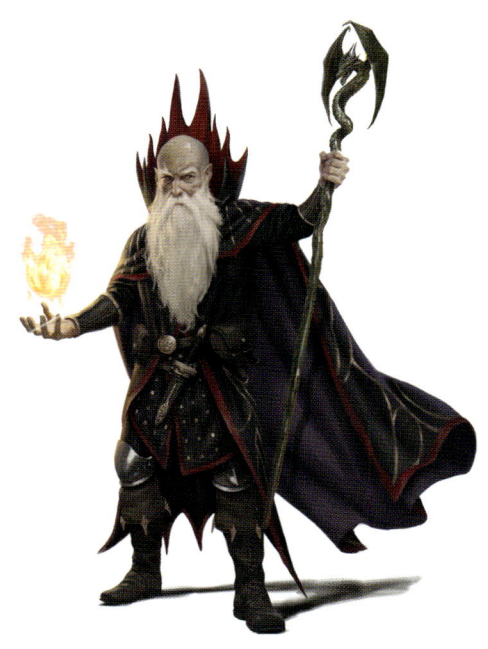

CÓMO LLEGAR: TRAVESÍAS FEÉRICAS

Si un aventurero está interesado en viajar al Feywild, hay varias formas de entrar. Lo primero que hay que saber es que el Feywild es un mundo espejo del Plano Material. A menudo he postulado que hay un paralelismo entre las pompas de jabón y la forma en que el Feywild y nuestro mundo se unen. Es una dimensión alternativa que se superpone a la nuestra y la refleja, por lo que hay lugares en los que sus límites, por así decirlo, se tocan o incluso se superponen como burbujas gemelas. En estos lugares se manifiesta un fenómeno llamado «travesía feérica»: un portal entre dimensiones en el que un aventurero (o un transeúnte involuntario, o un niño curioso...) puede pasar del Plano Material al Feywild sin necesidad de usar hechizos, encantamientos u objetos mágicos.

Las travesías feéricas son difíciles de hallar, pero cuando se sabe lo que se busca, hay señales reveladoras. Caleidoscopios de mariposas, raros círculos de piedras u hongos, crecimientos de cristal en patrones en una pared rocosa, un hueco extraño dentro de un árbol de forma aún más extraña... Todo esto puede indicar que la influencia mágica del Feywild se filtra a través de la travesía feérica y afecta a nuestro mundo, haciendo que lo que es natural parezca antinatural, pero de una manera agradable y, a menudo, extremadamente bella.

Dado que estas señales delatan la ubicación de las travesías feéricas, protegerlas es un aspecto necesario para cuidar del propio Feywild. Una vez halladas, las travesías suelen quedar ocultas y vigiladas por habitantes de nuestro mundo o por criaturas feéricas que no quieren intrusos indeseados. Pero las travesías feéricas son sorprendentemente abundantes, y sin duda quedan muchas por descubrir. Pueden ser grandes como un castillo o tan pequeñas como una sombrerera, pero los pasos no están siempre abiertos, ni siempre hay señales visuales. Hay cruces que solo aparecen en una determinada fase lunar, o solo se abren cuando se canta una canción en un momento preciso del día, o solo si uno lleva un gorro amarillo y se pronuncian tres bendiciones a un determinado Señor Feérico de pie en un determinado puente. En mis estudios, he descubierto que las travesías feéricas y la cantidad de formas de hallarlas son tan extravagantes y creativas como lo son las hadas.

Ahora debo contarte una historia.

Yo era joven, y era un día de otoño cuando busqué mi primera travesía feérica. La había descubierto en un viejo libro que me regaló un aventurero que era famoso por haber viajado por el Feywild. Estaba escrito en silvano, la antigua lengua de los elfos y las hadas, y hablaba de una antigua travesía feérica dentro de un círculo de setas, que averigüé que ahora quedaba en el campo de un granjero. Aunque el granjero era hostil y azuzaría a sus perros lobo sobre cualquier intruso, no me desanimé. Al anochecer lancé un hechizo para distraer a los canes, pasé por encima de la valla, caminé de puntillas junto a la pocilga y alrededor de las vacas dormidas, y entré en el círculo de setas. Allí giré tres veces en sentido contrario a las agujas del reloj mientras susurraba un encantamiento silvano

> «LAS TRAVESÍAS FEÉRICAS SON DIFÍCILES DE HALLAR, PERO CUANDO SE SABE LO QUE SE BUSCA, HAY SEÑALES REVELADORAS. CALEIDOSCOPIOS DE MARIPOSAS, RAROS CÍRCULOS DE PIEDRAS U HONGOS, CRECIMIENTOS DE CRISTAL EN PATRONES EN UNA PARED ROCOSA, UN HUECO EXTRAÑO DENTRO DE UN ÁRBOL DE FORMA AÚN MÁS EXTRAÑA...».

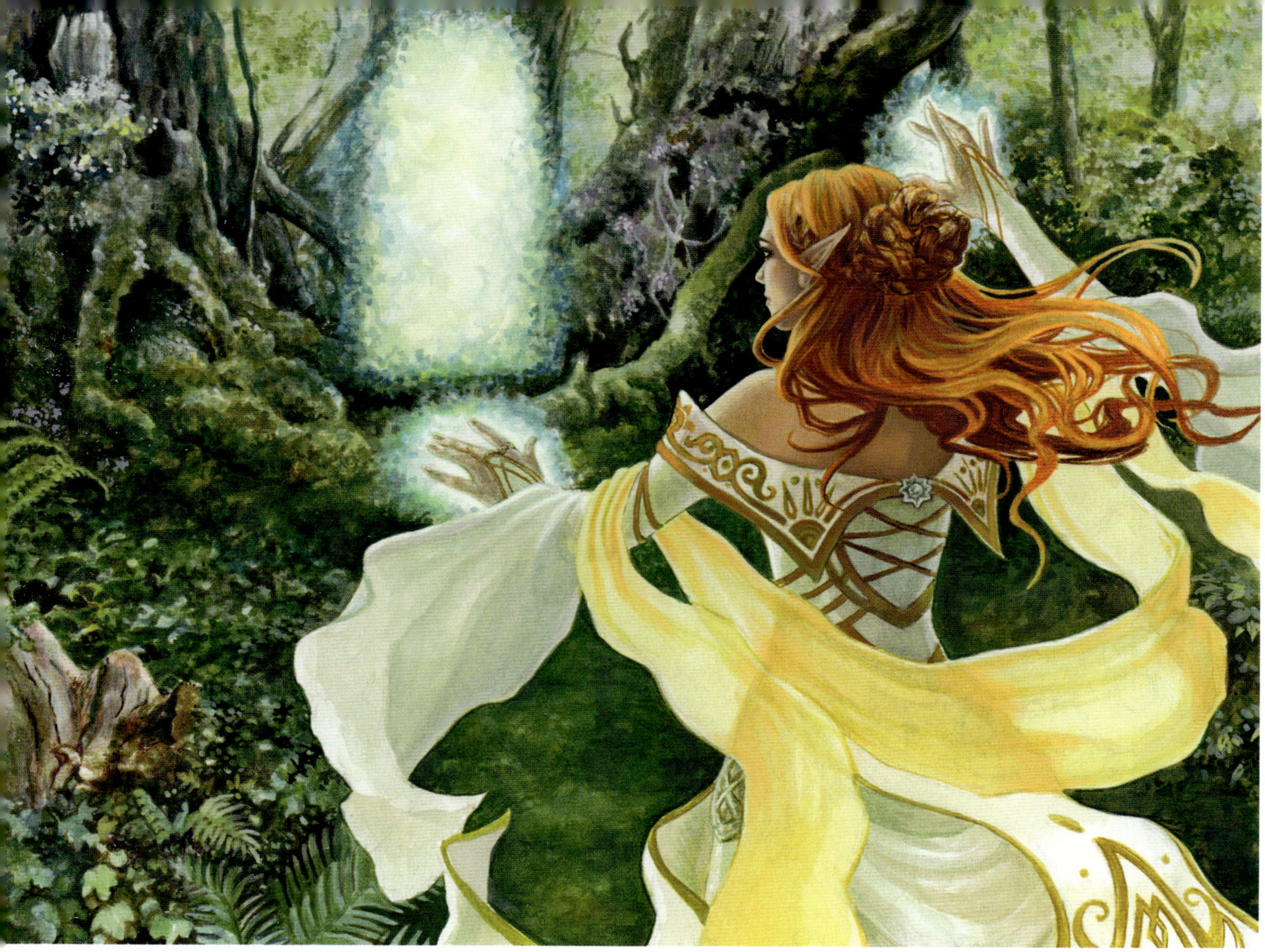

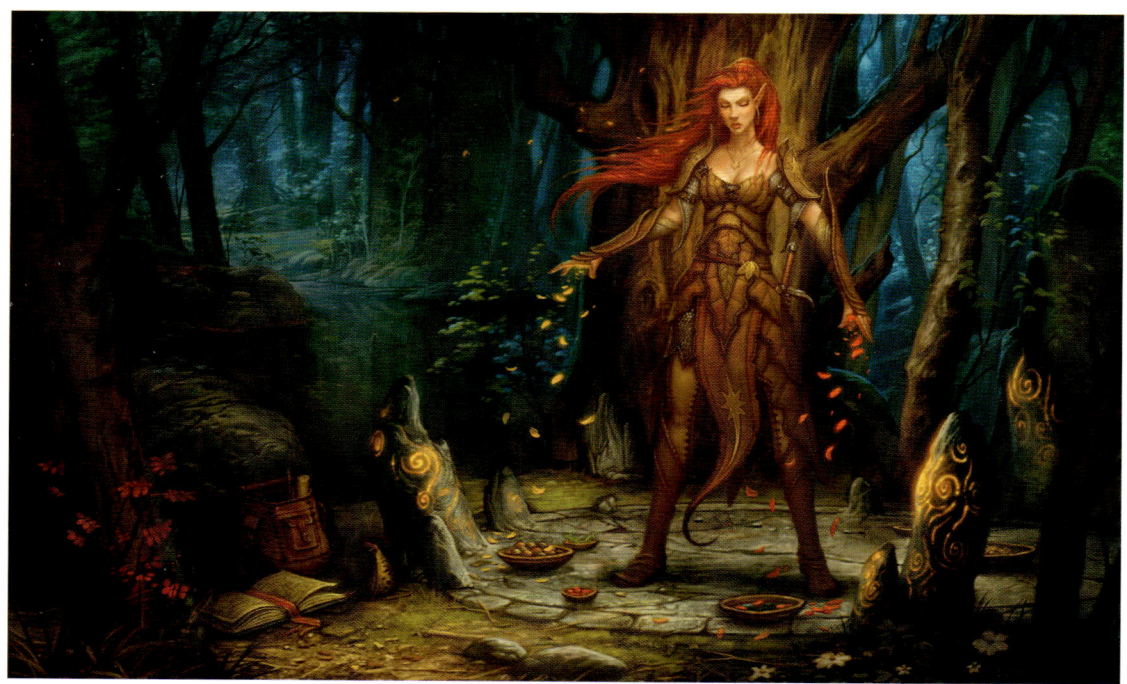

MUNDOS Y REINOS

al tiempo que espolvoreaba cristal en polvo, según las instrucciones del libro. De repente, sentí náuseas y todo mi cuerpo empezó a hormiguear. El mundo se volvía gelatinoso a medida que me movía. Era como caminar en una pecera. Podía sentir una sonrisa que comenzaba a asomar por las comisuras de mi boca, impulsada por una energía que burbujeaba en mi interior. Lo primero que noté fue que había unas calabazas enormes a mi alrededor, algunas tan altas como la casa del granjero, y la luz que provenía de la puesta de sol contenía los colores más vivos que jamás había visto. Era un espectáculo impresionante, ¡y apenas había dado mi primer paso allí! Podía sentir cómo la magia lo impregnaba todo hasta reventar, y tenía la sensación de que si estornudaba, desencadenaría una reacción en cadena en la que sucederían todo tipo de rarezas: las vacas podrían explotar en arcoíris o convertirse en centelleantes ríos de gelatina. Mientras anotaba apresuradamente todo esto, me invadían el entusiasmo y la inquietud. Pese a mi curiosidad, no me atrevía a alejarme demasiado de la travesía feérica, por si desaparecía o me perdía irremediablemente, ya que sabía que en mi aturdimiento nunca podría volver sobre mis pasos.

OTRAS ENTRADAS AL FEYWILD

Si no puedes encontrar una travesía feérica, hay otras dos formas de entrar en el Feywild. La primera es la amistad. Hay hadas en el Feywild que sienten curiosidad por hacer amigos del otro lado del velo, y están deseosas de aprender sobre nuestras costumbres, por lo que no es raro que los aventureros que buscan entrar en el Feywild llamen la atención de una criatura feérica igualmente curiosa que, en algún momento, se dará a conocer y tal vez ofrezca una invitación para reunirse con ella en su mundo. Pero ten cuidado. También hay muchas hadas traviesas que solo desean entretenerse causando un caos hilarante (para ellas) a nuestra costa. Así que sé cauteloso con las invitaciones que aceptas, o tú y tus compañeros podríais acabar siendo el blanco de una travesura feérica y experimentar durante un tiempo convertiros en una manada de burros o algo peor.

La segunda es por el método tradicional: pagar a un mago para que te transporte al Feywild. Evidentemente, yo no recomiendo tirar unas cuantas monedas de oro a cualquier mago que pueda lanzar un cambio de plano y enviarte a ti y a tu grupo a quién sabe dónde del Feywild. Más bien, recomiendo pagar una cantidad de oro posiblemente exorbitante a un mago versado en los caprichos de la región para que te transporte a ti y a tus compatriotas a un lugar preciso. La inversión merecerá la pena, ya que evitará que os encontréis en un aprieto, como que el grupo sea enviado por un mago demasiado confiado a un rincón del Feywild en el que el tiempo sea fluido, los sonidos sean colores y la gravedad sea, por decir algo, poco fiable.

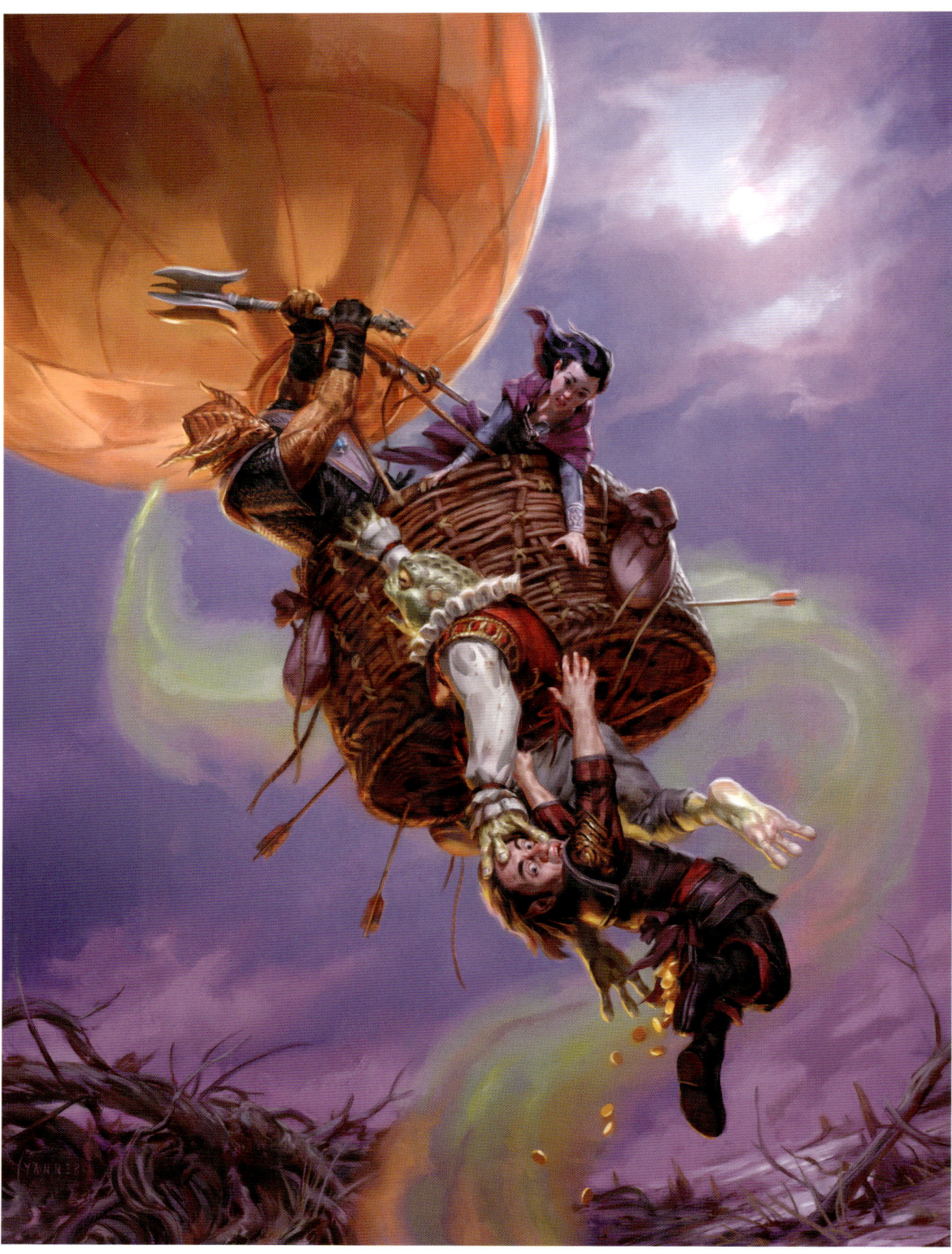

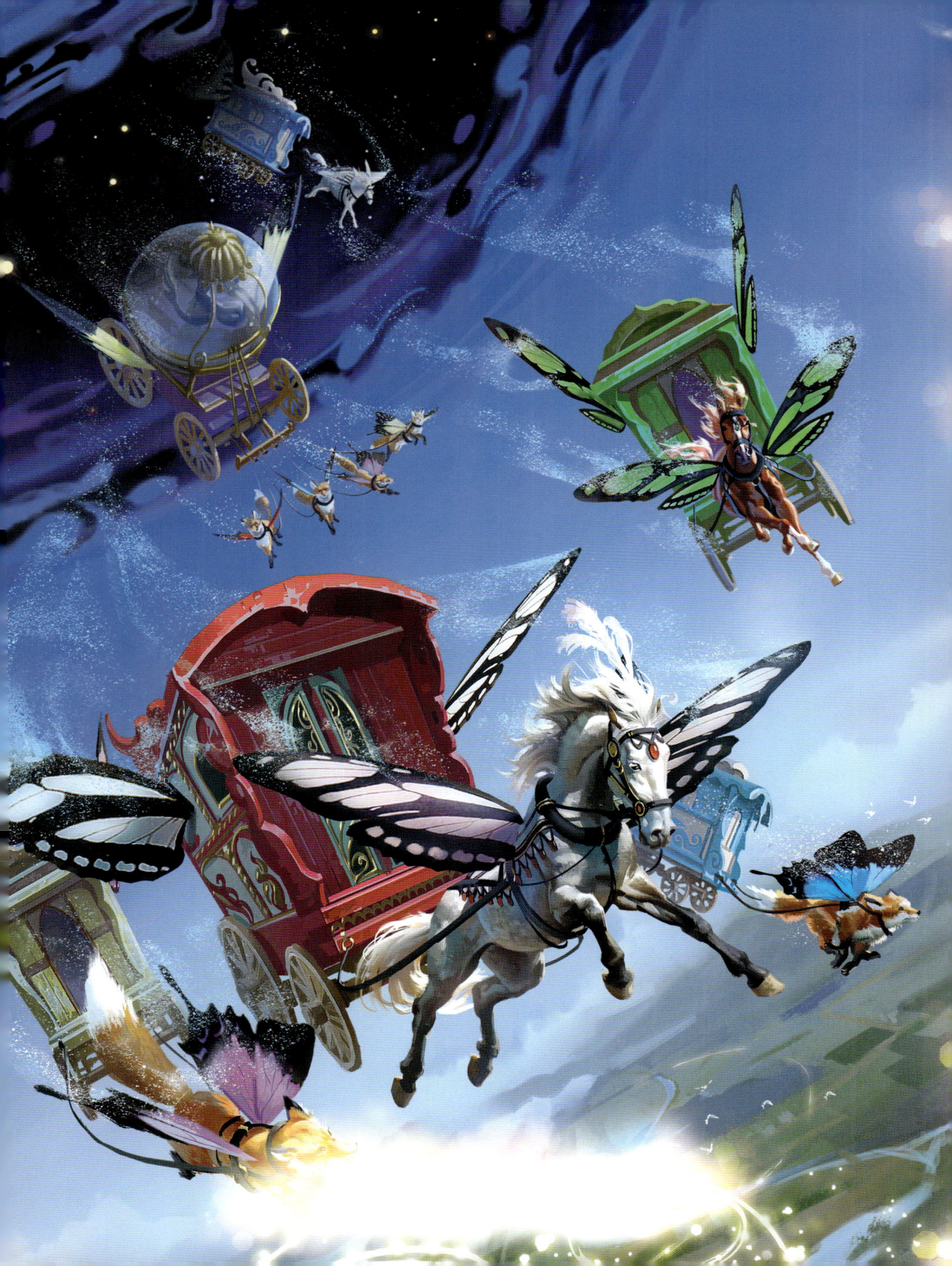

LOS SEÑORES FEÉRICOS

Pese a ser un reino caótico y caprichoso, el Feywild tiene cierta organización: una jerarquía basada principalmente en el poder mágico, pero en la que la edad y el respeto también desempeñan un papel. Los seres mágicos más poderosos de la sociedad feérica se conocen como Señores Feéricos. Son tan diferentes y variados en su descripción como en la forma en que dirigen todo dentro de su territorio, lo que las hadas llaman el dominio de un Señor Feérico. Algunos Señores gobiernan sus dominios como lo haría una aristocracia humana, pero otros son como abuelas y abuelos sabios y no gobiernan mediante edictos, sino más bien mediante consejos o parábolas, y en cada luna nueva pueden contar una nueva historia a todos los que están bajo su cuidado. Un Señor Feérico puede ser un gigantesco árbol sentiente en cuyo interior viven pequeñas criaturas feéricas, y su dominio solo es tan grande como el alcance de sus ramas más finas.

De modo consciente o inconsciente, el dominio de un Señor Feérico parece crearse a partir de la magia que infunde el propio Feywild, aunque aún no he podido determinar si se trata de la voluntad consciente del Señor o de la reacción de la tierra que lo rodea. Huelga decir que, sea como sea, cada dominio es un entorno espectacular tan único como el propio Señor. Pero, como las propias hadas, la tierra rara vez es estática. Los dominios de los Señores Feéricos parecen ser manifestaciones externas de su estado interior, y por eso he visto muchas veces que el paisaje de un dominio cambia con el estado de ánimo del Señor. Por eso es muy importante, cuando se visita un dominio, estar familiarizado con su dirigente. Si ofreces alegría, tus viajes serán fáciles y llenos de placer. Irrítalo y prepárate para una angustiosa retirada a través de robles furiosos y espinos homicidas. Esta conexión entre el Señor Feérico y su dominio es la razón por la que las criaturas feéricas están muy atentas a todos los caprichos de su Señor y se apresuran a atacar a cualquiera que pueda hacerlo enfadar. Vale la pena mencionar nuevamente que si la intención de un aventurero es no ser grosero, es mejor investigar a un Señor Feérico antes de entrar en sus dominios. Asegúrate de llevar las ofrendas correctas y de aprender los modales adecuados, no vaya a ser que el idílico dominio se convierta en una pesadilla debido a una palabra inapropiada o un regalo mal pensado.

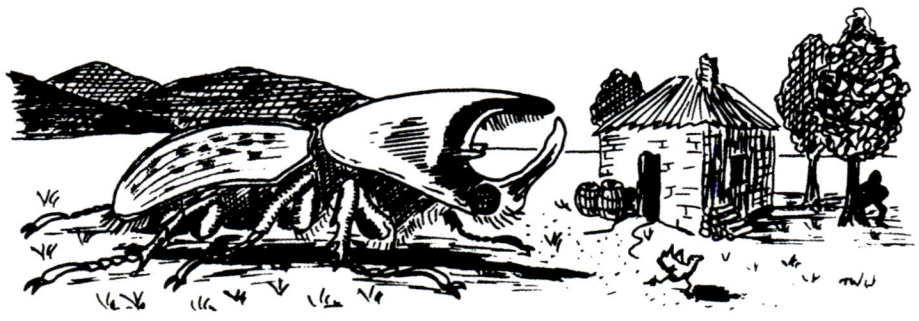

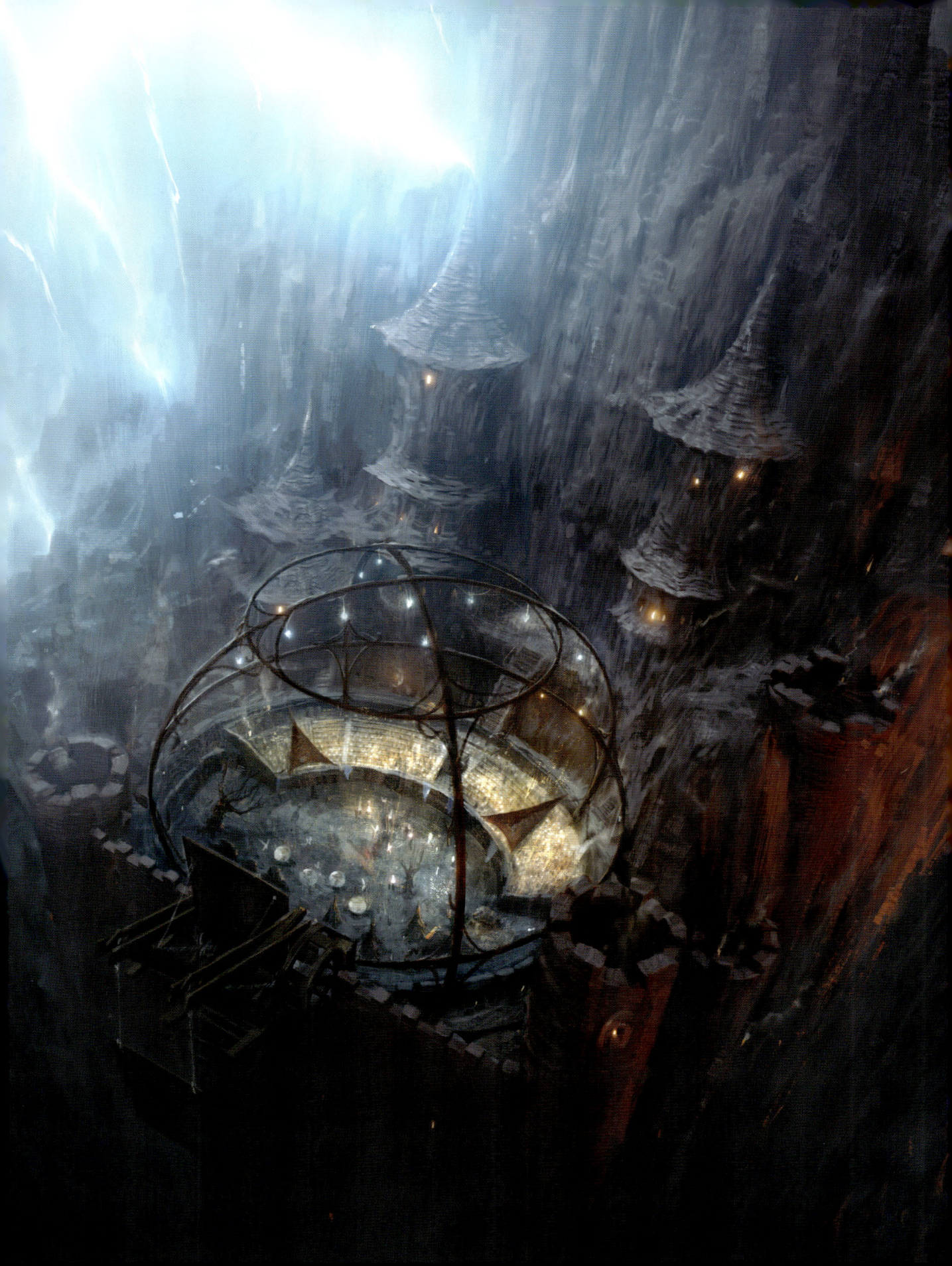

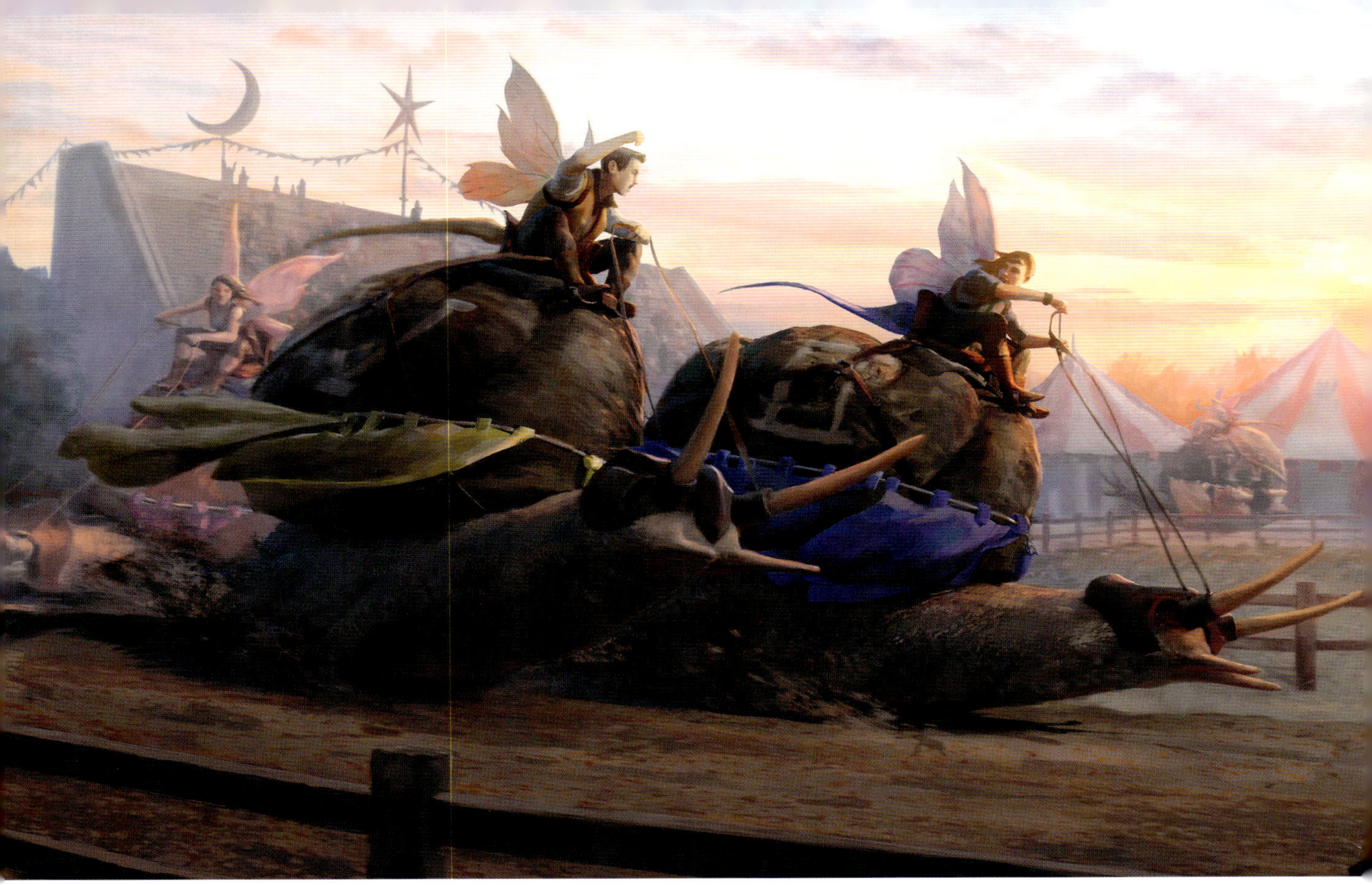

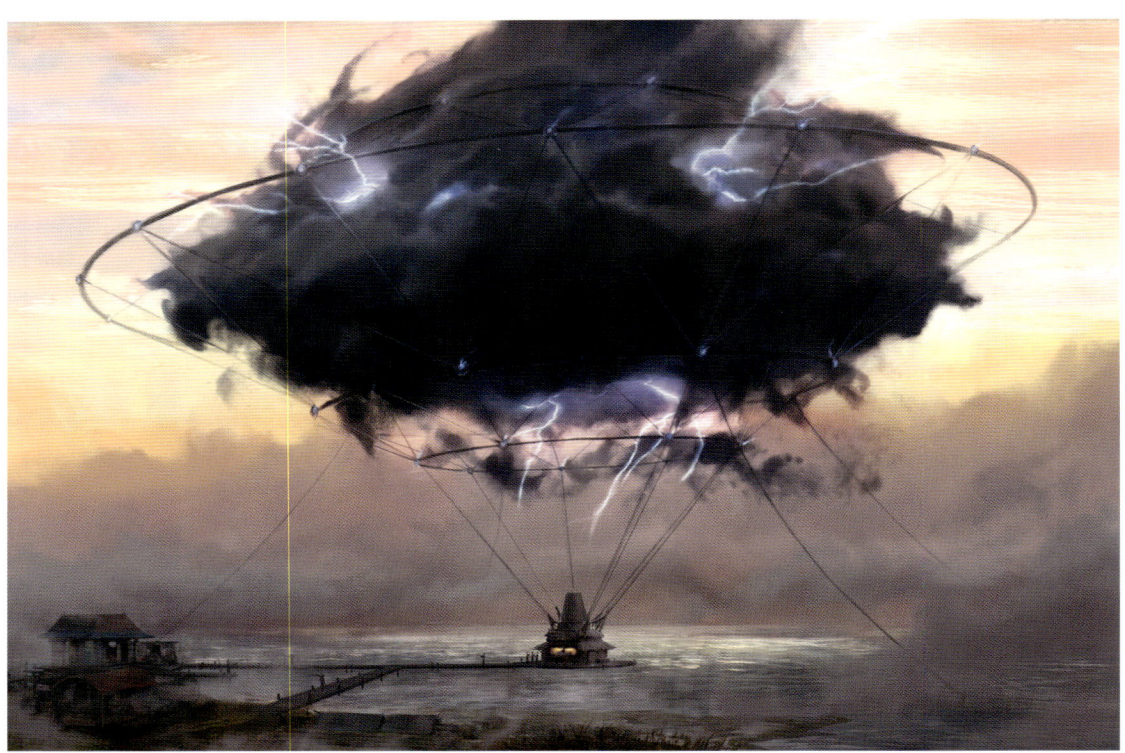

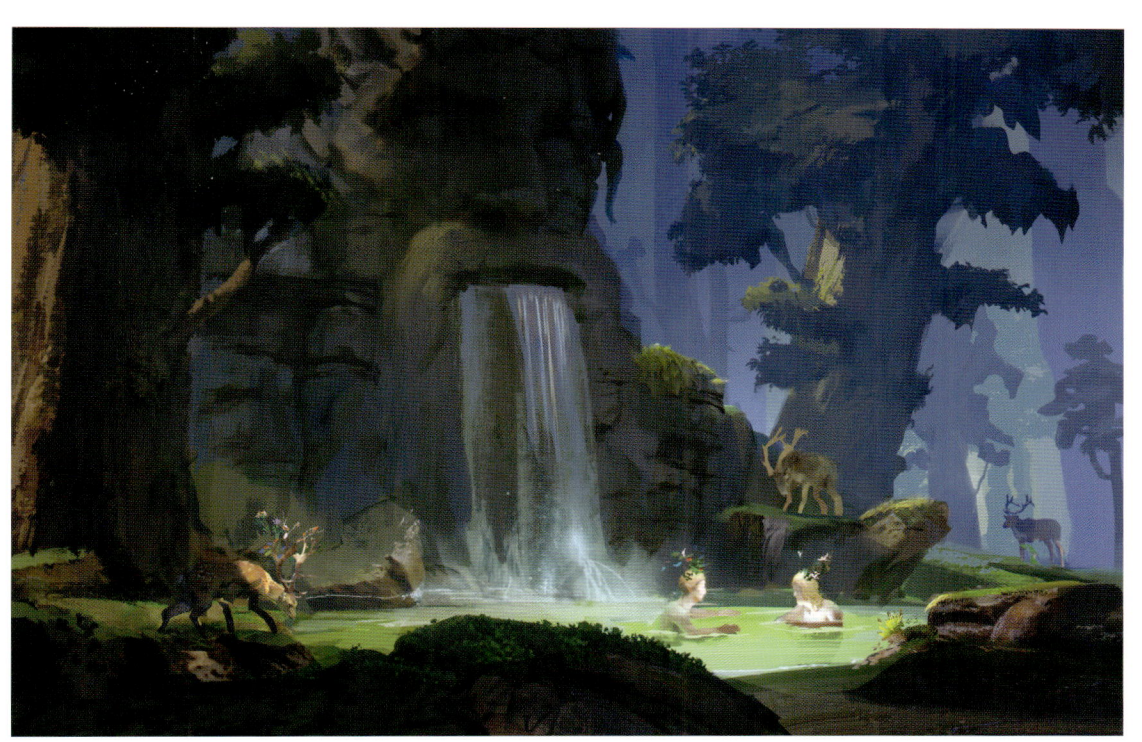

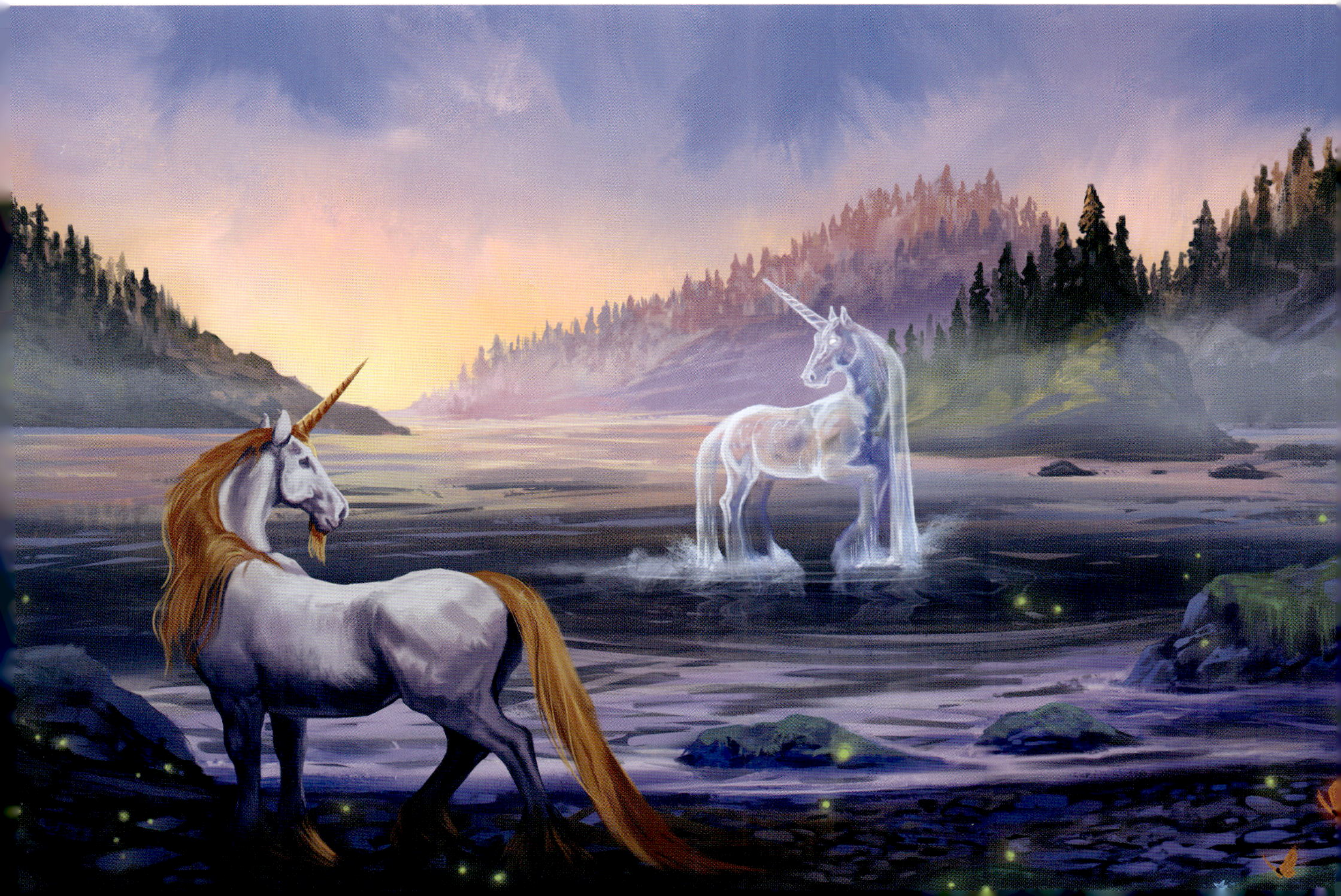

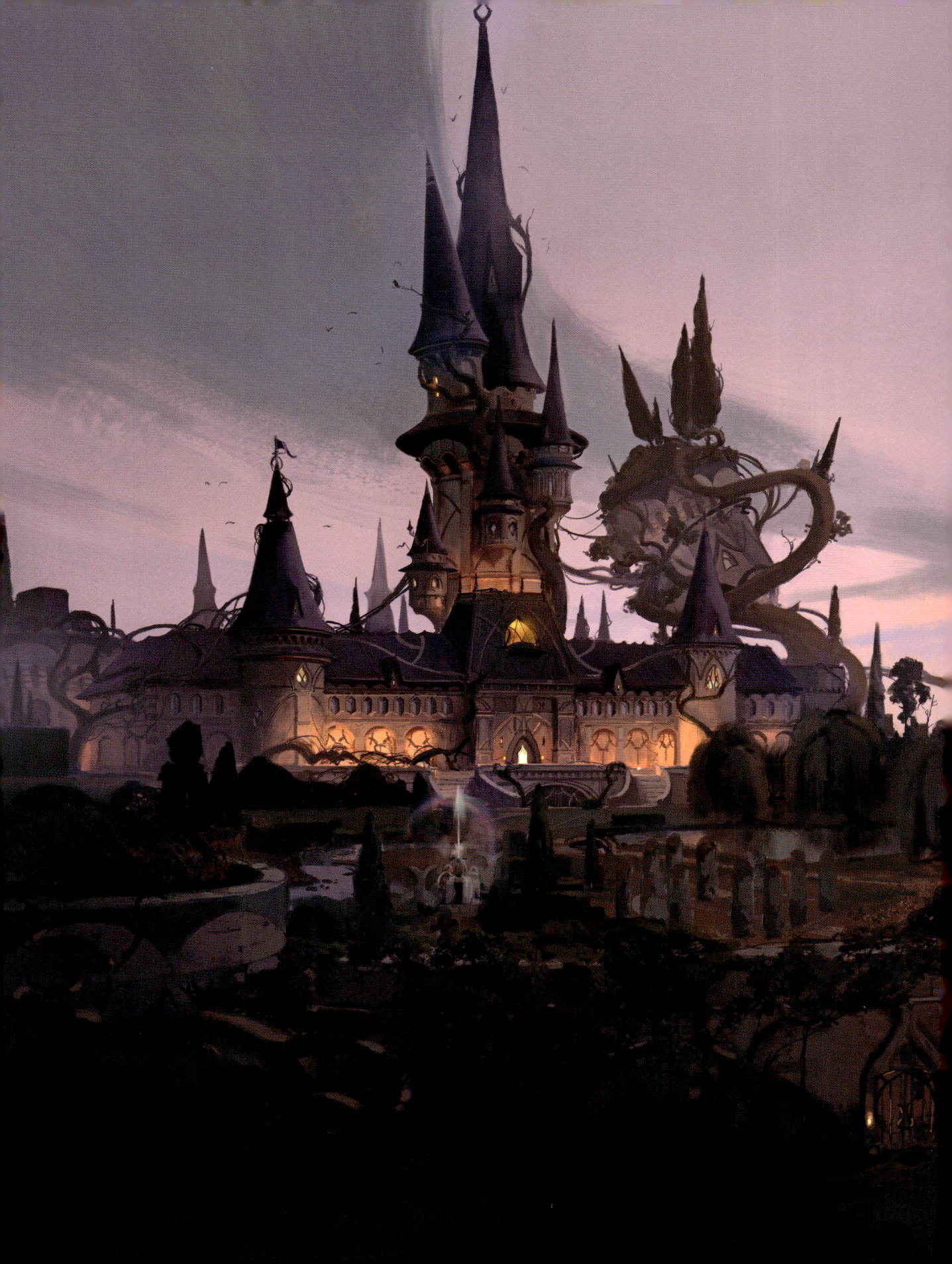

LAS REGLAS BÁSICAS

Hay unas leyes esenciales que todas las hadas obedecen —reciprocidad, hospitalidad y entrega de regalos—, pero ahí acaba todo lo que uno puede suponer sobre el Feywild. Cuando viajo al Feywild para explorar nuevos dominios me aseguro de llevar un guía feérico en el que pueda confiar. Hay guardabosques del Plano Material especializados en el Feywild, pero un guía feérico que viva en el dominio suele ser mejor... Por supuesto, siempre hay una salvedad: hay que tener cuidado, porque las hadas son notoriamente poco fiables, no por malicia o maldad inherente, sino sencillamente por su muy diferente relación con la realidad y el concepto de verdades objetivas. Los aventureros han de ser conscientes de que, aunque la mayoría de las criaturas feéricas, y por norma general, también los Señores Feéricos, tienen dos brazos, dos piernas y un rostro humano, no son humanos ni piensan como ellos. Algunos eruditos han teorizado que las hadas son criaturas más mágicas que de carne y hueso. Algunos círculos de magos creen que las hadas son, en realidad, acumulaciones de emociones variadas (tal vez incluso extensiones de las emociones de un Señor Feérico) que se han fusionado en una forma material sensible. Baste decir que son seres curiosos y mágicos, y que aún hay mucho abierto a la especulación al respecto.

Con un guía de confianza y un sólido conocimiento práctico del reino, los Dominios del Deleite (como se suele llamar al Feywild) pueden ser sencillamente eso: un deleite. Con preparación, una aventura en el Feywild puede ser tan gratificante para los cazafortunas en busca de oro y tesoros como para los eruditos y sabios que buscan aprender maravillas inimaginables.

LAS CORTES SEELIE Y NOSEELIE

Existe otra jerarquía dentro del Feywild que proviene de dos grupos distintos de hadas: la Corte Seelie, gobernada por la Señora Titania, y la Corte Noseelie, gobernada por la enigmática Reina del Aire y la Oscuridad.

Las hadas de la Corte Seelie pueden parecerse a las de un reino como Keolandia, en Oerth, con la excepción de que, en lugar de estirados cortesanos humanos, se trata de una hueste de bravucones precoces e insolentes (como en la Corte Húmeda, en el Dominio de Prismeer), o una mezcla de duendes, nutrias y tejones, todos vestidos con sus ropas cortesanas para una reunión con la Reina del Verano, Titania. Es más probable que los Seelie vivan en grandes castillos o en resplandecientes arboledas de altos árboles de plateadas cortezas que sus homólogos de la Corte de los Noseelie, más proclives a vivir en algún enorme ciprés cubierto de musgo dentro de una gruta llena de zarzas, o a residir en una red de cabañas con techo de paja encaramadas sobre pilotes en un espeso pantano oscuro.

Las hadas Seelie tienen coros de aves que anuncian tu llegada, y los asistentes se asegurarán de expresar su admiración ante una muestra

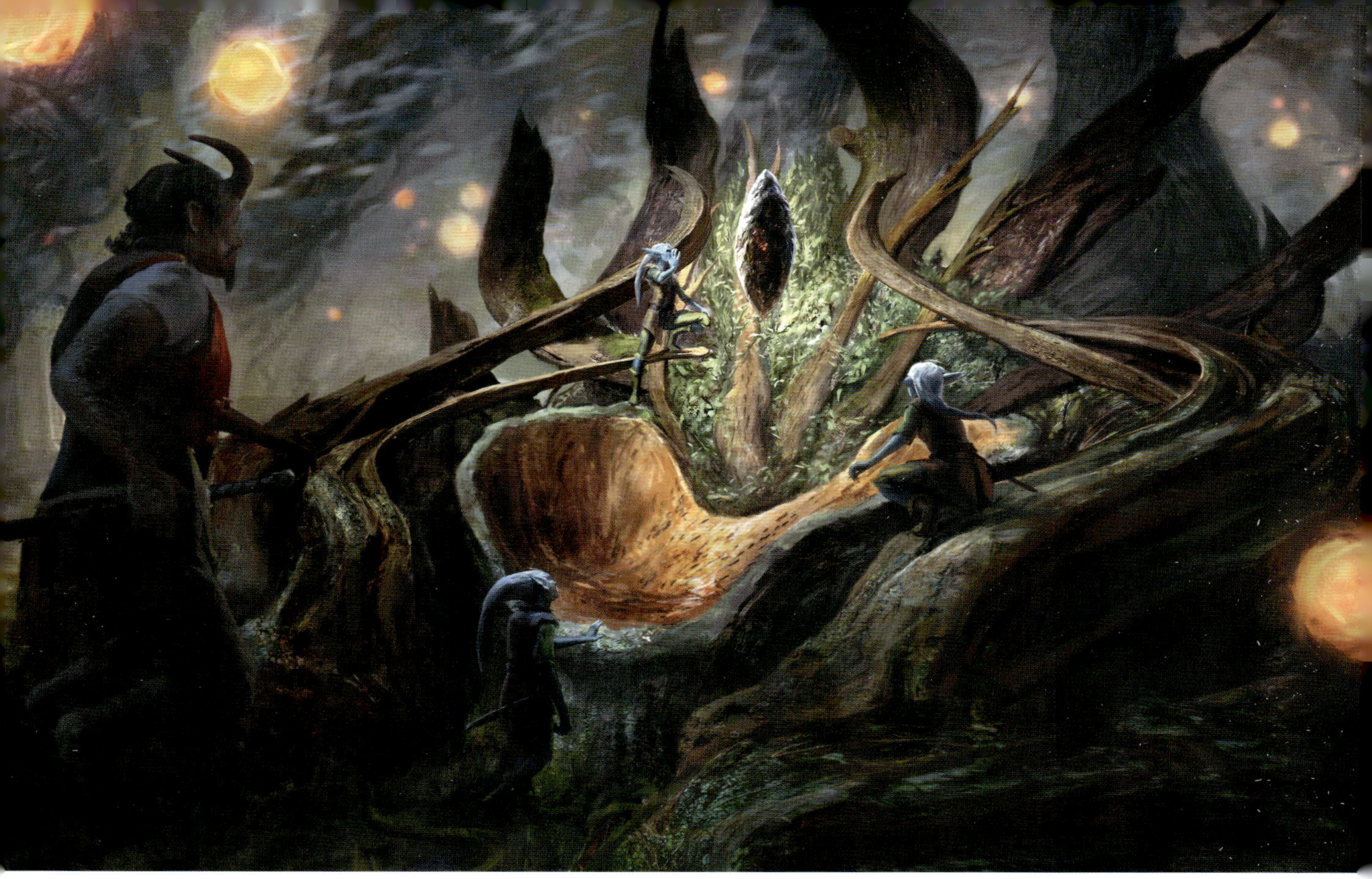

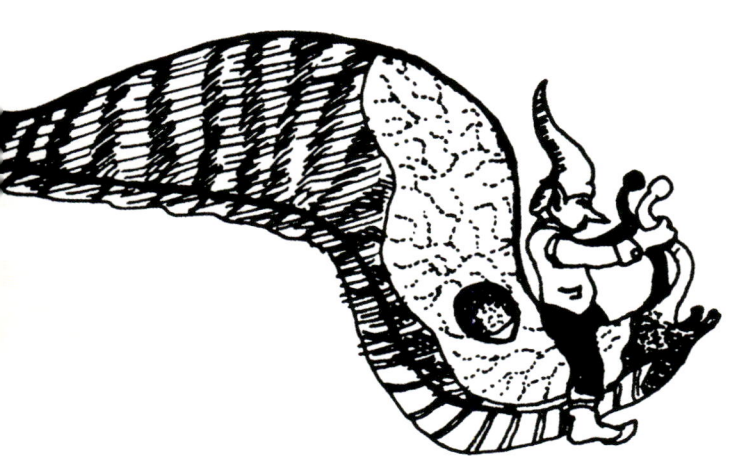
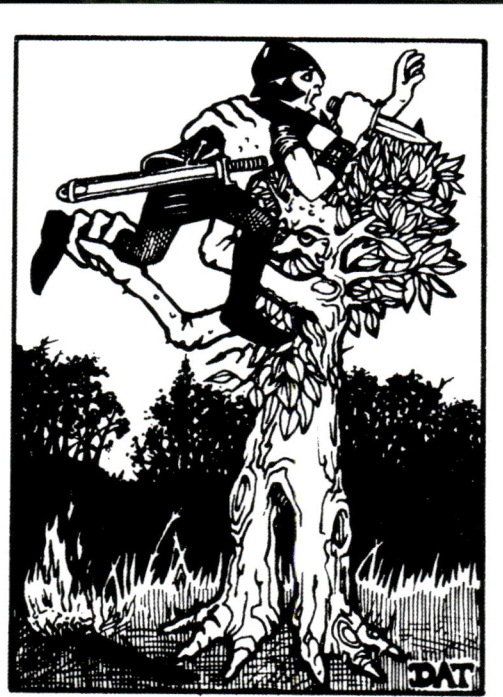

MUNDOS Y REINOS

especialmente excepcional de buenos modales, etiqueta o suntuosos regalos. Las Seelie valoran la pompa y la ceremonia, y no pierden oportunidad de despreciar un fallo social o un desliz de modales. Por el contrario, las Noseelie siguen un camino más salvaje y se ciñen a las zonas sombrías del Feywild, prefiriendo cazar en la oscuridad, bailar junto a una hoguera y aullar a la luna. Las hadas Noseelie son más propensas a que un coro de sapos gigantes eructe anunciando tu llegada, y luego a regatear contigo por una gota de tu sangre, o a clavarte una espina si pierdes en un juego de acertijos.

Hay muchos dominios dentro del Feywild que no sirven a ninguna de ambas cortes, y que quedan libres de sus reglas y excentricidades, pero he conocido a unos cuantos viajeros a los que les ha ido bien en sus tratos con las cortes y han ganado un buen dinero trabajando para las dos. Algunos incluso han ocupado puestos nobiliarios, tras ganarse el favor de la Reina del Aire y la Oscuridad o convertirse en brillantes paladines de la Reina del Verano. Depende de cada aventurero encontrar su camino en el Feywild, y no son pocos los que han dejado atrás sus hogares en el Plano Material para vivir sus vidas, con gran felicidad, en los bosques de girasoles y los valles de setas del Feywild, para no volver jamás.

EL EQUILIBRIO

Pese a lo mucho que se ha escrito sobre el Feywild y sus habitantes, ello representa tan solo una pequeña parte de este inexplorado país de las maravillas a la espera de ser descubierto. Esto es lo más fascinante y, a la vez, lo más inquietante del Feywild, ya que es imposible estar preparado para lo desconocido. Hay conocimientos, artefactos y objetos perdidos dispersos por toda la zona; la mayoría son restos de avanzados Imperios Silvanos olvidados hace mucho tiempo. Es un lugar en el que una piedra preciosa encontrada en las raíces de un roble antiguo puede contener una magia increíble, o lo que parece ser un sencillo bastón hallado en ruinas cubiertas de maleza puede ser una varita de gran poder. Así pues, cualquier tonto con dos dedos de frente que vaya dando tumbos por el Feywild puede encontrar un objeto con el poder arcano suficiente para decantar el Equilibrio, un blanco fácil para un astuto demonio con una bolsa de oro y cuatro chucherías brillantes.

Este es el peligro del Feywild: puede haber cualquier cosa por ahí, y cualquiera puede encontrarla.

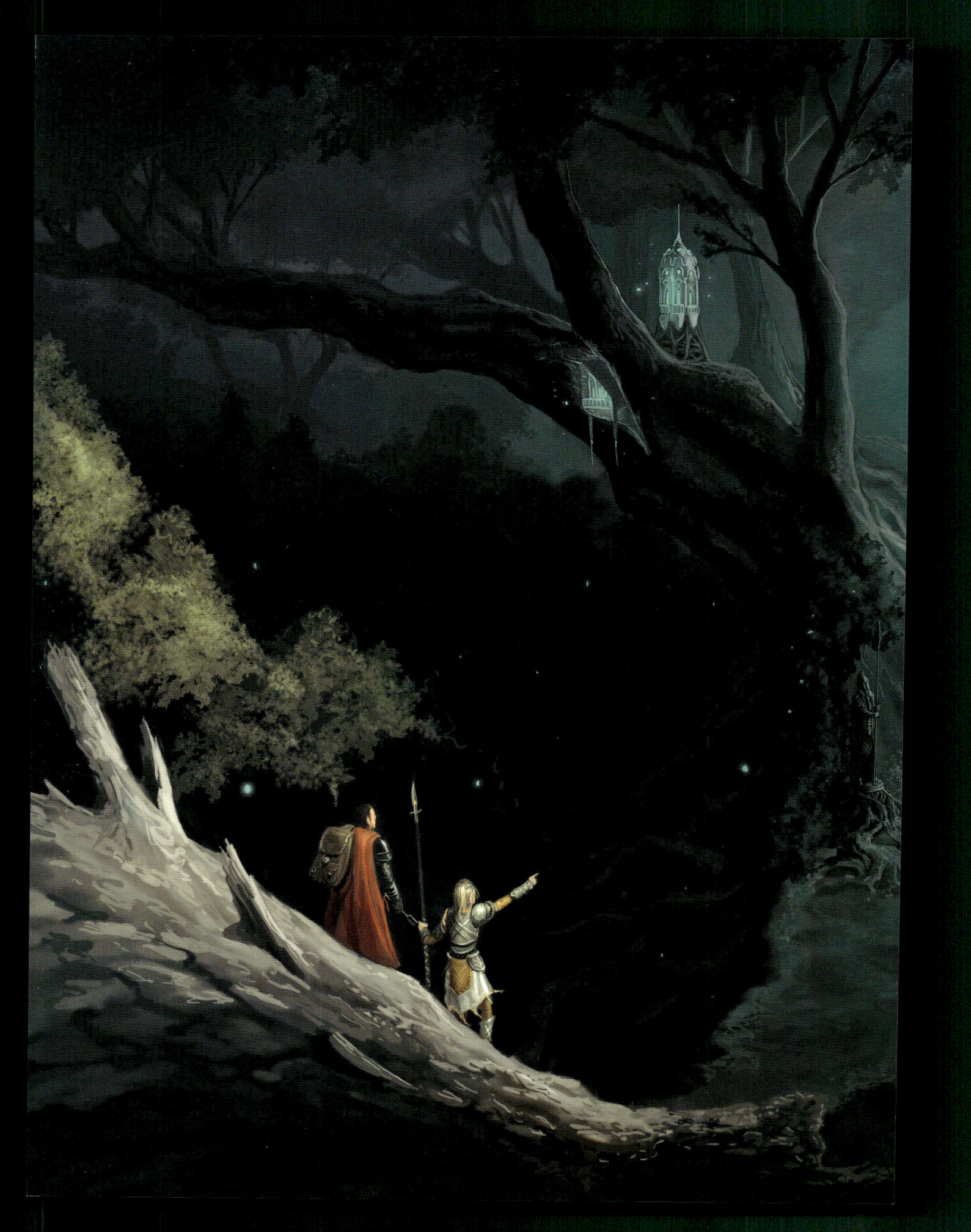

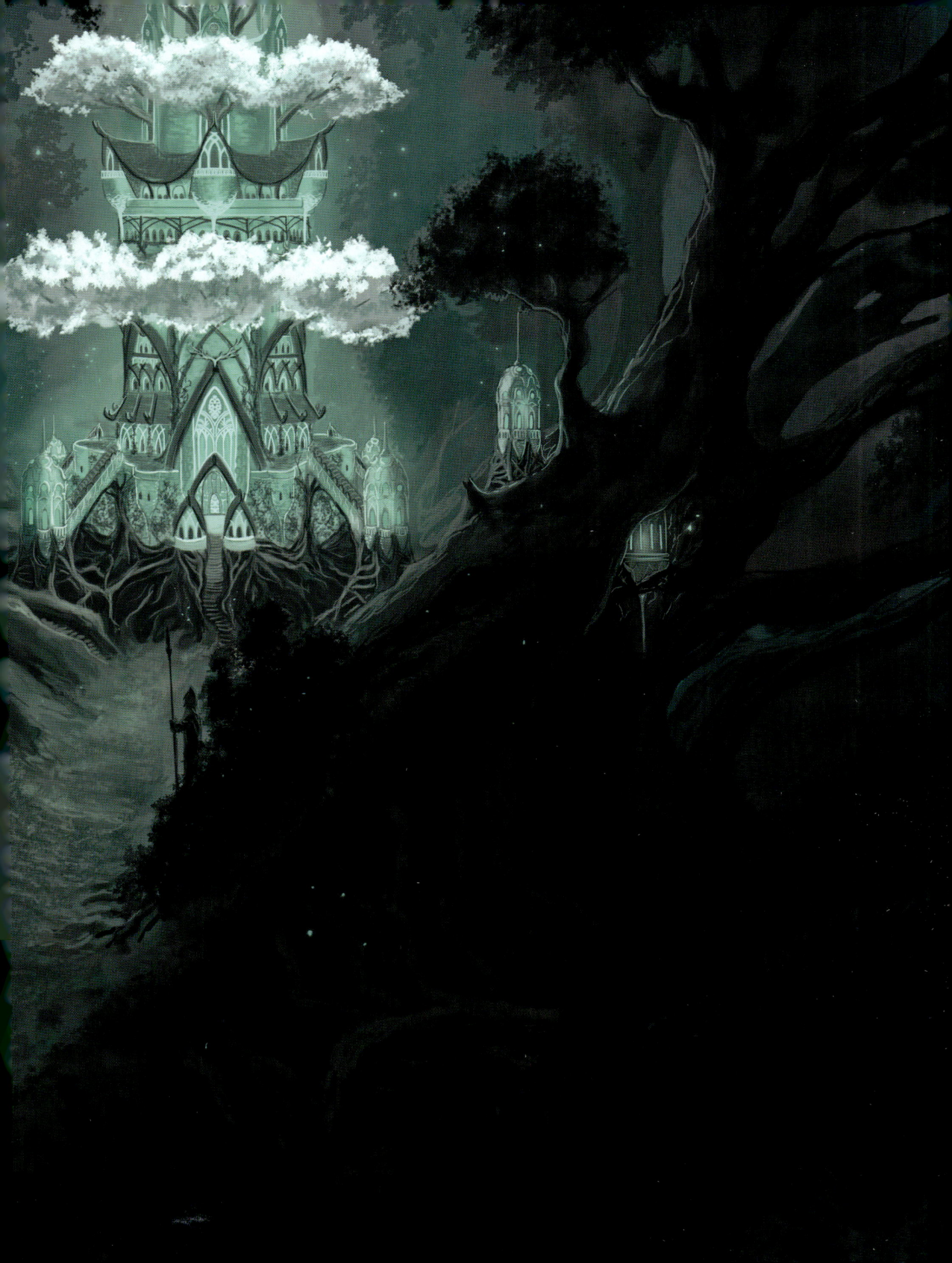

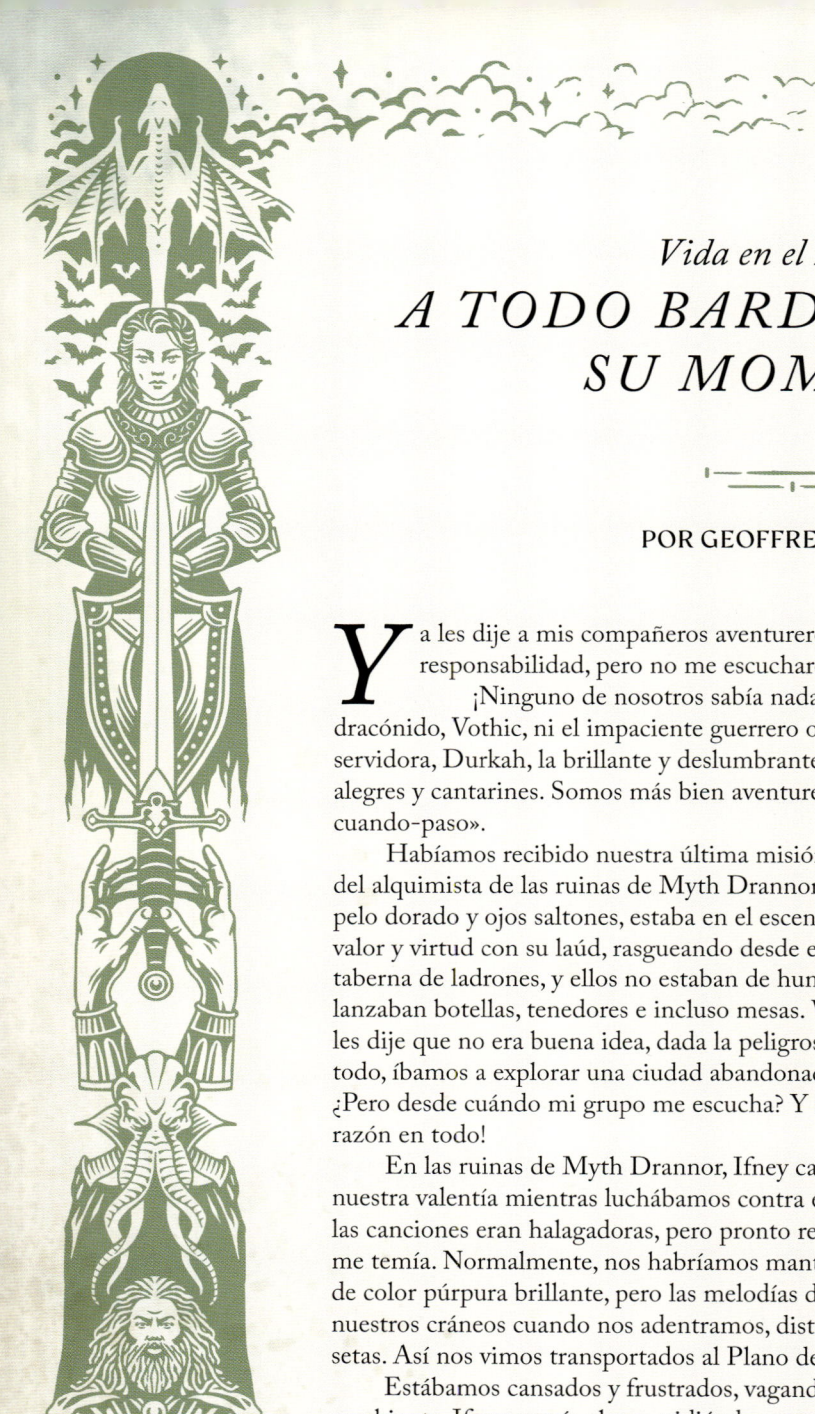

Vida en el Feywild
A TODO BARDO LE LLEGA SU MOMENTO

POR GEOFFREY GOLDEN

Ya les dije a mis compañeros aventureros que adoptar un bardo era una gran responsabilidad, pero no me escucharon.

¡Ninguno de nosotros sabía nada acerca de bardos! Ni el amargo bárbaro dracónido, Vothic, ni el impaciente guerrero orco, Rak el Infernal, ni vuestra querida servidora, Durkah, la brillante y deslumbrante druida drow. No somos aventureros alegres y cantarines. Somos más bien aventureros del estilo «aparta-tus-ojos-de-mí-cuando-paso».

Habíamos recibido nuestra última misión —recuperar un contenedor de fuego del alquimista de las ruinas de Myth Drannor— cuando la vimos. Ifney, la bardo de pelo dorado y ojos saltones, estaba en el escenario tocando hermosas canciones de valor y virtud con su laúd, rasgueando desde el corazón. Pero estábamos en una taberna de ladrones, y ellos no estaban de humor para baladas serias. Los clientes le lanzaban botellas, tenedores e incluso mesas. Vothic y Rak querían rescatarla, pero yo les dije que no era buena idea, dada la peligrosidad de nuestra misión. Después de todo, íbamos a explorar una ciudad abandonada plagada de horrores imprevisibles. ¿Pero desde cuándo mi grupo me escucha? Y eso que, literalmente, ¡siempre tengo razón en todo!

En las ruinas de Myth Drannor, Ifney cantó improvisados homenajes musicales a nuestra valentía mientras luchábamos contra escurridizos nagas de hueso. Al principio las canciones eran halagadoras, pero pronto resultaron ser una distracción, tal y como me temía. Normalmente, nos habríamos mantenido alejados de unos siniestros hongos de color púrpura brillante, pero las melodías de la bardo debían de estar resonando en nuestros cráneos cuando nos adentramos, distraídos, en un crecimiento circular de setas. Así nos vimos transportados al Plano de las Hadas, perdidos irremediablemente.

Estábamos cansados y frustrados, vagando por un sendero forestal siempre cambiante. Ifney seguía alegre, pidiéndonos que cantáramos con ella sus vacuas melodías. Nadie le hizo caso. Vothic y Rak la ignoraban como a una picadura de insecto. Sentí lástima por la pobre chica, pero no tanta como para cantar que el amor verdadero es un arcoíris resplandeciente.

Una mañana nos despertamos sorprendidos: Ifney estaba rodeada por criaturas del bosque. Había arrendajos azules que revoloteaban en torno a sus brazos, ciervos que balaban en armonía a su lado y dos almirajes que seguían el ritmo golpeando el tronco de un árbol con los cuernos de sus frentes. Ifney sonreía.

—En este reino deben de apreciar la buena música —musitó.

Ifney parecía realmente feliz por primera vez desde que la conocí, como si los dioses de la naturaleza hubieran aprobado su talento musical. Pero yo sospechaba que el Plano de las Hadas no era tan sencillo. Presté atención a las entonaciones de las aves y los ciervos. Sus gorjeos y balidos sonaban agresivos, incluso malintencionados. Algo iba mal. Necesitaba saber más.

En cuanto llegué, las hadas musicales se escabulleron a un abrevadero cercano, así que empleé forma salvaje para transformarme en cuervo y escuchar a escondidas a las criaturas del bosque. Al parecer, Ifney le había dicho a un duendecillo que se sentía sola cantando, así que este había reunido a unas cuantas criaturas para que cantaran con ella… ¡y les había sugerido que se la comieran! Aunque las bestias eran herbívoras, el duende las había convencido para que probaran la carne humana, asegurándoles que era deliciosa.

Alarmada, volé rápidamente hacia Ifney y regresé a mi forma drow al aterrizar, advirtiéndole del complot de las criaturas para devorarla. Ifney me ignoró.

—Esas criaturas tan adorables no harían daño ni a una mosca. —Claramente herida, añadió—: Al menos aprecian mi canto. —Justo entonces, las criaturas regresaron. Los arrendajos azules tiraron de las mangas de su camisa y el ciervo le acarició el trasero, animándola a adentrarse en el bosque—. Tal vez quieran ensayar —razonó mientras desaparecía entre los árboles.

Corrí hacia Vothic y Rak y les puse al corriente. De repente, los gritos de Ifney resonaron en el bosque. Nos pusimos en acción siguiendo sus gritos, hasta que la hallamos golpeando con su laúd a los pájaros que la picoteaban. Cuando entrábamos en el claro cayó al suelo y las hambrientas criaturas se abalanzaron sobre ella, pero se dispersaron rápidamente tras echarnos un vistazo.

—Siento no haberos creído —dijo Ifney mientras me dedicaba a curar sus heridas—. Quería daros las gracias desesperadamente por salvarme (¡dos veces ya!), pero lo único que puedo ofreceros es mi música, y no la queréis.

—Podrías ofrecernos algo más que tu música —le respondí—. ¿Qué tal nuestra música?

Ifney se mostró confusa, así que le enseñé una preciosa cancioncilla que de niña, en la Infraoscuridad, había adorado, titulada *La araña se come tu cara*. También Vothic y Rak le enseñaron canciones de su infancia. Ella escuchaba con atención y entusiasmo, esforzándose por aprender los acordes.

Con las nuevas melodías de Ifney ayudándonos a mantener la concentración y la calma, escapamos del bosque iridiscente y completamos juntos nuestra búsqueda. Y así fue como aprendimos: un bardo debe ser adecuadamente entrenado y recibir la atención debida todos los días.

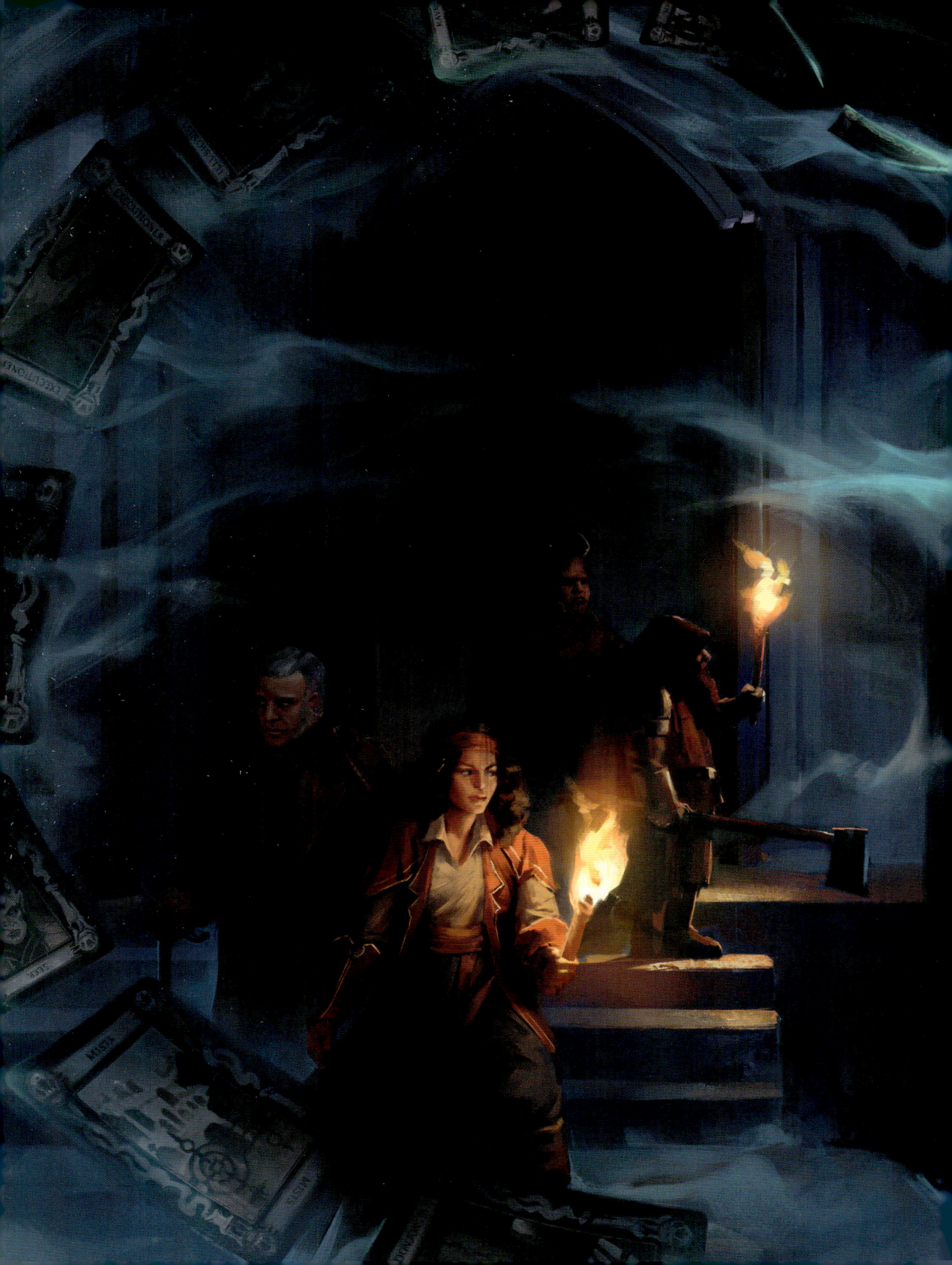

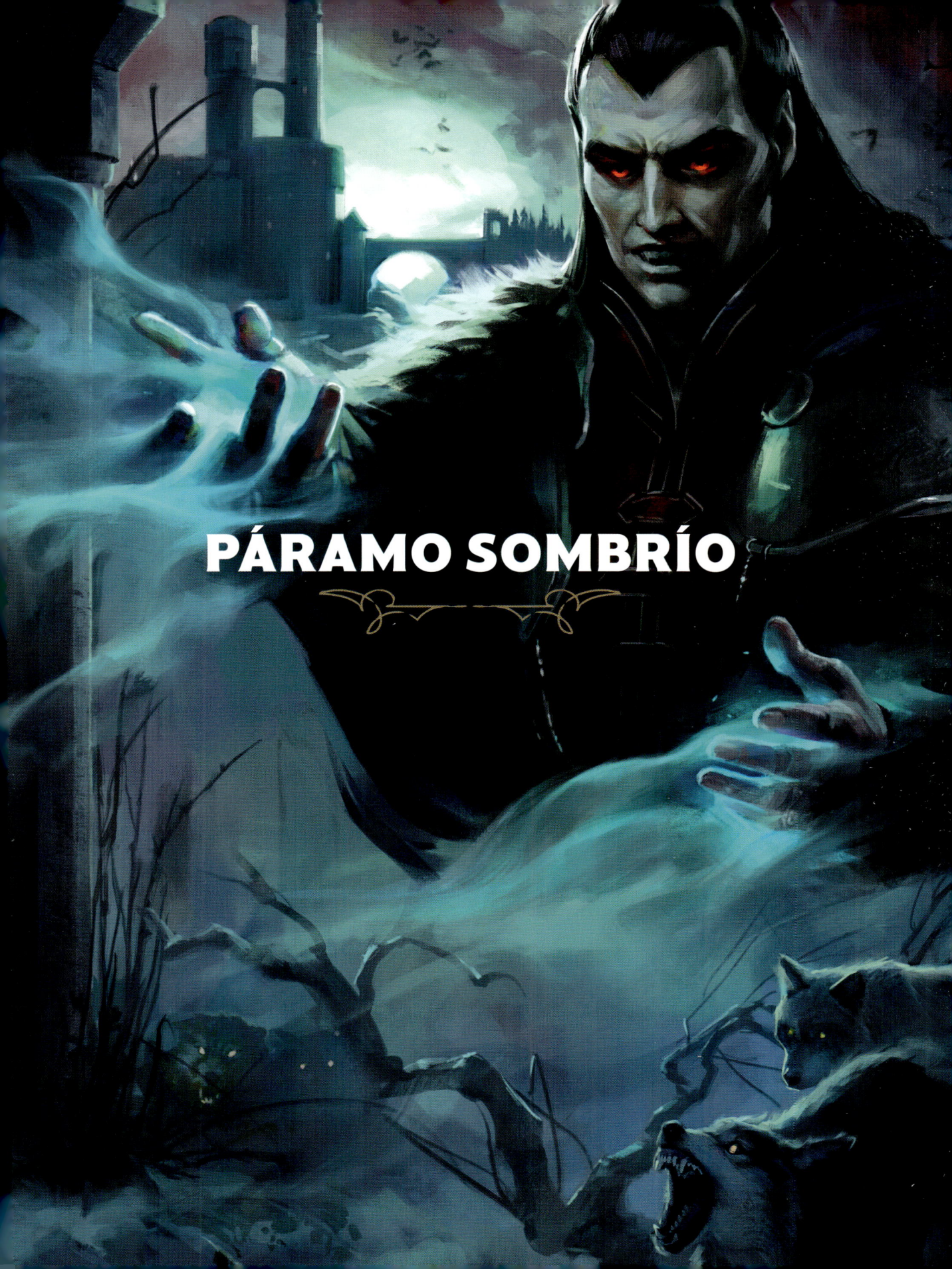

El Páramo Sombrío es un reino desolado en el que habitan los perdidos, los desterrados y los malditos. Aunque posee sus propios habitantes naturales, muchos son atraídos a él desde otros reinos para aumentar su sufrimiento o cumplir con un destino marcado por el dolor y la desgracia. Ha habido aventureros que han llegado hasta aquí siguiendo las historias de tesoros perdidos de oro y conocimiento arcano del Páramo, pero la mayoría más sabia lo evita: aquí hay seres poderosos, depredadores sin mente que solo buscan devorar el calor de los vivos.

Cómo surgió el Páramo Sombrío es un misterio, pero sospecho que las fuerzas cósmicas que crearon el Feywild crearon también el mundo de las sombras, dado que es también un lugar de emociones, pero mientras que en el Feywild puedes sentirte lleno de deleite o curiosidad, el Páramo Sombrío tan solo destila, en su paisaje, los pensamientos y sentimientos más oscuros. Tal vez estas poderosas emociones sean las semillas del Páramo Sombrío sembradas por todo el Plano Material, enterradas en los corazones y las mentes de la gente para ejercer una atracción gravitatoria hacia el estado de eterna penumbra del Páramo. En el caso de los individuos, se oculta en las emociones negativas cotidianas y en las pequeñas acciones malvadas. De forma acumulativa, las semillas han crecido hasta convertirse en un árbol de desespero cuyos frutos son el odio, el conflicto y la apatía, todo aquello que alimenta a los demonios de la división en sus destructivas formas.

¿Es la influencia del Páramo Sombrío una de las plagas de la humanidad? ¿Extiende zarcillos hacia nuestro mundo, alimentándose de nuestra miseria, causando dolor y sufrimiento? Toda la pena que he visto me parece una prueba fehaciente de que nuestras emociones más oscuras alimentan al Páramo Sombrío y a sus criaturas. Es esta invasión del Páramo, esta atracción de la mente hacia la desdicha y la desesperación, la que alimenta el gran desequilibrio. Es una fuerza que muchas criaturas malignas emplean para causar conflicto y dolor, y por ello, cada aventurero que busque recuperar el Equilibrio debe ser consciente de la atracción del Páramo Sombrío y liberarse de ella.

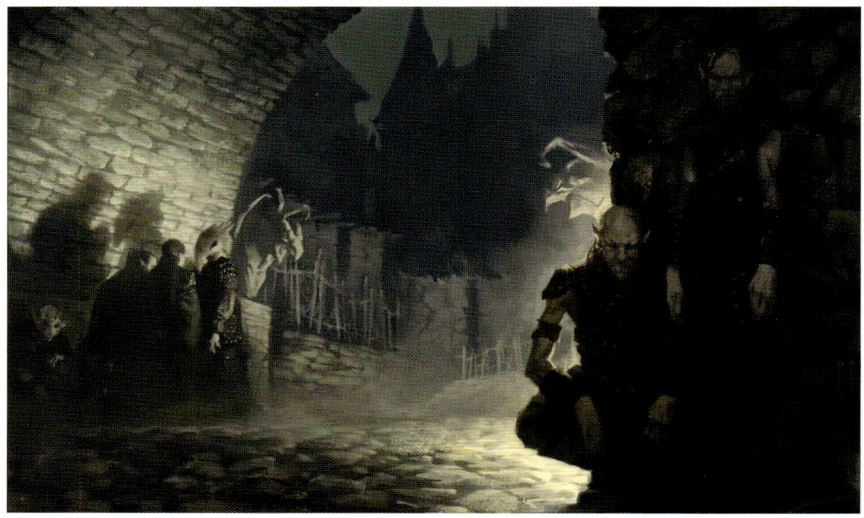

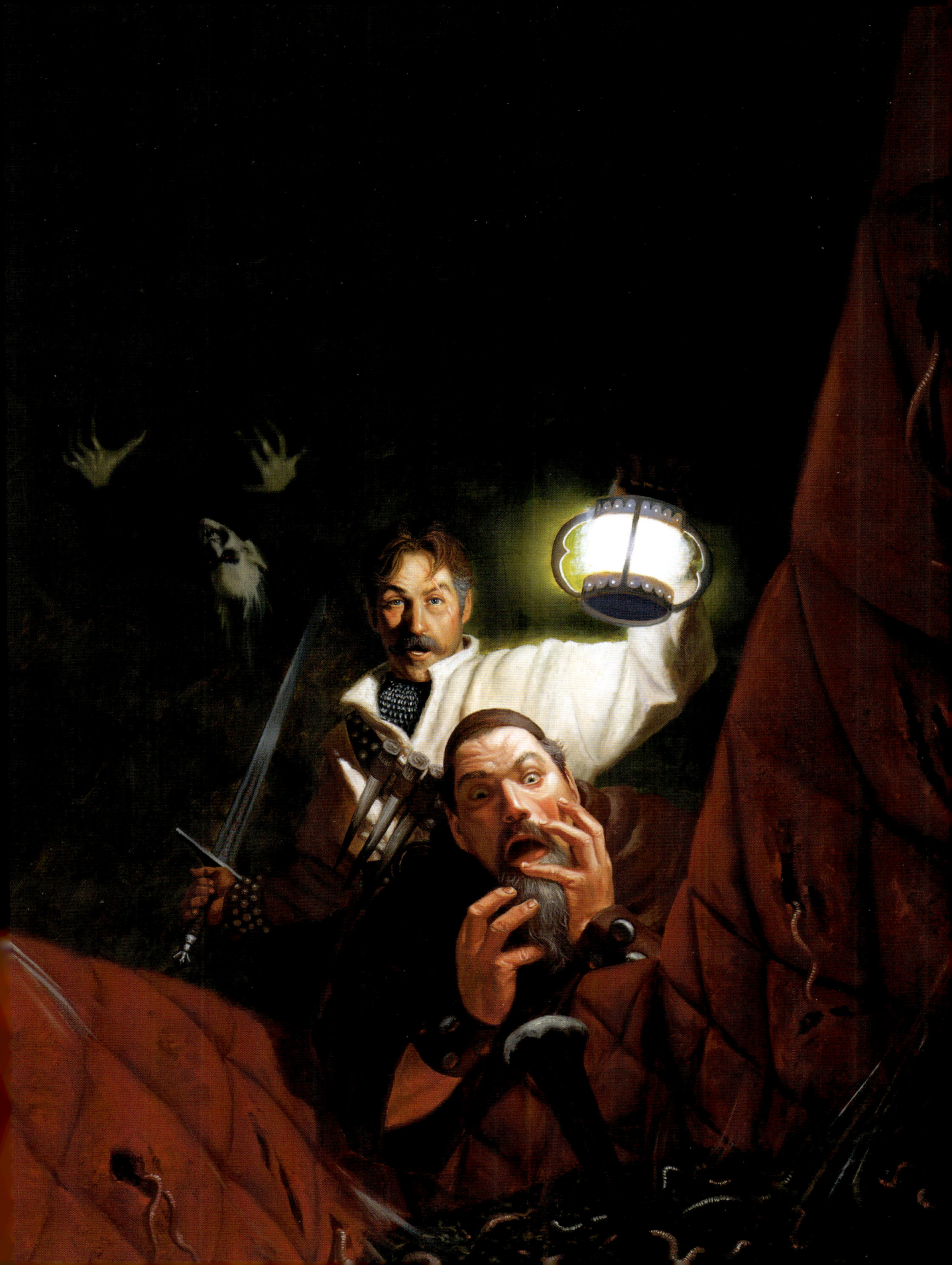

LA LLAMADA DE LA AVENTURA

El Páramo Sombrío alberga muchas riquezas —oro, piedras preciosas y objetos de poder mágico en abundancia—, pero también otros tesoros que son de valor. Criptas llenas de sabiduría, celosamente atesoradas durante incontables milenios por inmortales liches y sus sirvientes no muertos. Magos malignos, entidades repugnantes y diabólicos demonios suelen robar conocimientos —conocimientos beneficiosos, que podrían salvar vidas, romper antiguas maldiciones e iluminar a las masas— del Plano Material y atesorarlos en sus torres y mazmorras en el Páramo Sombrío. Lo hacen por rencor y malicia, porque el mal que los impulsa no solo busca el poder y el dominio, sino también destruir el potencial y la esperanza de un mundo mejor. Como si la promesa de obtener riquezas y frustrar la maldad de sus habitantes no fuera razón suficiente para que un aventurero vaya al Páramo, hay también, allí, muchos desgraciados atrapados que salvar. El Páramo Sombrío está plagado de desafortunados y desesperados que, por alguna razón, se vieron atraídos a los problemas como una polilla a la llama, y acabaron en las garras del Páramo o de alguno de sus habitantes. Merece la pena salvar a estos pobres desdichados, ya que la mayoría están allí sin tener culpa alguna. La maldición de un demonio puede hacer caer a una buena persona en la melancolía y la tristeza, llevarla al Páramo Sombrío y perderla en su abrazo espectral. Hay víctimas inocentes encarceladas allí, arrebatadas de sus mundos para languidecer en las garras de magos malvados o ser sepultadas en trampas de ámbar con algún propósito demoníaco. Cada vida que pueda salvarse de esta lenta extinción elimina un peso de la balanza del multiverso, restaurando el Equilibrio y cambiando la energía de toda la red de la existencia. Así que, tanto si eres un cazafortunas como un buscador de conocimiento o un intrépido explorador, el Páramo Sombrío puede depararte muchas aventuras, pero para un noble paladín o un aventurero en una encrucijada que busca un propósito mayor es una llamada a restaurar la bondad y la alegría en el mundo. Pero ten cuidado, hay ciertas zonas del Páramo que están gobernadas por seres de gran maldad conocidos como los Lores Oscuros, y cada uno de ellos es como una siniestra araña que ha tejido su propia y aborrecible tela. Estos terroríficos parajes se conocen como Dominios del Terror, y todo el mundo, excepto los aventureros más valientes y preparados, debería evitarlos.

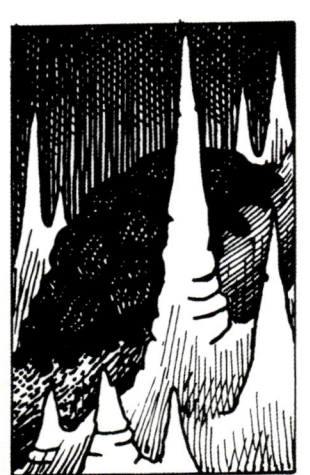

LAS GRIETAS SOMBRÍAS

Las grietas sombrías son las contrapartidas del Páramo a las travesías feéricas que llevan al Feywild, y también exhiben signos y pistas que pueden llevar a un aventurero a localizarlas: troncos blanqueados como huesos de un esqueleto amarillento por el sol, un agujero fétido en el que serpientes venenosas o arañas gigantes anidan, o una estatua que exuda un aceite negruzco por los ojos en las noches de luna llena... Todas estas son potenciales señales.

La mayoría de las criaturas de sangre caliente sienten la energía del Páramo Sombrío en cuanto se acercan a una grieta sombría, el lugar en el que

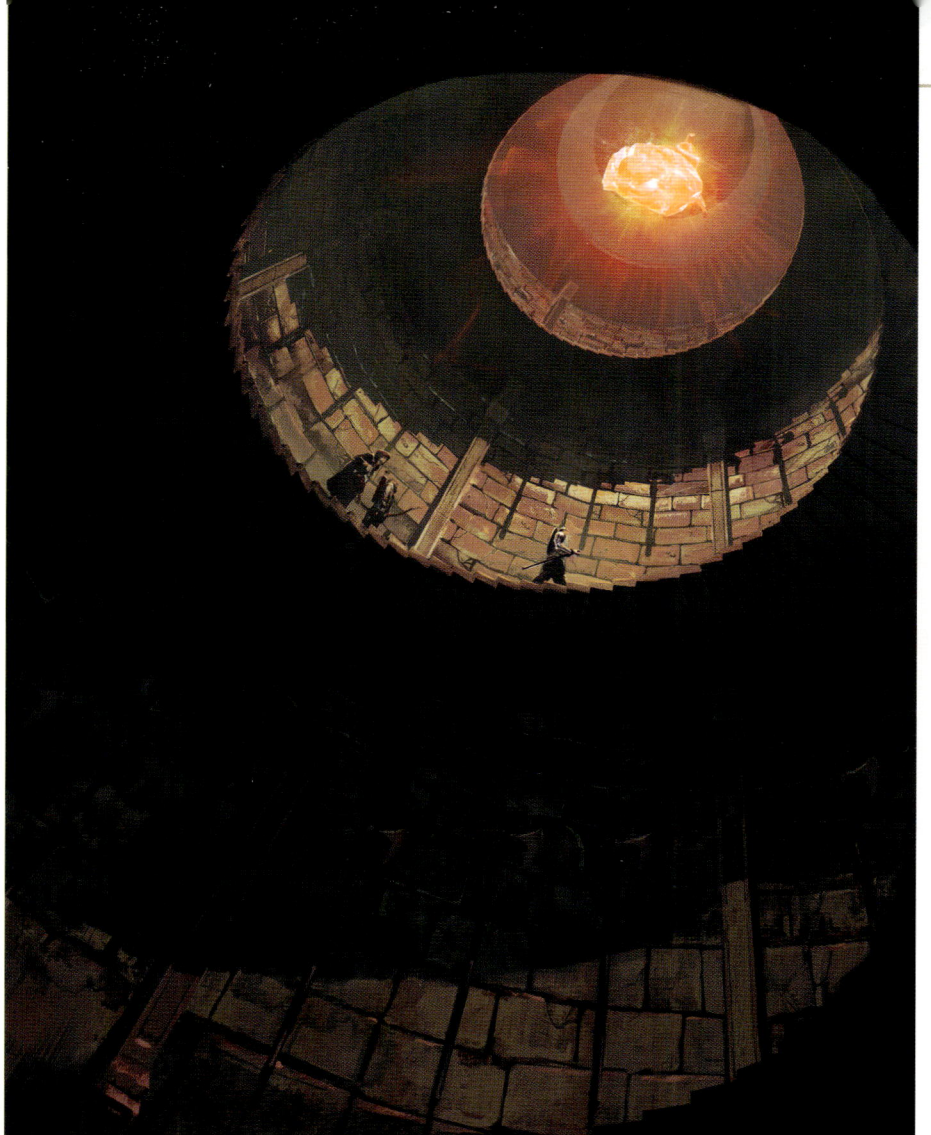

el Páramo Sombrío y el Plano Material se conectan. Las sensaciones pueden evidenciarse como un escalofrío sobrenatural o un sentimiento de terror que baja por las entrañas. He oído relatos del propio San Cuthbert de familias que han vivido, sin saberlo, cerca de una grieta sombría, y a menudo uno o más miembros sufren pesadillas, ven fantasmas o escuchan repugnantes susurros. Pueblos enteros pueden verse afectados por una grieta sombría oculta en las cercanías.

Si bien la mayoría de las grietas sombrías son resultado de ondulaciones y protuberancias naturales que forman zonas finas y transitables, se pueden abrir portales al Páramo Sombrío de otras formas en el velo que separa los planos. Actos horribles de maldad intensa y emociones negativas pueden acercarnos al Páramo Sombrío del mismo modo que el zarcillo de la raíz de una flor cadavérica busca alimento en putrefacción.

PÁRAMO SOMBRÍO

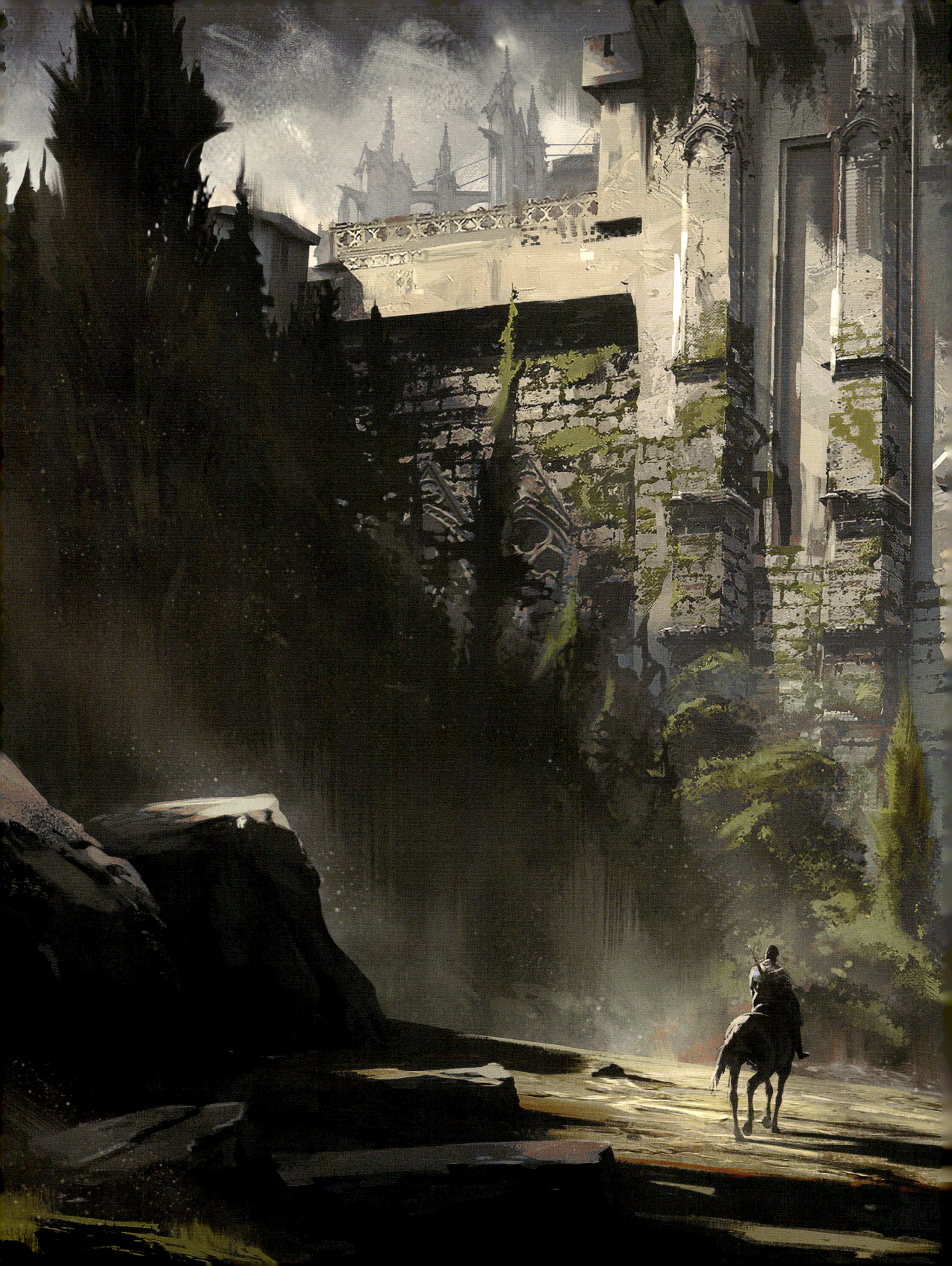

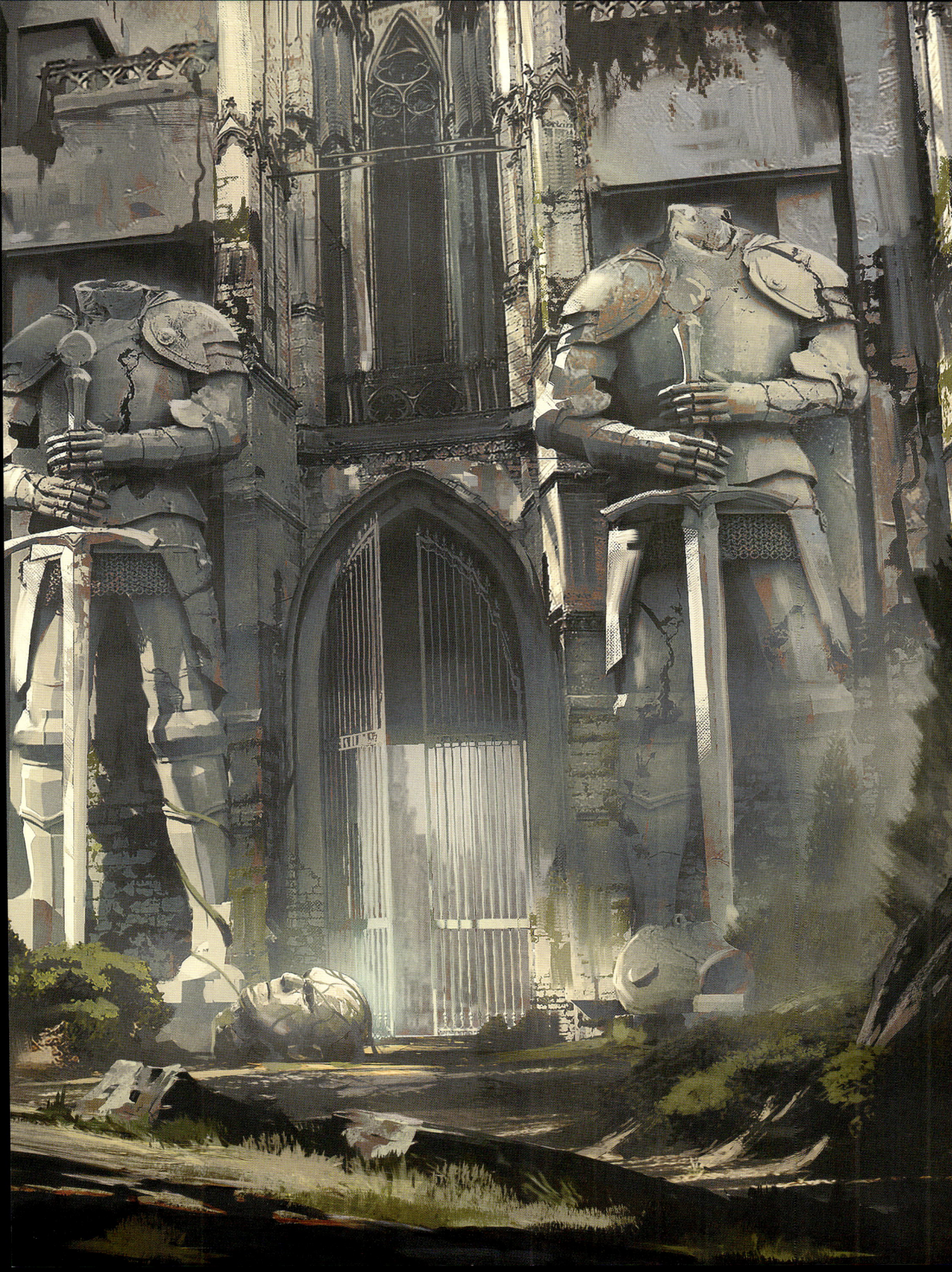

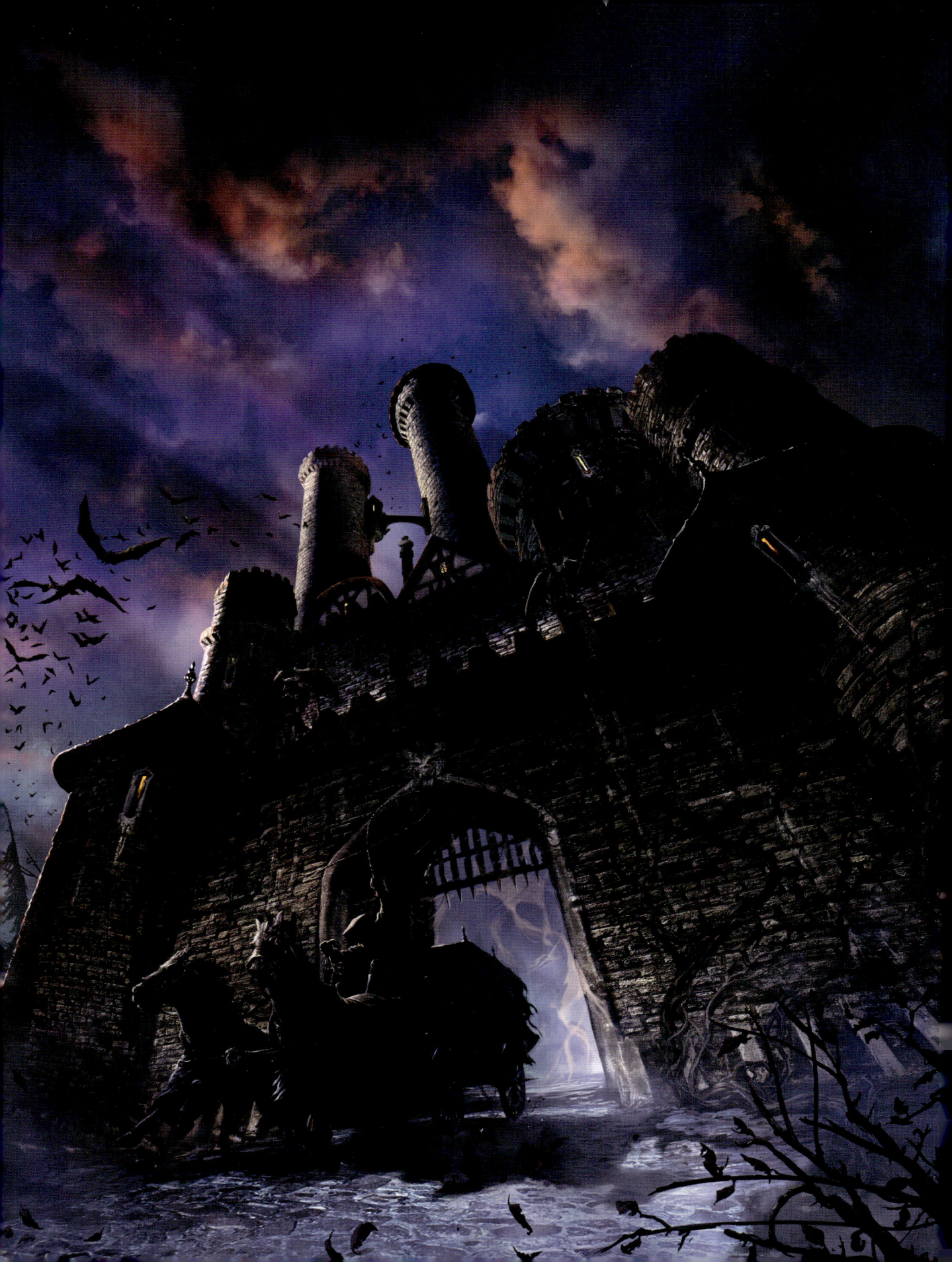

EL ATRACTIVO DE LA OSCURIDAD

Aunque el Páramo Sombrío alberga demonios desprovistos de alma, criaturas ligadas a las sombras y extraños monstruos que ansían la oscuridad, siempre me pregunto por los mortales —aquellos que poseen un alma y la posibilidad de sentir alegría— que habitan allí por elección propia. No entiendo cómo pueden soportar un lugar así, puesto que el Páramo parece drenar tanto el alma como las emociones —esenciales para la humanidad— de cuantos están atrapados en él. ¿Acaso habitar en él deja a todos sus habitantes, con el paso del tiempo, sin alma y sin emociones, sin humanidad? Las criaturas nativas de este reino, seres como los noctámbulos y los dragones sombríos, nunca han sentido conexión con otras almas, nunca han sentido empatía, así que no siento la misma compasión ni el mismo sentimiento de tragedia que siento por quienes se han visto arrastrados aquí por una búsqueda insensata o una locura egoísta y ahora malgastan el tesoro de su alma bajo el peso agotador del Páramo Sombrío.

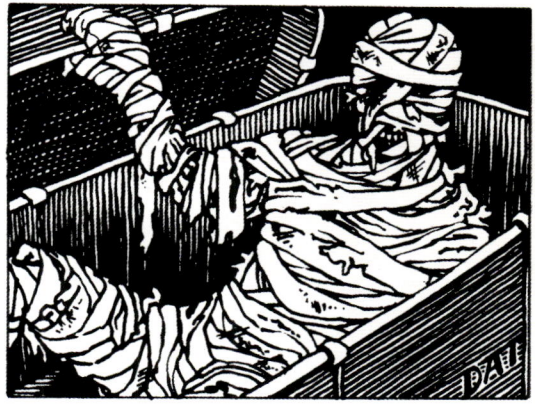

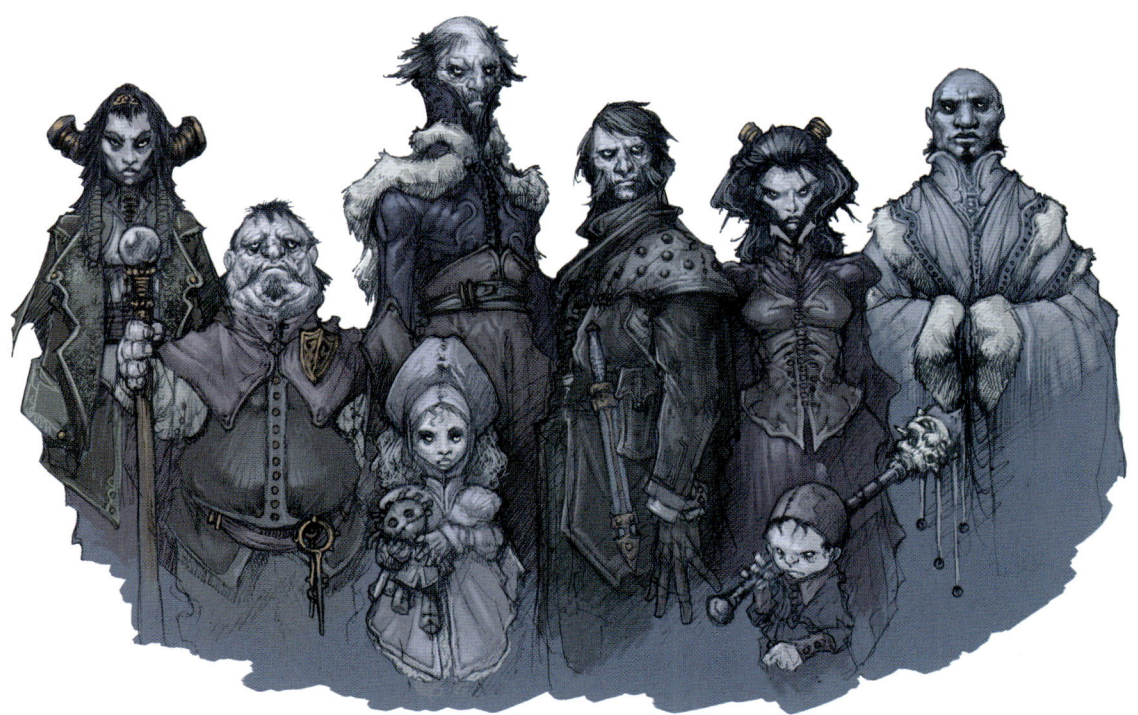

UN MUNDO PRISIÓN

El Páramo es, hasta donde he podido averiguar, una prisión, ya que la mayoría de quienes lo habitan están atrapados en este desdichado lugar. Tal vez el encierro sea el tema principal del Páramo Sombrío, una jaula donde las almas acuden a explorar las profundidades de la amargura, la desesperación o la depravación que ya llevan dentro. Para aquellos que se hunden más allá de lo que el Plano Material es capaz de abarcar su infortunio, el Páramo ofrece una experiencia aún más profunda de la propia sombra, que es la razón por la que nigromantes, almas perdidas y criaturas de la oscuridad son atraídos al Páramo para continuar su descenso en su dolor particular. Quienes abrazan la influencia del Páramo pueden creer, al principio, que las supuestas recompensas merecen la pena. A medida que descienden más profundamente en el oscuro abismo que les atrajo hasta aquí, se convierten en ejemplos de depravación y maldad, ejerciendo poder y dominio sobre su propio territorio —apropiadamente llamado Dominio del Terror— en el Páramo, y a aquellos lo bastante desafortunados como para habitar allí les llaman Lores Oscuros. No puedo saber si los Lores Oscuros perciben esta existencia como un cautiverio o no, pero creo que su descenso no conoce límites, y lo más probable es que sus almas cayeran fuera de la existencia, aniquiladas por el mal, dejando tras de sí un caparazón físico que sufre sin cesar, atrapado en un tortuoso dispositivo creado por ellos mismos.

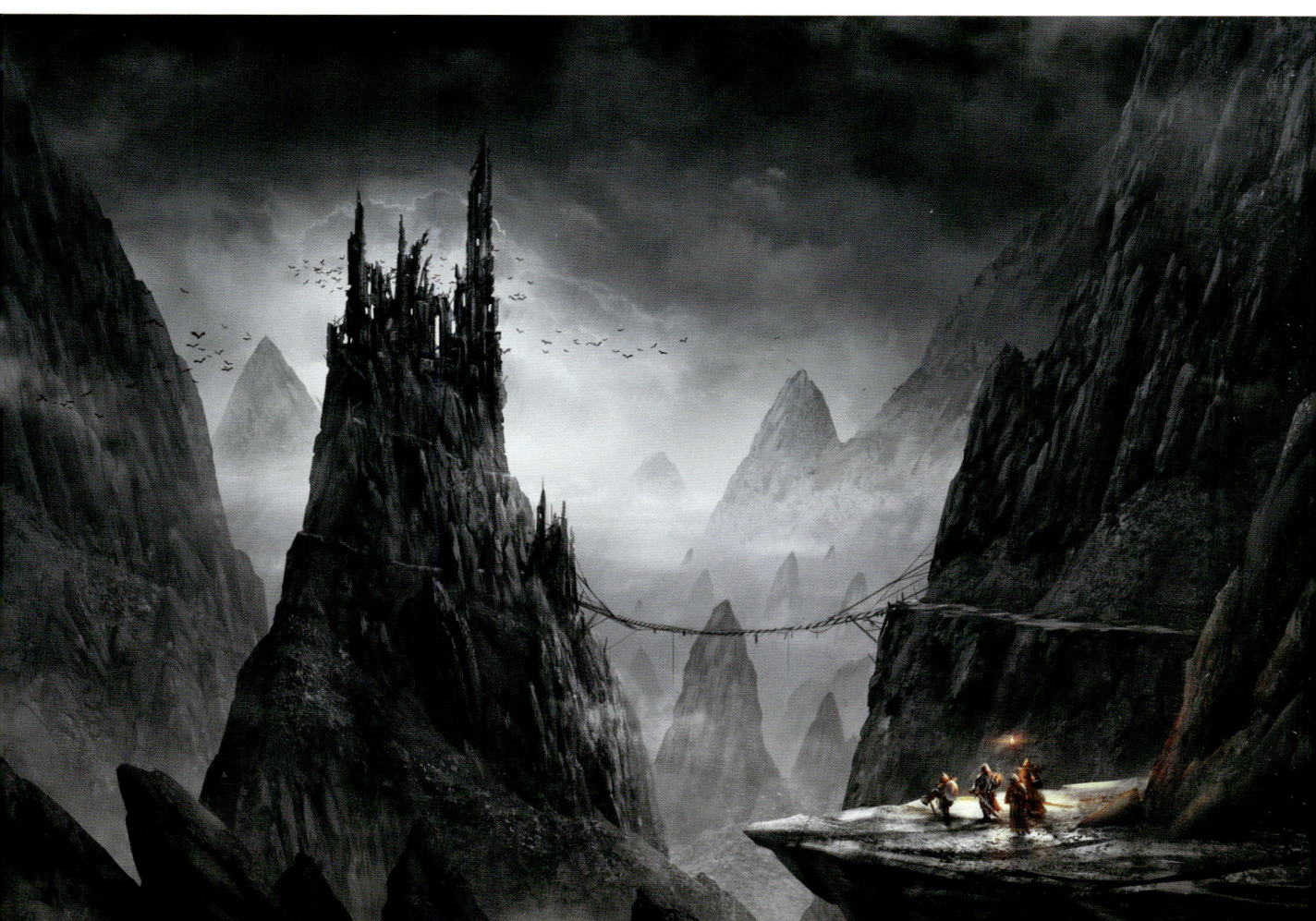

MENOS MONSTRUOS, MÁS CONFLICTOS

Los habitantes del Páramo Sombrío son, en efecto, lúgubres, y en ellos se centra la mayoría de los aventureros inexpertos cuando viajan allí. Se preparan para luchar contra los muertos vivientes con agua bendita y colocan plata en sus espadas para enfrentarse a los demonios, pero muchos de quienes se adentran en este mundo gris no se detienen a pensar en el poder mágico de la propia tierra, que puede absorber tu fuerza vital y deformar tus percepciones, haciéndote caer en la paranoia al menor contratiempo y perder el contacto con la realidad. Es algo que pocos aventureros tienen en cuenta cuando se adentran en el Páramo, ya que en primer plano, en sus mentes (y con razón), están los noctámbulos, los señores vampiros y las hordas de voraces no muertos, todos ellos en insomne vigilia, a la espera de suculentas bolsas de sangre roja y cálida que hacer entrar en sus dominios sin vida. Pero con mucha más frecuencia he visto a grupos sucumbir al desgaste constante que el Páramo ejerce sobre las mentes y las emociones, enfrentando a un grupo hasta que se lanzan uno al cuello del otro o se convierten en esclavos de sus propios miedos. En el Páramo he visto a paladines romper sus juramentos, a hechiceros abandonar a sus clientes por un benefactor más siniestro y a magos pasarse a la nigromancia, atraídos por el poder y la promesa de inmortal lujuria.

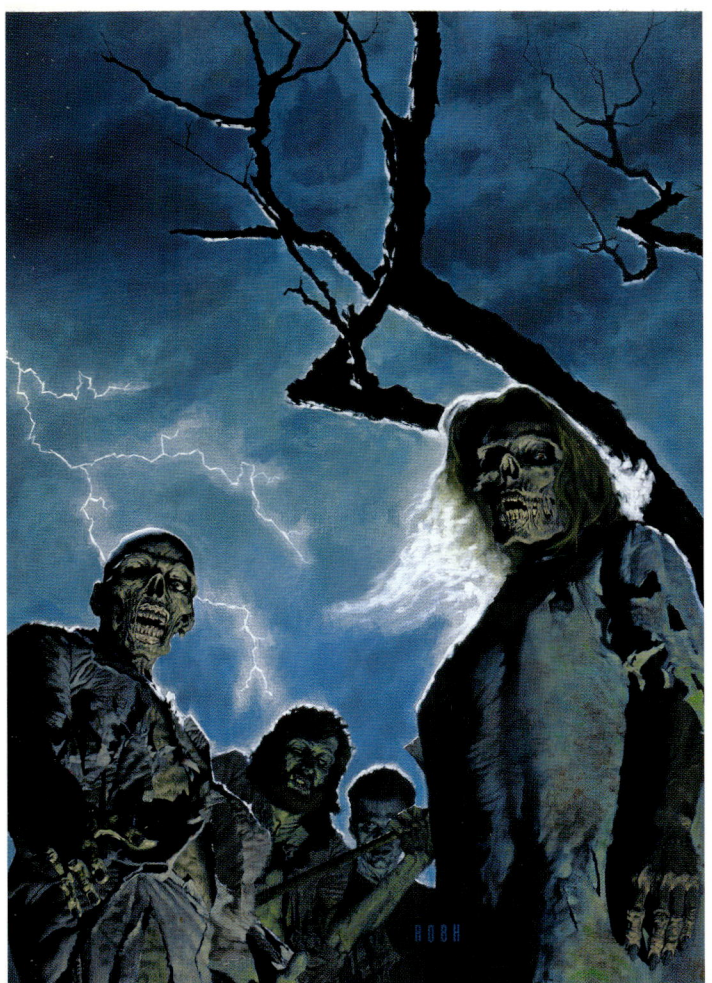

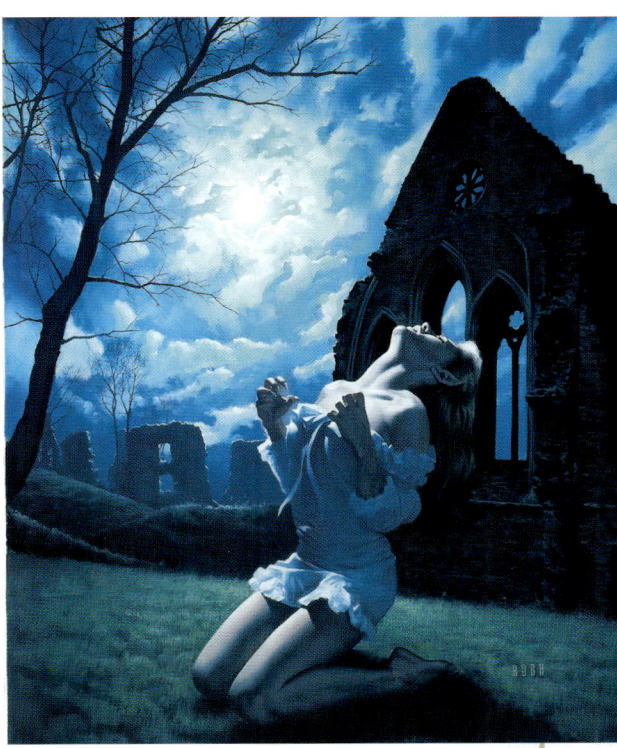

PÁRAMO SOMBRÍO

LA TENTACIÓN DE LA NO MUERTE

La gama de riquezas del Páramo Sombrío es enorme: desde montañas de oro hasta tomos de sabiduría arcana. Este reino de fantasmas y espectros atrae a todos los que se dejan cautivar por la emoción de lo prohibido. Sus tierras encierran secretos inconfesables, pero para los magos, es la no muerte lo que más nos tienta, y sería negligente por mi parte no mencionar la tentación que encarna el Páramo en cuanto a aprender los secretos de la no muerte.

Para los no versados en magia, quienes no han tocado su poder sobrenatural, la no muerte es un horror, una afrenta a la naturaleza; para el mago, la no muerte es una potencial senda a la inmortalidad de la mente. Muchos magos trabajan para perfeccionarla, de modo que uno pueda cosechar las recompensas de la inmortalidad sin sufrir la maldición de la no muerte sin alma, la mente comienza invariablemente a perderse, a deshacerse y a convertirse en esclava del mal.

Los magos tienen ante sí ese camino. Sabemos que los secretos de la no muerte son posibles, pero hallarlos y luego llevar a cabo el ritual para convertirse en un liche..., bueno, esa es una angustiosa senda que conduce a una puerta de la que no hay retorno. El ritual implica un cambio de polaridades, renunciar a la fuerza vital procedente del Plano de Energía Positiva y, en una cataclísmica expresión de poder, entregar tu alma para que conecte con la fuerza fría y animada del Plano de Energía Negativa. Nunca más sentirás el calor.

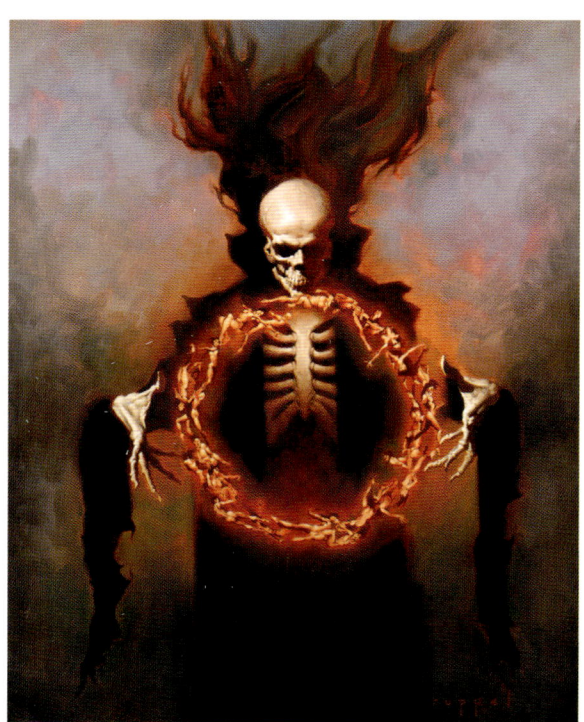
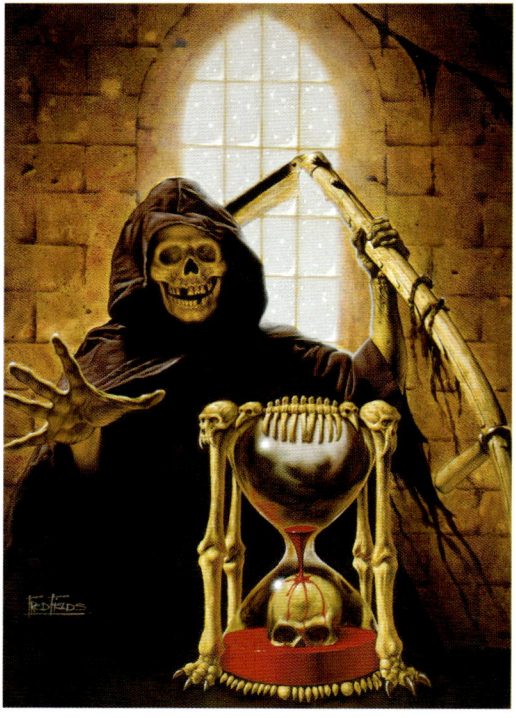

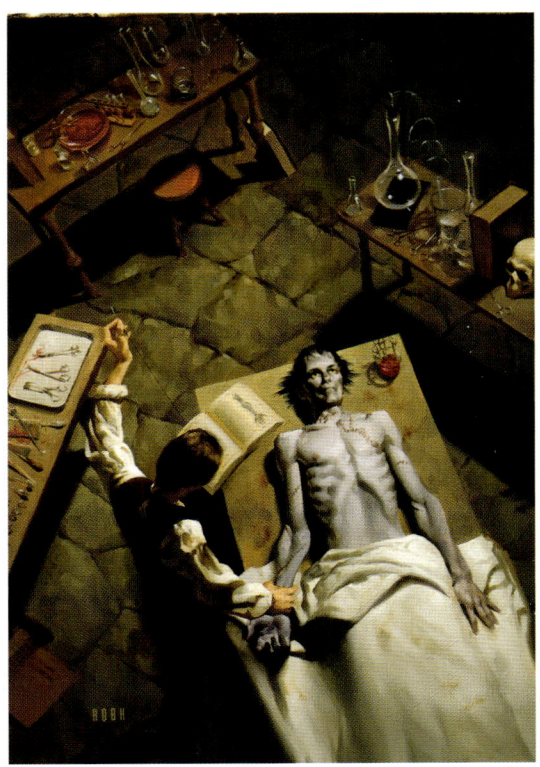 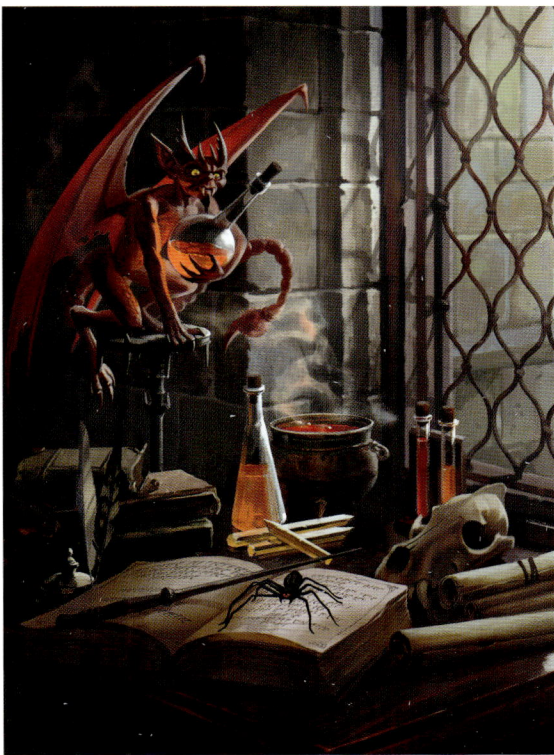

¿Cómo se relaciona todo esto con el Páramo Sombrío? Bueno, para los magos, y especialmente para los archimagos, convertirse en liche es un modo de llevar el trabajo hasta el final, y es bien sabido que el secreto de la conversión en liche se encuentra en el Páramo Sombrío. Los magos que no buscan la inmortalidad deben estar preparados para tomar un aprendiz o unirse a una academia y así, algún día, traspasar su preciado trabajo a la siguiente generación, o encontrar otros medios mágicos para prolongar su vida.

Muchos magos han tenido como única tarea continuar el trabajo de los que vinieron antes. Los hechizos no surgen completamente formados; han de trabajarse y perfeccionarse, a menudo durante siglos, antes de convertirse en hechizos funcionales. Algunos grupos de magos han estado trabajando en hechizos y conjuros durante cientos o miles de años con la esperanza de comprender cómo funcionan y cómo podrían llegar a lanzarse. Sin estos esfuerzos concertados de las academias y órdenes de magos, líneas enteras de investigación arcana podrían desaparecer, y grandes obras podrían caer en el olvido. Basta con que una academia sufra el ataque de un dragón para que sus magos y toda su biblioteca se consuman en el fuego del aliento de la bestia. Es una suerte que yo no sea tan reservado como algunos de mis compañeros magos porque si me hubieran matado y destruido mis libros antes de haber difundido mis hechizos —como el sabueso fiel de Mordenkainen— nunca se conocería la alegría y la utilidad de mis creaciones.

Es por eso por lo que los magos somos unos escribas tan insaciables: todo debe documentarse para que no caiga en el olvido, y cada mago que muere es como una biblioteca de pergaminos y tomos a la que se prende fuego. Mantener vivo este conocimiento, querido lector, es la razón por la que la inmortalidad se vuelve algo tan deseado, y la razón por la que la tentación de emplear la fácil solución de la no muerte es tan fuerte. El Páramo Sombrío es uno de los lugares más famosos por albergar los secretos de la no muerte, y hay muchos mecenas, desde magos a reyes, que pagarían oro y gemas como para comprar un reino con tal de conseguir con sus manos moribundas el pergamino de secretos de un liche.

EL OBELISCO EN LA ALDEA VACÍA

Recuerdo una historia que me contó un viejo amigo, el aventurero enano Ebrius Stump, sobre un obelisco tallado en basalto que había permanecido en el centro de la plaza de un pueblo durante lo que él suponía que eran milenios. Ebrius era una especie de experto en rocas y geología, y en sus viajes había encontrado esta ciudad por casualidad y había visto el obelisco mientras paseaba por las calles en busca de una taberna digna de su sed de cerveza. Pero olvidó su sed en cuanto divisó el obelisco, pues sintió en sus entrañas que estaba ante algo antiguo y de otro mundo. Sabía a ciencia cierta que no había una cantera de este tipo de piedra a muchos cientos, si no miles, de leguas de la ciudad, lo que le pareció sumamente extraño. Como enano, aventurero y amante de todo lo misterioso, el viejo Ebrius se sintió atraído por el obelisco, y pronto se convirtió en algo más que un capricho pasajero.

A lo largo de los años, Ebrius volvió a la ciudad para saciar su curiosidad. Se enteró de que los locales la habían llamado durante generaciones la «Roca Sombría», presumiblemente por la piedra negra de la que estaba hecha, pero el origen del nombre se había olvidado hacía mucho tiempo. Los habitantes de la ciudad proseguían su vida cotidiana sin prestar demasiada atención al oscuro obelisco situado en el centro del mercado. Los niños jugaban a su alrededor, y los desfiles, festivales e incluso alguna que otra boda tenían la Roca Sombría como centro de reunión. En la región, la Roca Sombría era una curiosidad, y algunos incluso viajaban para verla, lo que, para deleite de los comerciantes locales, atraía buena cantidad de comercio a la ciudad.

Había quien creía que la Roca Sombría había sido colocada allí por gigantes mucho tiempo atrás, en recuerdo de una gran batalla; otros pensaban que había sido colocada por una reina olvidada hacía siglos para alejar los malos espíritus. Pero algunos tenían la certeza de que la Roca Sombría traía mala suerte, y confesaban que habían oído leyendas de que algún día traería la ruina a la ciudad, pese a que, año tras año, se demostraba que estos agoreros estaban equivocados.

Hasta aquel día.

Ebrius estaba sentado en la colina a las afueras de la ciudad y, aunque a su alrededor la gente iba y venía, él se concentraba en el paisaje, observando el fluir de la tierra y escuchando el sonido del río que atravesaba la ciudad. Sus ojos

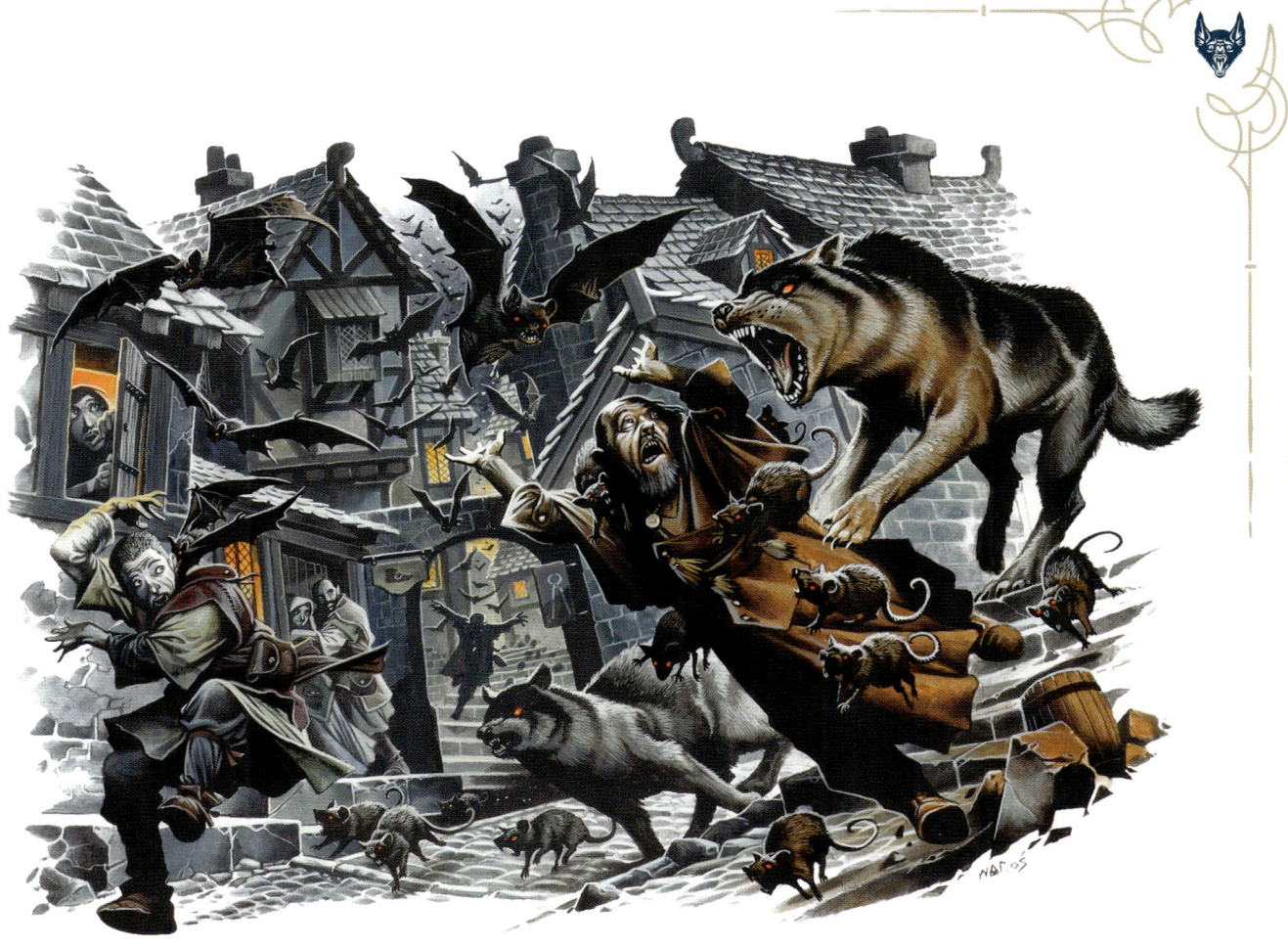

se posaron en el obelisco, con su superficie lisa y negra visible entre las calles marrones, las piedras grises y los coloridos puestos del mercado del pueblo, cuando, de repente, vio cómo brillaba y un pulso de energía surgía de él como un viento invisible, sacudiendo las paredes y edificios del pueblo y aplastando la hierba. En pocos segundos, el pulso llegó hasta él, y sintió el golpe de una vibración que le sacudió los huesos y meció los árboles cercanos. Vio cómo la gente de la ciudad y de los campos periféricos dejaba de moverse durante un instante, y después una ola de oscuridad estalló desde el obelisco, envolviendo la ciudad en lo que Ebrius describió como «una explosión de sombra líquida». Ebrius parpadeó varias veces y se frotó los ojos, pero tuvo que bajar corriendo al pueblo para aceptar el hecho de que todos los habitantes habían desaparecido.

Cuando Ebrius me contó esto, lo consulté con una colega mía, Samina Everstar, archidruida del Círculo de las Estrellas. Ella me comentó que esta Roca Sombría parecería ser un portal mágico del que se hablaba en los círculos druídicos: un obelisco hecho de una sustancia extraplanar que unía dos planos cuando las estrellas se alineaban, en ciclos que podían durar cientos o miles de años.

No todo el mundo acaba en el Páramo Sombrío por propia voluntad.

DOMINIOS DEL TERROR

Los Dominios del Terror son zonas del Páramo Sombrío retorcidas por el poder de los Lores Oscuros. No tengo claro si son una creación consciente de los Lores, que moldean e impregnan la tierra con sus malvados designios e intenciones, o si son una especie de respuesta metafísica del propio Páramo Sombrío, que se introduce en la mente y el espíritu de cada Lord Oscuro y crea un reino a su imagen y semejanza. A menudo especulo sobre el desconcertante propósito de estos Dominios del Terror, ya que, pese a que cada uno refleja la personalidad y la voluntad de su Lord, también sirve como prisión eterna del mismo. A veces pienso en el Páramo Sombrío como en una especie de extraña trampa cósmica que llama al mal desde todos los rincones del multiverso, atrayéndolo para que acuda a crear su obra maestra de oscuridad, una expresión de su retorcida mente que se convierte en una cámara de tortura diseñada para atormentar a su creador. Parece que el Páramo Sombrío posee cierto sentido de la ironía.

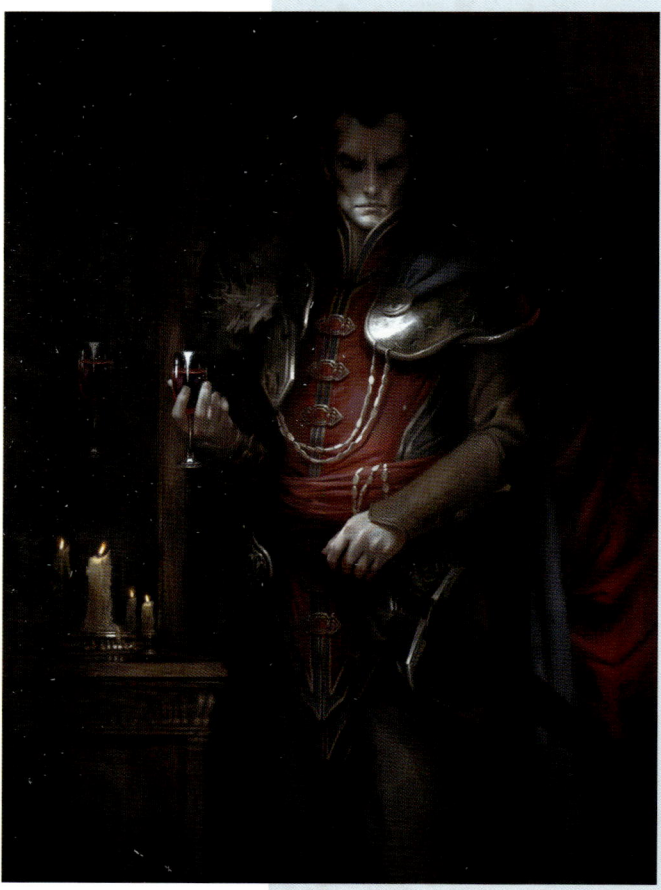

Hay numerosos Dominios del Terror en el Páramo Sombrío, cada uno con su propio Lord Oscuro, su propio matiz de amargura, sus propios misterios que resolver, sus tragedias que presenciar y sus tesoros que descubrir. Pero llegar a uno es de lo más difícil, porque todos los Dominios del Terror —al menos, los que yo conozco— están rodeados por un poderoso fenómeno, una mágica capa de neblina en la que nadie —con muy pocas excepciones, que detallaré en breve— puede entrar o salir a voluntad. La neblina está creada a partir de una magia que aún no comprendo del todo, ya que de algún modo halla la forma de llegar al Plano Material y busca desventuradas víctimas que extraviar, a las que arrastra a los dominios de un Lord Oscuro. La magia de la neblina actúa también como una prisión, impidiendo que nadie pueda salir, ya que quienes entran en ella son envueltos por sus vapores debilitantes o los confunden, y no importa cuánto caminen, siempre acaban volviendo al punto de partida. Ningún hechizo, divino o arcano, que yo conozca puede sacar a un grupo de aventureros de las nieblas;

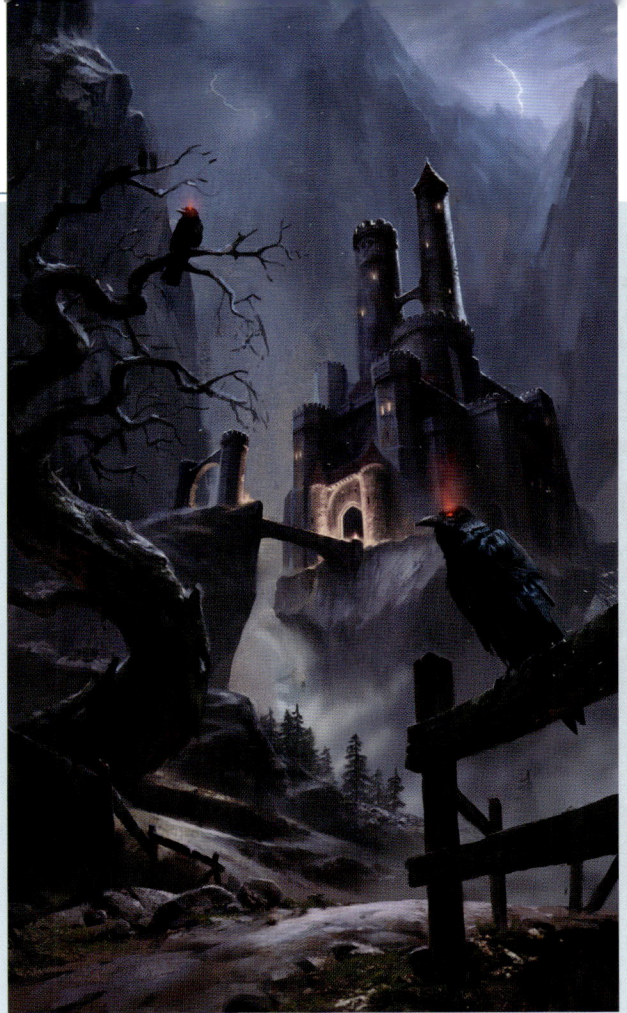

una vez atrapados, quedan perdidos en el dominio del Lord Oscuro, potencialmente para siempre.

Como suelo hacer, había estudiado mucho un Dominio del Terror en particular, Barovia. Primero atrajo mi curiosidad por su magia única y su poderoso Lord Oscuro, Strahd von Zarovich. Pero cuanto más estudiaba Barovia, más me preocupaba por sus habitantes, pueblos enteros de gente inocente condenada a una sombría existencia bajo el yugo inmortal de Strahd. Sentí una conexión con los barovianos, ya que me recordaban la difícil situación que sufrió mi mundo natal bajo la plaga de Vecna, y me juré que algún día acudiría a los dominios de Strahd y liberaría a los barovianos de su tiranía vampírica.

Mirándolo con perspectiva, debería haber escuchado a mi aprendiz, Bigby. ¿Derrotar a Strahd y liberar Barovia? ¡Qué idea tan estúpida! ¡Oh, la arrogancia nacida de la ignorancia! Pero como fundador del Círculo de los Ocho, ya era entonces un poderoso mago por derecho propio, lleno del sentido del deber de traer armonía al multiverso, un deber que ahora creo que nubló mi juicio. Baste decir que estaba firmemente decidido y, tras mucho estudio y preparación, invoqué la magia para atraer a Barovia hacia mí y me adentré en las nieblas y en los dominios de Strahd.

PÁRAMO SOMBRÍO

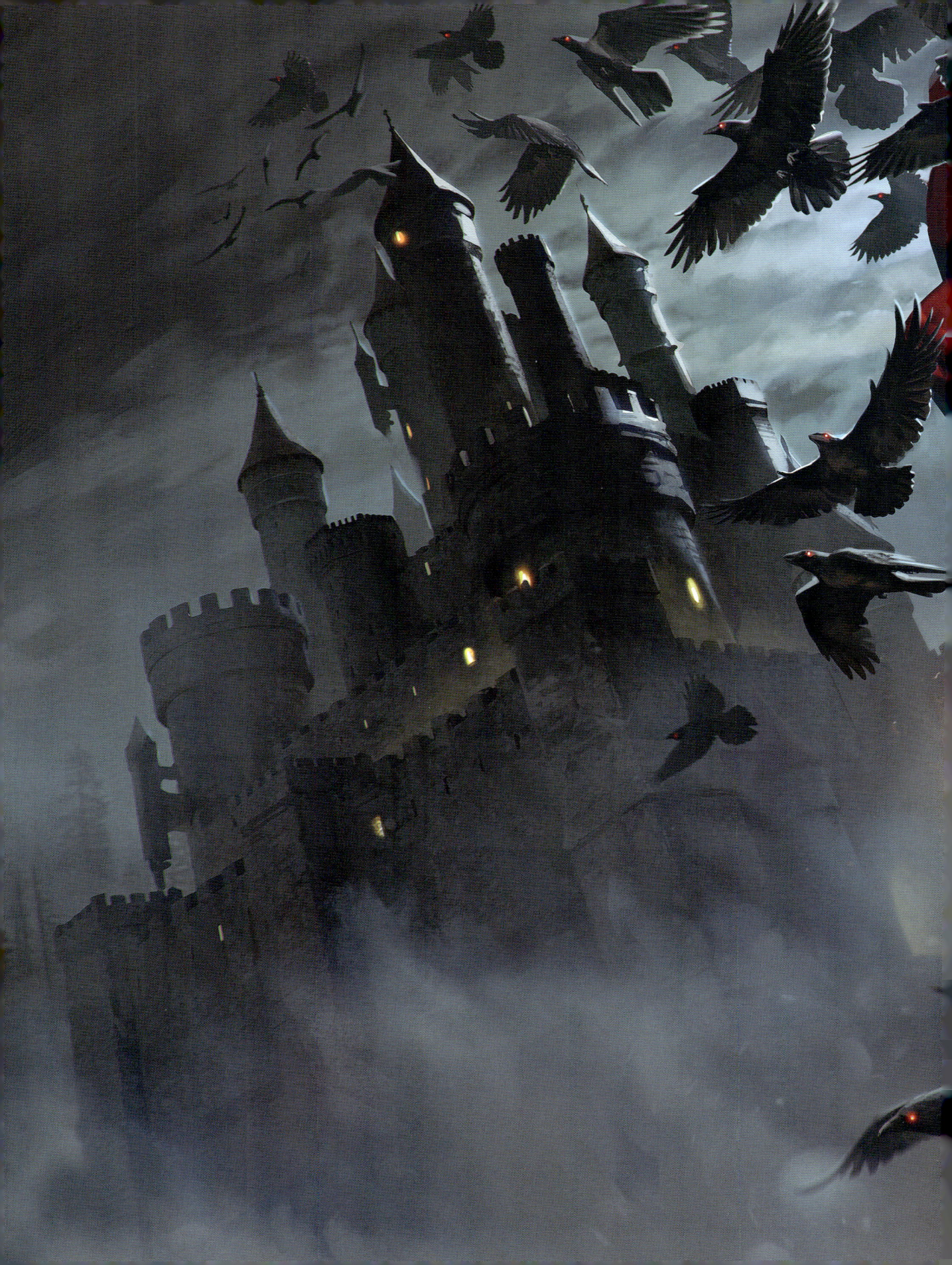

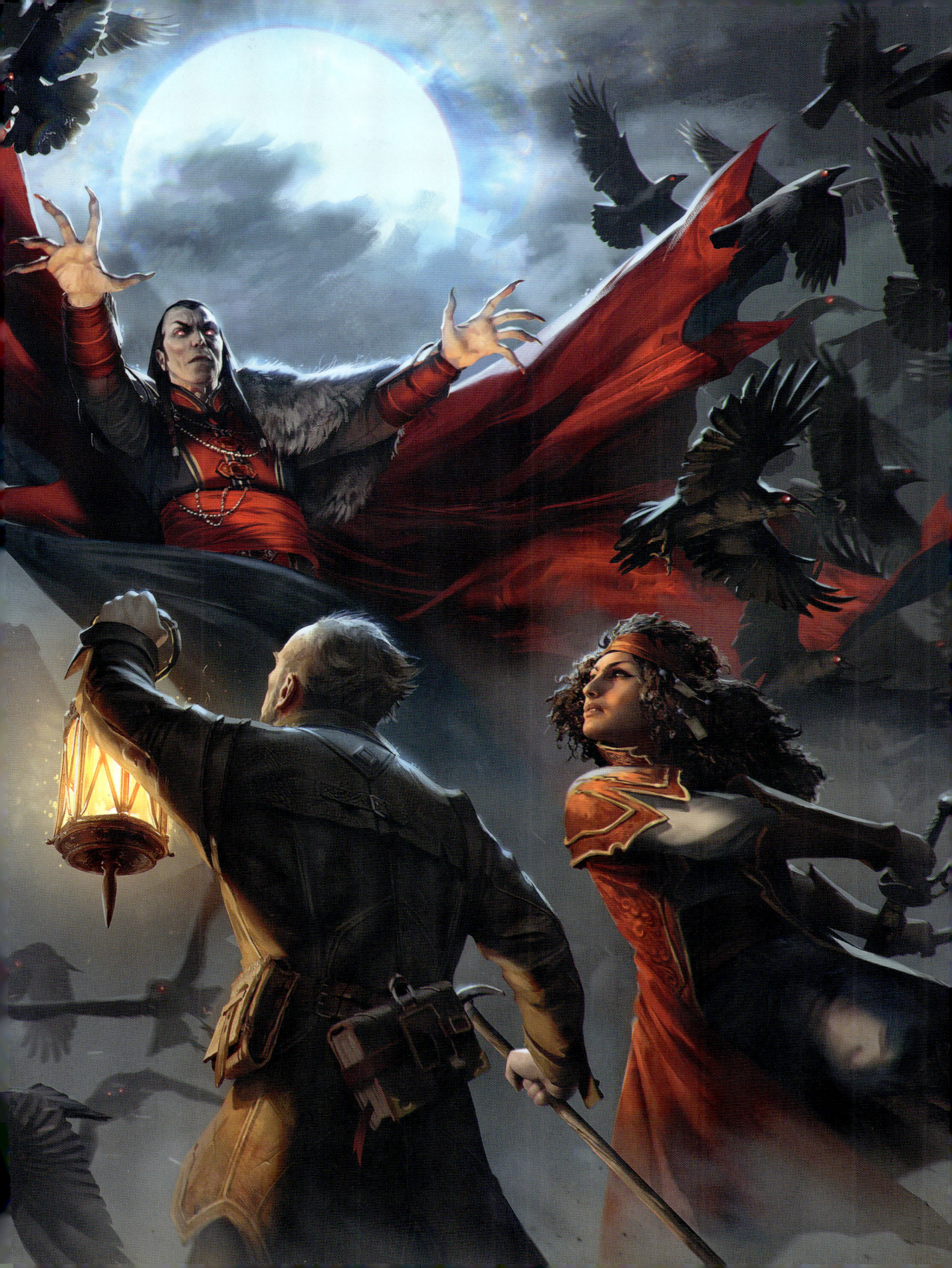

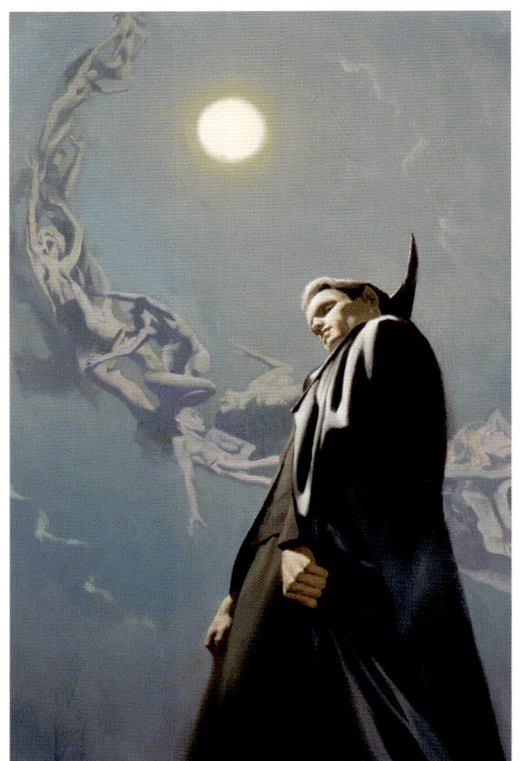
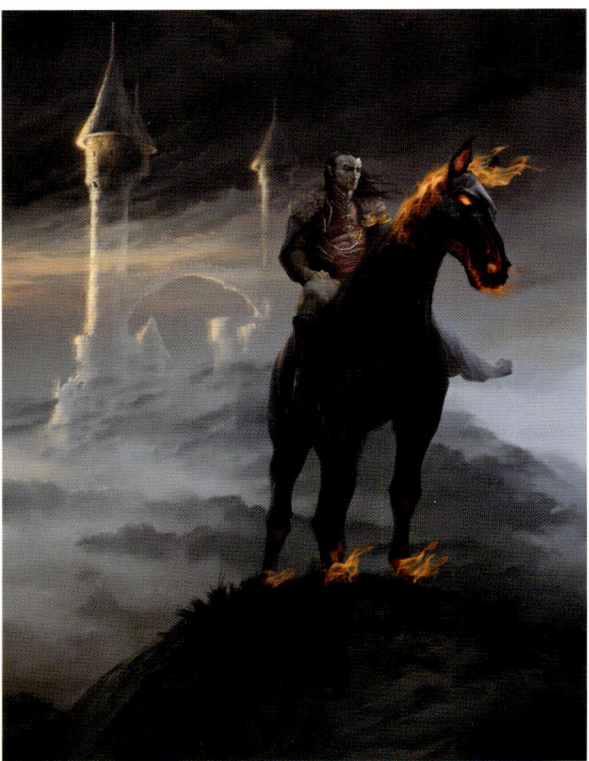

PRISIONERO DE BAROVIA

No tengo palabras para describir el primer momento en que pisé Barovia, abrumado por todos sus sutiles tormentos a la vez. Por ejemplo, hay momentos de lo que llamaríamos silencio y vacío en nuestra vida cotidiana. Estos momentos son como pausas, y a menudo son anodinos. Pero a diferencia del Plano Material, esos momentos de vacío, en Barovia, no tienen límite, como si algo inmenso hubiera devorado el momento y todo lo que hay en él. En el Plano Material no existe el verdadero silencio, por idílico que sea el entorno; uno siempre está inmerso en el sonido de la vida, como el canto de un pájaro en una brisa suave o el zumbido de las alas de un insecto. Nadie pensaría jamás que el silencio —un silencio sepulcral— sería una experiencia tan asombrosa como para infundir pánico. Incluso para alguien con tanta experiencia como yo con lo extraño y lo sobrenatural, la profunda sensación de miedo asfixiante me invadió en un instante, porque no era solo la absoluta inmovilidad del silencio, sino un espeso manto de lo que solo puedo describir como opresión metafísica que se adhirió a mi alma como una manta fría y húmeda. Eran sentimientos tan antiguos, tan cargados del trágico poder del Lord Oscuro de Barovia, que el terror y la desesperación surgieron en mi corazón en una explosión frenética.

    Con una gran fuerza de voluntad, conseguí liberar mi mente de la trampa inicial de la influencia del Lord Oscuro y avanzar hacia el objetivo de mi misión: la liberación de los inocentes. A lo largo del viaje vi tragedia tras tragedia; pueblos enteros subyugados hasta la falta de alma, pero que, de vez en cuando, aún conseguían componer una pequeña sonrisa o encender un rayo de esperanza en sus corazones casi sin alegría. Presenciarlo era desgarrador. Me dirigí al castillo que dominaba toda esta miseria como un triste buitre, sabiendo que el ser que había en él, el antiguo vampiro Strahd, debía ser destruido. Y yo, Mordenkainen, era el único que podía hacerlo.

EL MAGO LOCO DEL MONTE BARATOK

Mi enfrentamiento con el Lord Oscuro fue, tal vez, lo más cerca que he estado de entrar en las bóvedas de la muerte. Aunque el vampiro Strahd es un enemigo temible, hay un poder mucho mayor que alimenta su envoltura vampírica, una fuerza de maldad irredimible que envuelve la fachada física de Strahd y otorga al Señor de Barovia su poder. Puede que Strahd sea el señor vampiro de Barovia, pero yo sostengo que es la entidad de suprema oscuridad que tiene dentro la que es el verdadero Lord Oscuro, porque en el enfrentamiento con Strahd, ese fue el poder que sentí que destrozaba mi mente.

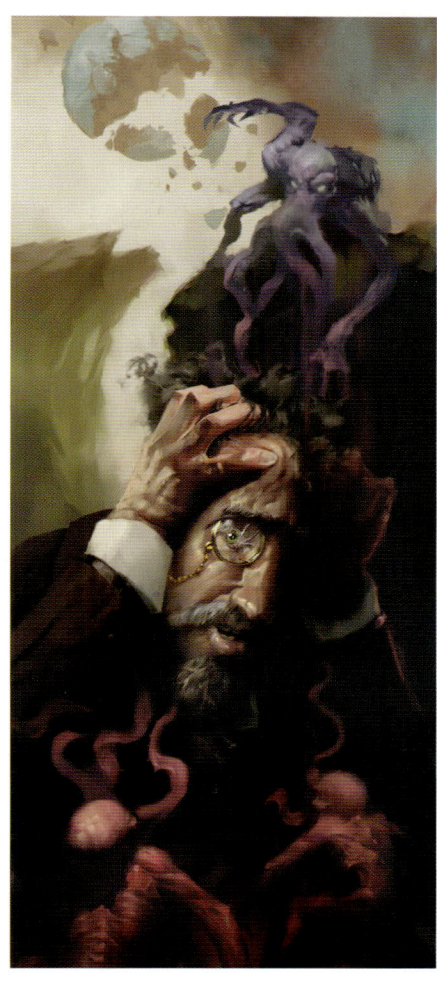

Los Lores Oscuros buscan y atacan los recuerdos y las preocupaciones que has intentado encerrar. Roen los rincones desconocidos de tu psique, te muestran miedos que no sabías que tenías y desgarran los márgenes más débiles de tu mente. Los Lores Oscuros proceden desde lo que solo puedo llamar la Gran Ausencia, un reino que nunca ha conocido el calor, la alegría o el amor. El lenguaje se queda corto ante la realidad, y leer sobre cosas así en un libro, estas líneas garabateadas en un simple trozo de pergamino, puede provocar un escalofrío que recorra la espina dorsal o revolver el estómago con inquietud, pero encontrarse con algo así, lidiar con ello, sentir la infinita profundidad de la caída..., eso, querido lector, es algo totalmente distinto. Un destino que no le desearía a nadie.

Pese a que sabía que Strahd era más que un simple vampiro, un ser de una oscuridad inimaginable, me acerqué a él con la esperanza de que mis poderes fueran suficientes para destruir al Lord Oscuro. El cuerpo de Strahd era un maniquí, un autómata no muerto inclinado ante un vacío inmenso e irredimible. Esa era su verdadera forma. Esa era su verdadera naturaleza. Puede que estuviera mirando a los ojos fríos y sin vida de un vampiro, pero lo que me heló la sangre fue la profundidad infinita del Lord Oscuro que me devolvía la mirada.

Huelga decir que me di cuenta de que me esperaba una noche complicada. Durante la batalla me arrojaron desde un alto acantilado, perdí mi libro de hechizos, se rompió mi bastón y caí en la desesperación al saber que estaba atrapado en las tinieblas mágicas de Barovia sin ninguna esperanza de derrotar

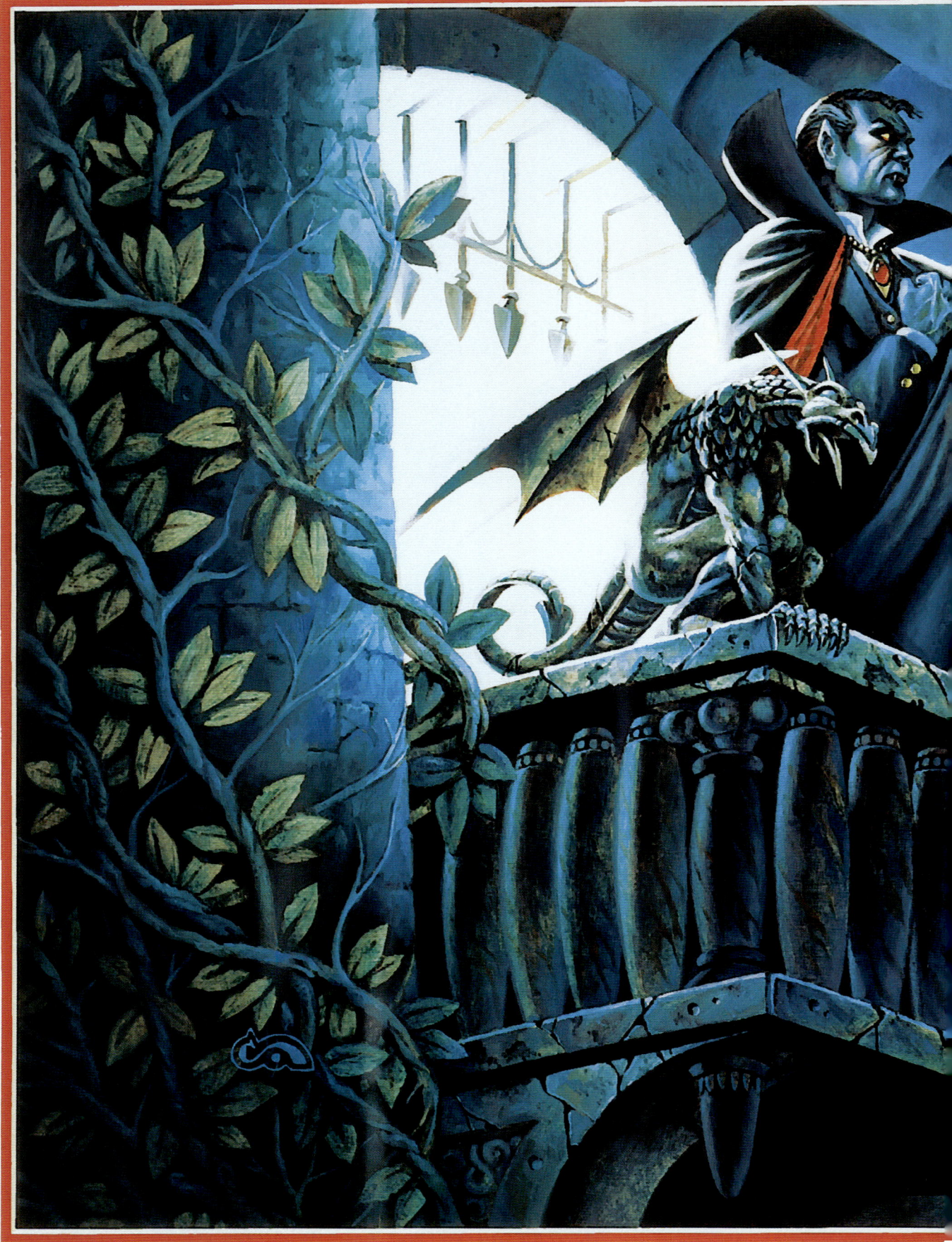

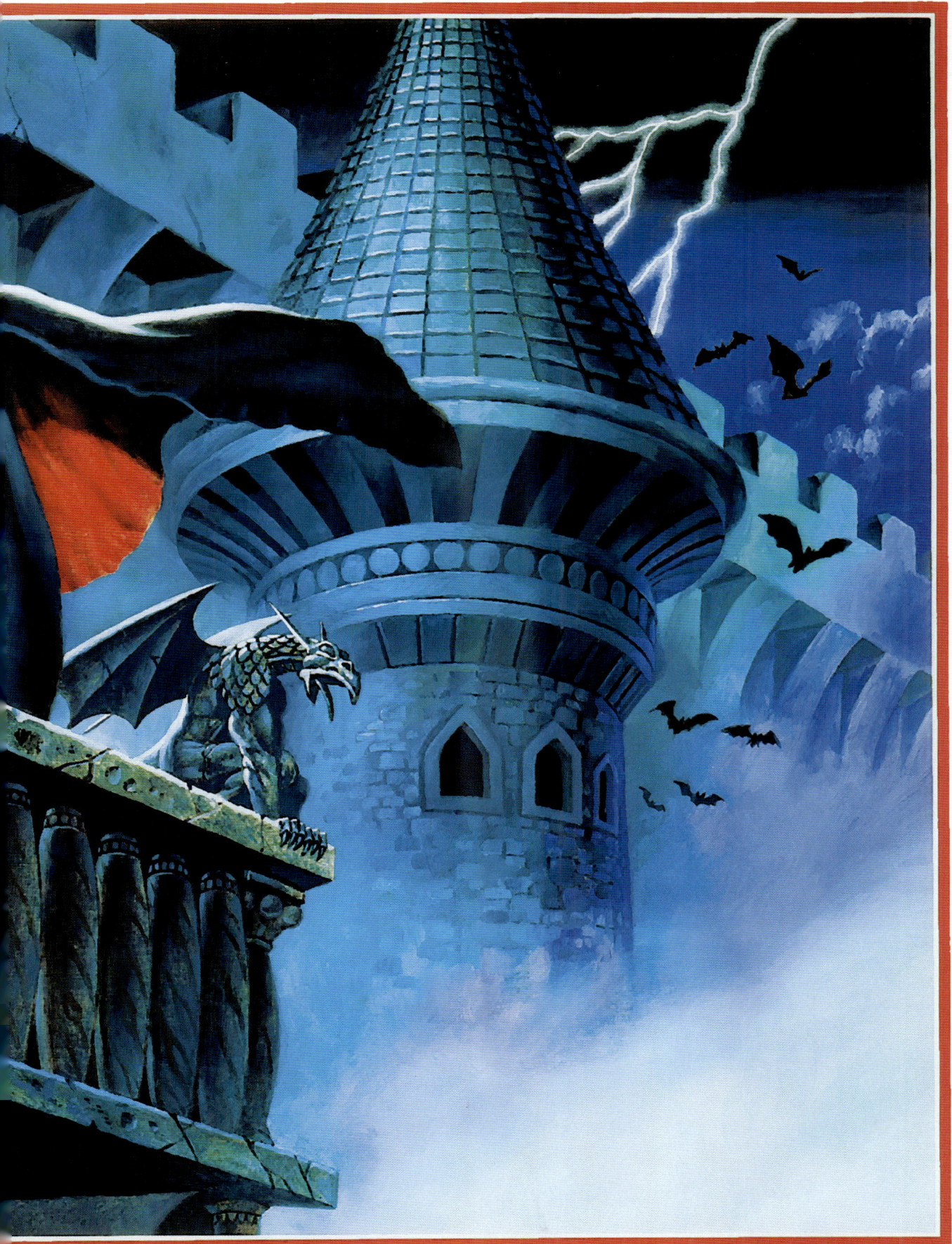

al Lord Oscuro o escapar de su prisión. Por una larga y sombría época me conocí como el Mago Loco del Monte Baratok, y habité en Barovia, arañando todo retazo de cordura que podía encontrar. Tal vez todas estas imágenes y explicaciones sean restos de mi choque con la locura, pero es la única forma en que puedo describir lo que viví.

¿Cómo pude yo, Mordenkainen, perder contra el Lord Oscuro Strahd?

Lo único que puedo decir en mi defensa es que uno no puede prepararse del todo para estos encuentros. Hay montones de manuales, escritos por competentes cazadores de vampiros como Van Richten y D'Avenir, para luchar contra demonios y vampiros, y todos ellos explican las habilidades mecánicas, los puntos débiles que hay que explotar y las herramientas que hay que emplear, y sin duda podría haber destruido su forma vampírica, clavarle una estaca en el corazón o convertir su cuerpo en cenizas con la Espada del Sol, pero yo quería destruir al Lord Oscuro —no solamente a Strahd— y liberar Barovia, y para eso no hay manuales. El poder de un Lord Oscuro no puede explicarse con meras palabras; es una prueba que hay que vivir.

¿Cómo me libré de la locura?

Conocí la amabilidad y la magia única de los Vistani. La forma en que recomponen las piezas es un tipo de magia propia de ellos. Son los especialistas cuando se trata de Strahd. Son los guardianes de la luz en la oscuridad infinita, y fue a través de ellos que descubrí que las nieblas no son inmunes a todos los intentos de escapar. Los Vistani no solo resisten a la energía del Lord Oscuro, sino que pueden atravesar las nieblas a voluntad. Se rumorea que son los

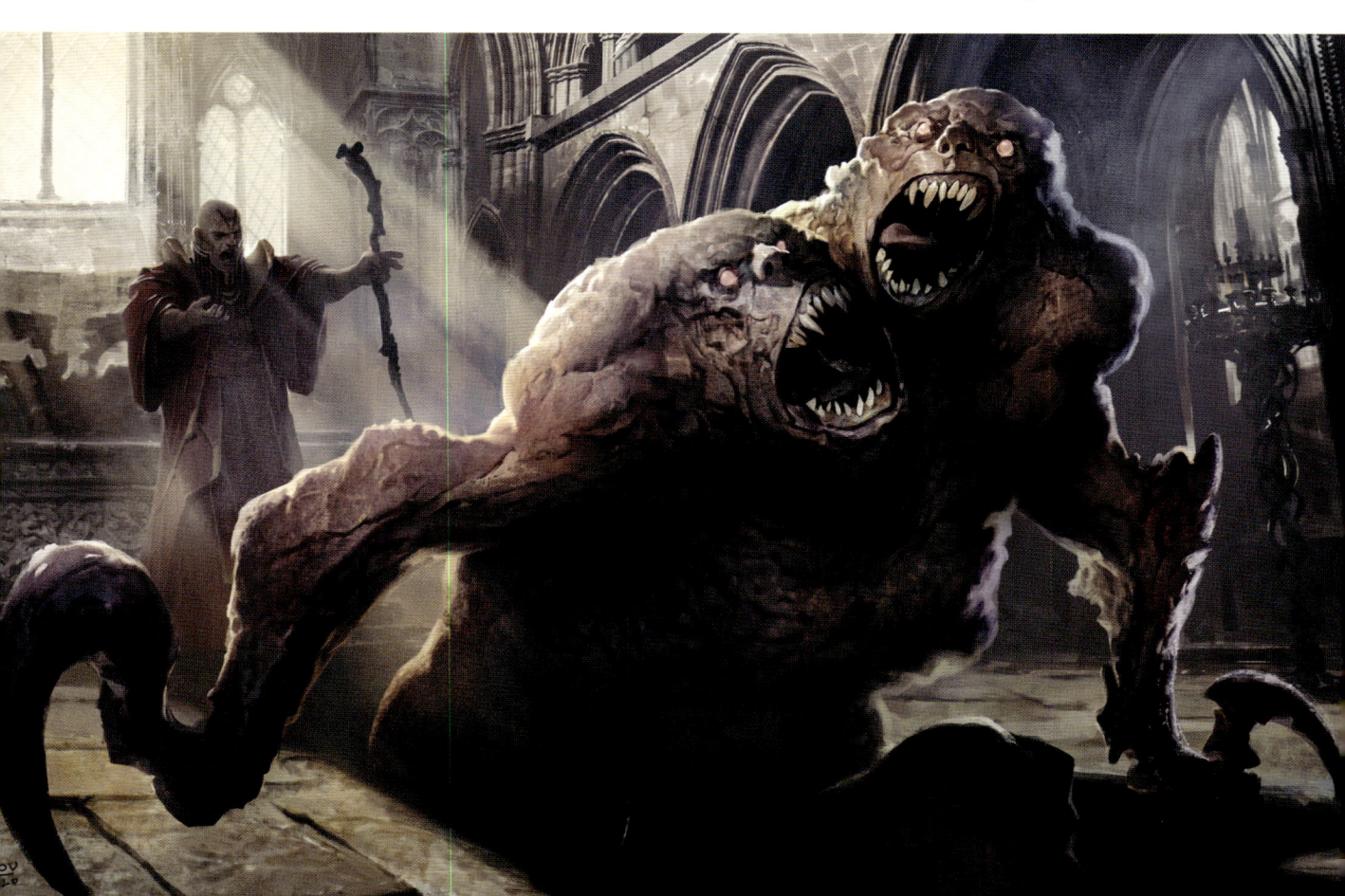

destinatarios del único acto de clemencia conocido de Strahd: una recompensa por un momento, hace mucho tiempo, antes de que el alma del Lord Oscuro se perdiera en manos del mal, en el que un grupo de Vistani rescató a Strahd cuando cayó en combate y le devolvió la salud. Pero creo que los Vistani son más que lo que sugieren estos rumores. Me parece que son una respuesta del multiverso para equilibrar la realidad de una entidad como el Lord Oscuro. Ha de haber un contrapeso a un mal tan horrendo, y creo que estas personas, con su amor por la música, la risa y la vida, son el arma definitiva para luchar contra la desesperación del Lord Oscuro.

EL EQUILIBRIO

El Páramo Sombrío es, por encima de todo, una prisión, un tétrico lugar en el que se drena el espíritu y se oprime la voluntad. Es la influencia del Páramo Sombrío, no obstante, lo que me resulta curioso, y me pregunto si puede traspasar sus límites y afectar a los seres del Plano Material. ¿Es acaso la fuente de nuestras desgracias? Si sufrimos, ¿alimentamos y reforzamos el Páramo Sombrío? Cuando superamos nuestro doloroso pasado, ¿menguamos el poder de los Lores Oscuros?

Todas estas preguntas, y muchas más, sobre las implicaciones metafísicas de un lugar como el Páramo Sombrío y su conexión con nuestra experiencia como seres sensibles ocupan mis pensamientos.

Lo único que sé es que, después de pasar cierto tiempo allí, un asiento junto a la chimenea en mi taberna favorita en compañía de amigos es un tesoro que vale cualquier montaña de conocimiento u oro.

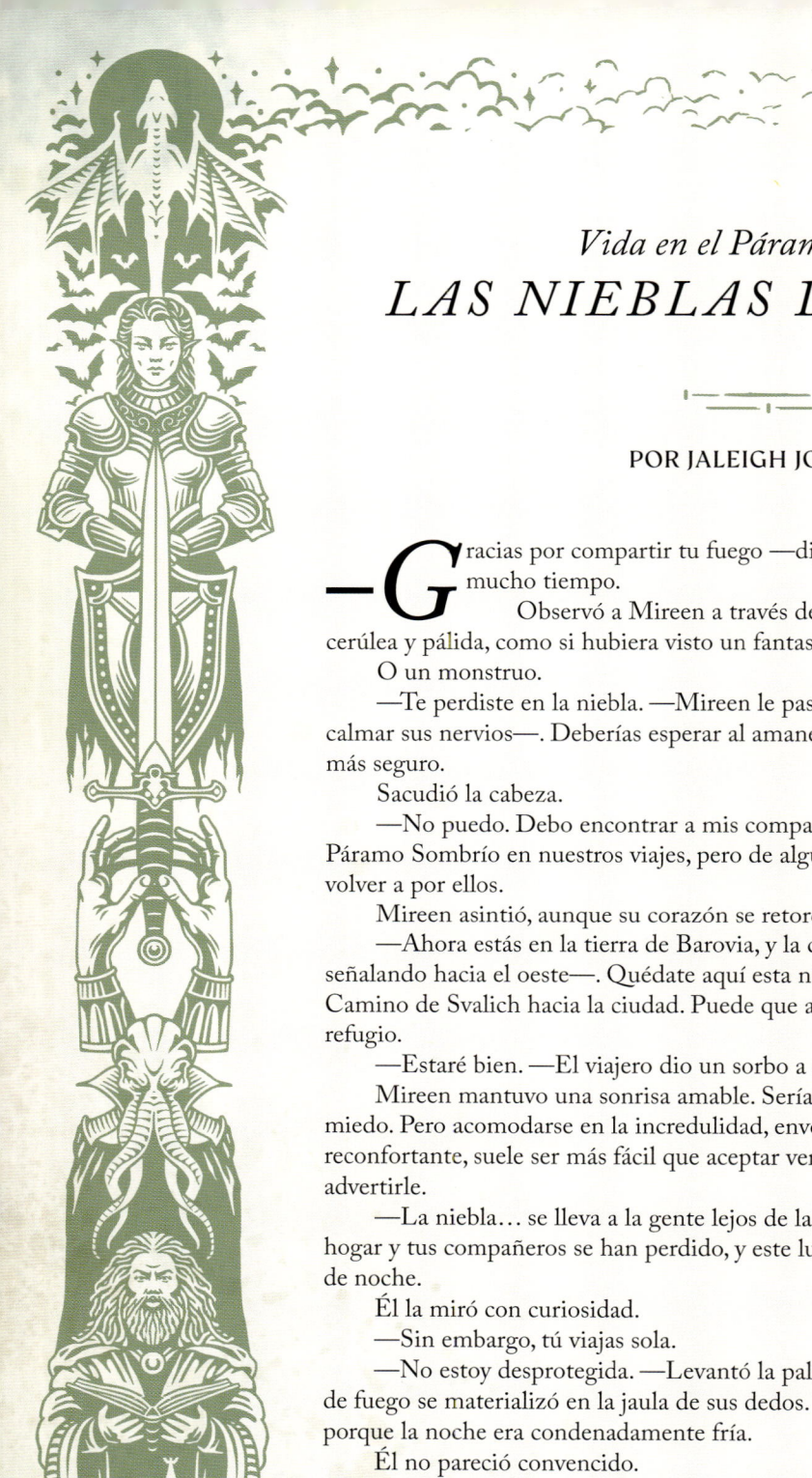

Vida en el Páramo Sombrío
LAS NIEBLAS DE BAROVIA

POR JALEIGH JOHNSON

—Gracias por compartir tu fuego —dijo el viajero—. No te molestaré por mucho tiempo.

Observó a Mireen a través de las danzantes llamas. Su piel era cerúlea y pálida, como si hubiera visto un fantasma.

O un monstruo.

—Te perdiste en la niebla. —Mireen le pasó una copa de vino caliente para calmar sus nervios—. Deberías esperar al amanecer antes de seguir adelante. Es más seguro.

Sacudió la cabeza.

—No puedo. Debo encontrar a mis compañeros. Habíamos tropezado con el Páramo Sombrío en nuestros viajes, pero de alguna manera conseguí escapar. He de volver a por ellos.

Mireen asintió, aunque su corazón se retorció de lástima. No había vuelta atrás.

—Ahora estás en la tierra de Barovia, y la ciudad más cercana es Vallaki —dijo, señalando hacia el oeste—. Quédate aquí esta noche y por la mañana toma el Viejo Camino de Svalich hacia la ciudad. Puede que allí encuentres trabajo, o al menos refugio.

—Estaré bien. —El viajero dio un sorbo a su vino—. Ya me siento mejor.

Mireen mantuvo una sonrisa amable. Sería mejor que hubiera seguido teniendo miedo. Pero acomodarse en la incredulidad, envolverse en ella como en una manta reconfortante, suele ser más fácil que aceptar verdades más duras. Aun así, intentaría advertirle.

—La niebla… se lleva a la gente lejos de las tierras que conocen —dijo—. Tu hogar y tus compañeros se han perdido, y este lugar no perdona a los que viajan solos de noche.

Él la miró con curiosidad.

—Sin embargo, tú viajas sola.

—No estoy desprotegida. —Levantó la palma de la mano y una pequeña esfera de fuego se materializó en la jaula de sus dedos. Era en parte para presumir y en parte porque la noche era condenadamente fría.

Él no pareció convencido.

—Incluso una hechicera poderosa puede ser vencida.

Mireen no pudo discutirlo, sobre todo cuando una mano apareció en la oscuridad, más allá del círculo de luz de la hoguera, y rodeó su garganta. Percibió el olor de la tierra y la podredumbre de la tumba antes de que sus fríos y viscosos dedos empezaran a aplastarle la tráquea.

—¡Cuidado!

El viajero se levantó y desenvainó un fino estoque que brillaba como la plata a la luz del fuego. Blandió el arma, haciendo retroceder a los dos zombis que se habían acercado por detrás.

Mireen estampó la esfera de fuego contra la cara de la criatura que la sujetaba por la garganta. Esta lanzó un chillido profundo y la soltó. Giró sobre sí misma, dando la espalda al fuego, solo para ver cómo se acercaban dos no muertos más.

A Mireen le ardía la sangre en las venas. Sus labios se abrieron en un gruñido que se convirtió en un ruido animal mientras su pecho se expandía y su cara se alargaba. Los huesos se quebraron y volvieron a formarse, de su piel brotó un espeso pelaje gris y unas garras enroscadas. El dolor la encendía al tiempo que su fuerza aumentaba. Se alzó ante los monstruos en su forma híbrida y se maravilló de lo pequeños que parecían ahora a través de sus ojos de loba.

Saltó hacia delante y los hizo pedazos.

Cuando terminó, Mireen se giró para ver cómo el viajero despachaba al resto de los zombis. Su estoque centelleó con magia cuando se giró y la apuntó a través del fuego. En sus ojos brillaba la traición. Mireen podría haberle dicho que no había nada que temer, pero ya había visto esa mirada antes y sabía que no tenía sentido.

—¡Atrás, bestia! —ordenó el viajero—. He visto tu fuerza, pero esta espada es más que suficiente para matar a un hombre lobo solitario.

Mireen ladeó la cabeza.

—Nunca dije que estuviera sola —gruñó.

Unos aullidos resonaron en la oscuridad, tras el viajero. Se giró para ver a su marido, Elías, con el arco largo desenfundado y una flecha apuntando al corazón del hombre. El montaraz tenía una expresión sombría. Tras él, Sivia sostenía una enorme hacha, con la rabia de los bárbaros ardiendo en sus ojos.

Y a su alrededor, había lobos.

El viajero se dio la vuelta y echó a correr. Mireen y su manada lo vieron desaparecer en el muro de niebla que se había materializado en la distancia.

Ella había intentado advertirle. Era lo único que podía hacer.

Las nieblas se encargarían del resto.

PARTE III

MÁS ALLÁ DEL PLANO MATERIAL

En algún momento, todo el mundo se pregunta por las estrellas. Todo cielo nocturno constituye un reino de la imaginación. Incluso enanos y gnomos que jamás han puesto un pie en la superficie han oído hablar de ella y de la bóveda llena de estrellas; historias de sus mayores que se adentraron en la superficie y contemplaron la «gran caverna oscura de las diez mil luces».

Es la magia lo que, en última instancia, ofrece respuestas a la pregunta de «¿qué hay ahí arriba?». Los barcos de navegación arcana, máquinas impulsadas por un poderoso conjuro, nos permiten ampliar nuestra perspectiva terrestre y aventurarnos más allá de nuestra propia atmósfera, hacia el Mar Astral, donde nos esperan aventuras allende los cielos y, en última instancia, más allá del propio Plano Material.

Como viajero de los planos, hasta ahora he procurado centrarme en métodos arcanos: portales físicos que requieren una llave temporal o un hechizo para activarse, estados alterados de conciencia que permiten viajes no corpóreos, complejos conjuros que me llevan instantáneamente al destino deseado. Sin embargo, el multiverso está construido de forma muy inteligente, e incluso quienes no pueden realizar magia por sí mismos pueden atravesarlo. Aun así, viajar más allá del Plano Material no es una empresa para tontos o imprudentes. Piérdete en el laberinto del multiverso y puede que nunca encuentres el camino de vuelta.

Los planos más allá del Reino Material mantienen una relación diferente con el tiempo. Algunos son atemporales, como el Plano Astral, donde todo ser que entra se convierte en inmortal. Otros, como el Feywild, juegan con el tiempo, acelerándolo y ralentizándolo. En cierto modo, el Plano Material es como el metrónomo del multiverso.

En los tangentes al Plano Material se encuentran los Planos Elementales —a partir de los cuales los seres primordiales crearon los mundos— y los Planos Transitivos, como el Astral y el Etéreo, que separan, esencialmente, los reinos mortal e inmortal. Incluso más allá están los Planos Exteriores: dominios de dioses, demonios, diablos y otros seres inmortales, cada uno de los cuales llama a los espíritus de los difuntos para que continúen el arco de su vida como alma inmortal. Más distante aún se encuentra el Reino Lejano, una aterradora dimensión alienígena de antiguos dioses, balbuceantes horrores, mundos ciclópeos y magia sobrenatural que debería mantenerse oculta a las mentes mortales.

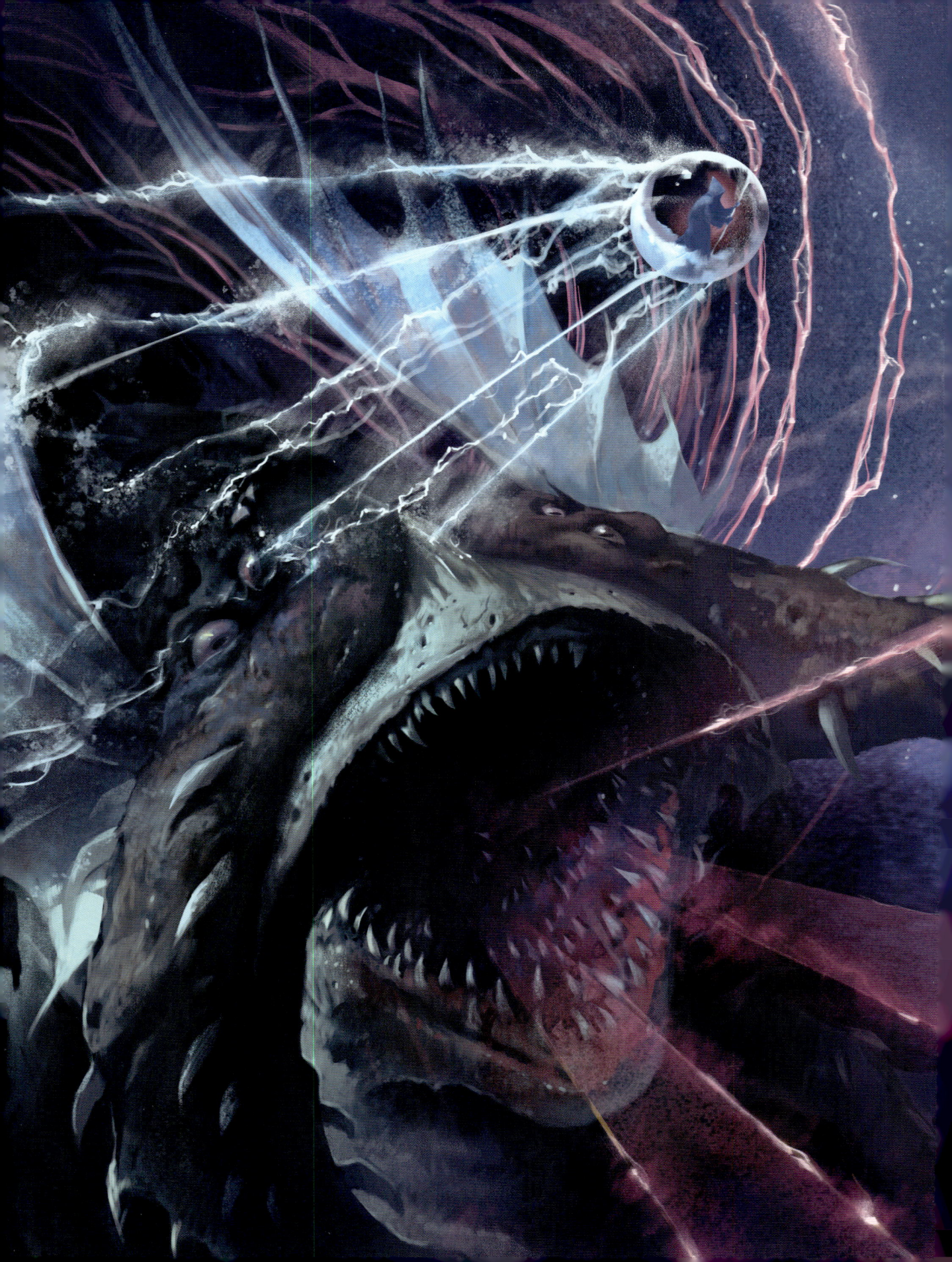

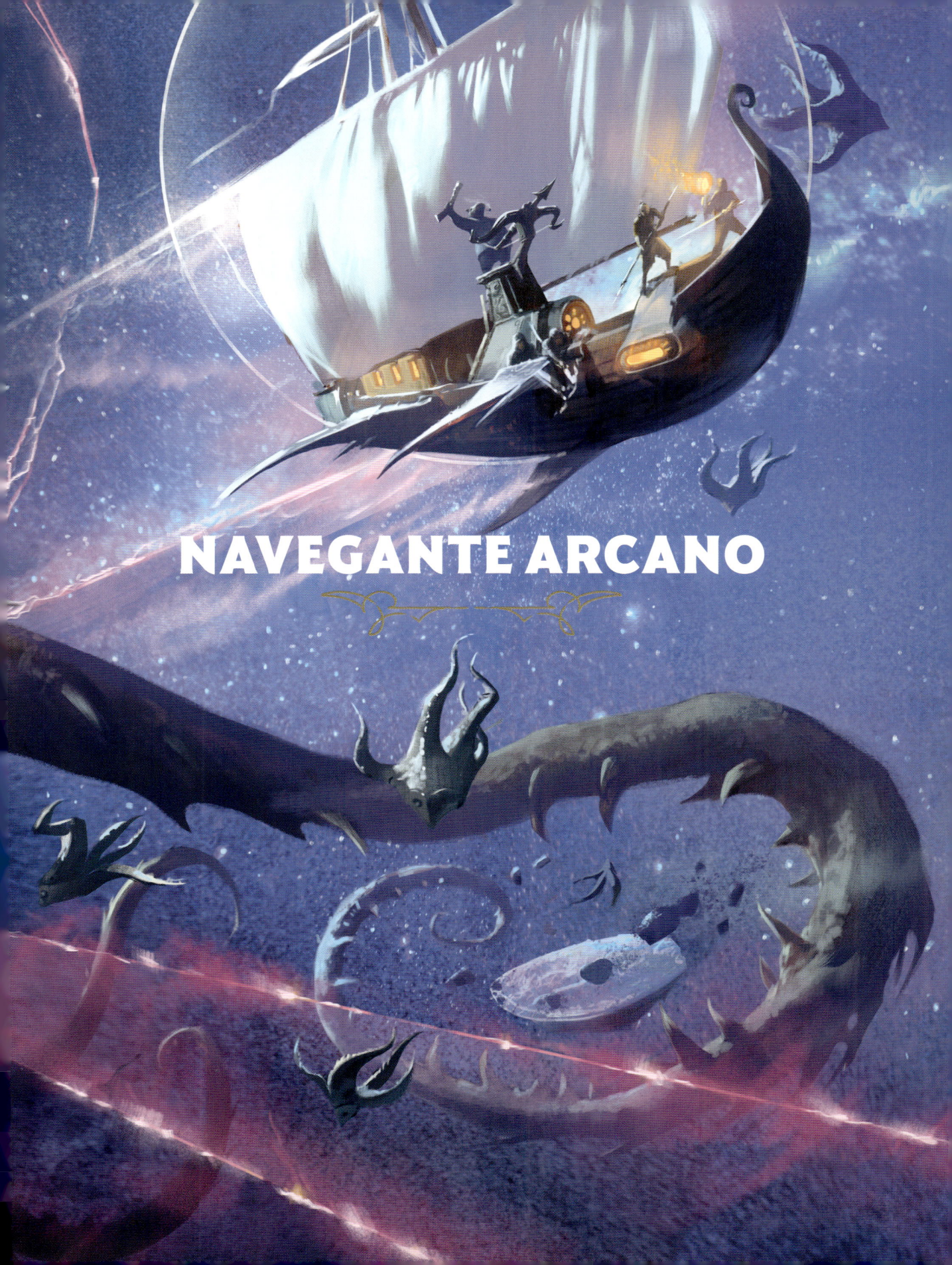
NAVEGANTE ARCANO

Viajar por el multiverso te cambia. A mí me cambió. Mi hogar, Greyhawk, era un mundo lo suficientemente grande como para alimentar mi curiosidad y mis ansias de vivir aventuras, pero también era lo suficientemente pequeño como para poder conocerlo como la palma de mi mano. Llegó un momento en que sentí que no me quedaba nada por descubrir allí. Conocía todos los secretos de mi hogar: desde las peculiares historias de Zagyg y su mazmorra bajo el Castillo de Greyhawk hasta los misterios arcanos del Imperio suelio y los magos baklunios. Desde luego, nada me había dejado nunca tan estupefacto como ascender a los cielos a bordo del barco de navegación arcana de la capitana Melody Starwright, el Cisne Plateado, cruzar la atmósfera y zambullirme en la vibrante extensión del Espacio Salvaje. Todavía hoy creo firmemente que la sorpresa que experimenté entonces fue equiparable a la que los primeros forjados sintieron al tomar conciencia de sí mismos.

Al surcar el Espacio Salvaje, solo fui capaz de asimilar la velocidad a la que viajábamos echando la vista atrás y viendo lo rápido que Greyhawk empequeñecía de camino hacia lo que la capitana Melody llamó las «resplandecientes costas del Mar Astral». Por aquel entonces, yo era un joven mago que apenas lograba disimular la admiración que el artificio y la magia que movían el barco despertaban en él. Ya solo el poderoso timón de navegación arcana era digno de ver, pues a la capitana Melody le bastaba con sentarse en su ornamentado sillón para entrar en sintonía con la embarcación y navegar por el peculiar reino del Espacio Salvaje.

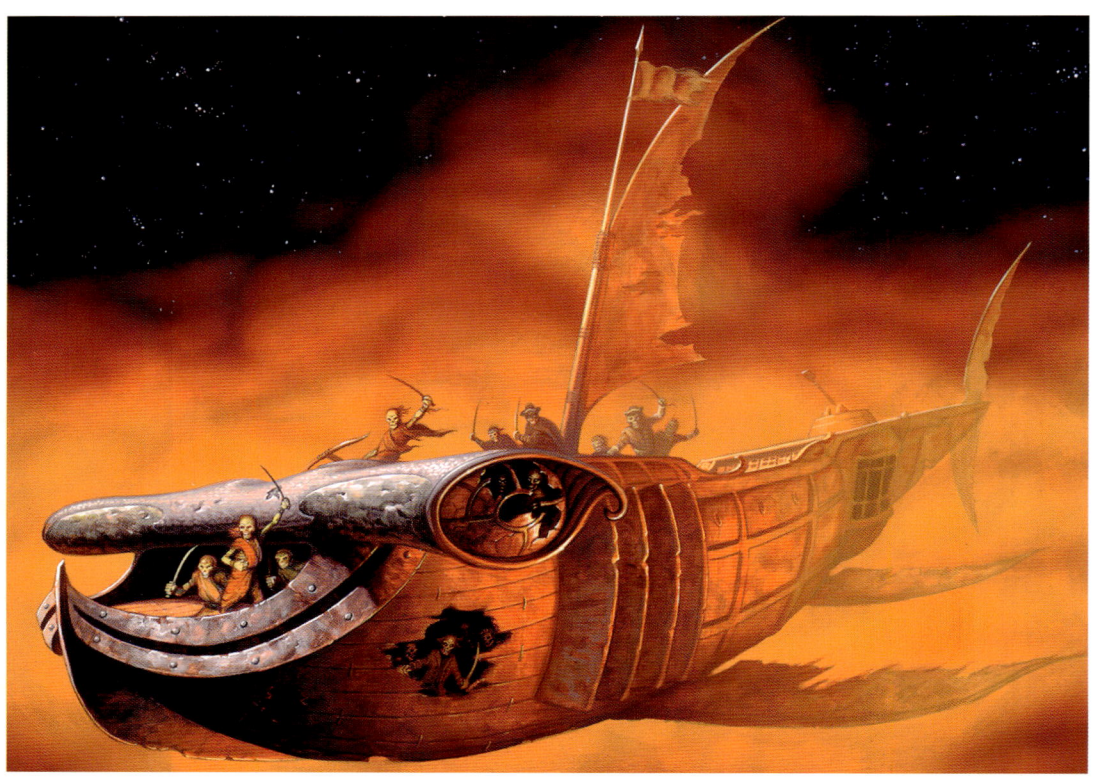

MUNDOS Y REINOS

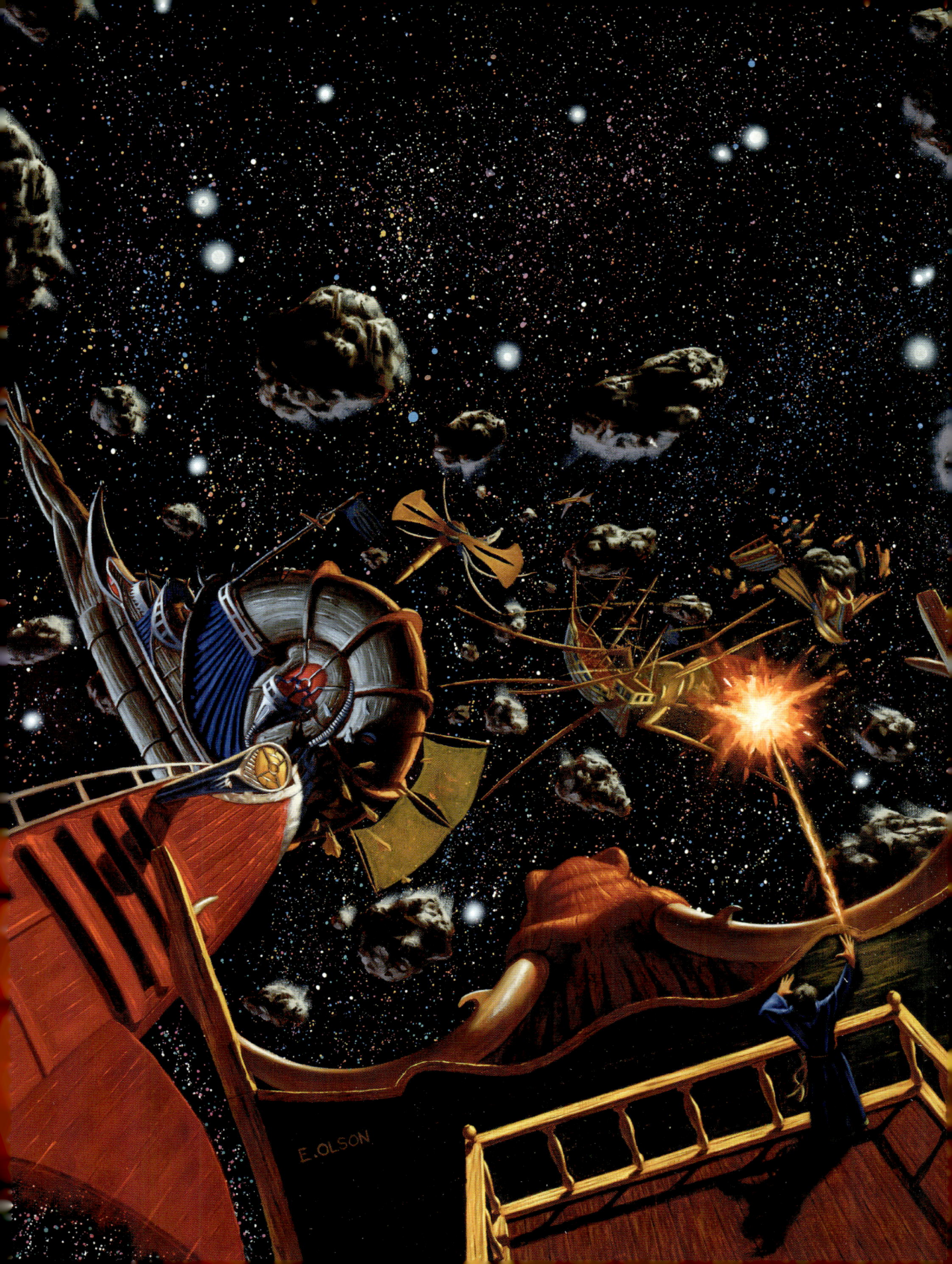

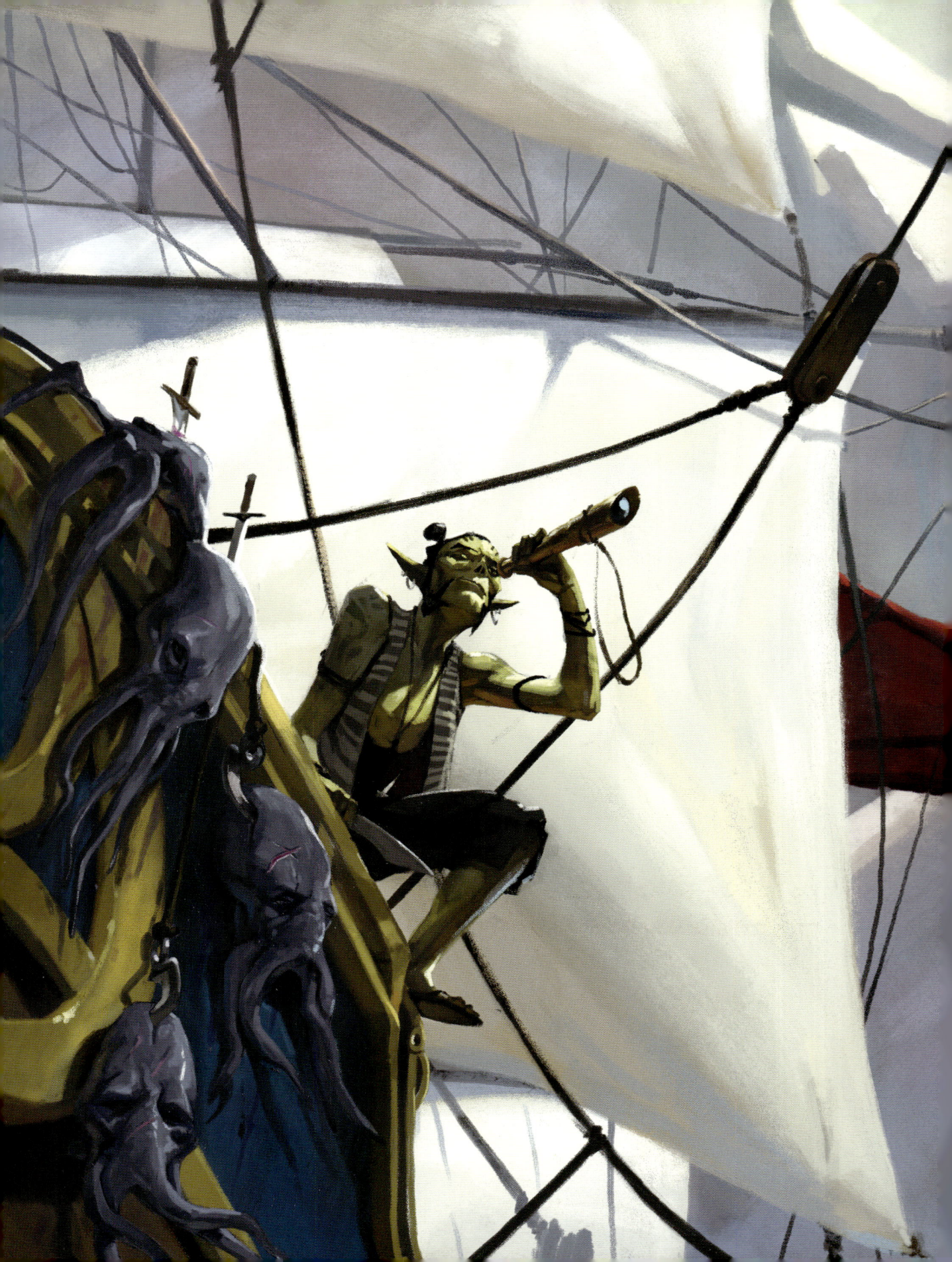

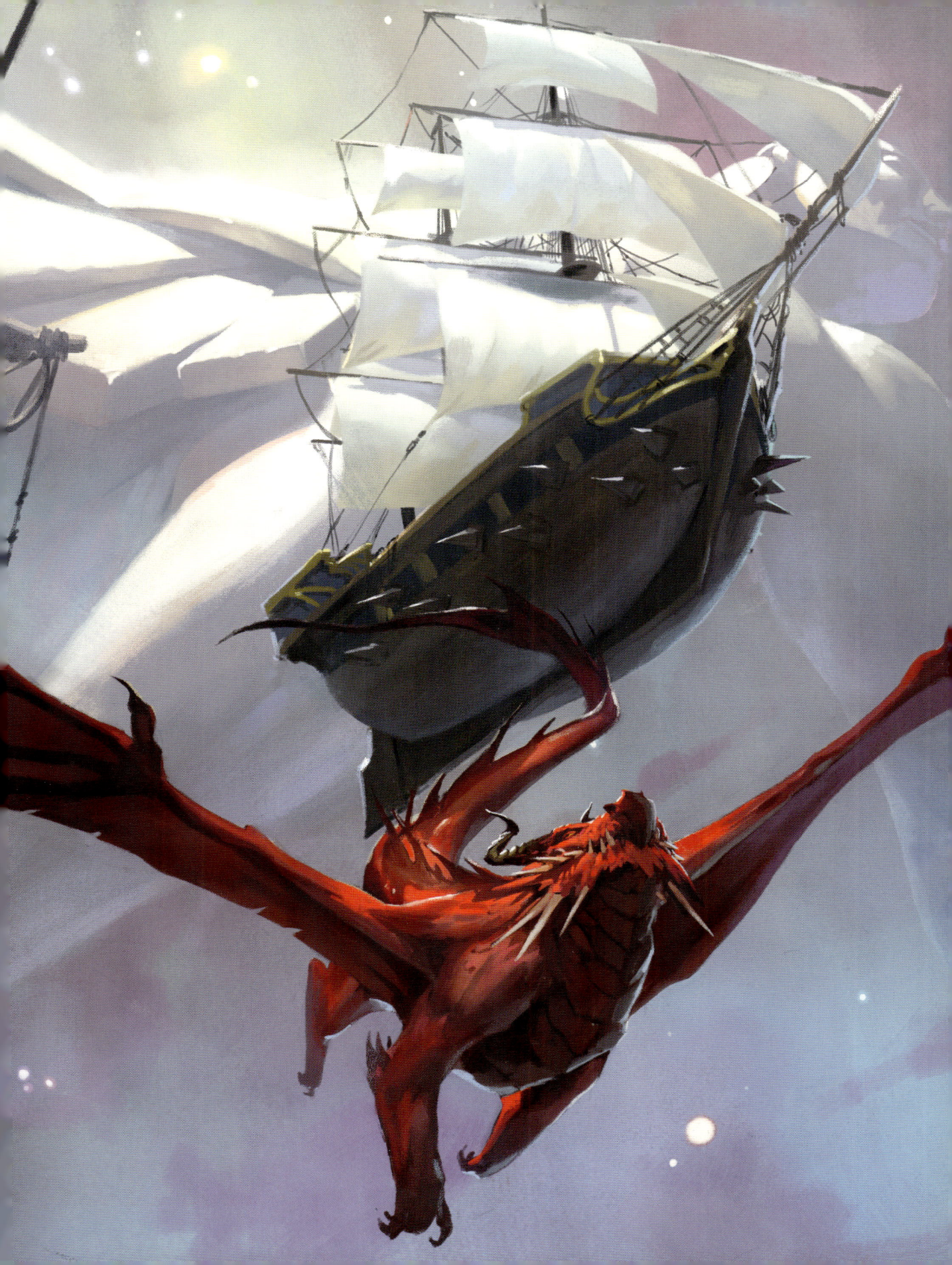

EL ESPACIO SALVAJE

El Espacio Salvaje es un lugar donde la imaginación vuela libre, donde casi cualquier cosa es posible. Enormes criaturas surcan el espacio desprovisto de aire y pedazos de roca tan grandes como continentes se desplazan a la deriva como bloques de hielo en una corriente marina. Dejar atrás la atmósfera de Greyhawk fue como descorrer el velo que me separaba de otras realidades y, aunque la capitana Melody me había explicado que el Espacio Salvaje estaba lleno de vida, yo en parte me lo había imaginado como una inmensa nada, una continuación infinita del cielo nocturno. En absoluto había esperado toparme con un mar lleno de luz, color y movimiento tras cruzar los límites atmosféricos de Greyhawk. Recuerdo que, al verme boquiabierto, la capitana Melody me sacó de mi ensimismamiento. «Cierra la boca, pequeño prodigio, y ponte manos a la obra. Da la voz de alarma si ves piratas, roñeros o asteróculos. El Cisne va tan deprisa como puede, pero aquí es mucho más fácil meterse en problemas que en el Plano Astral, que es a donde nos dirigimos».

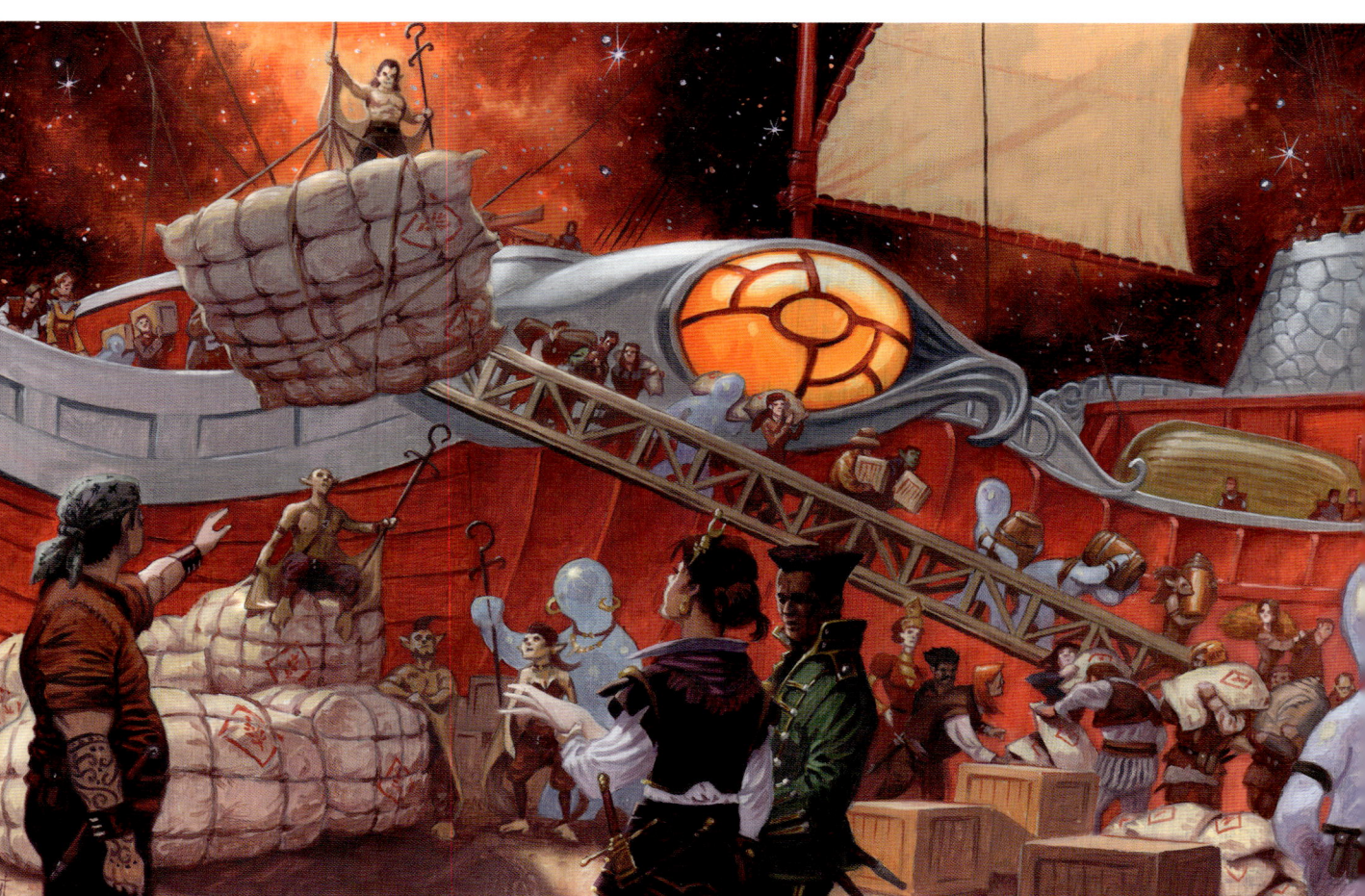

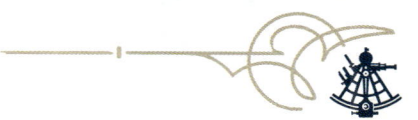

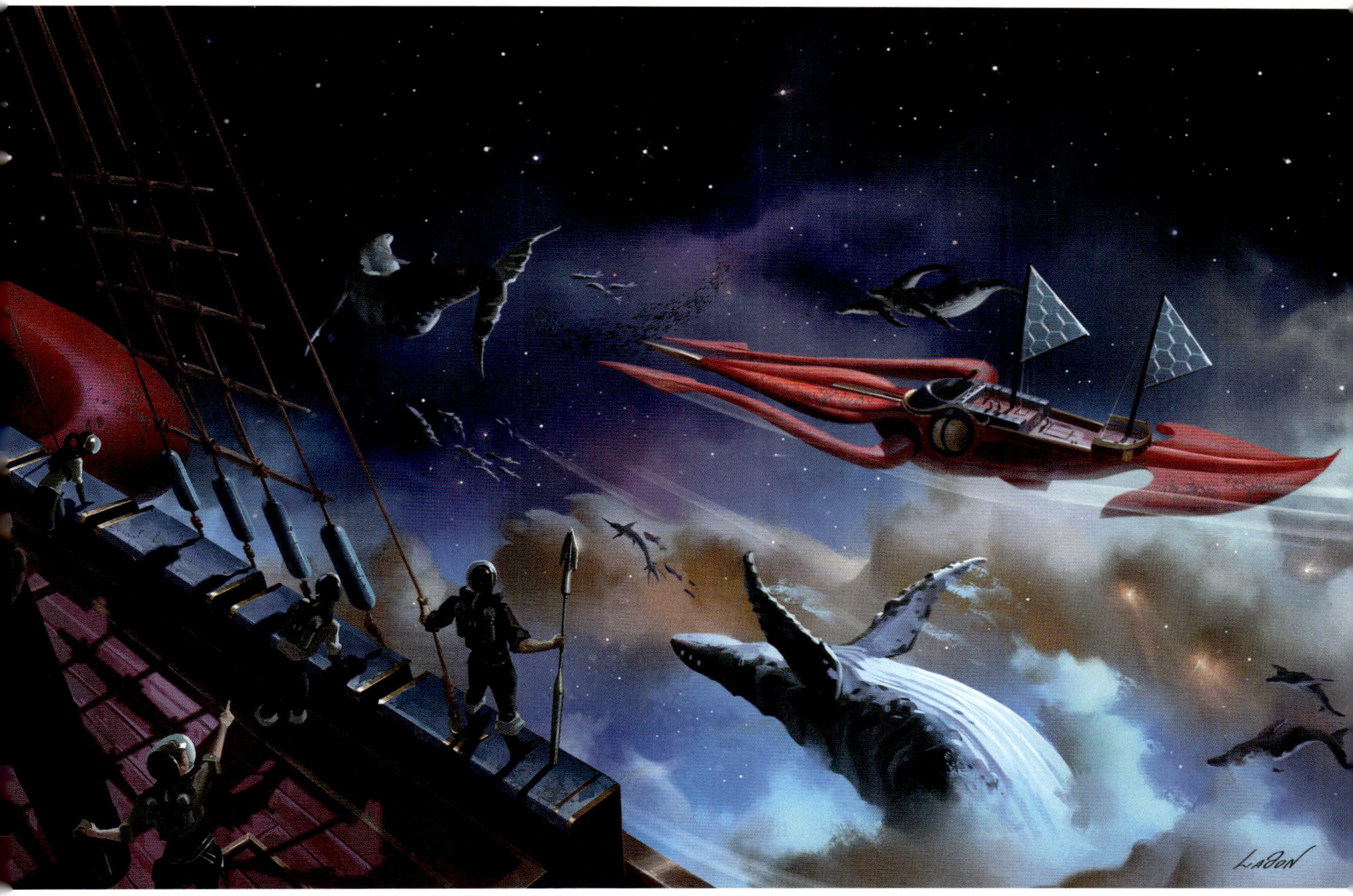

NAVEGACIÓN ARCANA

La capitana Melody, tan directa y deslenguada como siempre, me explicó que dirigir un navío arcano no era una tarea al alcance de cualquier grumetillo alelado, que en los espacios intermedios es donde sucede lo inesperado y uno tiene que pensar con rapidez, sin perder el tiempo. «Aquí hay que tener ojos hasta en el cogote, Mordy», me dijo Melody. Por alguna razón, cada vez que se dirigía a mí se inventaba un mote nuevo y sorprendente. «Tan pronto tienes que enfrentarte a una medusa en la amura de babor como a un grupo de giffs vanidosos dispuestos a reventarte a cañonazos. Mantente siempre alerta. Saca un poco la nariz de los libros y aprende de lo que ves en el mundo que te rodea, Mort». Entonces me sobresaltó al apuntarme con dos dedos a los ojos, como si me los fuera a clavar. Luego fingió meterme uno en la nariz. «¿Sabrás reconocer el tufo del peligro y los negocios turbios?».

Mientras pensaba en lo que me acababa de decir, la capitana Melody gritó: «¡Allá vamos!». Entonces, al ver la neblina que se arremolinaba en los límites del Espacio Salvaje, Magníficus el Magnífico, el mago del grupo y mi ejemplo a seguir, se posicionó en la cubierta de proa como un dios del trueno, dio una orden atronadora y extendió los brazos como si se dispusiera a desgarrar el tejido del tiempo y el espacio. La electricidad cósmica bailó por la cubierta con un fogonazo de energía y una cegadora luz azul cuando atravesamos el umbral entre mundos. A todos se nos puso el pelo de punta; incluso el contramaestre tiefling perdió por un segundo su aplomo endiabladamente atractivo al notar que se le electrificaba el cabello negro como la tinta. Un hormigueo me recorrió los dientes en el emocionante momento en que dejamos atrás el Espacio Salvaje y nos adentramos en el Mar Astral. Una vez allí, Magníficus pronunció sus últimos conjuros cerrando los puños con un ademán ostentoso y una intensísima demostración de poder arcano.

Al fijar rumbo hacia Sigil y las Tierras Lejanas, la capitana Melody me confió en un susurro, tal vez con la esperanza de mitigar mi decepción, que mi ídolo, Magníficus el Magnífico, no era en realidad quien decía ser, sino que era un actor que se hacía pasar por mago, que había pasado una mala racha y que seguramente hubiera perdido la cabeza. Me explicó que le había dicho a Allan (o sea, a Magníficus) que necesitaba a un poderoso mago que ayudara al Cisne Plateado a cruzar los límites del Espacio Salvaje hacia el Plano Astral.

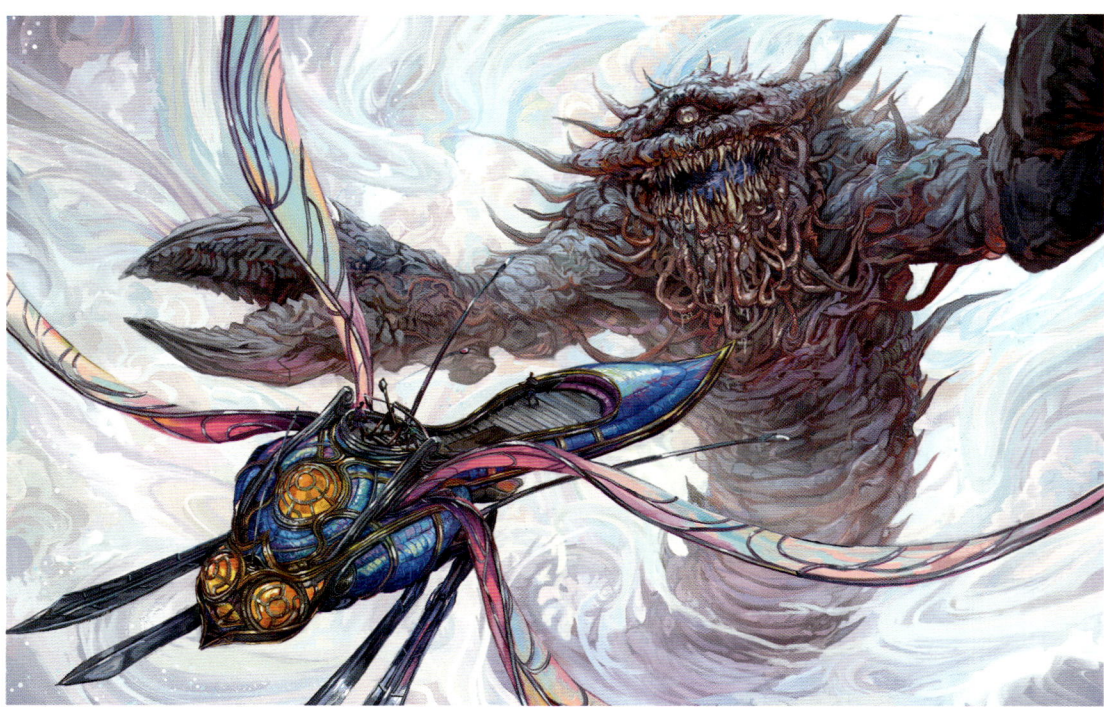

MUNDOS Y REINOS

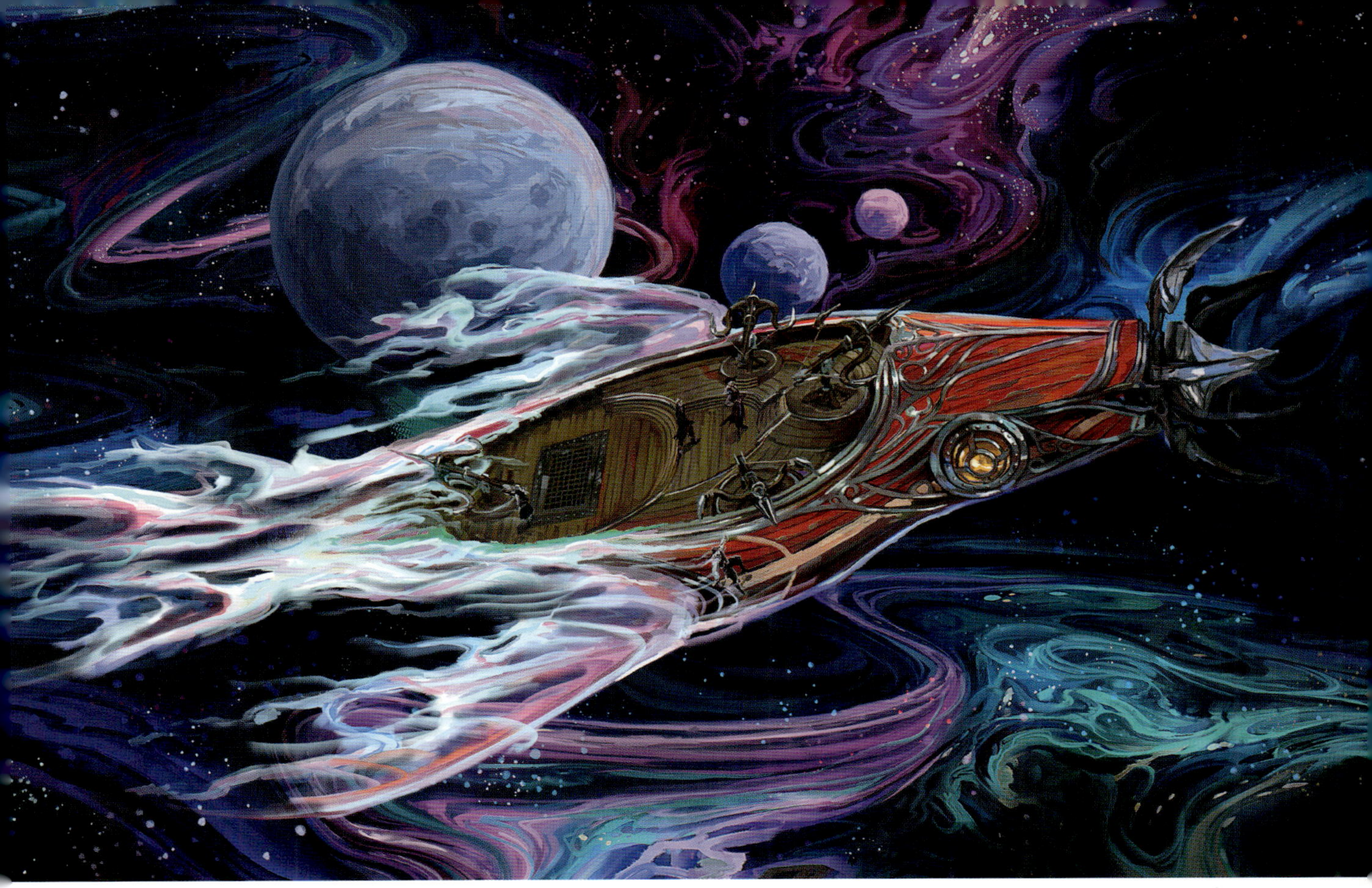

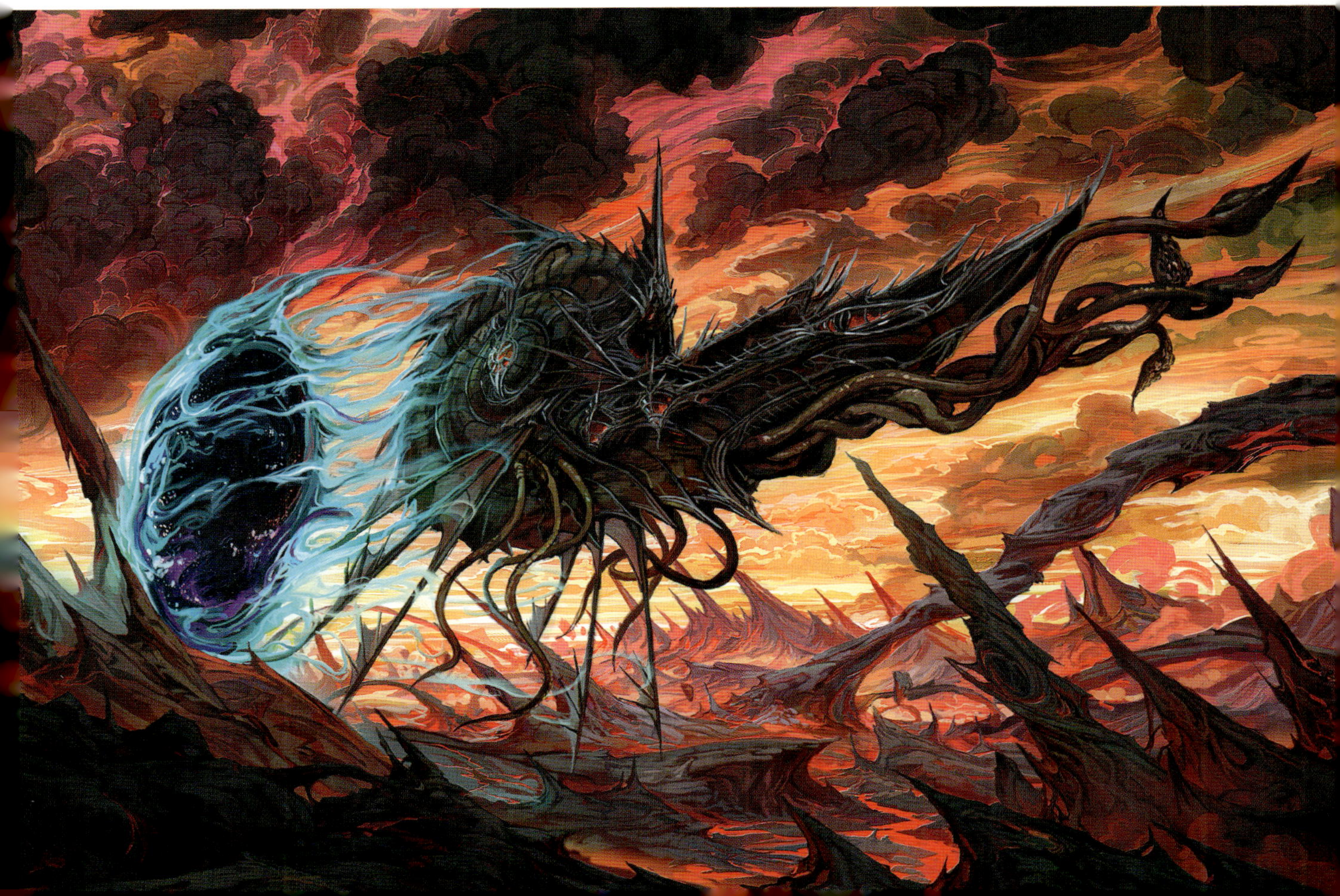

«Ahora, cada vez que llegamos al límite entre planos y digo "¡Allá vamos!", Allan se transforma en Magníficus y toda la tripulación del Cisne Plateado disfruta de un espectáculo sin igual con asientos en primera fila».

He de confesar que, tiempo después de mi travesía en el Cisne Plateado, practiqué mis hechizos con Magníficus en mente. Creo de corazón que las dinámicas coreografías, la marcada enunciación y la impactante entrega de Allan me hicieron mejor mago. Y no lo digo en broma.

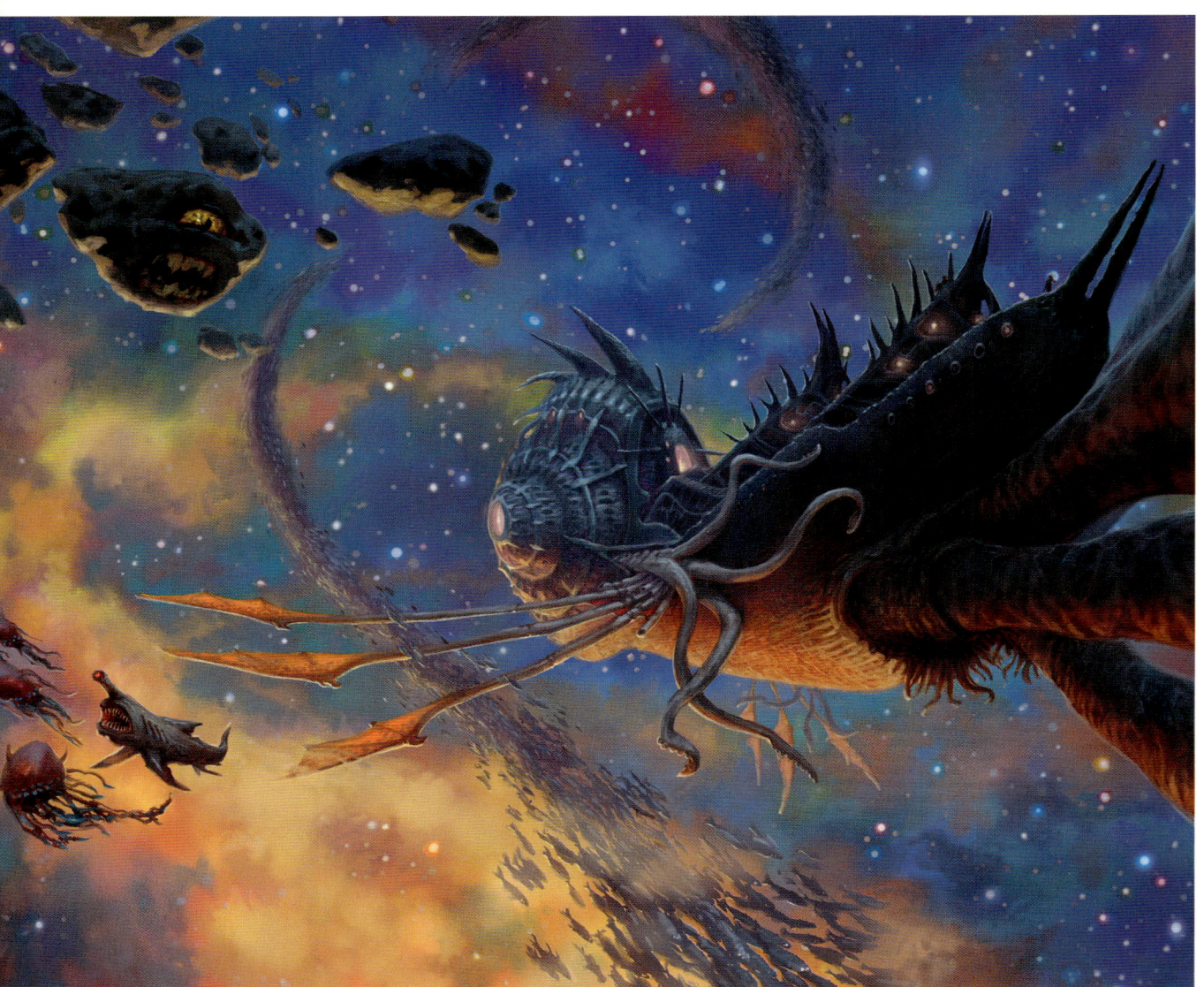

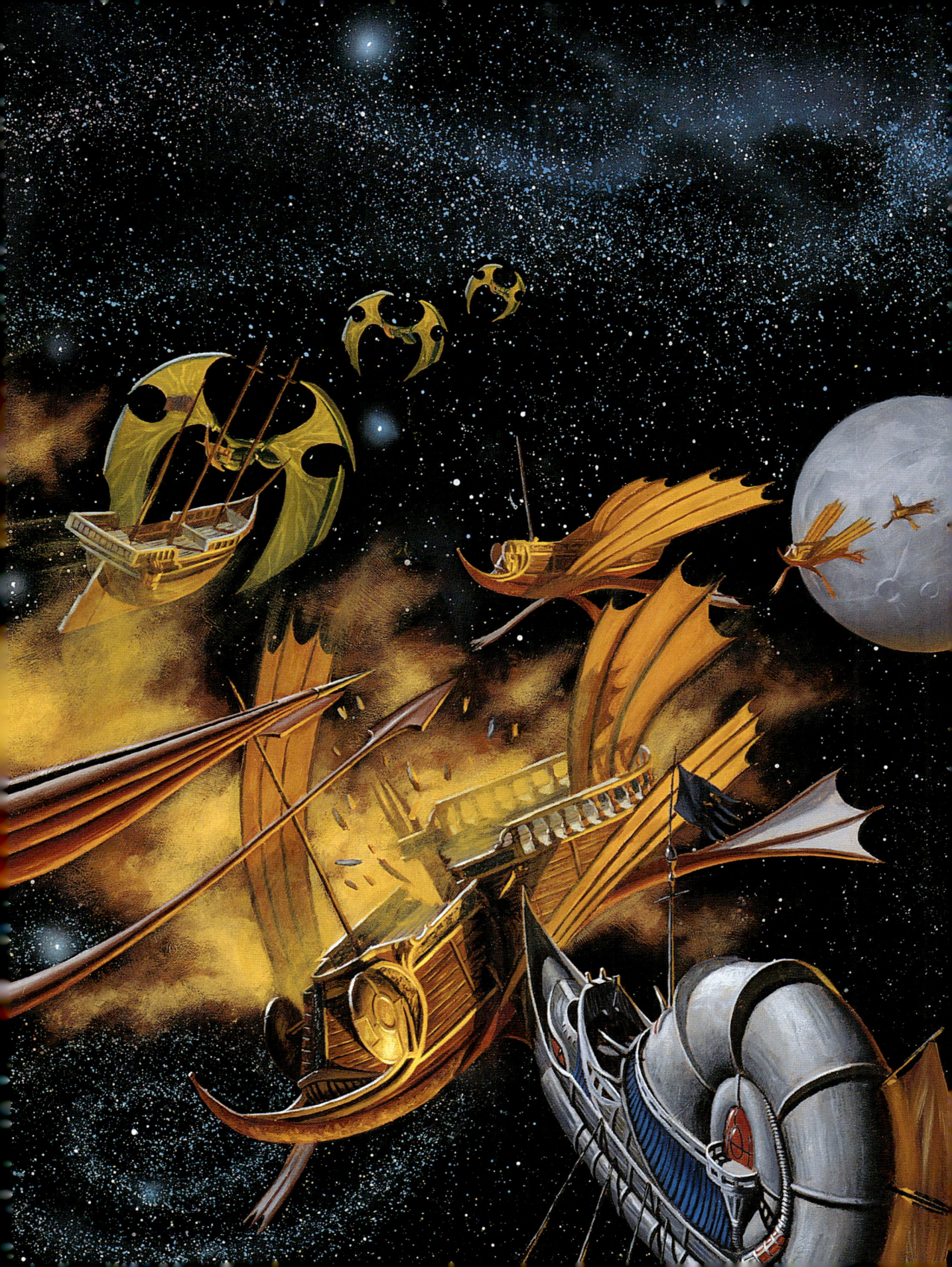

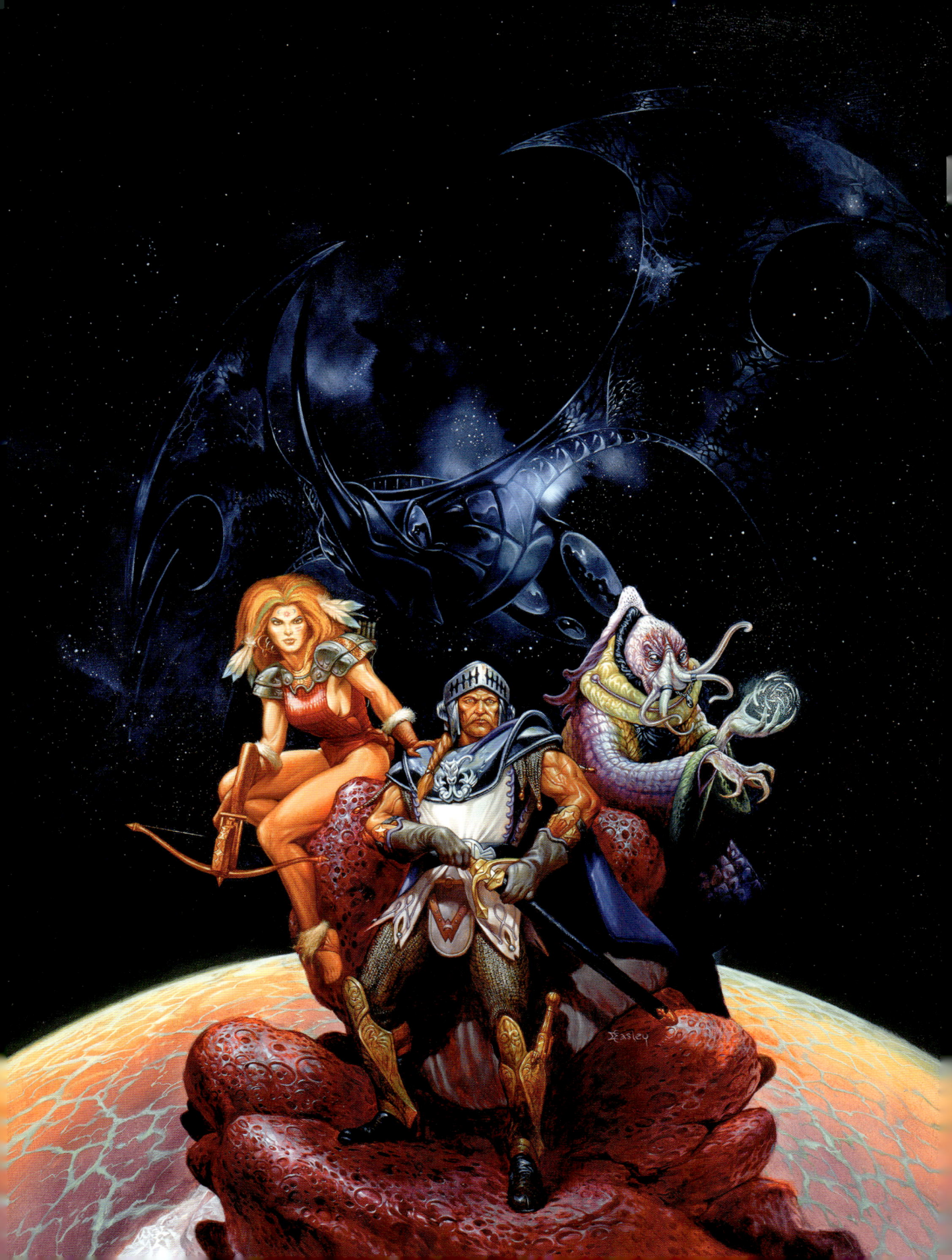

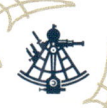

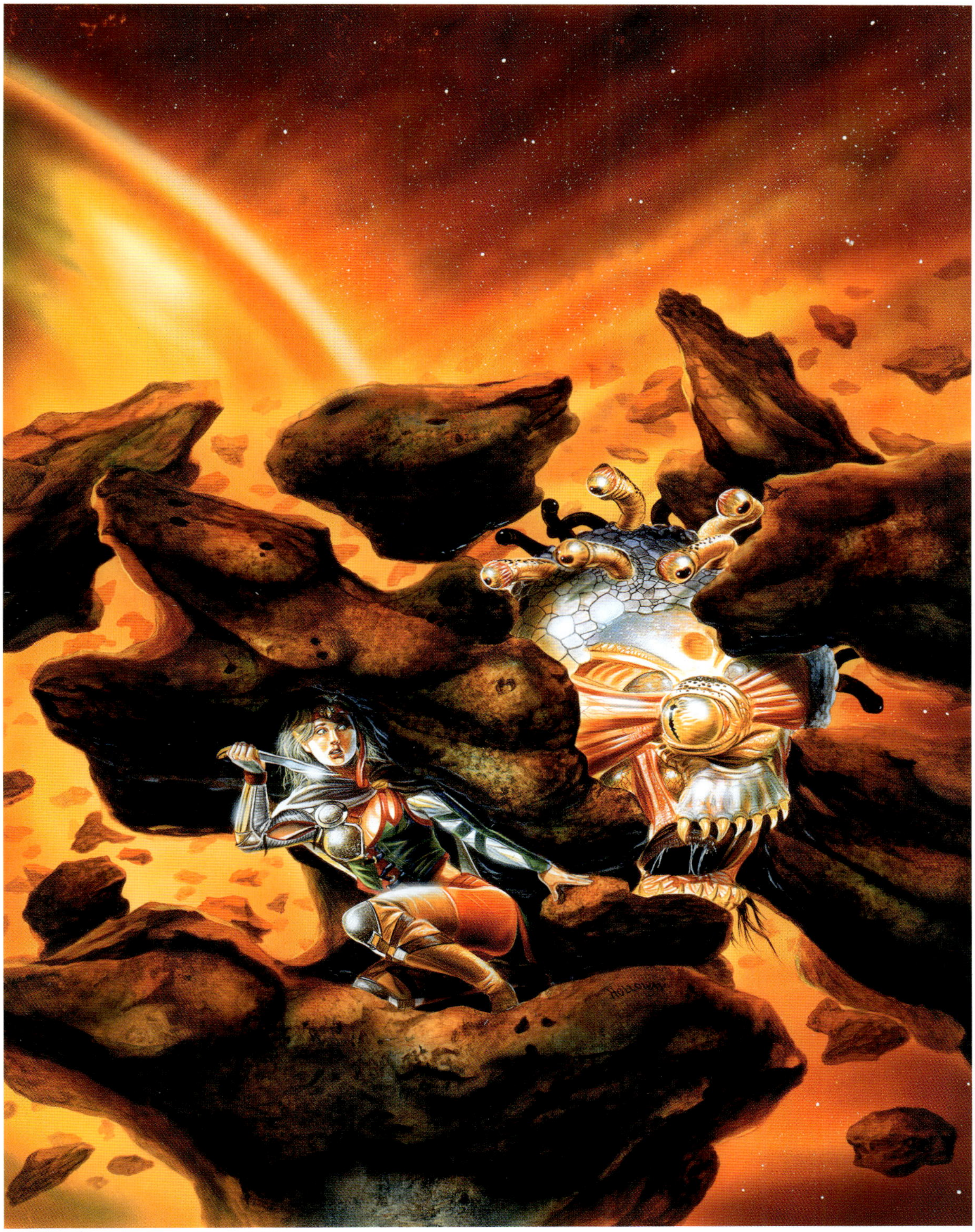

NAVEGANTE ARCANO

SURCAR EL MAR ASTRAL

Como ya habré mencionado en alguna otra ocasión, que el Mar Astral sea un lugar inhóspito y gris consigue que los seres llamativos y las reliquias extrañas provenientes de mundos desconocidos destaquen mucho más. Lo que propulsa el movimiento en el Astral es el pensamiento, independientemente de la escala de cada embarcación. Uno viaja allí donde proyecta su mente, ya sea capitaneando un navío arcano de grandes dimensiones o desplazándose en su propio cuerpo astral. Basta con visualizar un lugar o pronunciar su nombre mentalmente para que el Plano Astral registre tu petición y te desplace hasta allí. Surcar el Mar Astral en un navío arcano requiere una gran habilidad, templanza e intuición, pues es muy fácil perder la vida o la cordura. El plano está plagado de gith, al igual que de piratas y asesinos slaadi, que siempre están a la caza de un nuevo huésped. Los ilícidos viajan en enormes nautiloides en espiral, devoran las mentes de todos aquellos con los que se cruzan y peinan las ruinas flotantes del Mar Astral en busca de nuevos conocimientos. También hay numerosos peligros sobrenaturales, entre los que destacan los acorazados astrales, unos monstruos que hacen empequeñecer a casi cualquier embarcación y que cazan sin descanso por el Mar Astral.

Por si fuera poco, es el lugar perfecto para que magos perturbados y señores liches coqueteen con la magia más oscura. Cualquier entidad capaz de tolerar los parajes insólitos y sonidos sobrenaturales del Plano Astral (como un mago perturbado) podría ponerse a trabajar allí en secreto y pasar el resto de la eternidad desarrollando proyectos de lo más perversos sin que nada ni nadie se inmiscuya en sus maquinaciones. Pero dejando a un lado los monstruos, las criaturas celestiales, los grupo de delincuentes y algún que otro ermitaño, lo que también hace que el Plano Astral no sea para todo el mundo es su atemporalidad. Los que más la sufren son los mortales que mantienen una profunda conexión psicológica con el tiempo. La «locura astral», según la llamaba la capitana Melody, es una enfermedad que afecta a quienes pasan más tiempo de la cuenta allí. He leído historias de navíos arcanos, sobre todo de cargueros pensados para recorrer largas distancias, hallados a la deriva, con los miembros de la tripulación hacinados como espectros en la oscuridad de la bodega, susurrando sinsentidos. Hubo un caso concreto en que, después de lo que bien podrían haber sido siglos o milenios, encontraron al capitán en cubierta, solo, en completo silencio y con la mirada vacía perdida en la infinita bruma plateada del Mar Astral.

En mis viajes, me he enfrentado a un mayor número de misterios relacionados con el tiempo, el espacio y la geografía que buena parte de otros mortales, pero nada me ha fascinado tanto como los fundamentos del Mar Astral. Por eso pasé una larguísima temporada experimentando de primera mano sus curiosas propiedades y documentando en detalle la subjetividad del tiempo, así como su experiencia en el Plano Material. Ni que decir tiene que la atemporalidad es una realidad de lo más extraña y misteriosa incluso para un astralnauta experimentado como yo. Gracias a ella, entiendo mejor el aura distante y peculiar de los elfos, pues es esa misma atemporalidad la que caracteriza en mayor o menor medida a los de su clase.

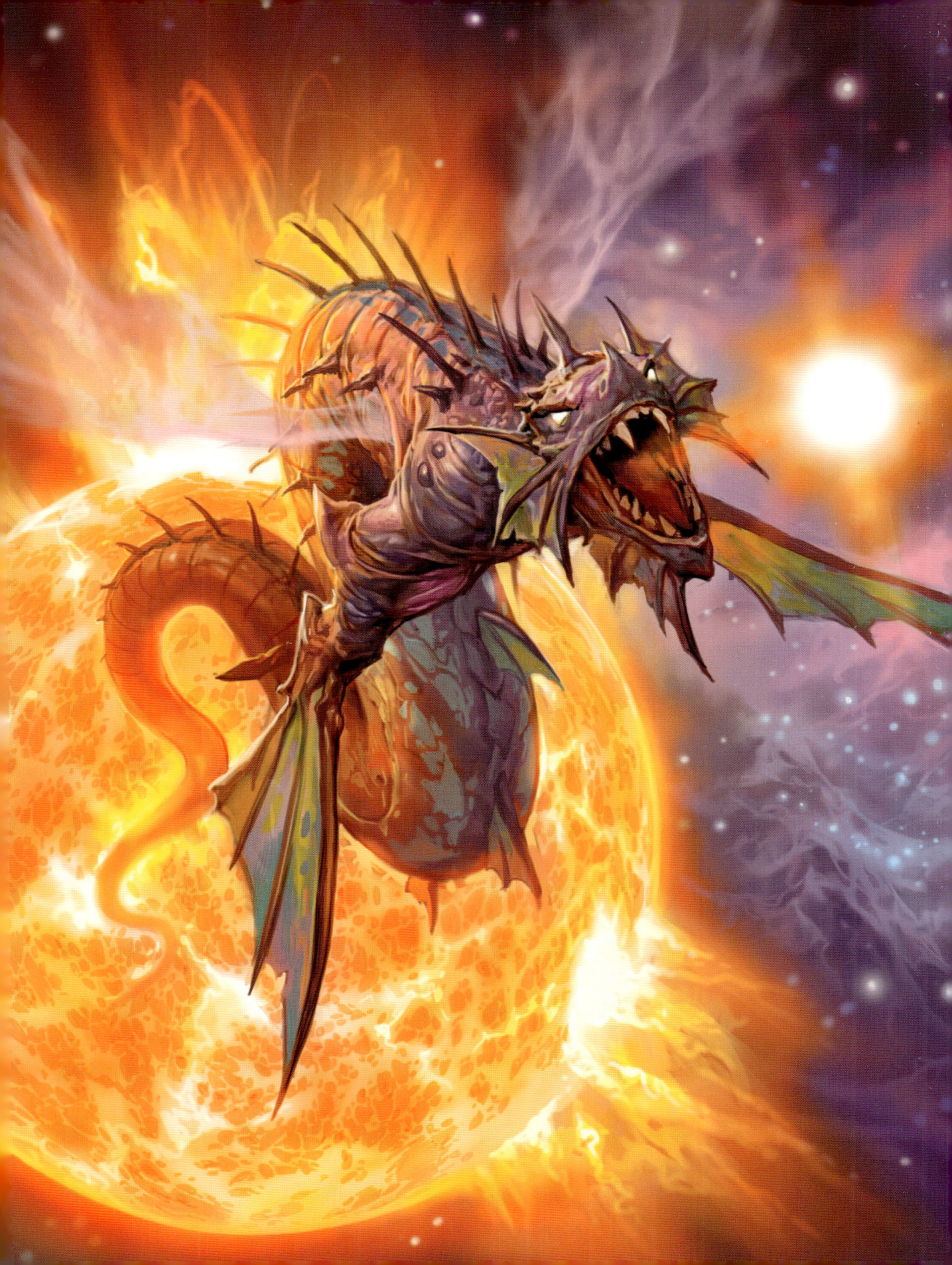

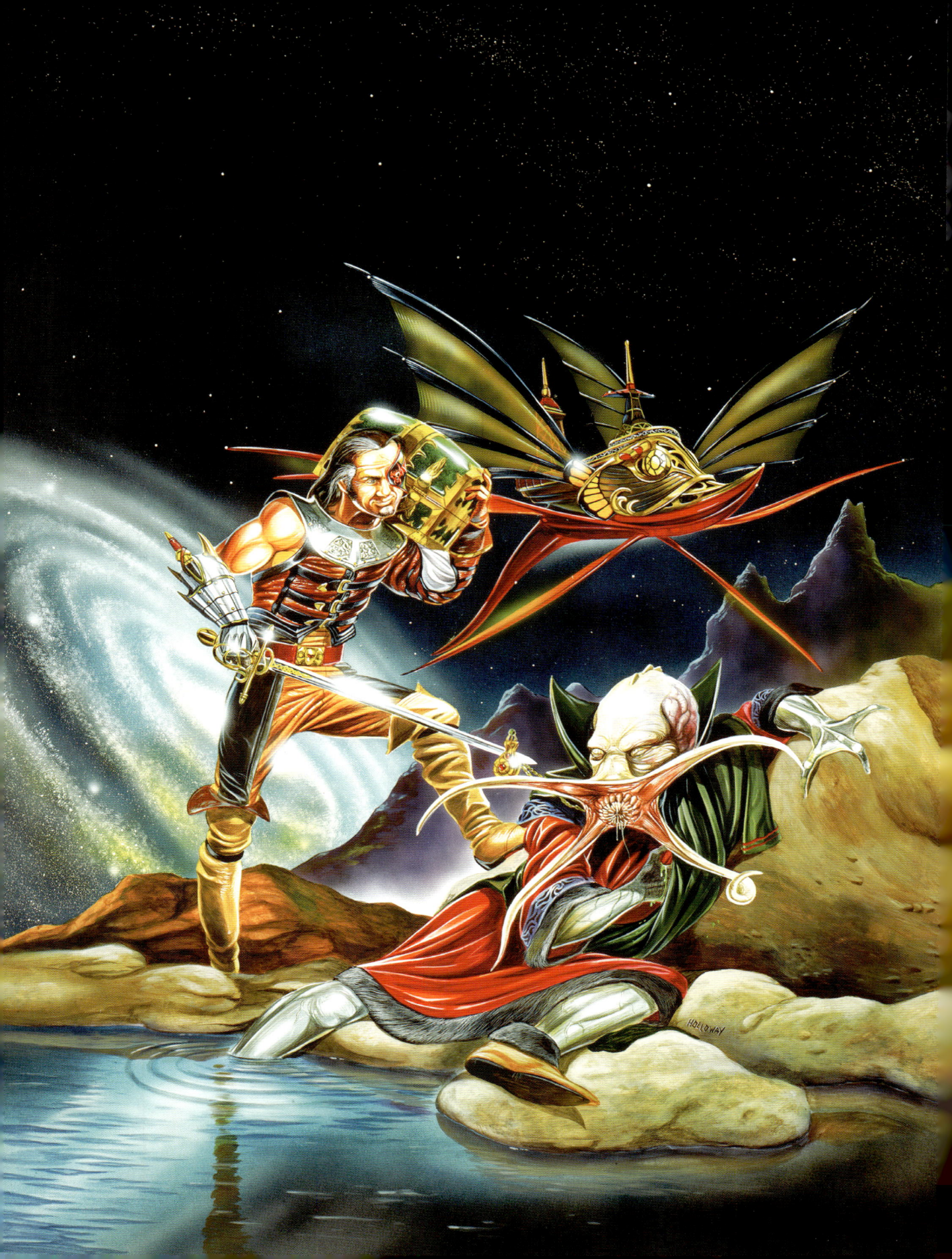

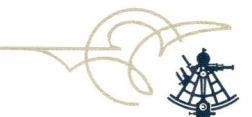

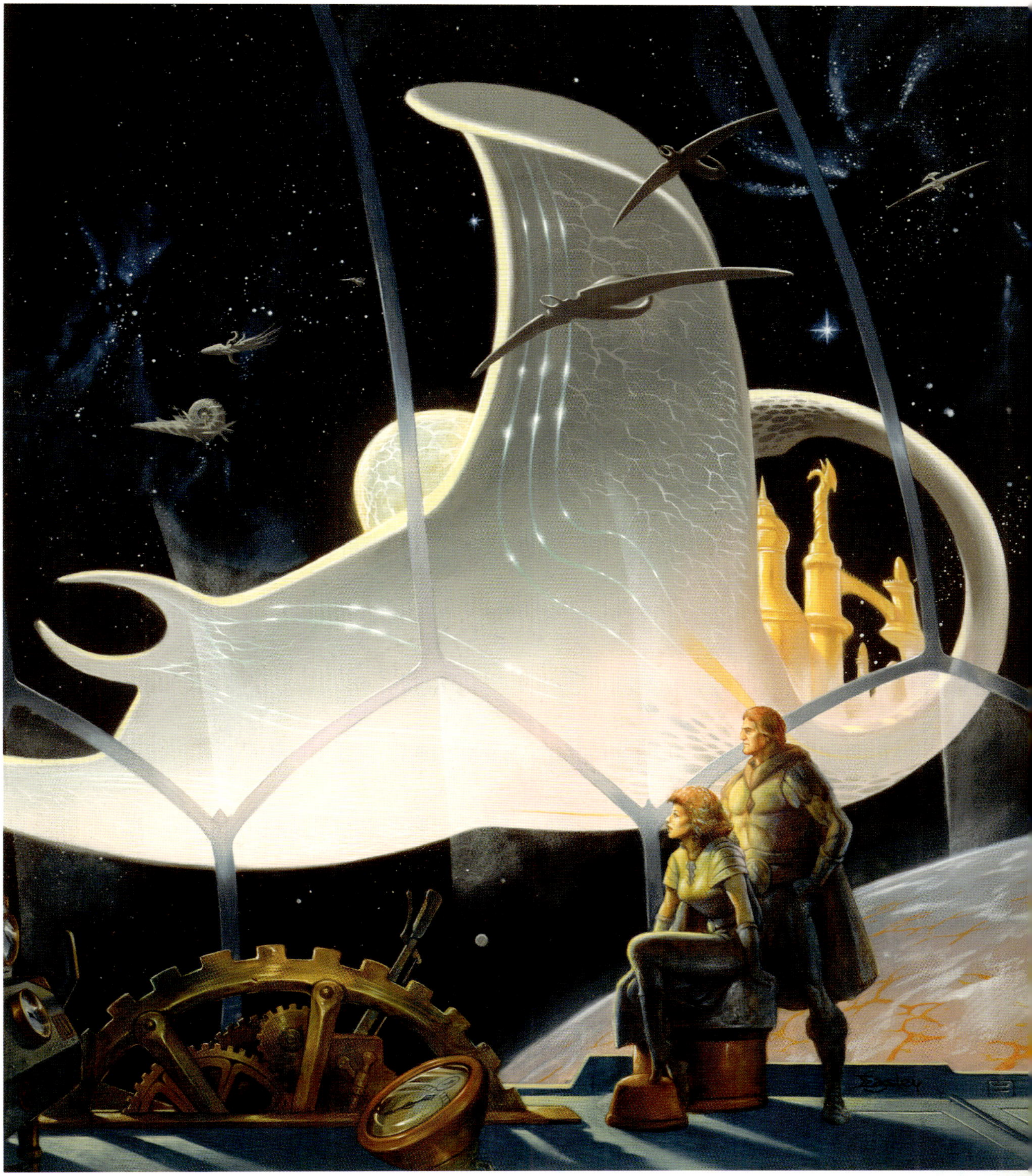

NAVEGANTE ARCANO

NAVEGACIÓN ARCANA EN POS DE LA JUSTICIA

Los territorios que se extienden más allá de la atmósfera (como el Espacio Salvaje y el Mar Astral) se parecen mucho a las zonas deshabitadas entre pueblos y ciudades. Una travesía puede transcurrir sin incidentes o estar plagada de peligros, por lo que es aconsejable recurrir a la ayuda de exploradores que sepan identificar monstruos o averiguar el número de embarcaciones que han pasado por una zona gracias a los rastros o pistas que hayan dejado tras de sí. También conocen las rutas más aconsejables y cuentan con todo tipo de trucos para sobrevivir en la inhóspita extensión del Espacio Salvaje, pero cabe recordar que este no deja de ser uno de los escondites predilectos para los malhechores. Al fin y al cabo, a los exploradores se les puede sobornar, hipnotizar, manipular e incluso controlar.

Dado que en el Plano Astral se detiene el envejecimiento y se aplacan el hambre y la sed, uno daría por hecho que es el lugar perfecto para quienes no son capaces de resistirse a hacer el mal. Sin embargo, el extraño vínculo metafísico que liga el plano con el pensamiento y la intencionalidad lo convierte en un escondite mucho menos atractivo. Basta con pensar algo como «Quiero visitar la torre del mago malvado más próximo a mí» para que una fuerza desconocida le arrastre a uno por el espacio azul plateado hasta alcanzar una torre oscura en medio de un pedazo de roca flotante. Uno puede intentar esconderse en el Plano Astral, pero todo aquel que conozca su nombre o sepa qué aspecto tiene acabará encontrándolo. Estará a un mero pensamiento de distancia. En cualquier caso, si bien el Espacio Salvaje está plagado de habitantes, también alberga vastos territorios solitarios y remotos, perfectos para quienes buscan un escondite o cierta privacidad para llevar a cabo actos innombrables.

Por ese motivo, quienes luchan por extinguir las llamas del mal siempre han de tener en mente el Espacio Salvaje. Hasta donde yo sé, no existe una organización que lo patrulle como hacen por ejemplo los Arpistas en el mundo de Toril, pero el Espacio Salvaje es tan amplio que la probabilidad de que haya un poder capaz de alterar el Equilibrio urdiendo planes infames en su inmensidad es muy alta. Es imprescindible aumentar la vigilancia, incrementar el número de navegantes arcanos que se enfrenten a quienes busquen instaurar su reino de terror en algún mundo indefenso.

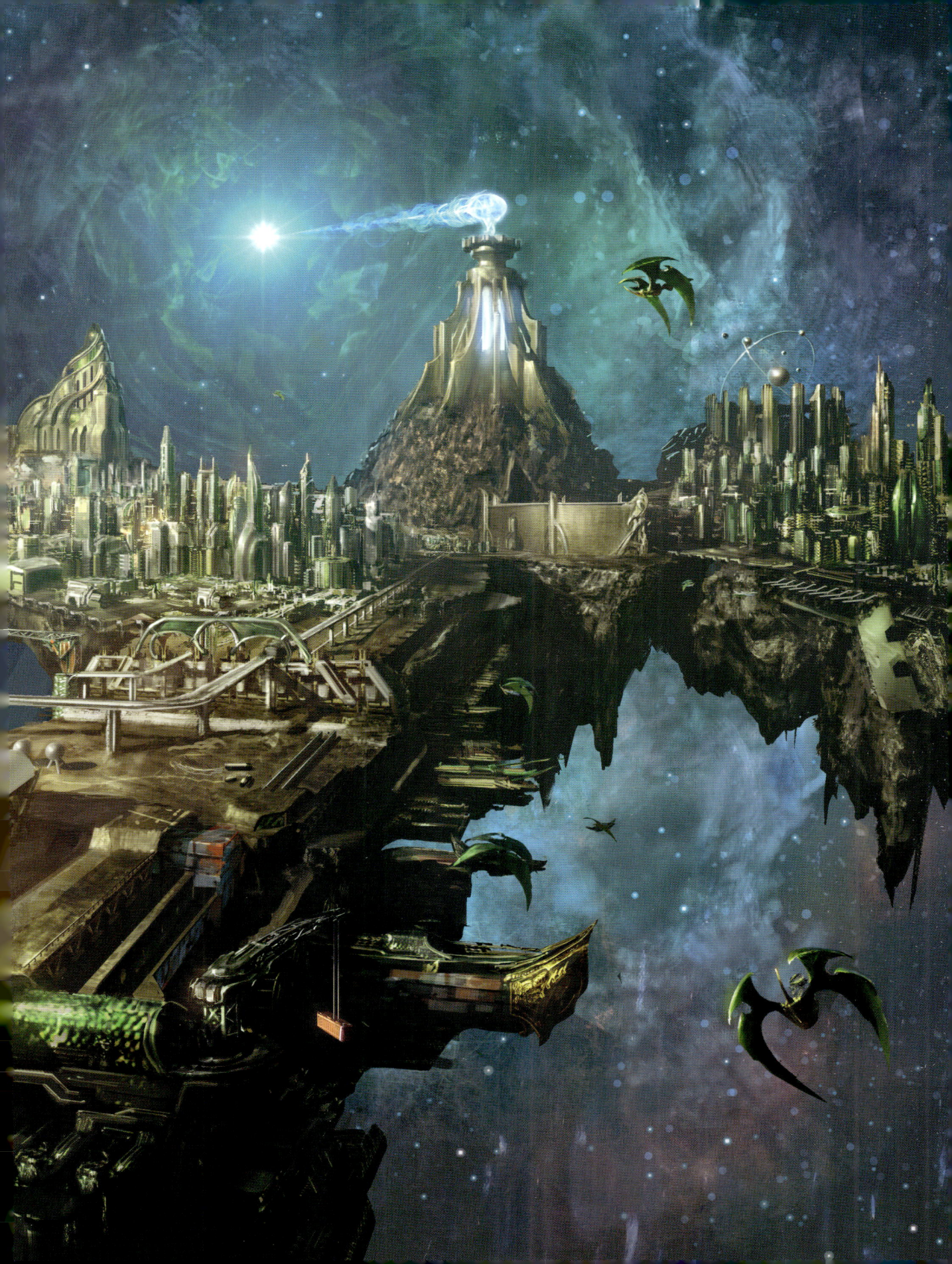

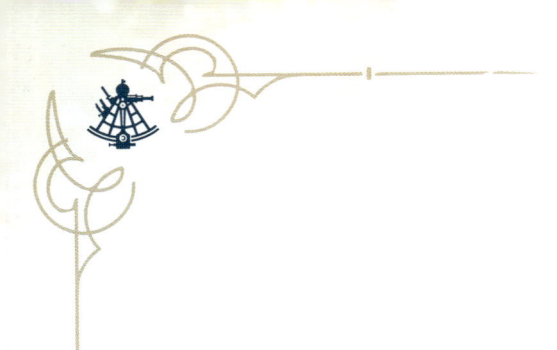

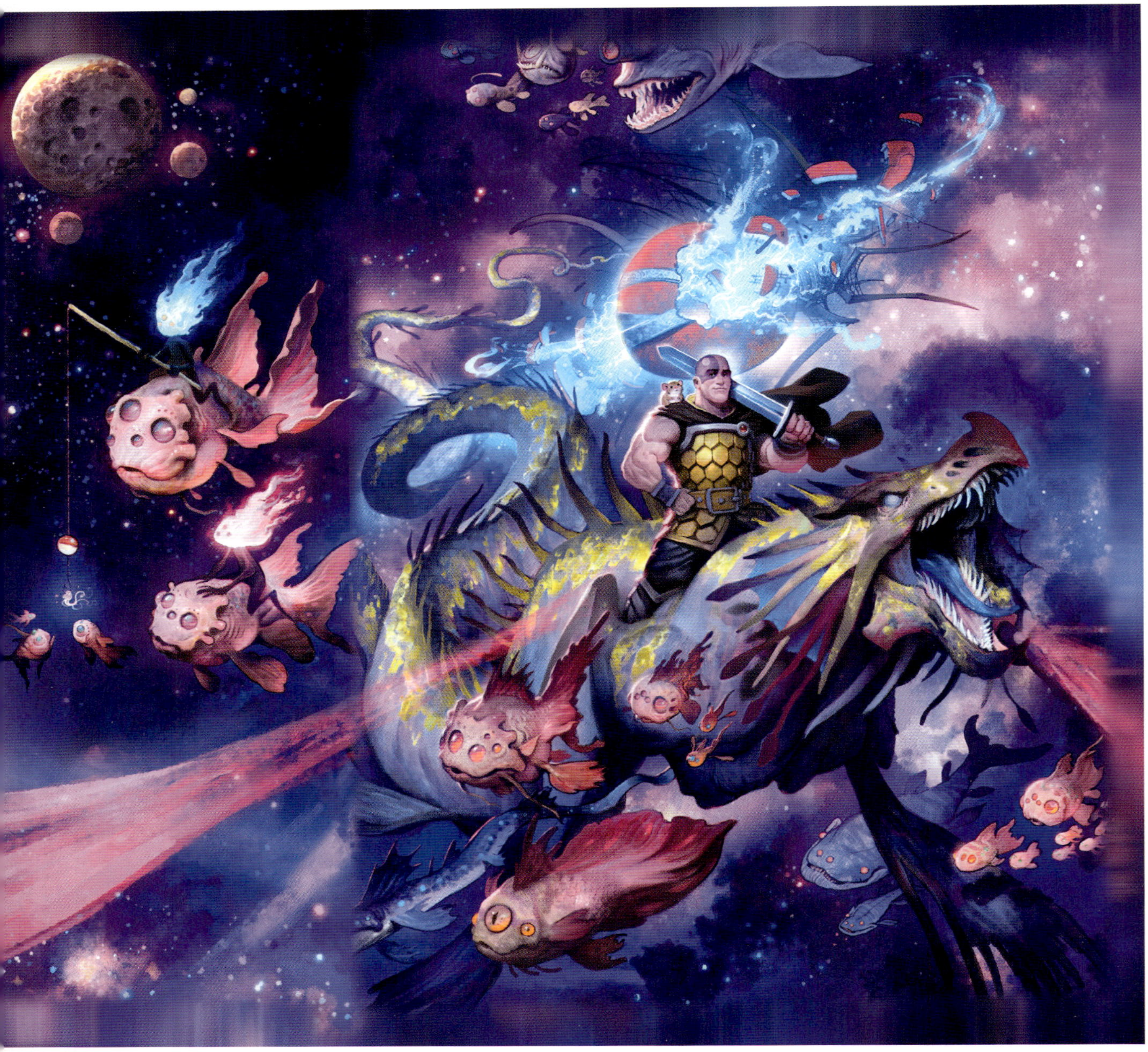

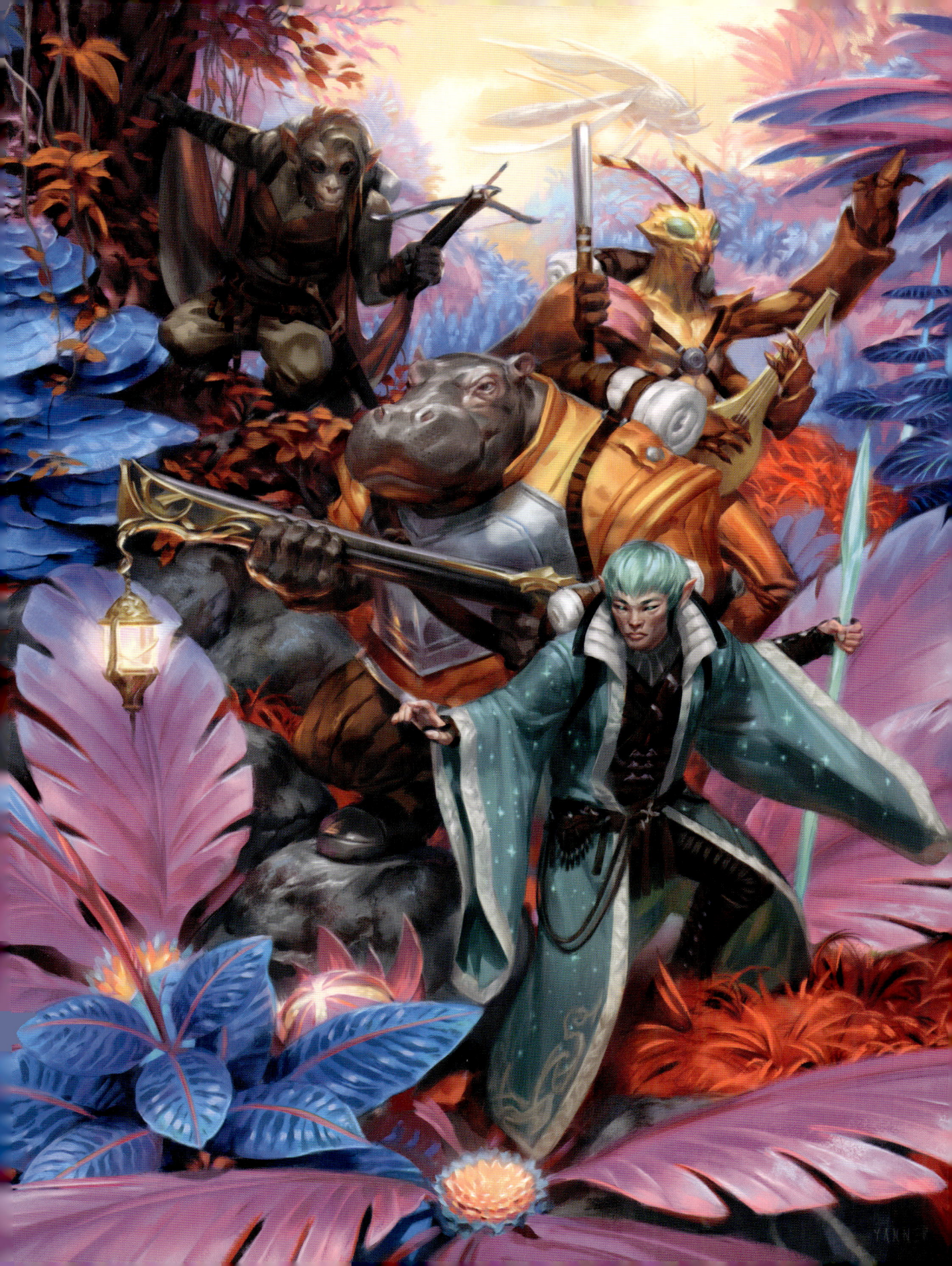

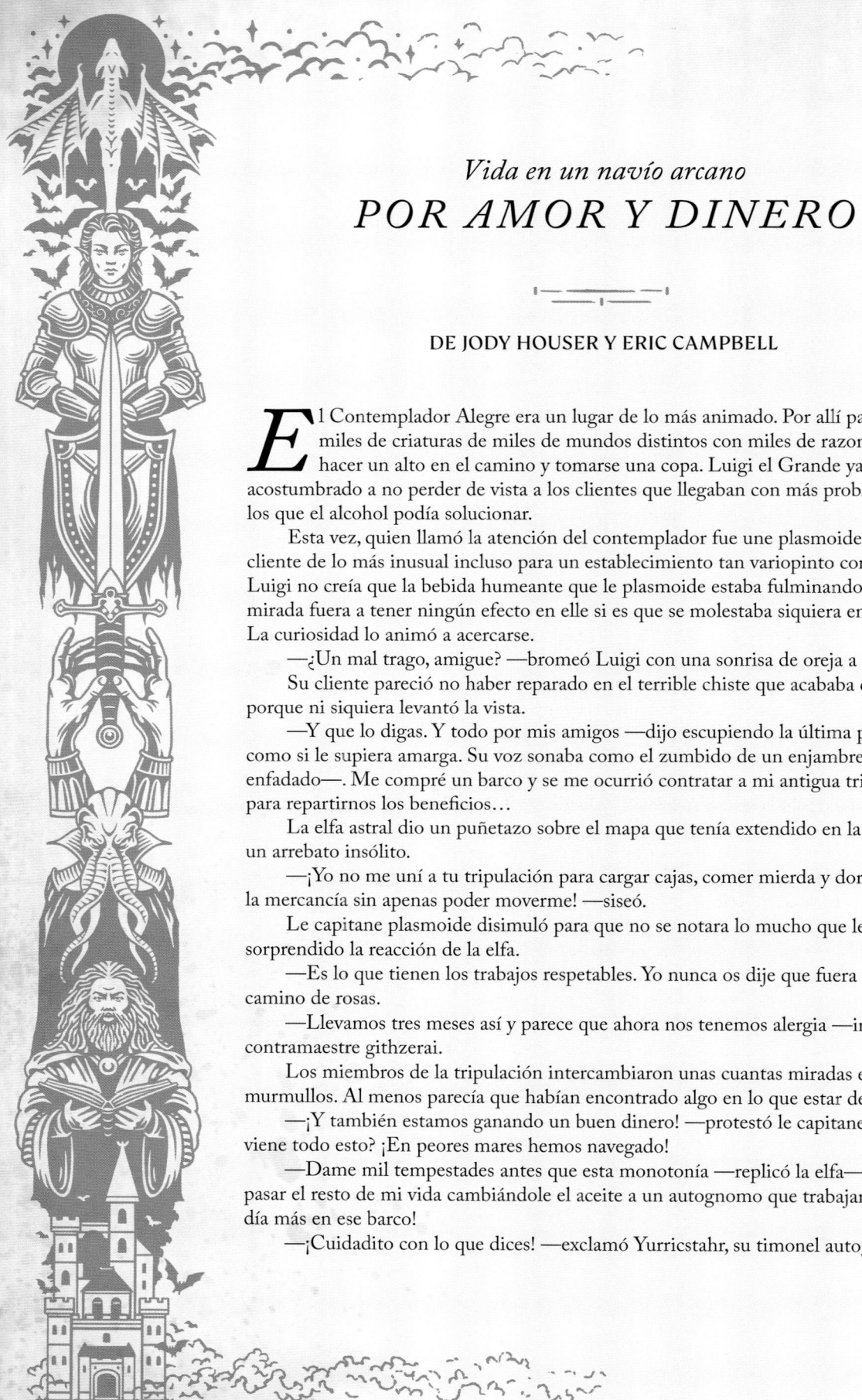

Vida en un navío arcano
POR AMOR Y DINERO

DE JODY HOUSER Y ERIC CAMPBELL

El Contemplador Alegre era un lugar de lo más animado. Por allí pasaban miles de criaturas de miles de mundos distintos con miles de razones para hacer un alto en el camino y tomarse una copa. Luigi el Grande ya estaba acostumbrado a no perder de vista a los clientes que llegaban con más problemas de los que el alcohol podía solucionar.

Esta vez, quien llamó la atención del contemplador fue une plasmoide, une cliente de lo más inusual incluso para un establecimiento tan variopinto como el suyo. Luigi no creía que la bebida humeante que le plasmoide estaba fulminando con la mirada fuera a tener ningún efecto en elle si es que se molestaba siquiera en bebérsela. La curiosidad lo animó a acercarse.

—¿Un mal trago, amigue? —bromeó Luigi con una sonrisa de oreja a oreja.

Su cliente pareció no haber reparado en el terrible chiste que acababa de hacer, porque ni siquiera levantó la vista.

—Y que lo digas. Y todo por mis amigos —dijo escupiendo la última palabra como si le supiera amarga. Su voz sonaba como el zumbido de un enjambre enfadado—. Me compré un barco y se me ocurrió contratar a mi antigua tripulación para repartirnos los beneficios...

La elfa astral dio un puñetazo sobre el mapa que tenía extendido en la mesa en un arrebato insólito.

—¡Yo no me uní a tu tripulación para cargar cajas, comer mierda y dormir entre la mercancía sin apenas poder moverme! —siseó.

Le capitane plasmoide disimuló para que no se notara lo mucho que le había sorprendido la reacción de la elfa.

—Es lo que tienen los trabajos respetables. Yo nunca os dije que fuera a ser un camino de rosas.

—Llevamos tres meses así y parece que ahora nos tenemos alergia —intervino el contramaestre githzerai.

Los miembros de la tripulación intercambiaron unas cuantas miradas entre murmullos. Al menos parecía que habían encontrado algo en lo que estar de acuerdo.

—¡Y también estamos ganando un buen dinero! —protestó le capitane—. ¿A qué viene todo esto? ¡En peores mares hemos navegado!

—Dame mil tempestades antes que esta monotonía —replicó la elfa—. ¡Prefiero pasar el resto de mi vida cambiándole el aceite a un autognomo que trabajar un solo día más en ese barco!

—¡Cuidadito con lo que dices! —exclamó Yurricstahr, su timonel autognomo.

Entonces todes se pusieron a hablar a la vez y sus voces se confundieron en un abrumador estruendo de indignación.

—Siempre nos hemos compenetrado de maravilla. A lo mejor es que no me quieren como su capitane. Tal vez el trabajo los supera. No lo sé. No sé qué quieren de mí.

—Te estás mintiendo a ti misme.

Las palabras de Luigi el Grande sobresaltaron tanto al plasmoide que encontró su mirada por primera vez desde que habían empezado a hablar.

—¿Qué has dicho?

Luigi meneó uno de sus pedúnculos oculares.

—Veo las mentiras sin importar hacia quién estén dirigidas. Puedes engañarte diciendo que no sabes lo que quieren, pero en el fondo lo sabes, porque tú quieres lo mismo. —Le plasmoide abrió la boca para protestar, pero no emitió sonido alguno. Luigi continuó—: ¿Por qué los contrataste a ellos?

—Sabía que eran buenos trabajadores. Leales. Dignos de confianza… —Luigi meneó el mismo pedúnculo y le plasmoide expulsó el aire en forma de un suspiro—. Vale, los echaba de menos. Echaba de menos… Yo qué sé. Supongo que antes viajar solía ser mucho más divertido.

—El negocio está dando sus frutos. Hay que pagar la cuenta, al fin y al cabo. Pero de nada sirve obtener todos los beneficios del multiverso si no disfrutáis de la experiencia.

Le capitane plasmoide asintió despacio.

—Disfrutar —repitió. A veces es difícil interpretar las reacciones de les plasmoides, pero aquella palabra pareció tener un sabor más agradable para elle.

Luigi el Grande se movió de arriba abajo en una especie de asentimiento.

—¿Qué perdéis por intentarlo?

Le capitane bajó la vista a su bebida. ¿Disfrutar? ¿Cómo iban a disfrutar trabajando en el sector del transporte?

Le plasmoide se apoyó sobre su casco de navegante arcano y vibró con una risita algo perpleja. El panorama que se abría ante elle era digno de ver, eso desde luego. Aunque los beneficios quedarían reducidos a la mínima expresión, el caos que se avecinaba le resultaba… familiar. Reconfortante, incluso.

—Es una opción… digna de ver, eso desde luego —murmuró el githzerai señalando el revuelo que se había desatado ante elles en la cubierta.

—Y es una opción que nos viene al pelo, ¿no te parece? —respondió le plasmoide.

Al contramaestre solo le quedó asentir con una sonrisa. Tanto él como su capitane contemplaron a sus amigos mientras terminaban de subir un rebaño de hámsteres espaciales por la rampa de carga entre risas y palabrotas.

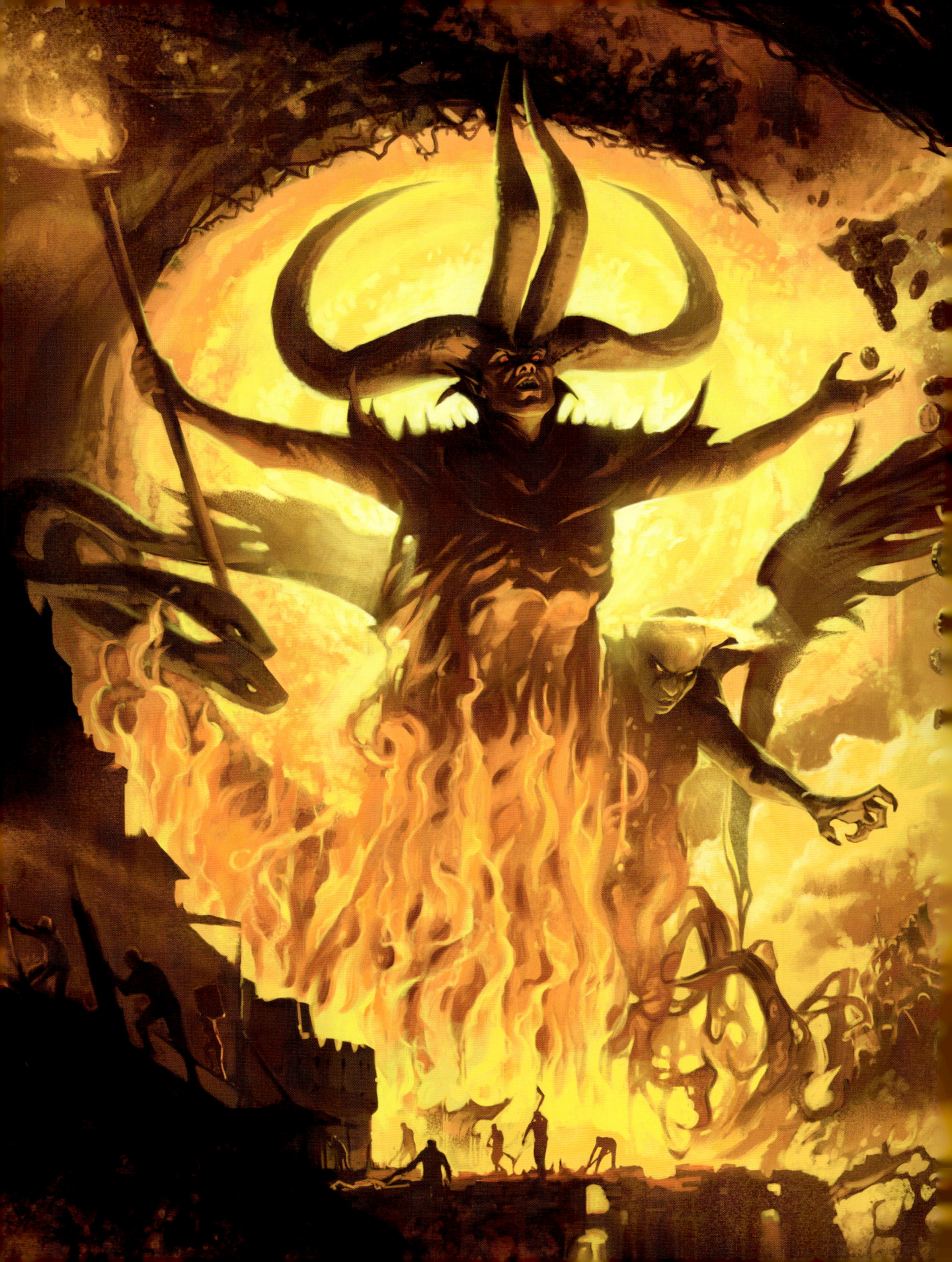

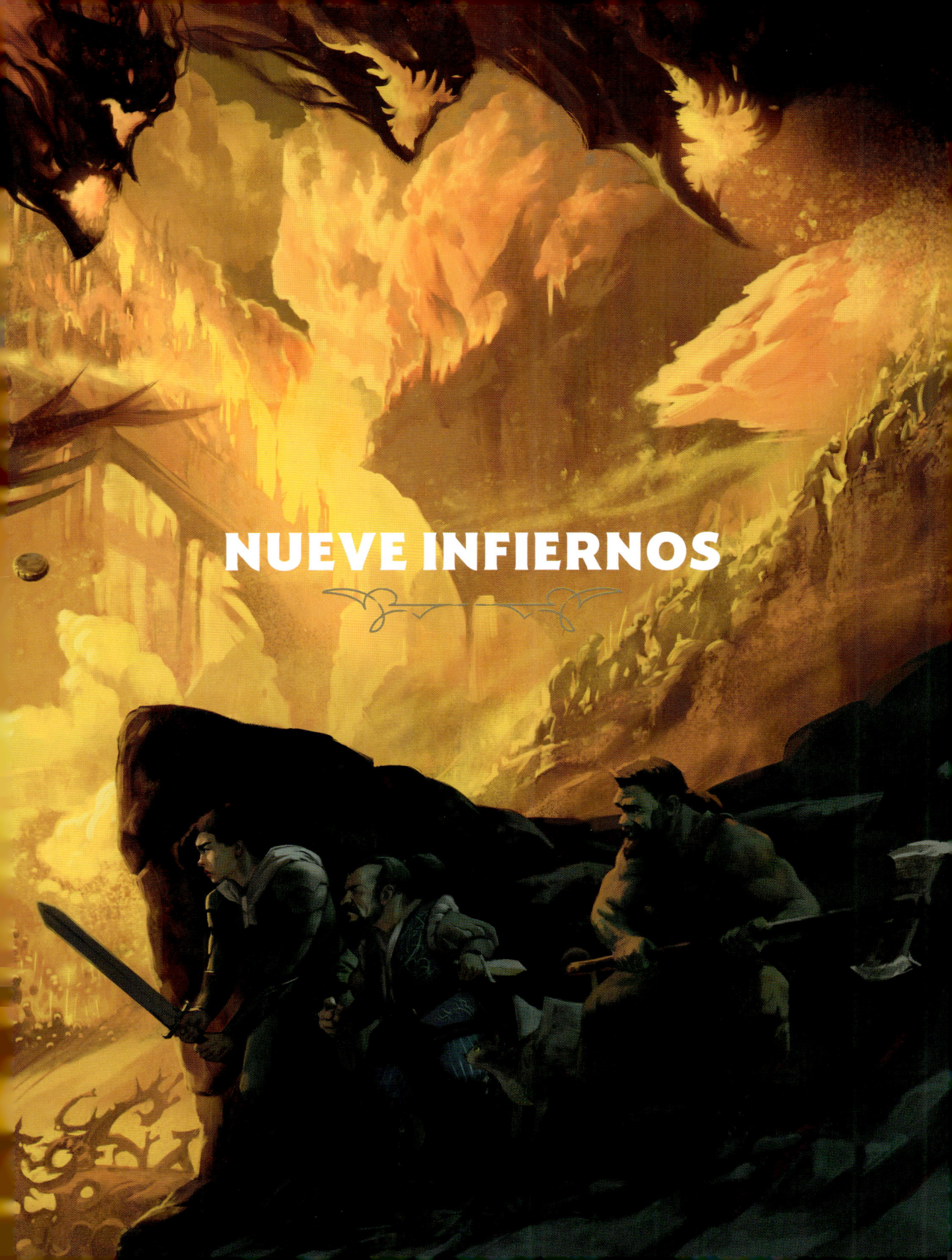
NUEVE INFIERNOS

Pese a lo mucho que se ha escrito acerca de los Nueve Infiernos, los archidiablos y sus diabólicos esbirros, su situación se malinterpreta con frecuencia, como suele pasar con los lugares cargados de energía sobrenatural y gobernados por criaturas inhumanas. Además, existen numerosas incógnitas acerca de los efectos del plano y sus infames moradores sobre el multiverso.

Los Nueve Infiernos se caracterizan por una geografía de lo más inusual, pues su disposición se suele describir como la de una montaña invertida, dividida en nueve capas conectadas por medio del río Estigio. Sin embargo, nadie se atreve a afirmarlo con seguridad, pues, como cualquier cosmólogo extraplanar que se precie te dirá, los Nueve Infiernos escapan a nuestra comprensión.

Cada capa está en manos de un archidiablo que ha ascendido en el escalafón infernal al demostrar una avaricia, astucia y malicia excepcionales. Muchos son los conflictos que se desarrollan entre los diablos que ansían hacerse con el poder de cada capa, pero a lo que todos ellos aspiran ante todo es a alcanzar el noveno estrato, Neso, donde vive el archiduque Asmodeo, el Señor de los Nueve Infiernos. Ser su mano derecha es la posición más codiciada (y peligrosa) dentro de la jerarquía infernal.

Los señores de las otras ocho capas dedican todo su tiempo a conspirar contra el resto para conseguir no solo dominar su propia capa, sino también hacerse con el control del siguiente estrato más próximo a Neso. Asmodeo ha llegado a concederle a algún señor demoníaco el lugar de otro, complacido por sus ardides. Pero el favor de Asmodeo es tan difícil de ganar como fácil de perder. Basta una sola decisión apresurada para recibir una amonestación del archiduque y perder toda esperanza de ascender en el escalafón. Por supuesto,

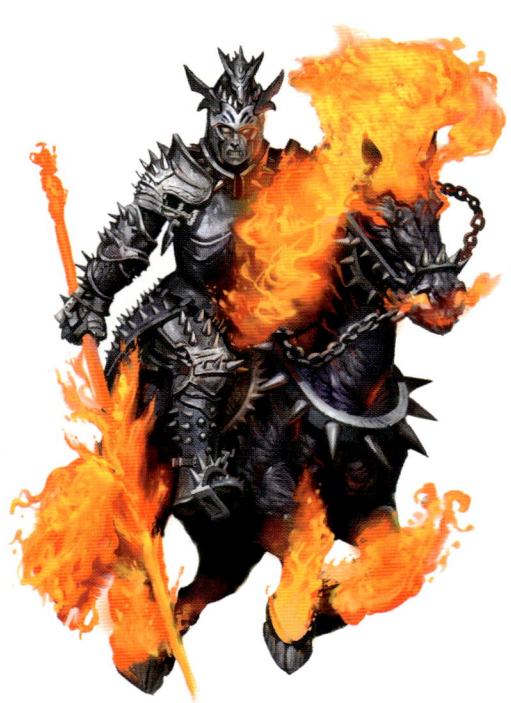

quienes son tan necios como para desobedecerlo o amenazarlo abiertamente no tardan en ser aniquilados.

Por eso, la vida de un archidiablo, si es que podemos utilizar la palabra «vida» en este contexto, es un sufrimiento eterno. Todos los diablos viven engañados. Piensan que su dolor se mitigará al ascender de capa, pero, por lo que he observado, en esta tarta de nueve pisos con sabor a caos no hay lugar para las recompensas. El tormento nunca cesa. Esa es la esencia de los Nueve Infiernos. Incluso aquellos que no están ligados a este lugar maldito sufren algún tipo de desgracia en su estadía, sin importar lo bien que se protejan con magia. Uno siempre acabará encontrándose una piedrecita en el zapato o una mosca revoloteando cerca de la oreja. Los calcetines se mojan, los sacos de dormir permanecen siempre húmedos y la arena se pega a las zonas más inoportunas del cuerpo. Como ya he dicho, está en la naturaleza de este plano hacer que tu estancia en los Nueve Infiernos sea lo más incómoda posible.

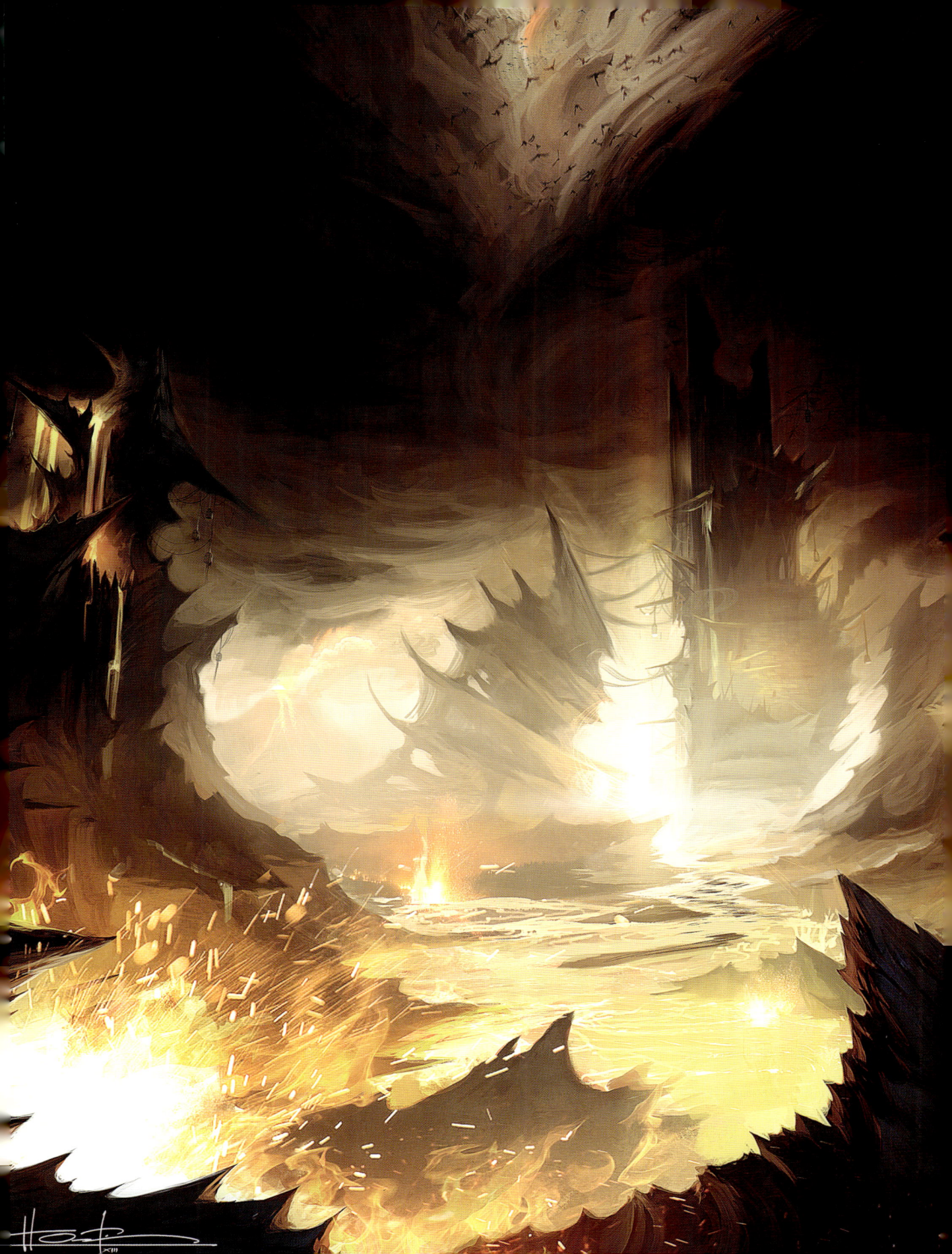

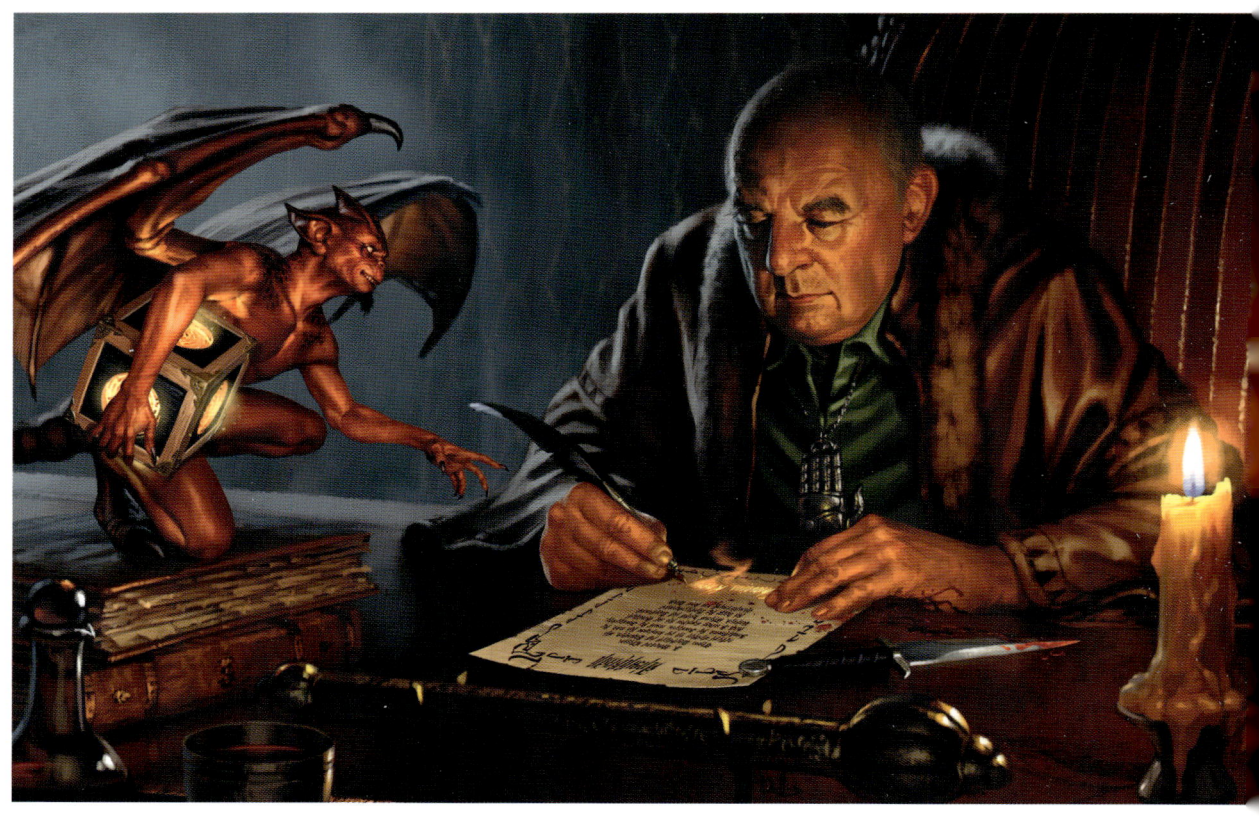

EXPERTOS EN TRATOS

Los diablos son seres inmortales, pero solo se les puede matar dentro de los Nueve Infiernos. Si se les mata en cualquier otro lugar, se desvanecerán en una pestilente nube sulfúrica con una risita engreída o un gruñido irritado. La mayoría de los aventureros piensan que adentrarse en cualquiera de las capas de los Nueve Infiernos supone enfrentarse a hordas y hordas de diablos, pero nada más lejos de la realidad. Muchos de ellos son bastante cercanos y estarán más que encantados de hablar contigo, pues dispones de aquello que ellos ansían más desesperadamente: un alma. Dado que son inmortales, muchos son pacientes y, como en una carrera de fondo, tratarán de corromperte y aprovecharse de ti poco a poco fingiendo ser tus amigos o aliados. Los diablos pueden llegar a hacerte favores u ofrecerte oro sin pedirte nada a cambio para ganarse tu confianza, pero, en cuanto vean el más mínimo indicio de verdadera necesidad o desesperación en ti, su ayuda pasará a tener un precio. Una vez que te tengan bien enganchado, los diablos harán todo lo posible por endeudarte más y más. El arte de hacer tratos es su especialidad. Así es como ascienden en el escalafón infernal y se convierten en diablos de la sima y señores de alguna de las capas de los Nueve Infiernos.

LAS NUEVE CAPAS

Dejando a un lado que el objetivo metafísico de los Nueve Infiernos es torturar a quienes se atreven a poner un pie en el plano, cada una de sus capas es básicamente un bastión que protege el Neso, su núcleo, y su capital, la imponente cúspide de Malsheem. Si por algún descabellado motivo, alguien quisiera pasar por todas y cada una de las capas de los Nueve Infiernos, la Ley Cósmica decreta que hay que recorrerlas en orden: desde el terrorífico campo de batalla de Averno hasta Neso, el reino del eterno crepúsculo donde se encuentra el palacio de obsidiana de Asmodeo.

Las otras capas también son auténticos reinos de pesadilla por mérito propio y cada una desprende un hedor a sufrimiento concreto. Todas ellas protegen a Asmodeo de cualquier intruso llegado desde los otros planos y la Ley de los Nueve Infiernos deja más que claro que los moradores de cada capa deben estar dispuestos a sacrificarse por defender Neso. Incluso los archidiablos más altivos acatan sin dudar la ley demoníaca más importante de todas al pie de la letra. Para sacar un poco de quicio a todos esos moradores infernales tan obsesionados con el orden, voy a hablar de las nueve capas empezando por la última. He de admitir que pocas cosas me causan una mayor satisfacción que rebelarme contra los designios de una dictadura diabólica.

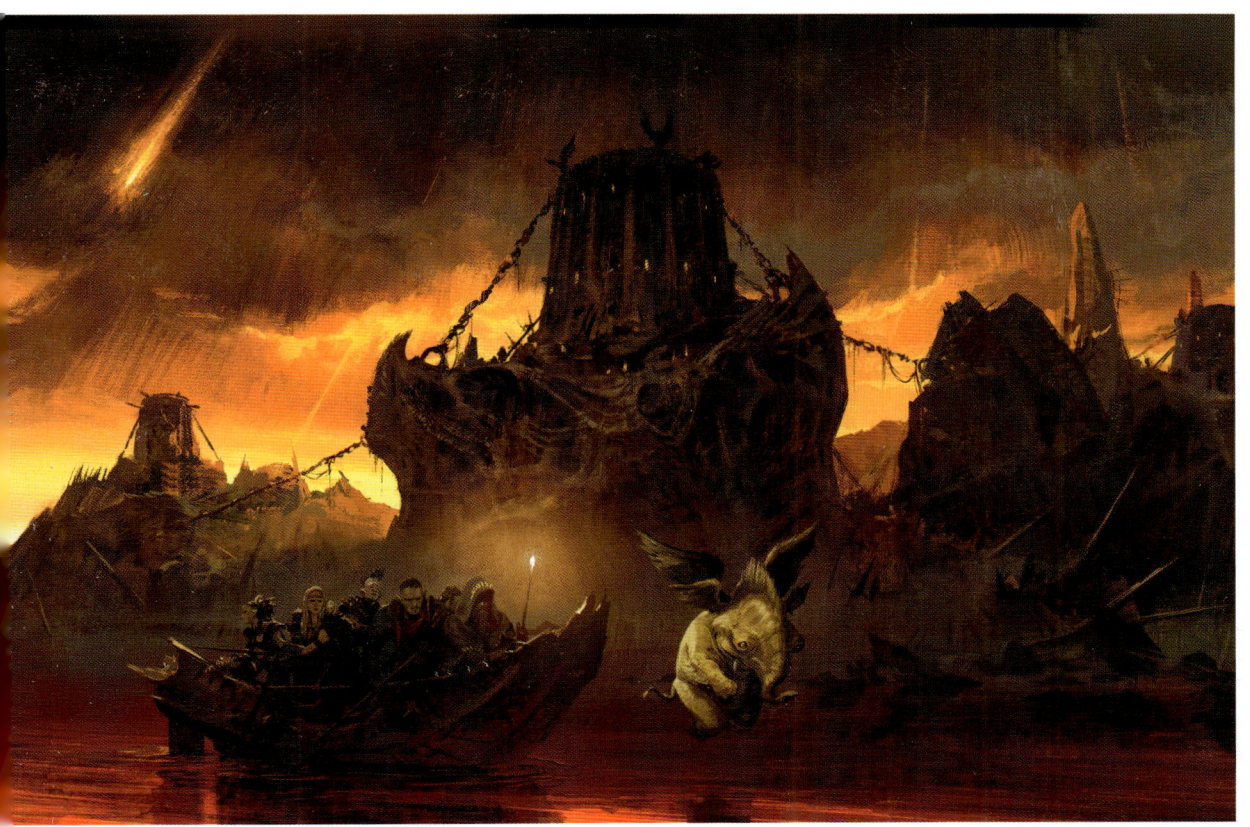

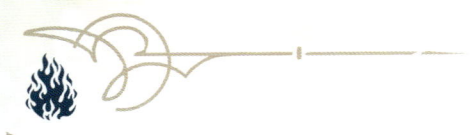

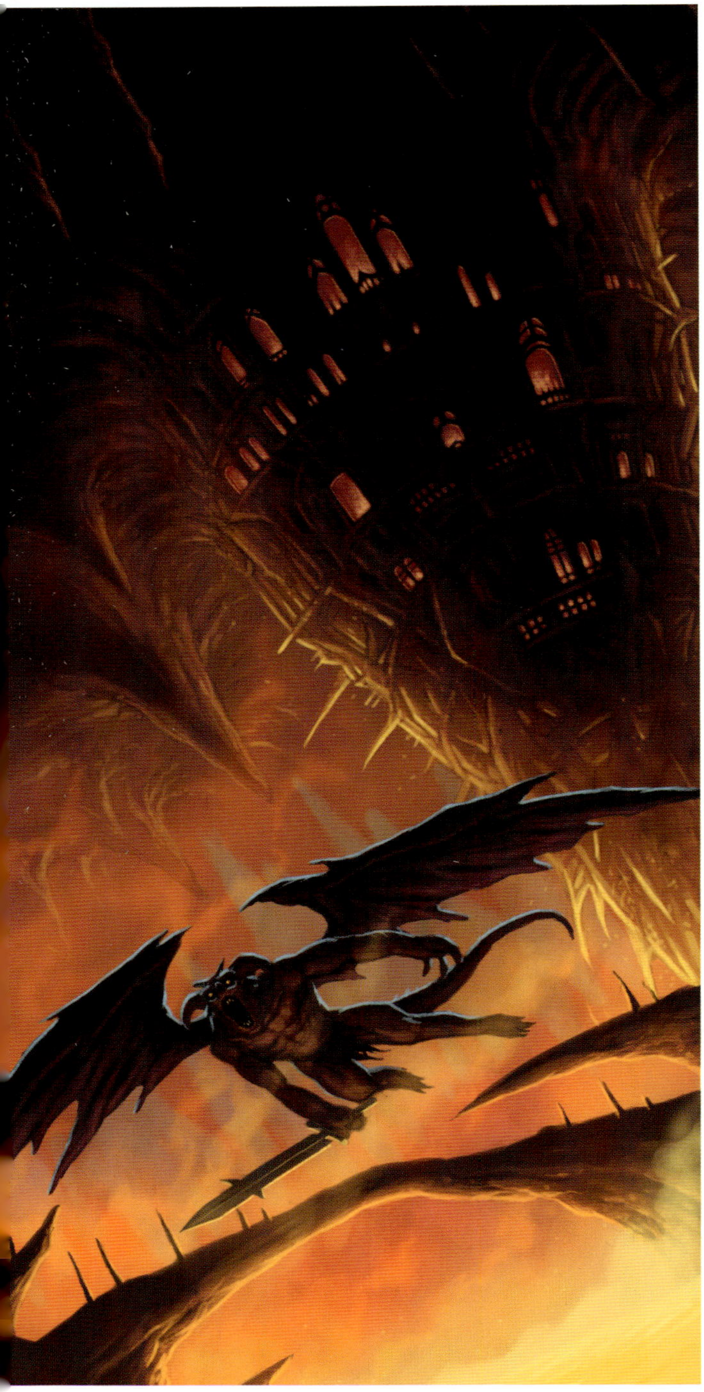

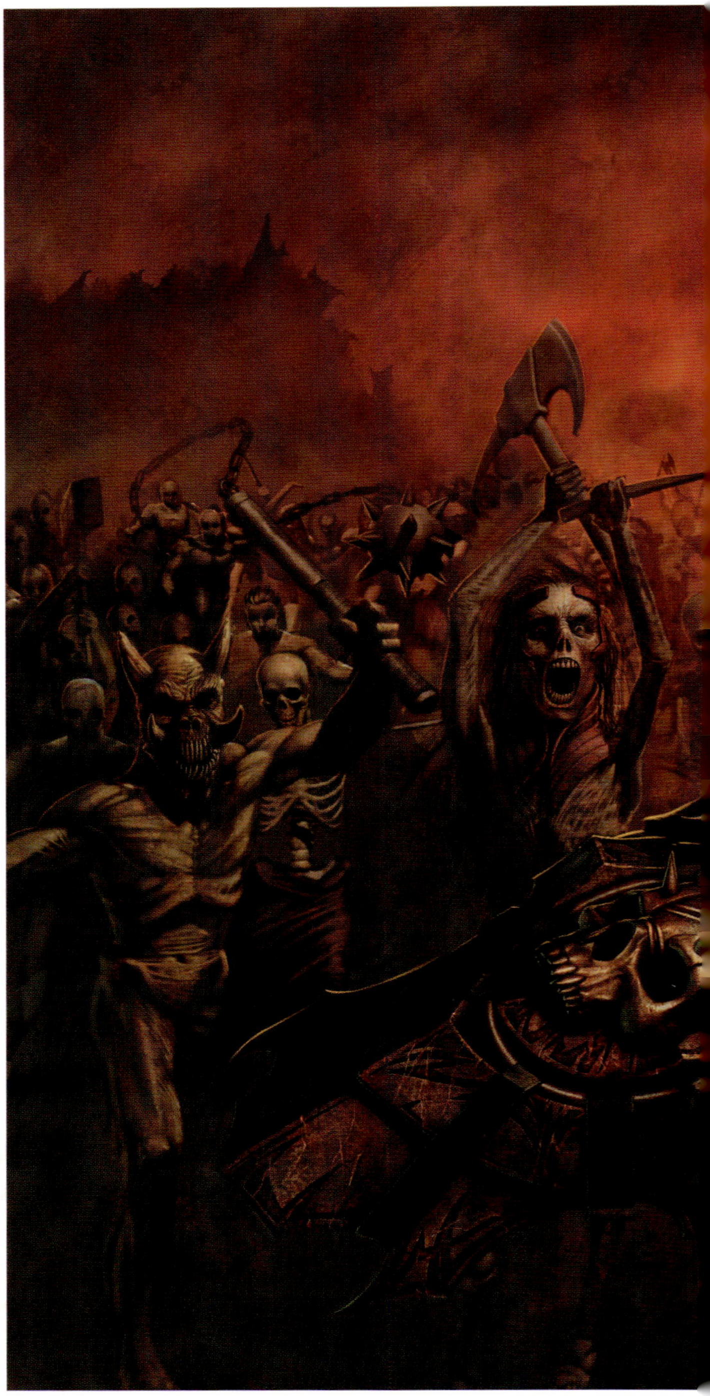

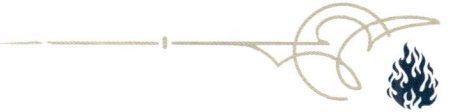

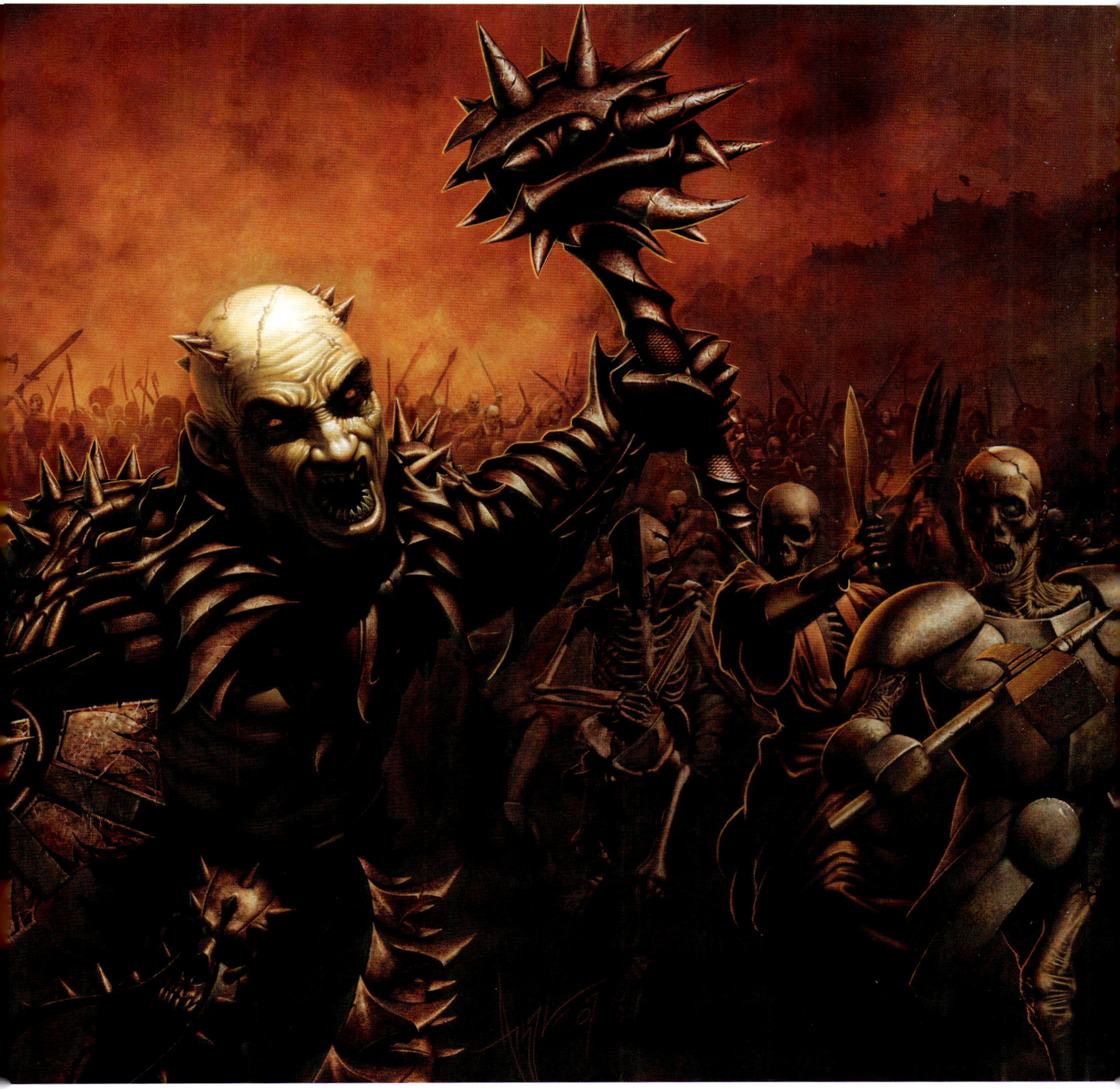

NESO

El paisaje de Neso se caracteriza por ser una desoladora expansión de chapiteles de obsidiana y fosos de oscuridad donde se acuartelan las legiones diabólicas de Asmodeo. En el corazón de Neso, la imponente ciudadela de Malsheem se alza desde el fondo de una gran grieta. Allí donde el hedor de las mentiras y el sufrimiento eterno embota los sentidos, Asmodeo, quien más sabe por viejo que por diablo, gobierna sobre los Nueve Infiernos.

Malsheem también hace las veces de prisión y siempre está plagada de almas atormentadas, pues las continuas súplicas, sollozos y alaridos que resuenan por toda la ciudadela son como música para los oídos del archiduque.

CANIA

La capa más próxima a Neso es el reino helado de Cania, gobernado por el archidiablo Mefistófeles, el maestro de lo arcano en los Nueve Infiernos. La torre desde la que vigila otros mundos por medio de espejos se alza sobre la gélida ciudadela de Mephistar, la cual, por algún extraño sortilegio, se puede ver desde casi cualquier punto de Cania. Las legiones de magos que le vendieron su alma a Mefistófeles a cambio de conocimientos místicos ahora trabajan dentro de la cripta y las amplias estancias de Mephistar, pues están obligados a servir a su exigente y cruel maestro para toda la eternidad.

En Cania se desatan tormentas de hielo capaces de desgarrar la carne y partir los huesos, así que quienes tienen la poca sensatez de visitar la zona (diré esto unas cuantas veces más a lo largo de la sección) se ven obligados a viajar a través de túneles que recorren la superficie congelada. Por si fuera poco, estos están patrullados por diablos gélidos, remorhazes y criaturas mucho peores. Las bibliotecas de Mephistar son amplias y ancestrales, por lo que muchos ansían recorrerlas en busca de sus secretos más oscuros. Se dice que las cámaras de Mephistar albergan volúmenes de hechizos capaces de destruir mundos enteros. Si mi curiosidad llegase algún día a ganarle la partida a mi buen juicio, no me sorprendería encontrar allí los pergaminos que recogen los dos hechizos que desataron el apocalipsis en mi mundo natal.

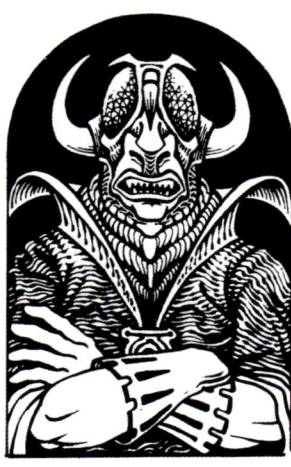
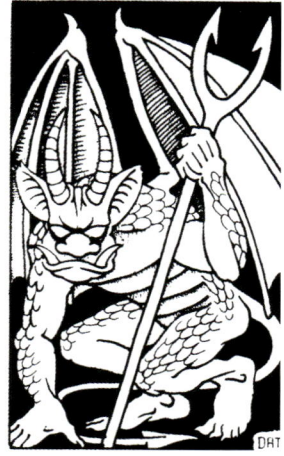
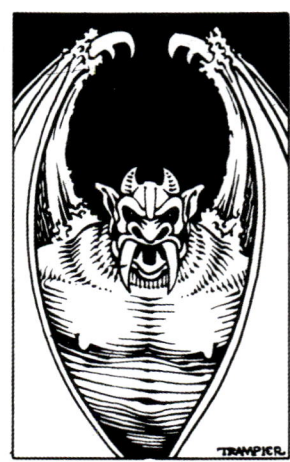

MALADOMINI

De Cania pasamos a Maladomini, una tierra en ruinas que antaño albergó una gran ciudad. Se dice que su dirigente, Baalzebul, hizo enfadar tanto a Asmodeo que este envió a sus ejércitos para arrasar el que comenzó siendo un poderoso imperio. En vez de acabar con su ambicioso vasallo, Asmodeo lo obligó a seguir al mando de un mundo en ruinas como castigo por atreverse a conspirar en contra de su señor. Los lamentos de Baalzebul se oyen de vez en cuando por todo Maladomini, pues la fortaleza derruida que antaño fue su mayor orgullo ahora es un eterno recordatorio de su más estrepitoso fracaso.

Pero ¿por qué querría alguien ir a visitar unas ruinas tan tristes como las de Maladomini? Porque allí se guardan todos los registros de los Nueve Infiernos. Con los diablos, uno siempre puede confiar en su meticuloso trabajo documental, ya que están obligados por ley a no dejar que el más mínimo dato caiga en el olvido. No hay un solo secreto susurrado en los Nueve Infiernos o intercambiado entre aquellos esclavizados a su servicio que no quede mágicamente registrado en algún *scriptorium* infernal enterrado bajo las ruinas de Maladomini. A saber qué podría encontrar uno en esas altísimas pilas de registros. ¿La información necesaria para derrocar una nación o difamar a un soberano? ¿La ubicación de una montaña de tesoros que algún rey enano perdió por culpa de un trato diabólico o el secreto para liberar a un alma de un pacto infernal? Hay quienes lo arriesgan todo por encontrar alguno de esos registros en Maladomini, pero los huesos que salpican las carreteras resquebrajadas y llenas de agujeros son un claro ejemplo de lo fácil que es fracasar en el intento.

MALBOLGE

La siguiente capa es Malbolge, una enorme cadena montañosa de picos escarpados, acantilados imponentes y brechas cuyas paredes desnudas de granito ascienden desde una infinita oscuridad. Además, de ella emanan todo tipo de abrasadores gases tóxicos. En este paisaje vertical, se encuentra la

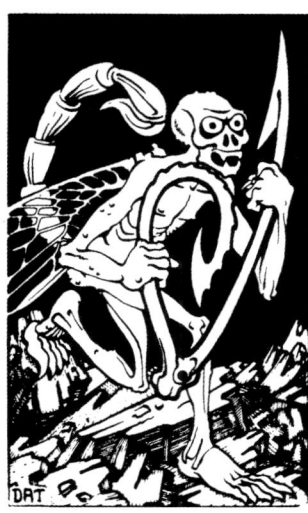
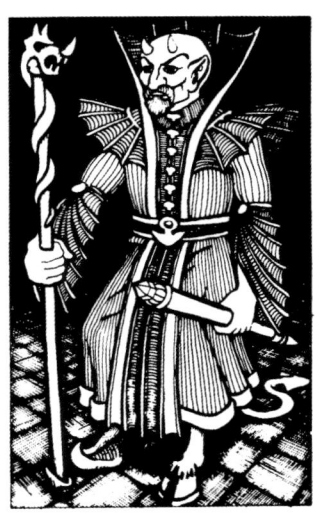
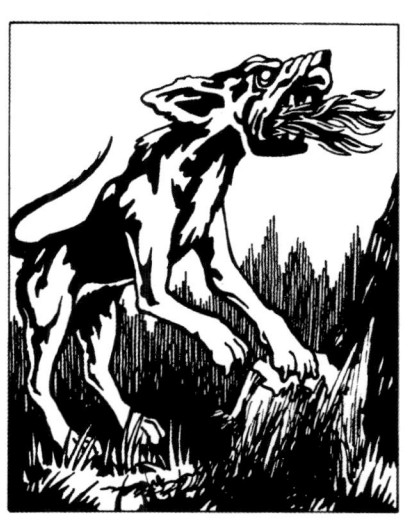

fortaleza tallada en la roca de la archidiablesa Glasya, hija de Asmodeo. Como fue rechazada por su propio padre, tiende a trabajar día y noche, a la espera de tener la oportunidad de demostrarle su valía o derrocarlo.

Malbolge es la prisión de los Nueve Infiernos, donde diablos, ángeles, demonios, mortales e inmortales permanecen encerrados por voluntad de Asmodeo. Cada celda está protegida con magia y tiene un diseño único, creado según lo que más desasosiego e incomodidad le cause a su ocupante.

Aunque las prisiones de Malbolge están llenas de diablos y otros seres malignos, también hay muchos presos que no habrían merecido acabar en esa situación y que languidecen a la espera de que alguien los rescate. Muchos acabaron allí por conocer los peligrosos secretos de quienes ostentan el poder, pues, por un módico precio, las prisiones de Malbolge están dispuestas a aceptar a cualquiera sin pedir pruebas ni explicaciones. Los seres que ansían esconder sus conocimientos o sepultar almas y cadáveres siempre acuden a Glasya. Es posible que este sea el reino más seguro de todo el multiverso por la diabólica precisión de su señora.

ESTIGIA

De Malbolge pasamos al mar helado de Estigia, donde su dirigente, el archidiablo Levistus, permanece enterrado bajo una gruesa capa de hielo. Su situación de nuevo advierte al resto de los diablos para que no cometan la arrogante estupidez de intentar destronar al archiduque Asmodeo. Desde su gélida tumba, Levistus controla telepáticamente a sus secuaces, que recorren las ciénagas heladas que salpican el paisaje glaciar para hacer lo que su señor les ordene. A raíz de algún trato retorcido con Asmodeo, Levistus se ha hecho con el control del mercado de la desesperación. Tal vez sea el testamento de su propia astucia. En cualquier caso, quien lo necesite puede invocarlo durante un momento de desesperación para ofrecerle su alma a cambio de escapar de un destino fatal o un sufrimiento insoportable. Es algo de lo más irónico incluso para los Nueve Infiernos si tenemos en cuenta la situación actual (y probablemente permanente) de Levistus.

Siguiendo con el tema de las fugas, algunos aseguran que en Estigia existe una llave que abre todos los cerrojos del multiverso. Se dice que está guardada en una fortaleza donde el maestro de llaves de Levistus, un demonio conocido como Skrizzix, lleva toda la eternidad diseñando llaves tanto mágicas como mundanas para cada cerradura jamás creada. Los diablillos del maestro de llaves nunca dejan de hacer tratos en su nombre, ya que quienes están desesperados por abrir una cámara acorazada o liberarse de sus cadenas siempre recurren a Skrizzix.

PHLEGETHOS

En contraste con Estigia, la siguiente capa, Phlegethos, es donde el archiduque Belial y la archiduquesa Fierna gobiernan desde el interior de los muros de obsidiana de Abriymoch, una ciudad en expansión que se asienta en medio de un paisaje de llamas, ceniza y lava fundida. Al igual que Belial y Fierna, Abriymoch es una ciudad con una clara dualidad: la mayor parte de la ciudad es un mundo hedonista que se entrega al placer y la depravación y cada una de sus callejuelas responde ante un placer o un sufrimiento en particular. Sobre una tarima del tamaño de un cerro están las puertas de ónice que conducen a la otra mitad de Abriymoch: un complejo urbano donde se encuentra el Tribunal Diabólico. Allí, unos diablos entrenados durante milenios para conocer el código infernal al dedillo escudriñan con suma minuciosidad todas y cada una de las trasgresiones que se dan en los Nueve Infiernos. Cabe destacar que el código infernal consiste en una abrumadora colección de volúmenes en constante crecimiento, pues los jueces y abogados infernales nunca dejan de añadir nuevas leyes. En este plano, se suele decir que hacer algo imposible es «como quitarle una ley a un diablo de Phlegethos».

MINAUROS

A Phlegethos la sigue Minauros, una ciénaga sucia y apestosa que da cobijo al tumefacto Mammón, el tesorero de los Nueve Infiernos. Su avaricia no conoce límites, pues miles de seres codiciosos pasan por su casa de la moneda, donde se vinculan a las monedas de alma, la divisa de los reinos infernales, para intercambiarlas por poder o saldar tratos demoníacos.

En Minauros no escasea el oro y es posible que por eso Mammón sea uno de los diablos que más éxito tienen en el mercado de las almas. Todo el mundo tiene un precio y, según parece, el dinero que alguien puede llegar a pedir por el rescate de un rey no es más que calderilla para el archidiablo. Yo creo que disfruta ofreciendo cantidades irrisorias a los mortales a cambio de su alma, pues, a diferencia de sus dueños (por desgracia para ellos), él sabe lo verdaderamente valiosas que son.

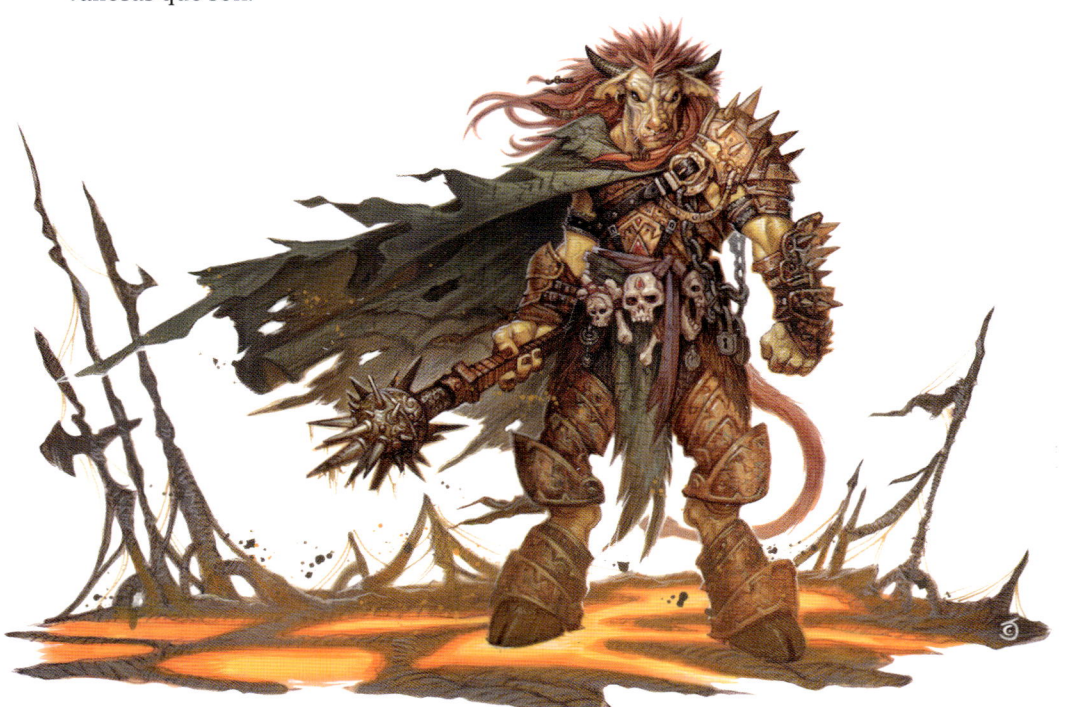

Pese a ser la capa más rica de los Nueve Infiernos (y quizá de todo el multiverso), apenas queda ya nada de Minauros, la que antaño fue una ciudad grandiosa, por culpa de la aberrante codicia de Mammón. Las carreteras están agrietadas y llenas de agujeros, y los edificios se caen a pedazos. El deterioro de las infraestructuras no solo afecta a la ciudad, sino a todos los que habitan en ella, ya que la pobreza abunda entre quienes tienen la mala fortuna de trabajar al servicio de Mammón. A su señor le da igual lo mucho que sus subordinados sufran o se humillen con tal de no perder ni una sola pieza de oro, un solo tesoro o gema resplandeciente. Incluso sus contables y secretarios trabajan con herramientas rotas en los polvorientos y lúgubres Tribunales de Cuentas. Registran cada pieza de cobre con plumas agrietadas, tinteros llenos de grumos y ábacos rotos e incluso hay quienes se ven obligados a trabajar con tablillas de piedra. Aun así, cada mil años, a la hora de presentar las cuentas, los registros de Mammón siempre muestran un balance perfecto, pues el archidiablo de Minauros tiene fama de haber aniquilado en más de una ocasión a todos sus empleados por una simple moneda de plata.

DIS

La siguiente capa es Dis, un páramo industrial donde se elaboran las armas y máquinas de guerra que se utilizan en los Nueve Infiernos y cuyos diseños se venden por todo el multiverso. Dis también es una fortaleza construida en las paredes de los cañones de hierro, donde todo un ejército de ingenieros trabaja sin descanso para desarrollar formas más efectivas de destruir la carne y los huesos.

El nombre de esta capa deriva del de su señor, Dispater, el archidiablo que se sienta en el Trono Carmesí de la Ciudad de Hierro, la más grande de los Nueve Infiernos. Todo tipo de demonios y criaturas malvadas sedientas de destrucción y muerte acuden a Dispater para acordar nuevas formas de hacer estallar la guerra, infligir sufrimiento y causar divisiones por el multiverso. Como son la fuente de toda violencia, a Dispater le encanta desatar conflictos y por eso sus emisarios trabajan sin descanso para sembrar la semilla de la discordia allí donde puedan. Los secuaces de Dispater recurren a las palabras como arma de división, dado que surten el mismo efecto que un conjuro mágico si se pronuncian con convicción. También se aprovechan del tribalismo para enfrentar una nación contra otra, un grupo contra otro, y todo por medio de mensajes de lo más astutos que acrecientan todavía más las diferencias entre aquellos que, en condiciones normales, vivirían en paz y armonía con sus vecinos. La discordia es la seña de identidad de Dispater y cualquiera que vea, oiga o huela su repugnante distintivo debería andarse con ojo.

Como mago que aspira a crear hechizos que sean prácticos, eficaces e, incluso me atrevería a decir, entretenidos, me causa una inmensa tristeza pensar en la creatividad y las buenas ideas que se desperdician creando armas todavía más eficientes y devastadoras. Quién sabe la de problemas que se resolverían y la de vidas que mejorarían si todo ese trabajo tuviera un objetivo que no fuera la destrucción más absoluta. Ni que decir tiene que Dis es un lugar espantoso, habitado por seres aborrecibles, y que solo aquellos con un interés por echar

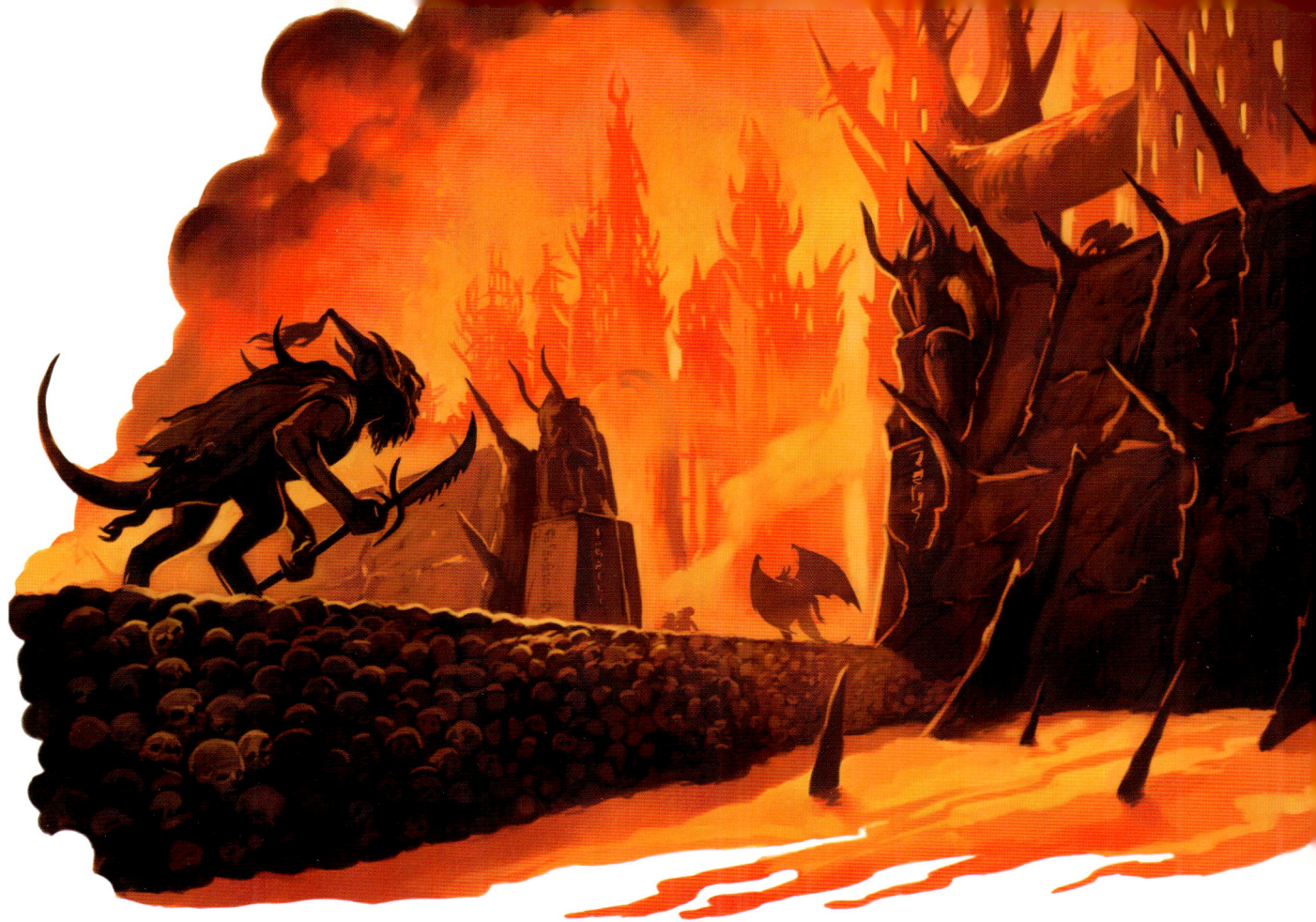

leña al fuego y lucrarse de los derramamientos de sangre (lo cual me parece el peor camino que uno podría escoger) vienen a esta capa para empaparse del sangriento negocio de la guerra. En mi humilde opinión de mago, la obtención de conocimientos sería la única buena razón por la que alguien podría visitar esta capa. Si viéramos el profano placer que le proporciona a Dispater la sangre que derramamos, las acusaciones cargadas de odio que nos lanzamos y los sutiles reproches que les hacemos a nuestros vecinos en este bellísimo multiverso que compartimos, tal vez dominaríamos mejor nuestro impulso de condenar y atacar a los demás.

AVERNO

De entre las capas que conforman los Nueve Infiernos, es posible que Averno sea la más importante, puesto que es la primera línea de defensa en dos grandes conflictos. Por un lado, Averno es la única vía de acceso a los Nueve Infiernos a través del río Estigio, que recorre las nueve capas y siempre debe permanecer bien vigilado. Sin embargo, el principal motivo de su importancia es porque allí se libra la Guerra de la Sangre, una batalla eterna entre las fuerzas de la Ley y el Caos. En ella, la señora de Averno, el ángel caído Zariel, lucha contra las hordas de diablos que intentan sin descanso escapar de las profundidades del Abismo.

La Guerra de la Sangre

Aunque casi nadie ha oído hablar de la Guerra de la Sangre y quienes la conocen piensan que es un mito o una leyenda, te aseguro que el conflicto es tan real como la sangre que te corre por las venas. Soy consciente de que las batallas que he visto librarse durante días son un mero suspiro en comparación con la matanza que lleva eones fraguándose. Ser testigo de primera mano de la Guerra de la Sangre es una experiencia que escapa a nuestra comprensión y que ha sumido a muchos de los grandes cronistas en la locura. Si, de alguna manera, consigues enfrentarte a los indescriptibles horrores que acarrea, comprenderás que el conflicto es una batalla cósmica entre dos de las fuerzas elementales que conforman el tejido del universo, la Ley y el Caos, movidas por una maldad y locura inenarrables.

Para algunos, los demonios del Abismo y los diablos de los Nueve Infiernos tienen más que merecido morir en ella, pero la Guerra de la Sangre es mucho más que una forma de expiación moral. Los ejércitos que sirven a Zariel en los Nueve Infiernos son lo único que impide que los demonios escapen del Abismo y aniquilen a todo el multiverso. Por muy horrenda que sea, es otra faceta más del Equilibrio.

Esto lo comprendí hace ya mucho tiempo, en un breve y espeluznante encuentro con el mismísimo Asmodeo, quien, por medio de una visión, me habló de la naturaleza de los Nueve Infiernos, del Averno y de la Guerra de la Sangre entre otras muchas cosas. Todavía no sé qué lo llevó a confiarme toda aquella información, pero la mente de un archidiablo es un misterio. Como es evidente, aquella experiencia cambió mi forma de pensar. Asmodeo me dijo que él era básicamente el incansable campeón del multiverso. Cuando resoplé ante su comentario, se armó de paciencia y, como un padre que se dirige a su necio hijo predilecto, me explicó que, si los diablos se marchaban del Averno y permitía que los miles de demonios del Abismo campasen a sus anchas, acabarían zambulléndose en el río Estigio y encontrarían la manera de colarse en otros mundos por medio de túneles y portales. Una vez libres, nada impediría que se repartieran por el multiverso y lo consumieran y destruyeran todo, incluidos los reinos infernales. Lo único que mantenía a raya a los demonios era el cuello de botella metafísico que era Averno. Asmodeo incluso me confesó que Zariel, al ser consciente de la urgente necesidad que tenía el ejército demoníaco de contar con un arcángel entre sus filas, estuvo dispuesta a jurarle lealtad y abandonar su lugar en el cielo para liderar a la horda de diablos y reducir a los demonios. Ahí tienes una muestra de su dedicación para con la más importante y, me atrevería a decir, santa de las causas.

Aunque nunca termino de fiarme de lo que sale de la boca de una criatura infernal, he de admitir que aquella conversación me permitió ver la función de los Nueve Infiernos desde una nueva perspectiva. En caso de adoptar una posición libre de todo juicio y una visión global de la realidad, me habría visto obligado a admitir en este momento que los Nueve Infiernos y su horda infernal son lo único que evita que el Abismo destruya el multiverso tal y como lo conocemos.

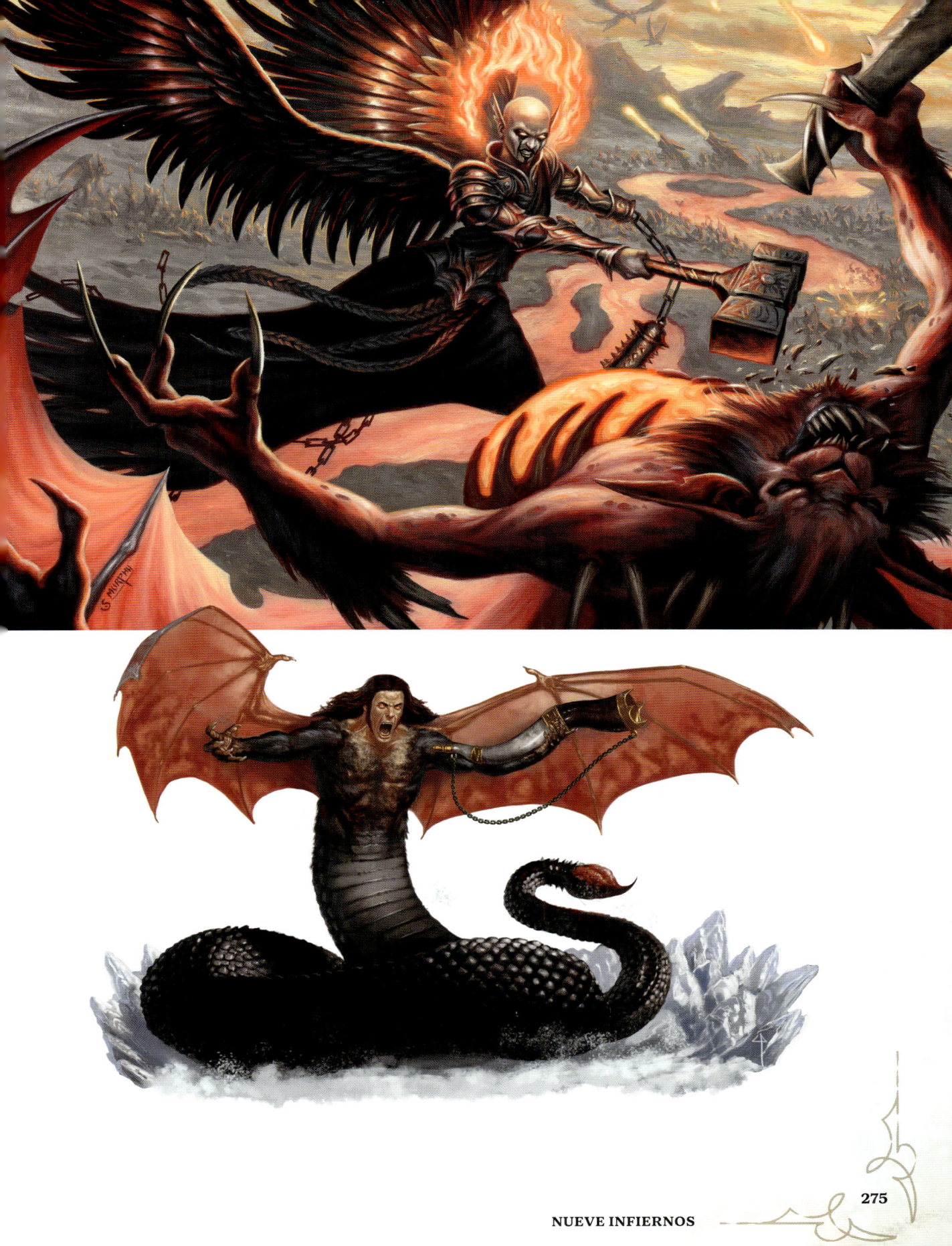

NUEVE INFIERNOS

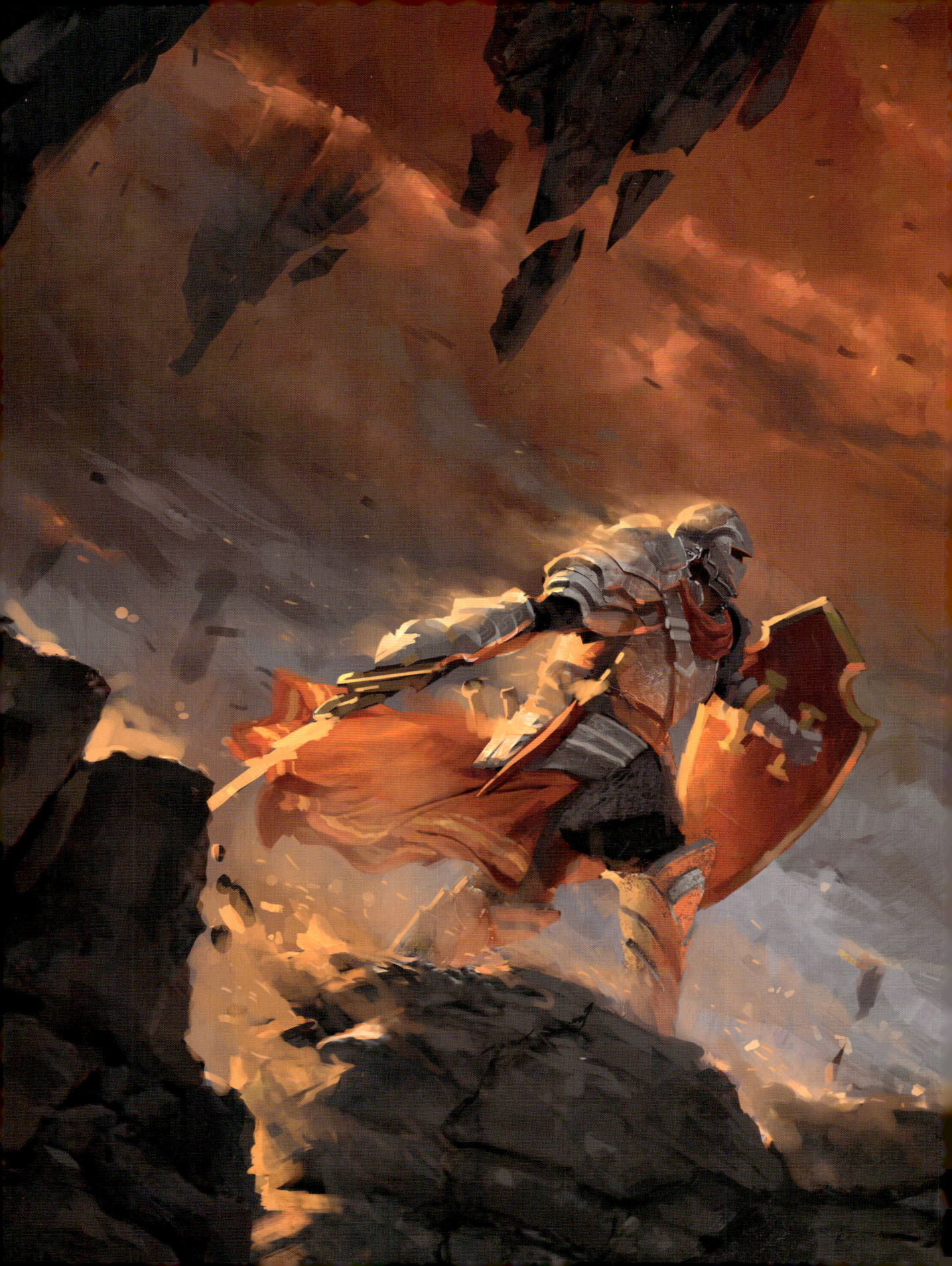

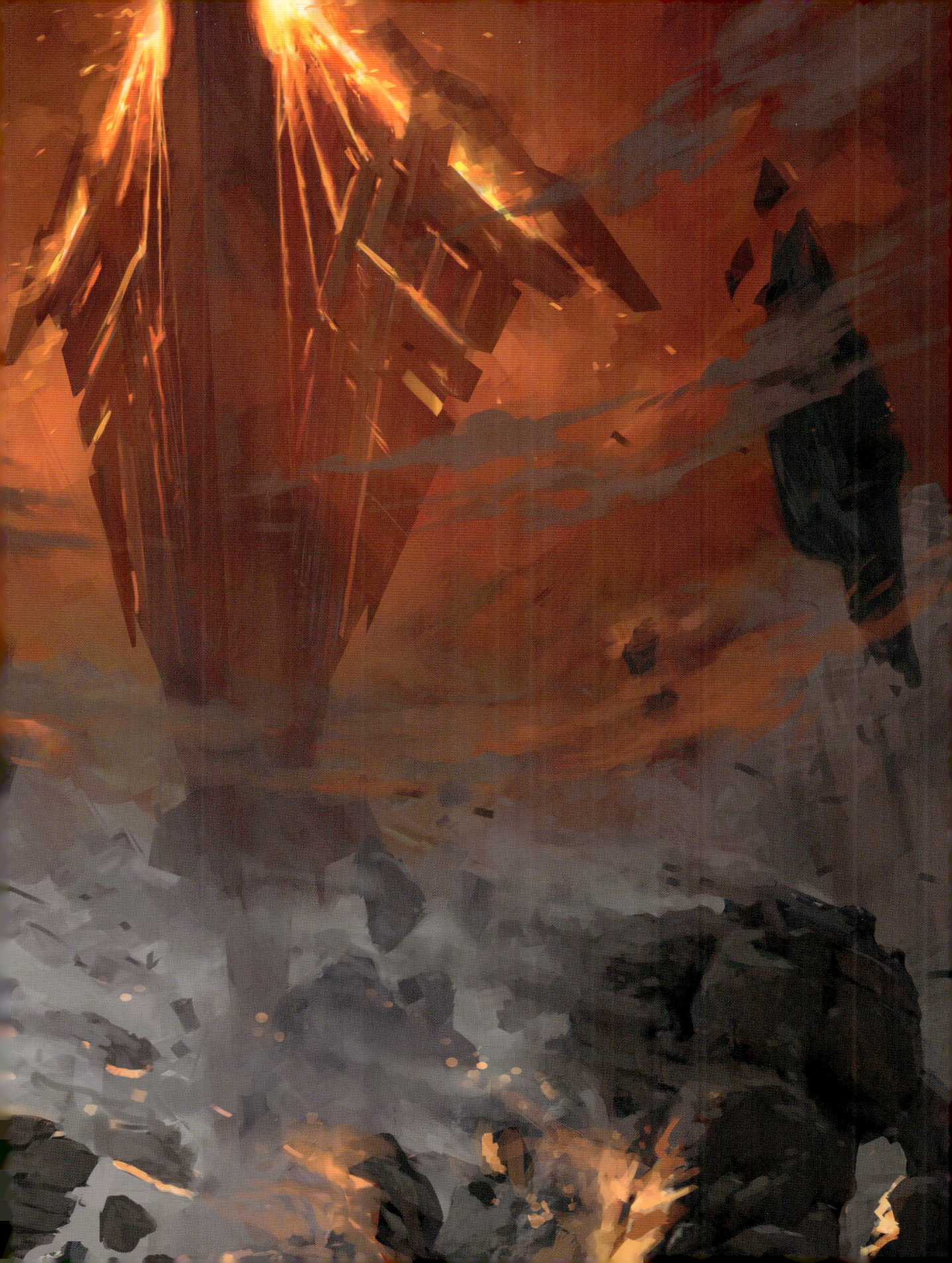

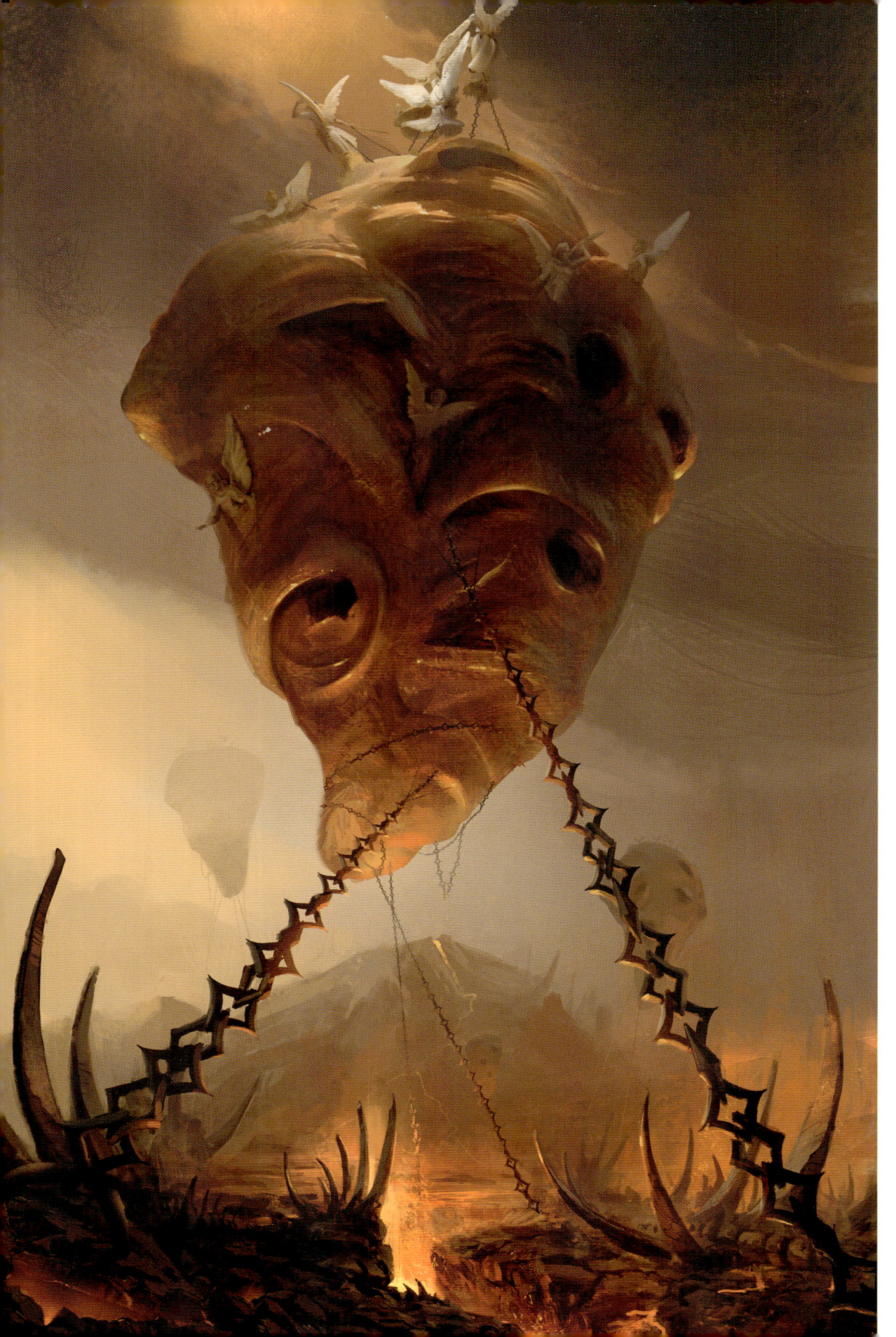

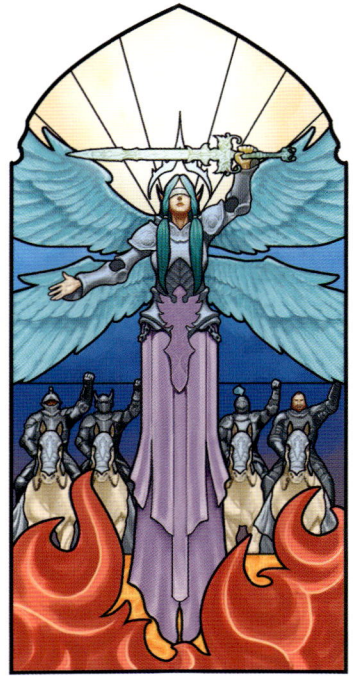
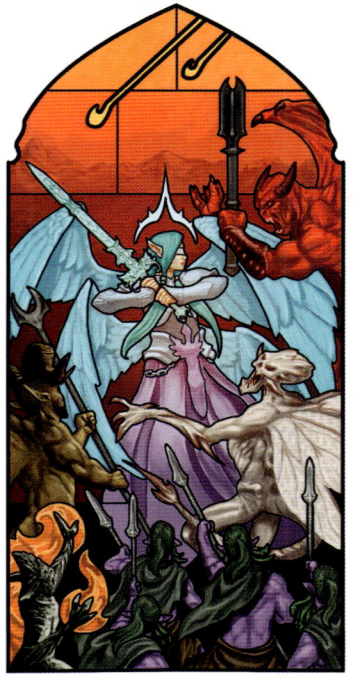
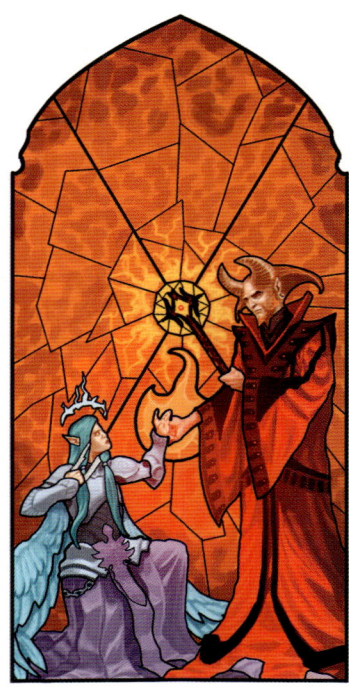
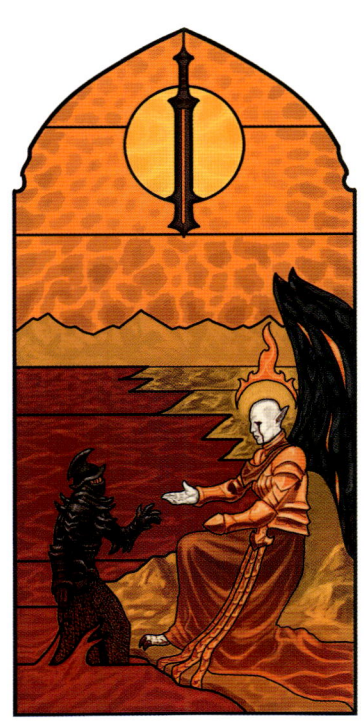
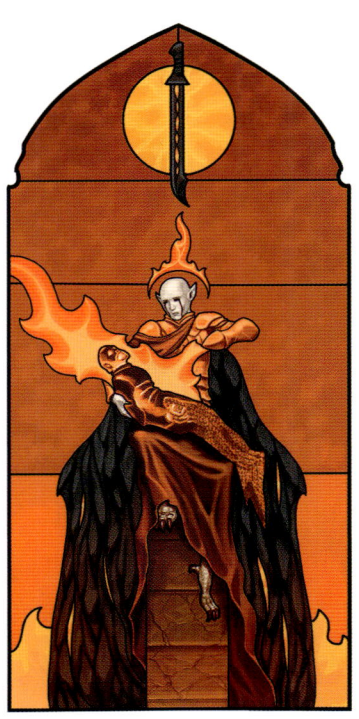
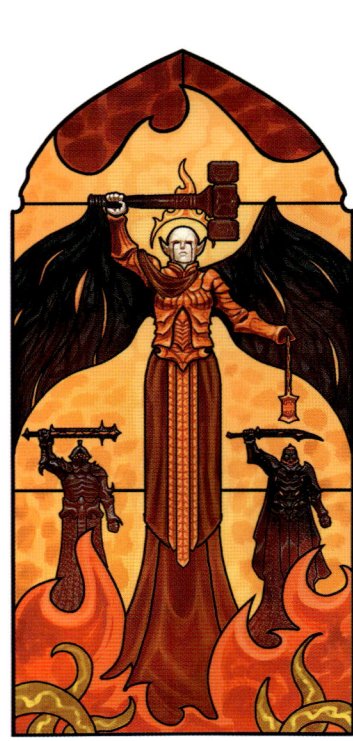

NUEVE INFIERNOS

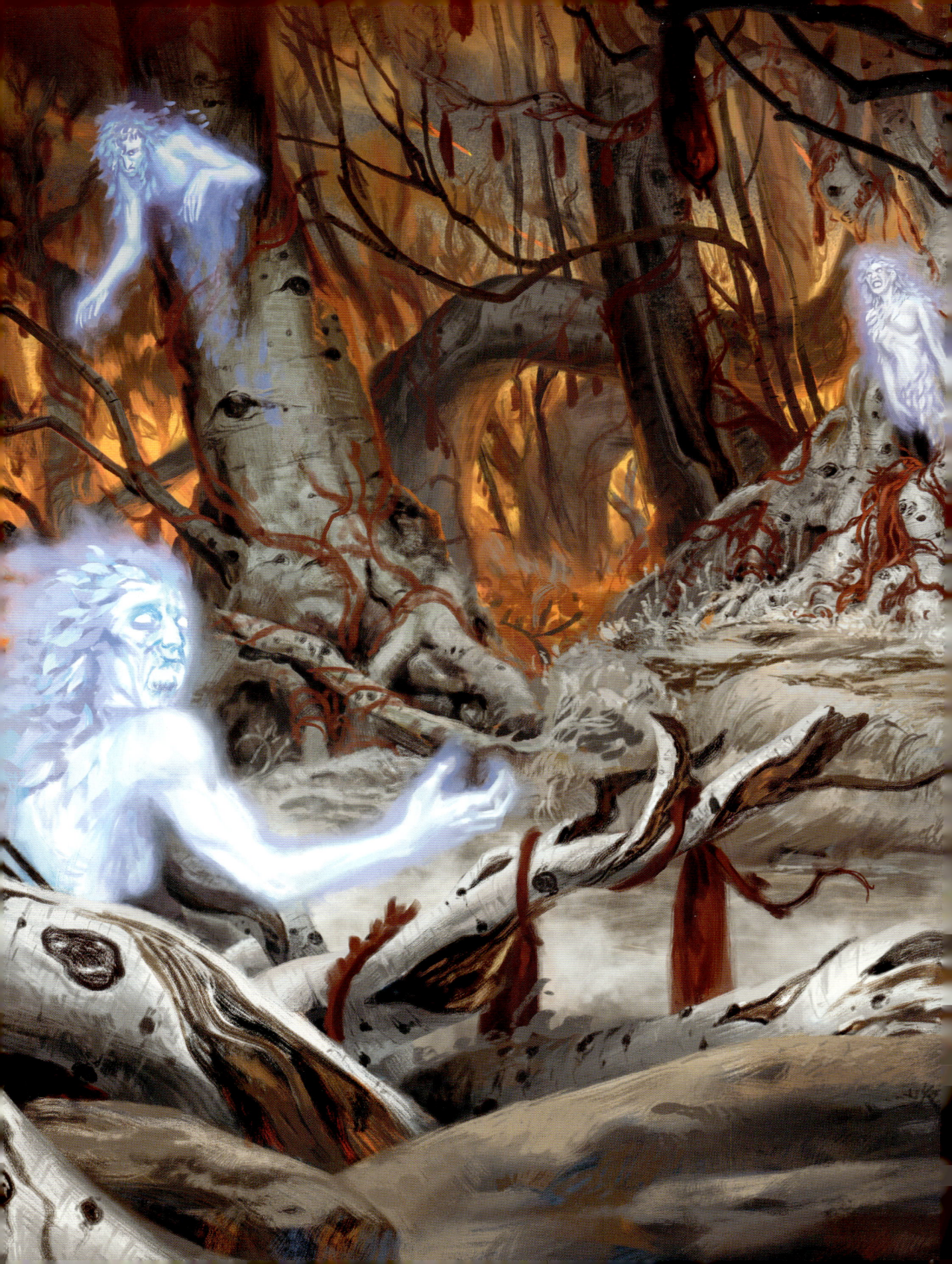

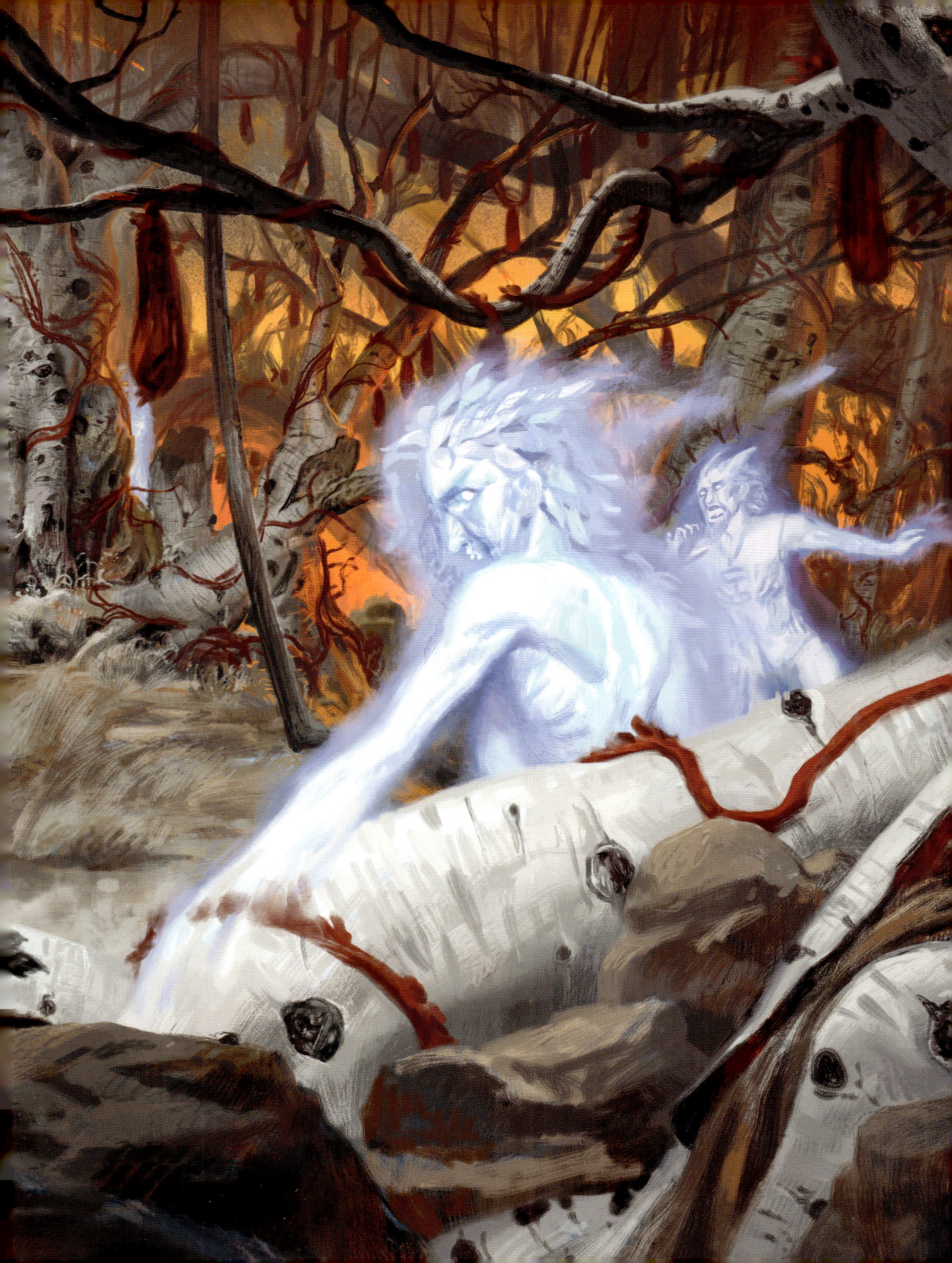

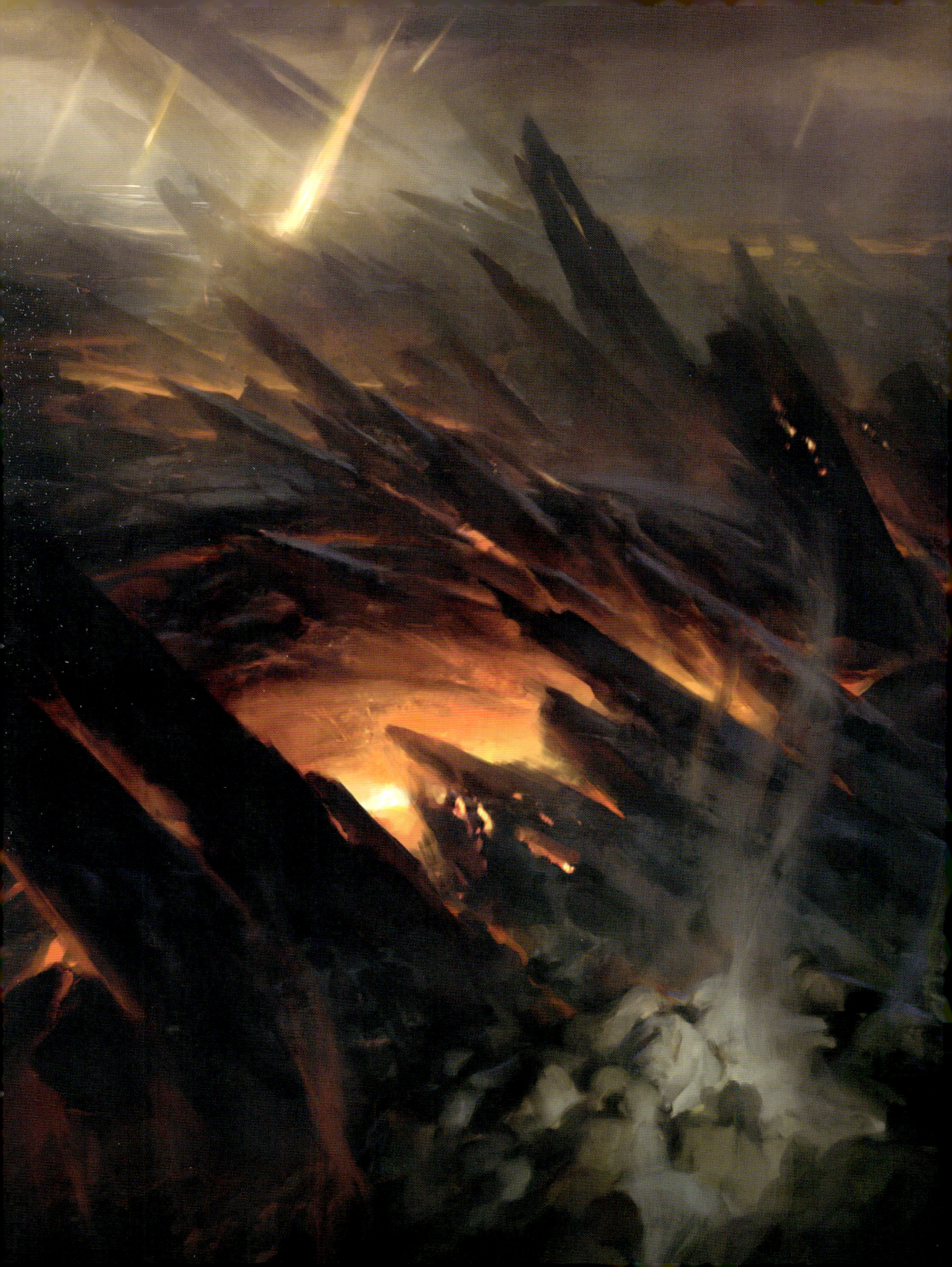

ORÍGENES INFERNALES

Algo que siempre me he preguntado es lo siguiente: ¿qué dio origen a los Nueve Infiernos? ¿Aparecieron a raíz de la incursión abisal? ¿Era un mundo regido implacablemente por la Ley, pero que acabó mancillado por el mal? Aunque no te lo recomiendo para nada, si hablas con un archidiablo, te contará todo tipo de historias sobre el origen de los Nueve Infiernos. Yo me inclino a creer que se originó en respuesta al Abismo. El Averno es como el escudo que frena cada estocada al situarse en el punto exacto donde convergen el río Estigio y el Abismo. Esa intersección entre la Ley y el Caos, unida a los concentrados niveles de maldad que alberga, es lo que tal vez haya dado pie a la aparición de un lugar tan terrible, único y necesario.

    Durante el tiempo que he pasado recorriendo estas tierras malditas, he podido comprobar que tanto el Averno como varias de las otras capas de los Nueve Infiernos antaño hicieron gala de una gran belleza. Entre las nubes de sulfuro cargadas de ceniza, muchas veces uno puede atisbar las columnas maltrechas de los antiguos templos destruidos tiempo atrás. También hay bosques de árboles momificados, reducidos a cenizas apelmazadas o fósiles ennegrecidos, además de cauces secos que dan a parar a lagos llenos de barro burbujeante. Las magníficas civilizaciones que alguna vez poblaron los Nueve Infiernos son un misterio, pero las ruinas que todavía salpican el paisaje son una prueba de su gloriosa arquitectura y hablan de una época en la que no había páramos devastados por la guerra, infiernos helados o reinos abrasadores plagados de tormentos.

    Es imposible confirmar cuál es su verdadera historia, dado que distorsionar la percepción para que uno experimente la realidad a conveniencia del mal forma parte de la naturaleza de los Nueve Infiernos.

    En consecuencia, he aquí mi regla de oro: la mejor manera de proceder en los Nueve Infiernos es dar por hecho que todo allí es una mentira diseñada para corromper el alma.

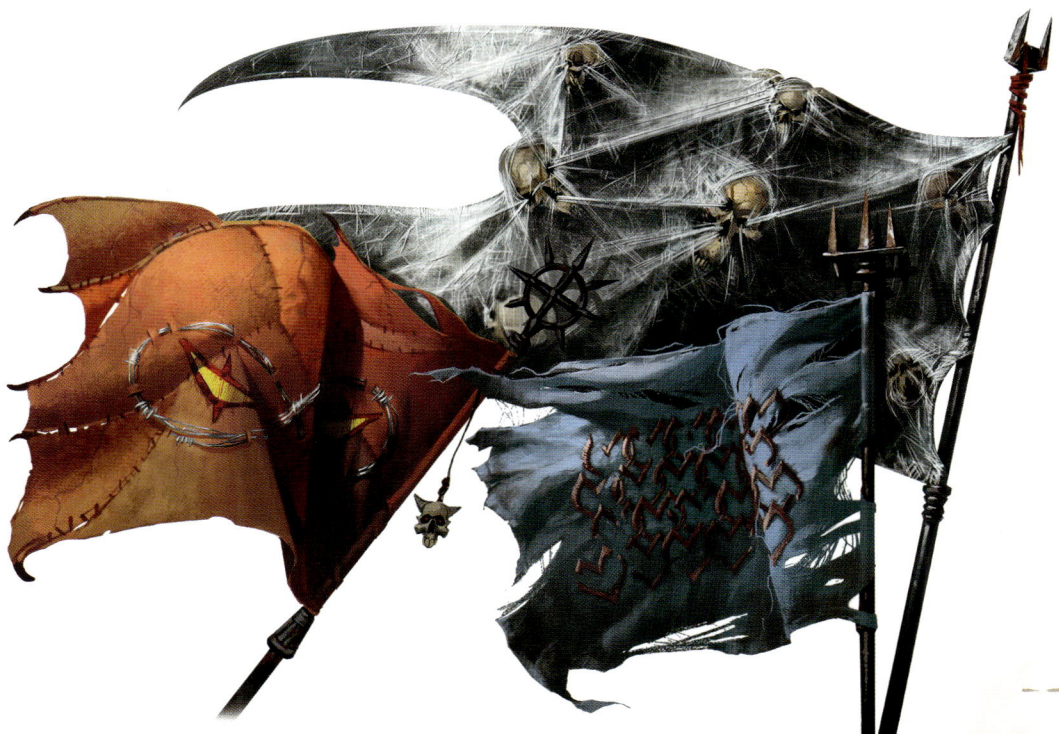

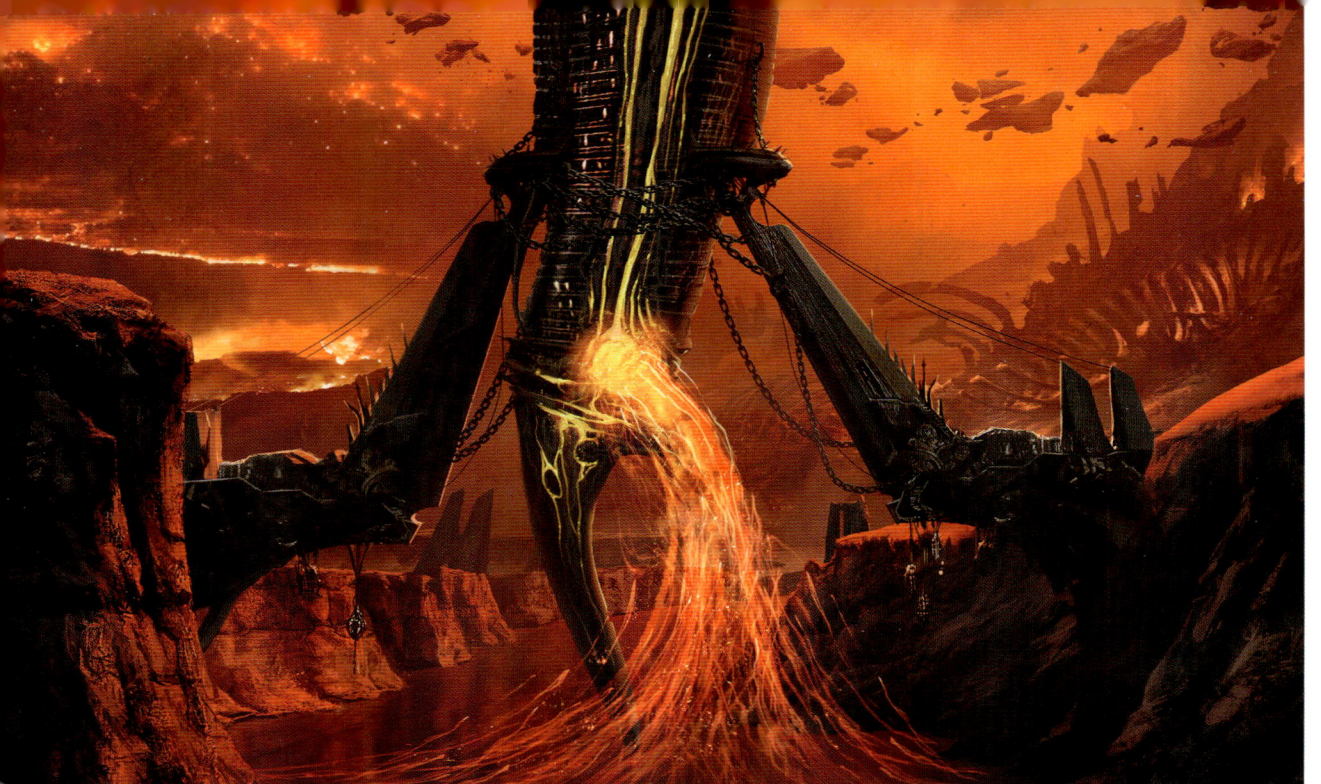

LA TENTACIÓN DEL PODER

Hay una gran cantidad de diablos poderosos y potencialmente peligrosos en los Nueve Infiernos. Si quisieran, cualquiera de ellos podría alterar el Equilibrio o manipular a algún mortal insensato, pero en disposición del poder necesario para causar una catástrofe. Sin embargo, la mayoría de los archidiablos están tan absortos en sus propios problemas y luchas internas dentro del escalafón infernal que ni siquiera se molestan en inmiscuirse en otros mundos. Por no hablar de todo el tiempo que dedican a defender su posición dentro de sus respectivas capas. No, el trabajo externo se lo dejan a sus esbirros.

A Zariel, por ejemplo, la Guerra de la Sangre la tiene tan absorta que no muestra el más mínimo interés en corromper el Plano Material. Su único objetivo es alimentar sus filas en el campo de batalla y, cuantos más soldados consiga, mejor.

Por lo que he observado, los Nueve Infiernos no suponen una gran amenaza para quienes no se dejan llevar por sus apetitos. Los diablos necesitan una vía de acceso, una ambición o un punto débil de los que aprovecharse. Por eso precisamente, atraen a los incautos como moscas a la miel y los conducen a la muerte. Aun así, cuando uno es consciente de que todos los placeres que prometen los moradores de los reinos infernales son un veneno para el alma, el poder de los diablos disminuye. Una vez que identifican un alma de voluntad inquebrantable, lo que suelen hacer es recurrir a un ser querido más débil para chantajear a su objetivo y así forzarlo a cerrar el trato. En esos casos, uno se da cuenta de que somos seres sociales y que, en consecuencia, debemos colaborar y estar preparados para enfrentarnos a las tentaciones diabólicas juntos.

Asmodeo vigila los mundos del multiverso gracias a los muchos esbirros y fanáticos que están a su servicio. Los ideólogos bienintencionados y militantes taciturnos que aseguran detestar el mal y estar en contra de Asmodeo se sorprenderían al descubrir que él los tiene en alta estima. Su lugarteniente, Dispater, adora la discordia, pero no hay nada que Asmodeo disfrute más que la discordia disfrazada de moralidad. El apoyo de los dictadores ávidos de poder y los clérigos manipuladores le resulta aburrido y predecible. Además, al morir se convierten en los diablos de menor rango en el escalafón de los malditos. Son los adeptos inesperados, los orgullosos que se precian de su rectitud, los que dibujan el fantasma de una sonrisa de satisfacción en el rostro por lo general implacable de Asmodeo. Él espera con la paciencia característica de un inmortal a que las buenas intenciones se corrompan, a que el amor se transforme en miedo y las personas honradas caigan en las redes del orgullo y la vanidad. Es casi como si el archiduque de Neso plantase una semilla en todas y cada una de las criaturas sintientes del multiverso y aguardase a ver si germina. Aquellos que reparan en la presencia de esa semilla y se niegan a regarla son los únicos que de verdad están libres de la influencia de Asmodeo. Mientras tanto, el resto tendrá al archiduque susurrándole constantemente al oído, retorciendo sus pensamientos y ensombreciendo su percepción. Asmodeo es la amenaza pasiva que se declara inocente en un juicio sin despeinarse, pues se asegura de que sean otros quienes hagan su divisiva voluntad. Ahí tienes la prueba de lo engañoso que es su poder por naturaleza.

EL EQUILIBRIO

El Equilibrio no es bueno. Tampoco es malo. No es Ley ni Caos. El Equilibrio es la armonía entre las fuerzas. Está en constante movimiento, en un tira y afloja en el que se tensa y se relaja. Tiene vida.

En los Nueve Infiernos, el Equilibrio se manifiesta en su más violenta expresión como la Guerra de la Sangre. Es un enfrentamiento entre criaturas malvadas cuyo alineamiento se posiciona entre la Ley o el Caos en una tempestad de aniquilación.

En caso de que los demonios llegaran a ser derrotados, los diablos cambiarían de objetivo y tratarían de hacerse con el control de la mente y el corazón de los habitantes del multiverso. Entonces su impacto fuera de los Nueve Infiernos no tardaría en hacerse demasiado grande y el Equilibrio quedaría en grave peligro. Por eso debemos darles las gracias a los demonios por mantener tan ocupados a los ejércitos diabólicos que no les dejan alcanzar su máximo potencial.

Pese a la Guerra de la Sangre, existen cambiones y diablos mayores que todavía aspiran a recolectar tantas almas como les sea posible. Además, siempre habrá algún mortal que ansíe tan fervientemente aumentar su poder como para estar dispuesto a sacrificar su propia alma. Y esto me lleva a hacerme una pregunta: ¿de verdad tienen los diablos algún poder sobre nosotros? Por mucho que ellos nos tiendan la mano, somos nosotros quienes decidimos aceptarla o no.

Los límites del Equilibrio empiezan y acaban con cada uno de nosotros y, para aquellos dispuestos a defender esa causa, es importante identificar la presencia de influencias infernales para aplacarlas sin miramientos. Cualquier héroe que dedique su vida a combatir demonios debe conocerse bien antes de poner un pie siquiera en los Nueve Infiernos, pues los diablos aprovecharán la más mínima debilidad para derrumbar el palacio de su alma.

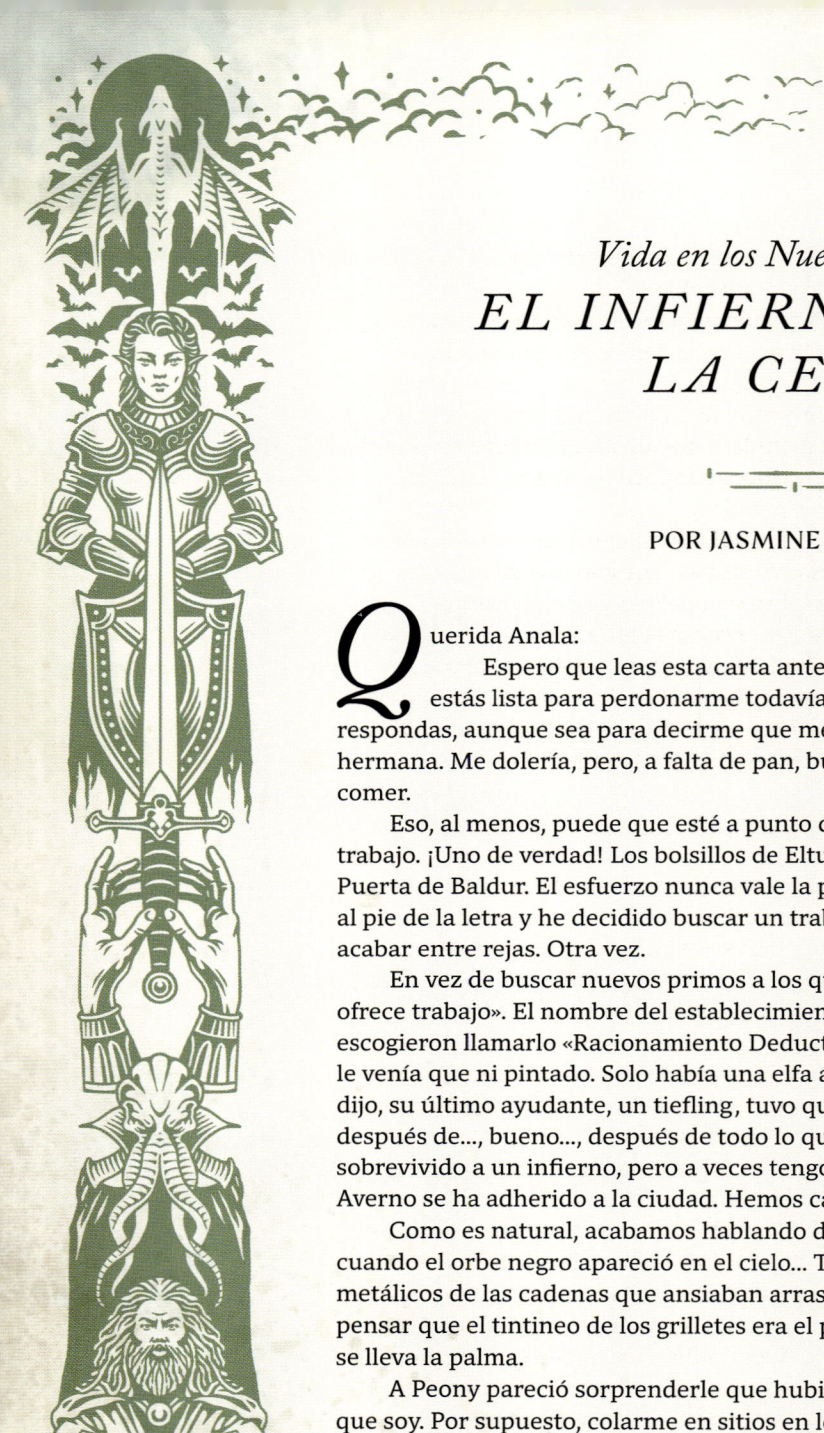

Vida en los Nueve Infiernos
EL INFIERNO DESDE LA CELDA

POR JASMINE BHULLAR

Querida Anala:

Espero que leas esta carta antes de quemarla. Doy por hecho que no estás lista para perdonarme todavía, pero tengo la esperanza de que me respondas, aunque sea para decirme que me odias o que ya no me consideras tu hermana. Me dolería, pero, a falta de pan, buenas son tortas, y yo llevo días sin comer.

Eso, al menos, puede que esté a punto de cambiar porque he conseguido un trabajo. ¡Uno de verdad! Los bolsillos de Elturel no están tan llenos como los de la Puerta de Baldur. El esfuerzo nunca vale la pena. Así que me he tomado tu consejo al pie de la letra y he decidido buscar un trabajo con el que no corra el riesgo de acabar entre rejas. Otra vez.

En vez de buscar nuevos primos a los que robar, he buscado carteles de «Se ofrece trabajo». El nombre del establecimiento era un poco hortera. No sé por qué escogieron llamarlo «Racionamiento Deductivo» cuando «Pasión por las Raciones» le venía que ni pintado. Solo había una elfa atendiendo a la clientela; según me dijo, su último ayudante, un tiefling, tuvo que salir de la ciudad sin previo aviso después de..., bueno..., después de todo lo que ha pasado. Puede que Elturel haya sobrevivido a un infierno, pero a veces tengo la sensación de que una parte del Averno se ha adherido a la ciudad. Hemos cambiado.

Como es natural, acabamos hablando de aquel día y de dónde estábamos cuando el orbe negro apareció en el cielo... Todavía recuerdo los chirridos metálicos de las cadenas que ansiaban arrastrarnos a las fauces del odio. Solía pensar que el tintineo de los grilletes era el peor sonido del mundo, pero ese otro se lleva la palma.

A Peony pareció sorprenderle que hubiera sobrevivido sola con lo pequeñita que soy. Por supuesto, colarme en sitios en los que no debería estar es mi especialidad, pero eso no es algo que convenga contarle a tu jefa en potencia. Le dije que los halflings solemos tener suerte y, como técnicamente yo tuve muchísima suerte aquel día, lo único que hice fue adornar un poco la verdad.

La razón por la que las hordas de diablos no me hicieron papilla fue porque estaba entre rejas. Los barrotes de hierro sirven para mantener a la gente tanto dentro como fuera de una celda. Así que di comienzo a mi historia con algo menos comprometedor: la fractura. Resulta que la ciudad no estaba pensada para que una cadena infernal la arrastrara hasta el río Estigio, así que se partió en dos. De punta a punta. Por suerte, lo mismo pasó con mi celda.

    Trepé por los muros derruidos de la prisión y no me detuve hasta alcanzar... A ver, diría «la libertad», pero eso no era lo que me esperaba en las calles de la ciudad.

    Mirara donde mirase, había gente huyendo de todo tipo de bestias cornudas con armas aterradoras y buscando desesperadamente un lugar donde esconderse. Pero a quienes les plantaron cara a los invasores tampoco les estaba yendo muy bien, porque los diablos habían venido preparados.

    Yo traté de pasar inadvertida y moverme por los callejones que conocía bien gracias a mis anteriores «oficios». Cuando ya estaba a tan solo un par de calles de casa, la situación se complicó. Vi a un hombre grande con una marca amoratada en la frente y a una mujer tan pálida y radiante como la luna armando un buen alboroto codo con codo en la calle principal. El hombre no dejaba de retar a las criaturas infernales que los rodeaban. Yo supuse que le daba igual vivir o morir, pero entonces vi a dos niñas agazapadas bajo un carro volcado. Estaba intentando distraer a los atacantes. Lo primero que se me pasó por la cabeza fue pensar que su insensatez le iba a costar la vida.

    Lo segundo fuiste tú, Anala. Ver a esas dos niñas agarradas para protegerse la una a la otra me recordó a nosotras.

    Salí de entre las sombras, me colé entre las piernas de un diablo, pasé por debajo de la espada de la mujer pálida y me deslicé bajo el carro volcado. Al principio no querían dejar atrás a Minsc y Nerys, los amigos que las estaban protegiendo. Yo eché un vistazo a la tormenta de acero y furia que se traían entre manos. «Esos dos estarán bien», les dije antes de cargar con cada una bajo un brazo.

    Los puestecitos rotos y las cajas de madera abandonadas tras los que nos fuimos escondiendo nos ayudaron a despistar a los diablos. Sin embargo, Minsc no me quitó ojo de encima. Su mirada permaneció clavada en mí desde que salí de debajo del carro hasta que conseguí llevar a las niñas a un lugar seguro.

    Dejé tantos detalles fuera de la historia que no me extrañaría que Peony no se la haya tragado del todo, pero la parte de Minsc fue decisiva. Y creo que le dio una referencia lo suficientemente fiable como para contratarme. Empiezo mañana.

    En cualquier caso, Anala, aquel día, me llevé una cosa más sin permiso: la mirada que le lancé a los dos héroes que defendieron mi hogar hasta el final. Sé que quieres que deje atrás este maldito lugar. Solía pensar que era porque creías que no conseguiría arreglármelas sola, pero ahora entiendo que es porque te preocupas por mí. Y con razón. Elturel es una ciudad problemática. Pero, si no le ponemos remedio nosotros con nuestras buenas acciones, ¿quién lo hará? Huir no es la solución.

    Con cariño,
    Naya

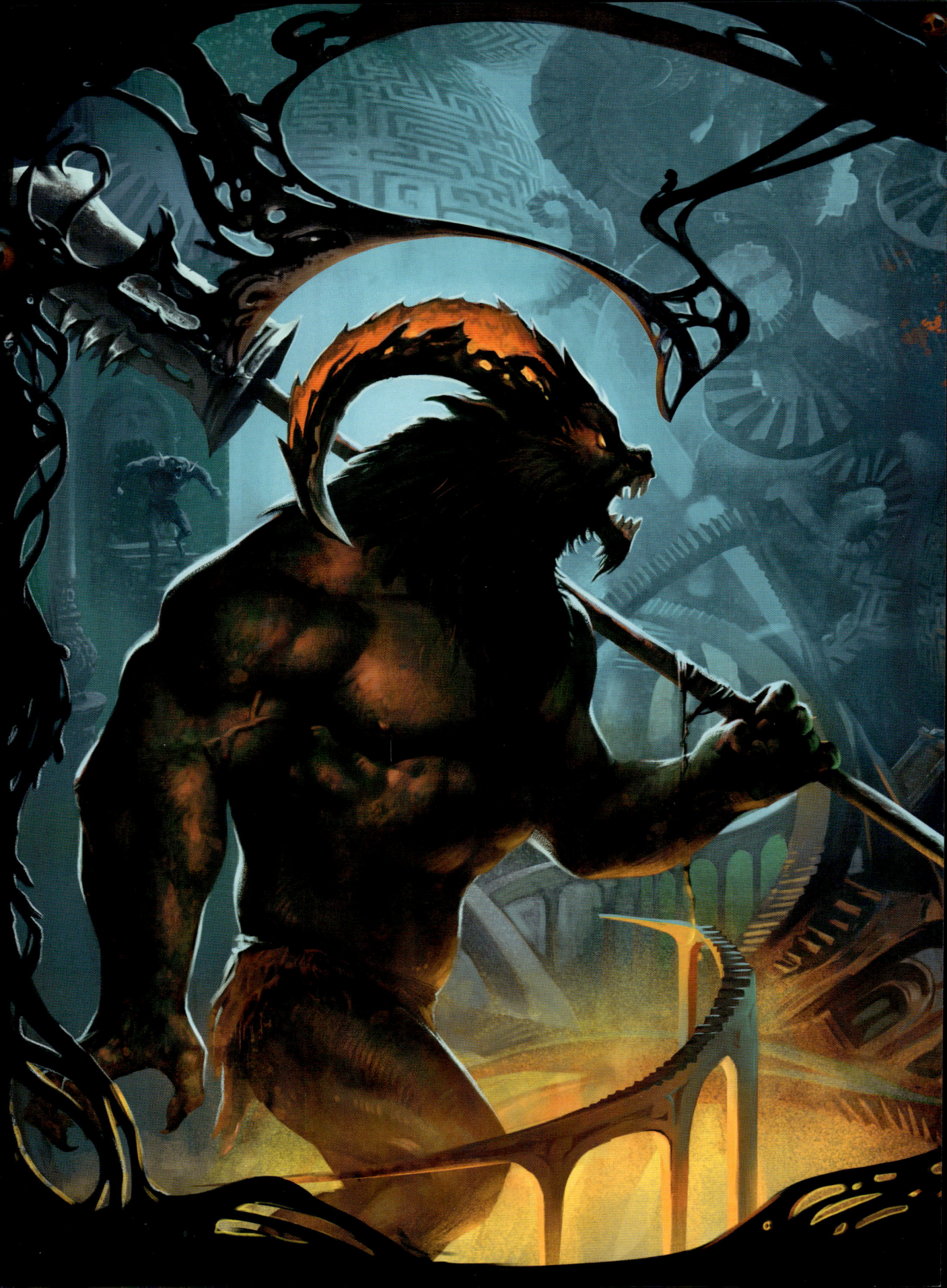

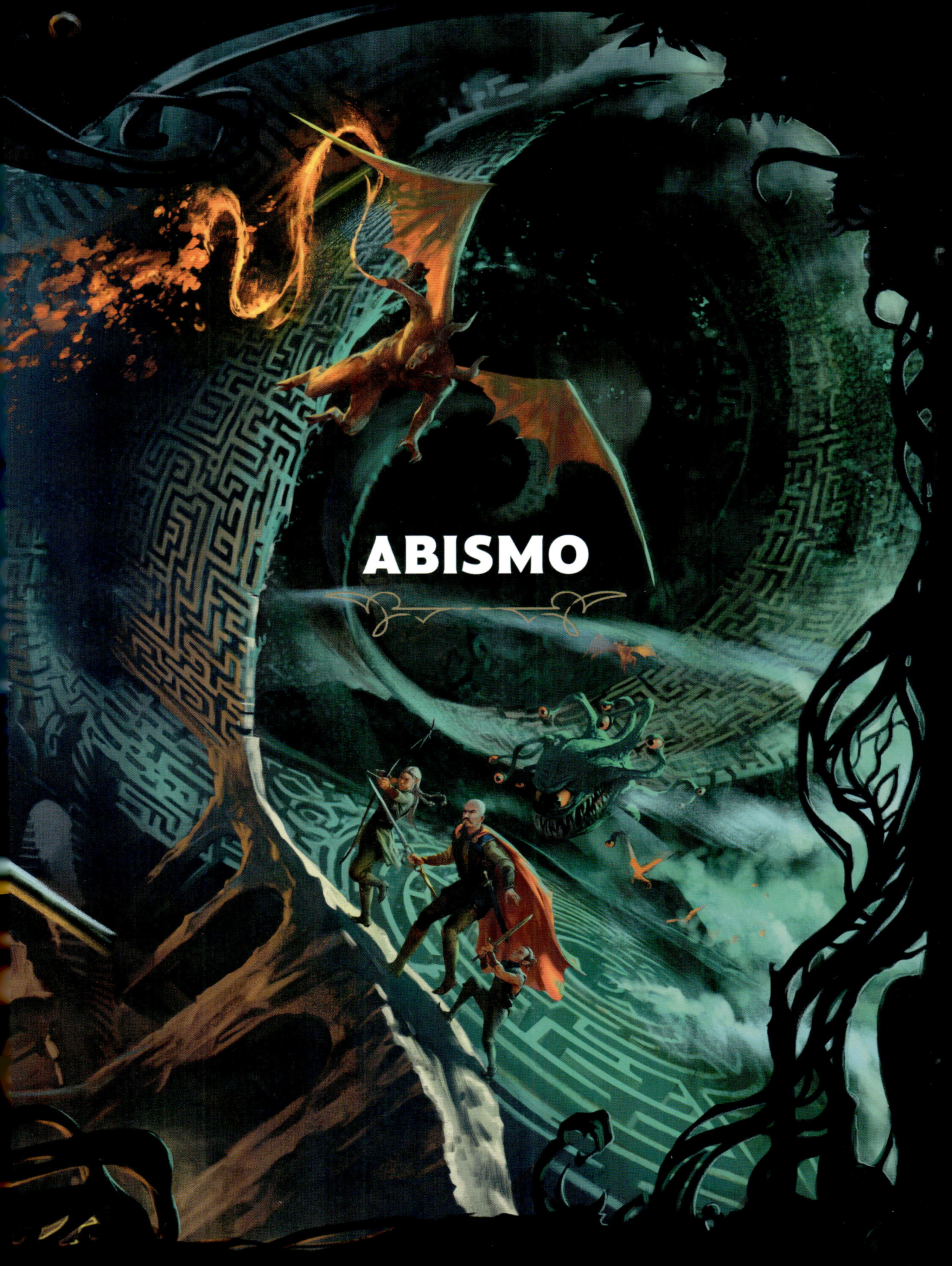

**on muchos los que dan lecciones** en simposios y escriben tomos acerca del Abismo, pero las palabras no pueden acercarse siquiera a describir este reino de la demencia. Me he sentado en tales salones de enseñanza para escuchar a esos supuestos expertos y eruditos mientras pontifican sobre la raza demoníaca y sus costumbres (como si tuvieran unas «costumbres» comprensibles), pero muchos de ellos, algunos de los cuales han escrito volúmenes sobre el Abismo y sus criaturas, jamás lo han experimentado de verdad, jamás han respirado la nociva vileza del aire abismal (si es que se puede llamar así a su hedionda atmósfera), nunca han oído el zumbido incesante o los lamentos de tormento, y nunca han sentido la confusión desgarradora, los ángulos extraños y las perspectivas cambiantes, nunca han sentido las paredes de su mente siendo desgarradas por un millón de dientes rechinantes. Lo que quiero decir es que una persona solo puede experimentar el Abismo yendo allí, caminando hacia sus infinitas profundidades, dejando que asalte tus sentidos y doble tu mente hasta romperla.

Dado que lo único que puede conducir a una persona a querer entrar en el Abismo es una pura estupidez o una absoluta desesperación, la mayoría de los relatos de primera mano sobre ese lugar son, digamos, poco ilustrados. Muy pocos eruditos auténticos, incluidos los más curiosos o ingenuos, se atreven a poner un pie en el Abismo, ya que saben que las normas del Plano Material no se aplican allí. La mayoría de los documentos que puedes haber leído sobre el Abismo son relatos de segunda, tercera o cuarta mano cuyas fuentes son documentos antiguos, y a su vez estos solían ser los garabatos y delirios de personas dementes. Muy pocos regresan del Abismo con el cuerpo y la mente intactos, si es que lo hacen.

Decir que el Abismo es simplemente un plano no sintetiza de forma correcta lo que es. Con el entendimiento de que las palabras son fútiles, el Abismo es, según mi observación, un pliegue fractal de la fuerza primigenia del Caos que ha sido mancillado por el mal. Aunque algunos aseguran tener pruebas de que es infinito, otros tienen pruebas de que es finito. Algunos dicen que tiene límites y otros aseguran que es ilimitado. Respeto a los estudiosos, y soy un ávido lector de muchos tomos, pergaminos y manuscritos de los eruditos, pero hay veces en las que hablar de un tema como el Abismo sin haber tenido ninguna experiencia real en el reino, por muy sabia que sea esa persona y por muy bien que se exprese, es en el mejor de los casos un balbuceo florido y hueco, y en el peor, peligrosamente engañoso. Si la erudición no se basa en la experiencia, entonces la información podría acabar siendo una sentencia de muerte para cualquier aventurero abismal que dependa de dicha información para sobrevivir a una expedición por la Escalera Infinita. Mientras exploraba el Abismo, he sacado de entre las pilas de huesos varios libros de este estilo de dudosa erudición sobre la demonología; sin duda, de aventureros que dependían de dichos tomos para que los guiaran. Tengo intención de devolver esos volúmenes manchados de sangre a sus autores, como recordatorio de que dar falso testimonio y hacer un periodismo chapucero al servicio de promocionar su propio ego como experto es un crimen, pues hay personas que depositan su confianza y sus vidas en la veracidad de estas palabras escritas por «expertos».

En mi opinión, uno solo puede comenzar a comprender siquiera la demencia dimensional del Abismo mediante la experiencia directa. Así pues, elegid bien a vuestros guías e investigad bien la experiencia de vuestros demonólogos, ya que cualquier viaje mal informado al Abismo será sin duda el último que hagáis.

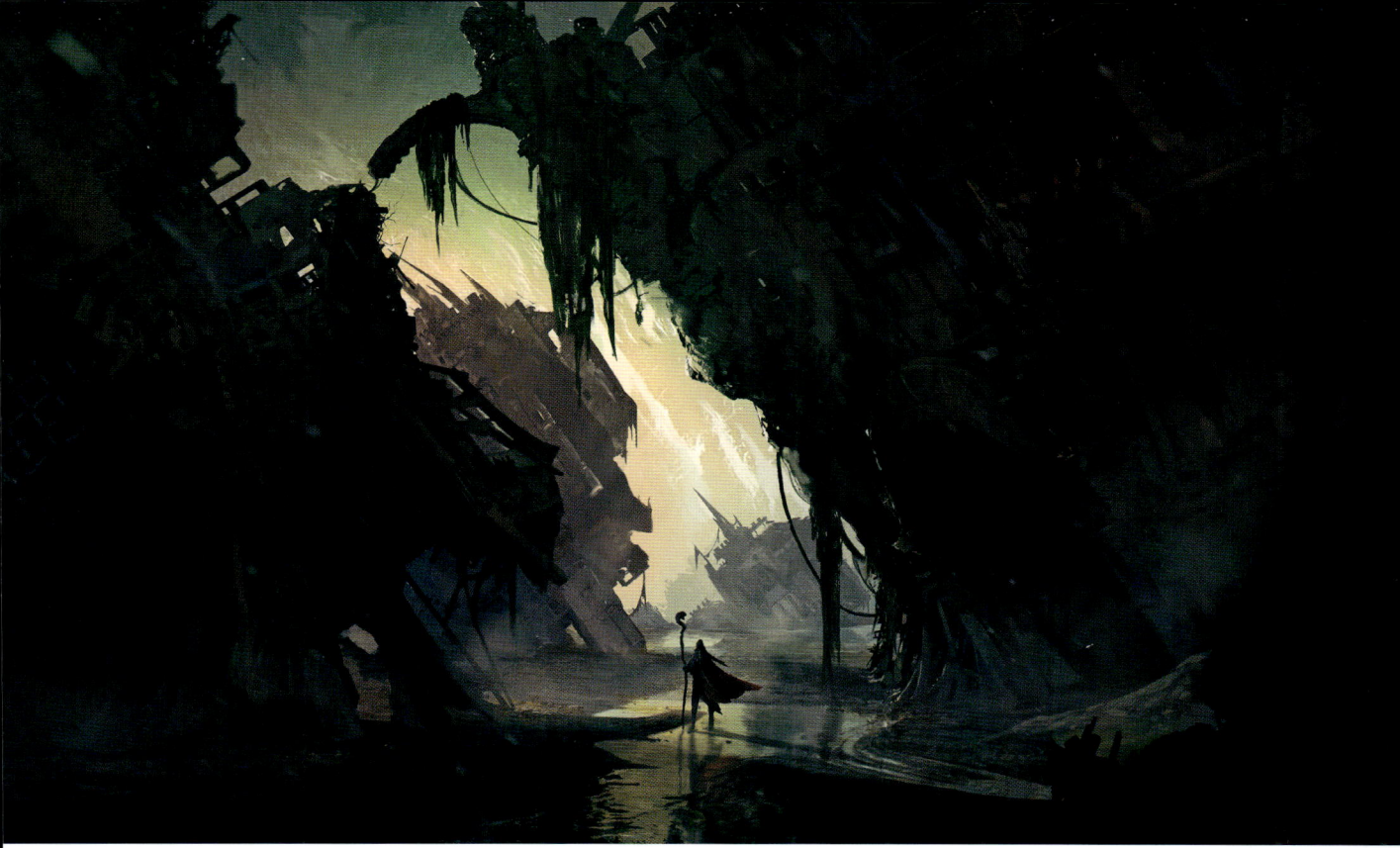

ORÍGENES ABISMALES

Cómo surgió el Abismo es un misterio. Hay muchas teorías, y la principal de ellas es que una esquirla de maldad arrojada al Caos atrajo a seres de otra dimensión que después se convirtieron en señores demoníacos. Esto es posible. Existen muchas conjeturas rocambolescas, pero nadie sabe de verdad lo que aconteció para crear el Abismo y a sus habitantes. Lo único que sé es que el Caos, el puro Caos, es tan vital para el multiverso como la pura Ley. Cuando ambos existen en armonía, crean el Equilibrio viviente y en movimiento. Pero el mal es una fuerza que puede inclinar el Equilibrio en una dirección u otra, y cuando eso ocurre, la amenaza de la destrucción a causa del Caos absoluto o el estancamiento a causa de la Ley absoluta son algo posible. Cuando se encuentran en armonía, el Caos y la Ley se mueven juntos y se complementan mutuamente en una danza cósmica, creciendo, adaptándose y evolucionando mientras se empujan y tiran el uno del otro a través del medio de la energía y la materia. En el caso del Abismo, el mal ha deformado el Caos en un reino de demencia y conflicto.

Una vez dicho todo esto, si tuviera que especular sobre el origen del Abismo, lo único que podría decir después de haber explorado ese reino durante mucho más tiempo del que jamás habría deseado hacerlo, es que el Caos puro y cósmico ha sido deformado y corrompido por la impureza del mal hasta convertirse en lo que ahora son los retorcidos niveles fractales del Abismo, y eso a su vez ha engendrado a toda clase de monstruosidades repugnantes, incluidos los propios señores demoníacos.

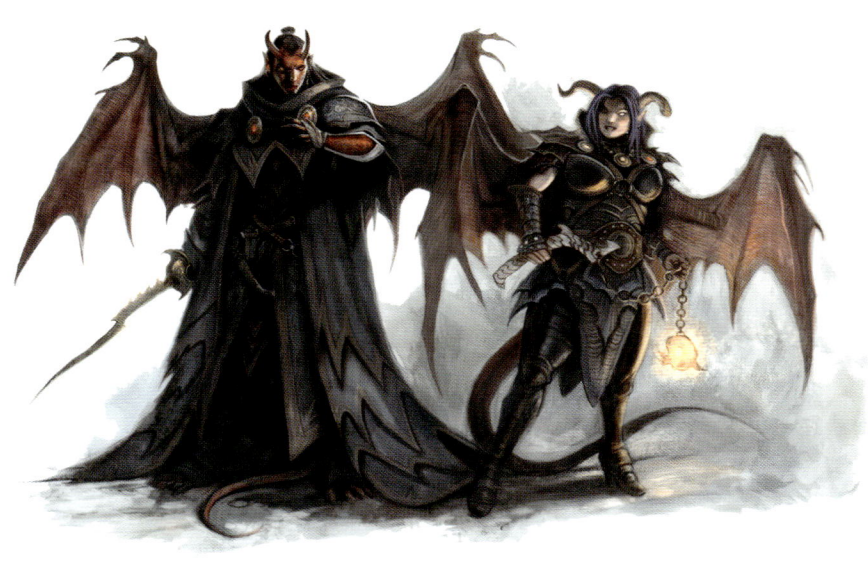

NIVELES DE LOCURA

El Abismo está en cambio continuo, pero hay niveles que se mantienen constantes y definidos, tal vez sostenidos por el aura malévola o la voluntad antinatural de los señores demoníacos que los gobiernan. Hay muchos demonios engendrados dentro del Abismo, pero si quieren ser un señor demoníaco, estos deben o bien luchar salvajemente para destituir a un señor demoníaco ya existente, o bien encontrar un nivel sin uno y reclamarlo para sí mismo; la mayoría de las veces mediante el salvajismo y las artimañas. No estoy seguro, pero tengo mis sospechas de que, de forma muy similar al Feywild, cada nivel del Abismo está formado tanto por la voluntad del señor demoníaco que la gobierna como por la naturaleza amorfa del propio Abismo, y esa es la razón por la que cada nivel tiene su propia imagen demencial que parece reflejar la clase única de depravación y locura de su señor demoníaco. Huelga decir que, con el tiempo que tardaría en demostrar mi teoría, lo más probable es que antes me volviera loco a causa de la exposición o acabara terriblemente devorado.

Los demonios están siempre en conflicto, impulsados por su deseo de infligir dolor y destrucción, y luchan entre ellos tanto dentro de los niveles como contra los demás en una furiosa batalla campal eterna. Similar a los Dominios del Terror, los demonios están cautivos en su propio nivel abismal, pero su insaciable sed de matanza y masacres ocupa toda su atención. Por supuesto, si ese fuera realmente el caso, el Abismo jamás sería una amenaza para el multiverso, pero de vez en cuando un portal o una grieta en el Abismo permite tanto que escapen de su aprisionamiento como que encuentren un nuevo territorio que saquear y destruir.

La entrada principal al Abismo es desde el Averno en los Nueve Infiernos, y esa fisura es parte de los Nueve Infiernos tanto como del Abismo. Hasta se podría argumentar que conecta ambos reinos, y que por consiguiente los convierte en uno. Pero también hay portales que surgen a causa de la naturaleza caótica del Abismo y se abren de forma espontánea en ubicaciones aleatorias a lo largo del multiverso; algunos solo duran meros segundos, pero otros perduran varios años. Por suerte, estos portales son casi imposibles de predecir, y a menudo no los encuentran los habitantes de ninguno de los dos lados, lo que hace que la prisión del Abismo sea en cierto modo segura. Si eso fuera todo, tal vez muchos de los que temen una fisura abismal podrían descansar un poco más tranquilos, pero siempre parece haber algún grupo de sectarios que adoran a algún señor demoníaco como si fuera un dios y creen sin ninguna duda que será el salvador de su mundo. Si estos maníacos no fueran tan obsesivamente diligentes, no supondrían ningún problema, pero no se les puede dejar a su aire, ya que a causa de su fanática investigación y su búsqueda incesante, siempre acaban dando con algún hechizo poderoso o un objeto mágico que les permita atravesar la piel del Abismo y desatar la calamidad de su «dios» en el mundo.

Como siempre hay cultos apocalípticos o dementes desquiciados que quieren manifestar sus visiones de dolor y furia, el acceso al Abismo ha de mantenerse alejado de sus manos. Esa es la razón por la que cualquier libro, fragmento y pergamino que revele o dé alguna pista sobre la ubicación de un portal o un pasadizo se mantiene guardado detrás de cerraduras y llaves mágicas, protegido por aquellos que entienden el peligro de tales objetos. Archimagos y organizaciones como los Arpistas tienen escondidos tomos de esta índole. Las criaturas sabias como las esfinges y los antiguos dragones metálicos llevan milenios protegiendo estos libros como su único propósito. La jerarquía celestial a menudo envía seres poderosos como los solares y los empíreos para proteger un portal abismal por toda la eternidad. El compromiso de mantener el Abismo sellado es una carga compartida entre todos.

Pero el multiverso es muy antiguo, y a pesar de todos estos esfuerzos por parte de tantos, siempre habrá algún tomo sin descubrir lleno de conocimiento prohibido que yace sellado en una cámara antigua o en alguna academia olvidada esperando a que lo lea una mente entusiasta pero demente.

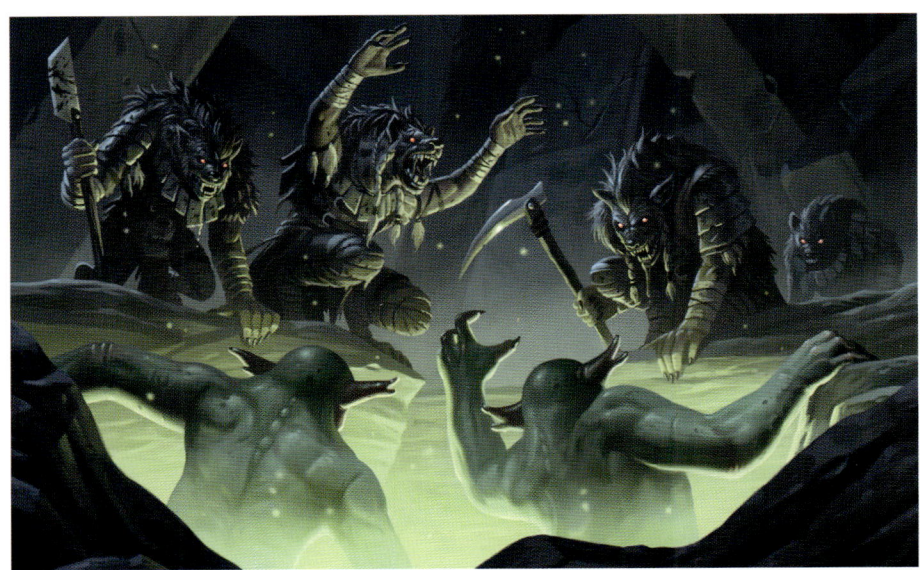

LOS SEÑORES DEMONÍACOS

De forma metafórica, podríamos decir que el Abismo es un árbol que, como está alimentado por el mal, da una plétora de frutos diabólicos, y los señores demoníacos son los más poderosos de estos frutos. La mayoría de los señores demoníacos tienen la capacidad de ser lanzadores de conjuros altamente inteligentes, pero su intelecto, sin importar lo grande que sea, jamás le saca ventaja a su naturaleza demoníaca —un deseo compulsivo de destruir— y es eternamente un siervo impotente y obediente para esta. El intelecto al servicio de la locura es lo que personifican los señores demoníacos.

Se podría decir que el intelecto es la base de la razón, pero en el caso de los señores demoníacos y los diablos, no hay ninguna cantidad de razonamiento que pueda hacerles beber de la fuente del bien. Los demonios poderosos son capaces de lanzar hechizos, y algunos, como Orcus, también pueden emplear una magia increíblemente compleja. Sin embargo, el poder de la razón prolongada, al que tiene acceso cualquier ser pensante, parece ser una hazaña demasiado grande incluso para los señores demoníacos más intelectualmente dotados. Aunque un demonio puede escoger unir fuerzas con otro para ejercer la venganza u optar por frenar sus manos para lograr una maldad todavía mayor, los habitantes del Abismo parecen ser impotentes a la hora de cambiar el resultado final y nihilista de sus miserables vidas. En eso, todos los demonios están condenados a un destino de lo más perverso.

Aunque los señores demoníacos son fascinantes, no se encuentran en un lugar demasiado alto de mi lista de criaturas que me gustaría conocer. Por norma, trato de evitar encuentros directos con cualquier ser que sea gravemente

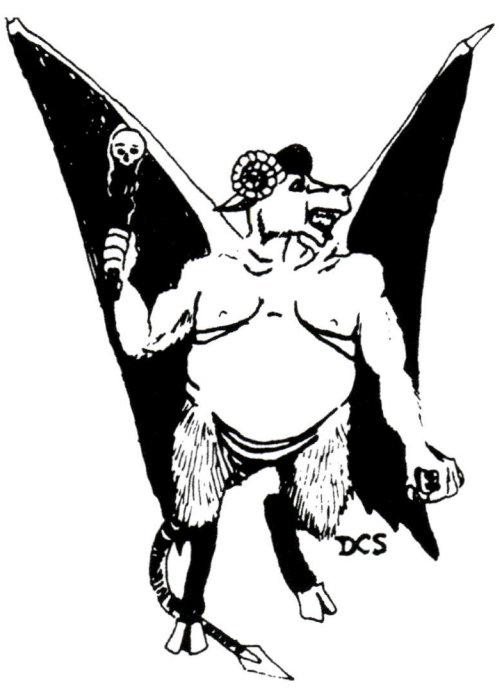
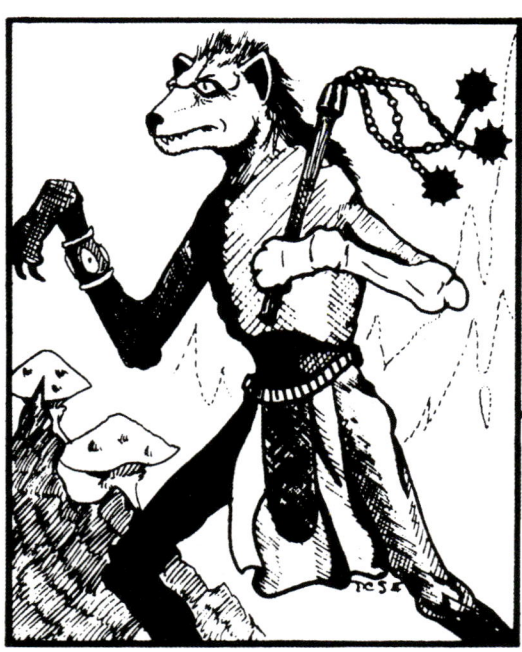

irracional, altamente inestable y extremadamente peligroso. Pero, si un señor demoníaco encontrara alguna forma de venir al Plano Material, como pueden hacer y de hecho ya hacen, eso supondría uno de los mayores problemas a los que podría enfrentarse un mundo, y en ese momento centraría toda mi atención en detener su inevitable oleada de destrucción.

Dado que los niveles del Abismo son potencialmente infinitos, es posible que haya varios millones de señores demoníacos, lo cual es un pensamiento aterrador. Pero, dentro de esta furiosa horda de diablos, hay algunos señores demoníacos que han luchado a zarpazos, confabulado y masacrado para abrirse camino hasta la cima, con el objetivo de volverse infames tanto dentro como fuera del Abismo.

El más terrorífico de todos es el Demogorgon, el Príncipe de los Demonios, un monstruo abominable cuya aura de maldad puede volver loca a una persona. Las cabezas gemelas del Demogorgon conspiran, discuten y luchan entre ellas conforme el príncipe demonio se mueve entre una lucidez maníaca y una absoluta locura; a menudo ambas cosas al mismo tiempo. Gobierna más mediante un dominio animal que con ingeniosos cálculos o una oratoria inspiradora, y sus esbirros siempre están salivando ante la perspectiva de sacar a su maestro del Abismo para llevarlo a su propio mundo.

Al igual que Demogorgon, Yeenoghu, Orcus y Baphomet también son unas monstruosidades enormes pero endiabladamente inteligentes que preferirían hacerte pedazos para sorber el tuétano de tus huesos antes que razonar o charlar contigo. Después está Juiblex, el más primordial de los señores demoníacos, una masa gelatinosa y venosa de ojos, bocas babeantes y pseudópodos temblorosos que solo busca un crecimiento insostenible; un objetivo miserable y antinatural.

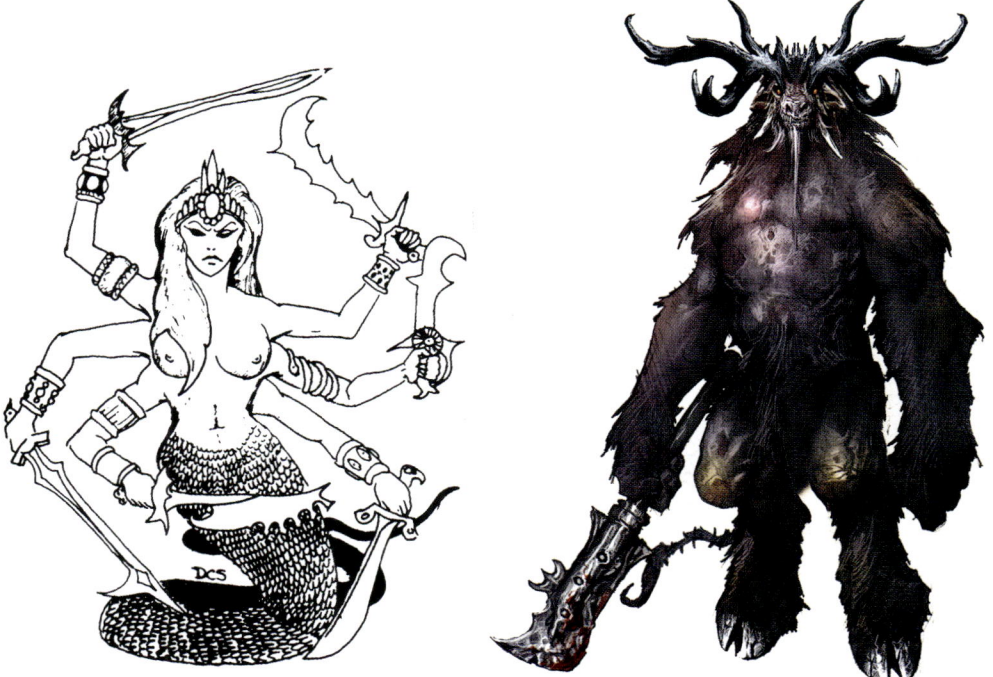

Los señores demoníacos como Zuggtmoy, Fraz-Urb'luu y Graz'zt son los que tienen más probabilidades de fingir un comportamiento accesible, atrayéndote hacia ellos con suaves susurros o una ilusión agradable antes de consumirte según las diversas formas horribles que tienen de hacerlo y enviarte a tu perdición.

Pero, de entre todos los señores demoníacos capaces de ser fríamente calculadores, la maestra de todos ellos es la Reina Demoníaca de las Arañas, Lolth, que rivaliza con los archidiablos en su habilidad de manipular, explotar y controlar.

Lolth vive dentro de un nivel del Abismo conocido como los Fosos de la Telaraña Demoníaca, una maraña de túneles cubiertos de telarañas y repletos de los sacos de huevos de sus vástagos y un arsenal de monstruos que la sirven: yochlols, driders, choldriths, draegloths, y drows. Los Fosos de la Telaraña Demoníaca tienen muchas conexiones con la Infraoscuridad de Toril, especialmente la fortaleza drow de Menzoberranzan, pero los hilos de la Telaraña Demoníaca podrían extenderse también hasta otros mundos, y esto no me sorprendería lo más mínimo, ya que me da la impresión de que Lolth tiene unas ambiciones demasiado grandes para quedar contenidas incluso dentro de los infinitos niveles del Abismo.

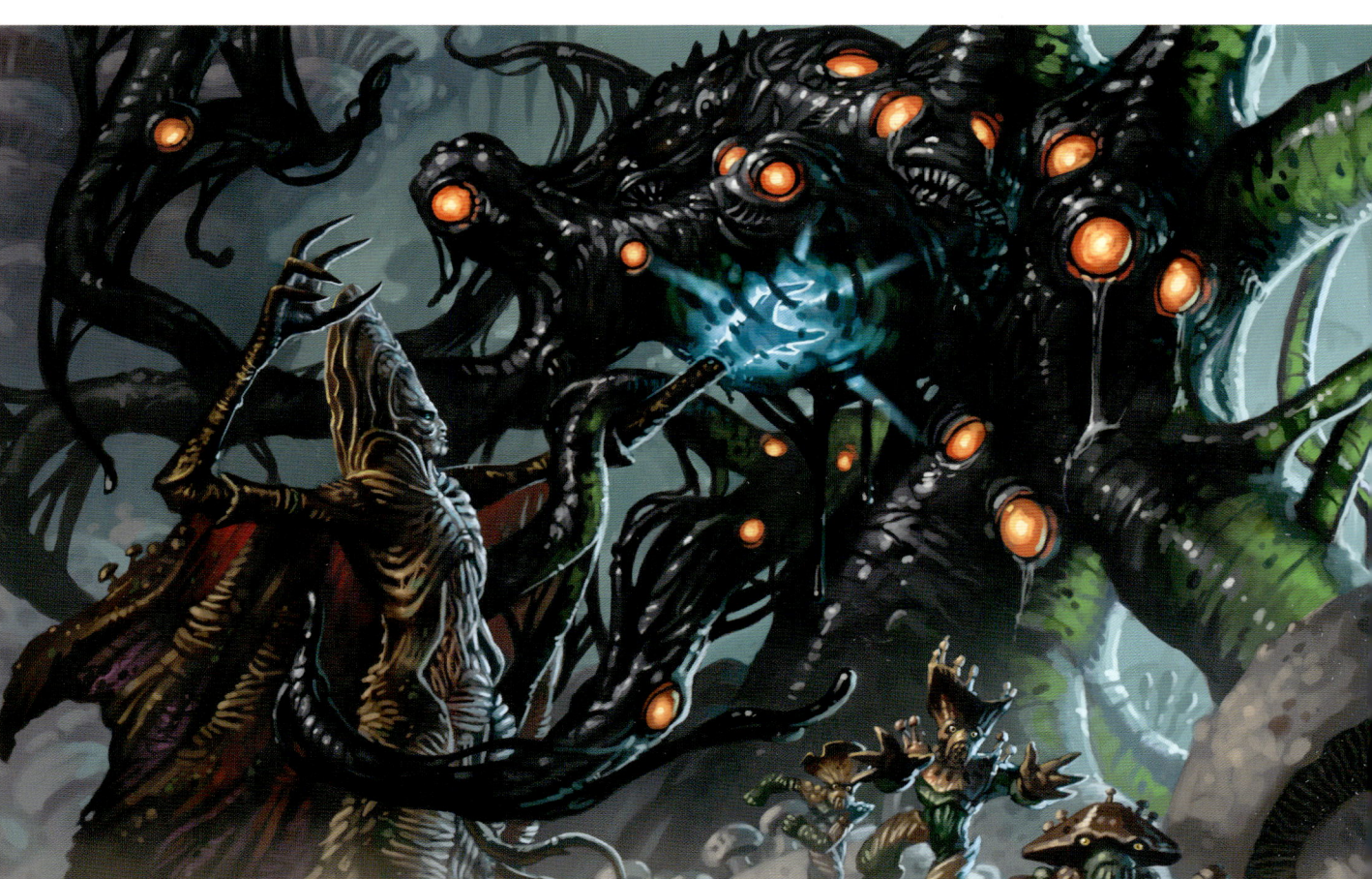

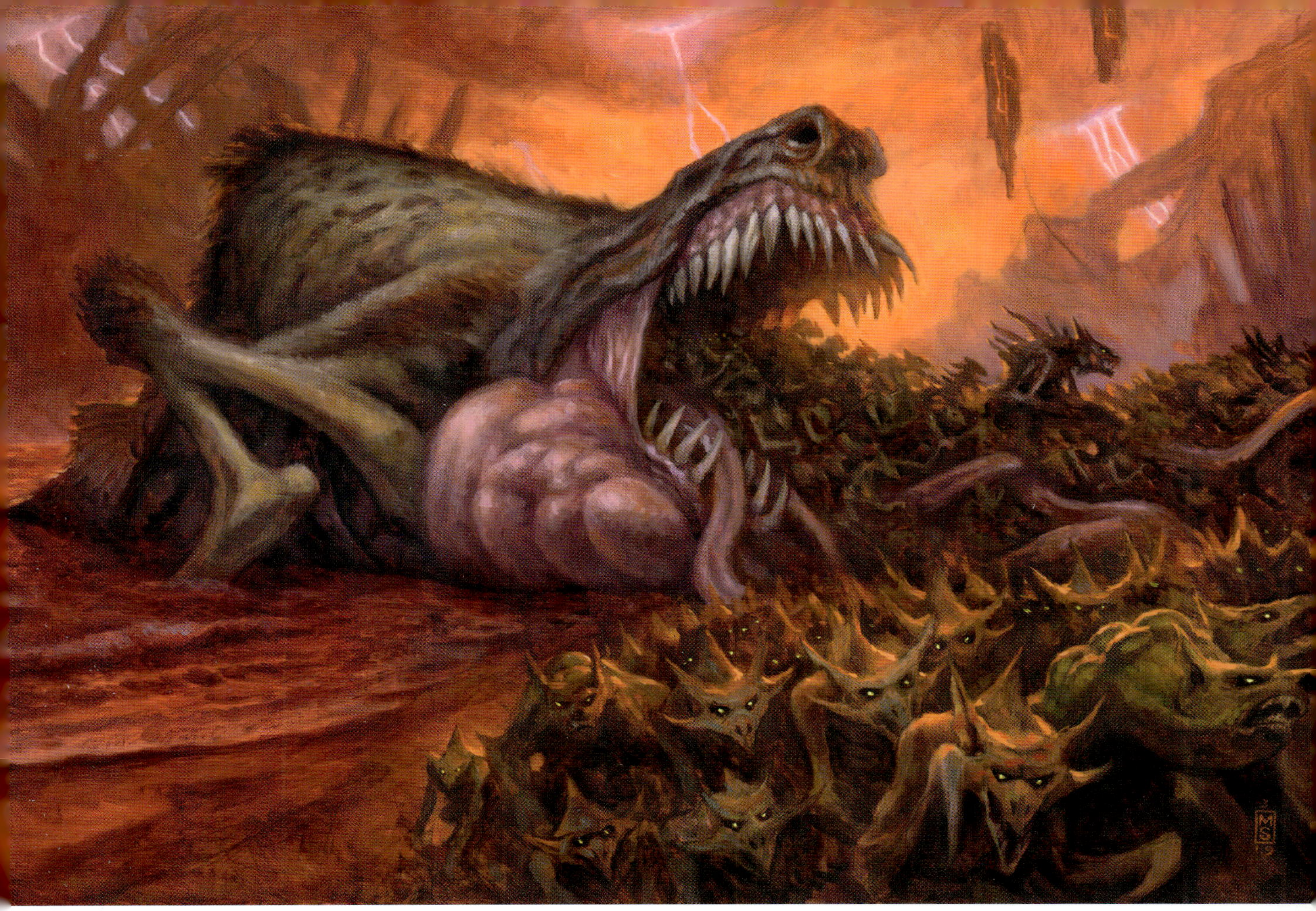

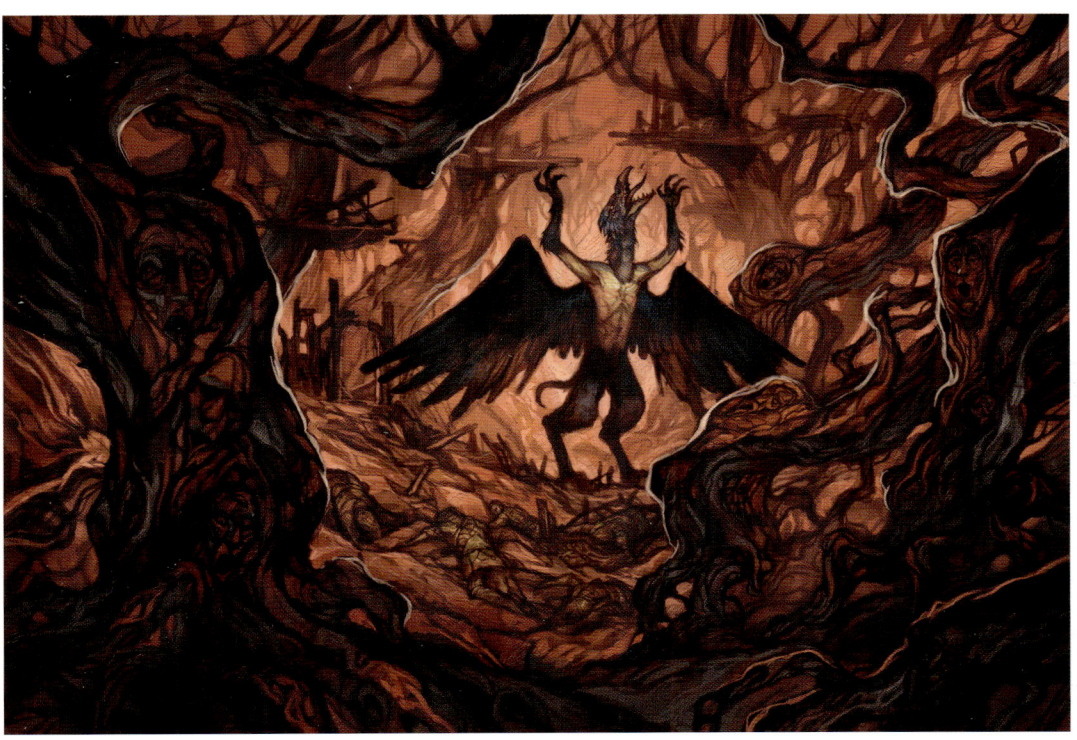

ABISMO

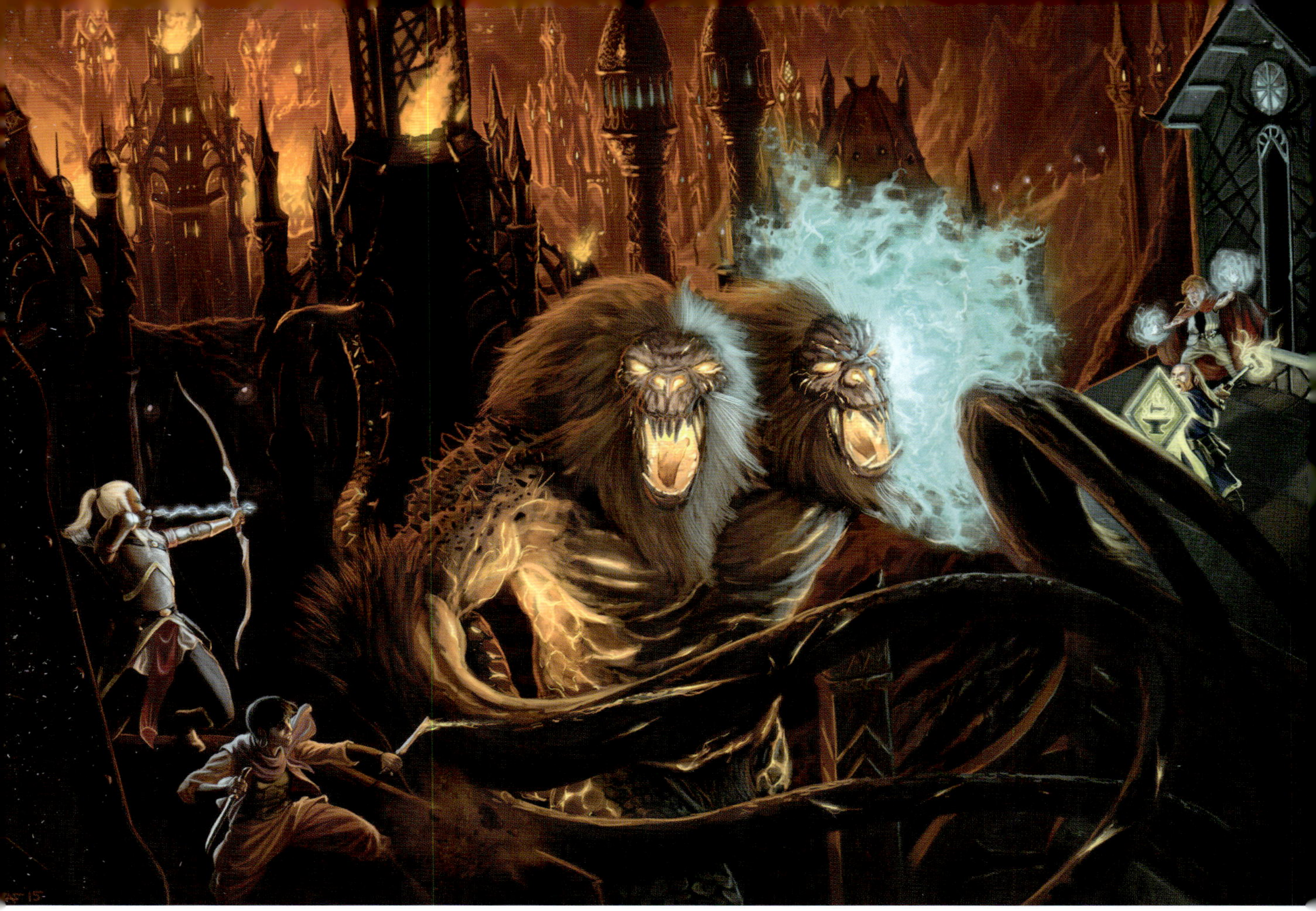

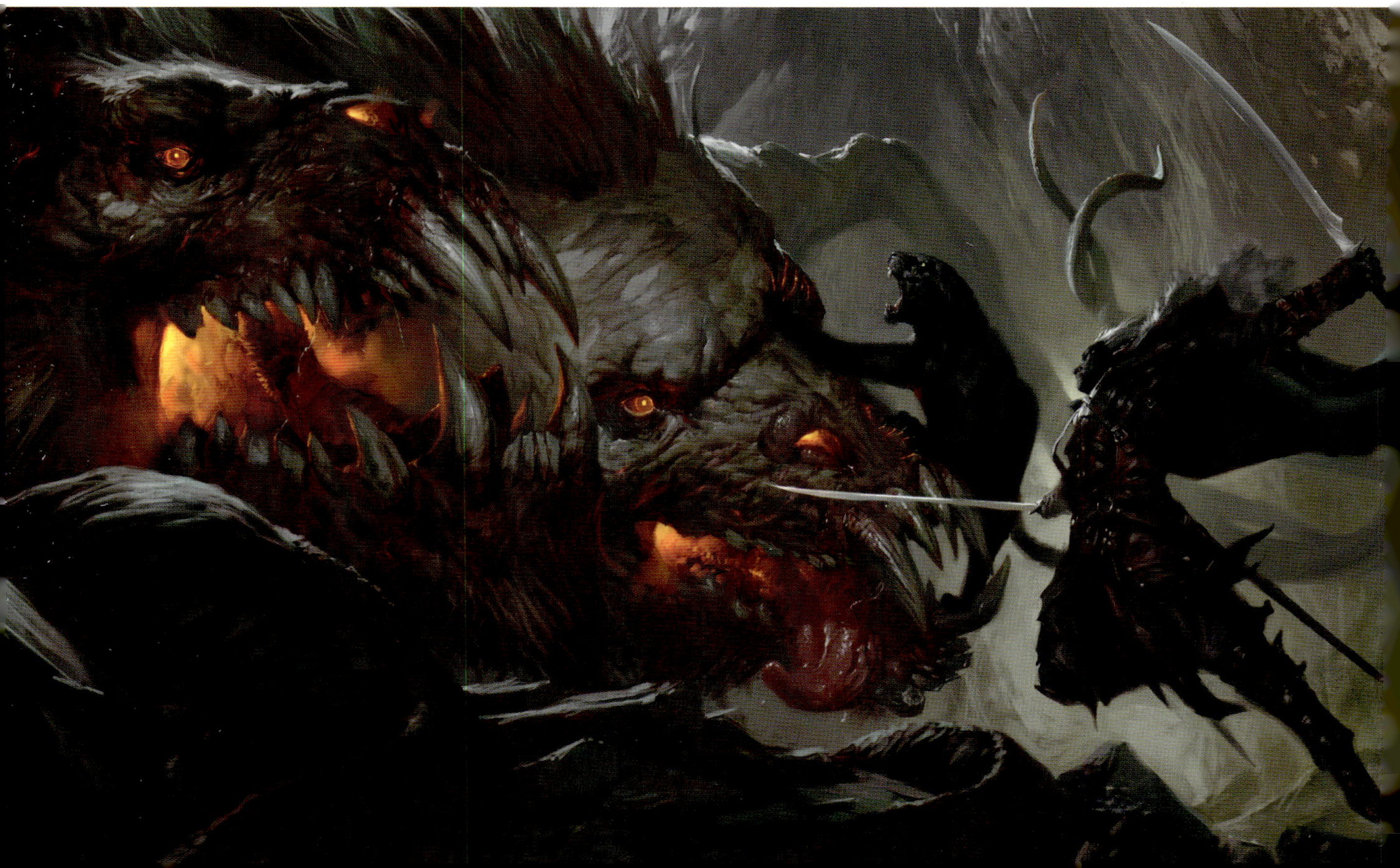

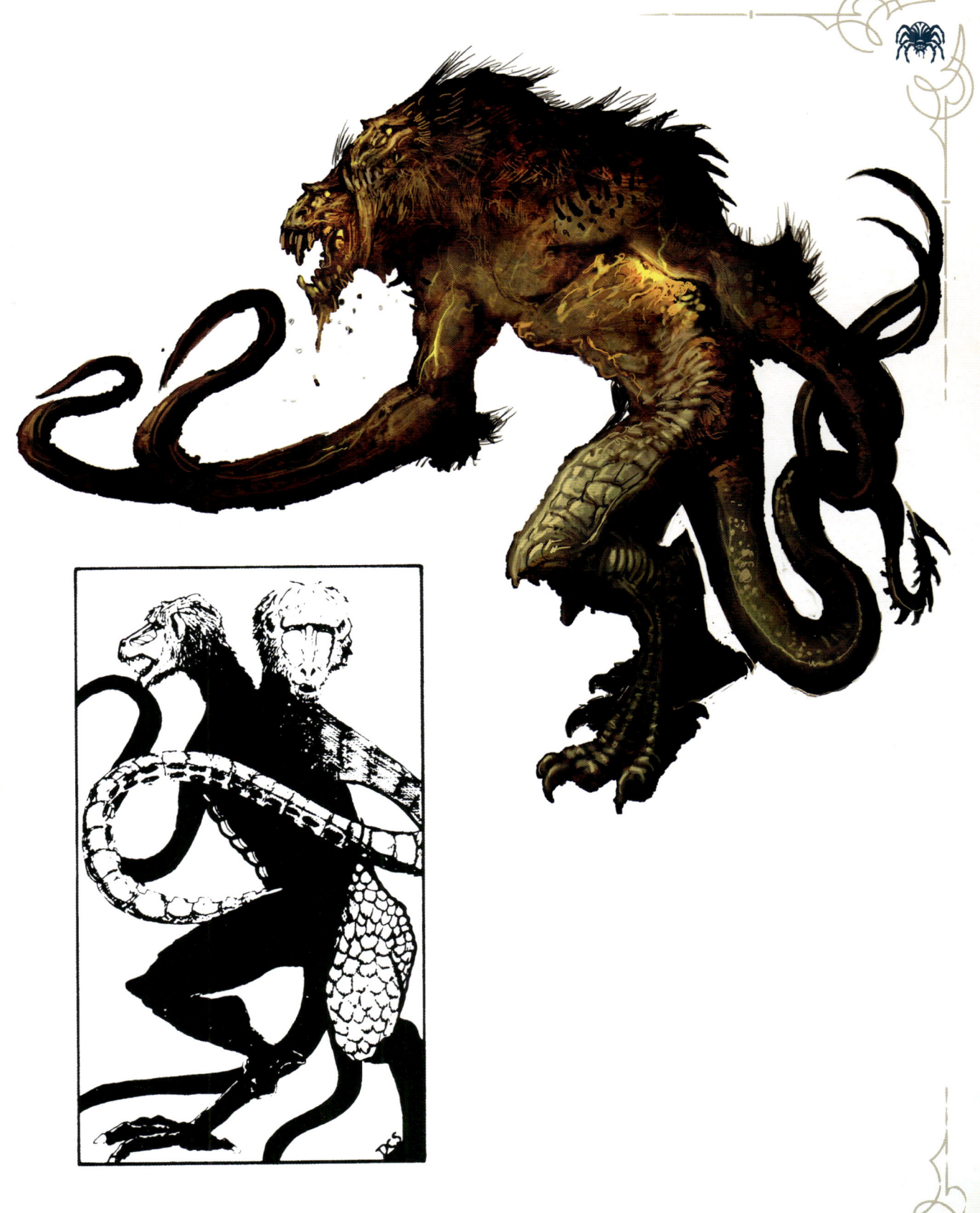

ABISMO

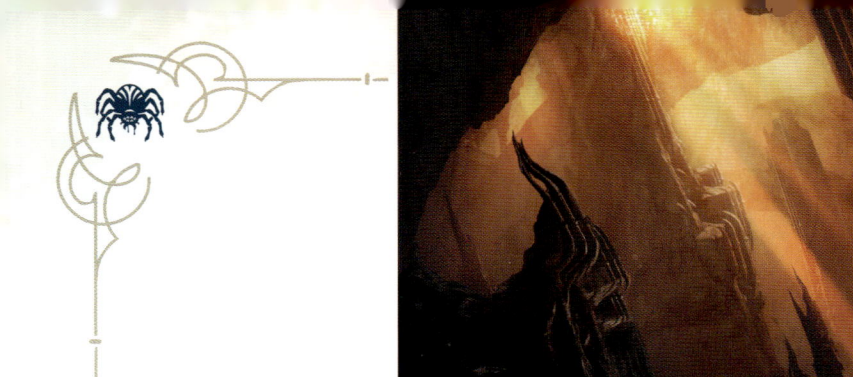
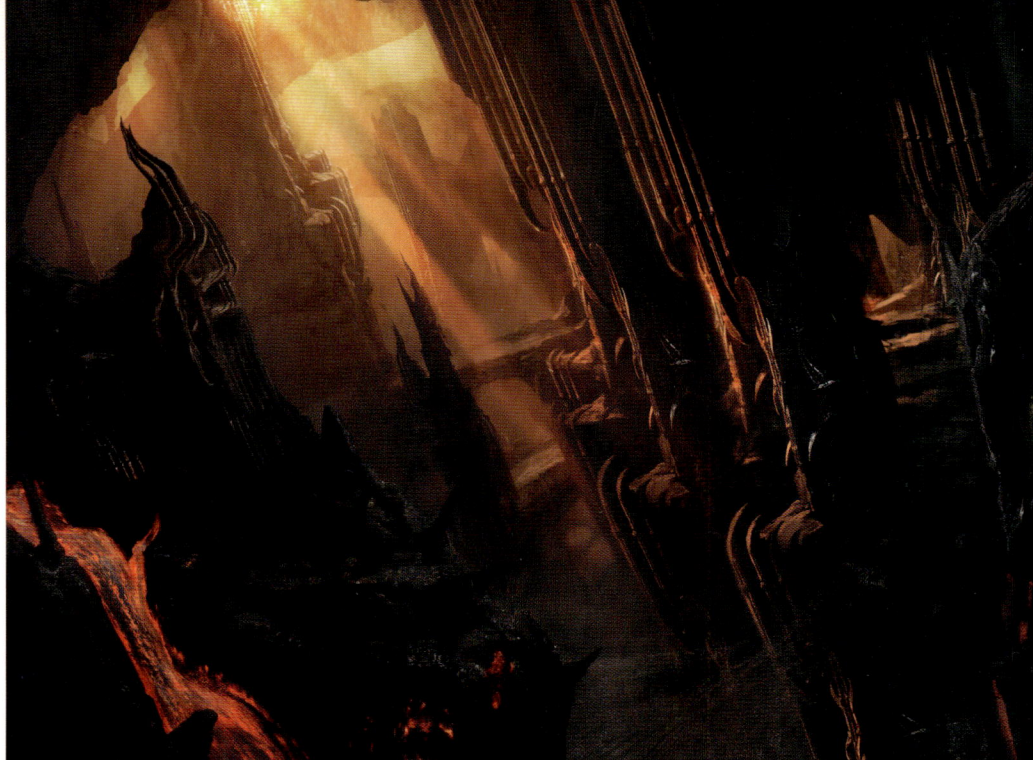

EL EQUILIBRIO

Según mis observaciones, el Abismo está creciendo dentro de sí mismo en un fractal caótico infinito que está contenido dentro de sus propios límites. Debido a este milagro de la metafísica multiversal, el Abismo no está creciendo hacia fuera, así que a todos los efectos, se encuentra contenido. Pero siempre hay grietas, fisuras y portales mágicos, y todos esos lugares suponen una gran preocupación para cualquier guardián del Equilibrio.

La primera zona donde el Abismo toca otro plano, como ya hemos mencionado, es el Averno en el lugar de la Guerra de la Sangre. Esta fisura es tal vez la menor de mis preocupaciones, ya que Zariel y sus fuerzas de los Nueve Infiernos están más que preparados para la tarea de mantener el Abismo a raya. Simplemente me parece que es un hecho extraño y perturbador que, por librar la Guerra de la Sangre y mantener sus filas delanteras llenas de almas corruptas, Asmodeo y los diablos de los Nueve Infiernos son directamente responsables del bienestar y la prosperidad continuada del multiverso. Esta ironía cósmica habla de la naturaleza del Equilibrio como gran reciclador donde el bien y el mal, la Ley y el Caos, se ven despojados de su dualidad y se convierten en una única armonía de propósito: la energía de la fuerza vital del multiverso.

La segunda zona donde el Abismo puede llegar más allá de sus límites es cuando los estúpidos y los dementes buscan y descubren antiguos hechizos o inventan otros nuevos en sus perturbados esfuerzos por invocar a estos poderosos diablos para que salgan de su prisión y acudan al Plano Material a sembrar el caos. Greyhawk todavía tiene que lidiar con esta clase de miserias provocadas por Iuz, el cambion engendrado por Graz'zt e Iggwilv. Iuz es el

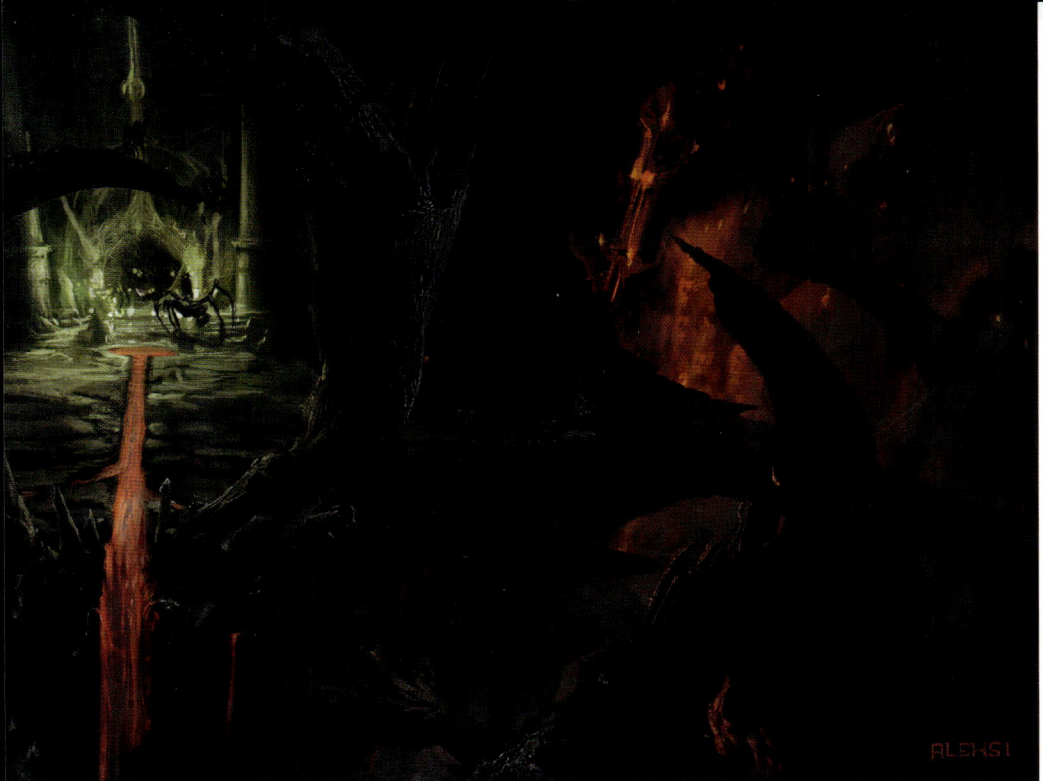

resultado de permitir que un señor demoníaco toque siquiera el Plano Material; ese simple hecho es suficiente para haber creado esta amenaza global. Tal es el poder, la influencia y la magia de un señor demoníaco.

    La preocupación final es una amenaza como Lolth, una reina demoníaca que está obsesionada con conquistar reinos fuera del Abismo, y que ya tiene los tentáculos de su Telaraña Demoníaca enredados con el Plano Material, lo que permite que su influencia y la del Abismo se filtren hacia el mundo. Ciertos miembros de los drows que han sido deformados y retorcidos hasta convertirse en sus esbirros son ahora invasores y saqueadores que siembran el miedo y el caos a lo largo de Faerûn. Muchos drows de Menzoberranzan también son hechiceros formidables, y uno en particular, el archimago loco Gromph Baenre, una vez encendió la *faezress* de la Infraoscuridad para abrir un portal hacia el Abismo. Tales acciones están sin duda provocadas por la desesperación y la locura de esos pobres bribones aplastados y asfixiados en el terrorífico abrazo de Lolth, pero cuando un señor demoníaco es capaz de concentrarse el tiempo suficiente para abrirse camino mediante su fuerza de voluntad en el Plano Material, el peligro es grande.

    Estas amenazas, y posiblemente más, son todas capaces de inclinar drásticamente el Equilibrio y sumir al mundo en la confusión y la oscuridad. El diseño magistral del multiverso se ha encargado de que el Abismo pueda crecer de forma infinita y al mismo tiempo estar contenido, pero si el Abismo encontrara una forma de atravesar esa frontera natural, ya sea porque se rompe debido a nuestra colosal estupidez, la voluntad de un señor demoníaco o alguna otra calamidad sobrenatural, entonces tendríamos entre manos un problema apocalíptico que acabaría convocando a los ángeles, los diablos y cualquier otra criatura pensante para luchar contra la aniquilación definitiva.

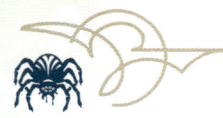

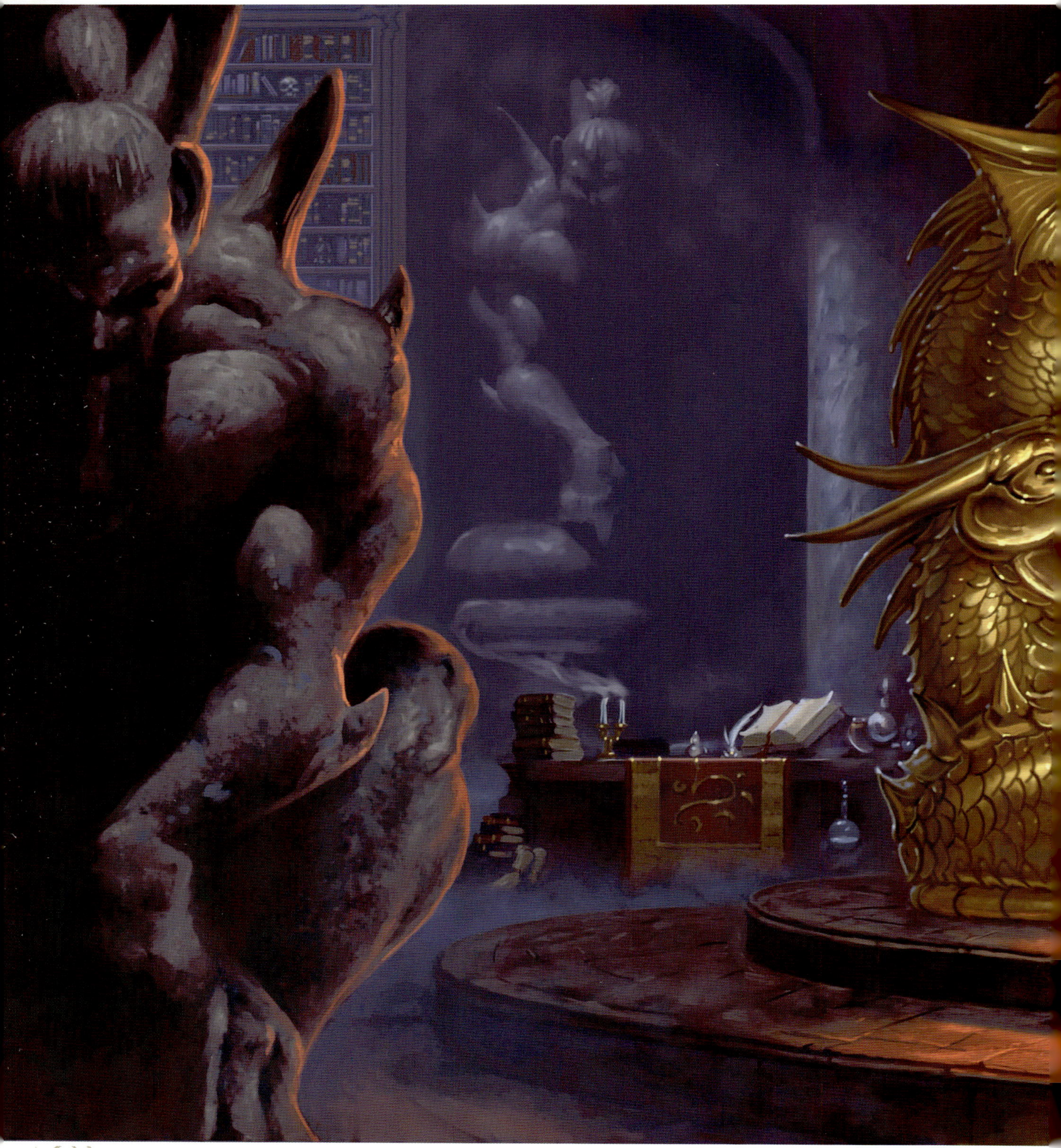

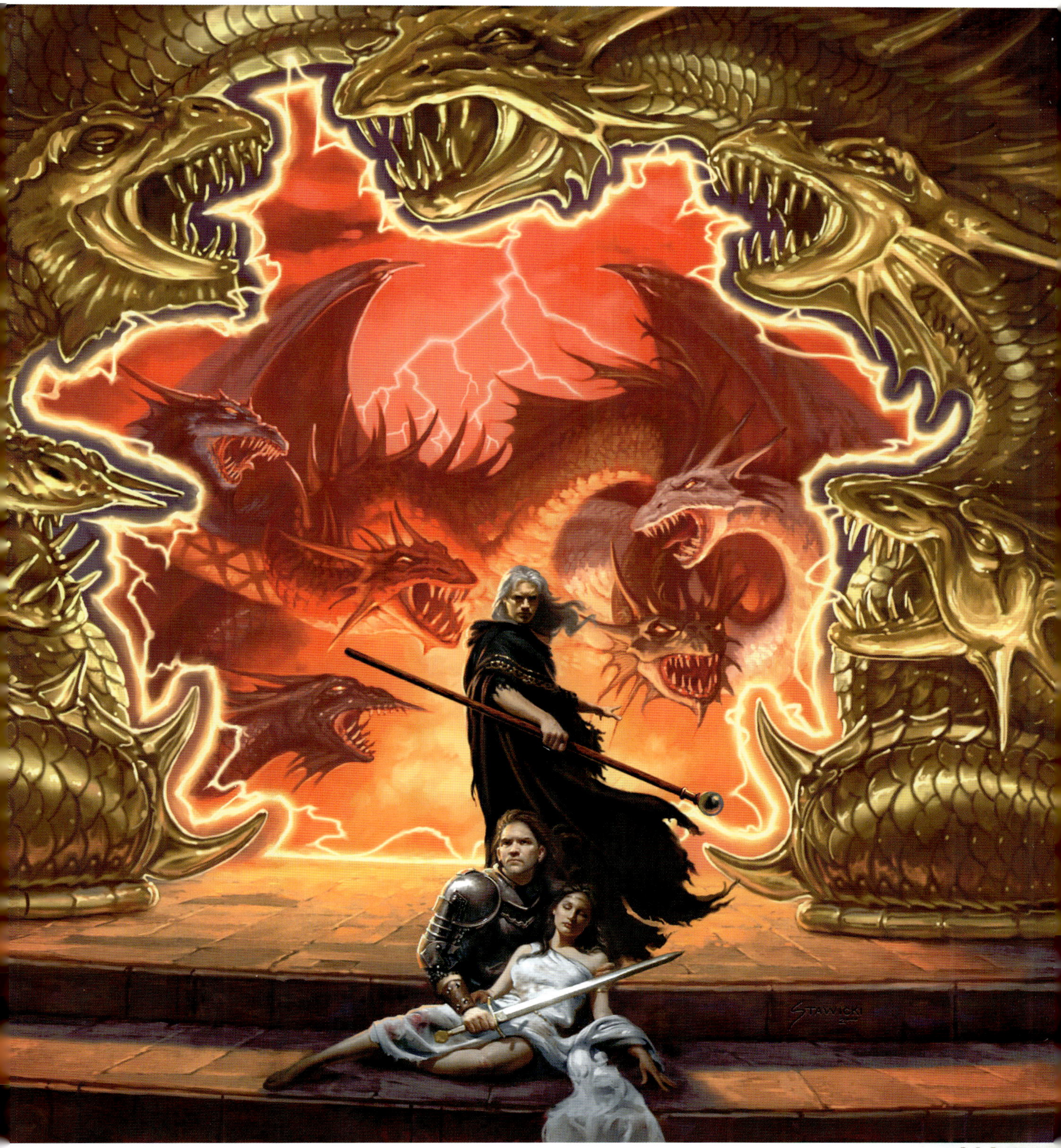

ABISMO

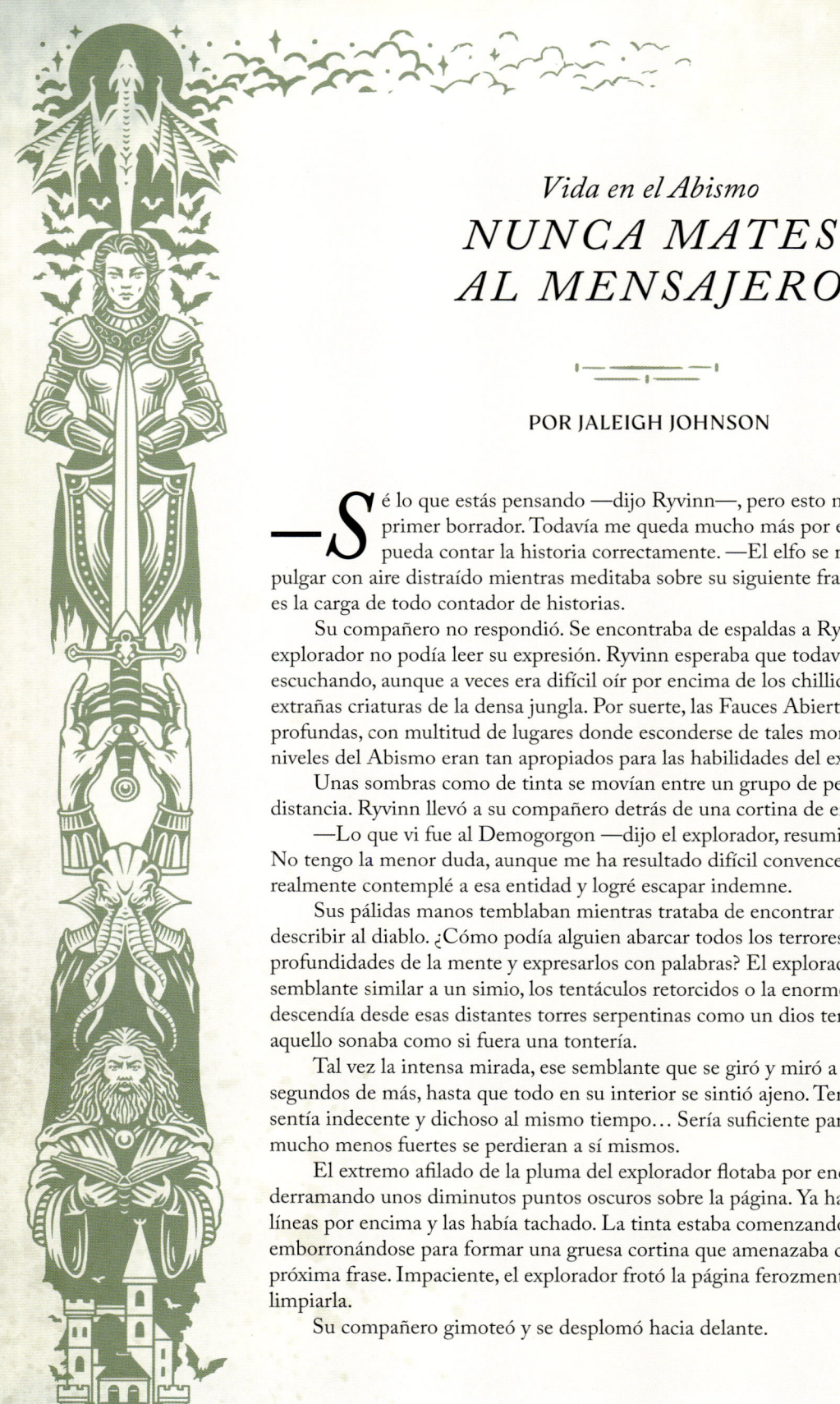

Vida en el Abismo
NUNCA MATES AL MENSAJERO

POR JALEIGH JOHNSON

—Sé lo que estás pensando —dijo Ryvinn—, pero esto no es más que el primer borrador. Todavía me queda mucho más por escribir antes de que pueda contar la historia correctamente. —El elfo se mordisqueó la uña del pulgar con aire distraído mientras meditaba sobre su siguiente frase—. Me temo que es la carga de todo contador de historias.

Su compañero no respondió. Se encontraba de espaldas a Ryvinn, así que el explorador no podía leer su expresión. Ryvinn esperaba que todavía lo estuviera escuchando, aunque a veces era difícil oír por encima de los chillidos y los gritos de las extrañas criaturas de la densa jungla. Por suerte, las Fauces Abiertas eran enormes y profundas, con multitud de lugares donde esconderse de tales monstruos. No todos los niveles del Abismo eran tan apropiados para las habilidades del explorador.

Unas sombras como de tinta se movían entre un grupo de peñascos en la distancia. Ryvinn llevó a su compañero detrás de una cortina de enredadera afilada.

—Lo que vi fue al Demogorgon —dijo el explorador, resumiendo su historia—. No tengo la menor duda, aunque me ha resultado difícil convencer a alguien de que realmente contemplé a esa entidad y logré escapar indemne.

Sus pálidas manos temblaban mientras trataba de encontrar las palabras para describir al diablo. ¿Cómo podía alguien abarcar todos los terrores que acechan en las profundidades de la mente y expresarlos con palabras? El explorador podía describir el semblante similar a un simio, los tentáculos retorcidos o la enorme forma que descendía desde esas distantes torres serpentinas como un dios terrible, pero todo aquello sonaba como si fuera una tontería.

Tal vez la intensa mirada, ese semblante que se giró y miró a Ryvinn unos segundos de más, hasta que todo en su interior se sintió ajeno. Tenía frío y calor, se sentía indecente y dichoso al mismo tiempo… Sería suficiente para que mortales mucho menos fuertes se perdieran a sí mismos.

El extremo afilado de la pluma del explorador flotaba por encima del pergamino, derramando unos diminutos puntos oscuros sobre la página. Ya había escrito varias líneas por encima y las había tachado. La tinta estaba comenzando a correrse, emborronándose para formar una gruesa cortina que amenazaba con estropear su próxima frase. Impaciente, el explorador frotó la página ferozmente con la mano para limpiarla.

Su compañero gimoteó y se desplomó hacia delante.

—Lo sé —dijo el explorador, maldiciéndose a sí mismo y a su fracaso con las palabras—. Estás impaciente por conocer el resto de la historia. Lo estoy intentando, te lo prometo.

No siempre había sido un contador de historias. Había tenido una vida una vez, en algún otro lugar, y también un grupo de compañeros. Los echaba mucho de menos. Pero ninguno de ellos seguía con vida, y había tenido que empezar de nuevo. Oh, le habían dicho que era imposible. ¿Sentirse como en casa en una pesadilla viviente como el Abismo? Un lugar donde el río Estigio serpenteaba como un cordón pútrido alrededor de los niveles superiores de la garganta del plano, y los demonios jugueteaban con las almas de los condenados.

Tonterías. Uno puede echar raíces en cualquier parte. La felicidad es lo que elegimos.

—En cierto sentido, el Demogorgon hizo que todo fuera posible —dijo Ryvinn, y se inclinó para escribir eso. Su compañero se estremeció y gimoteó otra vez, pero el explorador solo estaba diciendo la verdad—. Una vez has visto la fatalidad de todas las cosas, no está de más tener un poco de perspectiva sobre tu propia existencia cotidiana. Duermo, me despierto y voy en busca de comida y material para escribir mis historias. —Le dio una palmadita en el hombro a su compañero—. A veces, conozco a gente interesante como tú. Gente a la que les importan las historias tanto como a mí.

Tal vez si contara su relato a suficientes personas, comprendería por fin su significado. El significado de su propia existencia.

De modo que continuó tallando la historia de su avistamiento del Demogorgon en la piel curtida de su compañero, mientras el dretch forcejeaba contra sus ataduras y la mordaza que tenía dentro de su boca colmilluda. Se estaba debilitando a causa de la pérdida de sangre, de modo que Ryvinn escribió más deprisa. Sin embargo, nunca era lo bastante rápido. Siempre se iban a dormir antes de que terminara su relato.

Pero eso no significaba que no valiera la pena contar la historia.

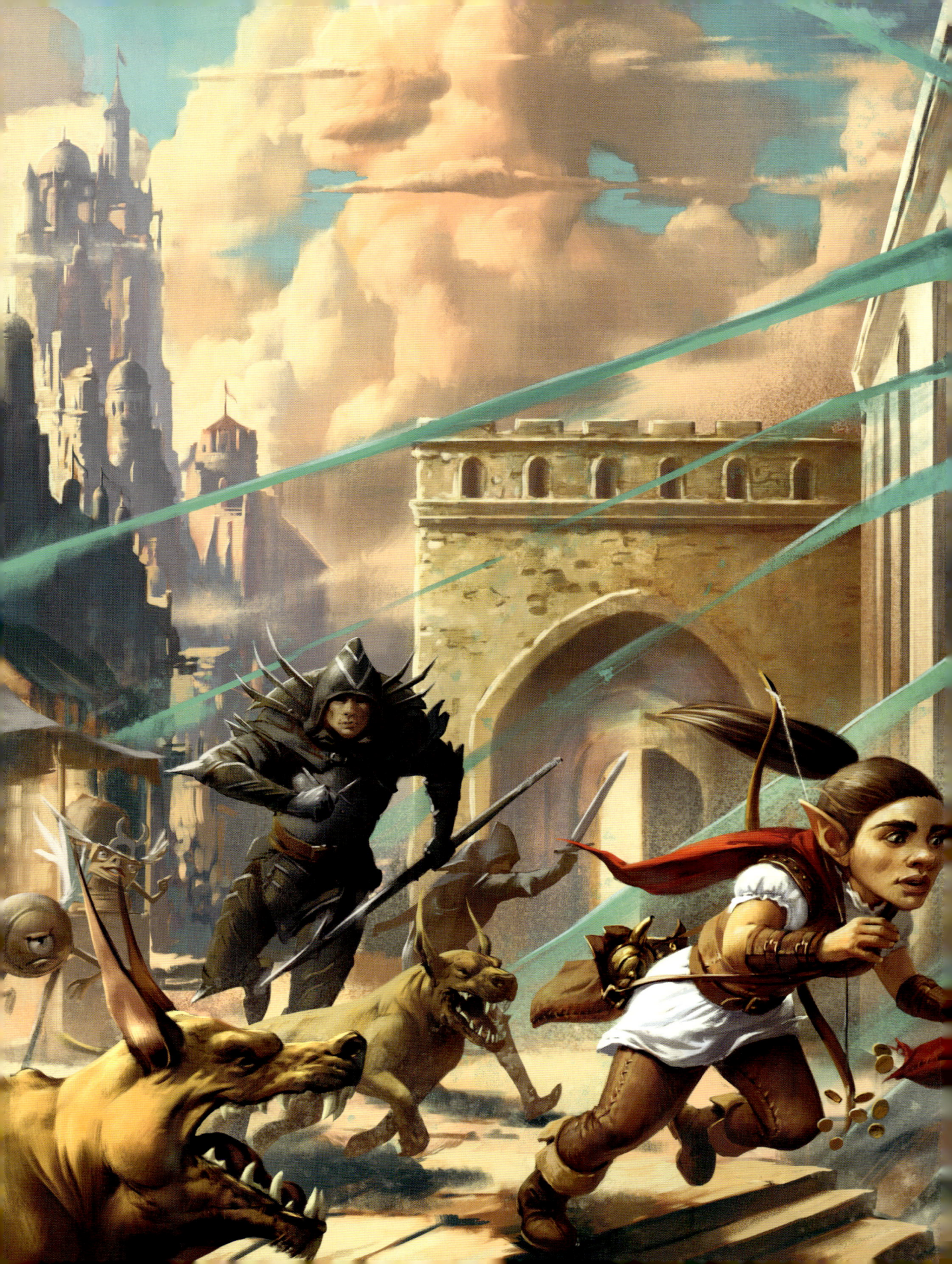

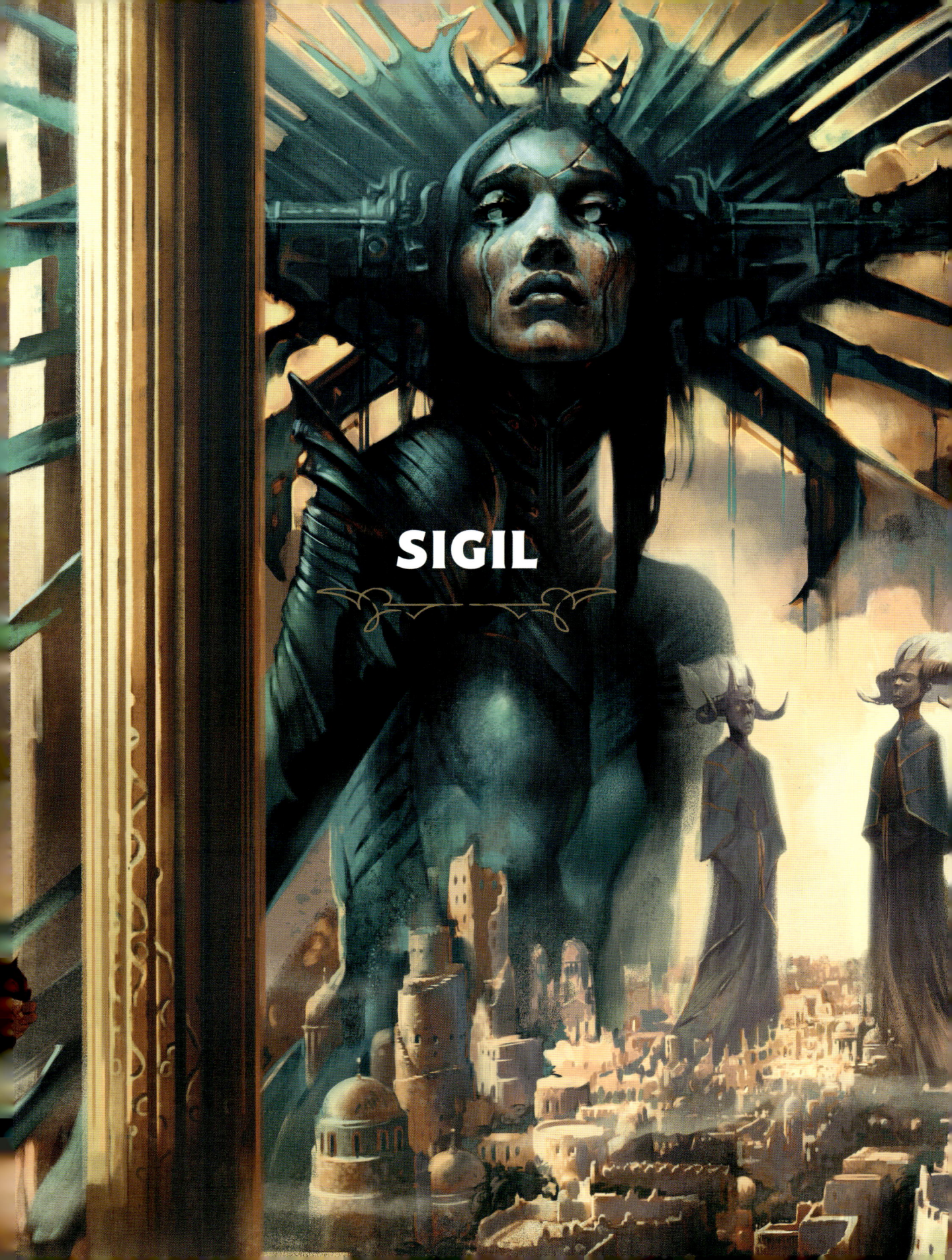

SIGIL

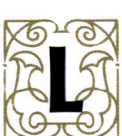

Las Tierras Exteriores son un plano de oposición concordante, un plano circular de neutralidad rodeado por dieciséis portales equidistantes, cada uno de los cuales conduce a uno de los Planos Exteriores. Del centro de esta concordancia sobresale una columna de roca infinitamente alta, y flotando por encima del punto más alto de esta columna se encuentra el anillo reluciente de Sigil, el núcleo del multiverso. También se conoce a Sigil como la Ciudad de las Puertas, ya que está llena de portales mágicos ocultos que conducen a lugares de todo el multiverso. Sigil lo conecta todo, y al mismo tiempo, existe en un espacio totalmente propio.

Llegar a las Tierras Exteriores es sencillo si cuentas con tu propio barco de navegación arcana o conoces a cierto mago que viaja por el multiverso, pero si no tienes estas cosas a mano, encontrar el camino hasta allí no es tarea fácil. Hace falta tener un artefacto poderoso, un hechizo para cambiar de planos, un portal mágico o algún giro arcano del destino que te lleve a las Tierras Exteriores o a Sigil. Ah, y la muerte es la forma definitiva de ir a las Tierras Exteriores, puesto que todos los espíritus sin cuerpo se dirigen hacia allí para unirse con el Plano Exterior que mejor encaje con su propia expresión particular.

Ahora bien, lo más probable es que te hagas estas preguntas: ¿cómo puede llegar uno hasta Sigil? ¿Es posible caminar hasta allí o escalar hasta la parte superior de una columna infinita?

Entonces es cuando te das cuenta de que Sigil es un tanto paradójica. Está ahí, y no está en ninguna parte.

Si eres capaz de llegar a las Tierras Exteriores, tan solo serás capaz de mirar Sigil, que sigue resultando un poco visible a pesar de que se encuentra infinitamente lejos. No conozco ningún barco de navegación arcana, montura mágica, dios ni hechizo de mago que puedan llevarte hasta allí. La única forma de llegar a Sigil es a través de uno de sus portales, y la vigilante de sus puertas no es otra que la Señora del Dolor, la guardiana arcana de Sigil. A menudo he dicho que la magia habla el lenguaje de la paradoja, pero Sigil es indescifrable incluso con mis habilidades. Es un enigma por sí mismo.

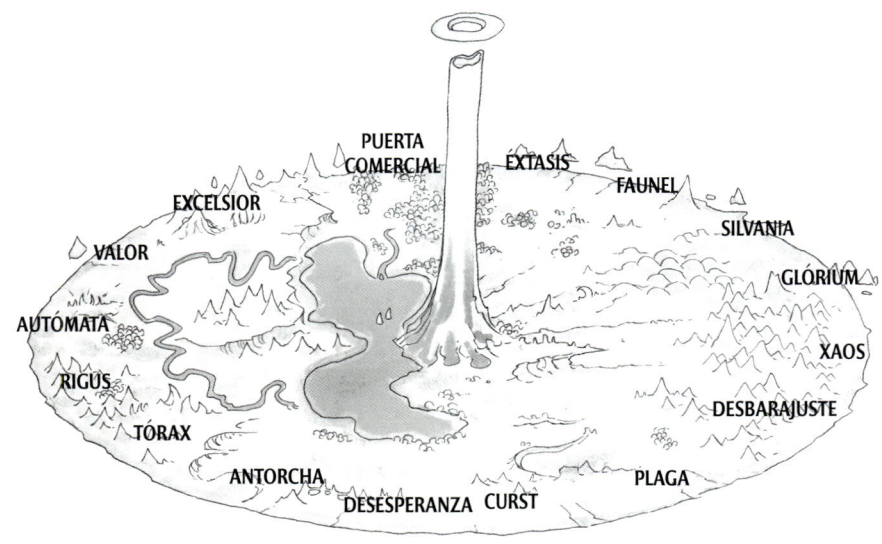

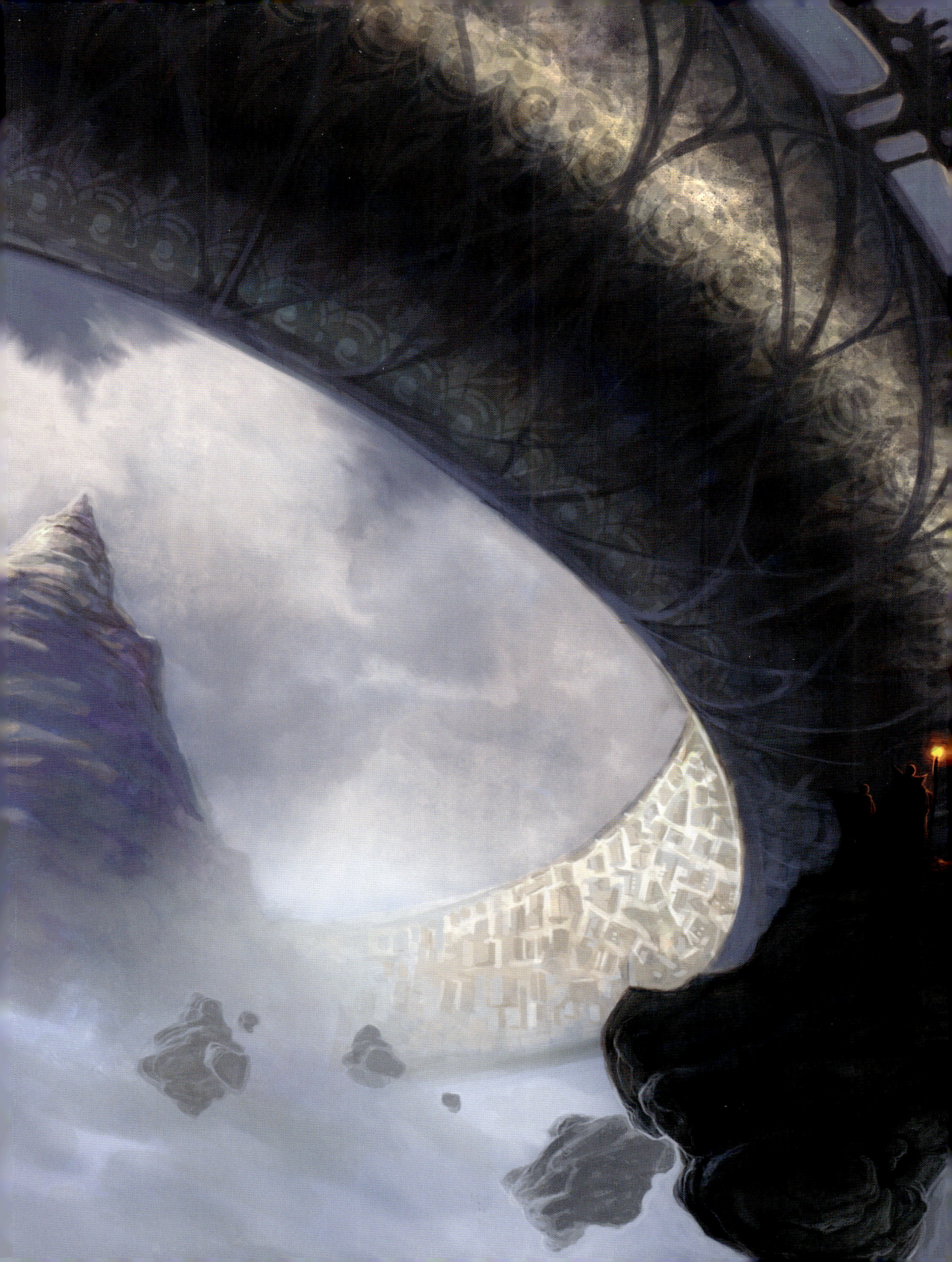

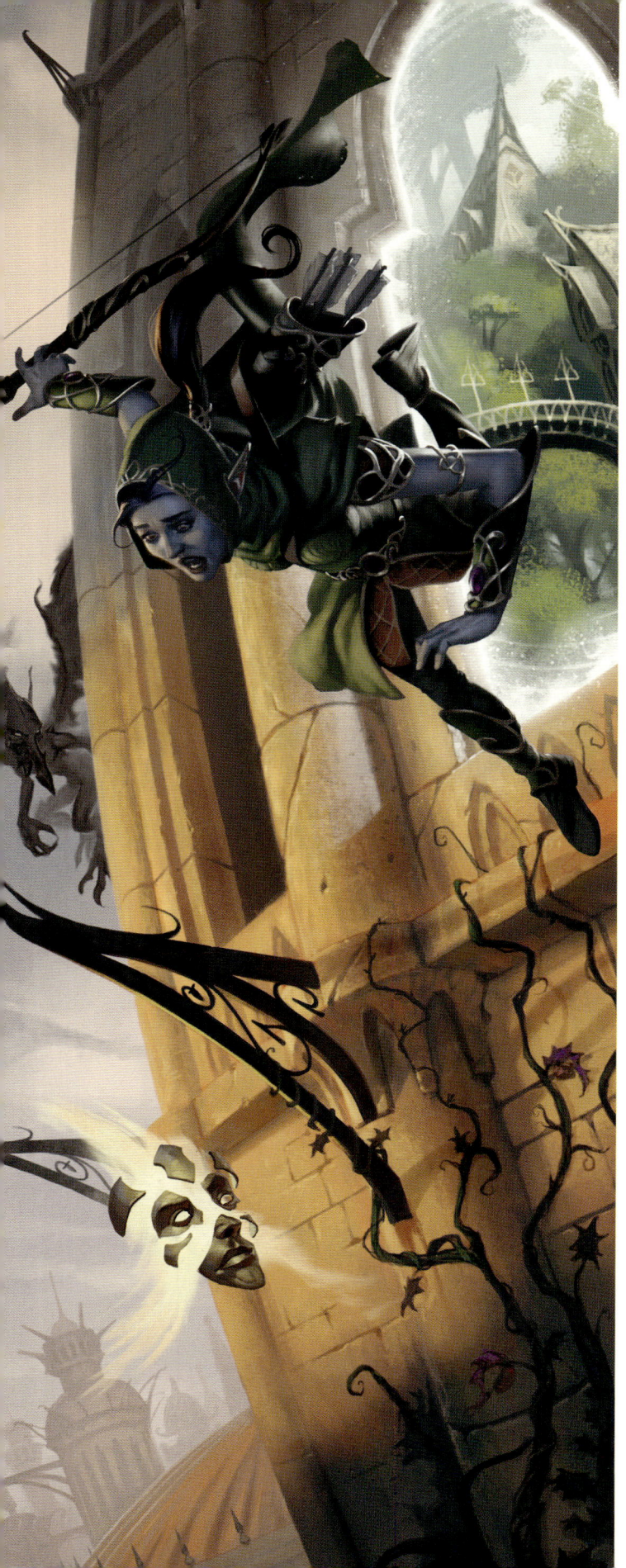

UNA CIUDAD DE PUERTAS

Sigil contiene portales hacia todas partes. Es la red central, una mezcla de conocimiento, cultura y sabiduría de todos los lugares del multiverso. Aquí hay seres que vienen de todas partes —diablos, celestiales, djinns, semidioses—, y todos se reúnen aquí para negociar con bienes, aprender idiomas, intercambiar historias y compartir conocimiento. Por supuesto, las culturas colisionan dentro de Sigil; las formas de pensar y de ver el mundo son radicalmente diferentes, y las calles están llenas de discursos, discusiones, despotriques y grandes proclamaciones. Sin embargo, a pesar de la fricción, los habitantes de Sigil consiguen equilibrar los beneficios con los costes, porque a pesar de que no siempre estés de acuerdo con tu vecino, no hay ningún lugar en el multiverso donde puedas oír las canciones, experimentar las historias y saborear la comida de tantos mundos diferentes. A menudo se puede encontrar a algún miembro de la Cábala de la Desolación disfrutando de la misma comida que un miembro de los Eutanastas en un restaurante propiedad de un miembro de la Guardia del Destino. Todas estas facciones tienen alguna razón ideológica para estar irritados los unos con los otros, pero aun así, dentro de Sigil todos son capaces de apreciar de alguna manera una gran cena. Al final, tal vez no sea la magia, la diplomacia ni los dioses lo que nos une, sino la buena comida.

En Sigil hay muchos caminos que conducen a la aventura, la gloria y el misterio. Muchos vienen hasta aquí para liberarse y comenzar de nuevo; mientras que otros llegan aquí en busca de algo o de alguien. La magia y el desconcertante embrujo de Sigil son algo encantador, y en una primera impresión puede hacer que todo se vea de color de rosa, pero al igual que ocurre con toda ciudad grande, también hay muchos latrocinios de semblante serio, estafadores de ojos brillantes y, en general, juego sucio por todas partes. Pero, aunque Sigil tiene su buena parte de peligros, hay un límite en lo lejos que puede llegar el caos, ya que la ciudad está vigilada de forma sublime y ligeramente terrorífica por una entidad muy poderosa conocida como la Señora del Dolor.

LA SEÑORA DEL DOLOR

La Señora del Dolor aparece como una estatua viviente, pero no tengo ninguna duda de que podría aparecer como lo que ella quisiera. Su poder mantiene a los dioses a raya e impone un armisticio sobre todo aquel que entre en Sigil, ya que las infracciones son condenables con el destierro eterno o una muerte horripilante. Incluso los más poderosos y arrogantes de los seres han de respetar a la Señora del Dolor; los más diabólicos de los archidiablos saben que sus poderes no pueden dominarla, e incluso los celestiales se llenan de humildad ante su mirada, pues ella no está impulsada por el deseo ni el miedo, y parece existir fuera del influjo de todas las polaridades.

Cuando pienso en el Equilibrio, pienso en la Señora del Dolor como la encarnación de cómo el multiverso expresa esta neutralidad. La neutralidad no favorece a la Ley ni al Caos, y al ser un avatar de la neutralidad, la Señora del Dolor permite que cada ser escoja libremente y explore las consecuencias de sus acciones. Sin embargo, hay límites. Permite la Ley, aunque no la deja caer en la sofocante ciénaga de control en masa que haría doblegarse a toda Sigil. Permite el Caos, pero no deja que se prenda en una tormenta ardiente de destrucción. La Señora del Dolor mantiene el Equilibrio, y por lo tanto Sigil está rebosante de ideas y expresiones de todas clases. Estando bajo su vigilancia, Sigil no ha caído presa de ninguno de los problemas potencialmente fatales que pueden asolar una ciudad: invasiones externas, enfermedades incontroladas, actos draconianos de castigo por parte de los dioses, o incluso el más común, los conflictos civiles. Creo que esto se debe a que la población, a pesar de sus inmensas diferencias, comprende que la Señora del Dolor está ahí para asegurarse de que se mantenga el Equilibrio.

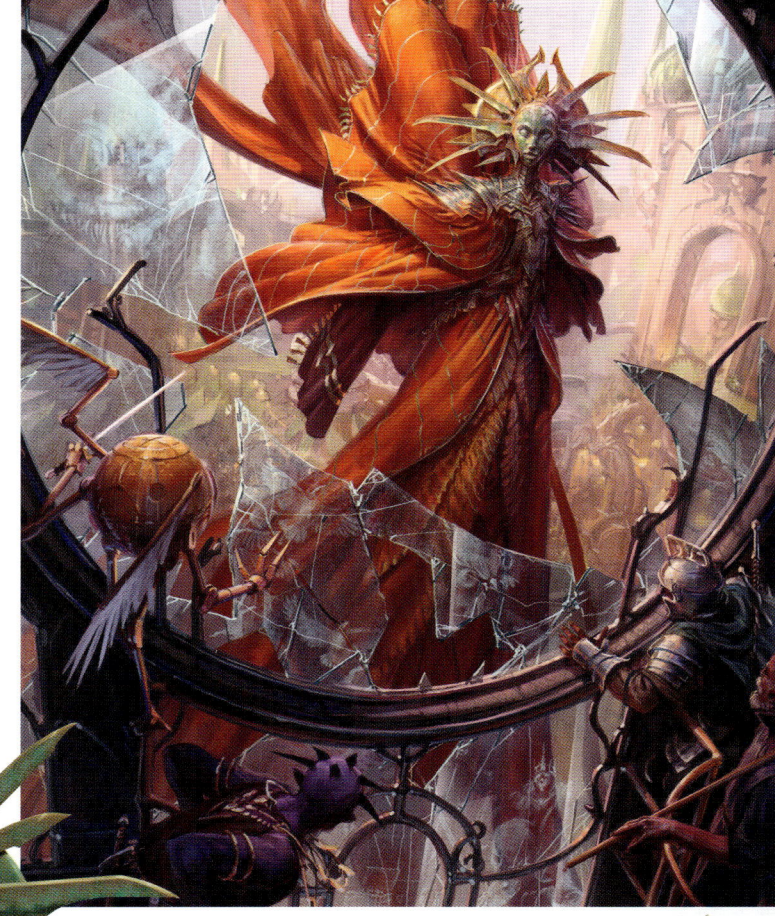

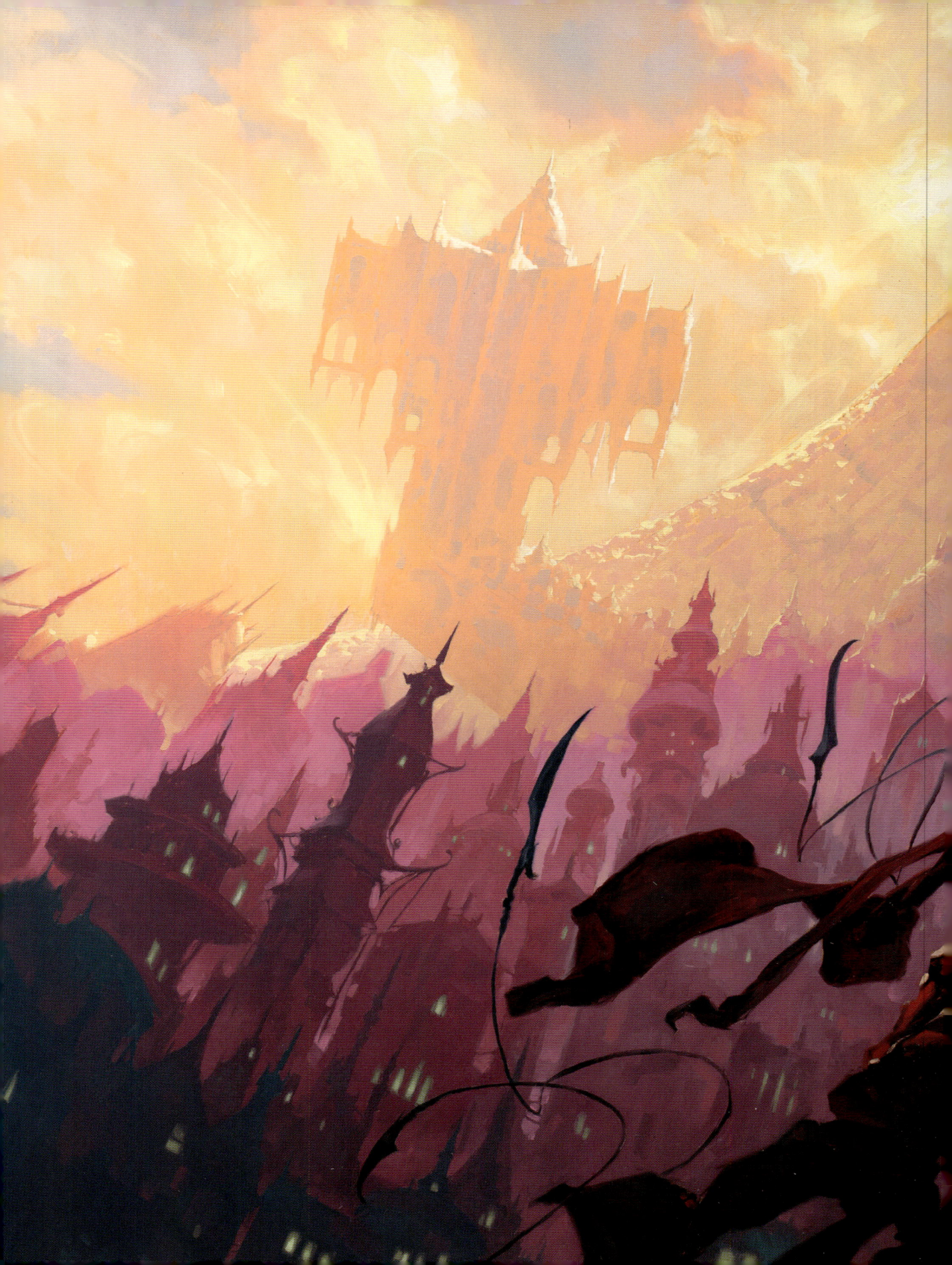

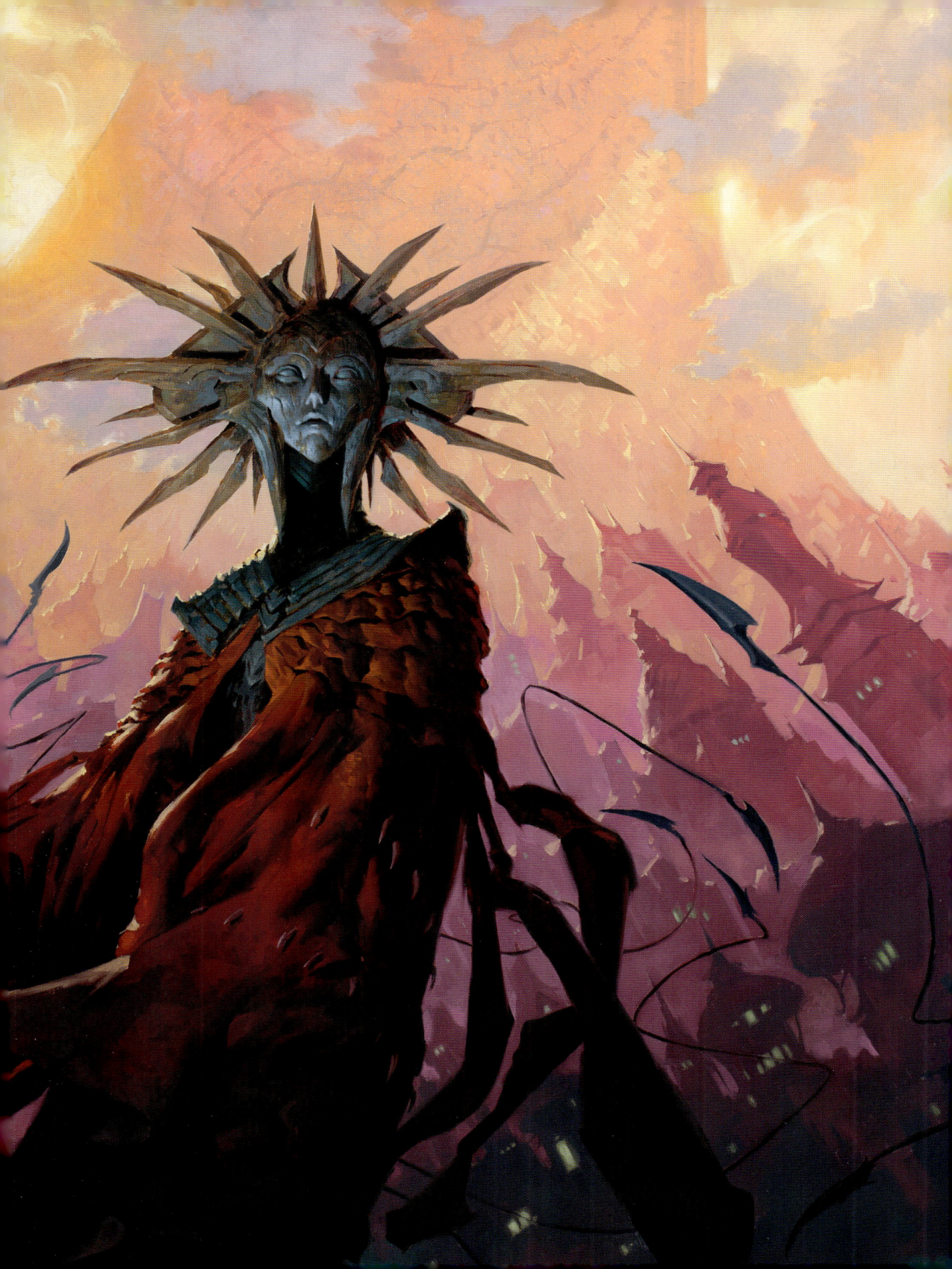

Cuando visito Sigil, no puedo evitar tener la sensación de que se trata de un gran experimento, un estudio del multiverso para ver si hay puntos en común entre todos los seres conscientes. La Señora del Dolor permite que haya desacuerdos, y estos tienen lugar con frecuencia en las plazas y en las esquinas de las calles de Sigil. Hay peleas, y hasta peleas a muerte, pero me he dado cuenta de que ella solo aparece en ocasiones en las que el Equilibrio podría estar en peligro y su ciudad podría sufrir daños. Los demonios y los diablos caminan por la misma calle, y de algún modo deben contener sus hostilidades tradicionales para ser al menos civiles y tolerantes, a pesar del descontento que pueda estar agitándose en su interior. Tal es el poder de la Señora del Dolor. Hasta el más arrogante de los ángeles sabe que, si tratara de inclinar el Equilibrio a su favor y pasarse de la raya con uno solo de sus dedos relucientes, su instancia moral suprema puede convertirse en humo, y la Señora del Dolor puede dejarlo reducido a un montón de plumas merecidamente humeantes.

No se permite la entrada de los dioses en Sigil. Tampoco se permite que entren los monarcas celestiales, los señores demoníacos y los archidiablos, de modo que todos estos poderes deben llevar a cabo sus negocios a través de sus esbirros dentro de Sigil, que han de tantear el terreno y ver lo lejos que pueden llegar con sus objetivos sin cruzar los límites inescrutables de la Señora del Dolor.

Entre los muchos personajes que conocí en Sigil que compartieron sus especulaciones, rumores y anécdotas sobre la Señora del Dolor, solo hubo uno, un pícaro que respondía al nombre de Rollifus, que aseguraba haber tenido un encuentro personal con ella. Su relato era inquietante cuando menos.

«En la zona comercial de Sigil, donde se susurra más de un secreto listo para que algún oído agudo lo capte en la brisa, yo, Rollifus, hice un descubrimiento que alteraría para siempre el curso de mi destino. Encontré lo que parecía ser el antiguo

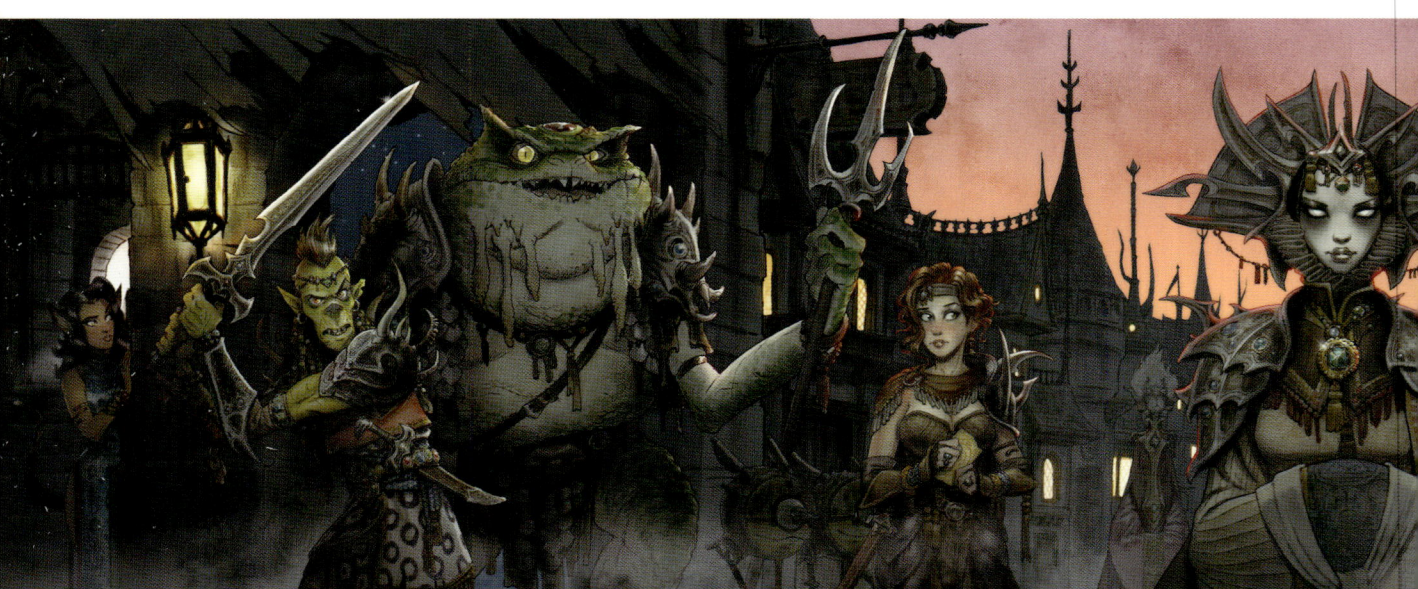

estuche sellado de un pergamino y lo compré, puesto que conocía a muchos magos que podrían estar interesados en un objeto así. Por impulso, rompí el sello y lo desplegué para revelar, no un rollo de pergamino, sino un mapa, o eso pensé. Mientras lo examinaba, supe que aquel era un mapa que prometía riquezas y aventuras más allá de la imaginación. Pero lo que confundí por un camino hacia la fortuna era en realidad la llave hacia algo mucho más peligroso.

Esa noche, mientras permanecía sentado en un callejón, que es donde siempre pienso mejor, recorrí con el dedo los curiosos símbolos grabados en el pergamino envejecido. De inmediato sentí una presencia, una presión profunda sobre mi propia alma. De entre las sombras emergió la Señora del Dolor, con el rostro oculto por un velo de oscuridad. Mi corazón palpitaba como un tambor cuando ella extendió el brazo, con los dedos como delgadas cuchillas, y sin ningún esfuerzo me arrancó el mapa de entre las manos entumecidas.

Su voz, un susurro de desesperación y venganza, resonó dentro de mi mente:

—Esto no es ningún mapa, pícaro, sino una llave hacia una calamidad desenfrenada, una amenaza que podría disolver el propio tejido del multiverso. No sabes qué es lo que posees.

En ese momento, vi visiones de mundos convertidos en pedazos, de la oscuridad y el caos desatados en incontables reinos. La advertencia de la Señora del Dolor era un regalo cruel, uno que me helaba hasta los huesos, pero que me abrió los ojos.

Introdujo el mapa en las profundidades de su propia forma. Su figura permaneció impávida mientras el mapa se desvanecía en el vacío.

Y, con eso, la Señora del Dolor se fundió con las sombras, dejándome con la visión que había grabado a fuego en mi mente, y durante un largo tiempo, sentí que su presencia me acompañaba en todos y cada uno de mis pasos».

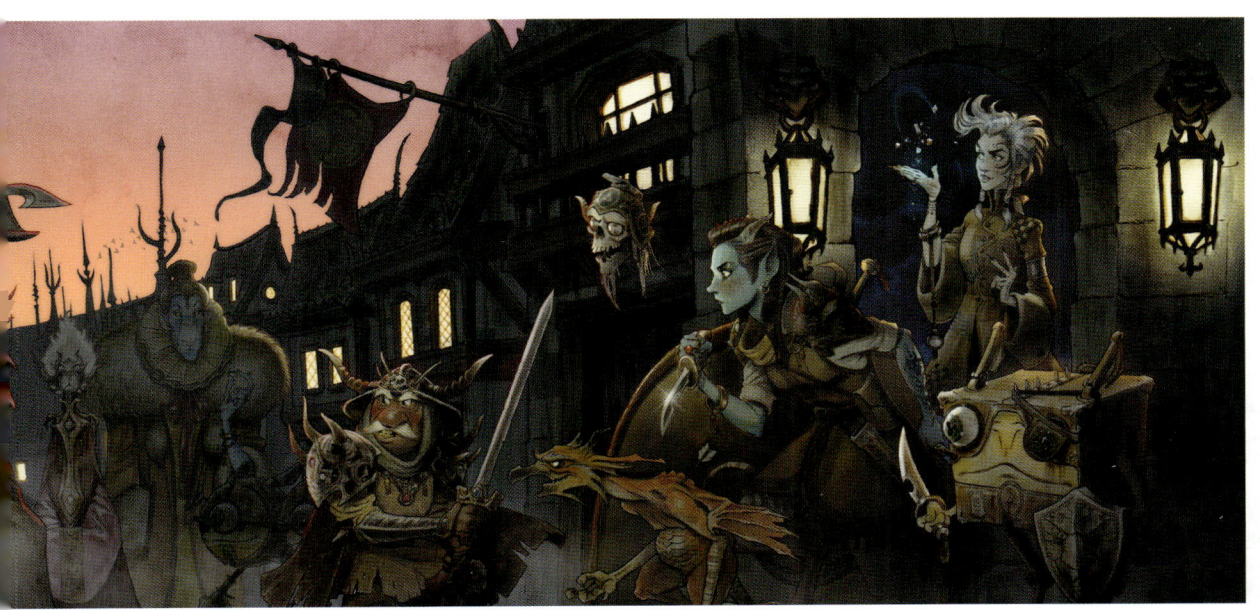

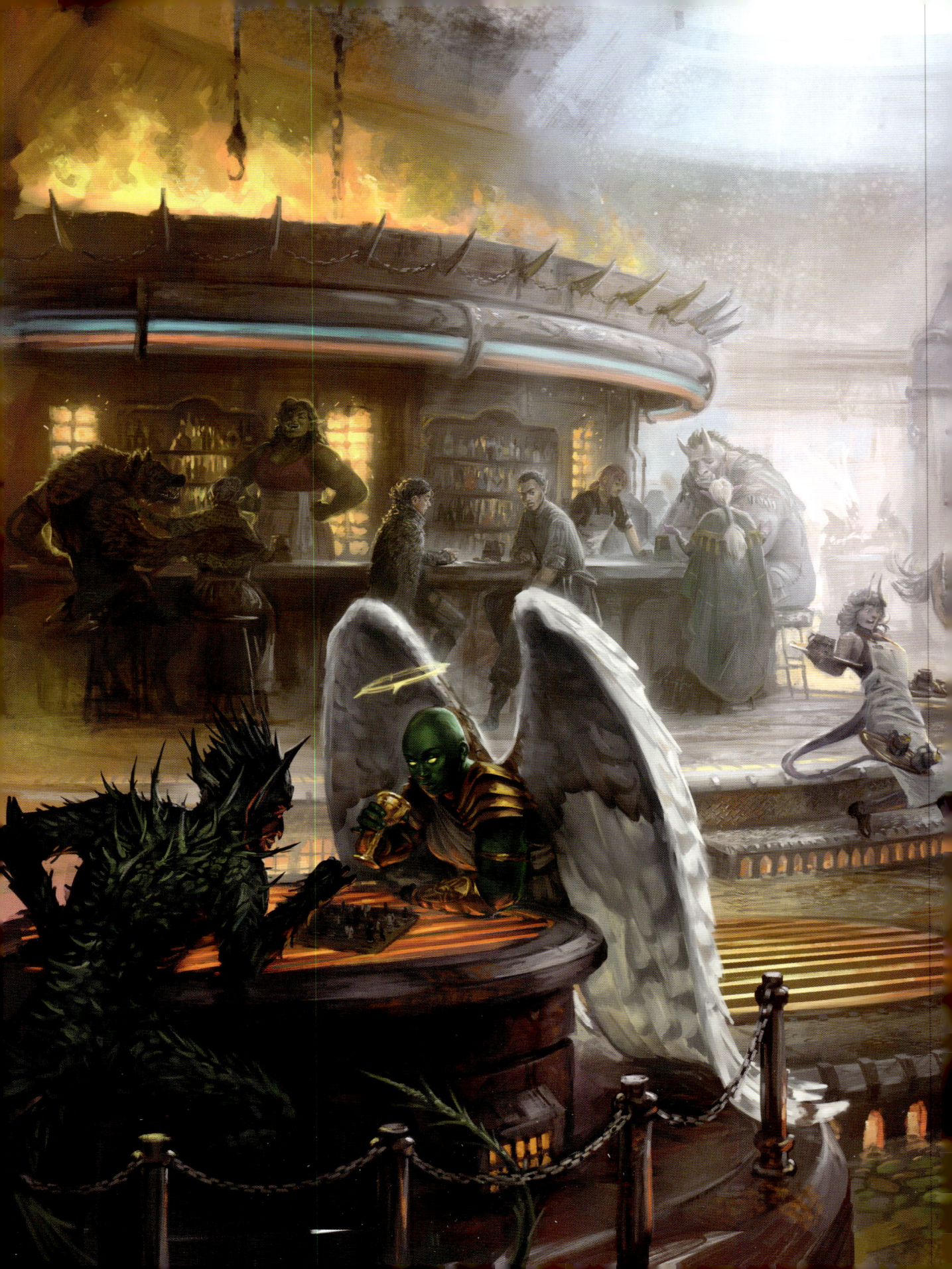

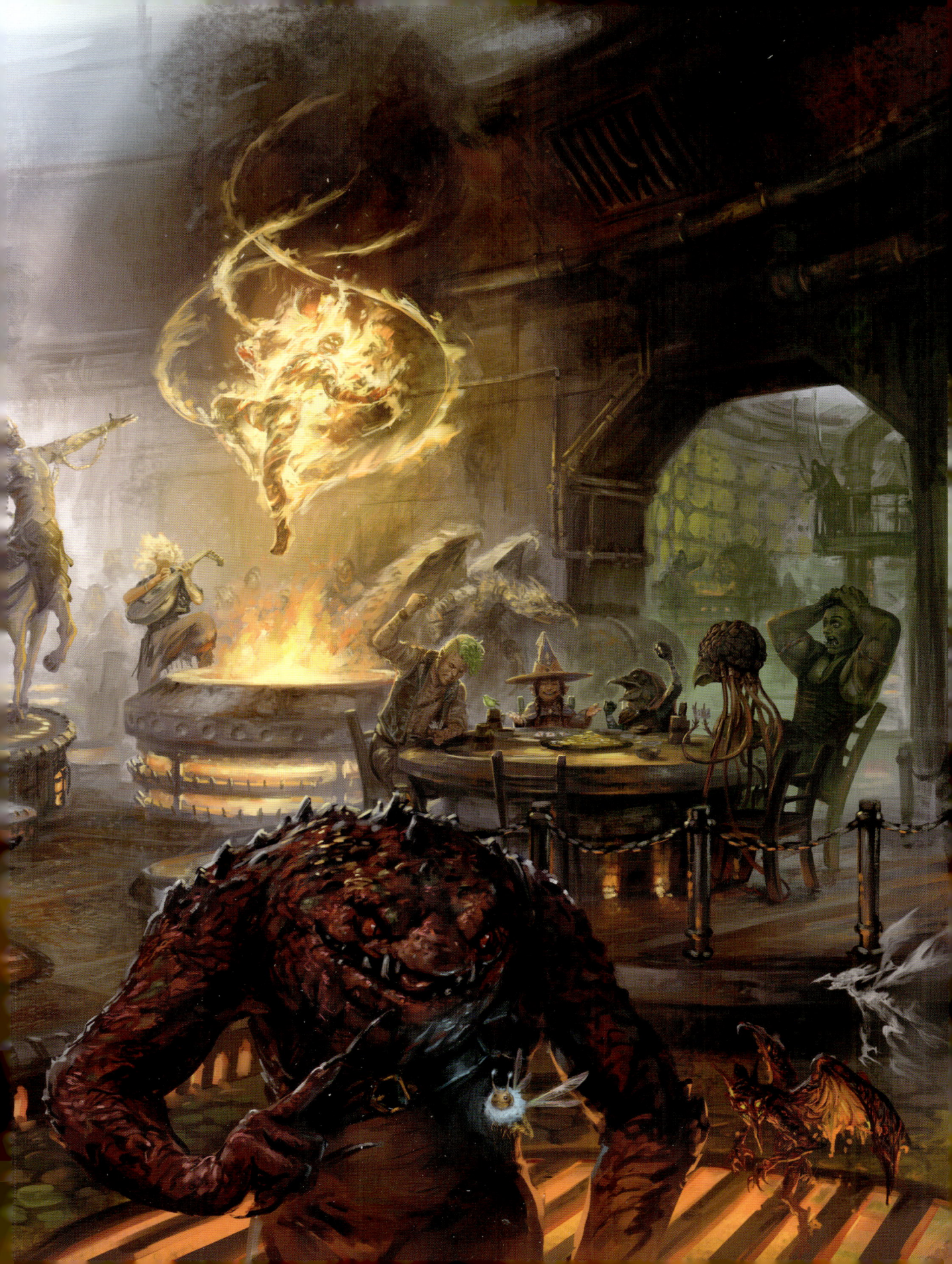

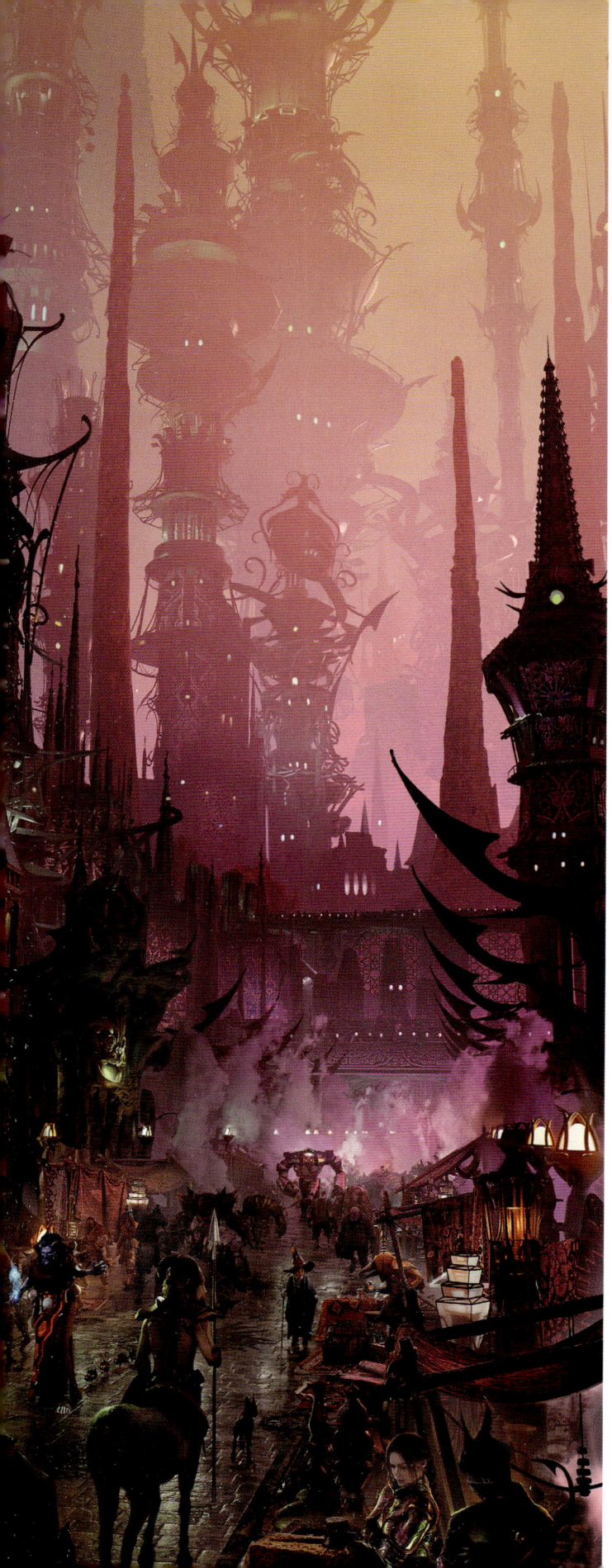

LOS MUCHOS ROSTROS DE SIGIL

A pesar del Equilibrio mantenido por la Señora del Dolor, hay facciones que cumplen distintas funciones —a veces, con objetivos en conflicto— dentro de Sigil, y cada una de ellas expresa una faceta diferente de esta peculiar gema que es la existencia. Dentro de estas facciones están representadas una mezcla de ideologías y visiones del mundo, todas ellas buscando seguridad y convicción mediante su propia comprensión particular, como mirar el mundo a través de un prisma y pensar que estás viendo la auténtica realidad. Es interesante señalar aquí que la Señora del Dolor no ha proclamado ningún decreto ni hay ningún libro de normas sobre cómo debe vivir la gente dentro de la ciudad. Ha dejado que los habitantes de Sigil lo averigüen por su cuenta, y estas facciones han emergido de forma natural.

Por ejemplo, los Athar están obsesionados con desafiar a los dioses. Hasta la propia idea de los dioses impide que un *berk* (un término local que les gusta emplear para describir a alguien carente de sentido común) comprenda qué es lo que está detrás de todo... ¿Hay un poder auténtico? Los Athar me han contado que la Señora del Dolor prohíbe que se la adore directamente como a una diosa, e incluso aquellos que tratan de suplicarle en secreto para que les dé suerte o una bendición especial sufren graves heridas. Le pregunté a un grupo de los Athar si pensaban que la Señora del Dolor era una diosa, y estos se mostraron confusos respecto a su naturaleza. Lo único que sabían era que ella posee un poder mayor que el de cualquiera de los dioses, y a pesar de ello, rechaza toda clase de adoración. Pero, si su poder no viene de sus adoradores, como ocurre con el poder de los dioses, ¿entonces de dónde obtiene tal poder? Es otra paradoja más relacionada con Sigil.

Las facciones trabajan juntas para gobernar la ciudad, y es interesante ver cómo cada facción se ha visto atraída de forma natural hacia los servicios que mejor encajan con sus inclinaciones.

Los miembros de la Fraternidad del Orden, conocidos como los Jefes, simplemente disfrutan mucho de la Ley. He estado presente en varias de sus sesiones a altas horas de la noche en las que discuten sobre diversas cuestiones y pontifican sobre sus postulaciones con grandes bravatas. Es fácil oír a cualquier ser que adore el orden —diablos, efreet, enanos, ángeles y oni— citando de las Tablas de Primus, los Estatutos de Celestia o el Stelae de Hierro de Moradin mientras exploran las interpretaciones de la Ley. Me resultó fascinante observar mientras los ángeles concedían puntos legales a los diablos y los enanos daban el brazo a torcer ante un argumento bien planteado de un efreeti. Eso no significa que los Jefes no traten de retorcer las Leyes para tratar de hacerlas encajar con sus propios objetivos egoístas, pues hay ejemplos de sobra de algún Jefe obstinado con sus propios intereses personales, pero en sus mejores

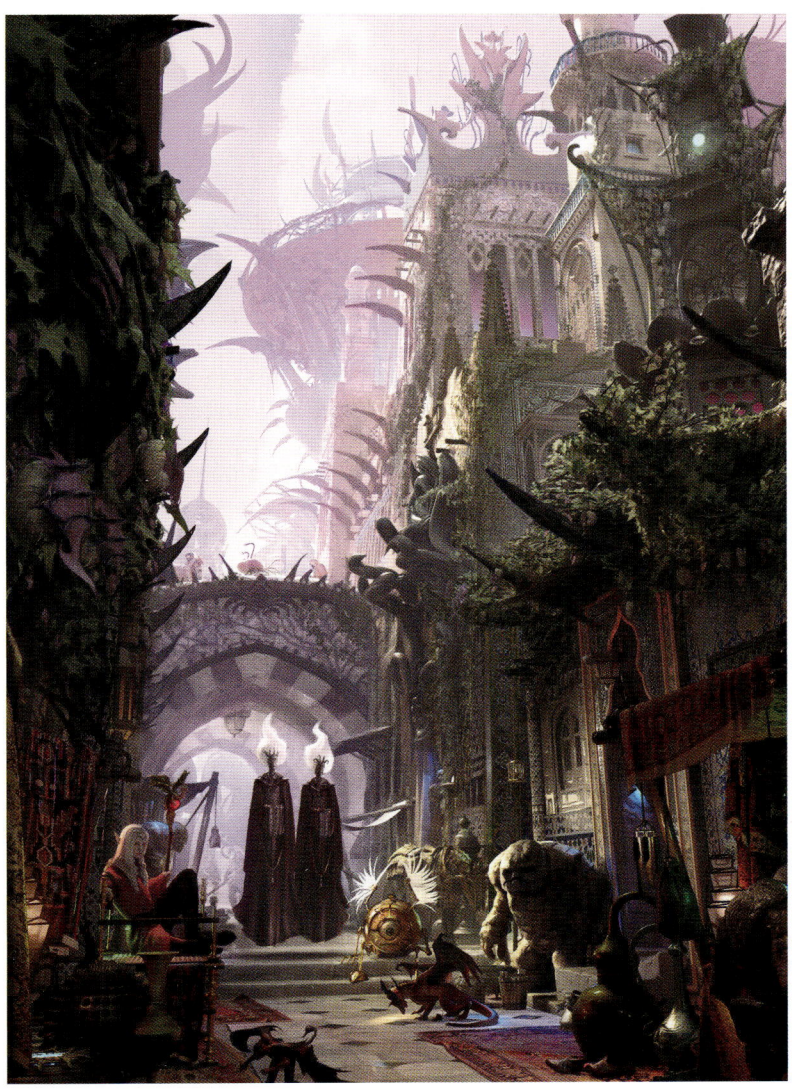

SIGIL

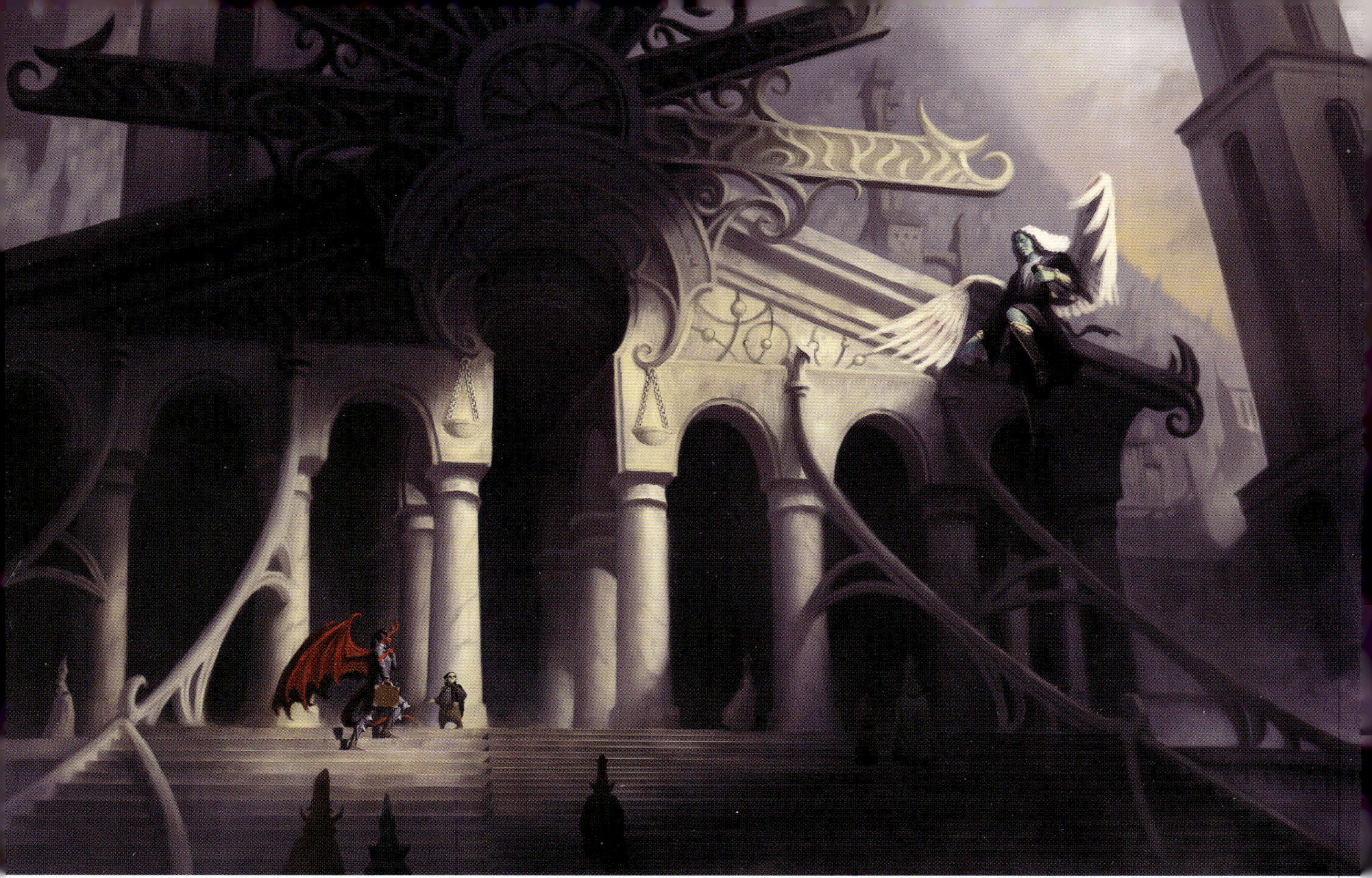

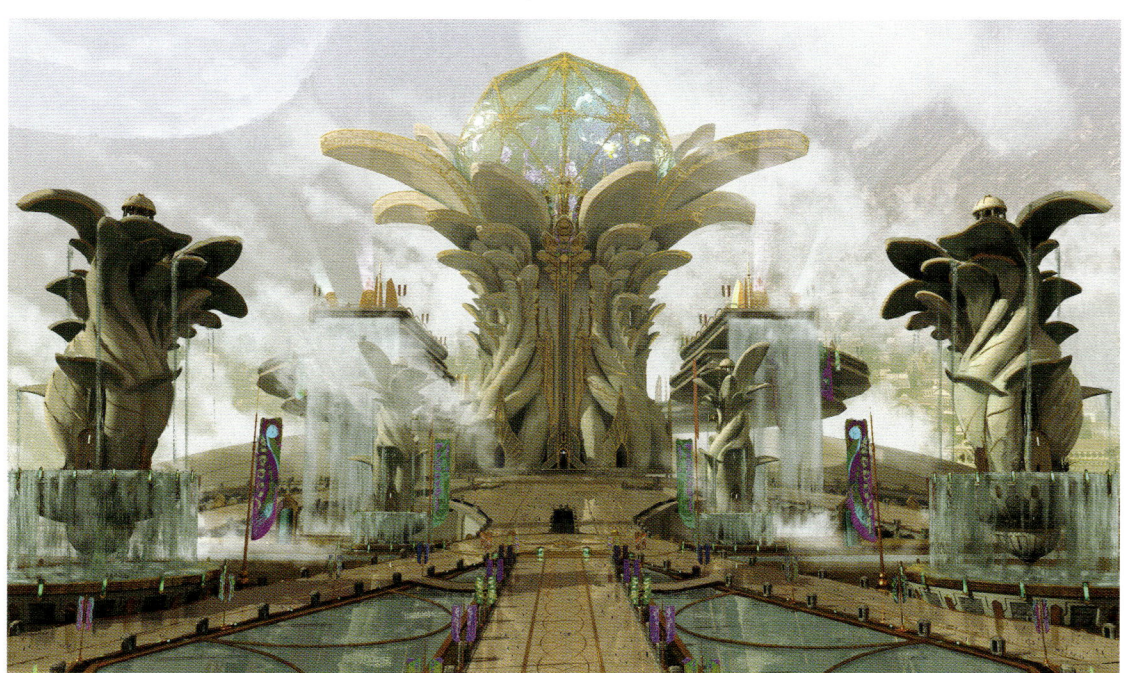

MUNDOS Y REINOS

momentos, la Fraternidad del Orden reconcilia sus diferencias personales gracias a su pasión compartida por incrementar su comprensión de la Ley.

El Harmónium, a menudo llamado Cabezones, son un grupo bastante difícil en su mayor parte, ya que están inmersos en su propia lógica extraña: si todo el mundo está de acuerdo, entonces habrá armonía en el multiverso, así que hay que hacer que todo el mundo esté de acuerdo. Como uno se podrá imaginar, son muy entusiasmas con el cumplimiento de la Ley en Sigil, y la mayoría son justos en la administración de los deberes de su puesto, pero siempre hay algunos que van demasiado lejos y que son las manzanas podridas que pueden hacer que se pudra el barril entero.

Después están los Eutanastas, la facción que da caza a los acusados y ejecuta a los culpables. Son los carceleros de Sigil, y muchos de sus miembros vienen de los reinos infernales; a nadie le gusta una buena prisión más que a un diablo. Los Eutanastas sienten un placer especial al asegurarse de que se lleva a cabo un castigo apropiado que refleje las palabras y el espíritu de la Ley, como un herborista comprometido que elabora una poción para curar algún mal.

Mientras que los Eutanastas, los Harmónium y la Fraternidad del Orden trabajan dentro de Sigil para asegurarse de que se sigan las leyes, hay muchas otras facciones que proporcionan una multitud de servicios diferentes, y tras haber pasado un tiempo en la ciudad, comencé a ver a las facciones como expresiones vivientes de Sigil que muestran su personalidad en conjunto.

La Cábala de la Desolación es como un rincón de peculiar existencia. Su propósito, de forma muy similar a la propia ciudad, es una curiosidad para la mayoría, a excepción de los miembros de rostro adusto de la Cábala. Estos no aspiran a la grandeza, la riqueza o incluso la emoción de las experiencias sensatas. No, su propósito es descubrir, disfrutar y algunos podrían decir que celebrar el absoluto sinsentido de todo aquello.

Para los no iniciados, el propósito de la Cábala parece desconcertante, ya que desafían el propio tejido de la existencia. Están convencidos de que la vida es una broma cósmica que se ha gastado a todos los seres pensantes, y de que el único hecho consistente del multiverso es su absurdidad. Tratan de buscar evidencias de este chiste cósmico, y las acumulan como si fuera una colección de monedas poco comunes.

Se sientan en los rincones oscuros de las tabernas derruidas, dándole vueltas a sus dilemas existenciales sobre sus jarras de cerveza, reflexionando sobre si la propia Señora del Dolor no es más que el remate absurdo de una broma cósmica incognoscible. Mientras hablan acerca de la futilidad de la existencia, sus rostros permanecen característicamente taciturnos, a excepción de alguna sonrisa fugaz ocasional que sugiere que han catado un atisbo de la naturaleza de un hilarante sinsentido del universo. En Sigil, donde la extrañeza es la norma, la Cábala de la Desolación prospera recordándoles a todos que, en el gran esquema de las cosas, en realidad nada importa.

Mientras la Cábala de la Desolación está ocupada en su búsqueda de la gran broma del multiverso, la Guardia del Destino se ha hecho cargo de la tarea de celebrar su revoltijo y su inevitable desorden. Son los custodios del Caos, los guardianes de la entropía. ¿Su misión? Abrazar y encarnar, e incluso celebrar, las fuerzas indisciplinadas y caóticas que gobiernan el multiverso.

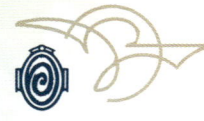

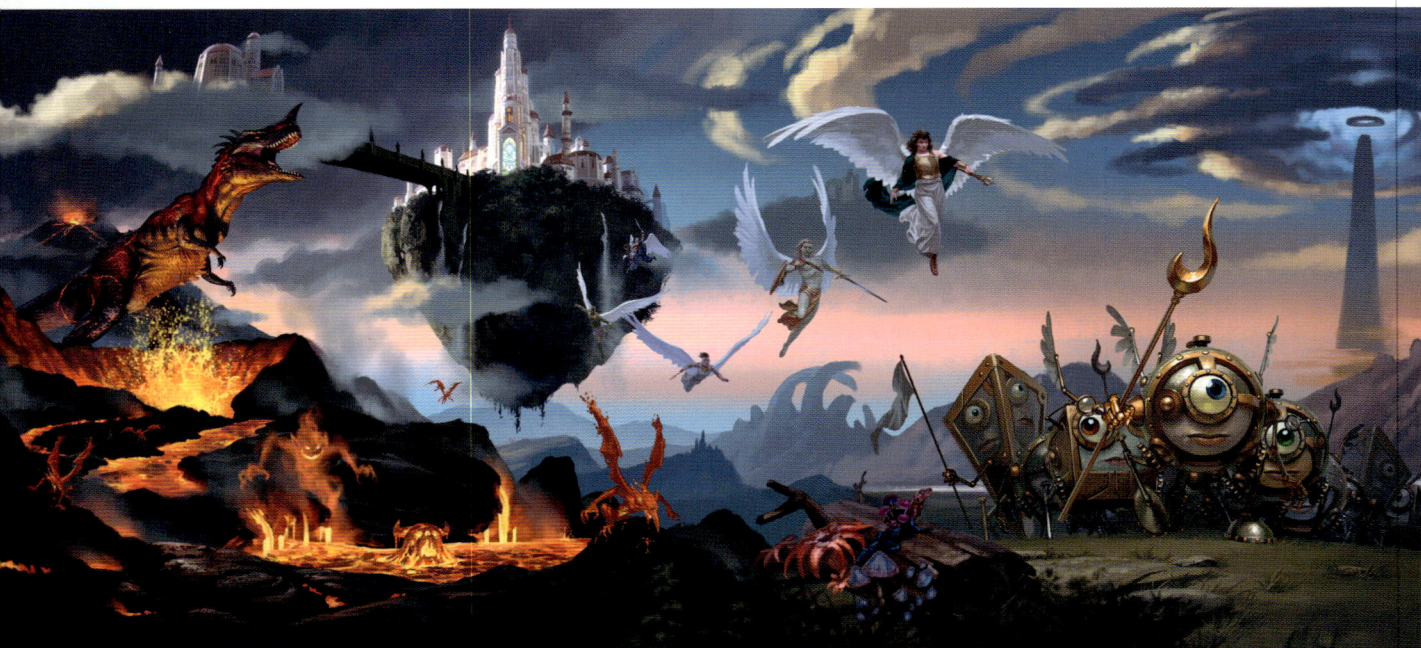

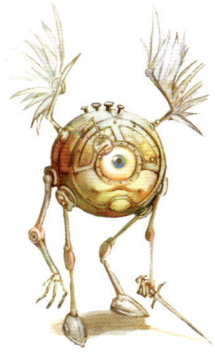

Con una peculiar mezcla de muerte y determinación, estos miembros de la Guardia del Destino caminan por las calles con sus ropajes adornados con huesos, sobresaltando a los transeúntes con su alegre canturreo fúnebre de «¡Todo se desmoronará!». Es un himno extraño, pero muy sincero. Mientras que otros buscan el orden y el significado, la Guardia del Destino nos recuerda a todos que, en el gran esquema de la existencia, la entropía es la gobernante suprema.

De modo que, si alguna vez te hallas paseando por las desconcertantes calles de Sigil y te encuentras con un grupo de individuos regocijándose por la inevitable decadencia de todas las cosas, no te alarmes. Te has tropezado con la Guardia del Destino, siempre contradictoria, pero extrañamente reconfortante.

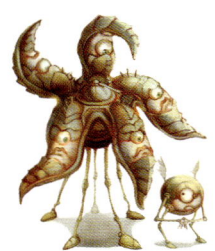

Y, después, están los Predestinados. Estos son de esa clase de gente que cree en una cosa por encima de todo lo demás, y esa cosa son ellos mismos. No en un sentido egoísta ni arrogante, sino de una forma más bien metódica y calculada. Se abren camino a través de los laberintos de la burocracia de Sigil con la precisión de la marcha cósmica de los modrons.

Los Predestinados siempre se aseguran de recibir la mejor parte del trato. Si existieran fuera de Sigil, negociarían con un djinn a cambio de un destino común, o regatearían con un dios para conseguir un futuro mejor. Y, en Sigil, donde todas las cosas y personas son una puerta hacia algún otro lugar, los Predestinados son los que comprenden el arte de los acuerdos mejor que nadie más.

En una ciudad donde reinan el Caos y la entropía, los Predestinados tallan su propio nicho; una isla de resultados predecibles en un mar de impredecibilidad. Son los recaudadores de impuestos de Sigil, y cuando vienen a llamar a tu puerta, más te vale estar preparado para pagar lo que debes.

Estas facciones y más, a su propia manera, sirven a los ciudadanos de Sigil y resisten la tentación de excederse de sus deberes cívicos y caer en la tiranía o

MUNDOS Y REINOS

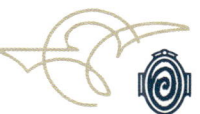
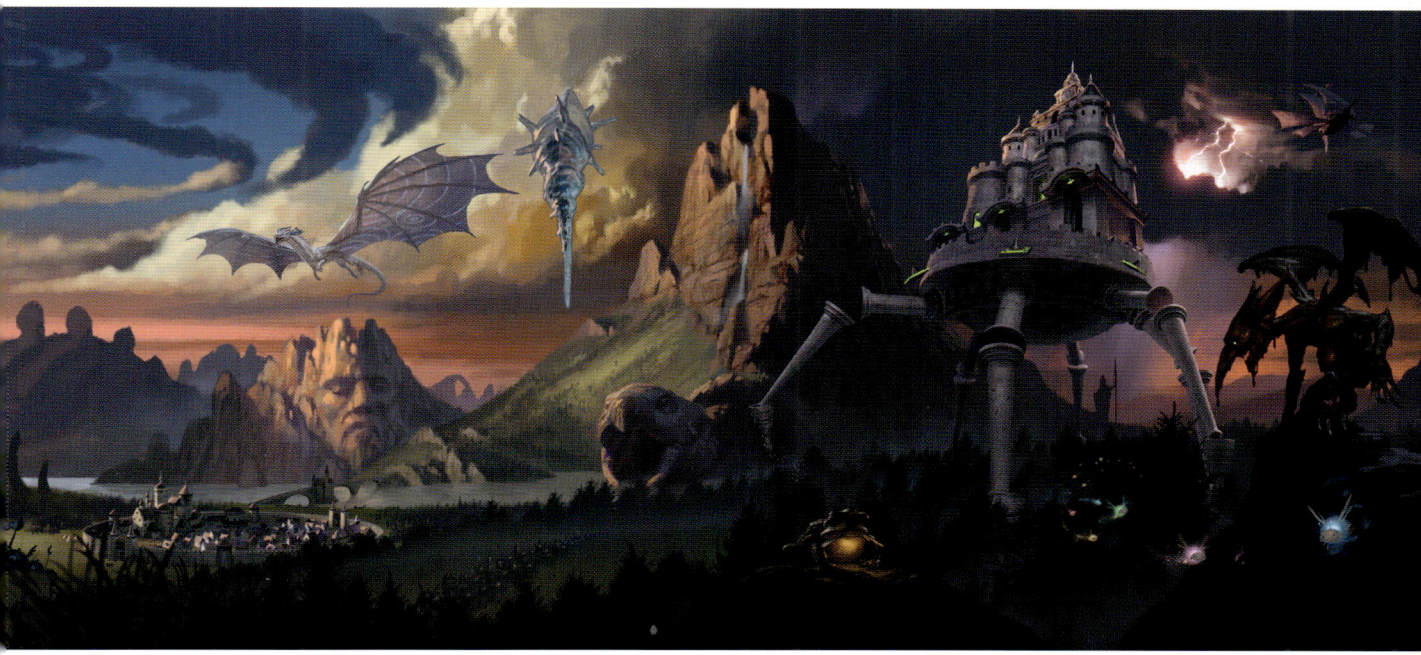

en el caos, porque esto no solo sumiría a la ciudad en el desequilibrio, sino que también alertaría a la Señora del Dolor. Todas las facciones saben que deben aprender de los errores de sus antepasados, puesto que Sigil ha caído más de una vez en la agitación social solo para que la Señora del Dolor aparezca e imparta una justicia singular e inflexible a protectores de la ley y anarquistas por igual. La Señora del Dolor sabe con exactitud quién es responsable de la agitación social. Hay numerosos informes sobre los últimos disturbios dentro de Sigil en los que los reporteros se quedaban conmocionados al ver que la mayor parte de los alborotadores quedaban intactos. Por el contrario, después de que los disturbios se apagaran, cuatro Jefes, tres miembros clave de la Guardia del Destino, siete Eutanastas, cuatro Predestinados de alto rango y diez capitanes Harmónium fueron encontrados con sus entrañas decorando los interiores de sus distintas habitaciones. Todos los que habían sido ajusticiados habían sido líderes del desequilibrio, los que habían infligido la Ley injustamente sobre los ciudadanos, o los que habían escogido incitar la violencia y quemarlo todo hasta los cimientos en un arrebato de furia anarquista.

Hay un acuerdo tácito entre los ciudadanos de Sigil de que aquellos que consoliden el poder y se embriaguen de él entrarán en conflicto con la Señora del Dolor, y a pesar de que no hay forma de esconderse de su juicio, esto no garantiza que los extremistas puedan restringir su obsesión. Siempre existe el peligro de que cierto número de facciones pueda unirse bajo algún estandarte estúpido y verse envueltas en la locura rabiosa de la mentalidad de turba. Cuando esto ocurre, solo aquellos que tienen mentes racionales y corazones tolerantes pueden impedir que la Señora del Dolor arrase las calles de Sigil.

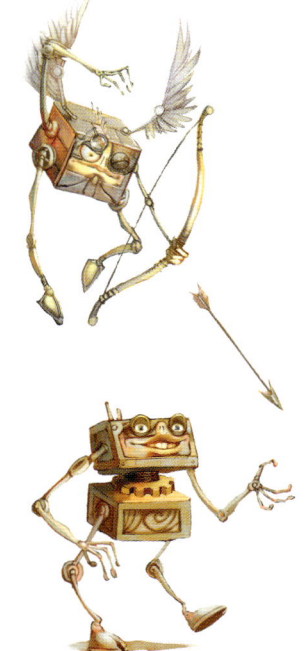

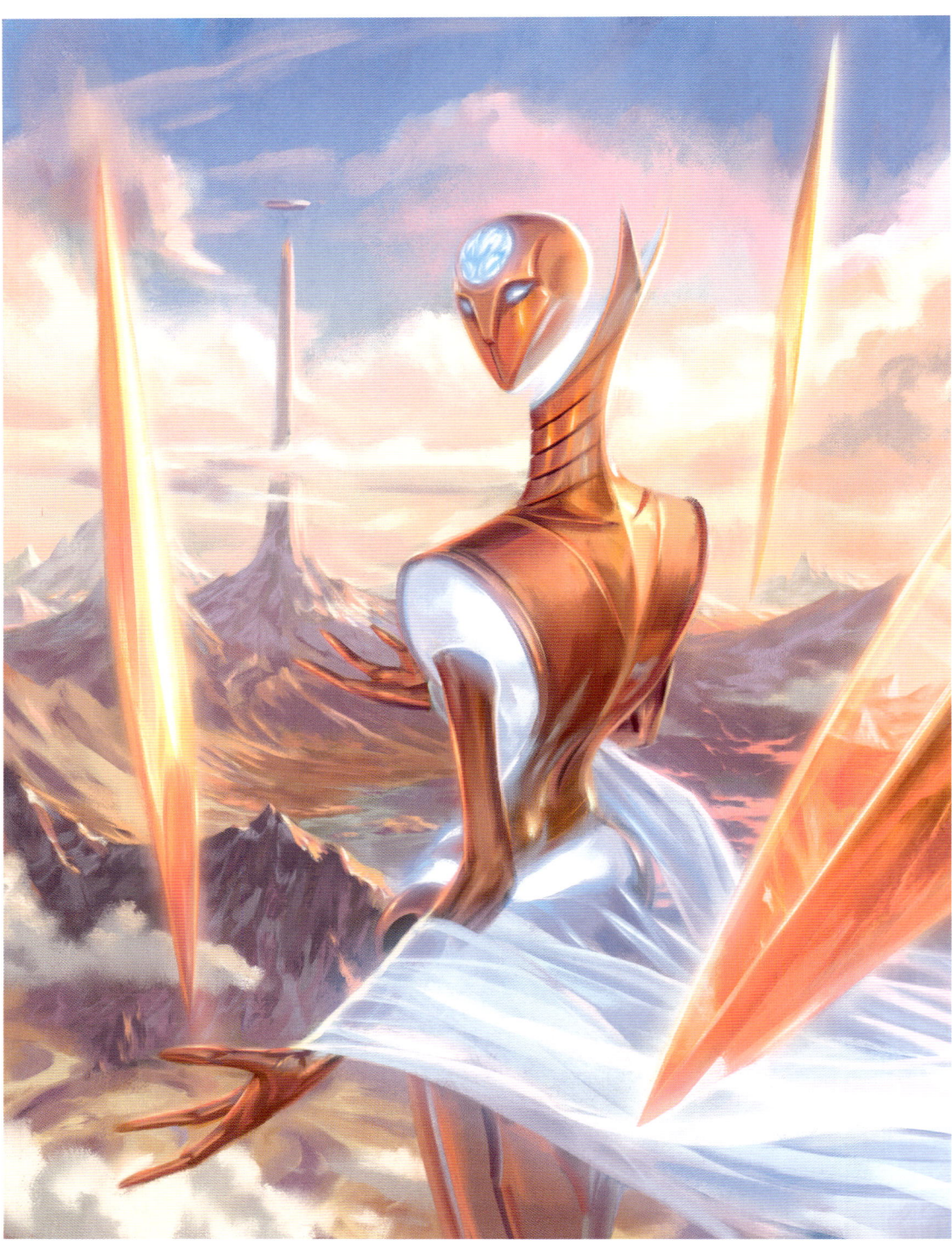

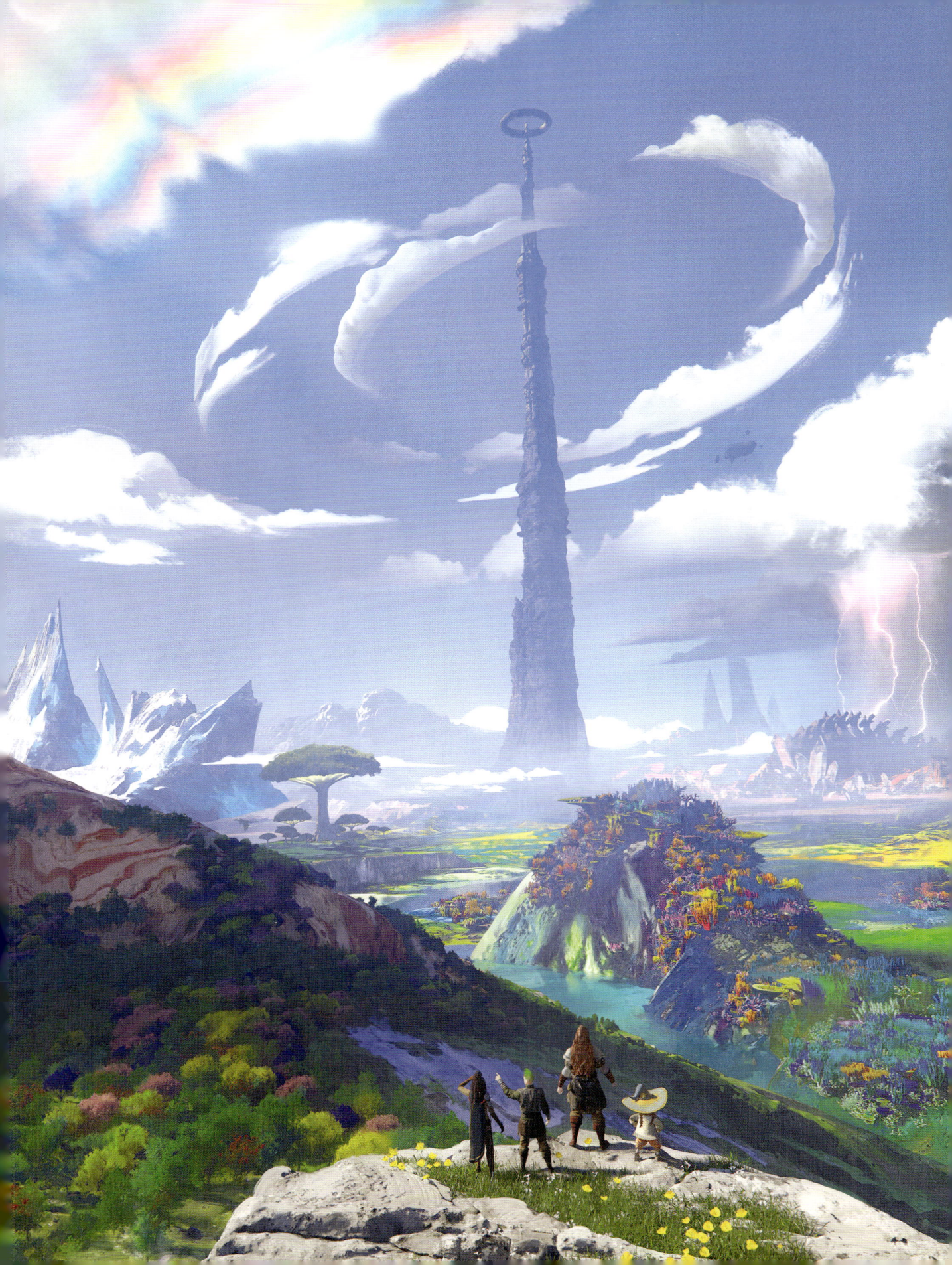

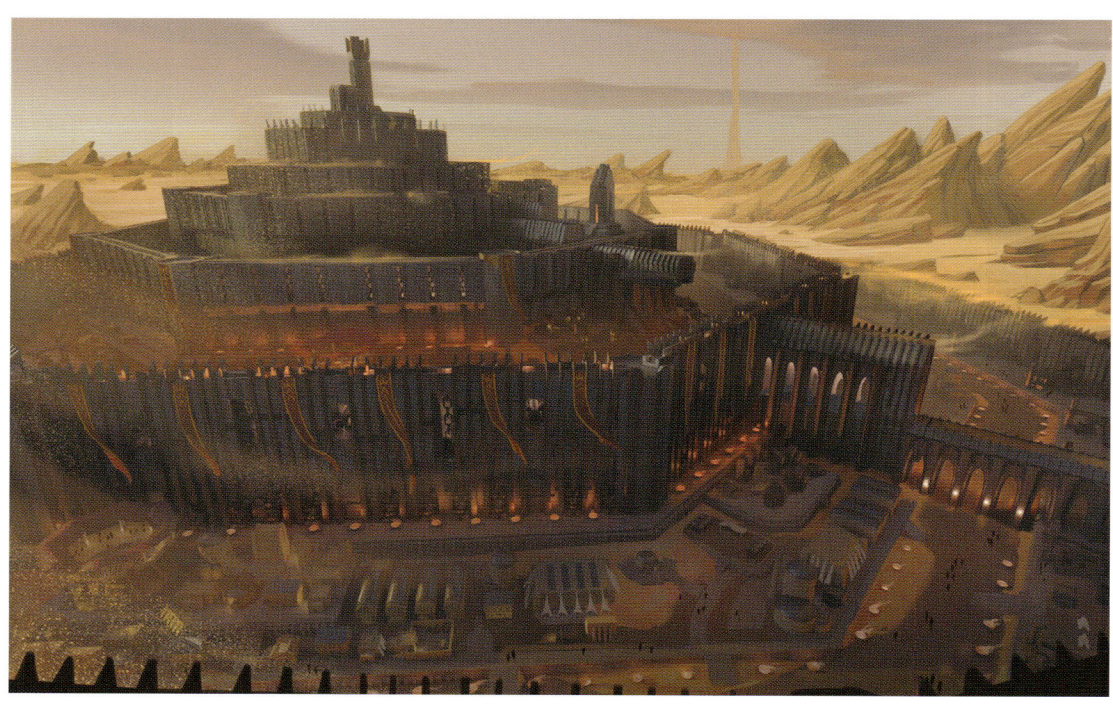

LAS CIUDADES-PORTAL

Cuanto más te separas de la Aguja que ocupa el centro de las Tierras Exteriores, más te alejas de la fuerza primordial de neutralidad y sus variados efectos, adentrándote en regiones que reflejan mejor los mundos con los que están conectados a través de los portales a los Planos Exteriores. Algunos hechizos empiezan a funcionar de nuevo y, en cuanto encuentran oportunidad, las divinidades se manifiestan otra vez e influencian a sus devotos. Claro que, cuando abandonas la seguridad que proporciona la neutralidad y te acercas a las ciudades-portal que están a las afueras, más peligroso se vuelve todo.

Cada ciudad-portal es un reflejo del Plano Exterior al que conduce el portal que alberga. De alguna forma, esa ciudad supone un aperitivo de lo que puede esperar un explorador si se aventurara a atravesar el portal y accediera a uno de los Planos Exteriores. Por eso, si no te gusta una ciudad-portal, hay muchas probabilidades de que atravesar el portal suponga una versión más intensa de la misma. Por ejemplo, la ciudad-portal a Aqueronte, Rigus, está construida como si se tratara de una fortaleza llena de campamentos y cuarteles generales, comandados por un señor de la guerra hobgoblin, el General Braagh, que vigila la entrada de Aqueronte, el Campo de Batalla Infinito. Muchos, si no todos, de los que allí moran son curtidos guerreros que han combatido en este nefasto campo de batalla. El General Braahg fue comandante en Toril antes de que el destino lo condujera hasta las Tierras Exteriores. Se rumoreaba que tenía una visión única sobre la naturaleza de Aqueronte, así que yo, ávido de conocimiento, tuve que investigarlo.

MUNDOS Y REINOS

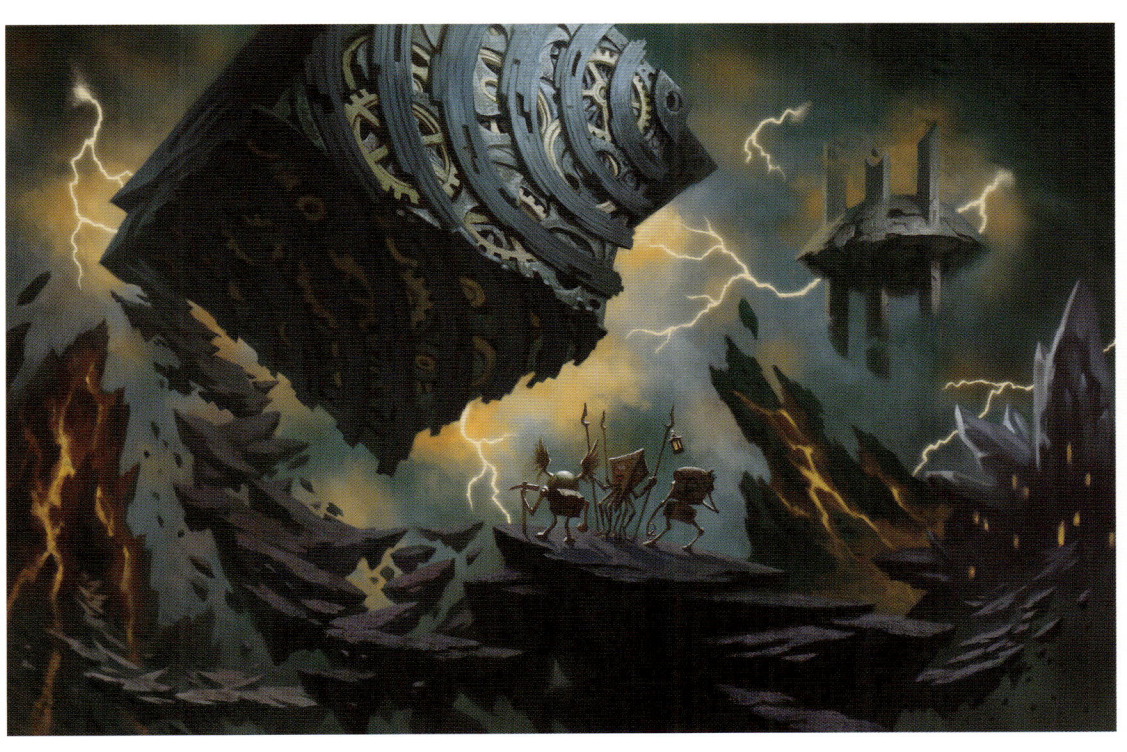

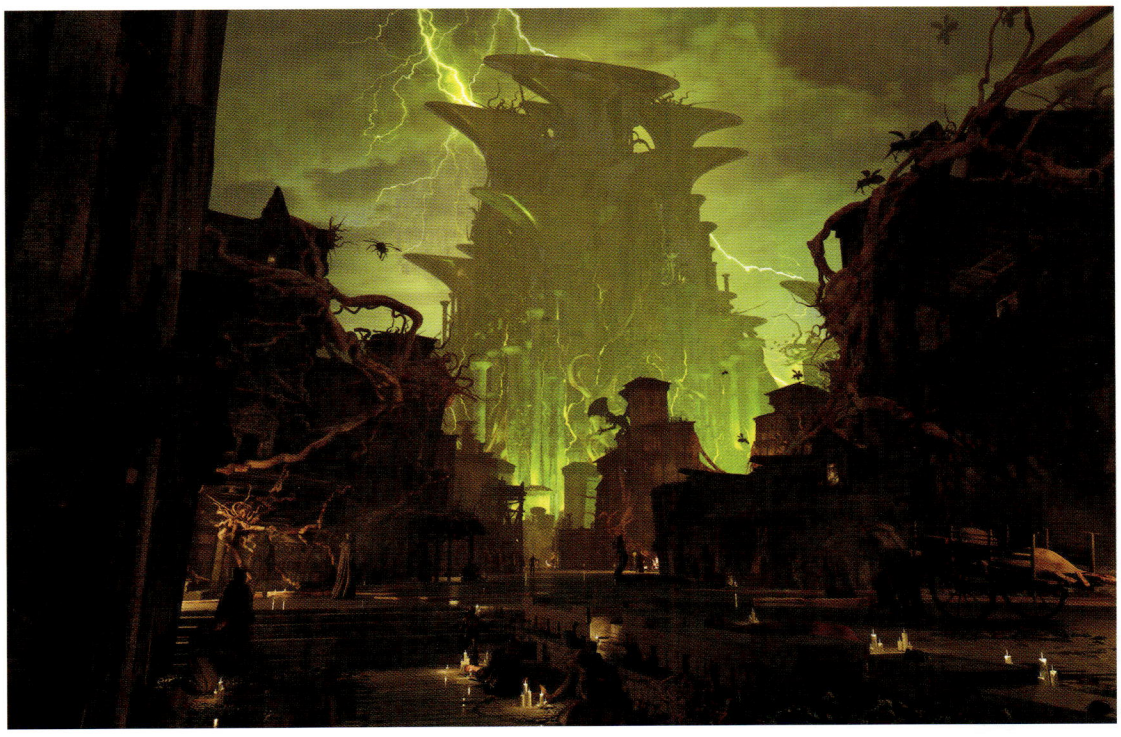

SIGIL

Braahg, de figura imponente y engalanado con retazos de armadura y una mata de pelo canoso, me saludó con una amplia sonrisa.

—Así que tú eres el mago, ¿verdad? El curioso. La polilla que busca el fuego. Pues estás en el sitio adecuado.

Contesté algo relacionado con el deseo de desentrañar los misterios metafísicos de Aqueronte. Algo que solo diría un mago. Era demasiado joven por entonces. Había leído muchos libros sobre Aqueronte y es muy probable que pensara que conocía el lugar.

La sonrisa de Braahg mostró una tristeza que nacía del conflicto.

—He luchado en el caos de Aqueronte. No es lugar para débiles de espíritu ni para mentes metódicas como la tuya. Es una picadora de carne donde magos y guerreros no tardamos en quedar reducidos al eterno estofado que es Aqueronte.

Cualquier idea romántica que albergaba del lugar se difuminó, mejor dicho, se desinfló, al oírlo.

Braahg continuó:

—Lo que tienes que recordar de Aqueronte es esto: no es un lugar en el que las cosas tengan sentido. El sentido aquí te lo sacan a golpes. He presenciado cómo brillantes estrategas, magos como tú, se volvían locos o quedaban reducidos a meros charlatanes. Es una fragua de caos que moldea todo lo que contiene, incluida tu mente.

Pese al deprimente repaso que había hecho Braahg de Aqueronte, todavía quería sonar intrigado.

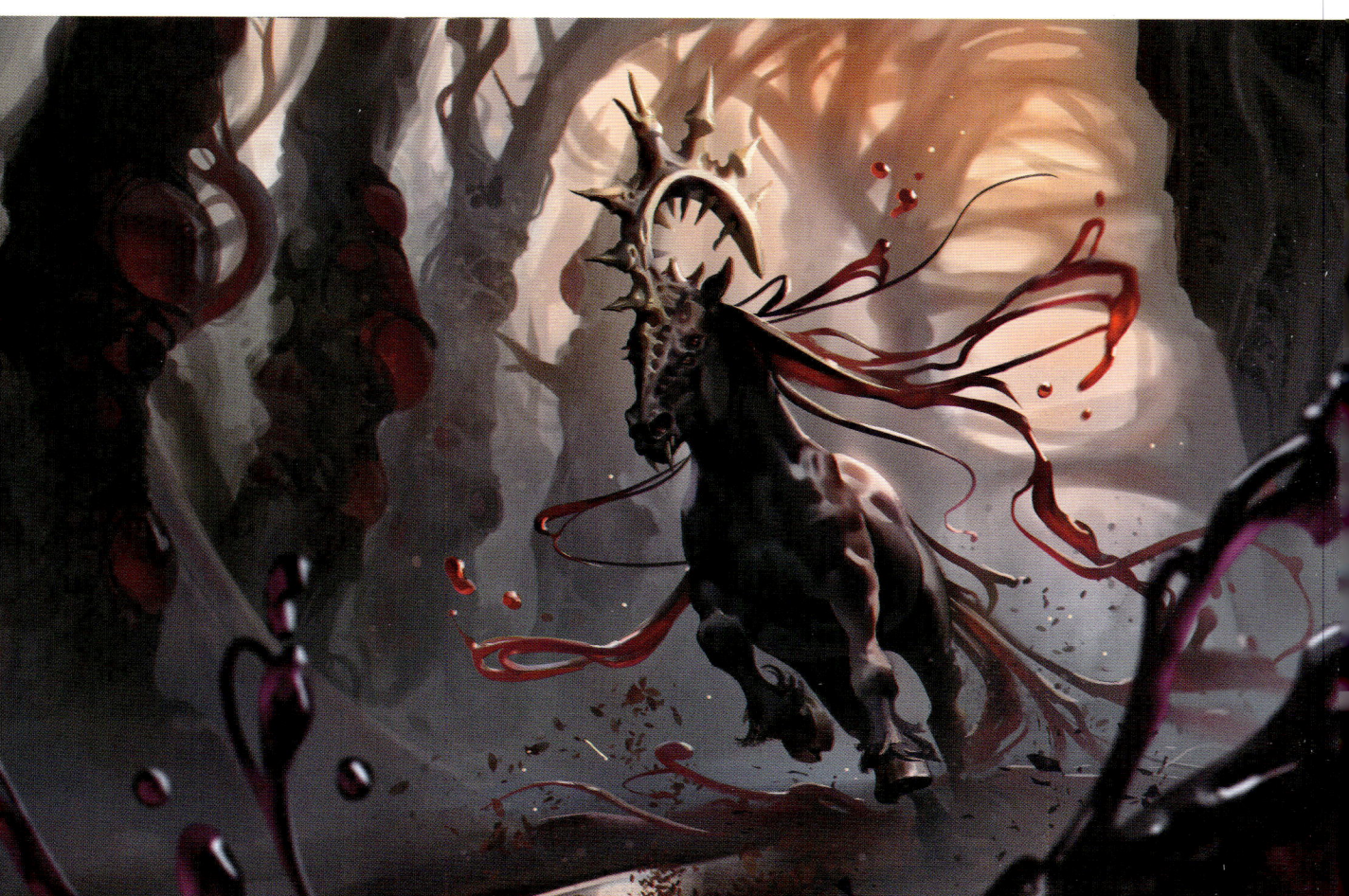

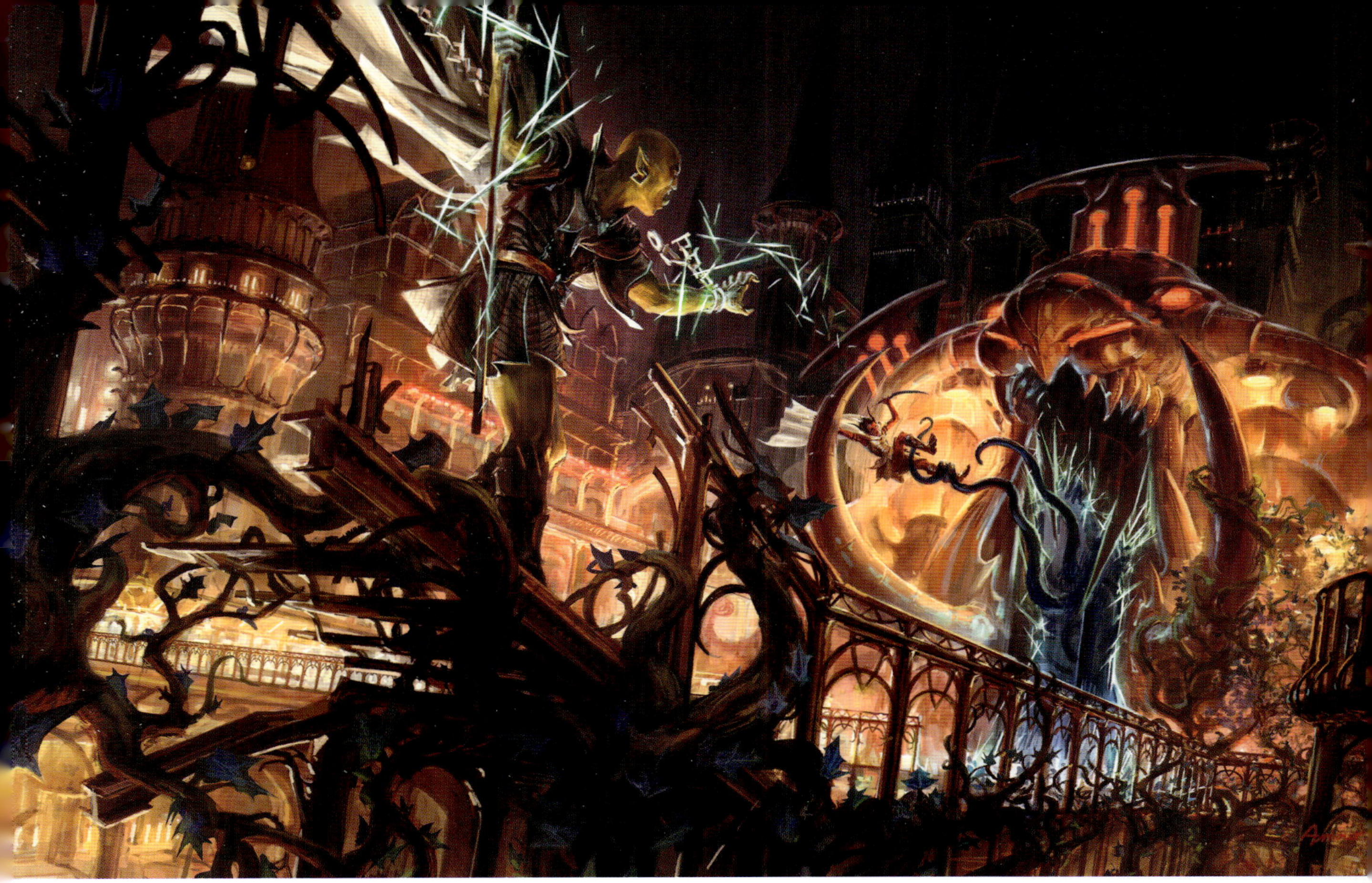

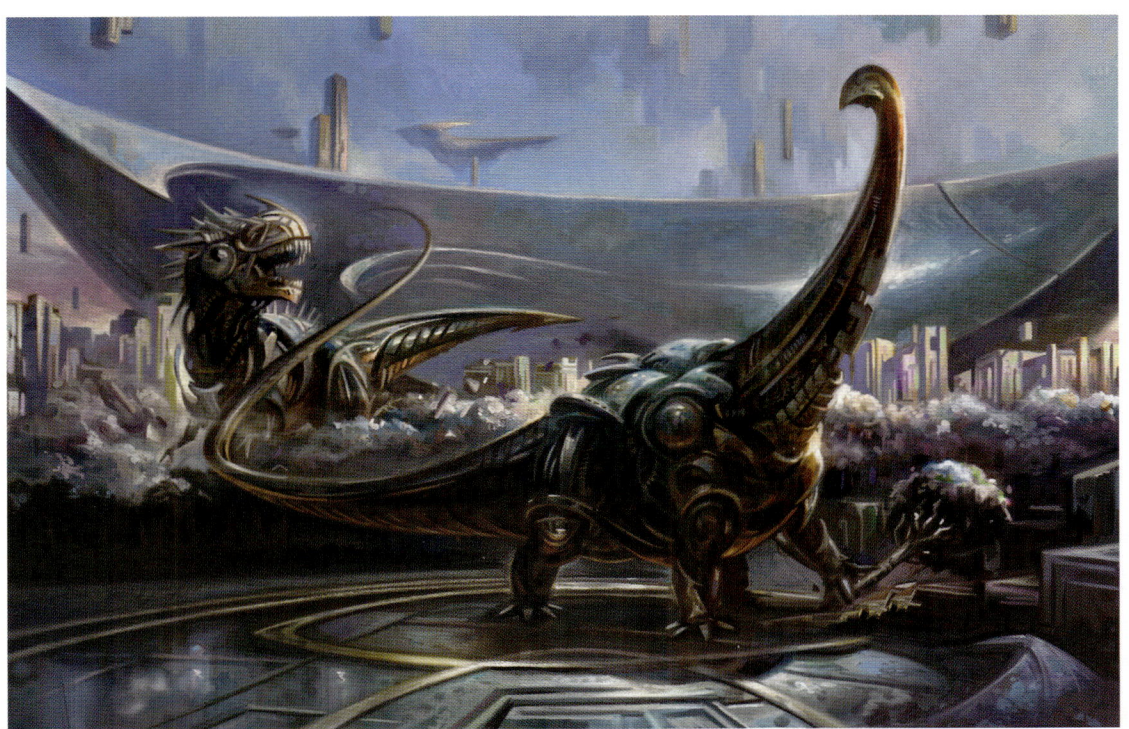

SIGIL

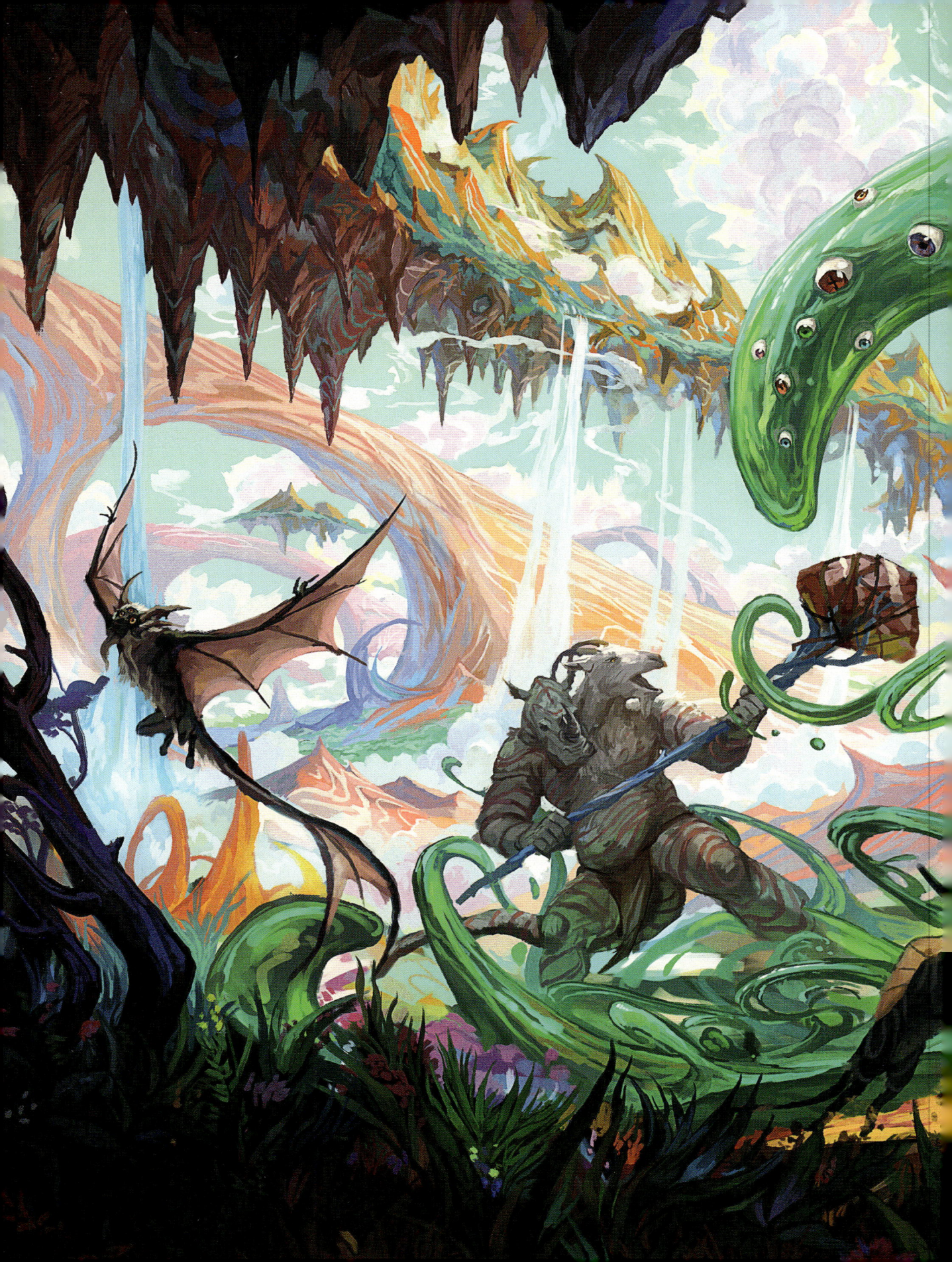

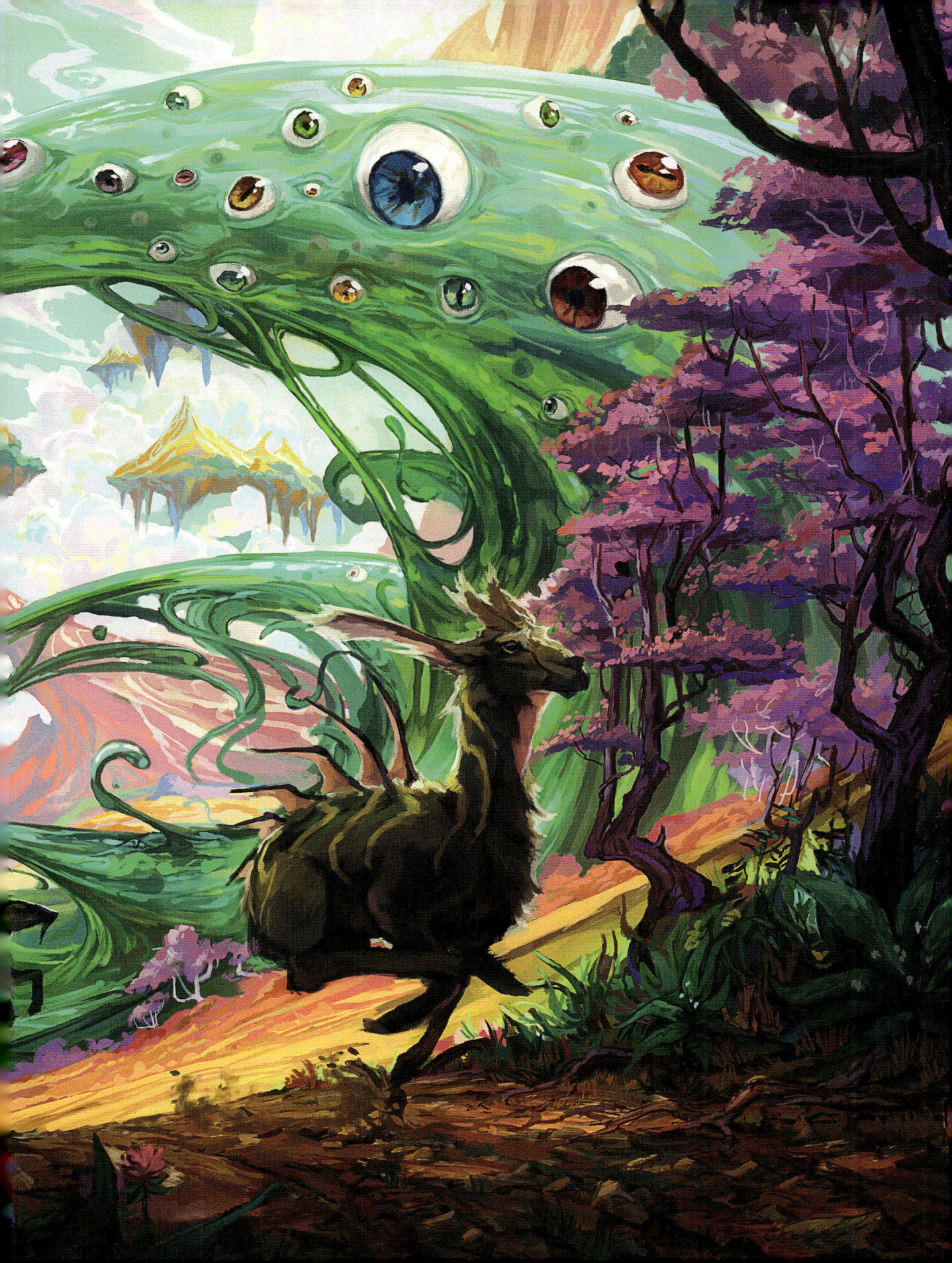

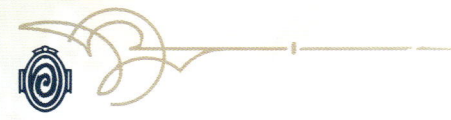

 —Pero, General, tú sobreviviste allí. ¿Regresaste con algún nuevo punto de vista, alguna sabiduría?

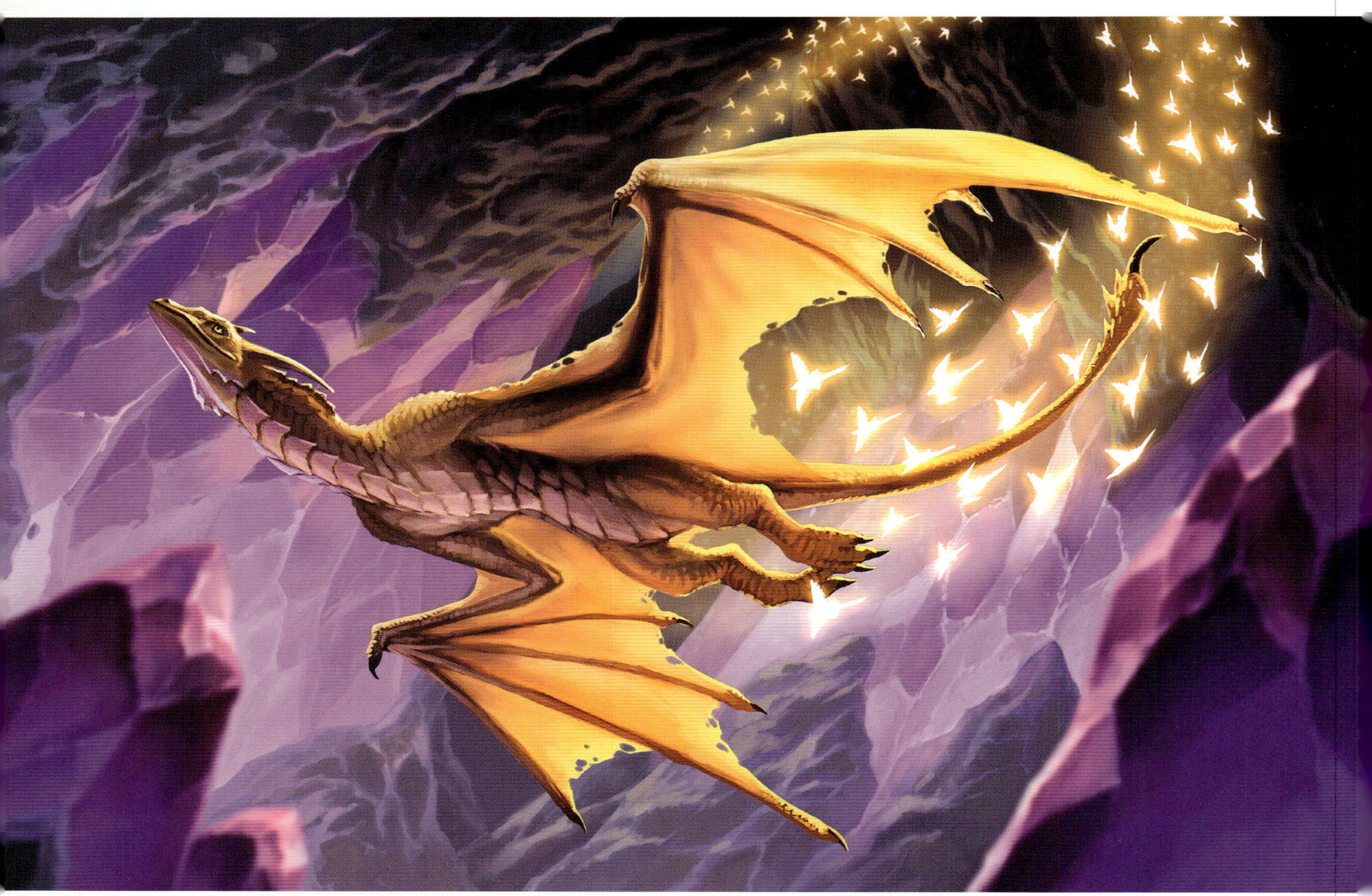

 Tras la tristeza que mostraban los ojos de Braahg, se abrió paso una pizca de humor.

 —¿Sabiduría? Aquí tienes una perla. Si alguna vez sientes la tentación de visitar Aqueronte, recuerda esto: cambia a todo el que pone un pie en ella. Puede que vayas en busca de conocimiento, pero lo más probable es que regreses confuso. Aqueronte es la clase de sitio que conseguiría que un mago olvidara sus hechizos y que un guerrero se perdiera.

 No pude evitar que se me escapara una risa.

 —Bueno, General, gracias por tu consejo. Tal vez deba reconsiderar mi viaje.

 Sin embargo, tras las advertencias de Braahg, me moría de curiosidad. Tenía que echarle un vistazo. Mucho tiempo después, Bigby y yo cruzamos el portal a Aqueronte y nos arrepentimos al instante.

MUNDOS Y REINOS

VIAJAR A LOS PLANOS EXTERIORES

Para ir a los Planos Exteriores, en lugar de hacer el cambio de plano directamente, te recomiendo viajar primero a las Tierras Exteriores y buscar la ciudad-portal que vigila el acceso al plano que deseas visitar. Eso sí, después de oír la advertencia del General Braahg, no puedo recomendarte Aqueronte. De hecho, la mayoría de los Planos Inferiores no son para gente como nosotros, de ideas claras y buen corazón. Pero, si estuvieras convencido de ir a visitar alguno de estos planos, has de saber que los residentes de las ciudades-portal no solo tienen información, sino que además encontrarás allí experimentados exploradores dispuestos a guiar a tu grupo a través de los Planos Exteriores, especialmente los desconcertantes como Limbo o los muy peligrosos como el Abismo. Cada ciudad-portal tiene sus propias leyendas, y es muy probable que un grupo de exploradores esté muy solicitado por gente que necesita encontrar objetos, llevar mensajes o escoltar a dignatarios.

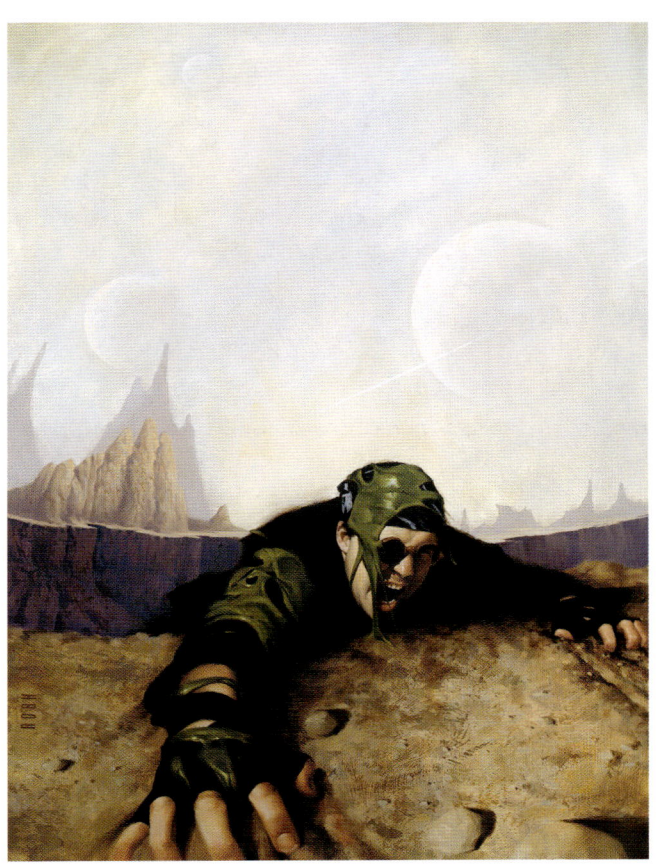

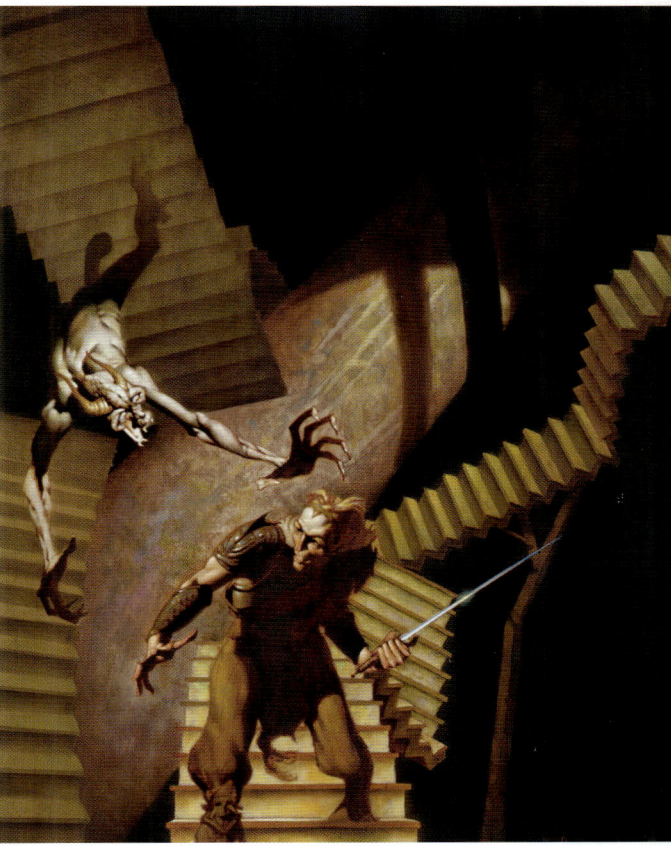

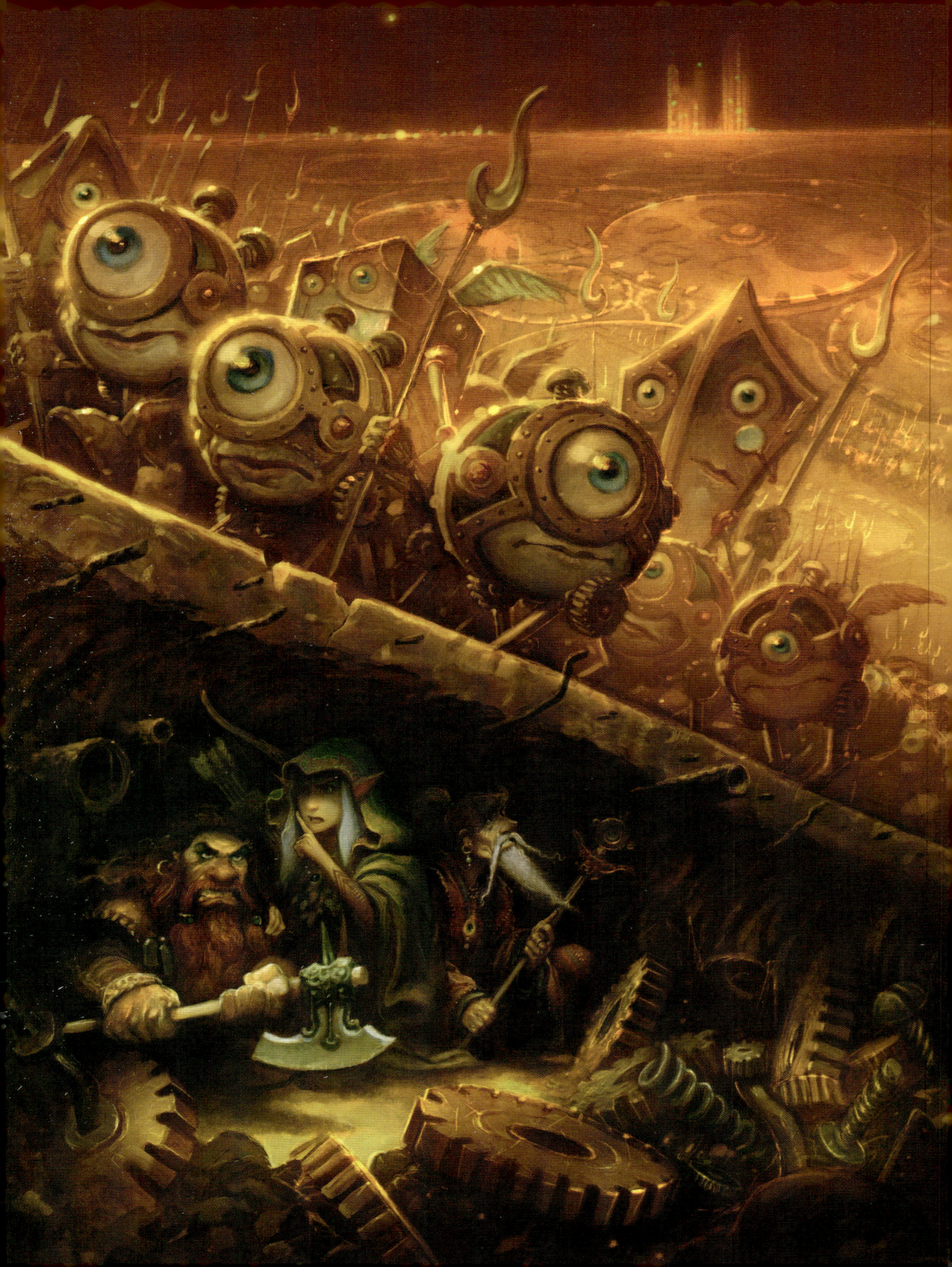

EL EQUILIBRIO

Al estar bajo la tutela de la Señora del Dolor, tengo pocas preocupaciones en lo que respecta al Equilibrio. De hecho, Sigil y las Tierras Exteriores son, en mi opinión, el ejemplo perfecto de cómo puede funcionar el Equilibrio. En estos momentos, el Equilibrio debe ser impuesto, pues aún quedan especies sintientes cuyo nivel de maduración ha de mejorar. Sin los límites trazados por la Señora del Dolor, no me cabe duda de que las facciones de Sigil degenerarían en el odio y el conflicto, y destruirían la ciudad y los unos a los otros en una locura profundamente primitiva e ideológica que es de sobra conocida en el multiverso. Pero la Señora del Dolor evita las consecuencias destructivas de tamaña estupidez y por eso la considero inusitadamente familiar y al mismo tiempo un avatar inflexible del Equilibrio. Es como si estuviera criando una prole de hermanos que no podían ser más diferentes, queriéndolos a todos y favoreciendo a ninguno, con la esperanza de que sean capaces de apreciar el valor del otro. Si los ciudadanos de Sigil no vieran nunca más a la Señora del Dolor, eso sería una señal de que se ha conseguido el Equilibrio desde la propia población, y si se puede conseguir ahí, se puede conseguir en cualquier sitio. Por eso, en lo que a mí respecta, Sigil es un gran experimento, un potencial de transformación y un símbolo de las grandes posibilidades que tiene el Equilibrio.

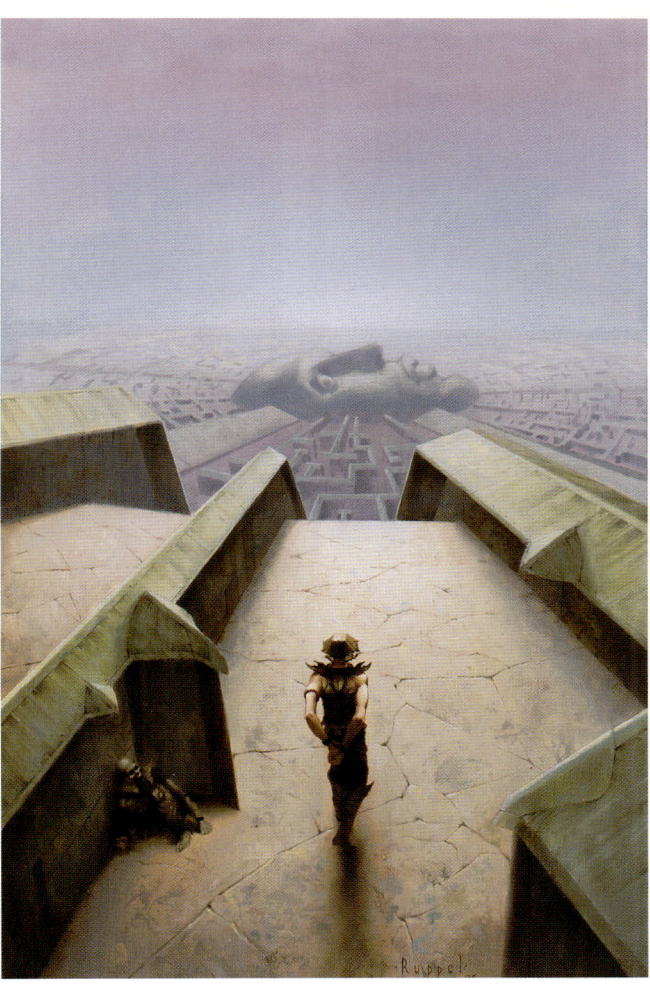

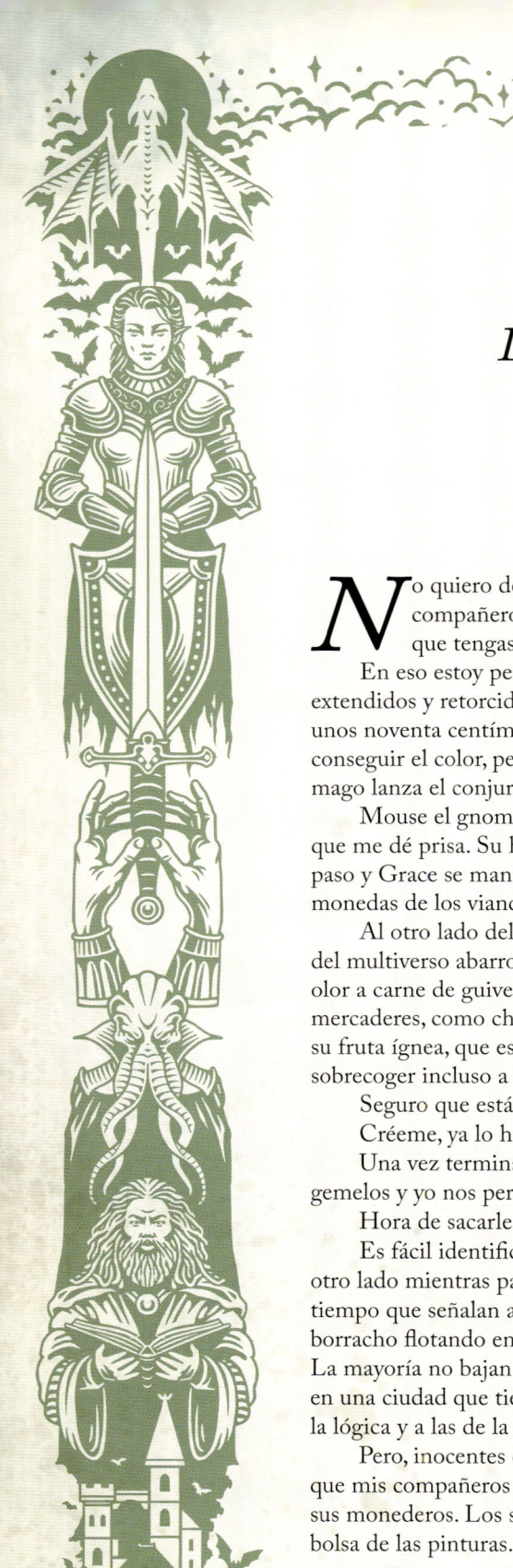

Vida en Sigil
LA CIUDAD
DE LAS PUERTAS

POR JALEIGH JOHNSON

No quiero decir que estaría dispuesto a morir por mi arte; moriría por mis compañeros sin pensarlo. Pero en la Jaula echas mano de cualquier destreza que tengas para sobrevivir.

En eso estoy pensando mientras pinto un par de manos de huesudos dedos extendidos y retorcidos en la pared del callejón. Entre esas manos hay un círculo de unos noventa centímetros de diámetro de un cerúleo brillante. Me costó una fortuna conseguir el color, pero, por lo dioses, fíjate en cómo capta ese momento en el que el mago lanza el conjuro.

Mouse el gnomo me hace señas desde lo alto de un cercano tejado laminado para que me dé prisa. Su hermana, Maud, limpia mis pinceles con rapidez conforme se los paso y Grace se mantiene alerta al final del callejón, rasgando un laúd y recogiendo monedas de los viandantes.

Al otro lado del callejón nos espera el Gran Bazar. Gente de todos los rincones del multiverso abarrota la plaza cada día para comprar o vender su camino al éxito. El olor a carne de guiverno asado me inunda las fosas nasales mientras oigo a los mercaderes, como charlatanes de feria, presumir de sus capas de pluma de ángel o de su fruta ígnea, que está tan caliente que escupirás fuego. ¡Garantizado! Capaces de sobrecoger incluso a un Sentidor.

Seguro que estás pensando: «Sheris, date la vuelta y empápate de todo».

Créeme, ya lo he visto.

Una vez terminado el dibujo, bajo de un salto del montón de cajones y los gemelos y yo nos perdemos entre la multitud.

Hora de sacarle provecho a la pintura.

Es fácil identificar a los recién llegados, que no dejan de girar la cabeza a uno y otro lado mientras pasean por el bazar, agarrando a sus acompañantes del brazo al tiempo que señalan a un gigante de la tormenta tatuador o a un contemplador borracho flotando en una cuba de cristal. Por cierto, es falso. Yo pinté los ojos. La mayoría no bajan la mirada mientras tratan de averiguar cómo se puede existir en una ciudad que tiene la apariencia de un dónut gigante y que desafía a las leyes de la lógica y a las de la construcción de edificios.

Pero, inocentes ellos, siguen mirando hacia arriba y no llegan a darse cuenta de que mis compañeros pasan a su lado con sigilo y les cortan con destreza las cuerdas de sus monederos. Los sacos llenos de monedas hacen un ruido metálico al aterrizar en la bolsa de las pinturas.

No es por presumir, pero por mi mano ha pasado todo tipo de monedas del multiverso, y también he encontrado cosas de lo más extrañas en esos bolsos. Mi favorita es un retrato de la Señora del Dolor dibujado en un fragmento de pergamino del tamaño de la uña del pulgar. Todavía lo conservo. Nunca he visto a la Señora en persona, gracias a mi buena fortuna, pero, como siempre digo, en el circo hay que tener respeto al maestro de ceremonias.

Sigil es la madre de todos los circos.

Noto una mano pesada sobre mi hombro, que me gira como si fuera un tapón. De repente, estoy cara a cara con el githzerai alto y delgado cuya bolsa de monedas acabo de robar limpiamente. O eso creía. Con la mano que tiene libre sostiene una reluciente espada.

—Devuélveme la bolsa, halfling, y tu muerte será rápida —siseó el githzerai al tiempo que me arrinconaba en una parte oscura de la calle, con el propósito, imagino, de que nadie interviniera. No deja de ser una tontería. Muere gente a diario en el bazar y, tras la conmoción inicial, todo vuelve a la normalidad con rapidez.

Sin embargo, mis compañeros y yo llevamos mucho tiempo sobreviviendo en la Jaula.

Mouse le hace un barrido con su hoz a la altura del muslo justo cuando yo me tiro al suelo y ruedo entre sus piernas, golpeándole en la rodilla con toda la fuerza de la que soy capaz. Se tambalea y se golpea el hombro contra la pared de un edificio, pero yo ya he salido corriendo de allí de vuelta al callejón con los gemelos pisándome los talones.

No quería verme en la obligación de utilizar mi subterfugio tan pronto, pero es necesario.

No disponemos más que de unos segundos antes de que nuestro nuevo amigo aparezca por la esquina y vea por dónde nos hemos ido, pero no pasa nada, porque está mi dibujo con esa esfera brillante celúrea, el color de los hechizos. No se trata de un simple dibujo. Bueno, sí que lo es, pero además esconde un portal. Qué, ¿de verdad no lo habías adivinado? Los hay por toda la Jaula. Llevo muchos años disimulando portales con dibujos por todo el bazar.

Subimos como podemos por los cajones, cruzamos el portal y aparecemos al otro lado de Sigil. Grace es la última en pasar. Es un buen bardo, aunque no siempre hace honor a su nombre: elegancia. Pero no se queda atrás.

Siempre necesitas un plan b. Así es la vida en la Ciudad de las Puertas.

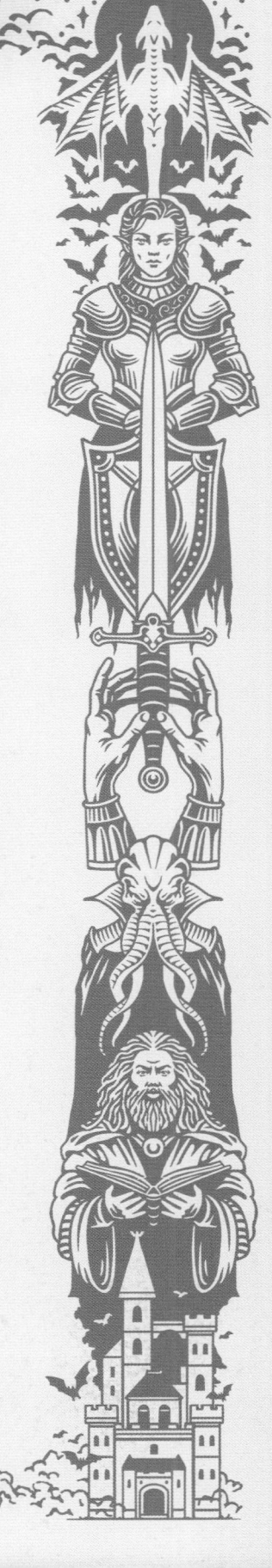

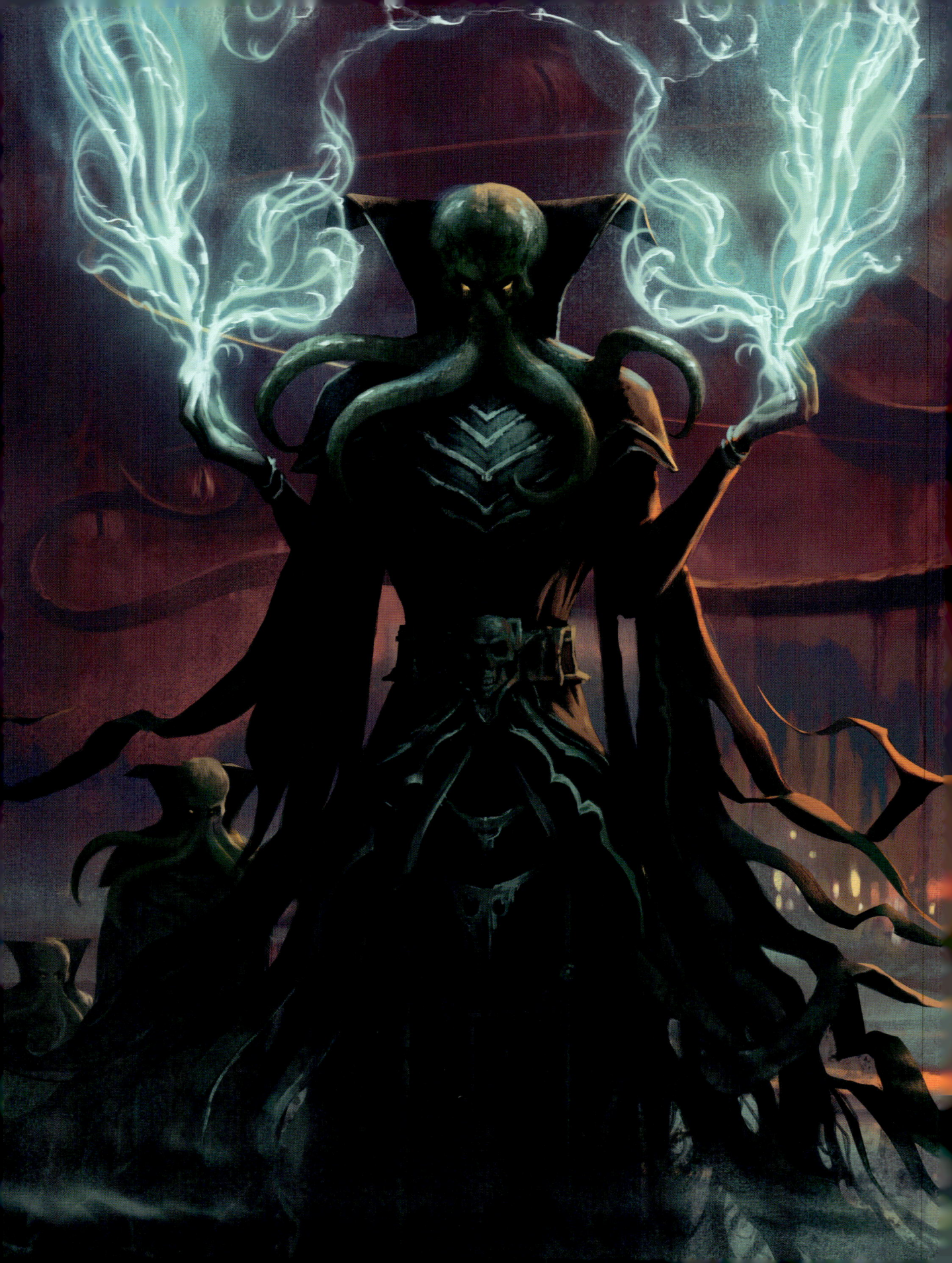

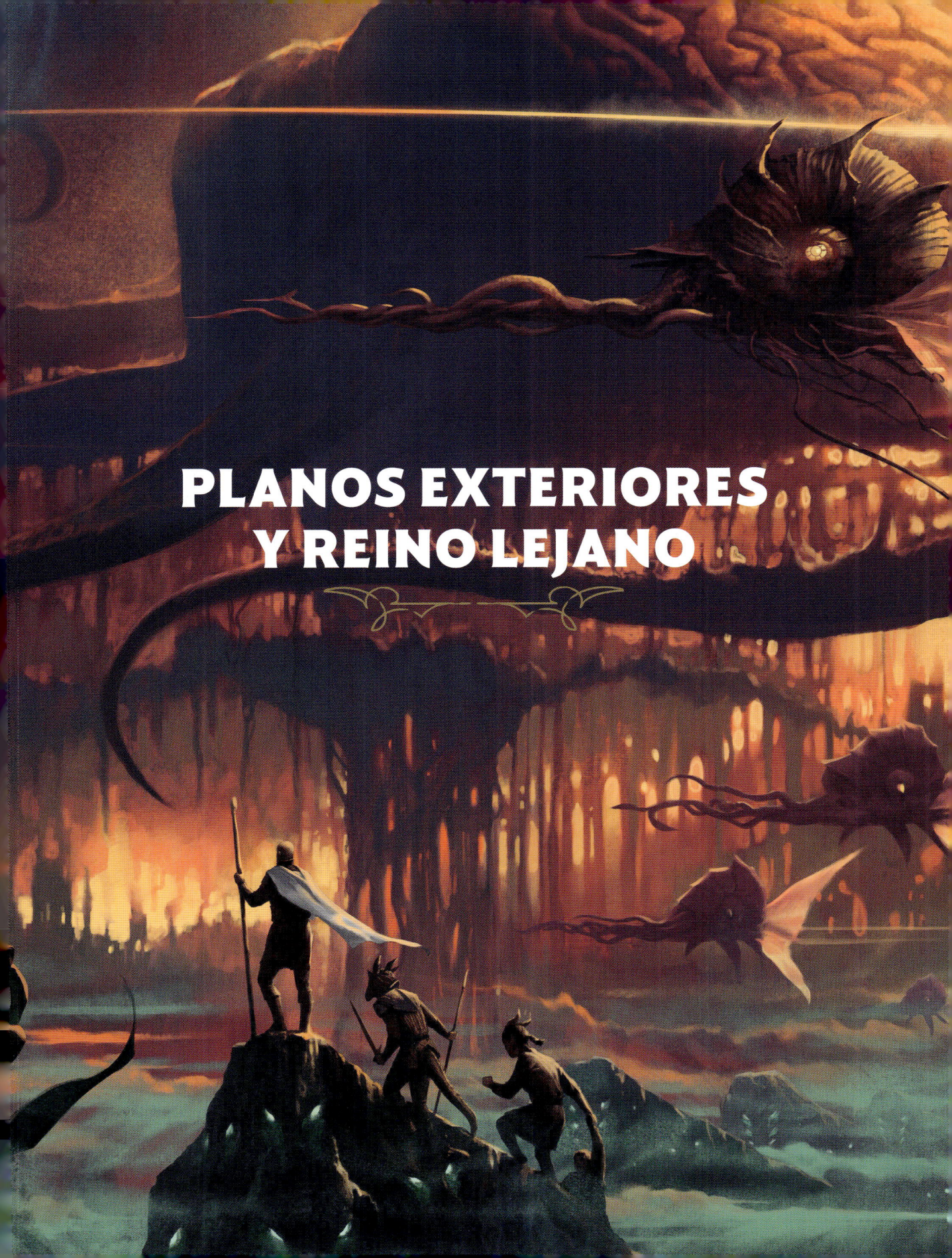

PLANOS EXTERIORES Y REINO LEJANO

Cuando les llega su hora, todos los mortales emprenden su viaje a los Planos Exteriores. Los mundos que existen aquí son tan variados como los mortales. Los espíritus se sienten atraídos por las tierras que mejor les vienen. Es posible viajar hasta allí desde Tierras Exteriores antes de morir, pero, debido a mi incesante empeño de evitar la muerte hasta que pueda pasarle mi magia a alguien, entiendo que podría resultar una extraña elección irme a explorarlos. Diré en mi defensa que las ganas de ampliar mi conocimiento más allá de su propio límite superan cualquier duda sobre sus peligros.

Esta pasión me ha llevado a adentrarme con mayor profundidad en el multiverso, y aun así, no pienso viajar al Reino Lejano. Estoy seguro de su existencia, pues las maldades primordiales y los horrores sobrenaturales que allí se engendran encuentran tortuosas maneras de manipular e influir al Plano Material. Si viajar al Reino Lejano fuera sencillo, podría desencadenarse un daño irreparable sobre nuestros mundos y, por una vez, no me arriesgaré a abrir un camino por la gratificación personal de encontrar los planos más distantes que existen.

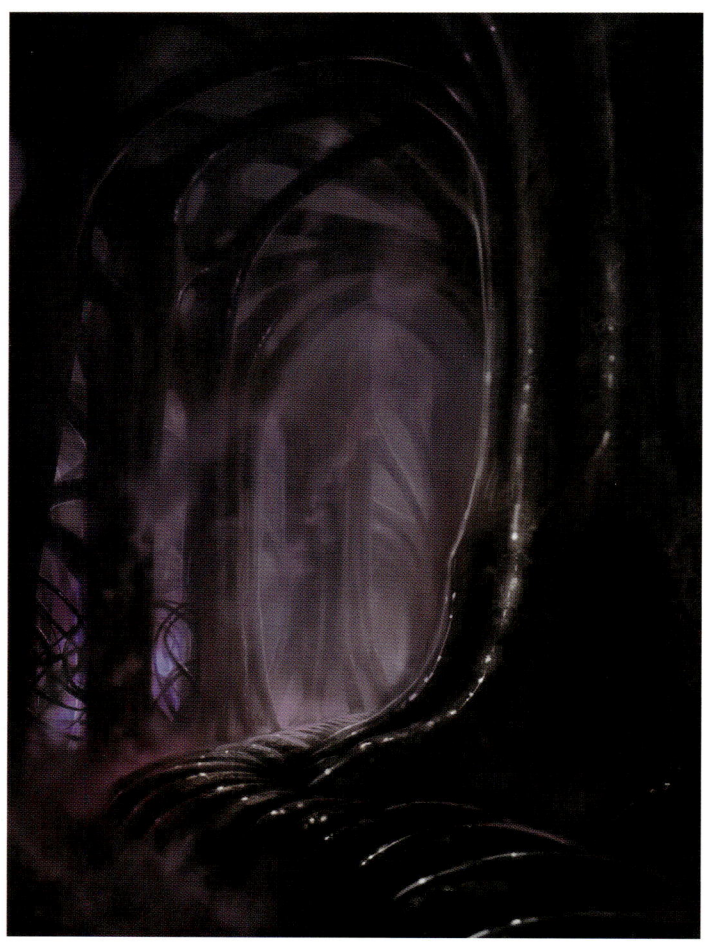

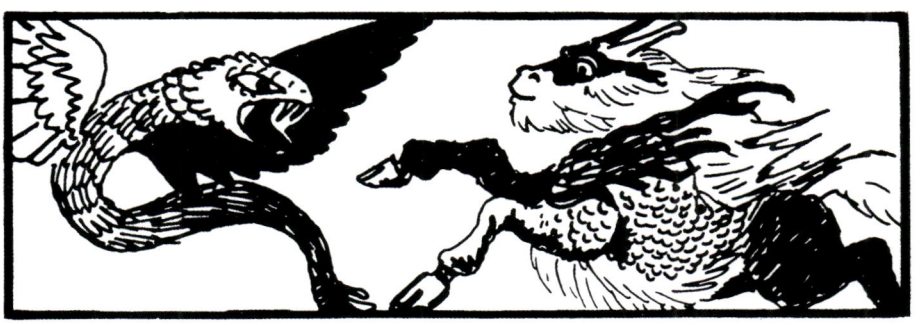

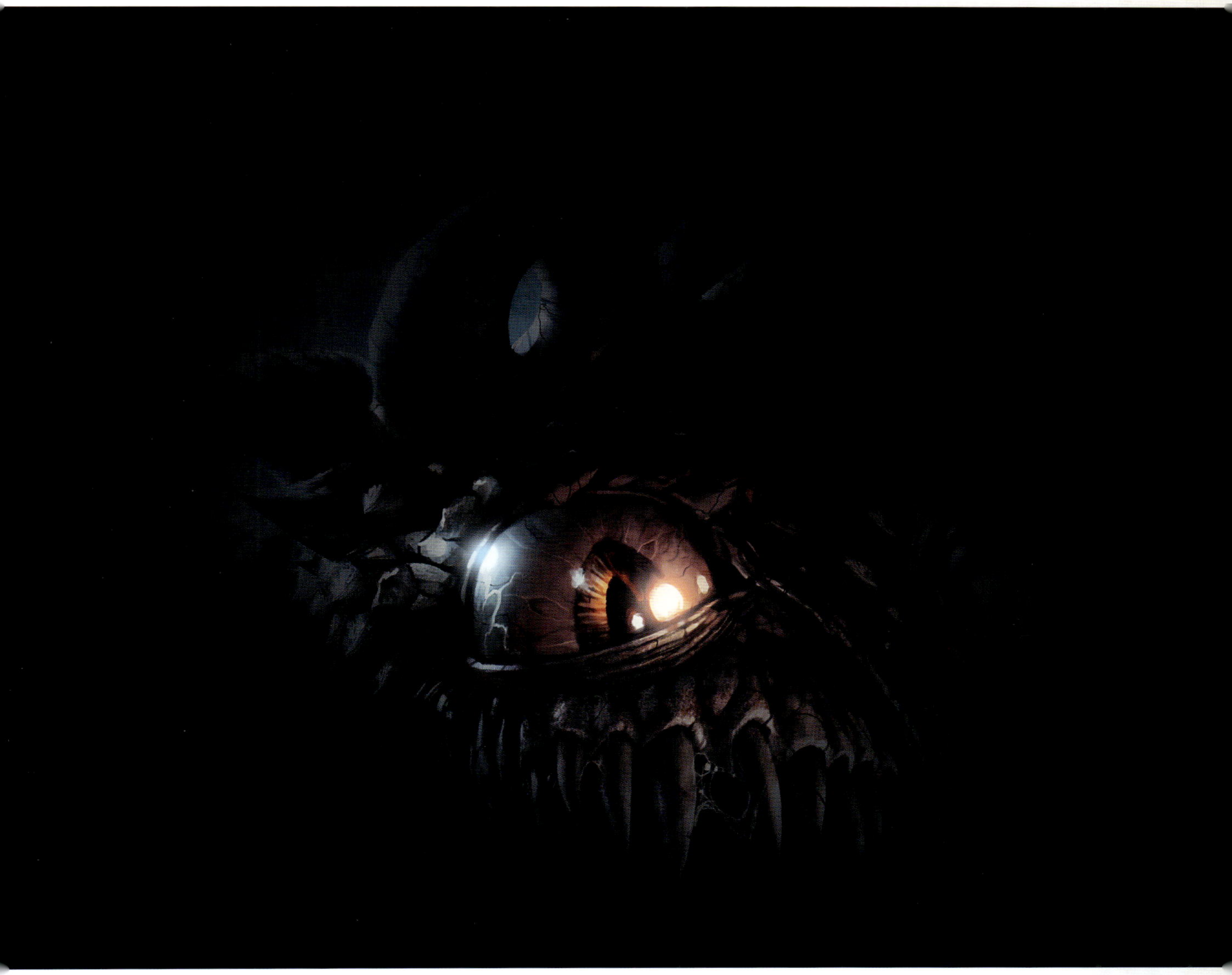

PLANOS EXTERIORES Y REINO LEJANO

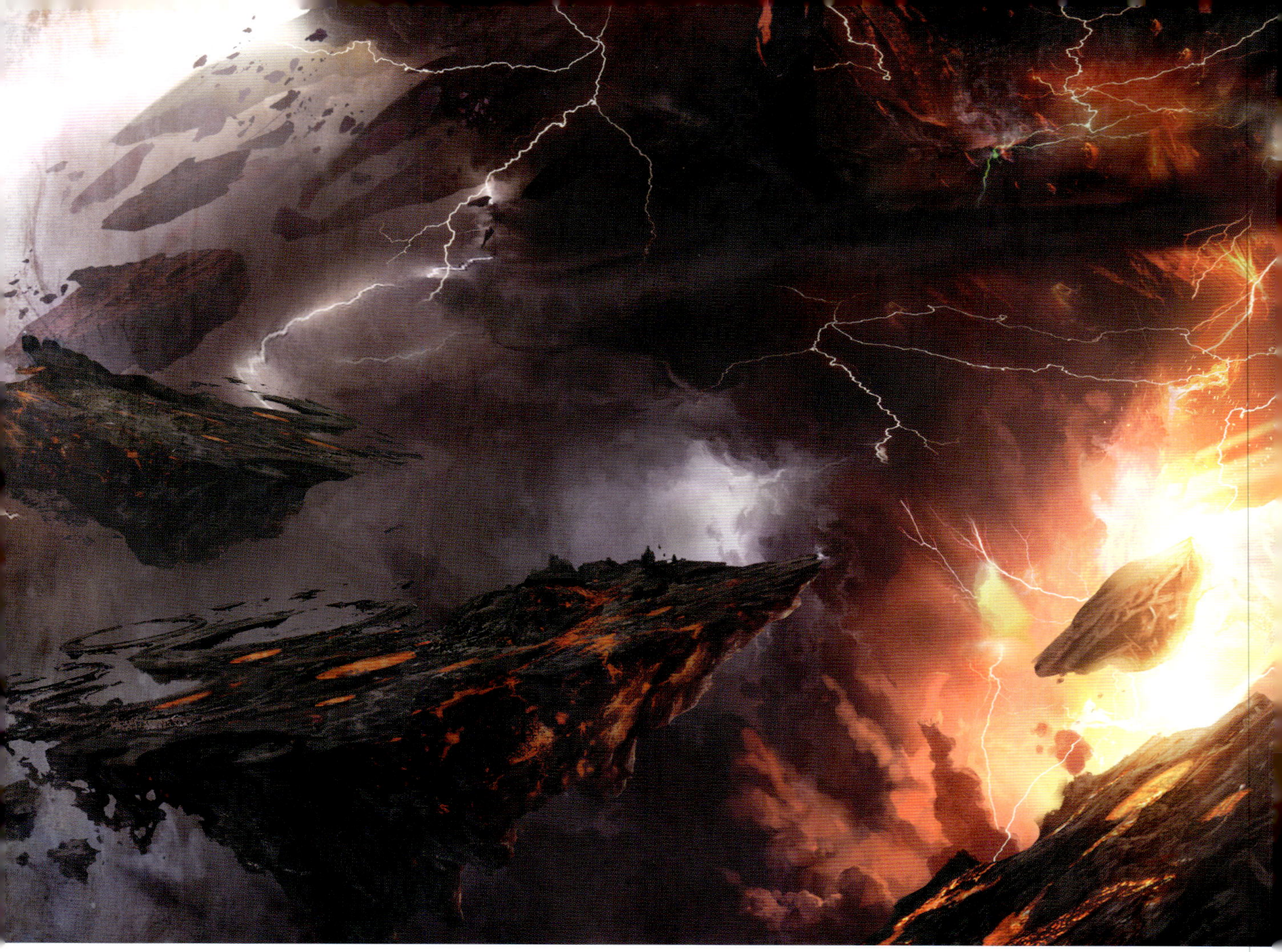

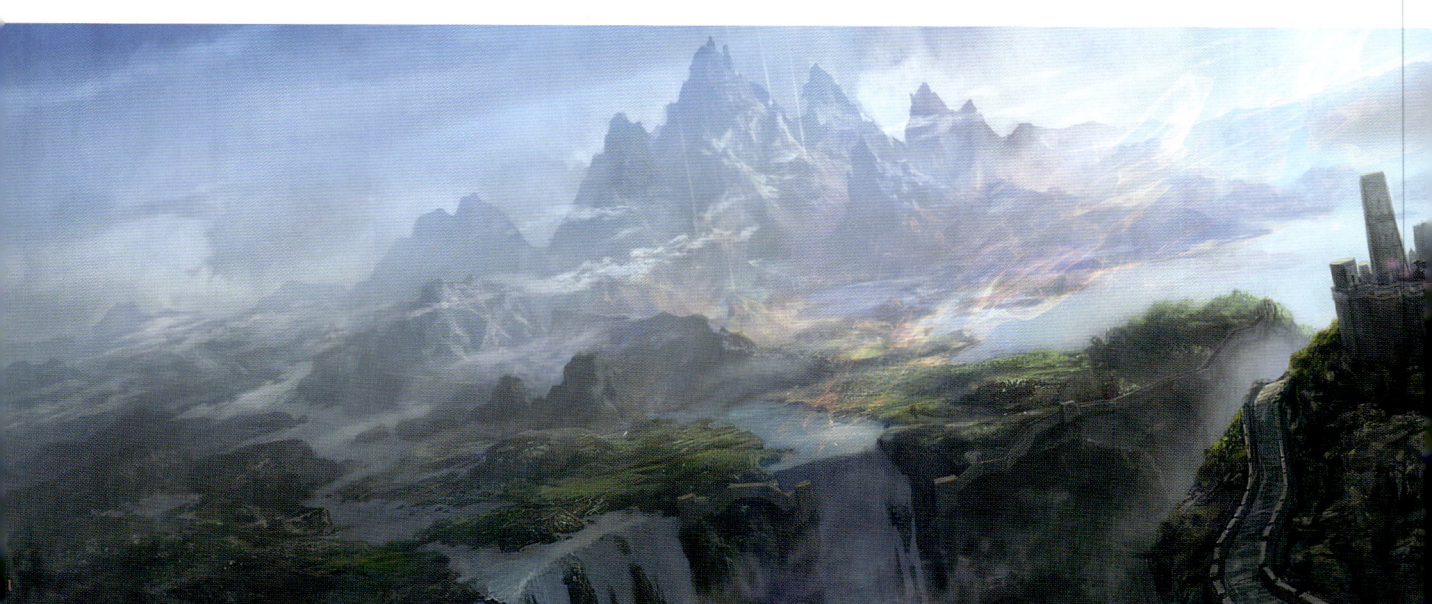

342

MUNDOS Y REINOS

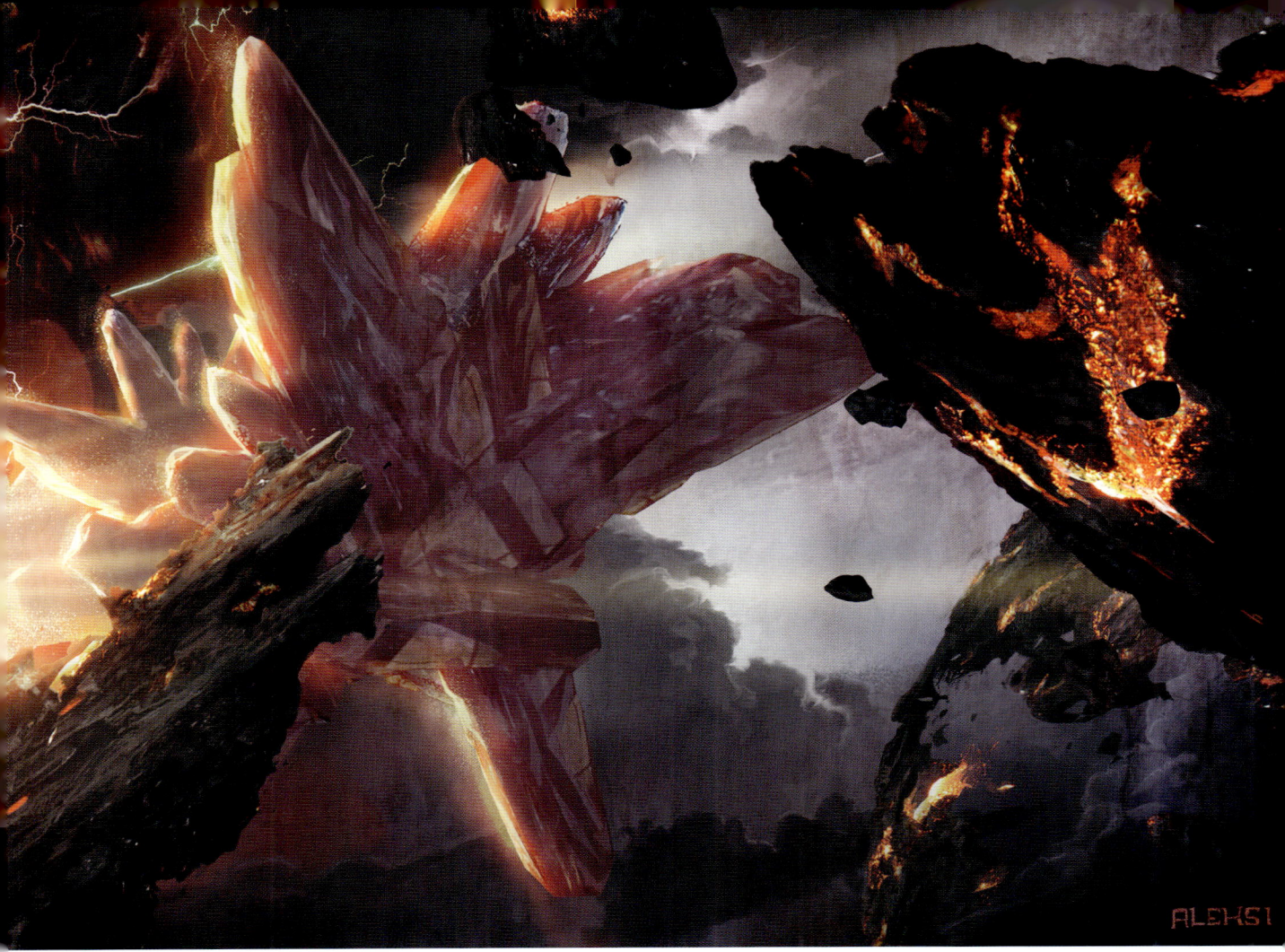

LOS PLANOS EXTERIORES

Los Planos exteriores escapan a cualquier entendimiento mortal. Son el reino de los seres inmortales: semidioses, infernales y celestiales. Son los lugares donde las fuerzas del multiverso como la Ley, el Caos, el bien y el mal, chocan y pelean por encontrar la manera de armonizar y crear mundos de gran belleza y asombro. Desconozco si los dioses habitan en los Planos Exteriores celestiales o si solo se les recibe con amabilidad, como ejemplos de bondad, a mesa puesta eternamente en cualquiera de los pasillos celestiales. De la misma forma, estoy seguro de que los dioses del mal rondan los laberintos del Pandemónium, beben vino sobrenatural en los osarios de Hades y ven obras macabras en los teatros de Neso. Pero ¿llaman los dioses hogar a los Planos Exteriores? A pesar de que disfrutan entrometiéndose en el Plano Material, su naturaleza sobrenatural los atrae hasta aquí, a uno de los Planos Exteriores. Quizá esa obsesión que tienen por el mundo mortal sea el último lazo que los une a sus memorias mortales, pues no olvidemos que muchos dioses fueron mortales.

Los poderes de los Planos Exteriores son tales que llegan a influir en la vida del Plano Material, como si se tratara de un faro lejano. Algunos nos muestran el camino a una vida ordenada, otros abren caminos de vuelta a la naturaleza y todavía hay otros que permiten vislumbrar las profundidades de la corrupción. Los Planos Exteriores ofrecen dos elecciones: los Planos Superiores exploran el espectro completo de la bondad, mientras que los Planos Inferiores se componen de aquellos reinos que han bebido de las muchas copas de la maldad que cautiva a la mente, deforma el cuerpo y corrompe el alma.

No hay vidas suficientes para explorar los Planos Exteriores, pues son cunas del misterio y la fascinación. En la mayoría de estos planos, no he llegado a explorar más que la superficie, pero solo echar un vistazo a uno de estos mundos te deja una huella indeleble. Hay aventuras que vivir en estos planos, pero son solo para los más valientes, pues los seres de aquí ostentan las fuerzas primordiales de la Ley y el Caos, la bondad y la maldad. Exhiben el poder de conferir la vida eterna, mostrar los hilos del destino tejiendo el futuro, o conceder cualquier deseo, y pueden devastar un reino o lanzar tu alma a las fauces de la aniquilación. Accede a los Planos Superiores con determinación y un objetivo claro, porque los dioses y los arcángeles no se entretienen en asuntos triviales ni toleran a los estúpidos. Los exploradores que vengan aquí deben estar preparados para vivir aventuras de gran trascendencia para el multiverso, pues el destino del mundo podría depender de ellos. Por el contrario, para adentrarse en uno de los Planos Inferiores, tu equipo ha de tener una resolución inquebrantable y no albergar ninguna duda sobre la pureza y robustez de sus almas, pues un minúsculo resquicio es todo lo que necesita un archinfernal para colarse en tu interior y atrapar un corazón mortal. Y si por casualidad se le ocurriera a un explorador hacer algo terriblemente estúpido como enfadar a un señor demoníaco o provocar a un archinfernal, bueno, esto te conduciría a un destino muchísimo peor que la muerte.

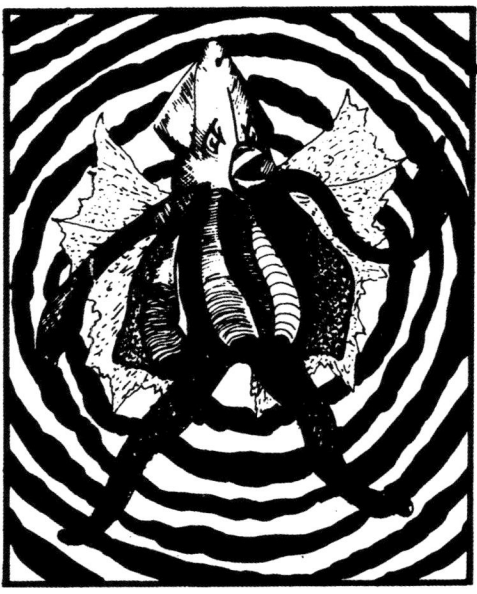
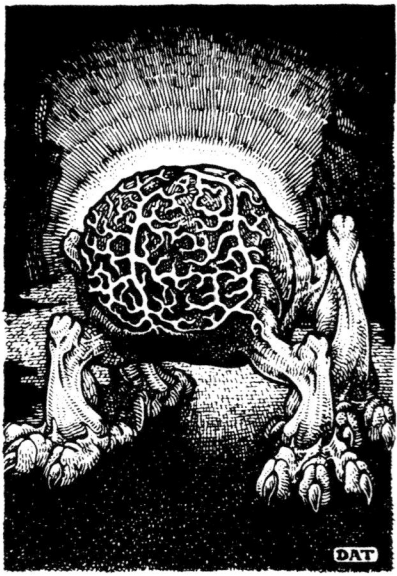

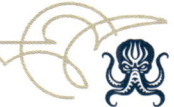

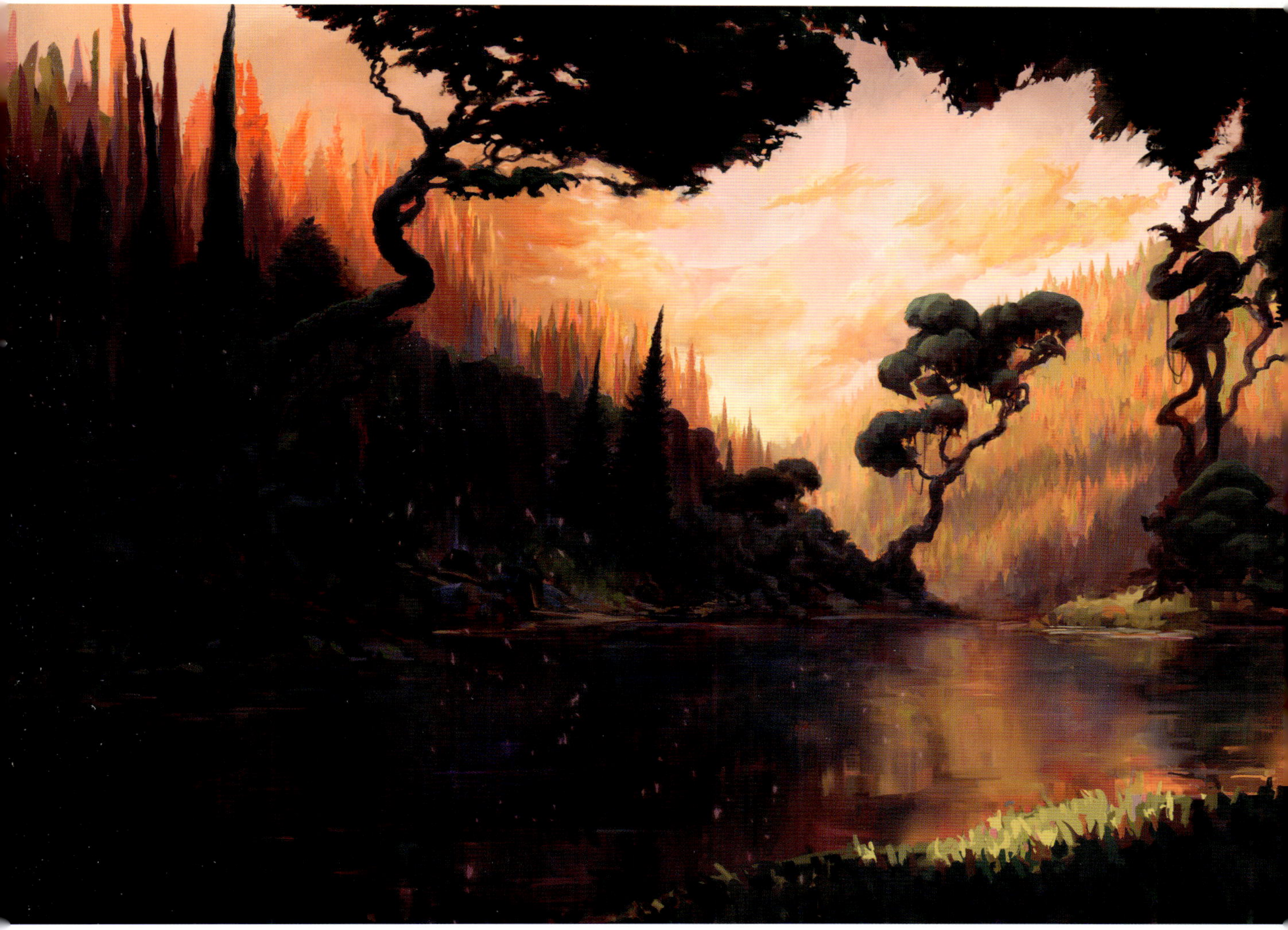

La mayoría de los mapas de los Planos Exteriores no dejan de ser impresiones, aproximaciones a las localizaciones y emplazamientos que han de usarse como una mera guía porque, como ocurre con muchos planos, no existen distancias reales. Cuando los cartógrafos viajan a estos lugares, deben calcular como bien pueden los extensos espacios que pueden atravesarse con un pensamiento, pues solo pensar en moverte puede llevarte flotando hasta la cima de una montaña o enviarte río abajo en un instante.

Podría seguir parloteando acerca de las maravillas y de las maldades de los Planos Exteriores, pero prefiero acabar con un fragmento sacado del cuaderno de mi leal ayudante, Bigby, sobre cada uno de estos planos existenciales.

PLANOS EXTERIORES Y REINO LEJANO

DEL CUADERNO DE BIGBY

Mechanus. Un reino de precisión matemática donde, al parecer, nunca soy puntual. Aquí reina la Ley, con estos extraños modrons mecánicos trajinando como contables infalibles, manteniendo la realidad en equilibrio. Un lugar desconcertante y hermoso si te apasionan las formas geométricas.

Arcadia. Silencioso como un candelero cuando el Primer Lector pasea entre las estanterías. La arquitectura habla a voz en grito de simetría, y los lugareños susurran tranquilizadores acuerdos contractuales.

Monte Celestia. ¡Ángeles! ¡Algodonosas nubes! ¡Burocracia virtuosa! Celestia es para aquellos con inclinaciones éticas. Por Dios, vaya sitio más aburrido. Una escalera eterna al saber y todo lo que quieras. Tráete un arpa.

Bitopía. Aquí te presentan dos opciones de paraíso: ¿prefieres verdes colinas y halflings u hongos y gnomos? ¿Cómo son capaces de meter tanta paz y productividad en un solo sitio?

Elíseo. Luz solar, música y paz hasta donde el ojo alcanza. Olvídate de tus problemas y baila con las flores. Habla con Durnan en Toril sobre el hidromiel que preparan en este sitio.

Las Tierras de las Bestias. Nunca antes había mantenido una conversación con elefantes sabios. Casi todos los animales aquí son más listos que Volo..., y casi diría más listos que yo.

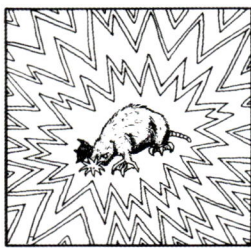

Arbórea. Por lo que parece aquí es donde los panteones se van de fiesta: gigantescos festines, batallas épicas y suficiente hidromiel como para ahogar a un enano.

Ysgard. Balanceo de hachas, cruces de espadas, una escandalosa pelea eterna que incluye banquetes cada tarde. ¿Una especie de nicho de mercado?

Limbo. Aquí me puse muy malo. Perdí la varita, mi libro de hechizos y mi identidad. Descubrí mi profundo amor por la gravedad.

Pandemónium. Tráete unos tapones para los oídos.

El Abismo. Imagínate una sala llena de gatos, solo que en lugar de gatos son demonios. Y te odian.

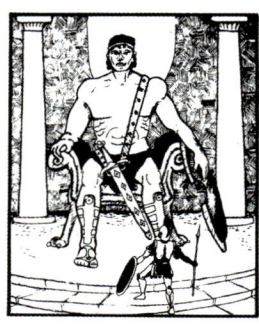

Carceri. Se parece a un plan de huida que nunca llegó a ponerse en práctica. Un encierro eterno con un toque de desesperación. No es el lugar que elegirías para tus vacaciones.

Hades. Gris. No puede ser más gris. Un suave tono de desolación. No es el mejor lugar para montar una fiesta.

Gehenna. Hay infernales por todas partes. Es como una negociación eterna con los vendedores menos fiables que existen.

Baator. Aquí todo está en orden. Sobre todo el horario de torturas. El tiempo siempre es... ¿abrasador?, ¿sulfúreo? No sé decirte. Quiero irme a casa.

Aqueronte: Me recuerda a aquella reunión familiar en la que el primo Greefus y el tío Higgen empezaron a discutir sobre cómo trinchar el pavo. Imagínatelo. Y ahora, cambia el pavo por una guerra eterna.

EL REINO LEJANO

Más allá de los Planos Exteriores se encuentra el Reino Lejano, un lugar fuera del multiverso del que se habla solo en los mamotretos más antiguos, un plano distante de seres ancianos que pervierten a todo aquel que se encuentra con sus susurros sobrenaturales. He sentido y he visto sus efectos, por lo que creo en las historias que hablan de su existencia, aunque la mayoría no sean sino desvaríos de enloquecidos magos, brujos y hechiceros.

Si de algo estoy seguro con respecto al Reino Lejano es que es peligroso para nuestro mundo, pues distorsiona todo lo que toca y retuerce las mentes, afectando a su percepción de la realidad. No es difícil averiguar dónde el Reino Lejano ha entrado en contacto con nuestro mundo. No hay más que seguir las señales: un paisaje que ha adquirido extrañas propiedades o donde ocurren poderosos y desconcertantes efectos mágicos, o una arquitectura que se ve tan retorcida como si la estuvieras contemplando a través de un prisma hecho añicos. Las aberraciones también se agrupan en torno a la energía del Reino Lejano, igual incluso proceden del allí. Los azotamentes, aboleths y contempladores tienen su origen en el Reino Lejano y todos muestran una versión de su poder psiónico que desborda las mentes, dominando a algunos y destrozando a otros.

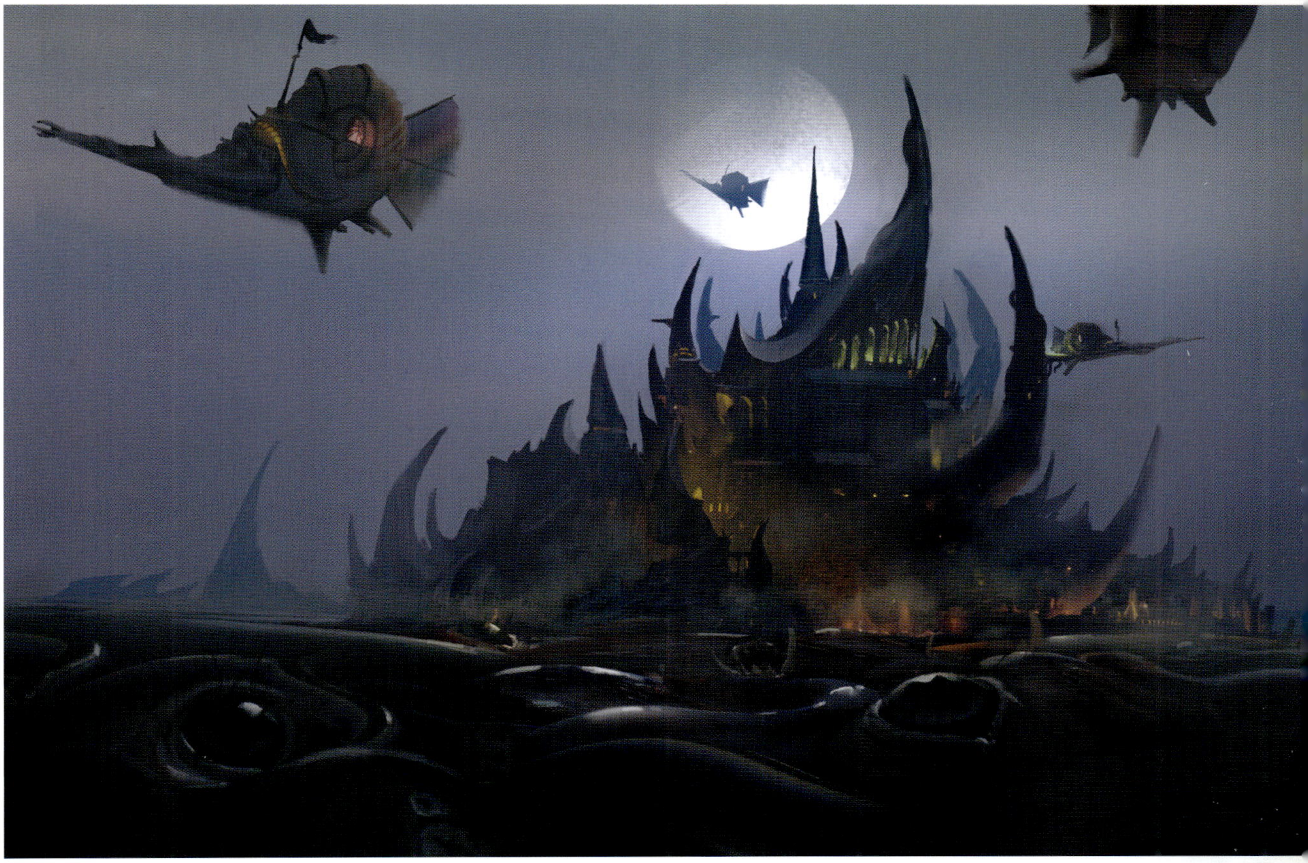

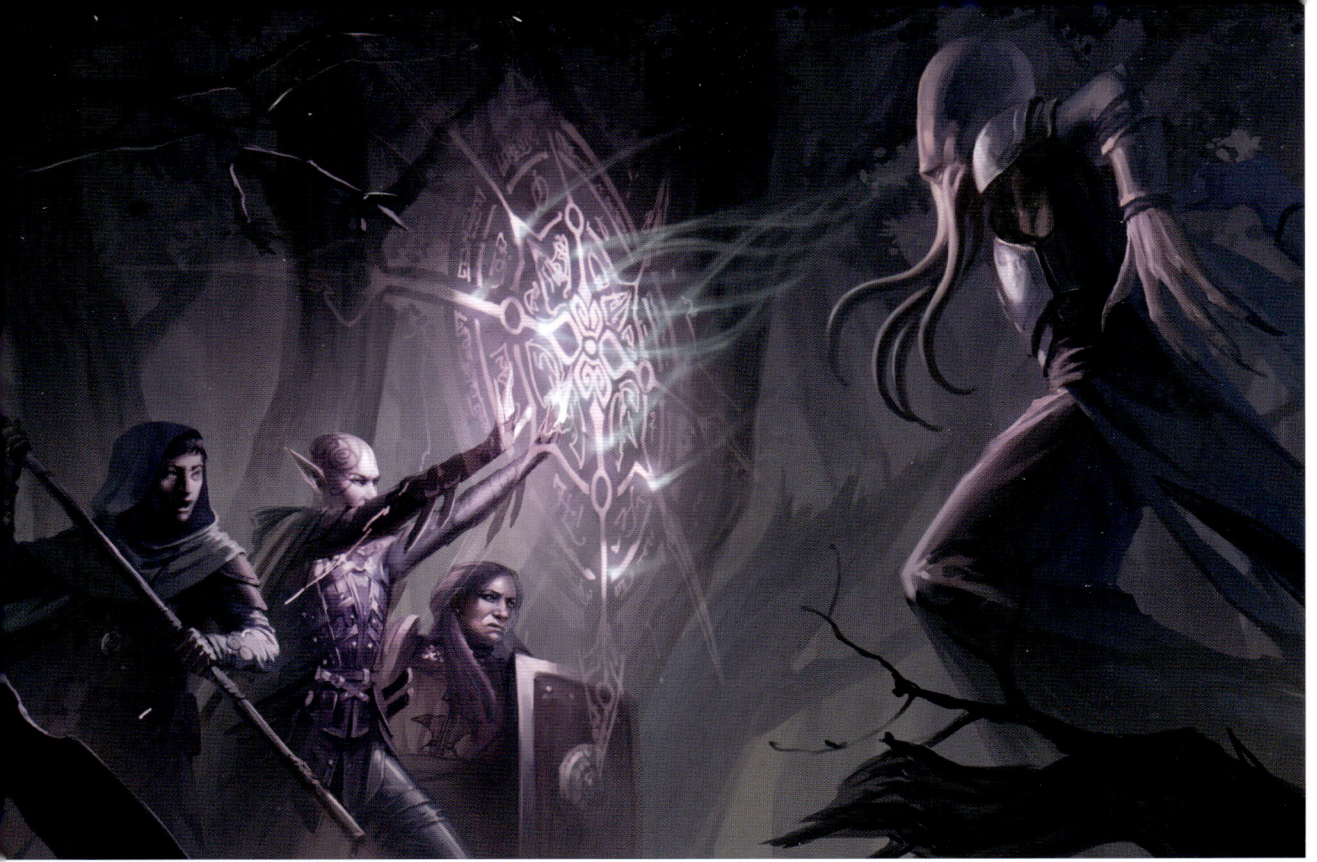

Podría parecer que nuestro multiverso, bien sea por su espíritu de preservación metafísico, o bien sea por el acto poderoso de un ser aún por determinar como la Señora del Dolor, ha conseguido aislarse del Reino Lejano. Muchos eruditos creen que el Reino Lejano es un universo independiente, como Eberron, pero que, de alguna manera, sus tentáculos han encontrado la manera de tocar el Plano Material, como si una extraña paradoja se hallara entre sus cualidades y le permitiera desafiar las leyes de la realidad y atravesar el umbral de lo imposible para plantar su blasfema semilla.

Si bien es cierto que existen criaturas que tienen su origen ancestral en el Reino Lejano, monstruos como los contempladores, azotamentes y demás aberraciones, se sabe tan poco de lo que acecha más allá de los Planos Exteriores que a pocos seres se les ha puesto nombre. Los que han sido identificados pertenecen a los patrones y brujos, llamados Males Antiguos o simplemente Primigenios, como Ghaunadaur, el Acechador, Tharizdun, el Dios Encadenado, Dendar, la Serpiente Nocturna y Zargon, el Retornador. Ya he hablado largo y tendido de Tharizdun, pero todos los que aparecen en esta lista no son menos peligrosos para el Plano Material o, si me apuras, para todo el multiverso.

Ghaunadaur se desliza por las profundidades y su nombre es pronunciado en susurros por los drows en sus reinos oscuros. Representa el engaño y la ambición monstruosa y espera su oportunidad para colarse en el Inframundo.

Dendar, la Serpiente Nocturna, es un heraldo cósmico emparentado con la mismísima Tiamat. Yace dormida, enroscada en el tapiz celestial, esperando a que termine el ciclo cósmico cuando, según dicen los sacerdotes yuan-ti, sus escamas se despertarán y envolverán el mundo en un halo de oscuridad, anunciando una era de terror.

MUNDOS Y REINOS

Zargon, el Retornador, fue abatido hace tiempo, pero su esencia persiste ansiosa por retornar al poder. Su dominio es una ciudad sombría de proporciones extraterrestres. Se dice que el viento que azota sus agujas hace enloquecer a los hombres.

EL EQUILIBRIO

Los Planos Exteriores suelen ser independientes y los dramas inmortales de los seres divinos suceden en su interior. Solo unos pocos moradores de los Planos Exteriores tienen ambiciones fuera de su plano, con la excepción de los habitantes de los Nueve Infiernos, quienes utilizan activamente las almas como moneda habitual. Algunos seres del Abismo, como Lolth, Reina Demonio de las Arañas, puede que planeen conquistar algún mundo, pero por regla general estos seres ni siquiera son conscientes de que existe el Plano Material, a no ser que sean invocados por sectarios locos, clérigos corruptos o magos dementes. Esas son las mayores preocupaciones de los que desean evitar que el Equilibrio sea inclinado por ninguno de estos seres de los Planos Exteriores.

El Reino Lejano es una preocupación remota, aunque encarna el desequilibrio. Incluso si una mínima fracción de su poder llegara hasta el Plano Material, este mutaría y deformaría todos los mundos para que se adecuaran a su abominable naturaleza. Las aberraciones en todas sus formas deben ser erradicadas, no vaya a ser que una mente colmena malvada, como los ilícidos, convierta un mundo inocente en un banquete y en un bastión para las fuerzas superiores de la locura. La vigilancia es esencial y forma parte de la naturaleza de los héroes, que captan cualquier señal de desequilibrio y hacen todo lo que esté en su mano por restaurar la sensatez de la moderación en un mundo hermoso y esencialmente equilibrado.

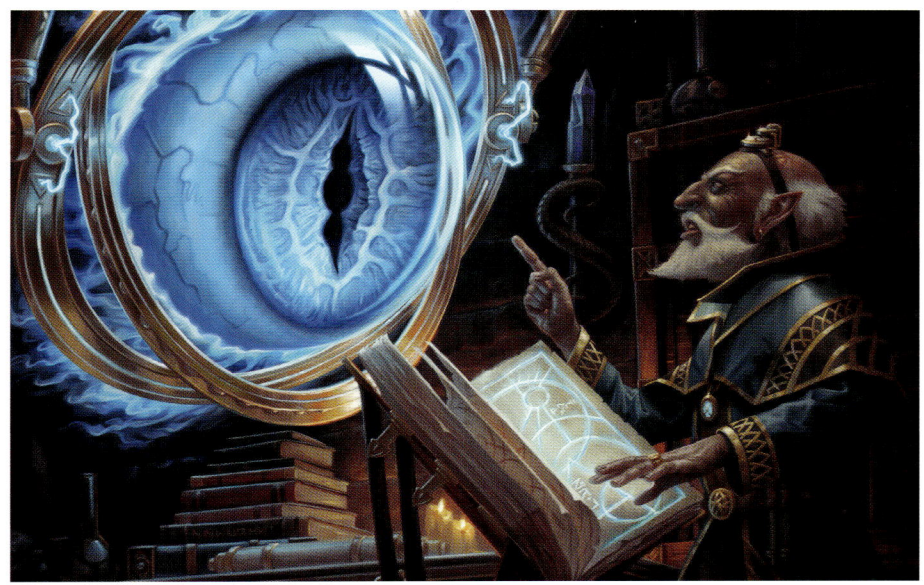

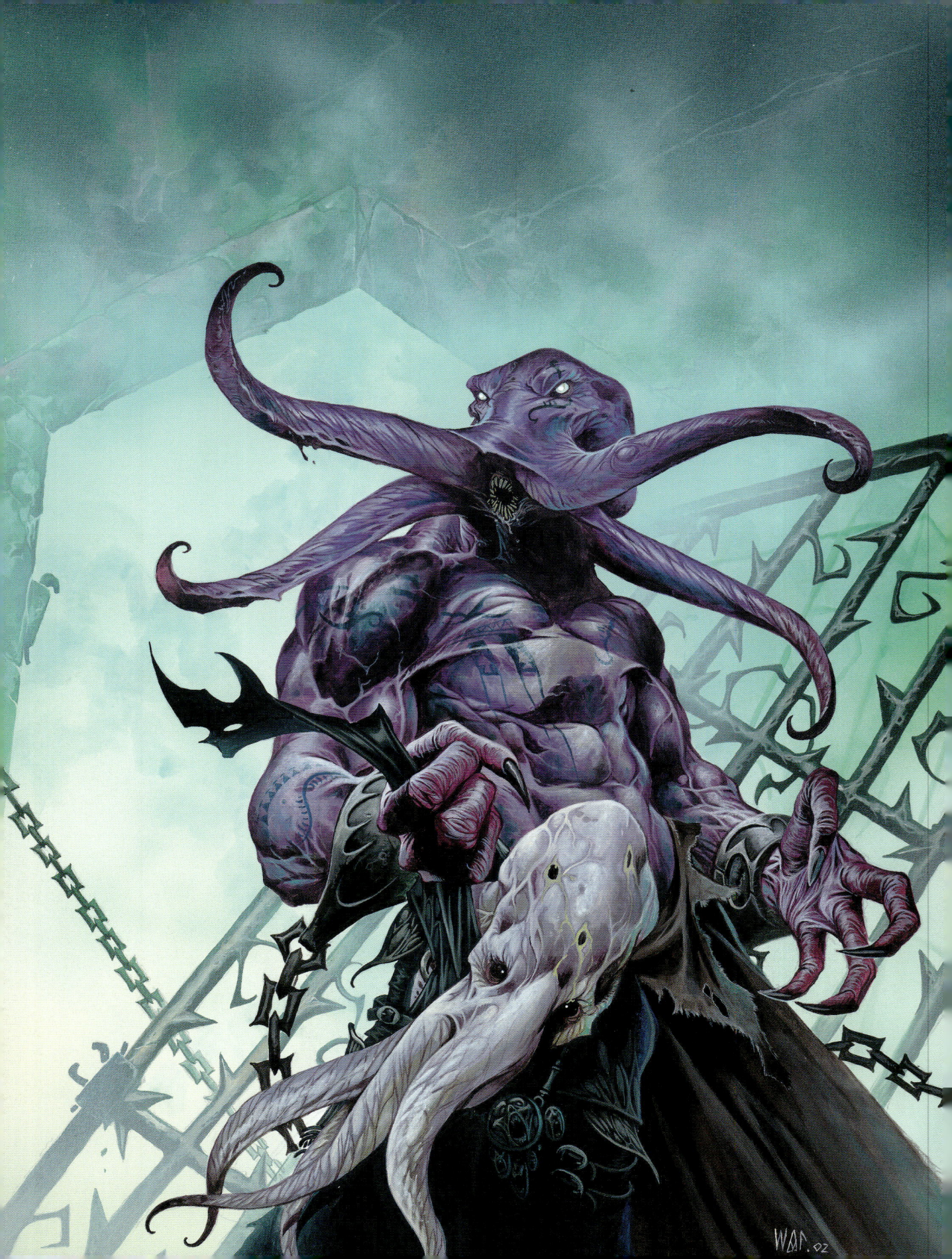

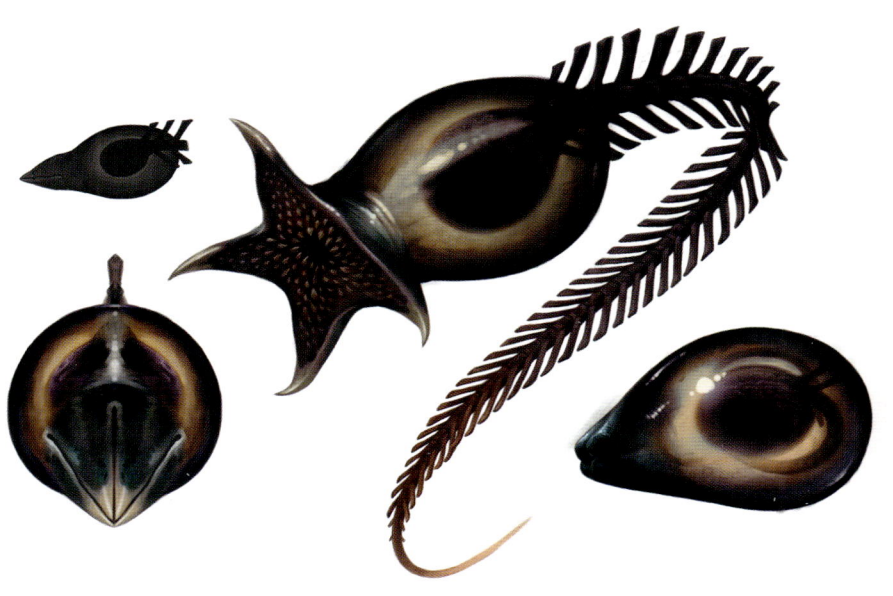

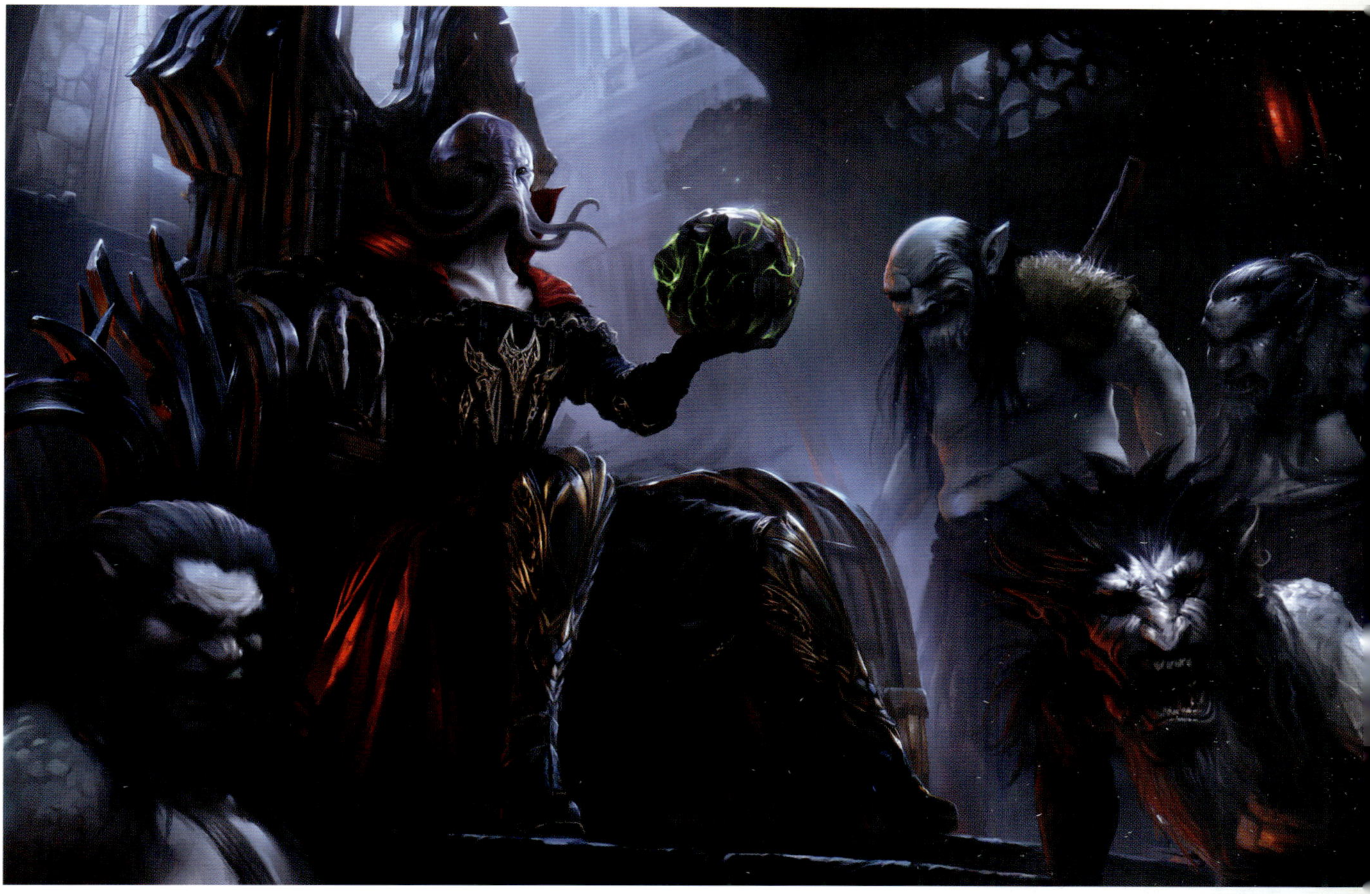

PLANOS EXTERIORES Y REINO LEJANO

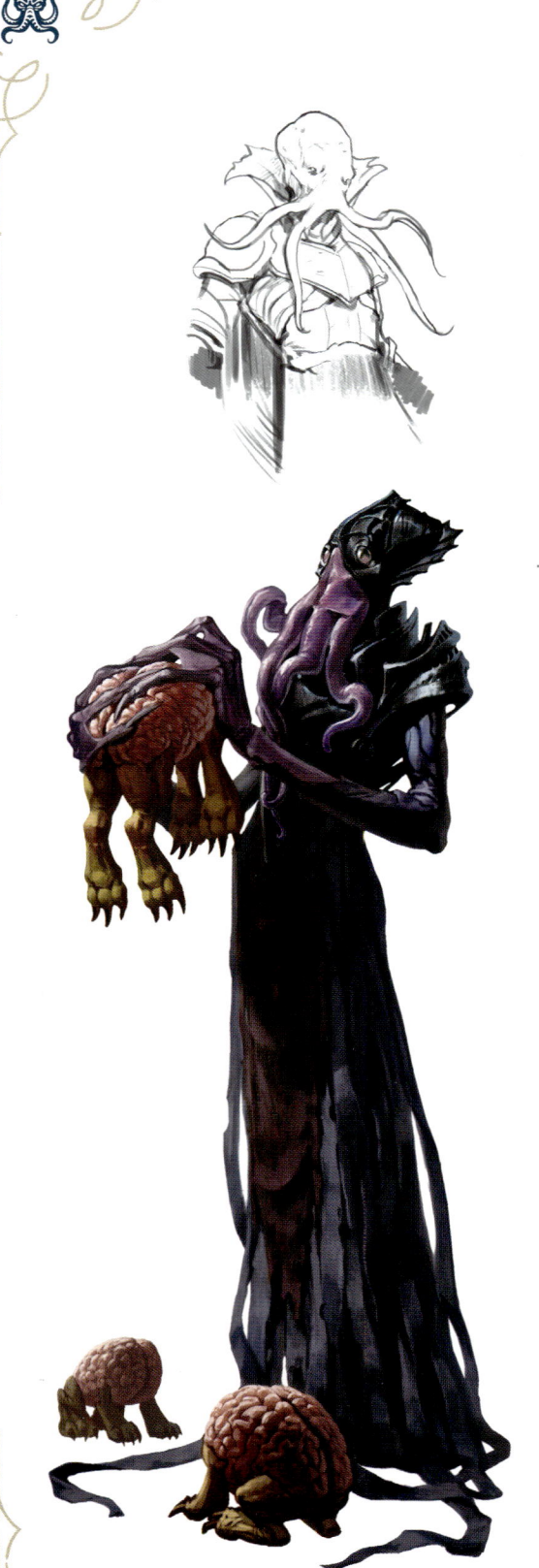

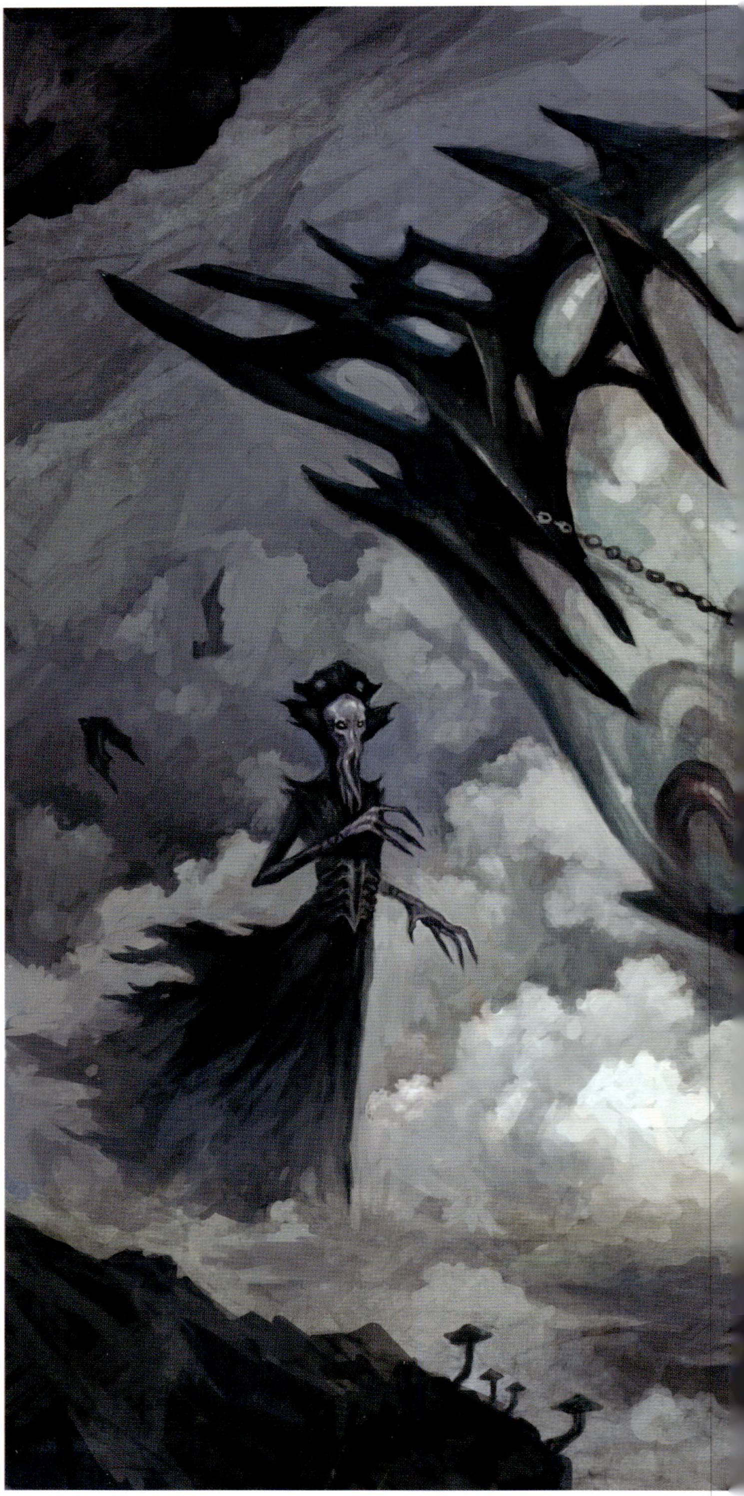

MUNDOS Y REINOS

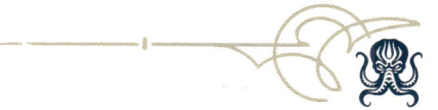

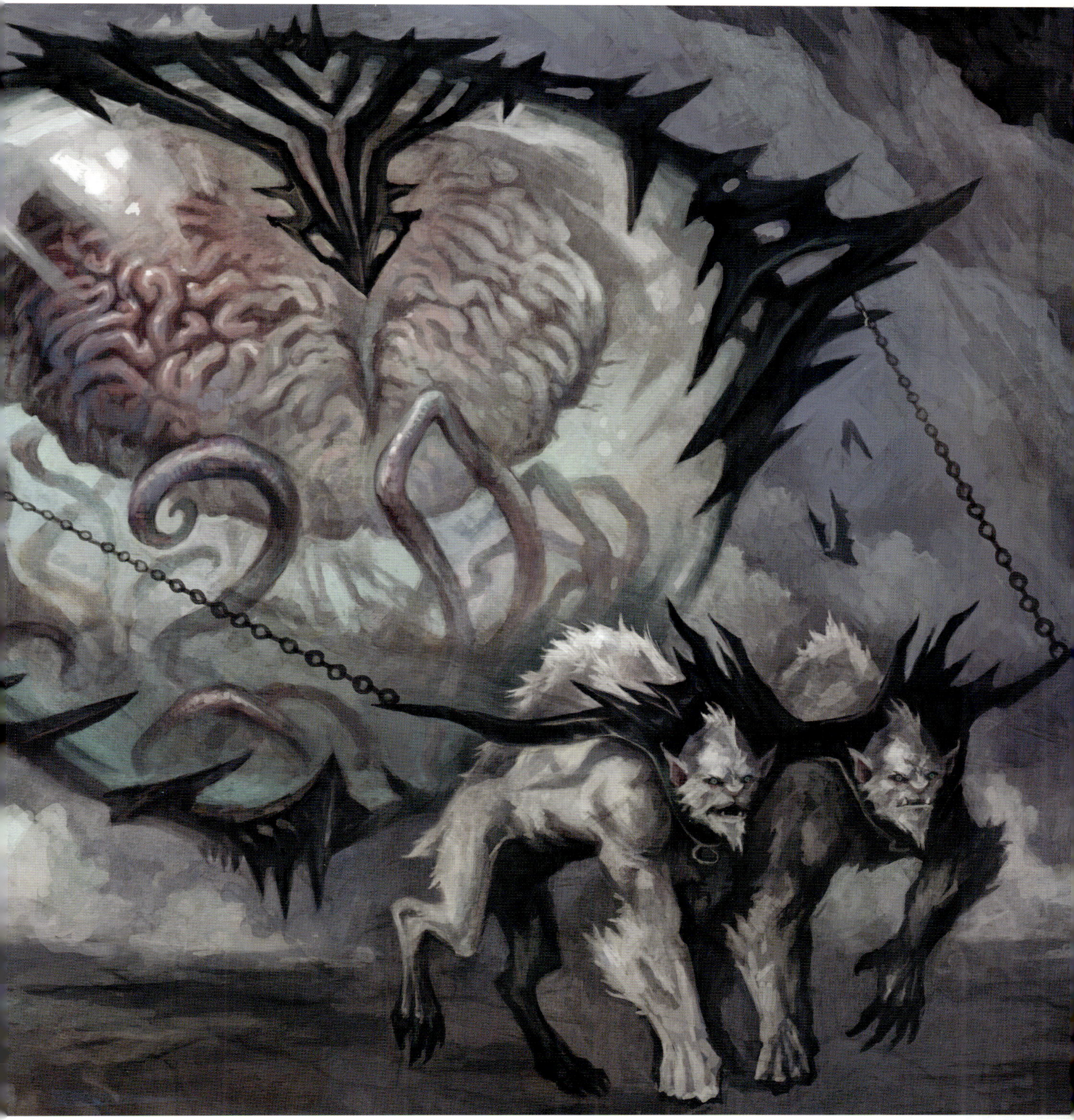

PLANOS EXTERIORES Y REINO LEJANO

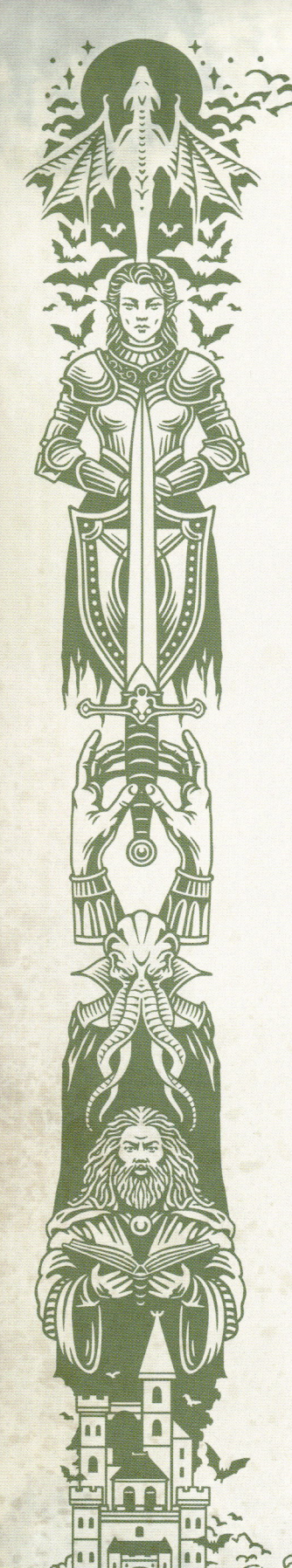

Vida en el Reino Lejano
LA AVENTURA DE UNA VIDA

POR JODY HOUSER Y ERIC CAMPBELL

—Y ahora ¿qué? ¿Por qué me miráis de esa forma? ¡Estamos a punto de convertirnos en leyendas! Los primeros exploradores en cartografiar una incursión en el Reino Lejano… ¡Cantarán sobre nosotros durante siglos!

La expresión de escepticismo que reflejaban los rostros de sus amigos era del todo familiar para Kelro Mosshaven, en inquietante contraposición al paisaje completamente extraño que los rodeaba. Conforme se iban adentrando en la excursión, los familiares árboles se habían transformado en… Digamos que parecían extremidades que se retorcían tratando de alcanzar el cielo sin sol. Pero Kelro se esforzó por obviarlo.

—Lo que quieres decir es que tú cantarás nuestras hazañas durante siglos —murmuró Juhniar lo bastante alto como para que Kelro lo oyera—. Mucho después de que nos hayamos convertido en polvo.

Kelro frunció el ceño. Mucho antes, en sus inicios como exploradores, el elfo se había mofado una o dos veces de que sus amigos, con expectativas de vida más cortas, sobrevivirían en sus canciones gracias a él. No pareció hacerles gracia, así que nunca lo había vuelto a mencionar. Un buen intérprete conoce a su público. Pero Juhniar todavía no lo había superado.

Los otros dos no se hicieron eco de las palabras de Juhniar.

—No me fío de este suelo extraño —anunció Reindok. Su voz, normalmente ensordecedora, sonaba forzada y apocada—. Casi me atrevería a jurar que se trata de carne en lugar de tierra y piedras.

Las palabras le provocaron un escalofrío a Kelro. Hizo lo que pudo por ignorarlas.

—Deberíamos regresar —dijo Isalda en un susurro—. ¿No deseas volver, Kelro?

—No. —Lo dijo con una seguridad que estaba lejos de sentir—. ¿Acaso podrías invocar un poco de luz?

—Aquí no hay luz. Nunca ha existido.

Kelro se volvió para preguntarle qué quería decir, pero no llegaron a salirle las palabras.

Unas sombras en forma de garras avanzaban por la túnica de Isalda. Podría tratarse de un efecto de la luz, de no ser por las rasgaduras que iban dejando conforme subían hasta el cuello.

Isalda no parecía darse cuenta. No apartaba los ojos de Kelro.

—¿Por qué nos has traído a la oscuridad?

Kelro solo consiguió avanzar medio paso antes de que las garras que no estaban allí le cortaran el cuello a Isalda.

No hubo sangre. Solo se derramó oscuridad. Y ella se desplomó como una marioneta a la que le hubieran cortado los hilos.

Kelro gritó. Se había quedado sin palabras. Y Kelro siempre sabía qué decir. Miró boquiabierto a sus otros amigos. Le devolvieron la mirada demasiado tranquilos. Despreocupados.

Reindok dio un paso hacia él. Sus gruesas botas hicieron un desagradable ruido de chapoteo. Miró hacia el suelo con tristeza en los ojos.

—¿Lo ves? Deberías haberte dado cuenta al principio. —Su voz era casi imperceptible, como el viento—. Ya te dije que había algo raro con el suelo.

Y, de repente, el enano empezó a derretirse, su carne se fue mezclando con el extraño y carnoso suelo hasta que no quedó ni rastro de él.

Kerlo se giró hacia Juhniar, frenético. Era el único que quedaba de los amigos que había traído a este lugar maldito. Lo miró a los ojos con sonrisa melancólica, que no se borró de su cara ni cuando una red de grietas que le nacía en los cuernos se extendió por su rostro.

—Debes de estar tan solo, con el polvo como única compañía. —Suspiró. Y entonces la cara, toda su figura, se quebró esparciéndose por el aire quedo como ceniza.

Estaba solo. Fue repentino, descorazonador y aun así, de algún modo, le resultó familiar.

Extendió el brazo como si quisiera capturar la esencia de sus compañeros y se vio las manos. Estaban nudosas y debilitadas, nada que ver con los elegantes dedos con los que rasgaba las cuerdas. Eran las manos de un elfo anciano.

¿Cuánto tiempo llevaba aquí?

¿Hacía cuánto tiempo habían muerto sus amigos?

Había fragmentos de memoria en la mente de Kelro, frescos y agudos; muertes mucho más sangrientas y dolorosas que las sombras que acababa de presenciar.

Los había traído a su muerte. Y desde entonces había estado solo.

Tenía que salir de allí, encontrar la manera de abandonar la expedición.

Al darse la vuelta para tratar de encontrar el camino que lo había llevado hasta aquí hacía siglos, se los volvió a encontrar: los espectros de sus amigos.

Eso estaba bien. Muy bien. Estaba claro que no se podía marchar de allí sin sus amigos.

Lo miraban fijamente con evidente cara de desaprobación. Como si se hubieran olvidado de por qué estaban allí.

Bien. Kelro Mosshaven tendría que recordárselo, ¿no te parece?

—Y ahora ¿qué? ¿Por qué me miráis de esa forma? ¡Estamos a punto de convertirnos en leyendas! Los primeros exploradores en cartografiar una incursión en el Reino Lejano… ¡Cantarán sobre nosotros durante siglos!

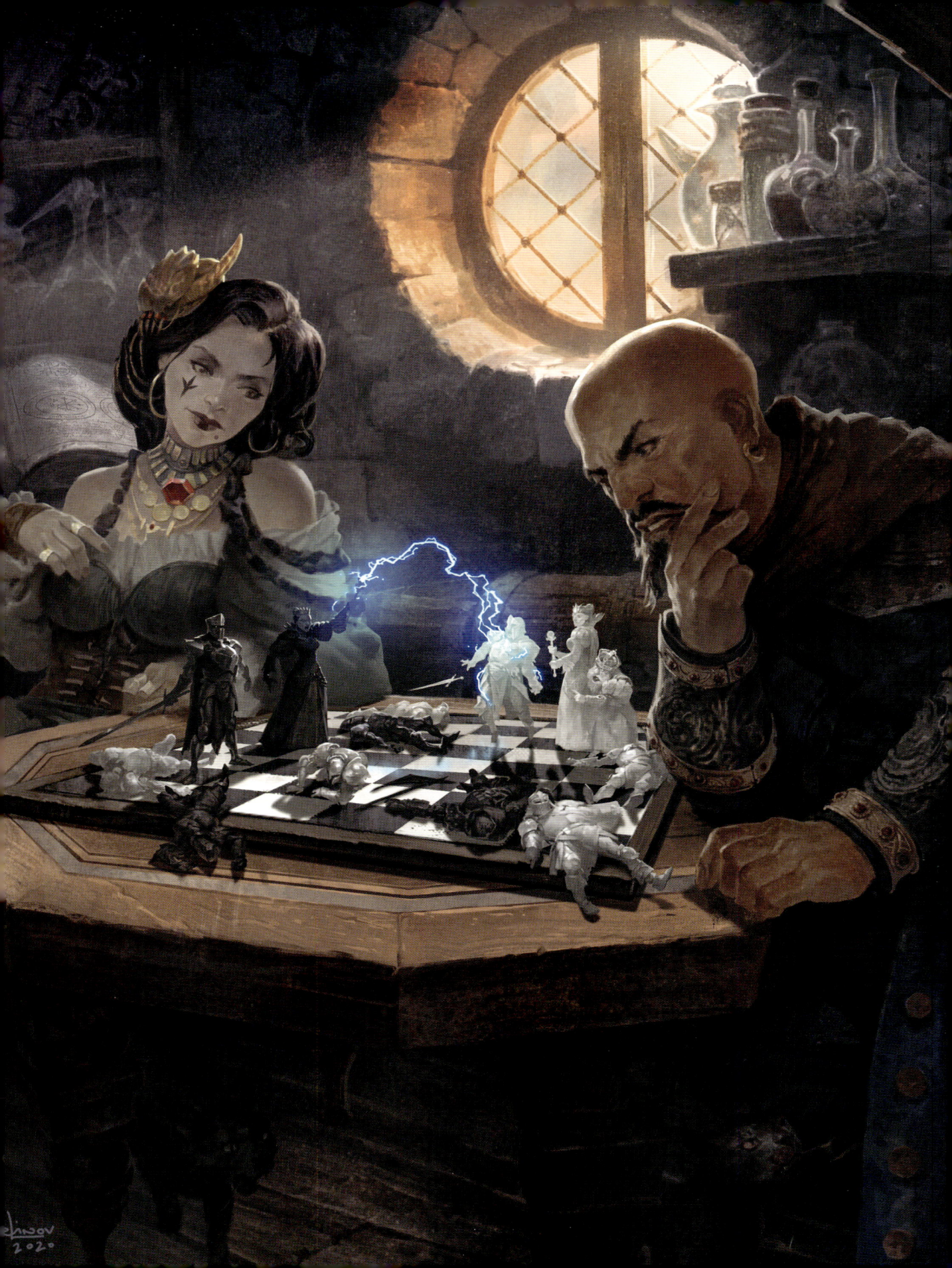

EPÍLOGO
EL ARTE DE CREAR MUNDOS

Crear mundos es tan antiguo como el Big Bang o el Antiguo Testamento, dependiendo de cómo cortes la tarta del misterio universal. Cuando se hace bien, crear un mundo de la nada, por muy pequeño que sea, es un acto de creación inmenso. Un creativo, o un equipo de creativos, tiene que pensar en cómo funciona todo, desde la metafísica a los monstruos pasando por la magia y lo mundano.

Como profesional de la creación de mundos, me hago una idea de lo difícil que es concebir un escenario visualmente coherente y filosóficamente divertido como el de Planescape, sacar a la luz un *tour de force* como el de Reinos Olvidados, o crear una historia y diseño evocadores que supusieron un punto de inflexión como sucedió con el módulo Ravenloft (todavía recuerdo los mapas isométricos). Todos estos escenarios que pertenecen al linaje épico de Dungeons & Dragons tuvieron un impacto en mí como creador y como amante de la fantasía. Me mostraron lo que se podía hacer, que estaba bien salirse de lo establecido y crear algo nuevo y emocionante; abrazar las rarezas y sentirse creativamente libre.

A lo largo de mi carrera he reflexionado a menudo sobre el duro trabajo de los creativos que diseñaron estos mundos: la labor de colaboración, de coordinación, las alegrías y la resolución de problemas, que forman parte de la montaña rusa emocional que es crear. Crear es un oficio duro y arriesgado. Como creador, cuando innovas y publicas algo nuevo estás expuesto y eres vulnerable. Por eso siento un profundo respeto por todos esos creadores y las empresas (de antes y de ahora) que han dado un salto de fe apostando por una idea nueva, han invertido dinero y se han esforzado para mostrar su visión al mundo, con todas sus imperfecciones. Lo que para ellos fue un riesgo, para nosotros es puro deleite, y ese deleite es su recompensa. Cada vez que veo una cubierta que capta mi atención y me impulsa a perderme entre las páginas del libro y viajar a ese mundo lejano sé que lo que estoy experimentando es el poder que tiene un mundo bien creado.

Vale, y entonces ¿cómo se crea bien un mundo?

Crear mundos es una misteriosa alquimia. Se trata de una colaboración de mentes creativas que debaten un lugar imaginario con la intención de publicarlo para estimular las mentes y la imaginación de otros. En su libro, *Mientras escribo*, Stephen King dice que escribir no es una forma de telepatía, sino que es telepatía. Por eso el proceso colaborativo de crear un mundo es una de las experiencias creativas más mágicas y apasionantes que puede vivir una persona. Se trata de una conversación increíblemente estimulante donde utilizas la telepatía, transmitida verbalmente, para inventarte una visión de un mundo que todo aquel que participa en la creación comparte en su imaginación. Te permite debatir por qué el mundo es como es, por qué las criaturas son de la forma que son. Te permite inventarte montañas sagradas y reinos submarinos, árboles sacros y tierras malditas. Te permite imaginarte el impacto que tiene la magia en el mundo y si consume a aquellos que se sumergen en ella. Te permite crear temas y metáforas poderosas, parábolas inspiradoras, cuentos con moraleja y toda clase de extravagancias. Es crear a rienda suelta, solo que, para inventar mundos, has de ser capaz de contener esa creación para que funcione como un todo y parezca un mundo.

Para crear mundos y que esa experiencia entre por los ojos, estimule la mente y enriquezca el espíritu, se necesita la colaboración de un escritor y un artista. Cuando Gary Gygax y Dave Arneson se inventaron esta nueva forma de jugar a un juego de mesa de estrategia, el rol, situaron este mundo en Greyhawk, lo que le proporcionó a Dungeons & Dragons su primer escenario: un mundo raro, salvaje y a veces disparatado, representado por esas icónicas ilustraciones en blanco y negro que le confirieron un toque único, su alma, y que son la piedra angular de su identidad, un estilo que todavía me cautiva a día de hoy.

Planescape, Sigil y la segunda edición fueron saltos cuánticos en la creación de mundos para Dungeons & Dragons, y equipos compuestos de ilustrador y escritor empezaron a desarrollar los mundos de D & D. Ilustradores de la talla de Tony DiTerlizzi dieron forma a la visión del diseñador David «Zeb» Cook y de la artista conceptual Dana Knuston, para dotar a este nuevo mundo de Sigil y las Tierras Exteriores de un aspecto cohesionado de la mano de un único ilustrador. Esta colaboración estrecha entre el escritor y el ilustrador, el equipo creativo, es el ingrediente secreto necesario para construir un mundo impactante que sobreviva el tiempo suficiente para llegar a convertirse en un clásico. Se pueden encontrar ejemplos en el cine, en películas como *Alien*, *El quinto elemento*, *Cristal oscuro*, *Dune*, *Mad Max: salvajes de autopista*, *Matrix*, *Harry Potter*, *El señor de los anillos*, *Avatar* y en muchas otras, donde el mundo en el que se desarrolla la película queda plasmado en cada detalle, incluidas las tazas y los platillos.

Cuando pienso en la comunidad de Dungeons & Dragons de ahora, me emociona la cantidad de creatividad que se genera. Los toques individuales de los estudios independientes y los creadores confieren al juego un dinamismo y una diversidad que remite a los inicios de Dungeons & Dragons, cuando los nuevos mundos inspiraban a los Dungeon Masters y a los jugadores a narrar historias. La diversidad de escenarios amplía los horizontes de la narración convirtiendo a Dungeons & Dragons en fuente de imaginación para todo el que participa. Es precisamente eso, en mayor medida que la marca, el logo, los monstruos icónicos y el d20, lo que considero el alma de D & D. Se trata de ver una ilustración extraordinaria en una caja o en la cubierta de un libro, abrirlos y que tu imaginación se despierte y se llene de ideas sobre cómo explorar ese emocionante mundo. Es la magia del mundo real la que consigue que un grupo de amigos se junten alrededor de una mesa, se cuenten historias alocadas y se hagan reír los unos a los otros como gallinas cluecas.

Cada uno de estos mundos de Dungeons & Dragons sobre los que hemos oído hablar, sobre los que hemos leído o en los que hemos hecho campaña durante meses fueron creados por grupos de creativos que adoraban jugar al juego y, de alguna forma, acabaron creando mundos para otros. Por avatares del destino, tengo el inmenso privilegio de haber trabajado en Dungeons & Dragons creando aventuras, monstruos e historias para un juego que adoraba de niño. Mientras me inventaba personajes, monstruos y aventuras, era muy consciente de que descansaba sobre los hombros de esos gigantes de la tormenta de la creatividad que me precedieron. Fue una época muy divertida y creativa, y aprendí muchísimo durante esos años en los que llevé la antorcha de este extraño y maravilloso juego.

Crear mundos es una cuestión seria. Hay muchas cosas en juego e infinitas trampas. Pero en el centro de todo ello, especialmente con Dungeons & Dragons, está la diversión. Así que, cuando me siento a crear un mundo, aunque tenga que trabajar con un montón de parámetros para que este mundo de Willy Wonka funcione, en el fondo solo intento que mis amigos se mueran de la risa y se adentren en un reino de fantasía donde alocados magos lanzan bolas de fuego, ladronzuelos le roban su pato favorito a un anciano dragón rojo y brujos tieflings siguen tratando de mantener la calma. Al final se trata de crear un mundo que te entusiasme. Eso es lo que creo que tratamos de hacer todos.

Adam Lee
16 de noviembre de 2023

ACERCA DEL AUTOR

Adam Lee trabajó en Wizards of the Coast durante más de diez años, creando mundos y aventuras para Dungeons & Dragons y *Magic the Gathering*. Ahora trabaja de asesor de guiones, creador de mundos y escritor creativo para Misterious Alchemy, una empresa de desarrollo de servidores IP que cofundó con su amigo Ari Levitch, también creativo. Es autor de dos pasquines sobre el tarot y ha echado las cartas casi toda su vida. Cuando no está escribiendo libros ni aventuras, se dedica a explorar la belleza de la naturaleza y el conocimiento en el mundo real.

ACERCA DE LOS COLABORADORES

Jasmine Bhullar es actriz, escritora y ávida maestra del juego. Cuando no está creando contenido online como ThatBronzeGirl, la encontrarás trabajando para todas tus empresas de juegos de rol favoritas, desde Penny Arcade a Dimension 20.

Geoffrey Golden es diseñador narrativo y creador de juegos en Los Ángeles. Escribe ficción interactiva para distintos videojuegos (la serie Fallen Legion), juegos de rol (Helm Greycastle) y juguetes (Cue the Cleverbot). El trabajo imaginativo, satírico y poco convencional de Geoffrey ha aparecido en Nerdist, IndieCade, HyperRPG, Narrascope y *50 Years of Text Games*. Cuenta sus aventuras postcapitalistas en la *newsletter* de equipstory.com.

Jody Houser es una autora que aparece en la lista de superventas del *New York Times* y que ha sido nominada a los premios Eisner. Se la conoce sobre todo por su trabajo en la industria del cómic. Ávida jugadora de juegos de rol, Jody ha formado parte del elenco de multitud de juegos de rol online. Puedes encontrarla en las redes sociales y en su página web mindeclipse.com.

Eric Campbell es un escritor y maestro del juego profesional que ha dirigido las retransmisiones en directo de juegos de rol online para Geek&Sundry, Gary Con, The Streampunks y algunos más. Le encanta crear suspense. Puedes encontrar a Eric en Twitch y en las redes sociales como 16BitEric.

Jaleigh Johnson es una autora que aparece en la lista de superventas del *New York Times* y que vive en el salvaje Medio Oeste. Ha escrito libros de fantasía para lectores *middle grade* y adultos, incluyendo novelas para las franquicias Dungeons & Dragons, Marvel y Assassin's Creed. Johnson es una jugadora entusiasta y friki de toda la vida. Visita su página web jaleighjohnson.com.

CRÉDITOS DE LAS ILUSTRACIONES

Página 2: Erol Otus, *Expert Set*, 1981

Página 4: Cory Trego-Erdner, *Cuentos del Portal Bostezante*, 2020

Página 6: Jason Rainville, *Mordenkainen's Tome of Foes*, 2018

Página 8: Mike Schley, *Guía del Dungeon Master*, 2018

Página 9: *izquierda*, Eva Widermann, *Guía del Dungeon Master*, 2008; *derecha*, *Player's Handbook*, 1978

Página 11: Grzegorz Rutkowski, *Monstruos del multiverso*, 2022

Página 17: *izquierda*, Erol Otus, *White Plume Mountain*, 1981; *derecha*, Claudio Pozas, *Cuentos del Portal Bostezante*, 2020

Página 18: Jeff Easley, *The Lost Caverns of Tsojcanth*, 1982

Página 19: *izquierda*, Jeff Easley, *The Lost Caverns of Tsojcanth*, 1982; *derecha*, Harry Quinn, *The Lost Caverns of Tsojcanth*, 1982

Página 20: *izquierda y derecha*, Jeff Easley, *The Lost Caverns of Tsojcanth*, 1982

Página 21: *arriba*, Jeff Easley, *The Lost Caverns of Tsojcanth*, 1982; *abajo*, Harry Quinn, *The Lost Caverns of Tsojcanth*, 1982

Página 23: *izquierda y derecha*, Kieran Yanner

Página 24: Kieran Yanner

Página 25: *arriba a la izquierda*, Brian Snoddy, *Deities and Demigods*, 1980; *arriba a la derecha y abajo a la derecha*, Kieran Yanner; *abajo en el centro*, Wayne England, *Guía del Dungeon Master*, 2008; *abajo a la izquierda*, Wayne Reynolds, *Dungeon Master's Guide*, 2003

Página 27: Livia Prima, *El Caldero de Tasha para Todo*, 2022

Página 28: *arriba*, *Retorno a la Tumba de los Horrores*, 1999; *abajo*, David C. Sutherland III, *Tomb of Horrors*, 1978

Página 29: *izquierda*, David Allen Trampier, *Tomb of Horrors*, 1978; *derecha*, Jesper Ejsing, *Guía del Dungeon Master*, 2014

Páginas 30–31: Ben Oliver, *La Tumba de la Aniquilación*, 2017

Página 32: David C. Sutherland III, *Tomb of Horrors*, 1978

Página 33: *izquierda*, David C. Sutherland III, *Tomb of Horrors*, 1978; *derecha*, Olga Drebas, *Cuentos del Portal Bostezante*, 2020

Página 34: *arriba*, Chris Seaman, *Cuentos del Portal Bostezante*, 2020; *abajo a la izquierda*, David C. Sutherland III, *Tomb of Horrors*, 1978; *abajo a la derecha*, David Allen Trampier, *Tomb of Horrors*, 1978

Página 35: *arriba*, David Allen Trampier, *Tomb of Horrors*, 1978; *abajo*, Chris Seaman, *Cuentos del Portal Bostezante*, 2020

Página 36: David S. LaForce, *Dungeon Master's Guide*, 1979

Página 37: David Allen Trampier, *Player's Handbook*, 1978

Página 38: David C. Sutherland III, *Monster Manual*, 1977

Página 40: David Allen Trampier, *Monster Manual*, 1977

Página 42: David C. Sutherland III, *Player's Handbook*, 1978

Página 42: *arriba*, *Player's Handbook*, 1978; *abajo*, David Allen Trampier, *Monster Manual*, 1977

Página 43: *arriba*, Erol Otus, *The Hidden Shrine of Tamoachan*, 1980; *abajo*, Titus Lunter

Página 49: Jennell Jaquays, *Karameikos: Kingdom of Adventure*, 1994

Páginas 50–51: Danilo Gonzalez, *Dragonlord of Mystara*, 1994

Página 53: Danilo Gonzalez, *Dragon King of Mystara*, 1995

Página 55: Walter Velez, *Karameikos: Kingdom of Adventure*, 1994

Página 56: Den Beauvais, *Mark of Amber*, 1995

Página 57: *arriba*, David C. Sutherland III, *Player's Handbook*, 1978; *abajo*, Erol Otus, *Dungeon Master's Guide*, 1979

Página 59: Gerald Brom, *Wildspace*, 1990

Página 60: Robh Ruppel, *Champions of Mystara*, 1993

Página 64: *Dungeon Master's Guide*, 1989

Página 66: David Allen Trampier, *Player's Handbook*, 1978

Página 67: Jeff Easley, *Manual del jugador*, 1998

Página 72: Larry Elmore, *Dragons of Autumn Twilight*, 1984

Página 74: Olivier Bernard, *Dragonlance: La sombra de la Reina de los Dragones*, 2023

Página 75: Ben Wootten, *Guía del Dungeon Master*, 2014

Página 76: Matthew Stawicki, *Dragons of a Lost Star*, 2001

Página 77: Larry Elmore, *The Art of Dragonlance*, 1987

Página 79: Magali Villeneuve, *Dragonlance: La sombra de la Reina de los Dragones*, 2023

Página 80: Magali Villeneuve, *Dragonlance: La sombra de la Reina de los Dragones*, 2023

Página 81: *arriba a la izquierda*, Katerina Ladon, *Dragonlance: La sombra de la Reina de los Dragones*, 2023; *arriba a la derecha*, Carlo Arellano; *abajo*, Crystal Sully, *Dragonlance: La sombra de la Reina de los Dragones*, 2023

Página 82: Matthew Stawicki, *Dragons of Winter Night*, 2000

Página 83: Larry Elmore, *Dragons of Triumph*, 1986

Páginas 84–85: Evyn Fong, *Dragonlance: La sombra de la Reina de los Dragones*, 2023

Página 86: *izquierda y centro*, Robson Michel, *Dragonlance: La sombra de la Reina de los Dragones*, 2023; *derecha*, Crystal Sully, *Dragonlance: La sombra de la Reina de los Dragones*, 2023

Página 87: *arriba*, Keith Parkinson, *Dragonlance Legends Calendar*, 1987; *abajo*, Olivier Bernard, *Dragonlance: La sombra de la Reina de los Dragones*, 2023

Página 88: Daarken, *Dragonlance: La sombra de la Reina de los Dragones*, 2023

Página 89: Kieran Yanner, *Dragonlance: La sombra de la Reina de los Dragones*, 2023

Página 90: Scott Murphy, *Dragonlance: La sombra de la Reina de los Dragones*, 2023

Página 91: Conceptopolis, *Manual de Monstruos*, 2017

Página 92: Kieran Yanner, *Dragonlance: La sombra de la Reina de los Dragones*, 2023

Página 93: *arriba*, Cynthia Sheppard, *Dragonlance: La sombra de la Reina de los Dragones*, 2023; *abajo*, Jedd Chevrier, *Dragonlance: La sombra de la Reina de los Dragones*, 2023

Página 94: Todd Lockwood, *Dragonlance Classics: 15th Anniversary Edition*, 1999

Página 95: Katerina Ladon, *Dragonlance: La sombra de la Reina de los Dragones*, 2023

Página 96: Larry Elmore, *Set 2: Expert Rules*, 1983

Página 97: Julian Kok, *Dragonlance: La sombra de la Reina de los Dragones*, 2023

Página 102: William O'Connor, *Guía del Dungeon Master*, 2008

Página 103: Howard Lyon, *Guía del Dungeon Master*, 2008

Página 104: Brad Rigney, *La leyenda de Drizzt: diccionario visual*, 2023

Página 105: *arriba*, Magali Villeneuve, *Adventures in the Forgotten Realms*, 2021; *abajo a la izquierda*, Ilich Henriquez, *Guía del aventurero de la Costa de la Espada*, 2018; *abajo a la derecha*, Alix Branwyn

Página 106: Olga Drebas, *Guía del aventurero de la Costa de la Espada*, 2018

Página 107: Rob Alexander, *Guía del Dungeon Master*, 2008

Página 108: *arriba*, Mark Winters, *Waterdeep: El Golpe de los Dragones*, 2021; *abajo*, William O'Connor, *Guía del Dungeon Master*, 2008

Página 109: Dan Scott, *Guía del Dungeon Master*, 2008

Páginas 110–111: Claudio Pozas, *Waterdeep: El Golpe de los Dragones*, 2021

Página 113: *arriba*, Larian Studios; *abajo*, Julian Kok, *Puerta de Baldur: descenso a Averno*, 2019

Páginas 114–115: Titus Lunter

Página 117: Titus Lunter

Página 119: David Frasheski, *La leyenda de Drizzt: diccionario visual*, 2023

Páginas 120–121: Jedd Chevrier, *Manual del jugador*, 2018

Página 122: Vincent Proce, *Waterdeep: El Golpe de los Dragones*, 2021

Página 123: *arriba*, Titus Lunter; *abajo*, Julian Kok, *Waterdeep: El Golpe de los Dragones*, 2021

Página 124: *arriba*, Zoltan Boros, *Waterdeep: El Golpe de los Dragones*, 2021; *abajo*, Clint Cearley, *Waterdeep: La Mazmorra del Mago Loco*, 2019

Página 125: *arriba*, Zoltan Boros, *Guía de Xanathar para Todo*, 2022; *abajo*, Julian Kok, *Waterdeep: La Mazmorra del Mago Loco*, 2019

Página 126: *arriba a la izquierda*, Ken Taylor, *Waterdeep: El Golpe de los Dragones*, 2021; *arriba a la derecha*, Eric Belisle, *Waterdeep: El Golpe de los Dragones*, 2021; *abajo*, Jason Rainville, *Guía de Xanathar para Todo*, 2022

Página 127: Mark Behm

Página 129: *izquierda*, Erik Gist, *Manual de Monstruos*, 2017; *derecha*, Lake Hurwitz

Página 130: Olga Drebas, *Cuentos del Portal Bostezante*, 2020

Páginas 136–137: Wayne Reynolds, *The Adventurer's Guide to Eberron*, 2008

Página 138: Adam Cook, *Eberron: Rising from the Last War*, 2019

Página 139: Lee Moyer, *Eberron: Rising from the Last War*, 2019

Página 140: Steve Prescott, *The Adventurer's Guide to Eberron*, 2008

Página 141: Charlie Wen, *The Adventurer's Guide to Eberron*, 2008

Página 142: *arriba y abajo*, Steve Prescott, *The Adventurer's Guide to Eberron*, 2008

Página 143: Steve Prescott, *The Adventurer's Guide to Eberron*, 2008

Página 144: John Avon, *The Adventurer's Guide to Eberron*, 2008

Página 145: Mark Tedin, *The Adventurer's Guide to Eberron*, 2008

Página 146: Ron Lemen, *The Adventurer's Guide to Eberron*, 2008

Página 147: Tommy Castillo, *Eberron: Sombras de la Última Guerra*, 2004

Páginas 148–149: Titus Lunter, *Eberron: Rising from the Last War*, 2019

Página 150: Wayne Reynolds, *The Adventurer's Guide to Eberron*, 2008

Página 152: *arriba*, Anne Stokes, *The Adventurer's Guide to Eberron*, 2008; *abajo*, Caroline Gariba, *El Caldero de Tasha para Todo*, 2022

Página 153: Mark Tedin, *The Adventurer's Guide to Eberron*, 2008

Página 154: Steve Prescott, *The Adventurer's Guide to Eberron*, 2008

Página 155: *arriba y abajo*, Igor-Alban Chevalier, *The Adventurer's Guide to Eberron*, 2008

Página 157: Wayne Reynolds, *The Adventurer's Guide to Eberron*, 2008

Páginas 158–159: Philip Straub, *Eberron: Rising from the Last War*, 2019

Página 161: Mark Tedin, *Eberron: Rising from the Last War*, 2019

Páginas 162–163: Wesley Burt, *Eberron: Rising from the Last War*, 2019

Página 168: Rob Alexander, *Guía del Dungeon Master*, 2014

Página 169: David C. Sutherland III, *Monster Manual*, 1977

Página 170: Adam Paquette, *Guía del Dungeon Master*, 2018

Página 171: Adam Paquette, *Guía del Dungeon Master*, 2018

Página 172: *arriba y abajo*, David C. Sutherland III, *Monster Manual*, 1977

Página 173: Adam Paquette, *Guía del Dungeon Master*, 2014

Página 177: David C. Sutherland III, *Monster Manual*, 1979

Página 180: *Dungeon Master Guide*, 1989

Página 181: Den Beauvais, *Manual del jugador*, 1992

Página 183: Brian Valeza, *El Caldero de Tasha para Todo*, 2022

Página 184: *arriba*, Lars Grant-West, *Las tierras más allá de Brujaluz*, 2023; *abajo*, Robson Michel, *Las tierras más allá de Brujaluz*, 2023

Página 185: *arriba*, Craig J Spearing, *Las tierras más allá de Brujaluz*, 2023; *abajo*, Zoltan Boros, *Las tierras más allá de Brujaluz*, 2023

Página 186: Magali Villeneuve, *Las tierras más allá de Brujaluz*, 2023

Página 187: Kai Carpenter, *Las tierras más allá de Brujaluz*, 2023

Página 188: *izquierda*, Jim Holloway; *derecha*, Daarken, *Las tierras más allá de Brujaluz*, 2023

Página 190: *arriba*, Alessandra Pisano, *Manual del jugador*, 2018; *abajo*, Howard Lyon, *Guía del Dungeon Master*, 2008

Página 191: David Allen Trampier, *Player's Handbook*, 1978

Página 192: Kieran Yanner, *Las tierras más allá de Brujaluz*, 2023

Página 193: Katerina Ladon, *Las tierras más allá de Brujaluz*, 2023

Página 194: Tom Wham, *Monster Manual*, 1977

Página 195: Julian Kok, *Las tierras más allá de Brujaluz*, 2023

Página 196: *arriba y abajo*, Sam Keiser, *Las tierras más allá de Brujaluz*, 2023

Página 197: *arriba*, Robin Olausson, *El Caldero de Tasha para Todo*, 2022; *abajo*, Brynn Metheney, *Las tierras más allá de Brujaluz*, 2023

Página 198: Titus Lunter, *Las tierras más allá de Brujaluz*, 2023

Página 199: Nikki Dawes, *Las tierras más allá de Brujaluz*, 2023

Página 200: *arriba*, Sam Keiser, *Las tierras más allá de Brujaluz*, 2023; *abajo a la izquierda*, *Monster Manual*, 1979; *abajo a la derecha*, David Allen Trampier, *Monster Manual*, 1979

Páginas 202–203: Claudio Pozas, *Guía del Dungeon Master*, 2018

Página 208: Sidharth Chaturvedi, *Mordenkainen's Tome of Foes*, 2018

Página 209: Daniel Horne, *Children of the Night: Vampires*, 1996

Página 210: *Monster Manual*, 1979

Página 211: Jedd Chevrier, *La Maldición de Strahd*, 2022

Páginas 212–213: Jedd Chevrier, *La Maldición de Strahd*, 2022

Página 214: Vincent Proce, *La Maldición de Strahd*, 2022

Página 215: *arriba*, David Allen Trampier, *Monster Manual*, 1979; *abajo*, Richard Whitters, *La Maldición de Strahd*, 2022

Página 216: Mark Molnar, *Guía del Dungeon Master*, 2014

Página 217: *izquierda*, Robh Ruppel, *Ravenloft: Night of the Walking Dead*, 1992; *derecha*, Robh Ruppel, *Van Richten's Guide to Werebeasts*, 1993

Página 218: *izquierda*, Robh Ruppel; *derecha*, Fred Fields, *Requiem: The Grim Harvest*, 1996

Página 219: *izquierda*, Robh Ruppel, *Van Richten's Guide to the Created*, 1994; *derecha*, Olga Drebas, *Guía de Xanathar para Todo*, 2022

Página 221: Wayne Reynolds, *Guía del Dungeon Master*, 2008

Página 222: Daarken, *La Maldición de Strahd*, 2022

Página 223: Adam Paquette, *La Maldición de Strahd*, 2022

Páginas 224–225: Anna Podedworna, *Guía de Van Richten para Ravenloft*, 2022

Página 226: *izquierda*, Robh Ruppel, *Ravenloft*, 1994; *derecha*, Mark Behm, *La Maldición de Strahd*, 2022

Página 227: Mark Behm, *Guía de Van Richten para Ravenloft*, 2022

Páginas 228–229: Clyde Caldwell, *Ravenloft*, 1983

Página 230: Svetlin Velinov, *El Caldero de Tasha para Todo*, 2022

MUNDOS Y REINOS

Página 231: Richard Whitters, *La Maldición de Strahd*, 2022

Página 238: Gerald Brom, *The Complete Spacefarer's Handbook*, 1992

Página 239: Eric Olson, *The Complete Spacefarer's Handbook*, 1992

Páginas 240–241: David René Christensen, *Astral Adventurer's Guide*, 2022

Página 242: Ralph Horsley, *Astral Adventurer's Guide*, 2022

Página 243: Katerina Ladon, *Astral Adventurer's Guide*, 2022

Página 244: *arriba*, Brian Valeza, *Boo's Astral Menagerie*, 2022; *abajo*, Kent Davis, *Astral Adventurer's Guide*, 2022

Página 245: *arriba y abajo*, Kent Davis, *Astral Adventurer's Guide*, 2022

Página 246: Bruce Brenneise, *Astral Adventurer's Guide*, 2022

Página 247: Eric Olson, *The Complete Spacefarer's Handbook*, 1992

Página 248: Jeff Easley, *Spelljammer: Adventures in Space*, 1993

Página 249: Jim Holloway, *Lorebook of the Void*, 1993

Página 251: Zoltan Boros, *Boo's Astral Menagerie*, 2022

Página 252: Jim Holloway, *Spelljammer: Concordance of Arcane Space*, 1989

Página 253: Jeff Easley, *The Legend of Spelljammer*, 1991

Página 255: Campbell White, *Light of Xaryxis*, 2022

Página 256: Justin Gerard, *Boo's Astral Menagerie*, 2022

Página 257: Kieran Yanner, *Astral Adventurer's Guide*, 2022

Página 262: Ilya Shkipin, *Mordenkainen's Tome of Foes*, 2018

Página 263: Hector Ortiz, *Guía del Dungeon Master*, 2018

Página 264: Chris Rallis, *Puerta de Baldur: descenso a Averno*, 2019

Página 265: Wesley Burt, *Puerta de Baldur: descenso a Averno*, 2019

Página 266: Dave Allsop, *Monstruos del multiverso*, 2022

Página 267: Steve Argyle, *Guía del Dungeon Master*, 2014

Página 268: *izquierda, centro, derecha*, David Allen Trampier, *Monster Manual*, 1977

Página 269: *izquierda*, David Allen Trampier, *Monster Manual*, 1977; *centro y derecha*, *Monster Manual*, 1977

Página 271: Chris Seaman, *Mordenkainen's Tome of Foes*, 2018

Página 273: Warren Mahy, *Monstruos del multiverso*, 2022

Página 275: *arriba*, Scott Murphy, *Puerta de Baldur: descenso a Averno*, 2019; *abajo*, Claudio Pozas, *Monstruos del multiverso*, 2022

Páginas 276–277: Clint Cearley, *Puerta de Baldur: descenso a Averno*, 2019

Página 278: Titus Lunter, *Puerta de Baldur: descenso a Averno*, 2019

Página 279: Claudio Pozas, *Puerta de Baldur: descenso a Averno*, 2019

Páginas 280–281: Lake Hurwitz, *Puerta de Baldur: descenso a Averno*, 2019

Página 282: Min Yum, *Monstruos del multiverso*, 2022

Página 283: Olga Drebas, *Mordenkainen's Tome of Foes*, 2018

Página 284: Aleksi Briclot, *Puerta de Baldur: descenso a Averno*, 2019

Página 291: Jedd Chevrier, *Manual de monstruos*, 2017

Página 292: William O'Connor, *Mordenkainen's Tome of Foes*, 2018

Página 293: Craig J Spearing, *Guía de Volo de los Monstruos*, 2020

Página 294: *izquierda y derecha*, David C. Sutherland III, *Monster Manual*, 1977

Página 295: *izquierda*, David C. Sutherland III, *Monster Manual*, 1977; *derecha*, Richard Whitters, *Monstruos del multiverso*, 2022

Página 296: Craig J Spearing, *Out of the Abyss*, 2015

Página 297: *arriba*, Matt Stewart, *Puerta de Baldur: descenso a Averno*, 2019; *abajo*, Jon Hodgson, *Mordenkainen's Tome of Foes*, 2018

Página 298: *arriba*, Claudio Pozas, *Out of the Abyss*, 2015; *abajo*, Tyler Jacobson

Página 299: *arriba*, Richard Whitters, *Monstruos del multiverso*, 2022; *abajo*, David C. Sutherland III, *Monster Manual*, 1977

Páginas 300–301: Aleksi Briclot, *Monstruos del multiverso*, 2022

Páginas 302–303: Matthew Stawicki, *Dragonlance: Test of the Twins*, 2004

Página 308: Max Dunbar, *Planescape: Adventures in the Multiverse*, 2023

Página 309: William O'Connor, *Guía del Dungeon Master*, 2018

Página 310: Hugh Pindur, *Sigil and the Outlands*, 2023

Página 311: *izquierda*, Claudio Pozas, *Sigil and the Outlands*, 2023; *derecha*, Martin Mottet, *Sigil and the Outlands*, 2023

Páginas 312–313: Tyler Jacobson, *Sigil and the Outlands*, 2023

Páginas 314–315: Tony DiTerlizzi, *Planescape: Adventures in the Multiverse*, 2023

Páginas 316–317: Mike Pape, *Sigil and the Outlands*, 2023

Página 318: Terraform Studios, *Sigil and the Outlands*, 2023

Página 319: Terraform Studios, *Sigil and the Outlands*, 2023

Página 320: *arriba*, Robson Michel; *Sigil and the Outlands*, 2023; *abajo*, Calder Moore, *Sigil and the Outlands*, 2023

Páginas 322–323: *arriba*, Chris Rallis, *Planescape: Adventures in the Multiverse*, 2023; *abajo*, Julie Dillon

Página 324: Kieran Yanner, *Morte's Planar Parade*, 2023

Página 325: Shaddy Safadi, *Sigil and the Outlands*, 2023

Página 326: Luca Bancone, *Sigil and the Outlands*, 2023

Página 327: *arriba*, Robson Michel, *Sigil and the Outlands*, 2023; *abajo*, Shaddy Safadi, *Sigil and the Outlands*, 2023

Página 328: Katerina Ladon, *Morte's Planar Parade*, 2023

Página 329: *arriba*, Martin Mottet, *Sigil and the Outlands*; *abajo*, Quintin Gleim, *Morte's Planar Parade*, 2023

Páginas 330–331: Kent Davis, *Morte's Planar Parade*, 2023

Página 332: Brian Valeza, *Morte's Planar Parade*, 2023

Página 333: *izquierda*, Robh Ruppel, *Well of Worlds*, 1994; *derecha*, Robh Ruppel, *The Planewalker's Handbook*, 1996

Página 334: Justin Gerard, *Guía del Dungeon Master*, 2018

Página 335: Robh Ruppel, *Pages of Pain*, 1996

Página 340: Sam Burley, *Manual de Monstruos*, 2017

Página 341: *arriba*, *Monster Manual*, 1977; *abajo*, Tyler Jacobson

Página 342: *arriba y abajo*, Aleksi Briclot, *Guía del Dungeon Master*, 2014

Página 344: *izquierda*, David C. Sutherland III, *Monster Manual*, 1977; *derecha*, David Allen Trampier, *Monster Manual*, 1977

Página 345: Olly Lawson, *Guía del Dungeon Master*, 2018

Página 346: *arriba*, *Monster Manual*, 1977; *abajo*, David C. Sutherland III, *Monster Manual*, 1977

Página 347: Titus Lunter, *El Caldero de Tasha para Todo*, 2022

Página 348: Irina Nordsol, *El Caldero de Tasha para Todo*, 2022

Página 349: Alix Branwyn, *Monstruos del multiverso*, 2022

Página 350: Wayne Reynolds, *Dungeon 94*, 2002

Página 351: *arriba*, Alix Branwyn; *abajo*, Lily Abdullina, *Phandelver y más allá: El obelisco despedazado*, 2024

Página 352: *arriba*, Conceptopolis, *Manual de Monstruos*, 2017; *abajo*, Olga Drebas, *Waterdeep: El Golpe de los Dragones*, 2021

Página 353: Tom Babbey, *Guía de Volo de los Monstruos*, 2020

Página 356: Svetlin Velinov, *El Caldero de Tasha para Todo*, 2022

Página 364: *Manual del jugador*, 1992

CRÉDITOS DE LAS ILUSTRACIONES

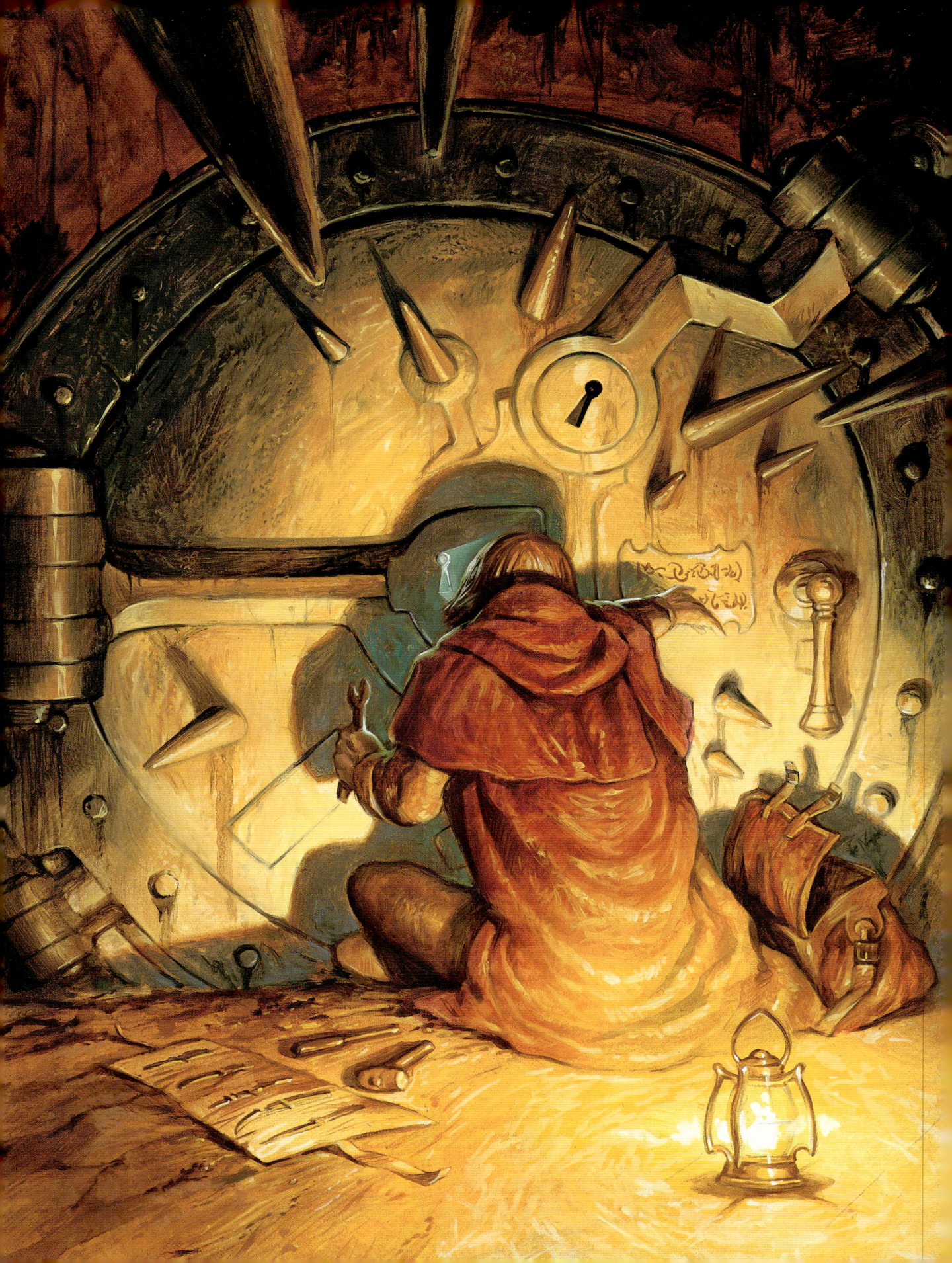

ÍNDICE

A
Abismo
    demonios en,
    Equilibrio en,
    Fosos de la Telaraña Demoníaca,
    metáfora del árbol,
    Niveles de locura en,
    Nueve Infiernos y,
    Nunca mates al mensajero en,
    orígenes de,
    Páramos grises del Hades en,
    Señores demoníacos en,
    vida en,
    visión general de,
Abriymoch,
Acererak,
Aguas Profundas,
Alianza de los Lores,
Alkarox,
almas,
Alphatia,
Alta Ciudad, de la Puerta de Baldur,
Altan Tepes,
Alto Capitán de Luskan,
Anala,
Anauroch,
Ancianos,
Anillo de Mujarra,
Anillo de Siberys,
Ansalon,
Apocalipsis,
Aqueronte,
Arbórea,
Arcadia,
Arcanix,
archidiablos (*véanse también diablos concretos*),
archimagos,
Arneson, Dave,
Arpistas,
artífices,
Artífices de Cannith,
Asmodeo,
Astinus,
Athar,
Averno,

B
Baalzebul,
Baator,
Baba Yaga,
Baja ciudad, de Puerta de Baldur,
Bajomontaña,
Baklunio,
Baomet,
bardo,
Barovia,
Bedín,
Belial,
berk,
Bigby,
bisseliano,
Bitopía,
Boccob,
Bolsillitos,
Boo (hámster),
Buscadores,

C
Cábala de la Desolación,
Caballero solámnico,
Caballeros de Solamnia,
Calvyn el Kender,
Cambio planar,
Campo de Batalla Infinito,
Candelero,
Cania,
Capitana Keelie,
Carceri,
Casa Cannith,
Cataclismo,
Cavernas Perdidas de Tsojcanth,
Certainty Dran,
Chionthar,
Círculo de las Estrellas,
Círculo de los Ocho,
Cisne Plateado,
Ciudad de Hierro,
Ciudad de las Estrellas,
Ciudad Perdida de Xan Doroth,
Clan Melairkyn,
Compañía,
Confines de ley,
Conjuro de proyección astral,
Conjuros,
Consejo de Príncipes de Glantri,
Contemplador Alegre
Cook, David «Zeb»,
Cordillera de Cumbre Negra,
Corte Noseelie,
Corte Seelie,
Costa de Espada,
Crear mundos, arte de,
Crónicas de Huma,
Cuevas Marinas,
Culto del Dragón,
Cyre,

D
daelkyr,
Dal Quor,
Daoud,
Demardin,
Demogorgon,
demonios/señores demoníacos,
Demonomicón de Iggwilv,
Dendar,
Devastación Invocada,
Dhakaani,
diablos, *Véanse también diablos concretos*
Dis,
Dispater,
DiTerlizzi, Tony,
Dodzorm,
Dominio de Prismeer,
Dominios del Deleite,
Dominios del Terror,
Draconianos,
dragones, era de,
Dragones Progenitores,
Dragones sombríos,
Dragonlance
    Cataclismo en,
    Draconianos en,
    el preludio de guerra en,
    Equilibrio en,
    Era de los dragones en,
    Daga Perdida en,
    partida de los dioses / el regreso de los dioses en,
    Lanzas de dragón en,
    Lord Soth en,
    Una diosa, numerosos mitos en,
    vida en,
    visión general,
Dunil,
Durnan,
Duulket Ariakas,

E
Eberron
    Como congelado en el tiempo,
    daelkyr en,
    Era de los Monstruos en,
    Equilibrio en,
    Mak Piedehierro una aventura y,
    Marcas de dragón y esquirlas de dragón en,
    Oscuridad Soñadora y,
    Pasajes extraviados en,
    Profecía dracónica,
    Señores del Polvo y,
    sueños peligrosos y auténticas pesadillas y,
    Tierras Enlutadas en,
    Un mundo aparte,
    Viaje a Tierras Enlutadas y,
    viaje onírico de,
    vida en,
    visión general de,
Ebrius Stump,
Elan Eury,
Elegidos,
Elfo astral,
Elíseo,
Elminster Aumar,
Elqise,
Eltab,
Elturel,
emociones,
Equilibrio
    ciudades de Costa de Espada y,
    como gran reciclador,
    en Abismo,
    en Dragonlance,
    en Eberron,
    en Feywild
    en Nueve Infiernos,
    en Páramo Sombrío,
    en Planos Exteriores,
    en Reino Lejano,
    en Sigil,
    Ley y Caos y,
    Mystara y,
    Señora del Dolor y,
    un matiz,
    vista general,
Era de Oscuridad,
Era de los Dragones,
Era de los Monstruos,
Era del Poder,
Espacio Salvaje,
espíritu, viaje de,
esquirlas de dragón,
Estatutos de Celestia,
Ethelrede,
Estigia,
Eutanastas,

F
Faerûn
    Anauroch en,
    Costa de Espada en,

El Big Bang en,
Equilibrio y,
guardando el secreto en,
Imperio de Netheril en,
amenaza de Thay en,
Szass Tam en,
Thay en,
vida en,
visión general de,
Greyhawk
Antiguo apocalipsis en,
Decantar el Equilibro y,
enemigos de Oerth y,
Equilibrio y,
especial,
Frío extremo en,
Historia de Tsojcanth en,
Los confines de ley y,
miseria en,
Mundo peligroso en,
problema con las Leyes y el Caos y,
Salvaje y desconocido,
Tiamat y,
Tumba de los Horrores y,
vida en,
visión general de,
Fauces Abiertas,
Feywild
A todo bardo le llega su momento en,
acceso a,
amistad en,
Descripción de en,
El atractivo de la magia en,
emociones en,
Equilibrio en,
Las Cortes Noseelie en,
Las Cortes Seelie en,
Otras entradas,
proteger,
reglas generales para,
Señor Feérico en,
Tasha en,
vida en,
visión general de,
Fierna,
Flaenia,
Flemin,
forjado/fundiciones de forjados,
Forma Salvaje,
Fosos de Telaraña Demoníaca,
Fraternidad del Orden,
Fraz-Urb'luu,
Fuerza Gris,

G

Galifar, Reino de,
Gehenna,
General Braahg,
Ghaunadaur,
Gilean,
githyanki,
Githzerai,
Glantri,
Glasya,
Gran Ausencia,
Gran Bazar,
Gran Biblioteca de Glantri,
Gran Biblioteca de Serraine,
Gran Escuela de Magia,
Gran Rueda Cósmica,
Graz'zt,
grietas sombrías,
Gromph Baenre,
Guardia,
Guardia del Destino,
Guerra de Lanza,
Guerra de Sangre,
Guvnors,
Gygax, Gary,

H

Hades,
Halaster Capanegra,
Harmónium (Cabezones),
Hermandad arcana,
Hibberton Smoot,
Honora Kispan,
Hulji,
Huma Dragonbane,

I

Ifney,
Iggwilv, Reina Bruja (Natasha/Tasha/Zybilna),
Ilícidos,
Imperio de Alphatia,
Imperio de Netheril,
Imperio de Riedran,
Inmortales,
Ira de los Inmortales,
Isalda,
Iuz,

J

Jaquatha,
Jarot (rey),
Juhniar,
Juiblex,

K

Ka el Protector,
kalashtar,
Kallish Barbarroja,
Karrnath,
Kasim,
Kelek,
Kelro Mosshaven,
Keolandia,
Khorvaire,
Khv,
Khyber,
King, Stephen,
Kitiara Uth Matar,
Knutson, Dana,
Krynn *(ver Dragonlance)*

L

Laeral Silverhand,
Lámpara Maravillosa,
lanzas de dragón,
Las cinco naciones de Khorvaire,
Levistus,
Ley y Caos,
Libro de Oscuridad Vil,
Liga del Mal,
Lilifas Ramkin,
Limbo,
Lluvia de Fuego Incoloro,
Locura astral,
Lolth, Reina Demoníaca de las Arañas,
Lord Dagult,
Lord Soth,
Lores Oscuros,
Luigi el Grande,
lujuria,
Luphandi,
Luskan,
Luto/Tierras Enlutadas,

M

Magnífica mansión de Mordenkainen,
Magníficus el Magnífico,
Mago Loco del Monte Baratok,
Magos de la Alta Hechicería,
Magos Rojos,
Mak Piedehierro,
Maladomini,
Malbolge,
Males Antiguos (Primigenios),
Malsheem,
Mammon,
Mar Astral,
Mar de las Espadas,
Mar de Polvo,
marcas de dragón,
Marcas de Perrinland,
Mechanus,
Mefistófeles,
Melody Starwright,
Menzoberranzan,
Mephistar,
Métodos arcanos,
Metrol, Cyre,
Minauros,
Minsc,
Mireen,
Mirt el Prestamista,
Mishakal,
Monte Aguaprofunda,
Monte Baratok,
Monte Celestia,
moradores,
multiverso,
Mundo Hueco
Mystara
Alabado sea el lagarto en,
Cuando solo se puede volar hacia arriba en,
Equilibrio y,
Inmortales en,
Misterio nithiano y,
Mundo Hueco y,
Primigenios y,
Príncipes y sus principados en,
problemas con los magos y,
Protegiendo la divinidad en,
sorpresa de,
vida en,
visión general de,
Mystra,
Myth Drannor,
mythallars,

N

Natasha/Tasha/Zybilna (Iggwilv, la Reina Bruja),
Navegación arcana,
Navegante arcano,
Neso,
Netheril/Netherés,
Nithianos,
No muerte, tentación de la,
Noctámbulos,
Nueve Infiernos
Averno en,
Cania en,
Dis en,
El infierno desde la celda en,
Equilibrio en,
Estigia en,
Expertos en tratos en,
La tentación del poder en,
Las nueve capas de,
Maladomini en,
Malbolge en,
Minauros en,
Neso en,
Orígenes infernales de,

Phlegethos en,
vida en,
visión general de,
Nuncaascua,
Nuncainvierno,

O
Oerth,
Orcus,
oro,
Oscuridad Soñadora,

P
Paladín de Kiri-Jolith,
Paladine,
Pandemónium,
Páramo Sombrío
    Barovia y,
    Dominios del Terror y,
    el atractivo de la oscuridad en,
    El Mago Loco del Monte Baratok y,
    El obelisco en la aldea vacía y,
    emociones en,
    Equilibrio y,
    grietas sombrías en,
    La llamada de la aventura en,
    Las nieblas de Barovia en,
    Menos monstruos, más conflictos y,
    No muerte, tentación de la,
    riquezas en,
    un mundo prisión,
    vida en,
    visión general de,
pegatauros,
Pelor,
Peony,
phaerimms,
Phlegethos,
Plano Astral,
Plano de Energía Negativa,
Plano de Energía Positiva,
Plano de las Hadas,
Plano Elemental del Agua,
Plano elemental del Aire,
Plano Elemental del Fuego,
Plano Elemental de la Tierra,
Plano Material *(ver también localizaciones concretas)*,
Planos Elementales,
Planos Etéreos,
Planos Exteriores,
Planos Inferiores,
Planos Interiores *(ver también localizaciones concretas)*,
Planos Transitivos,
Posada del Dragón de Oro,
Predestinados,
Príncipe de los Sacerdotes de Istar,
Príncipes y sus principados en Mystara,
Profecía Dracónica,
profecías,
Puerta de Baldur,
Puerto Calavera,

R
Raffskjarl,
Rak,
Reina de los Dragones,
Reina del Aire y la Oscuridad,
Reindok,
Reino de Galifar,
Reino Lejano,
Rellix,
Rigus,
Río Estigio,
Roca Sombría,

rol, juego de,
Rupestre,
Ryvinn,

S
Sabueso fiel de Mordenkainen,
Samina Everstar,
San Cuthbert,
Sarlona,
Señor de la Muerte,
Señor de las Espadas,
Señora del Dolor,
Señores del Polvo,
Seres Supremos,
Sharn,
Siberys,
Sigil
    ciudades-portal en,
    Como ciudad de las Puertas,
    disturbios en,
    Equilibrio en,
    facciones en,
    Los muchos rostros de,
    Señora del Dolor y,
    viajar a los Planos Exteriores y,
    vida en,
    visión general de,
    zona comercial de,
Señor Feérico,
Skiffle Punch,
Skrizzix,
Soggy Court,
Starwright, Melody,
Strahd von Zarovich,
Suel,
sueños,
Szass Tam,

T
Takhisis,
Talenta,
Tasha/Natasha/Zybilna (Iggwilv, la Reina Bruja),
Tharizdun,
Thavius Kreeg,
Thay,
Tiamat,
Tierras de las Bestias,
Tierras del Norte,
Tierras Exteriores,
Titania,
Toril,
Torre de los Doce, Karrnath,
Torre de los Huéspedes de lo Arcano,
travesías feéricas,
Tribunal Diabólico,
Tribunales de Cuentas,
Trono Carmesí,
Tumba de los Horrores,
Túnicas negras de Nuitari,

U
Ulder Ravengard,
Ulf el Loco,
Última Guerra,
Universidad de Morgrave, Sharn,

V
Vajra Safahr,
vampiros,
Vara Negra,
Vecna,
visiones,
Vistani,
Vlaakith,
Vothic,

W
Wee Jas,
Weslocke,

X
Xan Doroth,
Xanathar,
Xoriat,

Y
Yeenoghu,
Yovani L'nor,
Ysgard,

Z
Zagyg,
Zargon,
Zariel,
Zilspar,
Zuggtmoy,
zúlkirs,
Zybilna/Natasha/Tasha (Iggwilv, la Reina Bruja)

Papel certificado por el Forest Stewardship Council®

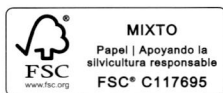

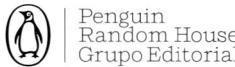

Título original: *Dungeons & Dragons. Worlds & Realms*

Primera edición: marzo de 2025

Publicado originalmente en Estados Unidos por Ten Speed Press, un sello de Random House, división de Penguin Random House LLC, New York.
Todos los derechos reservados. Con licencia de Hasbro.

Wizards of the Coast, Dungeons & Dragons, D&D, sus respectivos logotipos,
The Forgotten Realms, Greyhawk, Ravenloft, Spelljammer, Dragonlance, Eberron y el dragón ampersand son marcas registradas de Wizards of the Coast LLC en Estados Unidos y otros países.

© 2024, Wizards of the Coast LLC
Texto de Adam Lee
Los créditos de las ilustraciones empiezan en la página 361
Elementos decorativos de interiores: Shutterstock
© 2025, Penguin Random House Grupo Editorial, S. A. U.
Travessera de Gràcia, 47-49. 08021 Barcelona
© 2025, Joan Andreano Weyland, Ankara Cabeza Lázaro, Miguel Trujillo Fernández
y Miriam Lozano Sobrino, por la traducción
Diseño de la cubierta: adaptación del diseño de portada de Goodname Digital Art Studio
para Penguin Random House Grupo Editorial

Penguin Random House Grupo Editorial apoya la protección de la propiedad intelectual. La propiedad intelectual estimula la creatividad, defiende la diversidad en el ámbito de las ideas y el conocimiento, promueve la libre expresión y favorece una cultura viva. Gracias por comprar una edición autorizada de este libro y por respetar las leyes de propiedad intelectual al no reproducir ni distribuir ninguna parte de esta obra por ningún medio sin permiso. Al hacerlo está respaldando a los autores y permitiendo que PRHGE continúe publicando libros para todos los lectores. De conformidad con lo dispuesto en el artículo 67.3 del Real Decreto Ley 24/2021, de 2 de noviembre, PRHGE se reserva expresamente los derechos de reproducción y de uso de esta obra y de todos sus elementos mediante medios de lectura mecánica y otros medios adecuados a tal fin. Diríjase a CEDRO (Centro Español de Derechos Reprográficos, http://www.cedro.org) si necesita reproducir algún fragmento de esta obra.
En caso de necesidad, contacte con: seguridadproductos@penguinrandomhouse.com

Printed in Spain – Impreso en España

ISBN: 978-84-10396-62-3
Depósito legal: B-598-2025

Compuesto por Fotoletra, S. L.
Impreso en Talleres Gráficos Soler, S. A.
Esplugues de Llobregat (Barcelona)

GT 9 6 6 2 3

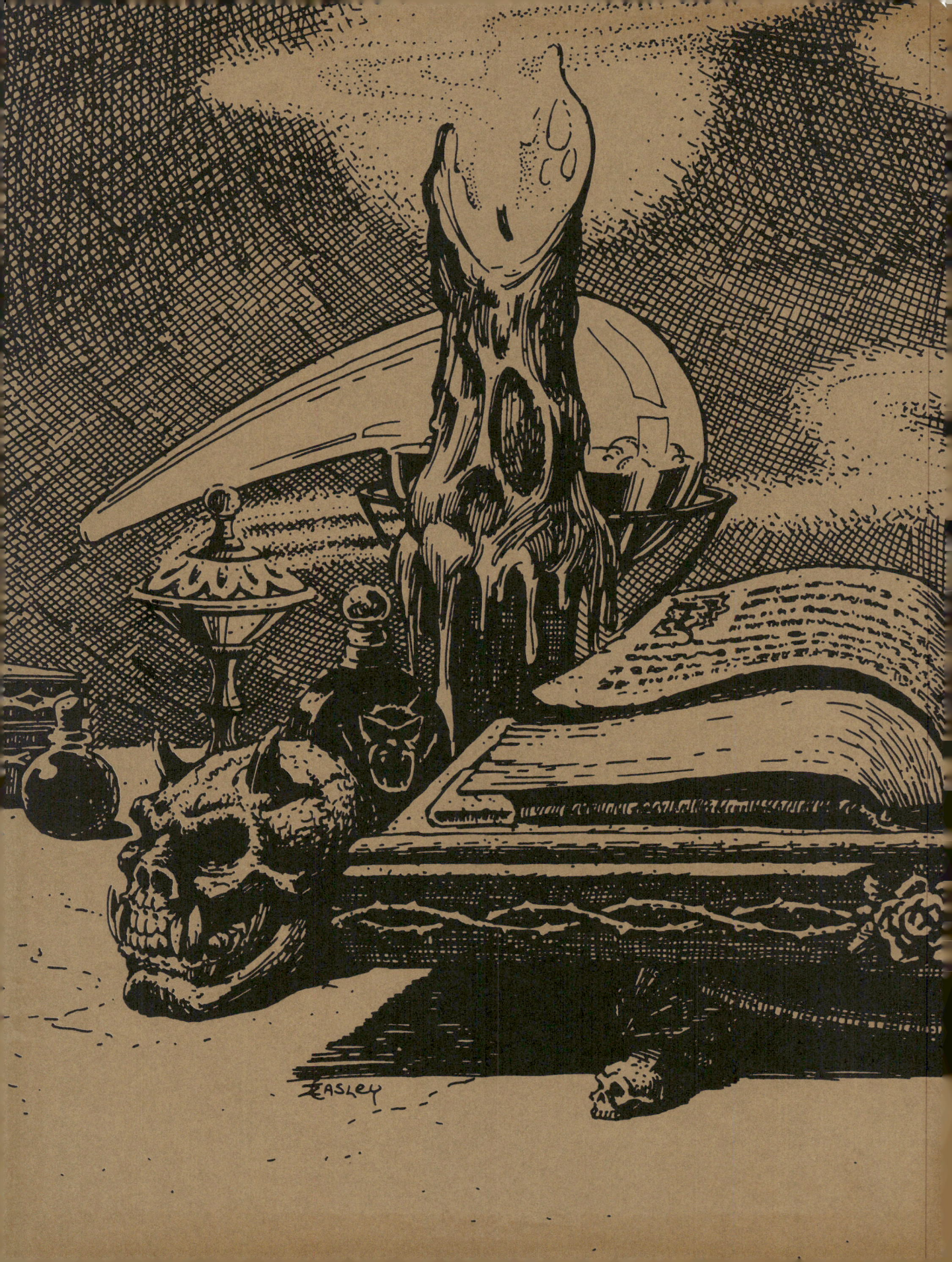